Yves Thoraval

Lexikon der islamischen Kultur

Nikol

Yves Thoraval

Lexikon der islamischen Kultur

Herausgegeben und übersetzt von
Ludwig Hagemann und Oliver Lellek

Unter Mitwirkung von
Reiner Albert, Alexa Gwinner, Margit Ikrath,
Franz Noichl, Gabriele Raad, Corinne Schrieber

Nikol Verlagsgesellschaft mbH & Co. KG
Hamburg

www.nikol-verlag.de

Yves Thoraval, Lexikon der islamischen Kultur

Titel der französischen Originalausgabe:
„Dictionnaire de civilisation musulmane" by Yves Thoraval
Der Übersetzung liegt folgende Ausgabe zugrunde:

Nikol Verlagsgesellschaft mbH & Co. KG,
Hamburg, 2005
www.nikol-verlag.de

Mit freundlicher Genehmigung
des Primus Verlag, Darmstadt

Einband- und Schutzumschlaggestaltung:
Callena Creativ GmbH, www.callena.de

ISBN 13: 978-3-937872-05-6
ISBN 10: 3-937872-05-1

Vorwort zur deutschen Übersetzung

Yves Thoravals *Dictionnaire de civilisation musulmane* liegt nunmehr in deutscher Übersetzung vor. Ein Übersetzungsteam hat in mühevoller Kleinarbeit diese Aufgabe bewerkstelligt. Um es gleich vorweg zu sagen: Was jetzt in deutscher Sprache erscheint, ist mehr als eine Übersetzung vom Französischen ins Deutsche. Hier handelt es sich um eine in vielerlei Hinsicht unumgängliche Neubearbeitung. Neubearbeitung deswegen, weil in erheblichem Maße Angaben aus arabistischer, islam- und kulturwissenschaftlicher Sicht sozusagen nachgebessert werden mußten, um einen kohärenten und zugleich allgemeinverständlichen Text vorzulegen. So war akribische Sorgfalt strikt geboten.

Ich bedanke mich besonders bei Herrn Dipl.-Theol. Oliver Lellek, der keine Mühe scheute, immer wieder der Sache auf den Grund zu gehen und Detailfragen zu klären, um den Leserinnen und Lesern eine schlüssig formulierte Grundinformation an die Hand zu geben.

Mein Dank gilt ebenfalls Frau Dipl.-Bibl. Alexa Gwinner, Frau Margit Ikrath, Frau Gabriele Raad, Frau Corinne Schrieber sowie den Herren Dr. phil. Reiner Albert und Dr. theol. Franz Noichl. Sie alle haben – Überstunden in Kauf nehmend – ihr Bestes gegeben.

Dank gebührt schließlich dem Verlag Bibliographisches Institut & F. A. Brockhaus A. G. in Mannheim, der sowohl bei der Erstellung des Kartenmaterials als auch bei Übersetzungsfragen wertvolle Hilfestellung gab.

Bleibt zu hoffen, daß vorliegende Neubearbeitung in deutscher Übersetzung eine gute Resonanz findet.

Mannheim, im Januar 1999 — Ludwig Hagemann

Verweise auf andere Artikel erhielten einen Asterisk (*) oder einen Pfeil (►).

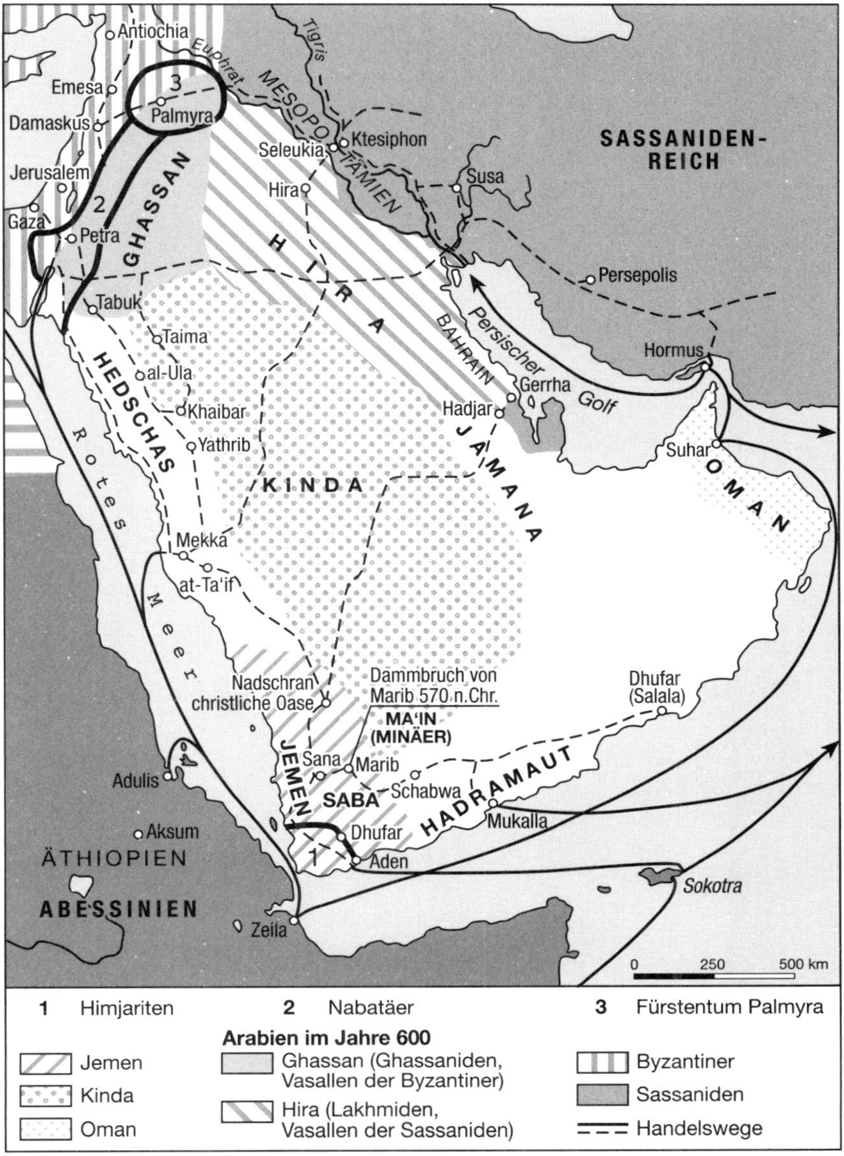

Arabien um das Jahr 600

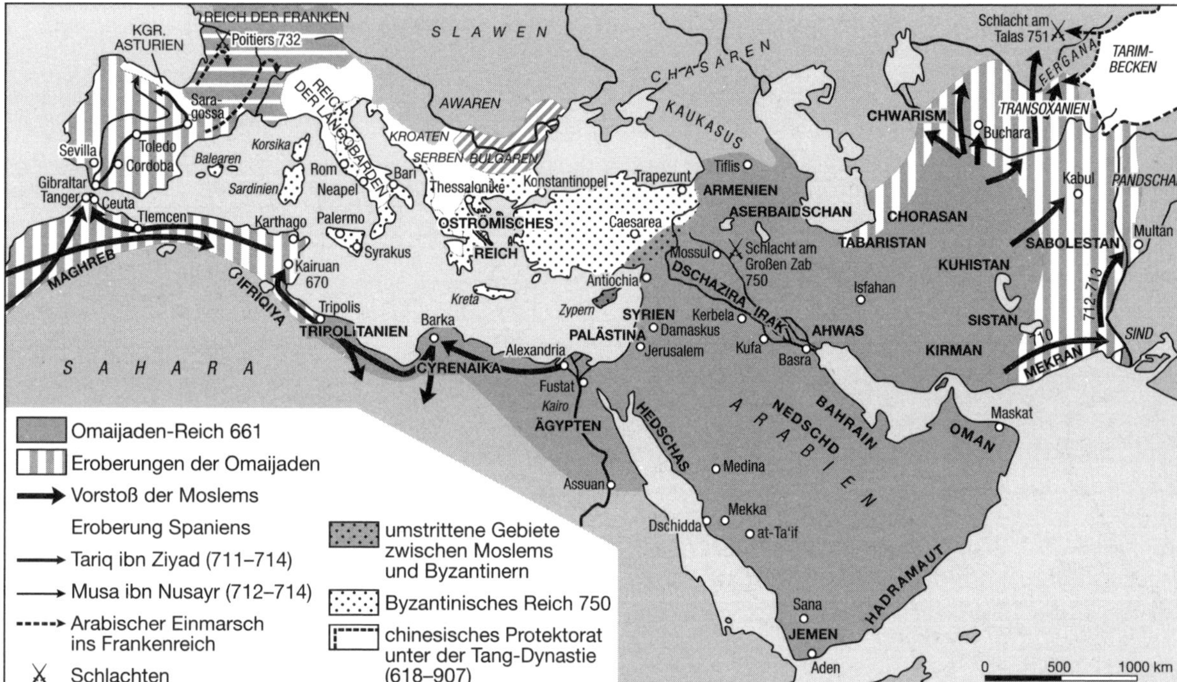

Ausbreitung des Islams in der Omaijaden-Zeit (7.–8. Jh.)

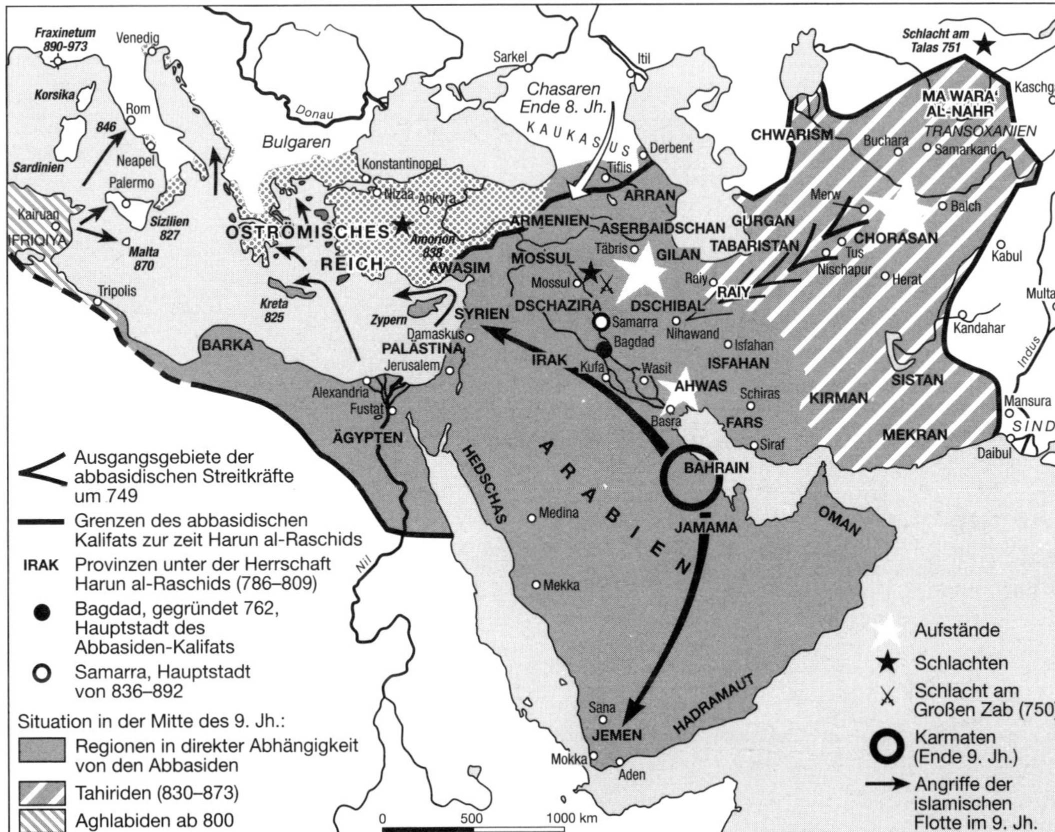

Das Kalifat der Abbasiden

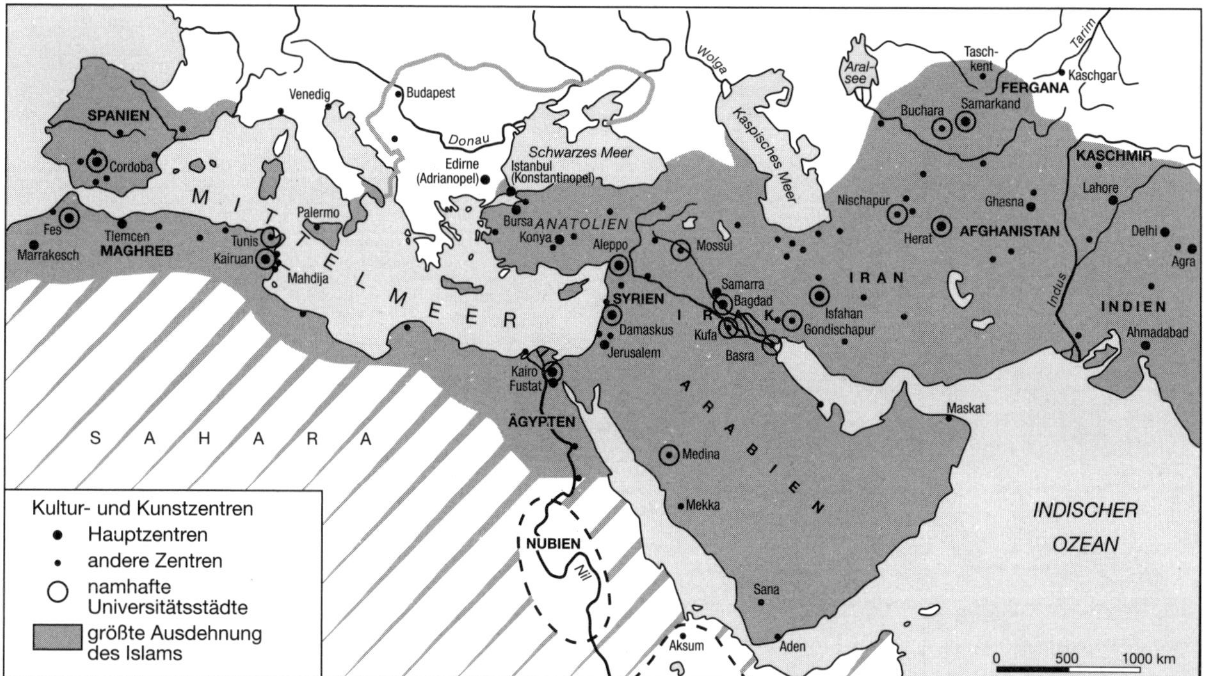

Kulturelle Verbreitung des Islams zur klassischen Zeit

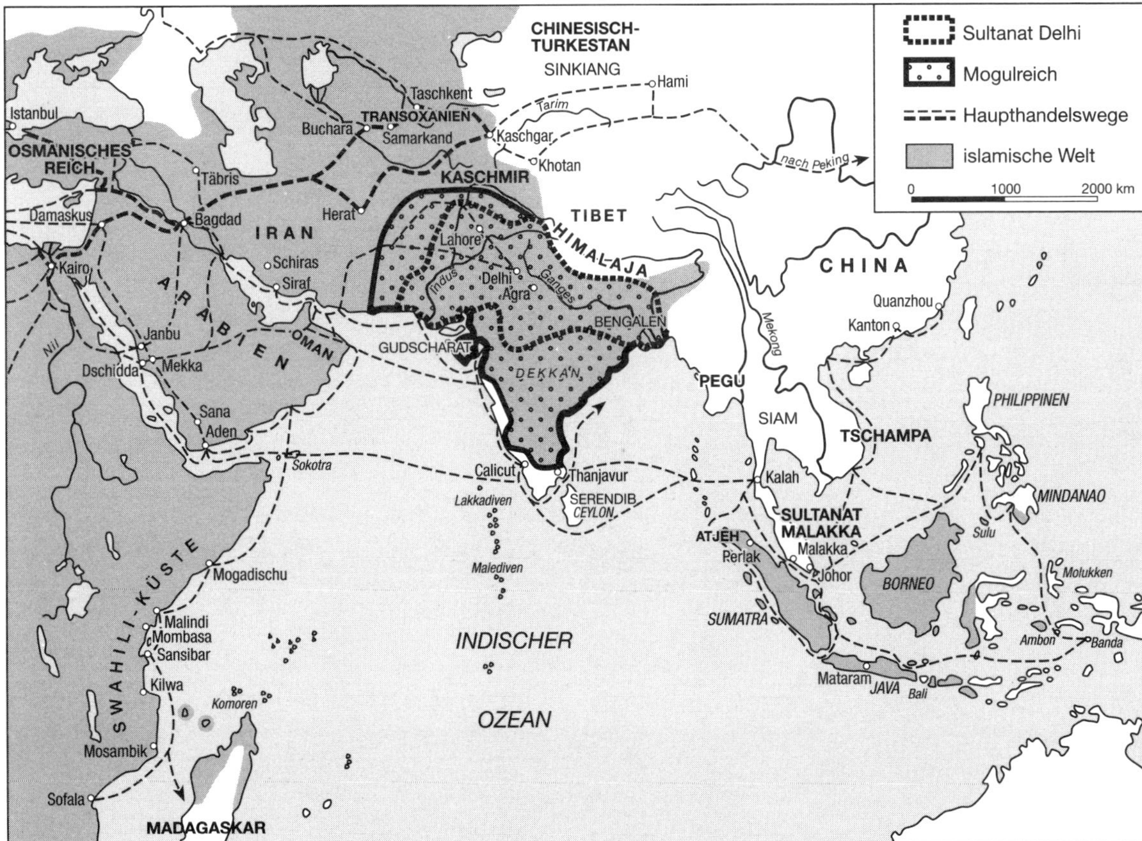

Islamischer Handel im Indischen Ozean (10.–17. Jh.)

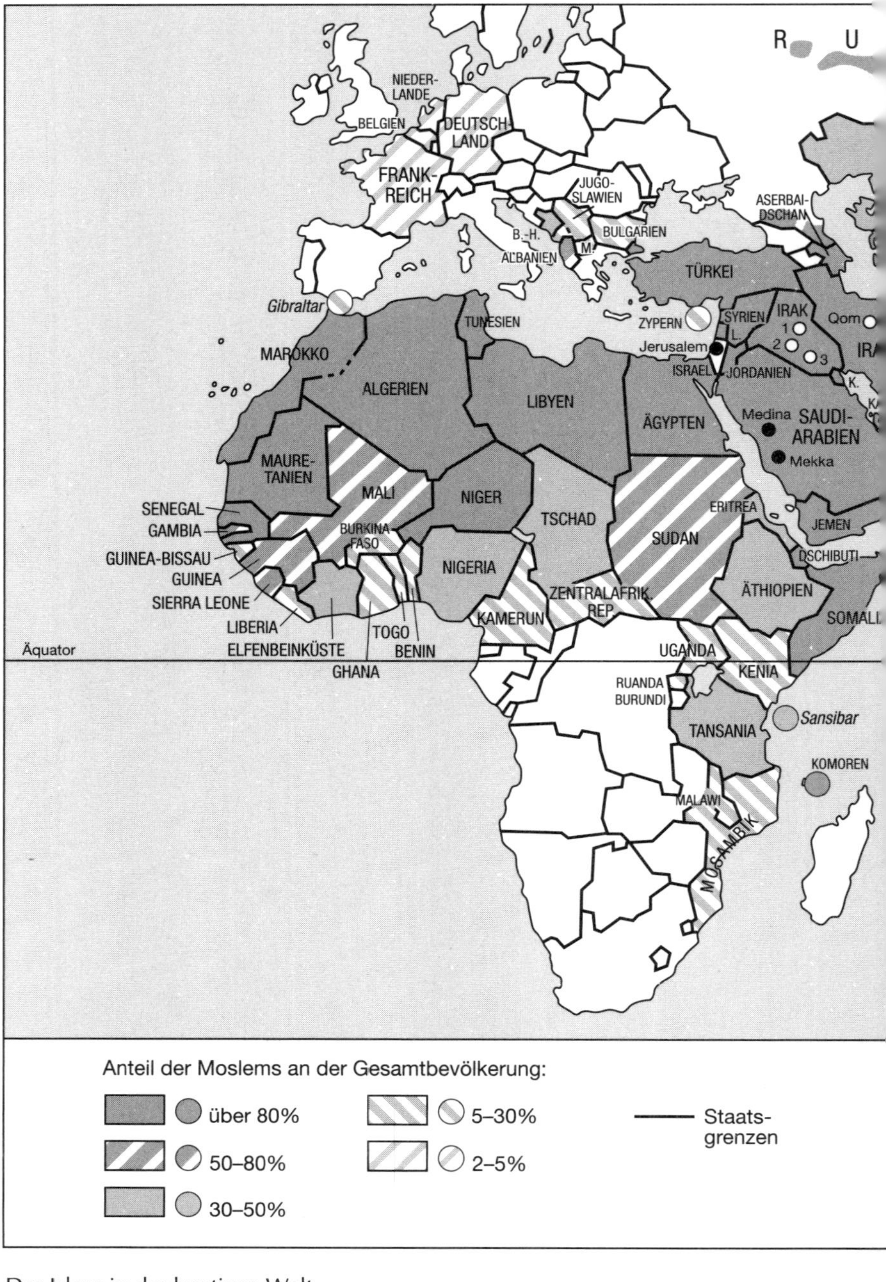

Der Islam in der heutigen Welt

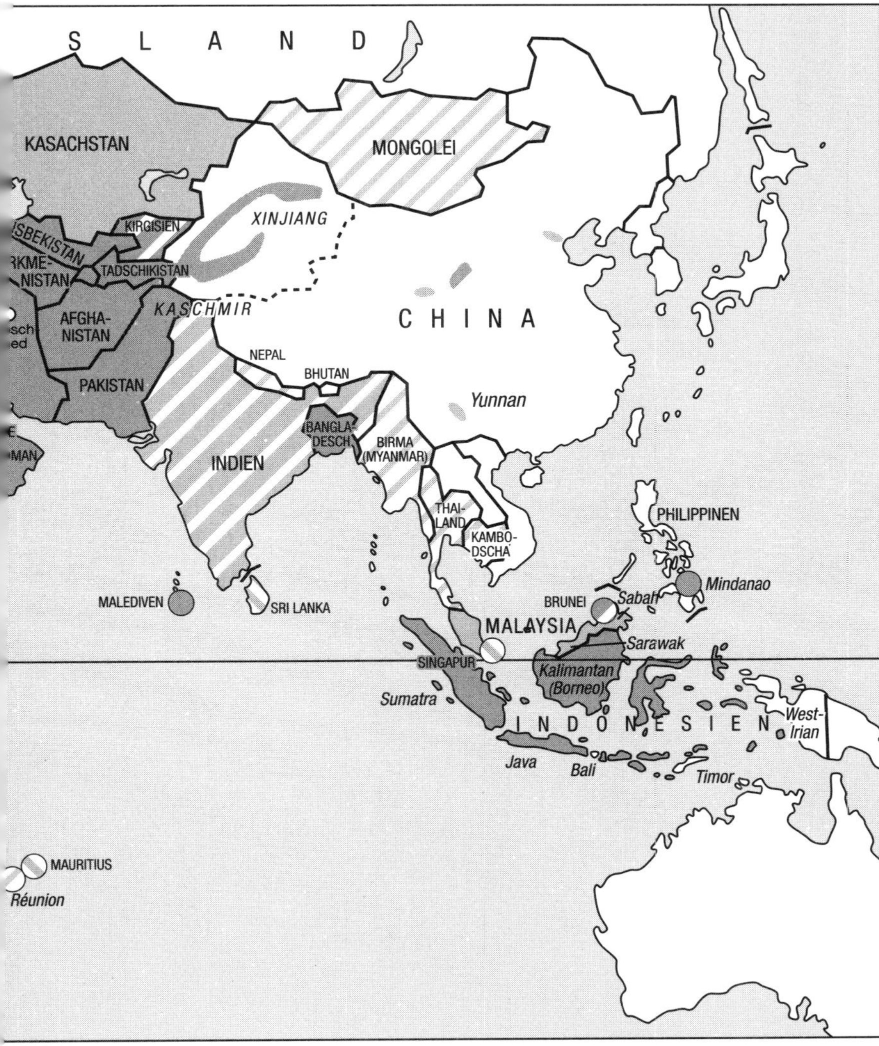

● heilige Orte für alle Moslems

○ heilige Orte der Schiiten

1 Kazimain

2 Kerbela

3 Nadschaf

B.-H. Bosnien-Herzegowina

K. Kuweit

Ka. Katar

L. Libanon

M. Mazedonien

VAE Vereinigte Arabische Emirate

0 1000 2000 3000 km

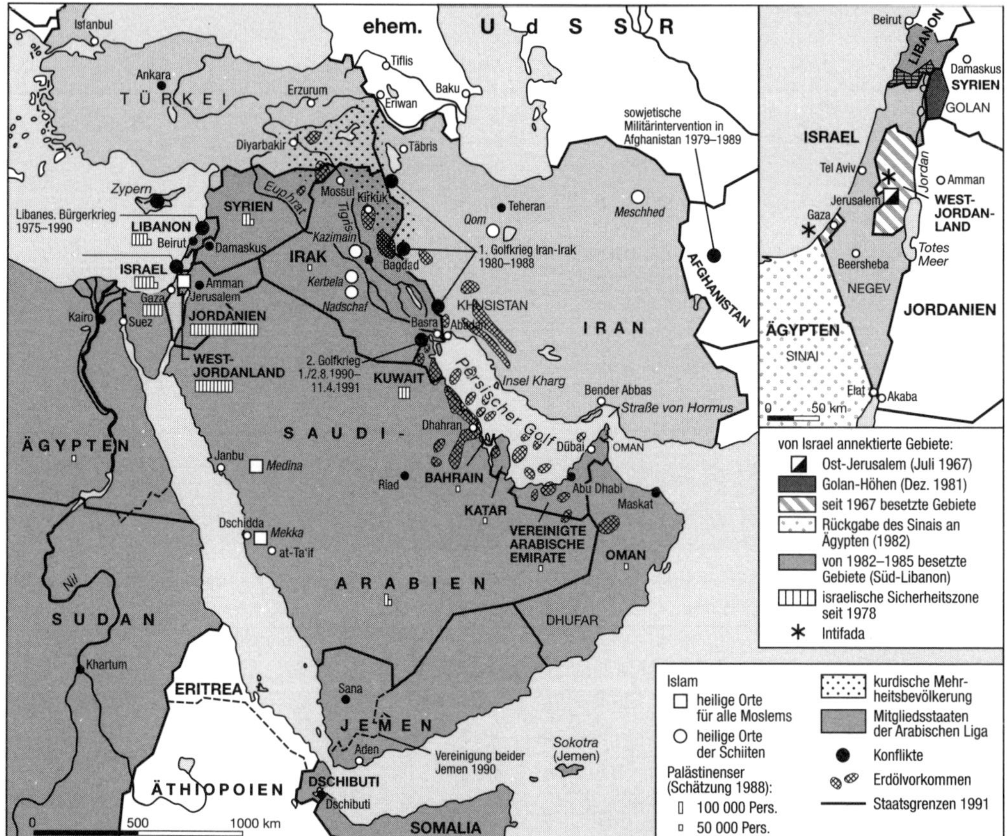

Der Nahe und Mittlere Osten seit 1980

Abbasiden
Zweite Dynastie des Islams, 750–1258. Die Verdrängung der Omaijaden* von Damaskus* (Syrien) brachte die Dynastie der Abbasiden an die Macht. Bagdad* wurde ihre neue Hauptstadt, und das Reich, das zuvor allein von Arabern dominiert war, wurde ein theokratischer, zentralistischer Vielvölkerstaat, der wieder auf den Orient ausgerichtet war und in dem die Iraner eine wichtige Rolle spielten. Die rasche Zerstückelung des Reiches und der politische Niedergang der Abbasiden verhinderten jedoch nicht die Blütezeit der klassischen islamischen Kultur, die ihren Höhepunkt unter deren Herrschaft erreichte.

Die Blütezeit der klassischen islamischen Kultur. Die Dynastie der Abbasiden stammte von der Familie des Abbas ab, einem Onkel des Propheten. Abbas gehörte zum Clan der Haschimiten* im Stamm der Koreischiten* aus Mekka*, die in den Augen der frommen Moslems* allein befugt sind, das Kalifat* zu übernehmen. Die neue Dynastie berief sich folglich auf eine göttliche Unterstützung, um die „orthodoxe" Hierarchie der Ulema* für sich zu gewinnen. Vom ersten abbasidischen Jh. an bildete sich eine religiös und wirtschaftlich kohärente Welt, in der das Arabische die Kommunikations- und Kultursprache verschiedener Völker des Islams wurde und in der sich die staatlichen, rechtlichen, administrativen und militärischen Institutionen des Reiches herausbildeten. Der Kalif erfüllte geistliche und weltliche Funktionen, bis er ab dem 9. Jh. in die politische Abhängigkeit von seiner Prätorianergarde geriet. Sein prunkvoller Hof, der das Zeremoniell der persischen Sassaniden* nachahmte, entfernte ihn immer mehr von seinen Untertanen. Trotz politischer Instabilität und Revolten, die religiös-„schismatisch" und oft zugleich national (iranisch) oder auch sozial motiviert waren – wie diejenige der Zandschsklaven („Schwarze"; 868–883) aus den Sümpfen und Plantagen des Nieder-Iraks, die ihr Ziel verfehlten, das Kalifat an sich zu reißen –, entsprachen die ersten drei abbasidischen Jahrhunderte (8.–11. Jh.) der Hochzeit der klassischen mittelalterlichen moslemischen Kultur und einem für den Islam charakteristischen Aufblühen der Städte*. Mit ca. einer Million Einwohnern war Bagdad* neben Byzanz* die größte Stadt der bekannten Welt; die Stadt war von der neuen Dynastie erschaffen, ebenso wie zuvor Kufa im Irak von den ersten arabischen Eroberern neu gegründet worden war und wie dies später für Kairuan* in Tunesien der Fall sein sollte. Diesen Brauch setzten in der Folgezeit viele moslemische Führer fort, z. B. die Fatimiden*, die Kairo* gründeten. Was die klassischen Städte des Fruchtbaren Halbmonds* (Damaskus*, Aleppo), des Irans* und Mittelasiens* anbetrifft, so schmückten sie sich mit zivilen und religiösen Monumenten und erlebten einen Aufschwung von Wirtschaft* und Kultur. Unter dem Einfluß der Übersetzungen* aus der hellenistischen Welt und Persien* blühten die Literatur*, das Recht* und die Ausarbeitung einer Theologie* (des nunmehr zur Weltreligion gewordenen Islams) ebenso auf wie die Philosophie* und alle anderen Wissenschaften*. Ein blühender Handel* entstand zwischen den klassischen Völkern – Ägypten, Syrien, Iran, Irak – sowie dem Maghreb* und führte zu ergiebigen internationalen Beziehungen mit dem Fernen Osten, Indien* und dem Horn von Afrika* (über den Persischen Golf), mit Schwarzafrika (über die Straßen durch die Sahara*), mit den eurasischen Steppen sowie mit Byzanz und dem Mittelmeerraum. Diese Leistungen im materiellen, intellektuellen und künstlerischen Bereich führten zur Bezeichnung dieser Epoche als „Renaissance" des Islams.

Politischer Niedergang und Zerstückelung des Kalifats*. Das moslemische Reich hatte allem Anschein nach seine größte Ausdehnung unter den Omaijaden* (661–750) erreicht; nur einige abbasidische Kalifen, wie al-Mamun und al-Mutassim, führten persönlich mehrere siegreiche Feldzüge gegen die Byzantiner, bevor die Moslems* im 10. und 11. Jh. durch die mazedonische Dynastie von Konstantinopel* in die Defensive gedrängt wurden. Ab dem 9. und 10. Jh. zerfiel die Einheit des Kalifats: der einzige Omaijaden-Prinz, der das Massaker der Abbasiden an seiner Familie überlebte, errichtete ein Emirat* in Andalusien*, das im Jahre 929 Kalifat wurde; der Maghreb* hingegen war viel zu weit entfernt, um wirkungsvoll von Bagdad* regiert zu werden. Die türkischen Tuluniden (868–905) in Ägypten waren gewissermaßen autonom, ebenso wie einige herausragende Gouverneure, die an der Spitze echter Lokaldynastien standen, von denen die wichtigsten iranisch waren, wie die Samaniden (819–1005) von Buchara*, die Bujiden (932–1062) in Persien* und dem Irak, oder türkisch, wie die Ghasnawiden (977–1186), die über den Osten des Irans*, über Afghanistan* und den Norden Indiens* herrschten. Und seitdem der Kalif al-Mutassim 836 in der neuen Hauptstadt Samarra (nördlich von Bagdad) eine Prätorianergarde aus türkischen Sklaven errichtet hatte, waren er und die Mehrzahl seiner Nachfolger Marionetten in den Händen ihrer türkischen Generäle. Seit dem 10. Jh. schließlich beschränkte sich die politische Macht der Abbasiden auf den Irak, während in einem großen Teil der moslemischen Welt die Schiiten* triumphierten: Die Fatimiden* bemächtigten sich des Maghrebs, dann Syriens und Ägyptens und riefen in Kairo ein rivalisierendes ismailitisches* Kalifat aus. Im Irak und in Persien brachten sich die schiitischen Bujiden an die Macht. Sie eroberten 945 Bagdad und überließen dem Kalifen nur noch geistliche Einflußmöglichkeiten. Der Einfall der sunnitischen* türkischen Seldschuken* 1055 befreite die Kalifen zwar von der bujidischen Vormundschaft, die Neuankömmlinge ergriffen aber ihrerseits die politische Macht, indem sie (erstmals offiziell) den Titel Sultan* („Machthaber") erhielten. Die türkischen Dynastien, Vorkämpfer der sunnitischen* Orthodoxie, die seit dem 11. Jh. ins Herz der islamischen Welt vorgedrungen waren, fanden schnell ihre eigne kulturelle Identität, wobei ihnen das iranische Modell als Vorbild diente. Als die Groß-Seldschuken* (ca. 1038–ca. 1194) im 12. Jh. ihre Sippen-Solidarität vernachlässigten, zeigte sich noch einmal der abbasidische Stern unter den kompetenten Kalifen, wie al-Muqtafi und an-Nassir. Die Mongolen*, über mehrere Jahrhunderte erbitterte Gegner des Islams, versetzten diesem bemerkenswerten Schmelztiegel die schwersten Schläge und vernichteten ihn 1258, als Dschingis-Khans* Enkel Hülägü* Bagdad schleifte und den letzten abbasidischen Herrscher umbringen ließ.

Der Mamelucken*-Sultan Baibars* setzte 1261 in Kairo den letzten Überlebenden der abbasidischen Dynastie ein; dieser sollte die mameluckische Macht legitimieren und erfüllte weiterhin nur noch die geistlichen Aufgaben des Kalifen. Ohne wirkliche Macht zu besitzen, begnügte sich der Kalif damit, das arabische „Rittertum*" (*Futuwa*) zu führen. Nach der Eroberung Ägyptens 1517 durch die Osmanen* nahm Sultan Selim den letzten Abbasiden-Kalifen Mutawwakil III. nach Istanbul mit.

► Bagdad, Bibliotheken, Dichtung, Handel, Harun ar-Raschid, Hof, Kalifat, Krankenhäuser, Literatur, Mäzenatentum, Medizin, Mongolen, Philosophie, Recht, Staat, Tausendundeine Nacht, Übersetzungen, Wissenschaften

Abd al-Kader, Ibn Muhyi ad-Din, Militärführer und Sufi-Dichter (nahe Maskara, Algerien 1808 – Damaskus 1883)

Abd al-Kader ernannte sich 1832 selbst zum „Emir* der Gläubigen" und erklärte den Heiligen Krieg (*Dschihad**) gegen die Franzosen, die Algerien zwei Jahre zuvor besetzt hatten. Er erhielt die (freiwillige oder erzwungene) Unterstützung zahlreicher algerischer Stämme und brachte den Franzosen mehrere Niederlagen bei. Aber Bugeaud, der Gouverneur von Algerien, zerstörte mit einer gewaltigen Armee und unter grausamem Vorgehen die Festungen des Emirs. Der Herzog von Aumale, Sohn des Königs Louis-Philippe, eroberte 1843 sein Lager, und Abd al-Kader floh nach Marokko, das er bald wieder verlassen mußte. Er ergab sich 1847 und verbrachte drei Jahre im Exil im Schloß von Amboise, bevor ihn Napoleon III. begnadigte. Als nunmehr anerkannter Freund Frankreichs ließ er sich in Damaskus* nieder, wo er 1860 Tausende von alteingesessenen und ausländischen Christen vor den Massakern rettete, die die Drusen* auf Betreiben der Türken und Engländer verübten. Er ging als antikolonialistischer Widerstandskämpfer in die Geschichte ein. Darüber hinaus war er ein mystischer Dichter, Führer der Sufi-Bruderschaft* Kadiriyya (und gleichzeitig Anhänger der Freimaurerei). In Damaskus gestorben, wurde er wunschgemäß in der Nähe seines spirituellen Meisters, Ibn Arabi*, beerdigt.

Abendland, wissenschaftliches Erbe

Die Weitergabe des geistigen Erbes des Abendlandes hat niemals aufgehört: über Byzanz* wurden weiterhin im 12.–13. Jh. Übersetzungen des Griechischen ins Lateinische verbreitet. Durch die Vermittlung Spaniens* wurden Werke ins Arabische übersetzt (und diese wiederum ins Lateinische und Hebräische). Dadurch entdeckten die europäischen Gelehrten des Mittelalters und der Renaissance nicht allein die antiken Hauptwerke, sondern auch vermehrt die Fortschritte auf dem Gebiet der Philosophie* und der moslemischen Wissenschaften*. Viele arabische Texte regten den wissenschaftlichen Fortschritt in Europa an, und einige Werke werden bis in die heutige Zeit benutzt.

Spanien, eine Quelle für das geistige Europa. Die Logik, die Physik und die

Metaphysik des Aristoteles wurden entweder mittels Übersetzungen aus dem Arabischen oder durch die arabischen Werke Avicennas* (Ibn Sina) und Averroes'* (Ibn Ruschd) studiert. Es gab philosophische Schulen, die „lateinischer Avicennismus" und „lateinischer Averroismus" genannt werden. Erst eine Mißdeutung machte Averroes übrigens zum reinen Rationalisten. Seine Lehre wurde von dem großen dominikanischen Theologen Thomas von Aquin angegriffen. Vermittelt durch Siger von Brabant, wurde der lateinische Averroismus bis ins 18. Jh. hinein an einigen italienischen Universitäten gelehrt. Der von al-Farabi* weiterentwickelte Neuplatonismus fand Eingang in den Westen sowohl durch moslemische spanische Gelehrte – darunter Ibn Massara (gest. 931) – als auch durch jüdische, wie Ibn Gabirol (Avicebron, gest. 1058). Die *Fons vitae* von al-Farabi war in der lateinischen Übersetzung von Gondisalvi der bevorzugte Text der franziskanischen Schule, von den Dominikanern wurde er dagegen verdammt. Durch Vermittlung des Andalusiers Ibn Ronda (gest. 1389) übte der moslemisch-spanische Mystizismus Einfluß auf Johannes vom Kreuz (16. Jh.) aus. Neben der Übertragung des alten philosophischen Erbes bereicherten die eigenen Fortschritte der Moslems auf dem Gebiet der Scholastik und Apologetik die Philosophie der Renaissance und der Neuzeit. Die Verbindung zwischen Philosophie* und Medizin*, die dem antiken griechischen Denksystem entstammte, war ein weiterer Beitrag arabo-moslemischen Denkens. Es fand in der Idealvorstellung des *Hakim*, des Gelehrten, der zugleich Philosoph und Arzt war, seinen Ausdruck. Dieses Ideal wurde von einigen der berühmtesten Gelehrten des Islams verkörpert: den Iranern Razi* und Avicenna und für das mittelalterliche Europa durch den Andalusier Averroes. Die moslemische Medizin bereicherte auf bemerkenswerte Weise die der Griechen. Sie war in Europa nicht allein durch die Übersetzungen vom Griechischen ins Arabische bekannt, sondern vor allem durch die Originalwerke der moslemischen praktizierenden Ärzte. Ins Lateinische übertragen, bildeten viele medizinische Abhandlungen bis zum Ende der Renaissance die Grundlage des theoretischen und praktischen Medizinstudiums in Europa, bis dort die unmittelbaren Experimente zur Regel wurden. Die wichtigsten dieser überlieferten Werke sind die von Razi (lat. Rhazes, gest. 925), beispielsweise seine Schrift über die Pocken und Masern, *De morbis infantium*, die Gerhard von Cremona im 12. Jh. ins Lateinische übersetzte, oder seine Abhandlung über die Pest, *De pestilentia*. Im folgenden Jahrhundert wurde sein Hauptwerk *al-Hawi* („Das vollständige [Buch]") unter dem Titel *Liber continens* übersetzt. Razi war in Europa aber auch wegen der Übersetzung seiner Abhandlung über Alchimie* *Kitab al-Asrar* („Buch der Geheimnisse", *Liber secretorum*) berühmt. Das kürzeste Werk des persischen Arztes Ali Ibn al-Abbas al-Madjussi (gest. 994), der in Europa unter dem Namen Haly Abbas bekannt war, ist *Die vollständige Heilkunst*. Es ist eines der ersten medizinischen Werke, das in Europa übersetzt wurde und fast das einzige bedeutende wissenschaftliche arabische Werk, das zur Zeit der Kreuzzüge* verbreitet war. Das medizinische Handbuch *at-Tasrif* des Andalusiers Abu l-Kasim* az-Zahrawi (lat. Abulcassis, gest. 1013) wurde teilweise von Gerhard von Cremona (12. Jh.) ins Lateinische übersetzt, darunter das bemerkenswerte Kapitel über die Chirurgie. Das medizinische Hauptwerk von Averroes, *Kulliyat fi t-Tibb* („Allgemeine Grundsätze der Medizin"), erschien 1255 in einer Übersetzung Bonacossas, einem jüdischen Arzt aus Padua, bevor die lateinische Übersetzung des *Taisir* (*Buch der Erleichterung*) von Ibn Zuhur* (lat. Avenzoar) 1280 in Venedig erschien. Für die Nachwelt blieb jedoch der *Qanun fi t-Tibb,* lat. *Canon,* von Avicenna bis zum Beginn der modernen Medizin die Bibel der westlichen und auch der östlichen Medizin. Die moderne Medizin wurde u. a. von Paracelsus (16. Jh.) eingeführt. Der *Canon* erschien seit dem 13. Jh. in mehreren Dutzend lateinischen Ausgaben. Das moslemische Erbe war auch auf dem Gebiet der Mathematik* und Astronomie* maßgebend. Dies beweist die Einführung von Begriffen und Wörtern, die aus dem Arabischen in die europäischen Sprachen übernommen wurden. Zwei Schlüsselbegriffe der Mathematik, „Algorithmus" und „Algebra", leiten sich von Chwarismi* und seinem Hauptwerk *al-Dschabr* ab. Gerhard von Cremona übersetzte es als erster ins Lateinische unter dem Titel *De Jebra,* der das arabische Wort noch enthält. Weitere Übersetzungen folgten durch Robert von Chester und Adelard von Bath , bis es schließlich Maslama al-Madjriti („der aus Madrid") um 1000 überarbeitete. Diese Werke führten offiziell die arabischen Zahlen* in Europa ein. Die *Wissenschaft von den Sternen* des berühmten Astronomen aus Mittelasien* al-Farghani (lat. Alfraganus, gest. 861) wurde u. a. ebenfallls von Gerhard von Cremona übersetzt. Geometrie und Trigonometrie wurden durch die lateinischen Übersetzungen der von den Banu Mussa durchgeführten Messungen ebener und sphärischen Flächen bekannt. Diese „Söhne von Mussa", drei gelehrte Brüder, lieferten in ihrem Werk namens *Liber trium fratrum* eine Beschreibung der Zeit der Abbasiden* (9. Jh.). Zur gleichen Zeit wurden Arbeiten des Mathematikers und Arztes Thabit Ibn Qurra (gest. 901) über die römische Waage und die sphärische Trigonometrie im Westen eingeführt: *Liber carastonis und De motu accessus et recessus,* die wiederum der unermüdliche Gerhard von Cremona übersetzte. Die berühmten astronomischen Tafeln des Orientalen al-Battani (lat. Albategnius, gest. 929), die *Zidsch as-Sabi* („Tafeln des Sabiers"), wurden im Mittelalter mehrmals übersetzt. Die Beobachtungen ihres Verfassers über die Eklipsen dienten noch bis zur Mitte des 18. Jhs. als Nachschlagewerk. Die Abhandlung des größten moslemischen Physikers, des Irakers Haitham* (lat. Alhazen, gest. 1039) über Astronomie übersetzte Gerhard von Cremona unter dem Titel *De crepusculis et nubium ascensionibus.* Im 13. Jh. erschien sein Hauptwerk über die Optik, *De optica,* in Latein.

Die letzte Blüte und die Schule von Toledo. Die Werke der moslemischen Gelehrten Spaniens* des 12. Jhs. gelangten nach Europa. Die astronomischen Werke des Andalusiers Sarkala* (lat. Azarqiel, gest. 1000) über die abgewandelte Form des Astrolabiums*, dessen

Erfinder er war, und die Arbeiten von Djabir Ibn Alla al-Ishbili (den Sevillaner), darunter dessen Abhandlung über Trigonometrie, wurden ins Lateinische übersetzt. Das kosmogonische System von al-Bitrudji (lat. Alpetragius, gest. 1204) ist von Michael Scot ins Lateinische übertragen worden, später auch ins Hebräische und im 16. Jh. schließlich noch einmal ins Lateinische. Dieser knappe Abriß – der die literarischen Einflüsse auf die europäische Literaturen beiseite läßt – spiegelt nur in geringem Maße das fruchtbare geistige Klima des Andalusien* der „drei Kulturen", d. h. der moslemischen, jüdischen und christlichen, wider.

Bevor im 12. Jh. die bedeutende Periode der Übersetzungen begann, zog es zahlreiche europäische Gebildete und Gelehrte nach Spanien. Der erste große „Pilger des Wissens" war Gerbert von Aurillac (gest. 1003), der spätere Papst Silvester II. Er verbrachte mehrere Jahre im katalanischen Kloster von Ripoll, dessen Bibliothek* reich an Übersetzungen* arabischer, insbesondere mathematischer, wissenschaftlicher Werke war. Seit dem 11. Jh. gab es Astrolabien* nach arabischem Vorbild in Belgien und Deutschland. Gerbert bediente sich als erster der arabischen Zahlen, aber diese Neuerung fand keine Nachahmer in Europa. Wissenschaftliche jüdisch-arabische Grundkenntnisse sind hauptsächlich von Sizilien* aus bis zur Medizinschule von Salerno (bei Neapel) gelangt und von dort aus zum Benediktinerkloster von Monte Cassino (Latium), das lateinische Übersetzungen arabischer Werke aufbewahrte. Erst im 12. Jh. entwickelte sich Toledo zum eigentlichen Übersetzungszentrum, denn fünfzig Jahre nach seiner Wiedereroberung durch spanische Christen (1085) lebten erneut zahlreiche Moslems und arabischsprechende Juden in dieser Stadt. Seit 1125 bot der Erzbischof Raimundo (gest. 1151) den Gelehrten an, in seiner Stadt zu wirken. Petrus Venerabilis, der Abt von Cluny war einer von ihnen. Es entstanden im wahrsten Sinn des Wortes Übersetzungswerkstätten, in denen Christen, von denen oft nur die Mozaraber* des Arabischen mächtig waren, Moslems und arabischsprechende Juden zusammenarbeiteten. Zwei Übersetzer waren besonders berühmt: Domingo Gonzalez (Gondisalvi), der mit Ibn Daud (lat. Avendeath), einem Juden, der zum Christentum übergetreten war, und mit Johannes von Sevilla (lat. Johannes Hispalensis) zusammenarbeitete. Noch „fleißiger" war der Italiener Gerhard von Cremona (gest. 1187); ihm werden Hunderte von Übersetzungen zugeschrieben. Weitere Forschungszentren arabischer Wissenschaft gab es im christlichen Spanien in Sevilla und der Gegend von Saragossa. Dort hielten sich u. a. zwei Gelehrte auf, die sich in Astronomie und Meteorologie spezialisiert hatten: Hermann von Dalmatien und Robert von Ketton. In Barcelona schlossen sich der Italiener Platon von Tivoli und Abraham Bar Hiyya zusammen, um Werke der Geometrie und Astronomie aus dem Hebräischen und Arabischen zu übersetzen. Der Schotte Michael Scot (gest. um 1236) war Gast am sizilianischen Hof Kaiser Friedrichs II. von Hohenstaufen, der von der arabischen Kultur begeistert war. Scott übersetzte Werke von Aristoteles zusammen mit den Kommentaren des Averroes sowie die Abhandlungen Avicennas, die der Naturgeschichte gewidmet waren. Spanien blieb im 13. Jh. das Zentrum der Vermittlung arabisch-moslemischer Kultur. Ein Grund dafür war der außergewöhnliche Wissensdurst Alfons' X., König von Kastilien, genannt „der Weise" (gest. 1284), der selbst Musiker und Dichter war. Er gab die Übersetzung wissenschaftlicher und historischer arabischer Werke sowohl ins Lateinische als auch ins Kastilische, das zur Amtssprache seines Königsreiches erklärt wurde, in Auftrag. Das ausgehende 13. Jh. markiert das Ende der Blütezeit der Übersetzungen aus dem Arabischen, auch wenn noch bis ins 16. Jh. solche ins Lateinische angefertigt wurden; denn es ist die Zeit der Universitätsgründungen in Europa, z. B. Bologna, Oxford, Paris, Montpellier: Man hatte das Notwendige aus dem bedeutenden Erbe der moslemischen Welt übernommen. Auf Grund der bemerkenswerten spanischen Übersetzungsbewegung wurde nicht nur ein großer Teil des moslemischen Wissens, das jahrhundertelang dem europäischen überlegen war, nach Europa vermittelt, sondern viele bedeutende griechische und arabische Schriften, die verschwunden oder zerstört sind, sind so allein in lateinischer oder hebräischer Fassung überliefert.

▶ Andalusien, Philosophie, Übersetzungen, Wissenschaften

Abraham

Abraham (arab. Ibrahim), der oftmals im Koran* als „der Freund Gottes" erwähnt wird, gilt mit seinem Sohn Ismael* (arab. Ismail) als Erneuerer der monotheistischen Kaaba* in Mekka*, die Adam als erste monotheistische Kultstätte gegründet haben soll.

Abraham gilt als Wegbereiter des Islams*. Er bekehrte die zum Polytheismus zurückgekehrten Araber wieder zum Monotheismus, den Juden und Christen „verfälscht" haben. Er ist sowohl der Vorfahr der Araber – durch Ismael, seinem Erstgeborenen, Sohn seiner ägyptischen Konkubine Hagar – wie der Hebräer – durch Isaak, seinem zweiten Sohn. Ismael und seine Mutter, die wegen der Eifersucht Sarahs (Abrahams gesetzmäßiger Ehefrau) in die arabische Wüste vertrieben wurden, blieben vor dem Tod durch die Zamzamquelle nahe der Kaaba bewahrt – heute am „Platz Abrahams" in der Großen Moschee* in Mekka. Diese von der Vorhersehung gesandte Quelle steht für die Verheißung Gottes, Abraham zum Stammvater eines großen Volkes zu machen.

Für die Moslems* ist es Ismael und nicht Isaak, den Abraham opfern wollte, dessen vollkommener Gehorsam gegenüber Gott durch die Geburt Isaaks belohnt wurde – trotz des fortgeschrittenen Alters seiner Frau Sarah. Das moslemische Opferfest (*Id al-Adha*) oder „Große Fest" (*Id al-kabir*), während dessen man ein Schaf schlachtet, erinnert jedes Jahr feierlich an das Opfer Abrahams.

▶ Koran, Ismael, Kaaba

Abu l-Kasim, Zahrawi, andalusischer Arzt (Cordoba 939 – ebd. 1013)

Abu l-Kasim, der in Cordoba* lebte, war einer der größten islamischen Ärzte und Verfasser von medizinischen Abhandlungen. Sein Werk *Tasrif* („Beschreibung") ist eine Zusammenstellung medizinischer Erkenntnisse seiner Zeit. In diesem Werk, das eine Brücke zwischen Anatomie und Chirurgie schlägt, findet man die Grundlagen von Lehre und Praxis der Chirurgie, ebenso wie Skizzen von 300 Instrumenten, die mit Sicherheit von ihm erfunden wurden: Operationsmesser, Skalpell, Spatel, Meißel (Schere). Az-Zahrawi war ein Pionier auf den Gebieten der Augen-, Hals-, Nasen- und Ohrenheilkunde, Urologie, Geburtshilfe und Orthopädie. Er führte erste Operationen von Gallensteinen durch, beschrieb die Ausführung von Amputationen und Trepanationen (= Schädelöffnungen mit dem Trepan) und wie man Fisteln und Brüche behandelt.

Unter dem Namen Abulcasis ins Lateinische übersetzt, wurde seine *Beschreibung* über Jahrhunderte hinweg in der europäischen Medizinlehre angewandt.

Abu Nuwas, Dichter (Nordiran 757 – Bagdad um 815)
Von arabisierter iranischer Herkunft, verbrachte er sein ganzes Leben im Bagdad* des goldenen Zeitalters der Abbasiden*. Obwohl er Mäzenen*, wie den mächtigen barmesidischen Wesiren*, verbunden war, wurde er auf Grund seines skandalösen Lebenswandels kaum vom Kalifen* Harun ar-Raschid* geschätzt. Denn seine Vorlieben, denen eine gewisse hedonistische Tendenz nicht abgesprochen werden kann und die mystischer Andeutungen nicht entbehrten, sorgten für Unruhe: der Wein, junge Knaben, die Jagd. Freizügig lebte er seine physischen Vergnügungen aus, vielleicht ein Anzeichen tiefer Angst vor dem Altern und dem Tod. Sein schon beinahe angsteinflößender kritischer Geist – der noch heute in der arabischsprechenden Welt sprichwörtlich ist – war Ausdruck seiner Distanz gegenüber den religiösen Autoritäten. Obgleich seine Wurzeln in der vorislamisch-beduinischen* Poesie liegen, heben sich seine noch erhaltenen, in vollendeter manieristischer Art gereimten Lieder vom sonst vorherrschenden Formalismus dieser Epoche ab. Zu Lebzeiten als größter klassisch-arabischer Dichter gewürdigt, genießt er bis heute eine große Beliebtheit in den arabischsprechenden Ländern, wo sein Werk noch immer unterrichtet, gelesen und vorgetragen wird.

► Abbasiden, Bagdad, Dichtung

Adonis, Pseudonym von Ali Ahmed Said Esber, Dichter (geb. Syrien 1930)
Das Pseudonym des libanesischen Dichters syrischer Abstammung bezieht sich auf den phönizischen Gott, als Symbol der zyklischen Erneuerung. Als bedeutendster lebender Dichter des arabischen Sprachraums angesehen, übernimmt Adonis die Rolle des Wegbereiters, wenn nicht gar Bilderstürmers, in der kritischen Neubewertung der literarischen arabischen Tradition im Hinblick auf intellektuelle, politische und religiöse Zwänge der heutigen arabischen Welt, Beispiel hierfür ist „Gebet und Schwert: Essay über die arabische Kultur". In den sechziger Jahren war er in Beirut einer der Gründer der Zeitschrift *Shiir* („Dichtung"), einem Manifest für die völlige Befreiung von der Überlieferung und für die Öffnung gegenüber fremder Dichtung. 1968 gründete und leitete er die wichtigste arabische Literaturzeitschrift *Mawaqif* („Standpunkte"), ein Freiraum und Versuchsplatz für die „zerstörerische" Modernisierung der Dichtung – welche sofort in der arabischen Welt verbo-

ten wurde. Er übersetzte Baudelaire, Michaux, Saint-John Perse ins Arabische, um dann, als perfekter Kenner arabisch-klassischer Dichtung, Aboul Ala El-Maari (gest. 1057) ins Französische zu übersetzen, was seine Verbindung zu diesem großen vereinsamten lyrischen Dichter kennzeichnet. In seinen Gedichten (*Lieder Mihyars des Damaszeners* und *Grabmal für New York*) erhebt er die Darstellung (über Ungerechtigkeit, Diktatur, Krieg, Elend) auf die Ebene des Mythos, im Gegensatz zur „engagierten" Dichtung. *Die Zeit der Städte* (1990) ist eine sehr moderne Hymne auf die Städte der arabischen Welt.

Afghanistan

Afghanistan wurde zwischen 698 und 700 von den Arabern erobert und gehörte eine Zeitlang dem Gebiet der prächtigen samanidisch-iranischen Dynastie (875–1005) an, bevor es sich unter den turkstämmigen Ghasnawiden (977–1186) an der Spitze eines immensen Reiches befand, das durch den bedeutenden Eroberer Mahmud von Ghasna (gest. 1029) um den Norden Indiens* erweitert wurde.

Die afghanischen Ghuriden (um 1000–1215), Nachfolger der turkstämmigen Ghasnawiden in Afghanistan, richteten in Delhi* den ersten islamischen Staat innerhalb Indiens ein. Dieser wurde im 13. Jh. von den Mongolen* und im 14. Jh. von Timur-Leng* heimgesucht. Unter den Timuriden*, den Nachfolgern von Timur-Leng, wurde aus Herat ein glanzvolles Zentrum iranischer Kultur. Von Kabul aus gründete der Timuride Babur (gest. 1530) Indiens Dynastie der Moguln*. Daraufhin wurde Afghanistan bis zur Durrani-Dynastie (1747–1843) – ihr Reich umschloß eine Zeitlang das aktuelle Pakistan*, Lahore* mit inbegriffen – zwischen Persien* und dem Reich der Großmoguln hin- und hergereicht. Trotz des Einmarsches Rußlands in Mittelasien* und zweier gegen die Briten geführter Kriege (die Briten beherrschten Indien im 19. Jh.) entwickelte sich Afghanistan unter der Herrschaft der Barakzay-Dynastie (1819–1973) – Dost Mohammed (gest. 1863) unternahm deren Schilderung – zu einer politischen und geographisch zusammenhängenden Einheit. Ein Militärputsch schaffte 1973 die Monarchie ab. 1978 folgte ein Putsch durch die Kommunisten, der den Einmarsch der sowjetischen Truppen (1979–1989) in die Wege leitete.

Die 19 Mio. Afghanen setzen sich (auf 650000 km²) mehrheitlich aus Sunniten* zusammen, obwohl das Land immerhin 15% Schiiten* zählt. Sie sprechen Paschto und Dari, zwei iranische Sprachen. Die Paschtunen stellen den Hauptteil der ethnischen Gruppen, neben anderen iranischen Völkern (Belutschen, Tadschiken*), Mongolen (Hazara) und Türken*.

▶ Indien, Iran

Afrika

Der Islam* gelangte mit der Eroberung Ägyptens (641–647) auf den afrikanischen Kontinent und breitete sich von dort aus ab 648 mit der moslemisch-arabischen Expansion im Maghreb* aus.

Der Islam dehnte sich entlang des Niltals bis in den Süden (Nubien) aus. Die Einführung des Islams an der Küste Äthiopiens* ging im 8.–9. Jh. von Arabien aus, das nur durch das Rote Meer vom afrikanischen Kontinent getrennt ist. Die Swahiliküste im Osten Afrikas geriet ebenfalls über Arabien und den Persichen Golf in Kontakt mit dem Islam. Ab dem 9. und 10. Jh. wurde der neue Glaube im Westen Afrikas über die transsaharischen Karawanenrouten besonders durch die Berber* verbreitet. Durch den Handel* (mit Gold und Sklaven) und die Ausbreitung der Religion wurde auch der Sudan, das „Land der Schwarzen", in die klassische Landschaft des Islams aufgenommen.

Handel und „Heiliger Krieg" im Osten. Die im 6. Jh. zum Christentum konvertierten nilotischen Königreiche Nubiens (von Assuan bis Khartum) waren ab dem 9. Jh. Opfer von Invasionen arabischer Nomaden*, z. B. der Hilal*. Während die Nomaden die arabische* Sprache und den Islam einführten, begannen arabische Kaufleute, mit Sklaven und Gold zu handeln. Unter der Herrschaft der Fatimiden* und später unter der der Aijubiden* (11.–13. Jh.) wuchs die Anzahl islamischer Gruppen zusehends. Nubien wurde zwischen 1276 und 1317 durch die Mamelucken* annektiert und um 1500 zu einer einfachen Provinz degradiert. Die Anzahl der Christen schwand allmählich in dieser Region. Eine Ausnahme bilden koptische* Minderheiten, die sich bis heute gehalten haben. Alsdann entstanden dort Königreiche, u. a. das der Fundj, das unlängst islamisiert wurde und dessen Blüte und größte geographische Ausdehnung in der Mitte des 16. Jhs lag. Nach Angriffen von seiten arabischer Nomaden bestand der Staat in verkleinerter Form weiter, bis er 1821 seine Abhängigkeit von Ägypten anerkannte. Ab dem 14. Jh. schuf der gleiche, durch die arabischen Nomaden ausgeübte Druck lokale Dynastien im Darfur (im Herzen des Sudans). Sie sind das Zeugnis ethnischer Vermischungen zwischen Arabern und Nubiern. Die mächtigste unter ihnen bestand bis zum Anfang des 19. Jhs. fort. Nach der Eroberung Ägyptens durch die Osmanen* (1517) und der darauffolgenden, durch deren Vizekönig Mohammed Ali* durchgesetzten Autonomie befand sich die Region theoretisch unter osmanischer Vorherrschaft, obwohl mameluckische Anführer (Beys) besonders in Dongola weiterhin Macht ausübten. Mohammed Ali sandte Expeditionen in den Sudan, die offiziell damit beauftragt waren, die türkisch-ägyptische Souveränität wiederherzustellen, vor allem aber, um aus dem Sudan ein ägyptisches Protektorat zu machen und um sich den gewinnbringenden Sklavenschmuggel mit arabischen Sklavenhändlern zu sichern. Nach dem politisch-religiösen Aufstand der mahdistischen Derwische* (1881–1899) schritt die Islamisierung im Osten Afrikas voran. Ein Angriff auf Äthiopien* scheiterte. Der Aufstand wurde schließlich in Omdurman (Nachbarstadt von Khartum) mit der Unterstützung der Briten niedergeschlagen. Ein „anglo-ägyptisches Kondominium" regierte das Gebiet, bis es 1936 von der ägyptischen Krone offiziell annektiert wurde. Die Republik Sudan, die heute eine fundamentalistische Bastion ist, rief 1956 ihre Unabhängigkeit aus.

Handel und „Heiliger Krieg" im Westen und im Zentrum. Die Geschichte des Islams schenkt Ghana und Mali, zwei Königreichen im Westen Afrikas, besondere Aufmerksamkeit. Ersteres ist uns dank des persischen Geographen* al-Chwarismi* (9. Jh.) bekannt. Im darauffolgenden Jahrhundert trieben die charidschitische* Dynastie der Rustamiden (777–909, im Westen Algeriens) und die große marokkanische Karawanenstadt Sidjilmassa, Handel* mit ihm. Der andalusische Geograph al-Bakri, der die Region um 1076 bereiste, weist uns darauf hin, daß das Land von schwarzen, zum Teil islamisierten Soninke regiert wurde, daß es ein hohes kulturelles Niveau erreicht hatte, und daß die aus Stein und Holz erbaute Hauptstadt durch den über Karawanen verlaufenden Handel mit Salz und Gold zu Reichtümern gelangt war. Ghana, das die Almoraviden* mehr oder minder friedlich erobert hatten (um 1076), trat zum Islam über. Mehrere Berber*-Dynastien, die sich mit anderen Ethnien vermischt hatten, regierten nacheinander das Land, bevor es im 13. Jh. animistischen Angriffen zum Opfer fiel. Mali nahm am Ende des 13. Jhs. den Islam an und ging, nachdem sein Herrscher eine Wallfahrt* nach Mekka* unternommen hatte, Beziehungen mit Ägypten ein. 1324 blendete das prunkvolle Gefolge des verschwenderischen Mansa Musa (ein anderer König Malis), das sich auf dem Weg in den Hedschas* befand, so sehr die Bevölkerung Kairos*, daß der Goldpreis nach seinem Durchzug sank. Das Königreich Mali erreichte zu diesem Zeitpunkt seinen Höhepunkt: Es kontrollierte ein Gebiet, das sich von der Atlantikküste im Westen bis nach Gao im Osten erstreckte. Im Norden verlief die Grenze bei den prachtvollen Städten Djenné und Timbuktu* in Mauretanien. Letztere ist im 11. Jh. von Tuareg* gegründet worden. Der Niedergang Malis wurde im Laufe des 14. Jhs. durch die Entstehung eines schwarzen, zum Teil islamisierten, songhaischen Königreichs verstärkt. Sunni Ali, ein bedeutender Führer, hat dieses Reich regiert. Am Ende des Jahrhunderts war die Dynastie von Askiya Mohammed im Gebiet mächtig, doch wurde das Königreich 1591 zu einem Protektorat der marokkanischen Saaditen-Dynastie erklärt, die sich an den Sklaven und dem Gold beträchtlich bereicherte.

Andere bedeutende Königreiche bildeten sich im westlichen Afrika, insbesondere die Reiche Kanem-Bornu bei den Haussa (heutiges Nigeria). Dort nahm um 1080 die sayfawische Dynastie, die bis 1808 herrschte, offiziell den Islam an. Ihre Nachfolge traten andere reformerische Führer an, die bis Ende des 19. Jhs. regierten. Die Gebiete der Haussa sind seit dem 13. Jh. eine Bastion des nigerianischen Islams. Im heutigen Senegal und Gambia trat die moslemische Religion noch vor Ankunft der Almoraviden* in Erscheinung. Das Königreich Takrur wurde wahrscheinlich unter dem Einfluß moslemischer nordafrikanischer Händler, die auf der Suche nach Gold gewesen waren, vor 1040 gegründet. Aus Takrur gingen einige Wolof-Dynastien hervor, u.a. in Futa Dschalon und in Futa Toro. Kurz vor der kolonialen Eroberung durch Europa erfuhr der Westen Afrikas von 1785 bis 1898 eine lange Phase innerer Heiliger Kriege*.

Afrika nimmt bei der heutigen Verbreitung des Islams eine wichtige Stellung ein. Auf dem afrikanischen Kontinent wurde bis vor zwei Jahrzehnten die Bevölkerung aktiv zum Islam bekehrt. Gleichzeitig werden einige lokale Bräuche als Bestandteil des Glaubens eingegliedert. Die Mehrheit der heutigen afrikanischen Staaten südlich der Sahara praktiziert den einheimischen Islam, wobei der Prozentsatz schwankt. Die Skala reicht von 99% bis 75%, betrachtet man – in abnehmender Reihenfolge – den islamischen Bevölkerungsanteil von Somalia, den Komoren, Niger, Senegal, Sudan, Mali und Guinea. Islamische Minderheiten sind stark vertreten (zwischen 50% und 25%) – unter Beibehaltung der abnehmenden Reihenfolge – in Nigeria (50 Mio. Moslems), im Tschad, in Burkina Faso, Sierra Leone, Tansania, Äthiopien, der Elfenbeinküste und Liberia. In Kamerun, in Kenia, Mosambik, Malawi und Togo sind 15% der Bevölkerung moslemisch.

▸ Sklaverei, Äthiopien, Islam (Ausbreitung), Maghreb, Sudan, Swahili-Kultur, Timbuktu

Aga Khan

Ursprünglich Ehrentitel am Hofe der Kadscharen-Dynastie in Persien* (1779–1924), seit 1881 Bezeichnung für das geistliche Oberhaupt der nizaritischen Ismailiten*, deren Bewegung auf die Fatimiden* zurückgeht.

Heute gemäßigter, haben sich diese Siebenerschiiten (die sieben Imame* als rechtmäßig anerkennen) bis ins 15. Jh. um die indischen Hodschas (von pers. *Khwadja*, „Herr/Gott") erweitert, deren einer Teil die Herrschaft des Aga Khan anerkennt und sein Zentrum in Bombay/Indien* hat.

Der heutige Aga Khan, Karim (geb. 1936) studierte in den USA und wohnt hauptsächlich in Paris; er wird von den nizaritischen Ismailiten als ihr 49. Imam angesehen. Seine Familie spielt auf dem Wohltätigkeitssektor eine nicht unbeachtliche Rolle; sein Großvater war eine politische Persönlichkeit der Moslems im britischen Indien und Präsident des Völkerbundes 1937.

Die ismalilitischen Nizariten und Hodschas finden sich zum Großteil in Indien, hauptsächlich in Bombay, sowie in Pakistan und in der Diaspora in Ost- und Südafrika und Großbritannien.

▸ Ismailiten

Agra

Diese indische Stadt, die bereits vor den moslemischen Invasionen gegründet wurde, wird bereits in der ghasnawidischen Epoche erwähnt.

Sie vergrößerte sich auf Betreiben der Lodi-Sultane* von Delhi* und wurde zu Beginn des 16. Jhs. zu einem Zentrum der Gelehrsamkeit. Babur, der erste Mogul*-Kaiser, machte sie 1526 zu seiner Hauptstadt, und Agra behielt diesen Status, mit Unterbrechungen, während der ganzen Regentschaftsdauer dieser Dynastie bis zur Annexion durch die Engländer im Jahre 1803. An den Ufern des Flusses Yamuna gelegen, ist diese Großstadt, die europäische Reisende mit London oder Konstantinopel (Istanbul*) verglichen, berühmt für ihre Bauten aus Sandstein (z. B. das Fort und der Jahangiri Mahal, mit hinduistischem Einfluß) und aus Marmor. Die Entdeckung von Steinbrüchen unter der Herrschaft von Schah Jahan führte zu einer Evolution im Stil: das Grabmal von Itimad-ud-Daula, welches 1628 fertiggestellt wurde, ist das älteste Bauwerk Indiens, das vollständig aus Marmor besteht. Es diente als Vorbild für den Taj Mahal, ein Meisterwerk der Architektur und Kunst, für welches Schah

Jahan (17. Jh.) die besten Architekten und Künstler versammelt hatte, die mehr als zwölf Jahre an diesem Liebesbeweis für seine Frau arbeiteten, die 1631 verstorben war.

Aijubiden

Dynastie kurdischen Ursprungs (1169–1260), die über Ägypten und Syrien sowie eine Zeitlang über den Jemen* herrschte. In Ägypten und Syrien spielten die Aijubiden – besonders ihr größter Herrscher: Saladin* – eine Hauptrolle im Kampf gegen die Kreuzfahrer.

Die Dynastie wurde von Salah ad-Din Jussuf al-Aijubi (für die Europäer: Saladin, 1138–1193) gegründet. Als Kurde und Nachkomme von Aijub stand er im Dienste von Nur ad-Din, dem zengidischen Emir* von Syrien-Palästina*. Saladin war Anhänger der sunnitischen* Orthodoxie und stürzte die schiitische* Fatimiden*-Dynastie Ägyptens. Nach dem Tode Nur ad-Dins (1147) wurde er vom abbasidischen* Kalifen* als Sultan* von Ägypten und Syrien anerkannt. Saladin setzte den Heiligen Krieg (*Dschihad**) gegen die Kreuzfahrer fort und vereinigte den ganzen Islam* gegen sie. Sein Sieg bei Hattin (Palästina) gab Jerusalem* den Moslems* zurück; die Franken wurden auf die palästinische Seite zurückgedrängt. Vor seinem Tod teilte Saladin die aijubidischen Gebiete (Nordsyrien, Jemen) unter seiner Familie auf: eine Maßnahme, die eine gewisse Zentralisierung jedoch nicht verhinderte. Unter der Herrschaft des Sultans al-Kamil (gest. 1238) kam es zu einer Phase der Entspannung gegenüber den Kreuzfahrern, die mit der Wiederabtretung Jerusalems an den römisch-deutschen Kaiser und König von Sizilien Friedrich II. aus dem Geschlecht der Staufer ihren Höhepunkt erreichte, zum großen Schaden der moslemischen Welt. Die Aijubiden führten den Mißerfolg des sechsten Kreuzzugs mit der Gefangennahme des heiligen Ludwig herbei, bevor sie selbst von den Mamelucken* von der Macht in Kairo* verdrängt wurden. In bestimmten syrischen Städten sowie in Diyarbakir (Anatolien*) hielten sich kleinere aijubidische Fürsten bis Ende des 15. Jhs. an der Macht.

► Kreuzzüge, Saladin

Ajatollah, der

Titel der höchsten Würdenträger in der religiösen Hierarchie der Zwölferschiiten* im Iran* mit der wörtlichen Bedeutung „Zeichen Gottes".

Die Zwölferschiiten betrachten jegliche Regierung als unrechtmäßig, bis der Verborgene Imam* zurückkehrt. Die Erhebung des schiitischen Glaubens zur Staatsreligion in Persien* durch die Safawiden* (1501) begünstigte die Herausbildung einer höheren Hierarchie, an deren Spitze die „Mudschtahids" stehen. Diese werden zu ihren Lebzeiten als Quelle göttlicher Inspiration angesehen und können dementsprechend ihre persönlichen Interpretationen (*Idschtihad*) in Glaubens- und Rechtsfragen äußern und durchsetzen – den Sunniten* ist diese Möglichkeit seit dem 12. Jh. verschlossen. Der „Mudschtahid" erhält von seinen Anhängern im Namen des Verborgenen Imams eine mitunter beträchtliche Abgabe, die ihm eine gewisse Unabhängigkeit von der als „ungläubig" betrachteten Regierung sichert. Vom 19. Jh. an entstand als Spitze der religiösen Hierarchie der Stand der

Ajatollahs, die zahlreiche Jünger um sich scharten und eine immer größer werdende Rolle im politischen Leben spielten. Im 20. Jh. wuchs ihre Anzahl wie ihre Lehrautorität und ihre Fähigkeit, die Massen zu mobilisieren, was schließlich einen Höhepunkt in der islamischen Revolution (1979) des Ajatollahs Khomeini fand. Die infolge dieser Revolution verkündete neue iranische Verfassung bestimmt, daß die höchsten religiösen Würdenträger an der Spitze des Staates stehen.

Akbar, Mogul-Kaiser (1556–1605)
Als dritter und größter (arab. *akbar*) der Mogul-Kaiser war Akbar zugleich einer der mächtigsten Herrscher seiner Zeit: seine 50jährige Regentschaft markierte den Höhepunkt seiner Dynastie, die in der damaligen Welt einen außergewöhnlichen Ruf hatte. Er stabilisierte die moslemische Vorherrschaft in Indien*, die auf einem Staat beruhte, der durch das klassische iranische Modell gefestigt und von den zahlreichen Hindus, die dort angestellt waren, beeinflußt wurde. Unter seiner Herrschaft entwickelte sich in der Literatur, in den Künsten und in der Architektur (in Agra*, in Fatehpur-Sikri*) eine indo-moslemische, von den Moguln* geprägte kulturelle Synthese unter dem doppelten Einfluß Persiens* und Indiens. Sein Staat zeigte sich für Hindus und Christen aufgeschlossen; für Moslems* war er eine Begegnungsstätte zwischen iranischem Sufismus* und Hinduismus. Akbar selbst ersann ein synkretistisches indo-moslemisches Religionssystem: den „göttlichen Glauben" (*Din-i Ilahi*). Obwohl nur auf seinen Hof beschränkt, erleichterte dieser „Glaube" die Integration zahlreicher Hindus in den Staatsapparat, trotz der Vorbehalte der Ulema*. Es entstand eine Symbiose, die der religiöse und kriegerische Fanatismus des letzten Großmoguln, Aurangzeb (gest. 1707), wieder aufs Spiel setzte.
▶ Mogul-Kultur, Moguln

al-... ▶ siehe unter dem Anfangsbuchstaben des folgenden Wortes

Alawiten
Die ethnisch-religiöse Gruppe der Alawiten (arab. „diejenigen, die Ali* verehren"; zu unterscheiden von den schiitischen* Aliden, den „Anhängern Alis") lebt in verschiedenen Regionen des Nahen Ostens, vor allem in Syrien (im Alawiten-Gebirge), wo sie einen Bevölkerungsanteil von 12% besitzt, sowie im Libanon und der Region von Antakya (Antiochia) in der Türkei. Die Alawiten zählen annähernd zwei Millionen Mitglieder.

Häufig werden sie auch nach einem ihrer frühen Oberhäupter, Ibn Nussair (gest. um 883), als „Nussairier" bezeichnet. Sowohl Sunniten* wie Schiiten betrachten die Alawiten als eine häretische Sekte*. In ihren Glaubensauffassungen versammelt sich das Erbe verschiedener geistiger Traditionen dieser Gegend: griechisch-hellenistische Philosophie, christliche Gnosis, manichäischer Dualismus des Irans sowie Gedankengut der Ismailiten*. Sie glauben an eine Dreiheit aus Ali, Mohammed* und dem Prophetengefährten Salman, dem Perser. Vermutlich haben sie von den Ismailiten die islamische Einfärbung ihres Kults übernommen, der auf Initiationsriten gründet. Auf Grund von Verfolgungen flohen sie in die nahöstlichen Bergregionen (Syrien, Libanon). Sie üben eine starke Stammes-Solidarität, bewahren jedoch – wie die Drusen* – eine islamische Fassade. Während der französischen Mandatszeit in Syrien (1920–1946) erhielten die Alawiten (und ebenso die Drusen) einen eigenen Staat; diese Teilungen sollten den syrischen Nationalismus schwächen. Heute leben die syrischen und libanesischen Alawiten mitten unter ihren Landsleuten, sowohl in den Städten wie auf dem Lande; ihr Einfluß auf die syrische Politik ist beträchtlich.

Den Namen „Alawiten" (*Alawija*) trägt des weiteren eine sunnitische Sufi*-Bruderschaft*, die der algerische Scheich* Ahmed al-Alawi (gest. 1934) gründete und die im Maghreb* fest verwurzelt ist.

In einem völlig anderen Zusammenhang nennt sich die derzeit in Marokko regierende sunnitische Dynastie „Alawiten", da ihre Angehörigen sich als Nachkommen Alis betrachten.

Alchimie

Die Alchimie ist eine der traditionellen islamischen Wissenschaften*. Bevor die Chemie eine exakte Wissenschaft wurde, wurde sie mit dem gleichen Ausdruck wie die Alchimie bezeichnet, die auf arabisch *al-Kimiya* heißt.

Die Alchimie lehnt sich an eine mystische und allegorische Auslegung der geistigen Entwicklung des Menschen an, aber auch an die Chemie in ihrem Bestreben, die Beschaffenheit der Materie zu verstehen, u.a. durch die Umwandlung ihrer Elemente. Im Lichte des begrenzten Wissens der Zeit stellten die Chemiker der Vergangenheit Fragen, die den heutigen nahe waren, mittels Versuchen mit gleichartigen Substanzen. In der wissenschaftlichen Alchimie wird eine umfangreiche Sammlung von arabischen Schriften einem Manne zugeschrieben, der aus Tus in Persien* stammte: Djabir Ibn Hayyan (721–815), dessen lateinischer Name Geber ist und der in Kufa im Irak lebte, wo er ein Laboratorium errichtete. Er wurde Alchimist am Hofe von Harun ar-Raschid* in Bagdad* und lernte die Undankbarkeit kennen, ebenso seine Mäzene*, die mächtigen Barmakiden-Wesire*. Sein Lebenslauf ist lückenhaft, und es ist nicht leicht, beim gegenwärtigen Wissensstand zu bestimmen, welche der zahlreichen Werke, die ihm zugeschrieben werden, wirklich von ihm stammen – wahrscheinlich ist er unter anderem der Verfasser des Meisterwerks „Die Truhe der Weisheit". Man neigt allerdings eher dazu, diese Texte, die teilweise vielleicht das Werk der Ismailiten* sind, um das Jahr 900 zu datieren. Wenn dieses Sammelwerk eine Vorstellung des vorislamischen Wissens – des griechischen, aber auch des ägyptischen – widerspiegelt, so bietet es eine Sicht der Alchimie als experimenteller Wissenschaft und der Methoden, chemische Substanzen zu reinigen, die auf einer Theorie der Materie fußt, die vom Aristotelismus abgeleitet ist.

Eine Anzahl von arabischen Fachausdrücken sind seit dieser Zeit in europäische Sprachen eingegangen.

Einige große islamische Gelehrte waren Fachkundige der Alchimie und auch anderer wissenschaftlicher Disziplinen, wie der Arzt Razi* (Rhazes), der an der praktischen Chemie* und der wissenschaftlichen Arbeit im Labor sehr interessiert war, z.B. an Destillation, Kalzinieren (Brennen), Lösen, Verdunstung,

Kristallisation und Amalgamation. Razi hat die Grundlagen für die Chemie als reine Wissenschaft gelegt, indem er ihr eine systematische Klassifikation verlieh, die einen bedeutenden Einschnitt darstellte, denn für ihn hatte das Experimentieren Vorrang vor den magischen und astrologischen Vorgehensweisen.

Die Annahme der Elementenumwandlung wurde von dem Philosophen und Arzt Ibn Sina* (Avicenna) und von al-Biruni verworfen, der gute Kenntnisse der indischen Wissenschaft besaß; er selbst erreichte ein hohes Maß an Zuverlässigkeit bei seinen Messungen des spezifischen Gewichts zahlreicher Substanzen.

Djabir Ibn Hayyan wurde lange Zeit als größter Alchimist des Orients und Okzidents angesehen, und die Übersetzung seiner Schriften – oder der, die ihm (seit dem 12. Jh.) zugeschrieben wurden – vom Arabischen ins Lateinische haben die europäischen Alchimisten bis ins 17. Jh. hinein stark beeinflußt, z. B. Roger Bacon, Albert den Großen, Raimundus Lullus, und Nicolas Flamel.

▶ Chemie

Aleviten

Türkische Bezeichnung für „Aliden" (Anhänger Alis*). Die Aleviten stellen die türkische Version der Schiiten* dar. Sie sind im östlichen Anatolien*, besonders unter den Kurden*, weit verbreitet. Ihre gegenwärtige Anhängerschaft wird auf annähernd 20 Millionen geschätzt.

Obwohl sie zu einem Großteil Erben der turkmenischen* Safawiden* sind, sind die Aleviten keine Zwölferschiiten* wie die iranischen Schiiten jenseits der Grenze. Sie unterscheiden sich von diesen zum einen durch ihre mystisch geprägte volkstümliche Poesie, zum anderen durch ihre gnostischen, humanistischen und staatskritischen Tendenzen. Im Osmanischen* Reich gaben die Aleviten Anlaß zu zahlreichen größeren Volksaufständen (nach Art der Erhebungen der bektaschitischen Derwische*), die von Istanbul* oft nur mit Mühe niedergeschlagen werden konnten. Der Kollaboration mit den verfeindeten Persern angeklagt, wurden die Aleviten im 16. und 17. Jh. während der Kriege der sunnitischen* Osmanen gegen die schiitischen Safawiden gewaltsam verfolgt. In der heutigen Türkei sind sie Zielscheibe von Attentaten und werden sowohl von türkischen Nationalisten wie von sunnitischen Fundamentalisten* isoliert. Die Aleviten sind leidenschaftliche Anhänger des kemalistischen Laizismus, der in ihren Augen ihr Leben als eigenständige Religionsgemeinschaft garantiert.

Alexander der Große

Im Koran* als Persönlichkeit mit einer eschatologischen Mission erwähnt, ist Alexander (arab. *Iskandar*) für die Moslems* derjenige, der, von der Vorsehung gesandt, durch seine immensen Gebietseroberungen den Weg geebnet hat für die Ausbreitung des Islams* als Weltreligion.

Der große mazedonische Eroberer, Gründer von mindestens zwölf Städten namens „Alexandrien", hat drei Welten in einer griechisch-iranisch-indischen Symbiose vereinigt und ist ein un- und übergeschichtlicher Held geworden. Er ist gegenwärtig in zahlreichen religiösen und volkstümlichen Traditionen des Orients: hellenistischen, jüdischen (in der *Haggada*), christlichen (in den apokryphen *Offenbarungen* des heiligen Method; 7. Jh.), iranischen (im *Königsbuch* von Firdausi*), chinesischen, mittelasiatischen und moslemischen. Im Islam ist er bekannt als der „Zweihörnige“ (*Dhu l-Qarnain*), eine Anspielung auf seine Darstellung (auf Münzen nach seiner Eroberung Ägyptens) als Jupiter-Amun mit zwei Stirnhöckern. Sein arabischer Name kann auch „derjenige der zwei Epochen“ bedeuten: Die erste Epoche ist diejenige, in der er eine historische Rolle gespielt hat, in der zweiten Epoche kommt eine eschatologische Dimension in dem Sinne zum Ausdruck, daß am Ende der Zeiten die Legionen von Gog und Magog (satanische Mächte) in die menschliche Welt eindringen, um sie zu zerstören. Gegen diese Bedrohung soll Iskandar – Alexander – eine „Mauer aus Erz“ errichtet haben, vielleicht eine Anspielung auf die Chinesische Mauer (3. Jh. n.Chr.), die bei den Völkern des Vorderen Orients bekannt war, oder, was wahrscheinlicher ist, eine Anspielung auf jene Mauer, die im Kaukasus* gegen die Invasionen durch den persischen Sassaniden*-König Chosrow I. im 6. Jh., kurz vor Beginn der islamischen Zeitrechnung, erbaut wurde. Iskandar wird auf zahlreichen Miniaturen* dargestellt, besonders solchen persischer Herkunft.

Alfarabi ▶ **Farabi**

Algebra

Das Wort Algebra ist wahrscheinlich dem chirurgischen Wortschatz entlehnt und vom Titel des um 825 verfaßten Hauptwerkes des größten islamischen Mathematikers, Mohammed Ibn Musa al-Chwarismi* „Abriß über das Rechnen mit der Einrenkung (*al-Dschabr*) und dem Vergleich“, abgeleitet.

Schon von den Griechen und Indern erforscht, wurde dieser Bereich der Mathematik* von islamischen Mathematikern weiterentwickelt und klar formuliert, besonders von al-Chwarismi (gest. um 863), einem Iraner, der in Bagdad* ansässig war. Er übernahm das indische Zahlensystem, dessen Zahlen seitdem „arabische“ genannt werden und systematisierte die Funktion der Null. Damit leitete er zwei Methoden der Umformung von Gleichungen zweiten Grades ab. Sein o.g. Werk enthält drei Abschnitte: reine Algebra, Beziehungen zwischen Algebra und Geometrie und Studie über Folgeprobleme. Im 12. Jh. unter dem Titel *De numero indorum* ins Lateinische übersetzt, führte das Buch von al-Chwarismi durch Vermittlung Spaniens die Algebra in die europäischen Universitäten ein. Ein zusätzliches Kennzeichen seiner Bedeutung als Wegbereiter der Mathematik ist: Der Name des Gelehrten ist der Ursprung des Neologismus „Algorithmus“, einer Rechenmethode.

▶ Zahlen (arab.), Chwarismi, Mathematik.

Alhambra (arab. „rote Festung“)

Errichtet auf einem Gebirgsvorsprung der Sierra Nevada, der über Granada (in Andalusien*) hinausragt, ist Alhambra die Königsstadt der nasridischen* Sultane*. Sie wurde im 13.–14. Jh. als Ersatz für eine kleine Festung aus dem 9. Jh. erbaut.

Die starke und schmucklose Stadtmauer, verstärkt mit rechtwinkligen Rundgängen, umgibt Handelszentrum, staatliche Dienststellen und Paläste. In spanisch-maurischer Tradition präsentieren sich letztere als eine Ansammlung von Gebäuden, die um Höfe mit Wasserbrunnen und Kanälen angeordnet sind, zu denen hin sich die Empfangs- und Wohnräume öffnen. Der Myrtenhof oder der berühmte Löwenhof sind repräsentativ für die Kontinuität zwischen offenen und geschlossenen Räumen. Das Stuckdekor spielt mit den Gegensätzen von Schatten und Licht. Es verbindet Inschriften und Blumenmotive, die auf geometrischen Gittern angeordnet sind, die die in Tafeln geschnittenen Oberflächen verkleiden. Bis heute finden sich noch Reste der Vielfarbigkeit wie auch Gemälde, die sich von denen des Königssaals unterscheiden, die von christlichen Künstlern gemalt worden sind. Der Generalife, der auf einem Hügel im Nordosten der Alhambra liegt, offenbart sich als ein Ensemble von gleichartigen Gärten und Pavillons, die von hohen Mauern geschützt werden. Die Übergabe des Platzes 1492, nach dem Feldzug der katholischen Könige, bewahrte dieses einzigartige Zeugnis der beeindruckenden Dekorkunst des moslemischen Spaniens.

Alhazen ▶ **Haitham**

Ali (gest. 661)
Als Mitglied des gleichen mekkanischen Stammes der Haschimiten* wie sein Vetter Mohammed* war Ali nach Chadidscha, der ersten Frau des Propheten, die zweite Person, die zum Islam* übertrat.

Er war ein geschickter Mitstreiter zu Beginn des Islams und wurde zum Schwiegersohn Mohammeds durch die Heirat mit der Prophetentochter Fatima, mit der er zwei Söhne hatte: Hassan und Hussain.

Ali, der Politiker. Dem Machtzuwachs Alis nach dem Mord an dem „rechtgeleiteten Kalifen*" Osman folgte ein Bürgerkrieg. Seine Partei (arab. *Schiat Ali*, davon abgeleitet „Schiiten*") bestand aus frommen Gläubigen und beanspruchte schon immer das Kalifat* für Ali auf Grund seiner Verwandtschaft mit Mohammed*. Auf der Gegenseite beanspruchte Mu'awija, Gouverneur Syriens und Verwandter Osmans, die Ernennung zum Kalifen, während ein Aufstand von Prophetengefährten ausbrach, dem sich A'ischa, die Lieblingsfrau des Propheten, anschloß. Ali bezwang die Aufständischen in der Kamelschlacht (nahe Basra im Irak), bevor er sein Lager in Kufa aufschlug, einer von den Arabern neugegründeten Stadt. Den Euphrat überquerend, zog er von dort den Truppen Mu'awijas entgegen. In der unentschiedenen Schlacht von Siffin gab Ali seine Zustimmung zu einem „Schiedsgericht", das sich auf Umwegen zu Gunsten Mu'awijas entschied. Ali wurde unter dem Vorwand des Mordes an Osman abgesetzt. Die Charidschiten* („Auszügler") verließen Alis Armee und begaben sich nach Ktesiphon (Irak).

Ali vernichtete sie, ohne jedoch diese neue extremistisch-sunnitische* Bewegung gänzlich auszulöschen; 661 wurde er in Kufa von einem Charidschiten ermordet. Sein Sohn Hassan trat für nur sechs Monate seine Nachfolge an, bevor er auf die Macht unter Drohungen Mu'waijas verzichten mußte, der von da an die Stellung des Kalifen in Damaskus* übernahm. Hussain, der zweite Sohn Alis, versuchte einen Aufstand, kam aber 680 zusammen mit seinen Gefährten bei Angriffen der Omaijaden* bei Kerbela* ums Leben. Die Stadt ist seitdem als Ort des Martyriums Hussains* die wichtigste heilige Stätte der Schiiten.

Ali, Volksheld im Islam. Die Sunniten* verehren Ali zugleich als Glaubenskämpfer, als Vorbild an Frömmigkeit und gläubiger Gelehrsamkeit, als „Übermittler" zahlreicher zuverlässiger Überlieferungen (*Hadithe**) und – besonders die Sufis* – als Quelle der Esoterik. Seine Reden und Gespräche, zusammengefaßt im „Weg der Beredsamkeit" (*Nahdsch al-Balagha*), dienten lange Zeit als Vorbild für die richtige Verwendung der arabischen* Sprache, denn Ali hat die ersten Grundlagen der klassischen arabischen Grammatik gelegt. In der schiitischen Welt nimmt er eine weit zentralere Rolle ein, da er als Imam* Mittler zwischen Gott und Mensch ist. Er verkörpert die Gesetzmäßigkeit, denn Mohammed soll ihn bei seiner Rückkehr von der „Abschiedswallfahrt", kurz vor seinem Tod, mit folgenden Worten eindeutig zu seinem Nachfolger bestimmt haben: „Wer mich als Meister hatte, soll nun Ali zum Meister haben." Dieses Ereignis, das nahe dem Teich von Ghadir Khumm zwischen Mekka* und Medina* stattgefunden haben soll, wird von den Schiiten* seit dem 10. Jh. feierlich begangen. Das Grab von Ali in Nadschaf* (Irak) ist – als Ort des Martyriums – nach Kerbela* der zweite schiitische Wallfahrtsort*. Ali ist im Islam weithin beliebt wegen seiner Eigenschaft sowohl als Heiliger wie als Krieger und auf Grund seines unglücklichen Schicksals; Legenden und Heldengeschichten nahmen sich ihn zum Vorbild, insbesondere schiitische Legenden, und die Perser nennen mehr als 1000 Wunder, die er vollbracht haben soll. Seine Entscheidungen werden mit denen Salomos verglichen, für Moslems* ein Vorbild an Weisheit und Scharfblick. Die radikalsten Schiiten sehen Ali als Inkarnation Gottes an. Für die Alawiten* (Syrien, Libanon, Türkei) ist er die „Pforte", der erste Bestandteil ihrer heiligen Dreifaltigkeit. Durch Ali und seine beiden Söhne nehmen die Scherifen* für sich in Anspruch, Nachkommen des Propheten zu sein – was nicht unbedingt eine Verbindung zu den Schiiten einschließt.

► Hussain (Martyrium), Kerbela, Mohammed, Omaijaden, Schiiten

Alkohol

Zur Zeit Mohammeds* boten in Arabien Märkte und Messen Gelegenheit zum Konsum von Alkohol, der aus Palmen gewonnen wurde, und von Bier (aus Gerste und aus Honig). In Südarabien wie im teilweise von Arabern besiedelten Syrien gab es auch Wein. Im Koran* wird Alkohol zunächst noch als bekömmlicher und heilender Trank bezeichnet (Sure 16,69); verboten wird lediglich, betrunken zum Gebet zu gehen (Sure 4,43). Später heißt es, daß der Wein sowohl nutzen wie schaden könne, jedoch der Schaden überwiege (Sure 2,219), was schließlich (Sure 5,90) dazu führt, daß der Wein als Werk des Satans* verdammt wird, der die Gläubigen von ihren religiösen Pflichten ablenken will.

Gestützt auf zahlreiche Überlieferungen (*Hadithe**) verboten die sunnitischen* wie schiitischen* Rechtsschulen* recht bald den Moslems* den Alkoholkonsum und -handel; letzteren übernahmen in der Folgezeit die Schriftbesitzer*. Jede Zuwiderhandlung wurde – sofern vier Augenzeugen sie bestätigten – mit 40, später 80 Peitschenhieben geahndet. Nichtsdestoweniger preisen alle Berichte über Feierlichkeiten an den Höfen* der Fürsten (Bagdad*, Persien*, Moguln*) den Wein, ebenso unzählige Dichter (wie Abu Nuwas*) und Sufis*, wobei diese Glorifizierung auch oft in einem mystischen Sinne verstanden werden kann, wie bei Omar al-Chaijam*. Der den Gläubigen im Paradies verheißene „Wein" berauscht nicht und erinnert eher an klares Wasser oder Milch. Heutzutage verbietet eine wachsende Zahl von Staaten, die eine Rückkehr zum ursprünglichen Islam anstreben, den Alkoholkonsum (Saudi-Arabien, Iran*, Sudan*, Golfstaaten, Jemen*, Pakistan*), während ihn die moderneren Staaten unterschiedlich strengen Beschränkungen unterwerfen. Die Fundamentalisten* kämpfen für ein allgemeines Verbot in der gesamten islamischen Welt.

► Hadith

Almohaden (1130–1269)
Dynastie, gegründet von dem Reformer Ibn Tumart (gest. 1130), der sich zum Mahdi* proklamierte. „Diejenigen, die die Einzigkeit Gottes verkünden" (arab. *al-Muwahhidun*, daher Almohaden), waren Berber*, die als Reaktion auf die strenge Rechtsschule* der Malikiten* und auf die Laxheit der letzten Almoraviden* ein Reich gründeten, das auf seinem Höhepunkt den Maghreb* bis Tunis und Tripolis umfaßte sowie auch einen großen Teil Spaniens*.

Ibn Tumarts Nachfolger Abd al-Mumin (Regierungszeit 1130–1163) bemächtigte sich Marokkos, indem er der Almoraviden-Dynastie ein Ende setzte, und machte 1147 Marrakesch* zu seiner Hauptstadt. Gegen Spanien, wo die *Reyes de Taifas** (Kleinkönige) wieder Bedeutung erlangten (Valencia, Cordoba, Murcia), schickte er 1145 eine Armee, die schnell alle Gebiete der Halbinsel unterwarf. Sevilla wurde die Hauptstadt des ausgedehnten spanisch-maghrebinischen Staates. Trotz fanatischer Ausbrüche, die sowohl auf die Juden und Christen wie auf die gemäßigten Moslems* zielten, entwickelte der zentralisierte und autoritäre Staat der Almohaden Handelsaktivitäten und wurde zum Ausgangspunkt für ein glanzvolles intellektuelles Leben: Aufblühen der Philosophie* (mit Ibn Tufail* und Averroes*, beide Ärzte von Abd al-Mumin, und dem Mystiker Ibn Arabi*) und der Künste (Bau der Giralda von Sevilla, Einführung des Hufeisenbogens, der charakteristisch für die spanisch-moslemische Kunst ist). Der Nachfolger von al-Mumin, Yaqub Ibn Mansur (gest. 1198), brach von seiner Militärbasis Rabat auf und besiegte die Christen des Königs Alfons VIII. 1195 in Alarcos; ein Sieg ohne Folgen, denn der überwältigende christliche Sieg von Las Navas de Tolosa 1212 läutete das Ende der moslemischen Präsenz in Spanien ein. Zum Rückzug hinter die Straße von Gibraltar gezwungen, regierten die Almohaden nur noch über den Maghreb, bevor Marrakesch 1269 in die Hände der Meriniden fiel.

► Andalusien, Maghreb (Geschichte und Dynastien), Reconquista, Reyes de Taifas

Almoraviden (1056–1147)
Sittenstrenge Berber*-Dynastie, hervorgegangen aus Glaubenskämpfern, die in Wehrklöstern (arab. *Ribat*) wohnten – daher ihr Name *al-Murabitun*, im Spanischen: Almoraviden. Von der Mündung des Flusses Senegal kommend, spielten sie zunächst bei der Islamisierung Westafrikas eine wichtige Rolle, bevor sie in sieben Jahren der Eroberung (1055–1061) den Maghreb* vereinigten, zu dem das moslemische Spanien* hinzukam.

Unter dem Kommando des Militärführers Jussuf Ibn Taschfin eroberten die Almoraviden Marokko, dann fast den gesamten Maghreb. Marrakesch* wurde 1062 als Hauptstadt ihres Reiches gegründet, das die nominelle Autorität des Kalifen* von Bagdad* anerkannte. Das in Kleinkönigreiche (*Reyes de Taifas**) aufgesplitterte moslemische Spanien rief – anläßlich der Angriffe der christlichen Reconquista* – Ibn Taschfin zu Hilfe. Dieser überquerte die Meerenge von Gibraltar und vernichtete Alfons VI. von Kastillien bei Zallaqa (Sagrajas, nahe Badajoz); Toledo blieb jedoch in den Händen der Christen. Ibn Taschfin vereinigte in den folgenden Jahren wieder den größten Teil des moslemischen Spaniens, das anschließend eine glanzvolle kulturelle Erneuerung erfuhr, die auf Andalusien* und Marokko ausstrahlte. Vom Beginn des 12. Jhs. an wurde die Position der Almoraviden durch eine neue Berberdynastie nomadischen Ursprungs, die Almohaden*, bedroht, die schließlich Marrakesch eroberten, indem sie dort 1147 den letzten Almoraviden-Herrscher töteten: ein perfektes Beispiel für die Theorie von Ibn Chaldun* über den Prozeß, der periodisch Nomaden* an die Macht bringt, wenn es zu einem unvermeidbaren Niedergang kommt, der unmittelbar mit dem Luxus der seßhaften städtischen Gesellschaften zusammenhängt.

► Andalusien, Maghreb (Geschichte und Dynastien), Reconquista, Reyes de Taifas

Anatolien
Zur Zeit des Byzantinischen Reiches war Anatolien (aus griech. *Anatolê*, „Sonnenaufgang") eine Bezeichnung für Kleinasien. Bis zur Bildung des Osmanischen* Reiches blieb das Gebiet in den Augen der moslemischen Geschichtsschreiber* das „Land der christlichen, byzantinischen Griechen, Nachfolger der Römer" (arab. *Bilad ar-Rum*, abgeleitet von „Rom", arab. *Rum*).

Unter den Omaijaden* führten die moslemischen Kämpfer Angriffe gegen Anatolien (663–678), doch das Taurusgebirge, das einen natürlichen Schutzwall bildet, verhinderte die Eroberung. In Kilikien, im Süden der Gebirgskette, fielen sie jedoch zeitweise in byzantinisches Gebiet ein, ohne zu versuchen, sich dort niederzulassen. Der letzte Versuch, den die Moslems* zwischen 668 und 718, nach einer Reihe von Belagerungen, unternahmen, um Konstantinopel (Byzanz*) zu erobern, führte sie über Anatolien. Um den Geist des „Heiligen Krieges*" gegen die Byzantiner neu zu entfachen, beschloß der türkische* Seldschukenführer Toghril, der sich 1055 vom abbasidischen* Kalifen* den Titel Sultan* hatte zuerkennen lassen, sein Ansehen zu erhöhen. Er hetzte die Turkmenen* auf. Diese fielen in byzantinisches Land ein, um es zu plündern. Alp Arslan, der Nachfolger Toghrils, zügelte die Offensive der Byzantiner, die dazu bestimmt war, der turkmenischen Bedrohung an ihren Grenzen ein Ende zu setzen. Die Byzantiner wurden 1071 in Manzikert geschlagen, und ihr Kaiser Diogenes wurde gefangengenommen. Er war der erste *Basileus* (König), den Moslems festnahmen. Dieser Sieg leitete die türkischen Einwanderungswellen in Anatolien endgültig ein. Nach dem Zerfall des Reiches der iranischen Groß-Seldschuken* ließen sich die Rum-Seldschuken*, ein Zweig der großseldschukischen Dynastie, in Anatolien nieder. 1077 erreichten sie Nizäa (Iznik), das sich in der Nähe der Dardanellen befindet. Ein byzantinisches Aufbäumen und der erste Kreuzzug* trieben sie in den Osten zurück, woraufhin sie sich in Zentralanatolien sammelten. Sie vertrieben dort eine andere turkmenische Dynastie, die der prächtigen Danischmeniden (um 1071–1177), und griffen das armenische Königreich Kilikien an. 1176 schlugen sie den byzantinischen Kaiser Manuel Komnenos I., womit sie Byzanz jegliche Hoffnung, das Gebiet zurückzugewinnen, nahmen. Der türkische Vormarsch wurde durch den dritten Kreuzzug verzögert, aber die durch den vierten Kreuzzug ausgelöste Plünderung Konstantinopels im Jahre 1204 schwächte die Byzantiner beträchtlich. Das ermöglichte den Rum-Sultanen, ihre Macht wiederherzustellen. Doch als 1243 die mongolischen Eroberer den Staat unterwarfen, befand er sich erneut in einem geschwächten Zustand. Mehrere türkische Sultanate, wie das der Karaminiden (um 1256–1483), bestanden in Anatolien fort, bis eines unter ihnen, das der Osmanen*, sie nacheinander schluckte, trotz der schweren Niederlage, die es 1402 gegen Timur-Leng* (in der Nähe von Ankara) erlitt und trotz der darauffolgenden Festnahme des Sultans Bayezit. Nach der Eroberung Konstantinopels im Jahre 1453 stellte Anatolien, neben dem Balkan* (Rumelien), den wichtigsten territorialen Bestandteil des Osmanischen Reiches. Unter den Osmanen (1894–1896) und während der Herrschaft der Jungtürken* (1909–1915) waren die Armenier Opfer eines Völkermordes, den die Türken mit Unterstützung der Kurden* verübten. Wahrscheinlich kamen dabei 1 Mio. der 3 Mio. Armenier, die sich innerhalb des Kaiserreichs mehrheitlich in Gebieten ihrer Vorfahren in Anatolien aufhielten, ums Leben.

Die Niederlage der Türken an der Seite der Deutschen während des Ersten Weltkrieges und die Besetzung eines Teils des Reiches durch die Alliierten (Franzosen, Engländer, Italiener, Griechen) reduzierten es auf asiatischer Seite auf Anatolien und auf europäischer Seite auf Thrakien. Nachdem der nationale Widerstand von Mustafa Kemal* die Griechen vertrieben und das Land von der Anwesenheit der Alliierten befreit hatte, rief er 1923 die türkische Republik (mit Ankara als Hauptstadt) aus. Anatolien bildet deren Herz und stellt den territorialen Hauptanteil.

► Byzanz, Osmanen, Seldschuken, Turkmenen

Andalusien

Die nahezu acht Jahrhunderte islamischer Präsenz (711–1492) in Spanien und vor allem in Andalusien sind den Moslems*, insbesondere den Arabern, als ein nostalgisches goldenes Zeitalter in Erinnerung. Für das mittelalterliche Europa führte die moslemische Besetzung der Iberischen Halbinsel (unabhängig von ihrer Rolle bei der Entstehung der spanischen nationalen Identität) zur Entdeckung einer Zivilisation, die in vielerlei Hinsicht – auf wissenschaftlicher, intellektueller und materieller Ebene – höher stand als die ihm damals bekannte.

Spanien im Islam. Als 711 der arabische Führer Tariq Ibn Ziyad mit seinen mehrheitlich aus Berbern* bestehenden Kriegern die Meerenge überquerte, die später seinen Namen trägt – der „Berg des Tariq" (arab. *Dschabal at-Tariq*, „Gibraltar") –, beabsichtigte er, sowohl einen Beutezug zu unternehmen als auch einen Heiligen Krieg (*Dschihad**) zu führen. Das politisch heruntergekommene, von den Westgoten während des langen Todeskampfes des Römischen Reiches gegründete wohlhabende Reich war bis 715 fast völlig erobert. Die moslemische Vorhut stieß bis nach Barcelona und Südfrankreich (Narbonne, Aquitanien) vor; ihr Vormarsch nach Norden wurde jedoch 732 endgültig durch den Franken Karl Martell zwischen Tours und Poitiers gestoppt. Mehr als 20 Jahre später wandte sich eines der Kleinkönigreiche* im Kampf um die Macht an den einzigen omaijadischen* Überlebenden des Massakers der Abbasiden* an seiner Familie. Der junge Abd ar-Rahman I. ging in Andalusien an Land (arab. *al-Andalus*, Nachahmung von *Vandalicia*: „Land der Wandalen"; das alte römisch-westgotische Baetica) und gründete mit seinen Anhängern das omaijadische Emirat* und die Omaijaden-Dynastie von Spanien (755–1031), mit Cordoba* als Zentrum. Der omaijadische Staat setzte sich in Andalusien (Sevilla, Malaga, Granada, Murcia) fest und hielt Zentralspanien (Toledo, Kastilien) dauerhaft in Schach, trotz des Widerstands seiner christlichen, nach und nach arabisierten Bevölkerung, der Mozaraber*. Der Anteil der Christen, die noch zu Beginn des 10. Jhs. 60% der Bevölkerung der moslemischen Gebiete ausmachten, ging am Ende des nächsten Jahrhunderts auf 20% zurück. Gründe dafür waren die massiven Bekehrungen, verursacht durch den steuerlichen Druck, der den Schriftbesitzern* auferlegt wurde, und eine große Auswanderungswelle in den christlichen Teil Spaniens. Im Nordosten der Halbinsel erstreckte sich die moslemische Herrschaft auf das Ebro-Tal (Saragossa, Tudela), gestützt auf lokale, faktisch autonome moslemische Fürsten. Toledo, Saragossa und Merida kennzeichneten die offiziellen Grenzen zwischen dem Islam und den spanischen Christen. In den Gebirgsregionen des Nordens (Asturien, Navarra) und in Galicien führten die christlichen Königreiche den Widerstand gegen die Moslems fort. Die Omaijaden-Fürsten lösten sich von der politischen Vormundschaft des moslemischen Orients, öffneten sich aber weitgehend seinen wirtschaftlichen und kulturellen Einflüssen. und die Arabisierung der westlichsten Provinz des Islams stand derjenigen der Gebiete im Orient in nichts nach. Große Emire herrschten, wie Abd ar-Rahman II., einer der mächtigsten und reichsten Herrscher der mediterranen Welt seiner Epoche; seine 30jährige Regierungszeit (822–852) festigte die Verwaltung, die (ebenso wie das Zeremoniell seines Hofes*) nach dem Vorbild der Abbasiden* organisiert war. Er baute die Armee* und die Flotte aus, die einen florierenden internationalen Handel* begünstigte. Indessen mußte er gegen eine Invasion der Wikinger in Sevilla kämpfen und gegen einen Aufstand der christlichen Mozaraber*, die von dem Verlangen getrieben waren, angesichts der moslemischen Herrschaft den Märtyrertod zu erleiden. Mit 300 000 Einwohnern wurde Cordoba die wichtigste Stadt Europas und eine der größten der bekannten Welt, vergleichbar mit Bagdad*, Byzanz* und Kairo*. Das Leben dort war luxuriös und gepflegt, ganz den Künsten und der Musik gewidmet, besonders nachdem Ziryab* sich hier niedergelassen hatte. Botschafter und Gesandtschaften aus Byzanz und dem römisch-deutschen Reich strömten hier zusammen. Höhepunkt der Dynastie war die 50jährige Regierungszeit (912–962) von Abd ar-Rahman III.: Er verstärkte die monarchische Macht gegen die separatistischen Aufstände und rief 929 das Kalifat* aus. Dieses diente als Speerspitze der sunnitischen* Orthodoxie gegen deren Feinde, die schiitischen* Fatimiden*-Kalifen von Ägypten, die durch ihre Präsenz im Maghreb* gefährlich geworden waren. Die Regierungszeit seines Sohnes al-Hakam II. (gest. 976) war eine der ruhigsten und fruchtbarsten der Dynastie: In Cordoba soll die Kalifenbibliothek 400 000 Bände besessen haben, und die prächtige große Moschee*, die den westgotischen Hufeisenbogen integriert hat, wurde noch schöner ausgestaltet. Aber Hischam II., der Sohn des vorhergehenden Kalifen, gab 980 die Macht an seinen Minister al-Mansur ab (Almanzor in christlichen Texten, gest. 1002). Dieser vergrößerte mit Waffengewalt die moslemische Herrschaft in Spanien in einem Umfang, der in der Folge niemals mehr erreicht wurde. Dieser militärische Führer tat sich auch am Ende des 10. Jhs. hervor bei der Organisation der auf Druck der Ulema* veranlaßten Bücherverbrennung von Werken der rationalistischen Philosophie, die in der sagenhaften Kalifenbibliothek enthalten waren. Im 11. Jh. stürzte der von inkompetenten Fürsten regierte Omaijadenstaat in die Anarchie. Die politischen und ethnischen Kämpfe zwischen Arabern, Berbern und Militärsklaven (arab. *Saqaliba*, „Slawen") gewannen dieses Mal die Oberhand: Cordoba wurde 1009 teilweise von aufständischen Berbern zerstört, dann von den „Slawen". Ab 1030 gründeten ca. 30 unabhängige Kleinkönige (*Reyes de Taifas**; arab. *Muluk at-Tawaif*) eigene Fürstentümer, die sich gegenseitig bekriegten und sich im Bedarfsfall auch bedenkenlos mit Christen verbündeten. Ihre Höfe bildeten häufig prächtige intellektuelle und künstlerische Zentren, wie in Sevilla, Toledo, Malaga, Saragossa, Almeria, Denia und Granada. Diese Zerstückelung begünstigte das Vordringen der christlichen Reconquista* – Toledo wurde 1085 eingenommen – und nährte die Ambitionen der beiden großen Berberdynastien des Maghrebs: Nacheinander von den moslemischen Fürsten der Halbinsel herbeigerufen, trafen die Almoraviden* 1086 in Spanien ein, dann im Jahr 1145 die Almohaden*; die ersten vertrieben die Christen, die zweiten die Juden. Vorübergehend kam es zur Wiedervereinigung des moslemischen Spaniens und zu seiner Anbindung an das

Schicksal Nordafrikas. Aber weder der Sieg der Almoraviden 1086 bei Zallaqa (nahe Badajoz) noch der der Almohaden 1195 bei Alarcos (nahe Ciudad Real) bremste die unerbittliche christliche Wiedereroberung ganz Spaniens. Nach dem überwältigenden Sieg der Christen über die Almohaden bei Las Navas de Tolosa (1212) fiel Cordoba 1236 und Sevilla 1248. Nur das bergige Gebiet von Granada, rings um die Alhambra*, blieb unter den Nasriden* (1230–1492) unabhängig, bis die katholischen Könige es 1492 zurückeroberten. Dieser Sieg besiegelte das Schicksal des Islams auf der Halbinsel und vollendete die Einheit Spaniens.

Andalusien, eine Kultur. Die verschiedenen Bevölkerungsteile von al-Andalus – Araber, Berber*, „Slawen", Perser, Juden, konvertierte angestammte Spanier (die Muladen) oder arabisierte Christen (die Mozaraber*) – teilten eine gemeinsame Literatur-, Geistes- und Verwaltungssprache: das Arabische*. Dank der Einführung des Papiers* (Andalusien war ein wichtiges Fabrikationszentrum) fanden das Arabische und die von ihm übermittelte Kultur weite Verbreitung. Beide bildeten das einigende Band einer einzigartigen materiellen Kultur und Lebenskunst, zu denen jeder ethnische Bestandteil seinen Beitrag leistete. Die Toleranz, die während mehrerer Epochen in Andalusien herrschte, machte es zum Land der „drei Kulturen": der islamischen, jüdischen und christlichen. Ein großer Teil der gelehrten Juden spielte eine wesentliche Rolle in der Verbreitung der arabischen Kultur quer durch das mittelalterliche Europa. Diese ethno-kulturelle Verschmelzung war ein Merkmal der großen Augenblicke des spanischen Islams und Quelle beeindruckender intellektueller Kreativität vom 10.–13. Jh.

Andalusien wurde im Verlauf seiner Geschichte wesentlicher Bestandteil der universalen Kultur des Islams, deren Zentrum im Orient lag. Das erklärt vielleicht, daß Andalusien, bevor es von den klassischen moslemischen Zentren durch deren politischen Niedergang und ihre Zerstückelung getrennt wurde, eine gewisse Zeit benötigte, um eine eigene intellektuelle Wesensart innerhalb des Islams zu behaupten (außer auf dem Gebiet der Künste und Architektur*). Als literarische und künstlerische Provinz des Orients besaß Andalusien unter den Omaijaden* im 10. Jh. große Dichter, die der klassischen Schule von Bagdad* angehörten, wie Ibn Hani oder Ibn Abd Rabbih; mit der Muwaschschaha* (die Wörter der einheimischen romanischen Sprache in den spanisch-arabischen Schmelztiegel integrierte) begann Andalusien einen eigenen Beitrag zur Dichtkunst zu leisten. In der Architektur* und den Künsten entwickelte sich deutlich ein eigener omaijadischer Stil, vor allem in Cordoba*, aber auch in Medinat az-Zahra, der „strahlenden Stadt", die 946 von Abd ar-Rahman III. erbaut wurde: eine kurzlebige Königsstadt, in der syrische Ausstattung sowie hellenistische und byzantinische Elemente vorherrschten, die von den Berbern zerstört wurde und deren Reichtümer nur dank der archäologischen Ausgrabungen bekannt sind. Im 10. Jh. spielten die spanischen Omaijaden-Herrscher in der Entwicklung der Wissenschaften* eine aktive Rolle, indem sie Abordnungen in den Orient sandten, um wissenschaftliche

Werke zu kaufen, die sie in bedeutenden Bibliotheken* zusammentrugen. An der Medizin* interessiert, bat Abd ar-Rahman III. um 952 seinen Arzt, den jüdischen Gelehrten Hasdai Ibn Schaprut, um eine Neuübersetzung von Dioskurides' *De materia medica* auf der Grundlage einer bebilderten Handschrift, die ein Geschenk des Kaisers von Byzanz* war. Maslama al-Madjriti („der Madrilene", gest. ca. 1007) begründete die mathematischen* und astronomischen* Studien in Andalusien zusammen mit Djabir Ibn Afflah (gest. ca. 1050), dessen Werke sofort ins Lateinische übersetzt wurden. Am Ende des 11. Jhs. stand Andalusien an der wissenschaftlichen Spitze in Europa mit seinen Forschungszentren in Saragossa und Sevilla. Paradoxerweise ermöglichten der Sturz des Omaijaden-Staates, die Epoche der Kleinkönigtümer* und die Besetzung durch die Berber* den Durchbruch der andalusischen Literatur, z. B. mit dem Dichter Ibn Schuhaid (gest. 1035), dem Geschichtsschreiber* Ibn Hayyam (gest. 1076), dem Geographen* al-Bakri aus Cordoba (gest. 1094), dessen Studien sich auf alle Regionen des Islams bezogen, und dem großen Ibn Hazm* (gest. 1063); er verfaßte ein bedeutendes poetisches Werk, *Das Halsband der Taube*, eine Abhandlung über die höfische Liebe und eine Elegie auf das spanisch-omaijadische goldene Zeitalter. Die Dichtung* war Königin an den Höfen der „Taifas" (Kleinkönige), besonders in Sevilla. Der berühmteste andalusische Dichter war Ibn Zaidun (gest. 1070) – vermutlich der Geliebte der omaijadischen Prinzessin und Dichterin Wallada –, aber der Sultan selbst, al-Mutamid (gest. 1091), stand ihm in der Literatur in nichts nach. Diese Sevillaner Tradition setzte sich mit der gepflegten naturalistischen und liebevollen Dichtung von Ibn Hamdis (gest. 1138) fort, der aus seiner Heimat Sizilien* verbannt worden war. Die Berberherrschaft – der Almoraviden* und Almohaden* – erlebte die Blütezeit des Zadjal* und der Muwaschschaha (Gedichtform), meisterhaft vertreten durch Ibn Kuzman (gest. 1160), Abu Bakr und Ibn Zuhr (gest. 1198) und schließlich von einem der scharfsinnigsten Dichter der Epoche, dem konvertierten Juden Ibn Sahl (al-Israili, gest. 1251). Ibn Djubair (gest. 1217), der Reisende* und Geograph aus Valencia, machte das Genre des Reiseberichts berühmt, einer andalusischen Besonderheit. Die wissenschaftliche Erfindung erfuhr einen bemerkenswerten Aufschwung im 12. und 13. Jh. Besonders weit fortgeschritten waren die Landwirtschaftskunde sowie die Naturwissenschaften* (Zoologie und Botanik); durch die Einführung neuer landwirtschaftlicher Kulturen und Techniken* erwies sich das moslemische Spanien seit den Omaijaden als wegweisend auf diesen Gebieten. Der Sevillaner Ibn al-Awwam verfaßte im 12. Jh. eine Enzyklopädie über die Landwirtschaft*, und in Malaga erblickte der größte Botaniker und Pharmakologe des Islams, Ibn Baitar (gest. 1282), das Licht der Welt. Einer der großen moslemischen Astronomen*, Sarkala* (gest. 1100), praktizierte in Toledo. Mit Abu Marwan Ibn* Zuhur, im mittelalterlichen Europa bekannt unter dem Namen Avenzoar (gest. 1161), besaß die andalusische und moslemische Medizin einen der größten Theoretiker. Er schrieb u. a. ein bedeutendes Lehrbuch über Prophylaxe, das *Buch der Erleichterung*. Der Astronom al-Bitrudji, unter den mittelalterlichen europäischen Gelehrten bekannt als Alpetragius (gest. 1204), ersann ein System, das nicht mehr ptolemäisch, sondern mit den aristotelischen Prinzipien abgestimmt war. Angesichts des Niedergangs der Philosophie* im Orient behauptete die (neuaristotelische) moslemische Philosophie Spaniens ihre Identität. Glänzende Vertreter waren: zuerst der philosophische Roman *Der Lebendige, der Sohn des Wachenden*, eine Allegorie auf die Einsamkeit und die Zivilisation, von Ibn Tufail* (gest. 1185) – einem der authentischsten Autoren von al-Andalus, neben Ibn Hazm und Ibn Kuzman – und, mehr noch, ein großer Philosoph des Islams, der Aristoteliker Averroes* (Ibn Ruschd, gest. 1198), der von den Almohaden verfolgt wurde – wie sein jüdischer Landsmann und Zeitgenosse, der Philosoph und Arzt Maimonides* (gest. 1204). Es war auch die Epoche eines der bedeutendsten Sufi*-Dichter und -Denker der moslemischen Geschichte, Ibn Arabi* (gest. 1240). Geboren in Murcia, war er Kadi* in Sevilla und emigrierte später in den Orient. Al-Schuschtari (gest. 1270) war einer der letzten großen Meister des Zadjal. Noch einmal brachte Andalusien seine Eigenart in der Architektur und in den Künsten zum Ausdruck; sein Einfluß läßt sich auf beiden Seiten der Meerenge von Gibraltar spüren, vom Maghreb* bis zum christlichen Nordspanien. Im bedrohten Reich der Nasriden* wurden im 14. Jh. die Muwaschschaha-Dichtung und die Geschichte weiterhin kultiviert; Ibn Chaldun* hielt sich dort in seiner Eigenschaft als Diplomat für den Sultan* auf.

Im 12. und 13. Jh. verstärkte sich die Einflußnahme der moslemischen (orientalischen wie spanischen) sowie der antiken (von islamischen Denkern bearbeiteten) Wissenschaft und Philosophie auf Europa. Diese Strömung wurde gespeist von der Übersetzung* arabischer Texte ins Lateinische durch die Übersetzungsschule Toldedos, die bis 1150 moslemische, jüdische und christliche Gelehrte unter der Leitung des Erzbischofs Raimondo vereinte. Danach fand diese Arbeit vor allem am Hof des großen Königs Alfons X., des Weisen, statt, der von 1252–1284 regierte. Bestimmte altgriechische und klassisch-moslemische Texte sind übrigens nur in ihrer lateinischen oder hebräischen Version, die in Spanien erstellt wurde, erhalten; die Originale sind verlorengegangen.

▶ Abendland (wissenschaftliches Erbe), Almohaden, Almoraviden, Dichtung (klassische), Maghreb (Geschichte und Dynastien), Musik, Nasriden, Omaijaden in Spanien, Philosophie, Reconquista, Reyes de Taifas

Antara, Roman von
Wahrscheinlich beeinflußt von den Gedichten Antara Ibn Schadads (6. Jh. n. Chr.) feiert der Roman von Antara die ritterlichen und männlichen Tugenden der vorislamischen Beduinenstämme.

Bei seinen 10 000 Versen in gereimter Prosa handelt es sich um einen der volkstümlichsten arabischen Texte. Er stützt sich auf die 1000 Heldentaten Antaras, eines Mischlingskindes von einem Araber und einer Afrikanerin, der die Hand seiner schönen Kusine Abla gewinnen soll, die rein arabischer Herkunft ist. Unermüdlich erzählt und ausgeschmückt, erhielt die Handlung – die zu einer bedeutenden naiven Ikonographie Anlaß gab – ihre endgültige, heute bekannte islamisierte Form wahrscheinlich im abbasidischen* Irak des 12. Jhs. Sie berichtet über fast 500 Jahre arabischer Geschichte, vom Zeitalter der Unwissenheit, der Dschahilija*, bis zu den Kreuzzügen*, und das alles im jeweils zeitgenössischen Kontext der Invasionen durch Türken*, Kreuzfahrer und Mongolen*, die den Islam bedrohten. Der *Roman von Antara* ist auch eine Reaktion auf die Erneuerung der persischen Sprache, wie sie sich seit dem 11. Jh. im *Buch der Könige*, einem iranischen Nationalepos von Firdausi*, darstellt.

▶ Dschahilija, arabische Literatur, Beduinen

Arabeske

Begriff der islamischen Kunst*. Bezeichnet ein ornamentales, ursprünglich rein pflanzliches Motiv, das sich nicht in geometrischen Kompositionen (Spirale, Flechtwerk) und in der Kalligraphie* findet.

Die Arabeske ist eine Ranke mit Blättern oder Blumen, die sich zu rhythmischen und harmonischen Formen entwickelt. Sie bedeckt u.a. die Oberfläche, auf die sie aufgetragen wird. Man spricht bei der Ranke von Laubwerk (Rankenornament) und bei an Blumenmustern angelehnten Ornamenten von „Fleuron" (Blumenornament). In seinen Windungen (Spirale) und Verästelungen kann das Rankenornament das Blattmotiv überschneiden oder unter dem Blatt verschwinden. Das Blatt vollendet den Stengel der Ranke und schließt ihn ab.

Die moslemischen Künstler und Handwerker beziehen sich auf einen Formenschatz, der auf die hellenistische Antike zurückgeht, in der sich schon Akanthus- und Weinblätter zu wellenförmigen fortlaufenden Einheiten entwickelt haben. In der Arabeske kann man eine Tendenz zur Stilisierung beobachten, die dem typischen Charakter der islamischen Kunst entspricht und an der Abstraktion der Formen erkennbar ist.

Die Arabeske wird zur Verzierung sowohl von Handschriften (Buchkunst) angewandt als auch von Gegenständen der angewandten Kunst (Metallkunst, Keramik) und in der Architektur*, d.h., sie paßt sich allen Techniken, allen Bildträgern und Formaten an.

Sie wurde mit gleichem Erfolg zur Ausschmückung der Alhambra* und Cordobas* in Spanien sowie des Taj Mahal von Agra* in Indien* verwendet.

Z.Zt. der Omaijaden* hatte sich die Arabeske noch nicht durchgesetzt. Sie findet ihren Durchbruch erst seit dem 10. und 11. Jh., der Zeit der Abbasiden*, z.B. auf den Bucheinbänden der Antidoten des Pseudo-Galenus, und bei den Fatimiden* als Ausschmückung der Moscheen* von Kairo*. Die Metallinkrustationen der Mamelucken* (13.–14. Jh.) und die Miniaturmalerei der nasridischen* Korane* (15. Jh.) zeigen, wie sich das Motiv bis hin zu den osmanischen* Schöpfungen (wie den Keramikwänden von Iznik und im Topkapi*) und denjenigen der Safawiden* (z.B. der Kuppel* der Medresse* des Schahs von Isfahan*) entwickelt hat.

Die Arabeske kann man mit kalligraphischen, geometrischen und auch figürlichen Darstellungen verbinden: Sie zeichnet sich durch „groteske" Formen aus, die in Europa zur Zeit der Renaissance sehr beliebt waren.

Fasziniert von der Unendlichkeit, die sie auf den Gegenständen, die sie schmückt, hervorbringt, wollte man ihr fälschlicherweise eine symbolische Bedeutung zuschreiben.

Eher sollte man ihre plastische Ausformung hervorheben, die mit bestimmten Metren (Versmaß) der Dichtung* und mit musikalischen Metren, deren Gefühlstiefe der arabischen Welt eigen ist, vergleichbar ist.

Arabien, altes

Die arabischen Nomaden* (Beduinen*) aus dem Zentrum und dem Norden der Arabischen Halbinsel werden erstmals im 9. Jh. v. Chr. in den assyrischen Annalen erwähnt, bevor sie im darauffolgenden Jahrhundert richtig in die Geschichte des Nahen Ostens eintreten.

Arabien, Sammelplatz für Völkerwanderungen in den Nahen Osten. Ab dem 5. Jh. v. Chr. nahm der Fruchtbare Halbmond* einen stetigen Strom von Nomadenstämmen auf, die von der Arabischen Halbinsel kamen und sich nach und nach der Bevölkerung vor Ort anpaßten, indem sie seßhaft wurden und die semitische aramäische Sprache, *Lingua franca* des Nahen Ostens und Amtssprache der achaimenidischen Perser, annahmen. Sie bewahrten jedoch ihre Religion und ihre eigenen Götter. Eine wahrscheinlich „früharabische" Sprache nahm allmählich Gestalt an. Belegt ist sie durch Tausende von Wandinschriften, die vom südarabischen Alphabet (Jemen*) abgeleitet sind. Unter dem Einfluß der Dynastien, die von Alexander* dem Großen abstammten, nahmen die Nomadenstämme die hellenistische Kultur an, das war z. B. bei den arabischen Nabatäern der Fall, die ab dem 6. Jh. v. Chr. zwischen dem Toten Meer und dem Roten Meer ein mächtiges Königreich begründeten. Sie beherrschten den Handel* mit Gewürzen und Weihrauch aus Südarabien und Somalia, wie auch den Handel mit indischen Luxusartikeln. Weihrauch wurde in der Tat in riesigen Mengen für die antiken ägyptischen, mesopotamischen, persischen, hellenischen und römischen Kulte verwendet. Der Wohlstand Arabiens beruhte auf den Zollgebühren und auf der Funktion der Hauptstadt Petra (Jordanien) als Umschlagplatz. Sie lag an der Kreuzung von Karawanenrouten, die den Indischen Ozean, das Rote Meer, das Mittelmeer (über Elat und Gaza) und Syrien miteinander verbanden. Arabien, das ehemals mit Rom verbündet war, wurde 106 durch Trajan annektiert, um die Provinz *Arabia* zu bilden. Die arabische Kultur drang weiterhin vor und übte mit ihren mannigfaltigen Reichtümern, von denen Tausende in Palmyra gefundene Inschriften zeugen, Einfluß auf den hellenistischen Nahen Osten aus bis nach Edessa (Urfa, in der Türkei) und in den Libanon. Der Reichtum des kurzlebigen Palmyrenischen Reichs, dessen mehrheitlich hellenisierte Bevölkerung von Arabern regiert wurde, war groß. Die Araber waren so klug und blieben bei den Kriegen zwischen Römern und Persern unparteiisch. Obwohl die Herrscher von Palmyra sich der römischen Kultur anpaßten, trugen sie arabische Namen, wie Odaenathus (*Udhayna*) und seine Ehefrau und Nachfolgerin Zenobia (*Zaynab*). Ab 260 mußten die Römer die Siege von Odaenathus gegen die Perser anerkennen. Palmyra, eine Oase in der Wüste Syriens, war damals eine große Stadt, die durch die arabischen Einwanderer gewachsen war. Auch sie hatte ihren Reichtum ihrer geographischen Lage zu verdanken, da sie sich an einer Einmündung der Seidenstraße befand und ein Transitzentrum für die Produkte aus Indien* und Syrien war. Nach dem Tod von Odaenathus im Jahre 268 dehnte Zenobia ihre Macht bis nach Syrien aus und wurde so zur Gegnerin Roms. 272 wurde Palmyra durch Kaiser Aurelian zerstört. Das Abenteuer von Zenobia, das in Romanform abgefaßt wurde, blieb den Arabern jahrhundertelang lebhaft in Erinnerung. Zur gleichen Zeit gelang es Arabern aus Syrien, wie Elagabal und Philippus Arabs, den Thron des römischen Kaiserreichs zu besteigen, andere wurden zu römischen Senatoren ernannt. Das sind jedoch Ereignisse, die mehr die Geschichte Roms als die des Nahen Ostens betreffen. Später unterstützten die Römer, gefolgt von den Byzantinern, die Gründung abhängiger arabischer Pufferstaaten entlang ihrer Grenzen (Persien* war einer davon), um den Vormarsch arabischer Nomadenstämme in Richtung Norden aufzuhalten. Das Lachmidische Königreich (dem Lachm seinen Namen gab) beherrschte von seiner Hauptstadt Hira (Irak) aus die Wüste Syriens. Dies findet seine Bestätigung in einer Inschrift des 4. Jhs., in welcher sich der lachmidische König Imru al-Qays (gest. 328) dazu bekannte, „König aller Araber" zu sein. Der Text ist insofern von großer Wichtigkeit, weil er das erste Schriftstück ist, das in arabischer Sprache (in nabatäischen Schriftzeichen) verfaßt wurde, und nicht mehr in Aramäisch, wie die nabatäischen und palmyrenischen Inschriften es waren. Vielleicht hat er die Entstehung des arabischen Alphabets in die Wege geleitet. Die Lachmiden, die den christlichen Glauben der Nestorianer* angenommen hatten, traten später in den Dienst der persischen Sassaniden*, die die Eindämmungspolitik ihrer Gegner übernahmen. Byzanz* unterstützte einen weiteren Pufferstaat in der Region, den der Ghassaniden (die ihren Namen Ghassan verdanken), die aus Südarabien gekommen und christianisiert worden waren (Monophysiten). Ihr Herrscher wurde offiziell vom Kaiser Justinian (gest. 569) geehrt. Denn das 6. Jh. war Schauplatz eines gnadenlosen Krieges gewesen, der Byzanz und Persien entkräften sollte. Das kam den Karawanenstädten im Hedschas*, insbesondere Mekka*, zugute. Sie hatten bereits aus dem Zerfall der südarabischen Königreiche (Jemen) einen Vorteil gezogen, und ihre isolierte Lage hatte ihnen Schutz gewährt.

Die Araber, die seit einem Jahrtausend demographisch und politisch im Nahen Osten vertreten waren, wurden mit den „klassischen" Hochkulturen, an erster Stelle mit der hellenistischen und in geringerem Ausmaß mit der persischen, vermischt. Sie standen jahrhundertelang mit den monotheistischen Religionen der Region, d. h. mit dem Judentum, vor allem aber mit dem (monophysitischen und nestorianischen) Christentum und, oberflächlich, mit dem Zoroastrismus, der offiziellen Religion der Sassaniden, eng in Berührung. Juden und Christen waren seit Jahrhunderten auf Grund von Einwanderungen und Konversionen ganzer Stämme auf der Arabischen Halbinsel vertreten. Beide Religionen waren von politischem Gewicht und konfrontierten die Byzantiner und ihre Verbündeten, die Äthiopier*, mit den Persern. Diese Konstellation bildete den Rahmen für Mohammeds* Handeln. Mit Hilfe des Islams* machte er den noch gespaltenen Arabern deutlich, daß das Bewußtsein für ihre Stärke noch nicht geschärft war. Dies gelang ihm, indem er ihnen vorschlug, sich zu einer Gemeinschaft (*Umma*) zusammenzuschließen. Die Gemeinschaft sollte durch eine besondere Offenbarung gefestigt sein, eine gemeinsame Sprache besitzen, die zu diesem Zeitpunkt dank des Korans* ausgereift war, und in Form eines Staates* organisiert sein. Kurze Zeit nach dem Tod des Propheten wurde die Tatkraft der Araber durch die ersten Ausbreitungswellen des Islams* angespornt. Nachdem sie den Rang der wichtigsten Macht eingenommen hatten, richteten sie im Mittleren Osten eine neue Ordnung ein. Rasch schlossen sich ihnen zahlreiche Araber an, die sich seit langem außerhalb der Grenzen Arabiens niedergelassen hatten.

► Beduinen, Judentum und Islam, Mohammed, Jemen

Arabische klassische Literatur

Der Koran* ist das erste Literaturdenkmal der klassischen arabischen* Sprache und ein unerschöpfliches Vorbild auf Grund seines sakralen Charakters, aber auch wegen der literarischen Vollkommenheit, die er von Anfang an besaß. Man spricht von „arabischer" Literatur, weil in der Sprache der moslemischen Gelehrten aller Gebiete alles – was auch immer ihr ethnischer oder religiöser Ursprung sei – geschrieben wurde und weil ihre Beliebtheit mit dem Goldenen Zeitalter der Abbasiden* (750–1055) verbunden ist, das eine internationale Stadtkultur einleitete.

Höfisches Leben und Dichtung. Anfangs wurde die arabische Prosa von der großen Übersetzungsbewegung, die Schriften aller Bereiche umfaßte, angeregt. Die Herstellung der Schriftstücke lag in den Händen sozialer Gruppen, die die Grundlage einer neuen städtischen und durch den klassischen Islam* arabisierten Gesellschaft bildeten: die Sekretäre (*Katib*, pl. *Kuttub*) der Kanzleien der Kalifen (*Diwane**), unter denen sich viele Perser befanden, und die Überseehändler, die ihre Reisen und Abenteuer aufgezeichnet oder diktiert haben. Auf diese Weise entstand der *Adab* (was zugleich „höfisches Leben" und „Dichtung" bedeutet), der das Wissen in einer verständlichen Form zu vermitteln suchte. Er war eine der Hauptgattungen der arabischen Prosa, unabhängig von den schriftlichen Dokumenten aus dem wissenschaftlichen und juristischen Bereich. Der größte dieser ersten Prosaschriftsteller – und einer der bedeutendsten der arabischen Literatur überhaupt – war der Perser Katib Ibn al-Muqaffa (gest. 757). Sein Hauptwerk ist die Übersetzung und Bearbeitung einer indischen Fabel aus dem Persischen* – mit didaktischem, moralischem und politischem Inhalt –, die unter dem arabischen Titel *Kalila und Dimna** bekannt ist. Im 9. Jh. gab es Humanisten und Autoren des *Adab* von

Berufs wegen, bei denen ein Rationalismus, der den hellenistischen Texten entnommen war, herausragte. Djahiz (gest. 868), der bedeutendste unter ihnen, war bemüht, den Glauben und die Errungenschaften seiner Zeit in Einklang zu bringen. Sein *Buch der Tiere* (arab. *Kitab al-Hayawan*) versucht am Beispiel der Tierwelt die Grundlage einer geordneten Lebensweise zu entwerfen; es bietet zugleich ein hervorragendes Beispiel für die Reife, die durch die arabische Sprache erreicht wurde. Ibn Qutaiba (gest. 889) und at-Tawhidi (gest. 1023) gehörten der gleichen Tradition an. Sinnsprüche und Sprichwörter waren Vorbilder einer geschliffenen Sprache und standen im Mittelpunkt der Werke von Ibn Miskawaih (gest. 1030) und ath-Thaalibi (gest. 1039). Der *Adab* näherte sich dem Universalwissen mehr als literarische Gattung denn als wissenschaftlicher Beitrag. Alle großen philosophischen Geister kamen immer wieder auf den *Adab* zurück, z.B. der Andalusier Ibn Tufail* (1186) in seinem philosophischen Roman *Der Lebendige, der Sohn des Wachenden* (arab. *Hayy ibn Yaqzan*), eine Allegorie auf die Einsamkeit und die Kultur, aber auch Historiker*, Reisende* und Geographen*, weil sie gerne ihre besondere Begabung in einer klaren und lesbaren Sprache ausdrücken wollten.

Theaterstücke, Märchen und Volksroman. Gleichzeitig mit der gereimten Prosa trat eine andere literarische Gattung in Erscheinung – die *Makame* („Versammlung", „Vortrag"), in der die ethisch-philosophische oder auch soziale Botschaft sich mit dem Sittenstück mischt, um zu unterhalten und auch nach formalen Normen zu streben. Es handelte sich dabei um eine vornehme Fassung eines didaktischen Märchens. Djahiz maß sich in dieser Gattung mit dem *Buch der Geizigen* ebenso wie al-Azdi (10.Jh.), der darin seine Begabung zu erheitern entfaltete. Der Perser al-Hamadhani (bekannt auch unter dem Namen Badi az-Zaman, gest. 1008) war einer der Meister dieser Gattung, die mit dem Iraker al-Hariri (gest. 1122) ihren Höhepunkt erreichte, und dessen Werk schlicht *Maqamat* genannt wird.

Das Märchen schlechthin stellt *Tausendundeine Nacht** dar, ein umfangreiches Werk, das *Adab* und *Makame* zugleich ist und sich während eines Zeitraumes von sieben Jahrhunderten (8.–15.Jh.) entwickelte. Es beschreibt das tägliche Leben, Sittenszenen, Wunder, die von den Reisenden und Händlern überliefert wurden, die mehr oder weniger legendäre Geschichte der vorislamischen Welt und der islamischen Kultur: sehr fesselnde Erzählungen, über die der sadistische Kalif* seine Rache vergaß. In einer Kulter, in der der Widerspruch zwischen literarischer und gesprochener Sprache so tief war, wurde die Volksliteratur ebenfalls schriftlich erfaßt, aber anonym, denn Gelehrte und Gebildete benutzten sie kaum. Wie *Tausendundeine Nacht* war die Volksliteratur dazu bestimmt, der jeweils unterschiedlichen Zuhörerschaft erzählt und deren Bedürfnissen angepaßt zu werden, ohne dabei die Improvisation oder Anachronismen zu fürchten. Diese Romane oder Zyklen – die häufig Theaterstücken ähnlich sind – wurden manchmal von Schattentheater-Aufführungen begleitet. Sie nahmen unter den Abbasiden* eine schriftliche Form an, wie der

*Roman von Antara**, der seinen Ursprung in den Ritterlegenden der Beduinen* im „Zeitalter der Unwissenheit“ (*Dschahilija**) hat. Diese wurden islamisiert und im Laufe der Zeit (bis zum 12. Jh.) immer wieder aktualisiert. Ein weiteres Beispiel ist der umfangreiche Roman Baibars'* (60 Bände sind überliefert), der den großen gleichnamigen Mamelucken*-Sultan* (13. Jh.) zum idealen Helden bestimmte und die Tugenden des Islams verherrlichte, die dieser gegenüber den Ungläubigen (Kreuzfahrern) und den Sekten* (Ismailiten*) vertrat. Die unterschiedlichen Heldentaten der *Hilal** sind noch heute im Maghreb* lebendig. Sie berichten in epischer Form über das Eindringen arabischer Stämme im 11. Jh. in Nordafrika auf Veranlassung der ägyptischen Fatimiden* und preisen dabei die Begeisterung für die arabischen Werte.

▶ Dichtung (klassische), Geographie, Geschichtsschreiber, Reisende, Tausendundeine Nacht

Arabische Liga

Die Liga der Arabischen Staaten wurde 1945 in Kairo unter Einfluß Großbritanniens gegründet mit dem Ziel, die Verbindungen zwischen den Mitgliedsländern durch Koordinierung ihrer Politik zu stärken. Gründungsmitglieder waren die damals unabhängigen arabischen Staaten: Ägypten, Saudi-Arabien, Jemen*, Irak, Libanon, Syrien, Transjordanien (das spätere Jordanien).

Die anderen arabischen Staaten traten der Liga nach Erlangung ihrer Unabhängigkeit oder später bei: Libyen, Marokko, Tunesien, Sudan, Kuwait, Algerien, Bahrain, Katar, Oman*, Vereinigte Arabische Emirate. Später kamen Mauretanien, Somalia, Dschibuti, die Komoren und Palästina* (PLO) hinzu. 1995 zählte die Arabische Liga 22 Mitglieder. Die vorgeschriebene Einstimmigkeit lähmt häufig ihre Handlungsfähigkeit. Hauptorgan ist der Rat, in dem alle Mitgliedstaaten vertreten sind. Das Generalsekretariat wird traditionellerweise von einem Ägypter geleitet – außer zwischen 1979 und 1989, als zwecks „Bestrafung“ Ägyptens für die Unterzeichnung des Friedensvertrags mit Israel (1979) ein Tunesier Generalsekretär war, bis Ägypten 1990 wieder aufgenommen wurde. Bei Angriffen von außen oder bei Problemen der inneren Sicherheit treten die Außen- und Verteidigungsminister zum Gemeinsamen Verteidigungsrat zusammen.

Unter den Organisationen der Liga verdienen besondere Erwähnung der Arabische Fonds für wirtschaftliche und soziale Entwicklung mit Sitz in Kuwait und die Arabische Organisation für Erziehung, Kultur und Wissenschaft (ALECSO) in Tunis.

Arabische Sprache

Als Zweig der hamito-semitischen Sprachen gehört das Arabische zur gleichen Sprachgruppe wie die alten, heute toten Sprachen, z. B. Akkadisch (Mesopotamien), Ugaritisch (Syrien), Phönizisch (Libanon), Aramäisch (im ganzen Mittleren Osten), Südarabisch (Jemen*), und die lebenden Sprachen, z. B. Hebräisch und Amharisch in Äthiopien*. Seit dem Aufkommen des Islams* ist Arabisch die heilige Sprache aller Moslems*; Arabisch ist auch heute, nachdem es die Hochsprache der klassischen moslemischen Kultur war, die Sprache – Dialekte inbegirffen – der 200 Mio. Araber.

Entstehung eines Alphabets und einer Sprache. Das Arabische ist heute die am weitesten verbreitete semitische Sprache und dabei gleichzeitig die jüngste, was ihre Entwicklung betrifft. Sie hat daher wahrscheinlich am besten die grammatikalischen, lexikographischen, ästhetischen und psychologischen Merkmale der nordwestsemitischen Sprachgruppe bewahrt, denn sie wird ohne Unterbrechung seit etwa 2000 Jahren gesprochen. Die semitischen Sprachen Äthiopiens* und diejenigen, die dem südarabischen kulturellen Erbe entstammen, werden noch immer in mehreren Gegenden gesprochen (z. B. auf der Insel Sokotora, in der Region von Mahra im Jemen* und Dhofar in Oman*). Obgleich sie mit dem Arabischen verwandt sind, sind sie doch sehr verschieden, so wie die germanischen und romanischen Sprachen innerhalb der indoeuropäischen Sprachfamilie sich unterscheiden. Die ältesten schriftlichen Zeugnisse der arabischen Sprache des Nord-Westens (Inschriften, Graffiti), aus dem das heutige Arabisch hervorgegangen ist, kamen im 2. Jh. v. Chr. auf (u. a. im alten Arabien*, Sinai, Palästina*). Die ersten Texte erschienen zwischen dem 3. und 4. Jh. n. Chr. (Hedschas*, Syrien, Jordanien): sie entlehnten aramäische – wie im Nabatäischen (Petra) – und syrische Schriftzeichen.

Im 6. Jh. gab es Grundelemente eines eigenständigen „arabischen" Alphabets. Diese verbreiteten sich über die Karawanenwege bis ins nördliche und zentrale Arabien, ganz besonders in und um die Handels- und Religionshauptstadt Mekka* im Hedschas*. In dieser Region entstand eine Verbindung aus der vorislamischen Literatursprache und der gesprochenen Sprache der koreischitischen* Händler, woraus sich eine gemeinsame Sprache (*Koine*) entwickelte; in diesem Hedschas-Dialekt wurde der Koran* auf Mohammed* „herabgesandt" (so der koranische Ausdruck). Als erstes Denkmal der arabischen Literatur von sehr hoher dichterischer Qualität blieb der Koran seitdem ein Modell, eine Inspirations- und Bezugsquelle aller Arabischsprechenden, die darauf bedacht sind, eine schöne klassische Sprache zu verwenden, um so mehr, als diese das Wort Gottes ausdrückt. In den wenigen Jahrzehnten seiner Verbreitung erhob der Islam den arabischen Dialekt des Hedschas zur Amtssprache eines Reiches, das sich vom Indus bis zu den Pyrenäen erstreckte.

Das arabische Alphabet, das man von rechts nach links schreibt, enthält 28 Konsonanten und drei lange Vokale. Das Konsonantenschema des Arabischen ist für die semitischen Sprachen charakteristisch, besonders für das Hebräische: es beruht auf „Wurzeln", bestehend aus drei, manchmal vier Konsonanten, die entsprechend ihrer Bedeutung veränderbar und nach einem Grundschema auszudrücken sind. Mit den drei Grundkonsonanten „k-t-b", die den Begriff „Schreiben" (*kataba,* er hat geschrieben) ausdrücken, kann man z. B. auch *katib* (d. h. der, der schreibt, Schreiber oder Schriftsteller) ableiten, oder *kitab* (das Buch), *maktab* (Ort, wo man schreibt, Büro), *maktaba* (Ort, wo sich Geschriebenes befindet, d. h. Bibliothek), *maktub* (das, was geschrieben ist) etc. Die arabischen Buchstaben haben eine unterschiedliche Schreibweise, je nachdem, wo sie stehen: am

Anfang, in der Mitte oder am Ende eines Wortes. Die Tatsache, daß die kurzen Vokale (a, i, u) zu Beginn des Islams nicht geschrieben wurden, behinderte das Lesen und das Verständnis eines Textes – besonders des Korans.

Sprache und Alphabet eines universalen Reiches. Festgelegt wurde der Korantext, der vom Propheten nicht geschrieben, sondern auf einer Vielfalt von Textträgern gesammelt wurde, unter dem rechtgeleiteten Kalifen* Osman (gest. 656). Die sprachliche Arabisierung der Verwaltung unter den Omaijaden* (seit 697) und später die endgültige Formung unter den ersten Abbasiden* ermöglichten, das arabische Alphabet zu systematisieren und die Grundregeln der Sprache festzulegen. Dies war der Beginn einer glänzenden religiösen und weltlichen Literatur*, die Rechts-*, Geschichts- und Naturwissenschaft* umfaßte. Der vor dem Islam* entwickelten arabischen Schrift fehlte seit dem Aramäischen eine Anzahl von Phonemen. Zeichen wurden erfunden, um jeden, einer reinen Konsonantenschrift innewohnenden Doppelsinn zu vermeiden, der manchmal durch gleiche Buchstaben hervorgerufen wird. Diakritische Punkte über oder unter den Konsonanten unterschieden sie fortan, außerdem wurden die kurzen Vokale markiert, um das Lesen, besonders beim lauten Lesen, zu erleichtern. Diese Bemühungen, das Alphabet festzulegen, erfolgten gleichzeitig mit dem Aufkommen der Kalligraphie*, einer der wichtigsten Kunstformen des Islams. Seit dem 8. Jh. benutzte die Kanzlei (*Diwan**) der abbasidischen Kalifen Papier*, dessen Herstellungsmethode von den Arabern in Samarkand* entdeckt wurde: die Kalligraphie und die Verbreitung der Texte erfuhren seitdem im ganzen Reich einen außergewöhnlichen Aufschwung. Als Sprache der Religion, der Literatur und der Wissenschaft in der gesamten islamischen Welt (auch der dortigen christlichen und jüdischen Bevölkerung) übertrug das literarische Arabisch, das im 9. und 10. Jh. dank der sehr mühsamen Arbeit der Grammatiker standardisiert wurde (die Grammatik ist eine Grunddisziplin der Bildung) sein Alphabet – und mit ihm die vielen lexikalischen Anleihen und geistigen Begriffe – auf die nicht semitischen moslemischen Völker. Das Persische* (eine indoeuropäische Sprache) übernahm in seiner Blütezeit das arabische Alphabet – drei Buchstaben erhielten dabei Abwandlungen, um rein persische Laute ausdrücken zu können. Dasselbe passierte mit dem Türkischen* (einer altaischen Sprache) in seinem Verbreitungsgebiet (Zentralasien inbegriffen), und auch mit dem Urdu*, das in Indien* aus dem Hindi und dem Persischen entstand. Das arabische Alphabet diente auch dazu, malayo-indonesische Sprachen (Malaiisch, Bahasa in Indonesien*) und einige afrikanische Sprachen zu transkribieren. In der modernen Zeit wich die arabische Schrift in einigen Gegenden der islamischen Welt anderen Schriften. 1928 führte Mustafa Kemal* die lateinische Schrift in der nachosmanischen türkischen Republik ein, um die Gesellschaft und den Staat dem religiösen Einfluß zu entziehen. Das gleiche geschah in Malaysia* und Indonesien*. Was die ehemalige Sowjetunion betrifft, so herrscht das kyrillische Alphabet in allen Ländern Mittelasiens* vor: der Wunsch, zur arabischen

Schrift zurückzukehren und die arabische Sprache zu erlernen, kommt jedoch heute in einigen Ländern dieser Region auf.

In der heutigen arabischen Welt ist das literarische Arabisch, d. h. das geschriebene, das direkte Erbe der großen klassischen Sprache: es ist in einer mehr oder weniger klassizisierten Form, mündlich wie schriftlich, feierlichen Anlässen (politischen Reden, Gedankenaustausch unter Gebildeten) vorbehalten. Das „Mittelarabische" (arab. *Fusha*) ist die Sprache des Bildungswesens und der Medien (Presse, Radio): Es nimmt Anleihen aus den Dialekten eines jeden Landes und wird weitgehend von jedem, der studiert hat, verstanden. Diese moderne literarische Form bildet eine echte Verbindung vieler Arabischsprechender, denn die arabische Welt kennt seit der Festlegung ihrer Literatursprache eine hochgradige Zweisprachigkeit: die Existenz einer doppelten Sprache, d. h. einer literarischen und einer dialektalen, bei der gleichen Person. Zusammen mit dem Schriftarabisch ergibt dies sehr lebendige Dialekte, die jedoch niemals ein wirkliches literarisches Niveau erreicht haben, trotz der Versuche einiger ägyptischer Schriftsteller oder von Dramaturgen wie dem Algerier Kateb Yacine*.

Sehr schematisch sind die Hauptsprachen im Maschrik*: Syro-palästinisch, Irako-mesopotamisch, die Sprachen der arabischen Halbinsel und Ägyptisch. Die letztere hat sich in der ganzen arabischen Welt dank der bedeutenden Filmindustrie Ägyptens und seiner berühmten Sänger (darunter die sehr bekannte Sängerin Umm Kulthum) verbreitet. Im Maghreb* unterscheiden sich die Aussprache und Umgangssprache nicht nur von der des Maschriks, sondern teilweise auch untereinander, sie beziehen sich in einigen Fällen auf das Sprachsubstrat der Berber*.

▶ Arabische klassische Literatur, Koran, Dichtung (klassische)

Architektur

Die Architektur ist eine der materiellen Hauptausdrucksformen der islamischen Kultur. Sie zeichnet sich durch große Vielfalt, aber auch durch ständiges Bestreben aus, die örtlichen Traditionen zu benutzen, um auf die Lebensbedürfnisse und städtebaulichen Strukturen einzugehen.

Islamische Architektur nach ihrer Entstehung (chronologisch). Der Islam* ist im Hedschas* entstanden, einer Gegend, die den Mittelpunkt Arabiens bildet und fast ohne Architekturtradition ist. Mohammed* und die ersten vier Kalifen* haben sich mehr darum bemüht, die Macht der neuen Religion zu festigen, als Gebäude zu errichten. Mit einer bemerkenswerten Ausnahme: Auf der Suche nach einem Ort, der es ermöglichte, die Gemeinde zum Freitagsgebet zu vereinen, entstand das erste rein islamische Bauwerk, die Moschee*. Die riesigen Landeroberungen während der arabischen Ausdehnung der ersten 40 Jahre der Hidschra* sind von entscheidender Bedeutung für die Zukunft der islamischen Architektur. Sie bringt die Araber mit örtlichen Architekturüberlieferungen von großer Verschiedenheit und großem Reichtum in Verbindung. Es entsteht ein erstes Beispiel der typisch islamischen Bauweise, die Gründung von Garnisonstädten (wie Kufa und Basra im Irak, Kairuan* in

Tunesien). Die Errichtung von Moscheen und Regierungsgebäuden folgt rasch. Wenn auch keiner dieser frühen Bauten erhalten ist, weiß man doch, daß um 635 die ersten großen Moscheen im Irak, in Basra, erbaut wurden. Ihr einfacher Grundriß entspricht vollkommen der vielfältigen Funktion der Moschee und leitet den Typus eines ausgedehnten Gebäudes mit einer Decke ein, die von Säulen (Hypostylen) getragen wird. Die Dynastie der Omaijaden* stellt eine Übergangszeit für die islamische Kultur dar, die beginnt, ihre eigenen künstlerischen Ausdrucksformen herauszubilden. Diese Zeit schenkt dem Islam seine ersten Kalifen als Baumeister. Gut ausgestattet mit örtlichen Architekten und Handwerkern, die sich stark an die Techniken, Formen und Motive der griechisch-römischen und byzantinischen Tradition anlehnen, z. B. beim Felsendom* in Jerusalem* (691) und den syrischen Wüstenschlössern (8. Jh.), nimmt die omaijadische Architektur eine genaue Auswahl vor, die an die Prinzipien gebunden ist, die die Überlieferungen (*Hadith**) vorgeben; dies gilt vor allem seit der Erbauung der Moschee von Damaskus* (706). Der Einfluß der orientalischen Vorbilder (besonders der persischen Sassaniden*), der schon zur Omaijadenzeit im Osten des Reiches bemerkbar ist, z. B. beim Regierungsgebäude (635) und der Großen Moschee (670) von Kufa, verstärkt sich unter den Abbasiden* in den beiden großen von ihnen gegründeten Hauptstädten: Bagdad* (756) und Samarra (838). Die zahlreichen Paläste, die in Samarra erbaut wurden (z. B. Djausaq al-Khaqani, um 840, und Balkuwara, um 850), bezeugen die Blütezeit der architektonischen Ornamentik ebenso wie die Moscheen (z. B. al-Mutawakkil-Moschee, 850 erbaut, deren Minarette* von den babylonischen Zikkurats beeinflußt wurden). Der abgeschrägte Baustil wird ein wesentliches Merkmal der späteren islamischen Architektur. Transoxanien*, Ägypten (z. B. die Ibn-Tulun-Moschee, 876) und Tunesien (z. B. die Große Moschee von Kairuan, 836) ahmen die in den irakischen Hauptstädten entstandenen Vorbilder nach.

Das omaijadische Emirat* in Spanien* bringt diese Architekturmodelle in der ersten Hälfte des 8. Jhs. nach Syrien und verbreitet sie im Westen: z. B. die Moschee von Cordoba*, die 786 erbaut und im Laufe des 9. und 10. Jhs. vergrößert wurde. Sie nimmt auch den Grundriß der Säulenhalle der Großen Moschee von Damaskus wieder auf, verbindet ihn aber mit römischen und westgotischen Elementen (wie Zweifarbigkeit, Säulen und Kapitellen) sowie mit mesopotamischen Vorbildern (wie Kreisbögen und Rippenkuppeln).

Regionalstile. Seit dem 10. Jh. kommen auf Grund der Zersplitterung der abbasidischen* Herrschaft regionale politische Zentren und Architekturschulen auf. Seit dem 11. Jh. wird eine einheimische Tradition im Iran* erkennbar, die sich besonders in der Umgestaltung der früheren Moschee* von Isfahan* durch Malik Schah (1072–1092) ausdrückt: das neue Gebäude vereint Traditionen der zoroastrischen und sassanidischen* Architektur des vorislamischen Persiens*. Eine andere Tradition lebt ebenfalls wieder auf: die der Sepulkral- oder Grabarchitektur, die sich bald in der ganzen islamischen Welt ausbreitet und den Parallelflächengrundriß der Mausoleen, die mit einer Kuppel* überdacht sind, verallgemeinert. Das Ziegelgrab von Ismail dem Samaniden, um 900 in Buchara erbaut, ist das schönste historische Beispiel.

In Kairo* verleihen die Fatimiden* dem persischen Bogen und den Fassaden, die monumentale Ausmaße annehmen, eine neue Bedeutung, Beispiele sind die Moscheen* von al-Azhar* (970) und al-Hakim (990). Sie werden seit dem 12. Jh. durch Stalaktitennischen untergliedert (arab. *Muqarnas*). Die Sepulkralarchitektur erfährt mit der Ausbreitung der Mausoleen einen bedeutenden Aufschwung, der sich unter den Aijubiden* und Mamelucken* fortsetzt. Als Reaktion auf die schiitisch*-fatimidische Mission vermehren die sunnitischen* Herrscher unter ihrem ersten seldschukischen* Oberhaupt die Gründungen von Medressen*. Die Seldschuken, ein ursprünglich turkmenisches Volk aus Mittelasien*, lassen die orientalischen Architekturtraditionen wieder aufleben: Verwendung roher oder gebrannter Ziegel, Errichtung zusammengesetzter Gewölbe und Erstellung eines Bauplans nach dem sog. „Vier-Iwan-Schema" (ein Iwan ist ein überwölbter Saal, der an drei Seiten geschlossen und an der vierten geöffnet ist) mit Bogenwerk und skulptierten (in Stein gehauenen) oder gemalten Dekorationen. Diese Verbindung mit vorislamischen Techniken erscheint sowohl in der Palastarchitektur, z. B. in Laskari Bazar (Afghanistan*, Beginn des 11. Jhs.), in den Karawansereien*, z. B. der von Rubat-e-Sharaf im Iran* in der Nähe von Nischapur (Anfang des 12. Jhs.), als auch in der religiösen und Grabarchitektur. Im islamischen Okzident verbinden die sunnitischen Dynastien der Berber*, Almoraviden* und Almohaden* politisch Nordafrika und Spanien und entwickeln eine Militärarchitektur, die sich in kleinen Festungen ausdrückt, die der Verteidigung der Grenzen und auch dem Gebet dienen: die sog. „Ribate". Derjenige von Sousse in Tunesien stammt vom Ende des 7. Jhs. und ist eines der ältesten Beispiele. Der moslemische Okzident nimmt auch den Stalaktitenschmuck auf. Die Architektur dieser Gegenden unterliegt dem Einfluß des omaijadischen Modells, das aus Spanien kommt, z. B. die Moschee von Cordoba*, die die almoravidische Große Moschee von Marrakesch* beeinflußt, während die Große Moschee von Rabat orientalische Einflüsse, z. B. Umfassungsmauern (*Ziyada*), mit solchen aus Cordoba (Untergliederung in Schiffe) vermischt.

Anatolien* integriert im Laufe des 13. Jhs. verschiedene architektonische Einflüsse: z. B. einige byzantinischer Herkunft, andere aus dem Iran, die von den Rum-Seldschuken* stammen, aber auch Elemente der christlichen Architektur des Westens, die durch die Kreuzfahrer eingeführt werden. Eine eigenständige Architektur kommt somit auf, in der die Steinmetzkunst Höhepunkte erreicht, bekanntermaßen in der Schaffung von Gewölben und sehr verschiedenartigen und vielfältigen Kuppeln, z. B. die Krankenhaus*-Moschee von Divrigi, die aus der Mitte des 12. Jhs. stammt. Unter Berücksichtigung der klimatischen Verhältnisse wurde der Grundriß der Säulenhallenmoschee umgewandelt und nähert sich damit der dreischiffigen Kirche mit Blendwerk an.

Wie im ganzen Islam dieser Zeit gehören Grabkonstruktionen, Medressen und Karawansereien, z. B. die von Sultan Khan 1230, in der Nähe von Kayseri, zu den Hauptarchitekturprogrammen, die dadurch verwirklicht werden, daß sie örtliche Traditionen, besonders in der Verzierung der Fassaden aus Backstein oder Stein, vermischen und zusätzlich Formen, wie Stalaktiten, Polychromie, Flechtwerk und (Hoch-) Relief, verwenden.

In Marokko führen die Meriniden (14.–15. Jh.) die Architektur von Cordoba weiter (z. B. in der Großen Moschee von Fes*) und erneuern ihren architektonischen Schmuck durch die Anwendung des Mosaiks aus emailliertem Ton, Holschnitzereien und bemalten Stukkaturen (sehr schöne Beispiele dieser Techniken befinden sich in der Bou-Inaniya-Medresse in Fes). Die gleiche Entwicklung zur Polychromie findet ihren Ausdruck in der nasridischen* Architektur, besonders in der Alhambra* von Granada.

Der Iran* erlebt mit dem Geschlecht der Safawiden* eine architektonische Blütezeit. Davon legt die Hauptstadt Isfahan* Zeugnis ab: die riesige Königsmoschee nimmt z. B. den Kreuzgrundriß wieder auf, stellt ihn aber auf eine neue Weise dar: Iwane, Gebetssäle mit Kuppeln* und spiralförmige Minarette*, verkleidet mit Keramikschmuck.

Die Architektur der osmanischen* Türkei steht in einer Tradition zweifacher Herkunft: der der Rum-Seldschuken und der immer noch lebendigen Erinnerung an Byzanz*. So bildet die Süleymaniye (Moschee), die Sinan* in Istanbul ab 1569 errichtet und deren Grundriß von dem der Hagia Sophia wesentlich inspiriert ist, den Endpunkt der Suche nach einem neuen Moscheentypus, die in Bursa, Iznik (Nicäa) und Edirne (Adrianopel) stattgefunden hat: ein einfacher Kubus, der von einer Kuppel überragt wird. Der Reichtum des osmanischen Staates begünstigt Kunst und Architektur im ganzen Reich.

Das mogulische* Indien* nimmt im 11. Jh. die Architekturprogramme wieder auf, die im Norden des Landes seit den ersten islamischen Eroberungen eingeführt wurden: Säulenhallenmoscheen, Palaststädte und Gräber, wobei sich die örtlichen Hindu-Traditionen stark mit iranischen Einflüssen vermischen. Das Mausoleum von Humayun in Delhi* (1572) nimmt den klassischen Bauplan der Timuriden*-Gräber wieder auf, die Ausschmückung bleibt aber der indischen Tradition verhaftet: Steinmosaiken, Marmor- und Stuckeinschlüsse etc. Die gleiche Verschmelzung von Einflüssen ist am Taj Mahal von Agra* (1631–1641) zu erkennen.

Man kann also feststellen, daß vom 8. Jh. bis heute die verschiedenen islamischen Regionen, verteilt auf drei Kontinente, ihre Architektur auf Grund der vielfältigen Aufnahme anderer Einflüsse und unter Berücksichtigung der Traditionen und der allgemeinen geistigen Einheit kontinuierlich erneuern konnten.

▶ Kunststile (islamische)

Armee

Anweisungen des Korans*, z. B.: „Kämpft gegen diejenigen, die nicht an Gott und nicht an den Jüngsten Tag glauben" (Sure 9,29), leiten die überwältigende Expansion der Araber im 7./8. Jh. ein, wobei sich das religiöse Motiv mit der Aussicht auf Beute verknüpft.

Klassischer Krieg und Religion. Im Verlauf der islamischen Geschichte nimmt der Krieg zur Aufrechterhaltung und Ausweitung des „Hauses des Islams" (*Dar al-Islam*) zwei Formen an, die sich vermischen: klassischer Krieg und Heiliger Krieg (*Dschihad**). Der erste entspricht den Kriegen, die die Omaijaden* und die Abbasiden* gegen Byzanz* führen, oder auch demjenigen von al-Mansur, Wesir* der spanischen Omaijaden-Kalifen* (10. Jh.), gegen die Christen im Norden der Halbinsel. Zu den klassischen Kriegen gehören ferner der Kampf der Moslems* gegen die Kreuzfahrer, die Kriege der Moguln* in Indien* sowie diejenigen der (disziplinierten und mit einer furchterregenden Artillerie ausgestatteten) osmanischen* Armeen. Die zweite Form, der Heilige Krieg, wird von freiwilligen „Glaubenskriegern" (*Ghazis*) geführt, den Speerspitzen der Ausbreitung des Islams*, die oft vom mystischen Geist des Sufismus* durchdrungen sind. Sie sichern die Grenzen – in Mittelasien*, im Iran*, in Anatolien* sowie in den „Wehrklöstern" (*Ribate*) der Almoraviden* im Süden Marokkos. Die Glaubenskrieger versuchen, das Gebiet des Islams zu erweitern, selbst wenn die Regierungen bemüht sind, sie ihrer Disziplin unterzuordnen. Doch seit den Anfängen gründen die Araber (zusätzlich zu den bereits bestehenden befestigten Städten) Garnisonstädte als Militär-, Verwaltungs- und Religionszentren, um ihre Herrschaft über die besetzten Regionen zu festigen oder als Ausgangspunkt weiterer Eroberungen: Kufa und Basra im Irak, Kairuan* in Tunesien, Fustat (Alt-Kairo) in Ägypten. Die meisten von ihnen werden in der Folgezeit blühende Zentren islamischer Kultur.

Berufsarmee, Sklavenarmee. Ursprünglich aus undisziplinierten Arabern bestehend, zu denen schon bald massenhaft eingezogene Konvertiten (Iraner, Berber*) hinzukommen, entwickelt sich die Armee (*Djaisch*) unter den Abbasiden* ab dem 9. Jh. hin zu einer Berufsarmee. Die Belagerungstechniken und -werkzeuge verbessern sich und werden später unter Saladin* perfektioniert. Die Araber erwecken den Argwohn der Kalifen* und werden zunächst durch Iraner aus dem Osten Persiens* ersetzt, bevor sie von den Türken* verdrängt werden, die ihrerseits das Amt der Provinzgouverneure übernehmen. Die Türken, die ab 833 als Militärsklaven nach Bagdad* gekommen sind, haben alsbald die Kalifen in ihrer Hand. Mit ihren furchtgebietenden kriegerischen Eigenschaften erlangen diese hervorragenden Kavalleristen rasch die militärische Überlegenheit und die faktische politische Macht im gesamten Islam* östlich des Maghrebs*. Um so mehr, als die türkischen Seldschuken*, freie Männer, vom Kalifen – der trotz allem nach wie vor Oberbefehlshaber der Armee ist – die Gewaltenteilung erzwingen; ihre Sultane* eignen sich die weltliche Macht an. Durch die offizielle Anerkennung des Lehnswesens (*Iqta*), das ihre Vorgänger, die Bujiden, geschaffen haben und das im 12. Jh. erblich wird, finanzieren sie die Armee, ruinieren dabei jedoch den Staat* und die Wirtschaft* und leisten der Zerstückelung des Reiches in faktisch unabhängige militärische Fürstentümer (Emirate) Vorschub. Weitere Gruppen von Militärsklaven – Schwarze, Berber,

„Slawen" (*Saqaliba*) – setzen sich zeitweise in den restlichen islamischen Gegenden durch: in Ägypten, Andalusien*, Indien*. Die Übernahme der Kontrolle über die herrschenden Klassen durch Militärs türkischen Ursprungs (seien es freie Menschen, wie die Seldschuken und später die Osmanen*, oder einstige Sklaven, wie die Mamelucken* und einige Sultane von Delhi*) ist ein allgemeines Kennzeichen der islamischen Geschichte.

In der osmanischen Gesellschaft sind die Militärs (*Askaris*) – Land- wie Seestreitkräfte – von der Steuer befreit; sie gehören bis zum Untergang des Reiches zu den vier herrschenden Klassen. Auf dem Höhepunkt ihrer Macht (15.–17. Jh.) entwickeln die Osmanen das mächtigste Militärsystem ihrer Zeit, dessen Elitetruppe (die Janitscharen*) in Europa als unbesiegbar gilt. Vom Ursprung her Christen oder Sklaven, sind die Janitscharen dazu auserwählt, nach einer sorgfältigen Ausbildung im Topkapi*-Palast hohe militärische oder zivile Ämter zu bekleiden.

Feuerwaffen und Kanonen erscheinen in der Welt des Islams; Salpeter und Schießpulver kommen aus China* und verbreiten sich seit dem 13. Jh. (die Europäer verwenden diese Stoffe ab dem 14. Jh.). Zur selben Zeit benutzen die Nasriden* von Granada Geschütze, über die Moslems und Christen beim Fall Granadas 1492 verfügen. Die Osmanen machen sich während der Besetzung des Balkans* schnell mit der Feld- und Belagerungs-Artillerie vertraut; die Geschütze kaufen sie in Venedig und Dubrovnik, wo es Kanonengießereien gibt. Die Geschütze (sog. „Feuermäuler" mit einem Gewicht von 10 Tonnen, die 300 Pfund schwere Kugeln verschießen) und die mobilen Feuerwaffen spielen eine Hauptrolle in den Balkanfeldzügen und bei der Einnahme Konstantinopels*. Im Bereich der Artillerie (zu Lande und zu Wasser) sichert sich die osmanische Armee die Vorherrschaft bis ins 17. Jh. Auf diese Weise bedroht sie auch Wien (1529 und 1683) und ist anderen islamischen Staaten überlegen, deren Artillerie schwächer ist (Persien* unter den Safawiden*) oder die diese Innovation gänzlich vernachlässigt haben (Ägypten unter den Mamelucken). Technische Hilfe in diesem Bereich leistet die Hohe Pforte* den indischen Moguln*, den Moslems in Äthiopien* und Indonesien* gegen die Portugiesen sowie den Krim*-Tataren* gegen die Russen.

▶ Barbaresken, Delhi (Sultanat), Islam (Ausbreitung), Mamelucken; Osmanen, Osmanisch (Kultur), Sklaverei

Arzneibuch ▶ Naturwissenschaften

Assassinen

Dieser Ausdruck, den Marco Polo und die Chronisten der Kreuzfahrer bekanntmachten, ist die in Europa übliche Bezeichnung für die nizaritischen Ismailiten*, die sich in Bergfestungen in Syrien und vor allem in der uneinnehmbaren in Alamut in Persien* nahe dem Kaspischen Meer verschanzten.

„Assassinen" stammt von arab. *Haschischijun* („die dem Haschisch frönen") ab, denn die Kommandos von Alamut standen in dem Ruf, Drogen zu nehmen, bevor sie ihre Mission erfüllten. Eine Behauptung, die keine ismailitische Quelle bestätigt. Sie hatten die

Aufgabe, Terror zu verbreiten, indem sie die sunnitischen* Führer ermordeten, die sich ihren Ideen widersetzten. Zu ihren wichtigsten Opfern zählt man den Abbasiden*-Kalifen* al-Mustarschid, den persischen Wesir* der türkischen Seldschuken* Nizam al-Mulk und den Führer der Kreuzfahrer Konrad von Montferrat. Der große Saladin* entkam mehrere Male ihren Dolchattacken. Die syrischen Ismailiten spielten eine Rolle bei den Kämpfen zwischen Kreuzfahrern und Moslems* und wurden 1227 von den Ordensrittern abhängig.

Es waren die Mongolen* unter Hülägü*, die 1256 den von Hassan Ibn-Sabbah 1090 gegründeten Stamm der großen Herrscher von Alamut ausrotteten. Der Mamelucken*-Sultan* Baibars* stürmte 1273 ihr letztes syrisches Fort. Im Nahen Osten wurde die tatsächliche politische Rolle der Assassinen im Laufe des 12.-13. Jhs. in der Volksmeinung überschätzt.

▶ Ismailiten, Mongolen (im Islam), Schiiten

Astrolabium

Als eines der wichtigsten Beobachtungsinstrumente der antiken Astronomie* erfuhr das Astrolabium (griech. *astrolabos*) im Islam* eine bemerkenswerte Entwicklung. Dadurch, daß es sich auf die Stellung der Sterne in Beziehung zur Erde stützt, ist es möglich, die Zeiten des Sonnenauf- und Sonnenuntergangs festzustellen. Dies ist sehr wichtig für die Verrichtung des islamischen Gebets* und die Bestimmung der Gebetsrichtung (*Qibla**) sowie der Position der Städte von Andalusien* bis Zentralasien. Ferner spielte das Astrolabium eine große Rolle bei der Verbesserung der Genauigkeit in der Navigation.

Ausgehend von einer zweidimensionalen Abbildung der Himmels- und Erdsphäre wird das Astrolabium aus einer runden Metallscheibe gefertigt, die an einem Ring herabhängt (der Mutter) und deren eine Seite flach und die andere hohl ist. Mehrere flache Scheiben (Tympanum) werden darauf geschichtet: auf ihnen ruht eine hohle Scheibe des gleichen Durchmessers (Spinne). Auf der Rückseite des Instruments befindet sich eine Diopteralhidade: diese dreht frei um den Drehpunkt eines Keils. Im 9. Jh. verfaßte an-Nairisi, nach Ptolemäus, die vollständigste arabische Abhandlung über das sphärische Astrolabium, dessen Verbesserung große Fortschritte in der islamischen Astronomie vollbrachte. Im 11. Jh. erfand Sarkala* in Toledo ein vielseitiges Astrolabium mit einer abnehmbaren Scheibe, die in ein Gitter eingesetzt ist, das ausreichend genau war, damit Seefahrer sich in den beiden Hemisphären zurechtfanden.

▶ Astronomie, Seefahrt

Astronomie

Die moslemische Astronomie, die lange Zeit mit der Astrologie vermischt war und dann der Mathematik* zugeordnet wurde, entwickelte sich auf Grund eines bemerkenswerten Netzes von Beobachtungsstationen seit der Zeit, als die Schriften der Griechen, Perser und Inder in die arabische Sprache übersetzt wurden. Die astronomische Forschung wurde zunächst aus religiösen Zwecken durchgeführt – Mondkalender, Gebetszeiten und -richtung (*Qibla**) –, bevor sie eine wichtige Wissenschaft wurde, die u.a. auch die Seefahrt* nutzte.

Astronomie und Religion. Seit dem 8. Jh. ist es ein Hauptanliegen, den Neumond zu bestimmen – vor allem um den Beginn des Ramadans* festzulegen. Die indischen Berechnungen wurden daher rasch verbessert, und ihre Ergebnisse, die in Jahrestafeln eingetragen wurden, gaben für jeden Tag die Stellung der Sterne und Planeten an. Jeder Moslem* muß seine fünf täglichen Gebete* in Richtung Kaaba* verrichten, gleichgültig wo er sich auf der Welt befindet: die *Qibla** ist definiert als ein Kreis rings um Mekka*, der den betreffenden Ort schneidet, und wird wie ein Winkel des örtlichen Meridians bemessen. Die Berechnungen machen die Kenntnis der Längen- und Breitengrade notwendig sowie die Anwendung von trigonometrischen Formeln und vielschichtigen geometrischen Konstruktionen. Um die Gebetszeiten zu bestimmen, geben seit dem 9. Jh. Regulationstafeln den Breitengrad zahlreicher Städte* islamischer Länder an. Im 13. Jh. wurde das Amt des Moschee*-Astronomen (*Muwaqqit*) geschaffen.

Astronomie, eine eigenständige Wissenschaft. Durch ihre Leistungen und die Erfindung von immer genaueren Instrumenten brachten die Moslems* die Astronomie auf ein bis dahin unerreichtes Niveau. Die meisten der großen und unbeweglichen Instrumente sind nicht mehr erhalten; anders die leichten, tragbaren Instrumente, die für praktische Aufgaben bestimmt waren (wie Astrolabium*, Viertelkreis, Armilarsphäre, Erdglobus). Von 800 an nahm die „Wissenschaft der Konstellation der Gestirne" ihren Aufschwung und stimmte weitgehend mit der ptolemäischen Weltanschauung überein: eine runde Erde, um die sich acht himmlische Sphären in einer streng kreisförmigen Bewegung drehen. Die Übersetzungen* aus dem Griechischen, aber auch aus dem Sanskrit (die indischen *Siddhantas*) – indische Beauftragte wurden 771 nach Bagdad* gesandt – sowie aus dem Persischen* und Syrischen* eröffneten neue Gesichtspunkte. Die großen Gelehrten, darunter auch einige Philosophen, hatten sich für die Astronomie und Mathematik* begeistert, und beide Disziplinen wurden in das Bildungssystem* aufgenommen. Der erste offizielle moslemische Astronom, al-Farazi (gest. um 777), führte die indische Astronomie im Islam* ein. Im 9. Jh. breitete sich die Disziplin dank der Übersetzungen aus dem Griechischen und eines Observatoriums, das im abbasidischen* „Haus der Weisheit" (einer Art Akademie) geschaffen wurde, aus. Al-Hassib, Chwarismi*, al-Farghani (Alfraganus im mittelalterlichen Europa) und Abu Maschar, dessen Werk später ins Lateinische übersetzt wurde und in Europa eine große Rolle spielte, schufen Berechnungstafeln. In der zweiten Hälfte des Jhs. verfaßte an-Nairizi die vollständigste Abhandlung über das Sphärenastrolabium, während Thabit Ibn Qurra die wichtigste Theorie von der Oszillationsbewegung aufstellte.

Al-Battani (Albategnius im mittelalterlichen Europa) entdeckte die Zunahme der Erdferne (Apogäum) von der Sonne – die seit Ptolemäus nicht mehr untersucht worden war – und eine neue Methode, um die Sonnen- und Mondeklipsen zu beobachten. Ins Lateinische unter dem Titel *De scientia stellarum* übersetzt, hatten seine Arbeiten in Europa bis ins 18. Jh. hinein Gültigkeit. Das

10. Jh. wurde von al-Buzjani geprägt, von dem einige Beobachtungen über den Mond vielleicht diejenigen von Tycho Brahe vorweggenommen haben. Das 11. Jh. war der Höhepunkt der islamischen Wissenschaft; die Astronomie wurde von al-Biruni* vertreten, der Längen- und Breitengrade bestimmte sowie einige bedeutende Berechnungen durchführte; ferner von Omar al-Chaijam* – der Anteil an der Reform des persischen Sonnenkalenders hatte – und von Ibn Junus*, der im fatimidischen* Kairo* die genauesten Tabellen der islamischen Geschichte (1007) ausarbeitete. Der Andalusier Sarkala* (gest.1087), einer der wichtigsten Astronomen des Islams, erfand neue Meßgeräte und erbrachte den Beweis der Verschiebung der Erdferne von der Sonne in Beziehung zu den Fixsternen. Seine *Toleder Tabellen* (*Zidsch*) sind die zuverlässigsten, die vor der Neuzeit erstellt wurden. Sie wurden in den folgenden Jahrhunderten im Islam und in Europa angewandt. Diese Tabellen waren eine Besonderheit der moslemischen Astronomie wie auch diejenigen von al-Khazini (12. Jh.) und von Nasser ad-Din at-Tussi*. Letzterer war im 13. Jh. Direktor des Observatoriums von Maragha im iranischen Aserbaidschan, das von dem Mongolen Hülagü* erbaut wurde. Diese Tafeln waren eigentlich Abhandlungen über Astronomie. At-Tussi stellte die Erde ins geometrische Zentrum der Sphären, erklärte die sichtbare Bewegung der Planeten durch zwei Sphären, von der eine um die andere kreise: das berühmte „Paar von Tussi". Qutb ad-Din Schirasi* wendete das „Paar" auf Merkur an, und Ibn al-Khatir führte einen zweiten Epizyklus (Oberkreis) in das Sonnen- und Mondsystem ein, womit er sich von Ptolemäus distanzierte. Er nahm damit die Entdeckungen von Kopernikus voraus. Der timuridische* Prinz Ulugh Beg, Gründer des Observatoriums von Samarkand*, verfaßte ein Verzeichnis der Sterne, das einen wichtigen Beitrag zur beschreibenden Astronomie darstellte. Wenn auch einige Gelehrte im Namen von Aristoteles Ptolemäus widersprachen, z.B in Andalusien* (Ibn Badjdja*, Ibn Tufail*, Averroes* und besonders al-Bitrudji, gest. 1204) und im Orient (at-Tussi, asch-Schirasi, Ibn al-Khatir), so sind doch die Grenzen des ptolemäischen Systems niemals wirklich übertreten worden. Jedoch spielte die islamische Astronomie wegen ihrer Kühnheit und Fortschrittlichkeit eine Vorläuferrolle für die Entwicklung der modernen Astronomie bis hin zu Kepler.

▸ Abendland (wissenschaft. Erbe), Bildung, Biruni, Chaijam, Kalender, Medizin, Sarkala, Sternwarte, Seefahrt, Tussi, Wissenschaften

Atatürk ▸ Kemal Atatürk

Äthiopien

Schon in den Anfängen des Islams* schickte Mohammed* eine Gruppe arabischer Moslems*, die vor den Verfolgungen der Koreischiten* flüchtete, zum christlichen Negus (König) von Abessinien (Äthiopien). Ab dem 8. Jh. schnitt die Ausbreitung des Islams die Äthiopier von ihren byzantinischen* Verbündeten ab. Einheimische Christen und Moslems standen sich daraufhin jahrhundertelang in der Region gegenüber.

Nach und nach ließen sich die Moslems an den Küsten und auf den Inseln des Roten Meeres (Eritrea), die sie auf dem Gebiet des Handels sehr schnell beherrschten, nieder. Der Sklavenhandel*, von dem die Moslems theoretisch ausgeschlossen waren, soll damals eine Rolle bei den Konversionen zum Islam gespielt haben. Vom 14. bis zum 16. Jh. zogen die moslemischen Sultanate* regelmäßig gegen die christlichen Königreiche der Hochplateaus in den Krieg. Sie wurden vor allem durch den äthiopischen Herrscher Amda Zion, dessen erste Siege Massenkonversionen zum Christentum* begünstigt hatten, und durch den Kaiser Sara Jakub (gest. 1468), zurückgedrängt. In der Mitte des 16. Jhs. versuchte der moslemische Führer Ahmed Gran, den man „den Linkshänder" nannte, mit der Unterstützung der Osmanen*, die seit 1517 in Ägypten regierten, Äthiopien in seine Gewalt zu bringen. Er verwüstete es und machte aus zahlreichen Einwohnern Sklaven. 1543 wurde er jedoch von den Äthiopiern mit Hilfe der Portugiesen geschlagen. Im Laufe des 19. Jhs. wurde das christliche Äthiopien erneut mit der Gefahr des Islams konfrontiert, als ägyptische Truppen in Harar einfielen, bevor sie 1875 durch den Kaiser Johannes IV. geschlagen wurden. 1889 widerfuhr den sudanesischen mahdistischen* Derwischen* dasselbe Schicksal.

Seitdem überwiegt zwischen den sich in der Mehrheit befindenden koptischen* Christen und der großen moslemischen Gemeinde (insbesondere in Harar), die heutzutage 35% der 53 Mio. Äthiopier ausmacht, die Toleranz.

Attar, Farid od-Din, persischer Dichter (Nischapur um 1150 – ebd. um 1230)
Man weiß wenig über den „Parfumeur" (arab. *Attar*), außer daß er den Großteil seines Lebens in Nischapur, im östlichen Iran*, verbracht hat und zur Zeit der Mongoleneinfälle gestorben ist. Dieser schiitische* Perser ist einer der einflußreichsten mystischen Dichter des Islams*.

Mehr als 100 000 bis 200 000 Verse werden ihm zugeschrieben, vier Grundlagenwerke moslemischer Mystik sind bezeugt. Die *Heiligendenkschrift* (in Prosa), das von der mystischen Erfahrung von 72 Sufis berichtet, ist ein Werk, welches dem Leser die tiefgründige Bedeutung des Sufismus* verständlich macht. Von seinen großen literarischen Kompositionen (*Masnawis**) sind *Die Vogelgespräche* (*Mantiq at-Ta'ir*) wohl das bekannteste: eine Initiationsreise von 30 Vögeln (dem Symbol der Pilger) unter Leitung des Wiedehopfs (im Koran* der Bote zwischen Salomo und der Königin von Saba), die sie nach Gefahren und Entmutigungen durch sieben Täler (Suche, Liebe, Vertrauen, Erkenntnis, göttliche Einheit sowie Elend und Selbstzerstörung) zu einem mythischen Wesen des Irans, dem Simurgh, führt. Am Ende der Reise entdecken die Pilgervögel ihr tiefgründiges Ich. Das *Göttliche Buch* veranschaulicht in mystischen Worten die Überlegenheit des Geistigen über das Materielle durch die ausgeschmückte Erzählung eines Gesprächs zwischen einem weisen König und seinen sechs Söhnen, die begierig nach Macht und Reichtum sind. Die Reise eines Sufi-Novizen zu seiner persönlichen Befreiung auf der Suche nach Gott ist das wesentliche Thema im *Buch der Schmerzen*. Bis heute übt das Werk von Attar, wie das von Rumi*, einen beachtlichen Einfluß in der ganzen moslemischen Welt aus, vor allem im Iran, in

dem es im Laufe der Jahre zu wunderbaren persischen und mongolischen Miniaturen* anregte.
▸ Masnawi, Persisch

Avempace ▸ Ibn Badjdja

Averroes, Philosoph und Arzt (Cordoba 1126 – Marrakesch 1198)
Als einer der größten Repräsentanten der moslemischen Philosophie*, der zugleich ein berühmter Arzt und Jurist war, hat Abul Walid Ibn Ahmad Ibn Ruschd (für das mittelalterliche Europa Averroes) einen beachtlichen Einfluß auf das westliche Denken bis zur italienischen Renaissance ausgeübt. Jedoch entfaltete er seine außergewöhnliche intellektuelle Aktivität zum Zeitpunkt des Verfalls der schöpferischen griechisch-arabischen Philosophie, die dem Druck der dogmatischen Theologie* wich, die bald in der moslemischen Welt vorherrschend sein sollte.

Averroes, der aus einer großen Familie andalusischer Richter (Kadis*) stammte, wurde Arzt des almohadischen* Sultans* und unbestechlicher Kadi in Sevilla, bevor er nach Marokko ins Exil mußte, wo er drei Jahre später starb; seine Werke wurden 1195 verbrannt, sein Leichnam wurde nach Cordoba* überführt. Dieser große moslemische Denker, dem nur Farabi* und Avicenna* ebenbürtig waren, und der keinerlei höchste Lehrautorität besaß, verstand es, zu einem Verständnis des Islams* beizutragen, indem er mit seinem philosophischen Werk versuchte, die Beziehungen zwischen Philosophie und koranischer Offenbarung zu definieren. Als Rationalist, der von der philosophischen Einheit des Menschengeschlechts überzeugt war, vertrat Averroes die Überzeugung, daß selbst wenn der Koran* unfehlbar sei, der Philosoph trotzdem für die Einheit der Wahrheit kämpfen müsse. Das verlangte, auf eine Interpretation zwischen Vernunft und Offenbarung zurückzugreifen, die beide gleichermaßen als Quellen der Wahrheit dienen. Ausgangspunkte waren dabei die Logik des Aristoteles und seine eigene Auffassung über die Gültigkeit der theologischen Methoden. In seinem *Endgültigen Traktat über die Harmonie von Religion und Philosophie* erklärte Averroes, wie es möglich ist, zugleich gläubiger Moslem* als auch Philosoph zu sein; nach seiner Theorie oblag es dem menschlichen Intellekt, insbesondere dem der Philosophen, die „inneren" Wahrheiten der göttlichen Offenbarung herauszuarbeiten. Er stützte sich auf seine eigenen kritischen Kommentare des Werkes von Aristoteles (welches schon im 10. Jh. unter den Abbasiden* übersetzt worden war), deren überzeugende, dialektische und rhetorische Elemente sich jeweils an Philosophen, Theologen bzw. den Rest der Menschheit wenden. Neben einer wichtigen medizinischen Abhandlung waren seine beiden anderen philosophischen Hauptwerke *Die Inkohärenz der Inkohärenz*, welches den Neuplatonismus Avicennas* (gest. 1037) kritisierte und vor allem eine Antwort auf die verheerenden Angriffe gegen die Philosophen, insbesondere Avicenna, war, die der Theologe al-Ghasali* (gest. 1111) in seiner *Inkohärenz der Philosophen* führte. Das andere wichtige Werk ist das Buch der *Darlegung der Methoden*. Um die Philosophie zu „rehabilitieren", legte Averroes dar, daß kein grundlegender Konflikt mit der Religion bestehen könne, weil der Philosoph heilige Texte brauche, um sich seines Seelenheils zu versichern.

Als letztes großes Feuerwerk der großen philosophischen Tradition des Islams spielte sein Werk, dank hebräischer und lateinischer Übersetzungen vielfach kommentiert und kritisiert, eine beachtliche Rolle im christlichen und jüdischen mittelalterlichen Denken bis zur italienischen Renaissance, wo man von einem „lateinischen Averroismus" sprechen kann; eine Rolle, die indessen auf einem Mißverständnis beruht, da man in ihm eine Art „Freidenker" sah. Zu seinen kritischen Nachfolgern zählt man Maimonides*, seinen großen jüdisch-andalusischen Zeitgenossen, sowie Siger von Brabant, Levi Ben Gerson, Albert den Großen und Thomas von Aquin. Averroes, dem Europa den Beinamen „der Kommentator" (des Aristoteles) gab, schuf eventuell, laut dem spanischen Spezialisten Juan Vernet, „das Spanische, welches in der Geschichte den tiefsten Eindruck im menschlichen Denken hinterließ."

▶ Abendland (wissenschaftliches Erbe), Andalusien, Ghasali (al-), Medizin, Philosophie.

Avicenna, Arzt und Philosoph, (Afschana, bei Buchara 980 – Hamadan, Iran 1037)

Abu Ali al-Hussain Ibn Sina (im mittelalterlichen Europa Avicenna) verkörpert durch seinen intellektuellen Werdegang und seine breitgefächerte Bildung den mittelalterlichen Universalgelehrten. Im Islam* übt er einen beträchtlichen Einfluß als geistlicher Führer aus (vor allem in Persien*, dessen Kultur er aufgenommen hat), während in Europa seine Autorität als Mediziner bis in moderne Zeiten spürbar ist.

Geboren in Transoxanien*, in einer Familie hoher iranischer Beamter türkischer Herkunft, erhielt er eine Erziehung, die auf allen Wissenschaften* basierte: arabische Grammatik, Geometrie, Physik, Recht*, Theologie*, Medizin*. Mit 18 Jahren wurde er an den samanidischen Hof* gerufen, wo er den regierenden Fürsten heilte. Mit Hilfe der Abhandlung al-Farabis* über die *Metaphysik* des Aristoteles eignete er sich sehr jung das Gedankengut der griechischen Philosophie an; dieser Wissensdurst scheint auch die anderen Wissenschaften seiner Zeit erfaßt zu haben. Um seinen Beruf als angesehener Arzt auszuüben, ließ er sich, den Schicksalsschlägen der Dynastien, denen er verbunden war, ausgeliefert, in verschiedenen Städten* Persiens* nieder: Raiy (Teheran), Hamadan, Isfahan*, wo er den schiitischen* Bujiden diente und wo er auch eine Zeitlang Minister war. Sein Leben verlief sehr turbulent, vielleicht auch, weil er vor Gefahren fliehen mußte, welche ihm sein Ruf als Sympathisant der Schiiten* einbrachte. Er starb in Hamadan, im westlichen Iran*, wo er mit dem Hofe der örtlichen schiitischen Emire* verbunden war. Der Ruhm Avicennas, der den Beinamen „Fürst der Ärzte" erhielt, wurde unermeßlich nach dem Erscheinen seines Hauptwerkes *Kanon der Medizin*, nach dem Griechen Galen (2. Jh. n. Chr.), das eine der Grundlagen für die medizinische Lehre in Europa bis ins 17. Jh. wurde. Im 12. Jh. ins Lateinische übersetzt, erfuhr dieses Werk mehrere Auflagen in Europa zwischen dem 15. und 17. Jh. In der moslemischen Welt, welche zahlreiche berühmte Ärzte zählte, war der Einfluß Avicennas als Philosoph und auch als Arzt spürbar: er suchte nach einer Erkenntnis, die zugleich intellektuell, intuitiv und experimentell war. Man sagt, er habe 250 Werke verfaßt, vor allem in Arabisch, aber auch in Persisch. Sein Versuch, die „orientalische Weisheit" zu definieren, ist nur bruchstückhaft überliefert: Die Erzählung *Der Lebendige, der Sohn des Wachenden* (arab. *Hayy Ibn Yaqzan)* erzählt in autobiographischem Stil seine Reise in einen mystischen Orient, eine Welt des Lichts, in Begleitung eines erleuchtenden Engels. Seine *Mystischen Erzählungen* beeinflußten das „illuministische" schiitische Denken nachträglich, insbesondere das von Suhrawardi*. Aber vor allem sein *Buch der Genesung* (arab. *asch-Schifa*) zeugt von der Vielfalt seines Denkens. Er zeichnete darin das griechisch-moslemische Wissen seiner Epoche auf, indem er eine Liste der Wissenschaften festlegte: philosophische Wissenschaften, darunter Logik und Metaphysik, Humanwissenschaften, reine, angewandte und Naturwissenschaften, Astronomie* und Wirtschaft*. Ebenso behandelte er Poesie, Linguistik und Musik*. Von seinen Zeitgenossen als „Herr der Herren" bezeichnet, versuchte er neben zahlreichen anderen moslemischen Philosophen (wie Averroes*), koranische Lehre mit neuplatonisch verstandenem aristotelischen Rationalismus in Einklang zu bringen. Als Hauptzielscheibe der heftigen Angriffe von seiten des Theologen al-Ghasali* (gest. 1111) in dessen *Inkohärenz der Philosophen* wurde Avicenna, genauso wie durch Averroes, wegen seiner neuplatonistischen Neigungen kritisiert. Auf Grund der Übersetzungen ins Hebräische und ins Lateinische – in Toledo im 12. Jh. – kam sein Werk neben dem anderer großer islamischer Denker nach Europa, wo er eine äußerst wichtige Rolle spielte, sowohl was die Medizin als auch die Philosophie betrifft. Man kann von einem „lateinischen Avicennismus" sprechen mit kritischen christlichen „Schülern" wie Albert dem Großen, Roger Bacon, Duns Scotus.

▶ Ghasali (al-), Medizin, Philosophie

Azarqiel ▶ Sarkala

Azhar, al-

Dies ist die hervorragendste religiöse Universität der sunnitisch*-moslemischen Welt und eine der ältesten der Welt überhaupt. Die ursprünglich schiitische* Universität al-Azhar („die Strahlende") wurde 969 in Kairo* gegründet, unmittelbar nach der Gründung der Stadt durch die Fatimiden*. Nach deren Sturz fiel sie an die Sunniten zurück.

Ziel der Universität al-Azhar war in erster Linie die Ausbildung ismailitischer* Propagandisten, die in die ganze moslemische Welt geschickt wurden; jedoch wurden dort auch Literaturwissenschaft, Naturwissenschaft* und Musik* gelehrt. Ihre Schaffung beeinflußte die von Medressen* in der sunnitischen Welt. Nach dem Sturz der fatimidischen Dynastie wurde ihrer Stellung als „Moschee*-Kathedrale" durch den Aijubiden* Saladin* ein Ende gesetzt, bevor dieser Status durch die Mamelucken* wiederhergestellt wurde. Bis zur Herrschaft der Osmanen* und während der Dauer ihrer Regierung fanden in al-

Azhar verschiedene Ausbauten, Restaurationen und Verschönerungen statt. Nachdem 1927 König Fuad eine moderne Universität in Kairo gründete, begann al-Azhar, dieser Tendenz zu folgen. Die Reform von 1961 öffnete sie allen Feldern der modernen Lehre: sie hat 20000 Studenten (und Studentinnen in einer speziellen Fakultät), darunter zahlreiche ausländische Studenten, die aus allen islamischen Ländern von Marokko bis Indonesien* kommen. Al-Azhar ist nicht der „Vatikan des Islams", jedoch spielen ihre Empfehlungen nichtdestoweniger in der sunnitisch-moslemischen Welt eine immer wichtiger werdende Rolle, was bis zu strenger Zensur auf allen Gebieten des Denkens führen kann.

▶ Kairo, Bildung, Fatimiden

Bad ▸ Hammam

Bagdad

Als Hauptstadt des abbasidischen* Reiches von 762 bis 836 und von 892 bis 1258 ist die mesopotamische Stadt Bagdad (Irak) das Symbol des „Goldenen Zeitalters des Islams*“, welches sich über die Zeitspanne von 750 bis 1050 erstreckte.

Nach dem Sieg über die Omaijaden* (750) gründete der Kalif* al-Mansur (gest. 775) seine Hauptstadt in einer fruchtbaren Ebene, wo sich zwei Karawanenstraßen kreuzten, und er taufte sie auf den Namen „Stadt des Friedens“, Madinat as-Salam, später unter dem Namen Bagdad bekannt. Es sind keine Überreste der Originalstadt erhalten, die aus Ziegelsteinen gebaut war (traditionelles Material in Mesopotamien), aber ihr Grundriß ist bekannt: eine kreisförmige Stadt (2 km Durchmesser), begrenzt von einer doppelten Stadtmauer mit Gräben, die unterbrochen wurde von vier Toren, entsprechend den Straßen, die nach Khorasan, Syrien, Basra und Kufa führten. Die Wohngebäude, an die äußeren Schutzwälle angebaut, wurden durch eine zweite Stadtmauer von einer großen Grünfläche abgetrennt, die einen Großteil der ringförmigen Stadt einnahm und in dem sich der Palast des Kalifen befand. Diese Art des Städtebaus (bereits im antiken Nahen Osten praktiziert) erlaubte einfache Überwachung und Verteidigung, bot aber keine Möglichkeit zur Ausbreitung: die Kalifen nach al-Mansur errichteten ihre Paläste auf der anderen Seite des Tigris, wo sich bald eine neue Stadt entwickelte.

Zu Beginn des 9. Jhs. fanden in Bagdad Unruhen statt, und der Kalif al-Mu'tasim (833–842) entschied sich 836, mit seiner Armee diese unruhige Stadt zu verlassen: das politische und administrative Zentrum wurde bis 892 nach Samarra, ca. 100 km nordöstlich von Bagdad, verlegt. Aber Bagdad blieb ein großes Handels- und Kulturzentrum. 865 wurden die Festungswerke der Stadt, angesichts der Unruhen durch die türkischen Prätorianergarden, verstärkt und schlossen von nun an die neuen Stadtteile im Osten ein. Die Rückkehr des Kalifen nach Bagdad förderte wieder die kaiserlichen Bauwerke, aber 1076 zerstörten Überschwemmungen die ursprünglich ringförmige Stadt. Unterdessen breitete sich Bagdad auf der anderen Seite des Tigris über mehr als 10 km aus, und das königliche Stadtgebiet zählte 23 Paläste.

Zwischen 750 und 1050 führten Gelehrte, Handwerker und Künstler in dieser Stadt Neuerungen auf allen Gebieten ein, und Bagdad erreichte seinen Höhepunkt. Die Stadt blühte dank ihrer Industrie auf, welche Baumwollstoffe, Seidenwaren, kunstvolle Kristallwaren, Glaswaren, Latwerge (Arzneimittel), Waffen, Leder, Papier* etc. exportierte. Neuere Techniken (besonders in der Keramik*) wurden von Handwerkern und in den Werkstätten am Hof* erfunden. Künstler strömten hier zusammen und trugen zur Ausarbeitung einer neuen imperialen Kunst bei, ausgerichtet auf Luxusgüter (Textilien*, Buchmalereien des Korans* ab dem 10. Jh.) sowie auf Architektur* und deren Ausschmükkung. Vor allem das Kalifat förderte ein lebhaftes intellektuelles Leben, welches Bagdad eng mit dem Aufschwung der islamischen Kultur verband. Al-Mamun

(813–833) ist auch verantwortlich für den Ursprung eines der wichtigsten Ereignisse in der Geschichte der Kulturen: er gründete das „Haus der Weisheit“ (eine Art Akademie) und organisierte dort ein umfangreiches Betätigungsfeld für die Übersetzung* des wissenschaftlichen und philosophischen Erbes, vor allem des griechischen und hellenistischen: Medizin* (Galen, Hippokrates, Dioskurides), Astronomie* und andere Wissenschaften* (Ptolemäus, Euklid, Archimedes), Recht*. Arabische, indische, iranische (z. B. der Arzt ar-Razi*, gest. 926), christliche, sabäische u. a. Wissenschaftler behandelten wissenschaftliche, religiöse, philologische Themen. Sie bemühten sich um eine direkte Beobachtung der Natur und um praktische Experimente (Gründung von Krankenhäusern*, Erfindung von Beobachtungs- und Experimentiergeräten). Hier entstand die Algebra* und eine neue Wissenschaft, die Optik. Die Papier*-Herstellung seit dem 8. Jh. erleichterte die Verbreitung des Wissens und die Entwicklung der Bibliotheken*. Von Bagdad ausgehend eroberten die Wissenschaften und das Denken der Moslems* Europa durch die Vermittlung von Sizilien*, Süditalien und Andalusien*; Arabisch* wurde als Gelehrtensprache angenommen.

Die Seldschuken*, die 1055 Bagdad einnahmen, leiteten das Ende der abbasidischen Macht und auch der Stadt ein. Überschwemmungen und Plünderungen veränderten die Topographie der Stadt, aber zahlreiche Moscheen* und Medressen* wurden noch gebaut. Am 10. Februar 1258 besetzten die Mongolen* Bagdad; die Stadt wurde dem Erdboden gleichgemacht und die Bevölkerung massakriert. Timur-Leng* versetzte 1401 der glänzenden Kultur, welche Bagdad über drei Jahrhunderte hinaus verkörperte, einen fatalen Schlag. Neun Jahre später war es ein zerstörter Marktflecken, der in die Hände der Turkmenen*, 1507 dann in die der Perser fiel. 1623 eroberten es die Safawiden*. 1638 wurde Bagdad von den Osmanen* eingenommen, die dort Moscheen und Mausoleen errichteten. Am Ende der osmanischen Periode (1831) wurde Bagdad die verschlafene Hauptstadt einer Provinz von Istanbul*, bevor es 1921 zur Hauptstadt des unabhängigen haschimitischen Königreichs Irak wurde. Später wurde es zur Hauptstadt der Republik Irak, welche 1958 proklamiert wurde. Heute zählt die politische und wirtschaftliche Hauptstadt des Iraks mehr als 4 Mio. Einwohner.

Bahai-Religion

Der Name ist abgeleitet von Baha Allah („Glanz Gottes“), dem Nachfolger von Sayyid Ali Mohammed aus Schiras* und Gründer einer messianischen Bewegung in Persien*.

Sayyid Ali Mohammed wurde 1850 in Täbris hingerichtet, nachdem er sich zum „Bab“ („Tür“, Zugang zum verborgenen Imam*) proklamiert hatte. Die Osmanen* schickten Baha Allah ins Exil nach Palästina* (1868). Auf Grund ihres Bekehrungseifers sind die Bahai heute in der gesamten Welt vertreten; das Zentrum befindet sich in Haifa. Bahai leben unter anderem in Indien (eine Million), im Iran (300000, bis zur Revolution unter Khomeini), in Südamerika und den USA (jeweils 120000). Sie betrachten die heiligen Schriften früherer monotheistischer Religionen als aufgehoben – zu Gunsten insbesondere des *Kitab-i aqdas* („heiligstes Buch") von Baha Allah. Dieser steht in einer Reihe von Propheten, die von der Bahai-Religion „bestätigt" werden, genauso wie der Islam* die vorangegangenen monotheistischen Religionen (Judentum* und Christentum*) bestätigt. Die Lehre der Bahai gibt sich sehr menschenfreundlich und bekennt sich zu Gewaltfreiheit, Gleichheit von Mann und Frau sowie Monogamie. In internationalen Organisationen kämpfen die Anhänger für Entwicklung und gegen Rassendiskriminierung. Moslems* betrachten die Bahai-Religion als häretische Bewegung; im Iran* wird sie gewaltsam verfolgt.

▸ Sekten und Gruppen im Islam

Baibars, Roman

Der *Roman von Baibars* ist eine der großen Sammlungen arabischer Volkserzählungen und gehörte bis zu Beginn dieses Jahrhunderts zum Repertoire der Erzähler in den Kaffeehäusern des Nahen Ostens. Eine Ausgabe in 60 Bänden ist bis heute überliefert.

Eher Heldenlied als Roman im heutigen Sinne, beruht der *Roman von Baibars*, der im Laufe der Jahrhunderte ausgeschmückt und zur Legende wurde, auf dem Leben des großen Mamelucken*-Sultans* Baibars, der von 1260–1277 in Kairo* regierte. Als Sieger über die Kreuzfahrer und die Mongolen* wurde Baibars bald nach moslemischer Tradition die Aura des schönen und gerechten Königs, des ritterlichen Helden sowie des Befreiers eines bedrohten Islams* verliehen. Auch gepflegte Gauner wurden in seinem Umfeld angesiedelt, möglicherweise Ismailiten*, die er in der Realität hartnäckig bekämpfte.

Im Unterschied zu *Tausendundeiner Nacht**, die aus voneinander unabhängigen Erzählungen besteht, die, wie die Volksromane, in eine „Erzählung in der Erzählung" zusammengefaßt wurden, verfolgt der *Roman von Baibars* eine Hauptperson, die der Erzählung ihre Einheit verleiht. Der Erzähler läßt dabei keinen Leerlauf zu, um die Spannung aufrechtzuerhalten. Obgleich der historische Baibars ein türkischer Tscherkesse war, handelt es sich hier um ein arabisches Heldenlied, einem Nachfolger der Heldensagen des vorislamischen Arabiens, wie z. B. im *Roman von Antara** oder in den *Heldengedichten der Hilal**.

Zugleich episch und derb, wenn nicht gar anzüglich, durchzogen von kriegerischen Heldentaten, Duellen, Gemetzeln, Ritter- und Wundertaten und den Früchten der Magie, ist der *Roman von Baibars* auch ein Spiegel seiner Zeit, die die glänzendste der mameluckischen Gesellschaft war. Die Geschichte wird darin auf seine (Baibars') Weise präsentiert, indem er Tataren*, Kreuzritter und die Plünderungen der Beduinen* darstellt.

▸ Arabische klassische Literatur, Kairo, Mamelucken

Baki, Dichter (Istanbul 1526 – ebd. 1600)

Als Sohn eines einfachen Muezzins* gelang es Baki trotzdem zu studieren: er lernte Persisch* und Arabisch und wurde unter die Ulema* aufgenommen. Seine literarischen Fähigkeiten brachten ihm die Unterstützung der Schriftsteller seiner Zeit ein. Als er 1553 dem Sultan* Süleyman dem Prächtigen*, der selbst ein Dichter war, eine Ode vortrug, entwickelte sich zwischen beiden Männern eine Freundschaft. Der Tod des Herr-

schers (1556) gab Baki die Gelegenheit, sein einflußreichstes Werk zu schreiben. Von seinen Zeitgenossen „Sultan der Dichter“ genannt, wurde er zum größten klassischen osmanischen* Poeten. Er brach mit dem Formalismus der Dichtung des *Diwans**, die im 16. und 17. Jh. beliebt war, und begründete auf arabischen und persischen Vorbildern die literarische Sprache der Epoche. Er führte die lyrische Poesie bis zur Spitze in einer ausgefeilten Kunst und dennoch in einer natürlichen Redeweise, um die Gottesliebe zu besingen, die Liebe zu Knaben und zum Wein; Themen, die auf mystischer Ebene erklärt werden können. Seine Sprachvariationen führten zu nicht zu verleugnenden Fortschritten in der Entwicklung der türkischen Literatursprache.
▶ Dichtung (klassische), Osmanisch (Kultur), Türkisch

Balkan

Schon ab dem Ende des 14. Jhs. faßte der Islam* während der langwierigen Einkreisung Konstantinopels* durch die Türken* von Thrakien aus systematisch auf dem Balkan Fuß. Nachdem der Balkan oder Rumelien (das „Land der Römer“, d.h. der Christen) einmal erobert war, bildete er mit Anatolien* das Zentrum des Osmanischen* Reiches.

Das Zeitalter der Eroberungen. Nachdem die osmanischen „Glaubenskrieger“ 1337 in den Westen Kleinasiens (Izmit, Iznik) und 1345 ans Marmarameer vorgedrungen waren (nachdem sie ihre innertürkischen Gegner geschluckt hatten), kamen sie vor Konstantinopel*, dessen Eroberung seit den Anfängen des Islams* ein Vorhaben der Moslems* gewesen war, nicht mehr vorwärts. Die Machtkämpfe am byzantinischen Hof* lieferten ihnen einen Vorwand, mehrmals den Bosporus zu überqueren (1346–1348), von wo aus sie jedes Mal tief beeindruckt vom Reichtum Thrakiens zurückkehrten. Byzanz* ermöglichte ihnen schließlich die Eroberung Gallipolis (1354 bis 1356), eines hervorragenden Stützpunkts für künftige Feldzüge. Während der Herrschaft des dritten osmanischen Sultans* Murad I. (gest. 1389) begann die Eroberung des Balkans, die sich die politischen und religiösen Rivalitäten in der Region zunutze machte. Adrianopel (Edirne) wurde 1361 eingenommen, später folgte Philippopel (Plovdiv) in Bulgarien. Der Sultan verlegte seine Hauptstadt nach Adrianopel (1365), bevor er sich in Eroberungen stürzte, die zwanzig Jahre andauerten. Eine Reihe siegreicher Feldzüge in Makedonien, Bulgarien und Serbien ging dem überwältigendem Sieg der Türken 1389 auf dem „Amselfeld“ (Kosovo Polje) voran, wo der osmanische Sultan wie auch der serbische König den Tod fanden; dieser Sieg beendete die Unabhängigkeit Serbiens. 1396 wurde ein Kreuzzug* aus dem Westen in Nikopolis geschlagen, während Bulgarien und Griechenland besetzt wurden. Nach der gewaltigen Niederlage des Sultans Bayezit gegen Timur-Leng* im Jahre 1402 kam die osmanische Eroberungswelle in Europa vorübergehend zum Stillstand, was den Fürsten auf dem Balkan eine Atempause gewährte. 1444 wurden die Ungarn, die über die mächtigste Armee in der Region verfügten, in Warna geschlagen. Die Eroberung Konstantinopels durch Mehmed II. („den Eroberer“) im Jahre 1453 schenkte den Osmanen eine Hauptstadt am Tor zum Balkan. Morea

(Griechenland), Serbien und die Walachei wurden eingenommen (1459–1462), 1463 folgte Bosnien, das bis 1908 besetzt blieb. Albanien wurde, nach einem lang durchgehaltenen Aufstand des Nationalhelden Skanderbeg (gest. 1468), 1478 endgültig annektiert und spielte im Verlauf der Jahrhunderte eine wichtige Rolle für die herrschende Klasse, da das Land mindestens dreißig bedeutende Wesire* hervorbrachte.

Im 17. und 18. Jh. wurde der militärische und politische Rückzug der Osmanen in der Region, in die Wege geleitet, obwohl vorübergehend Ruhe herrschte. Im darauffolgenden Jahrhundert wurde er fortgesetzt. Griechenland erhielt als erstes Land 1830 seine Unabhängigkeit. Das allmählich zerfallende Osmanische Reich konnte die Nationalisten auf dem Balkan angesichts der Unterstützung durch die österreichische Expansionspolitik und die russischen Panslawisten immer weniger im Zaum halten. Der Berliner Kongreß von 1878 erkannte die Unabhängigkeit von Serbien, Montenegro und einem Teil Bulgariens an, womit der Anfang einer „Balkanisierung", die sich noch verstärken sollte, gegeben war. 1912 gelangten – als Gipfel der Demütigung – die Truppen von Serbien, Montenegro, Bulgarien, Rumänien und Griechenland bis zum Stadtrand Istanbuls*. Rumelien mußte schwere Zeiten durchleben: Die europäischen Territorien des Osmanischen Reiches wurden auf einen Teil Thrakiens reduziert.

Der Aufbau Rumeliens. Rumelien (auf dem Balkan) war nach Anatolien* der zweite Pol des Osmanischen Reiches. Die Türken errichteten in der Provinz eine auf Garnisonen gestützte Verwaltung, deren Offiziere Lehen erhielten. Nachdem die Osmanen* die Region beherrschten, verteilten sie ebenfalls Lehen (*Timare*) an die christlichen Adligen, die ihnen zur Seite standen. Die administrativen, kulturellen und religiösen Provinzhauptstädte, wie Sarajevo in Bosnien, wurden reichlich mit Moscheen*, Hammams* und *Konaken*, die osmanische Beamte beherbergten, versehen. Nachdem sich im 15. und 16. Jh. eine anatolische Bevölkerungsschicht herausgebildet hatte, bestärkte die osmanische Regierung Bevölkerungsgruppen in Kleinasien und auf der Krim* darin, sich auf dem Balkan anzusiedeln. Diese Bevölkerungsgruppen waren vom Ideal der Glaubenskrieger (*Ghazi*) durchdrungen und von den Bruderschaften* der Derwische*, wie den Bektaschiten, gestützt. Da sie häufig Nomaden* waren, ließen sie sich nicht ohne Reibereien im Gebiet der seßhaften christlichen autochtonen Bevölkerung nieder. Die zahlreichen (aufrichtigen oder auch opportunistischen) Konversionen zum Islam* fanden im allgemeinen ohne Zwang statt, zumal das sich in seiner Blüte befindende Reich (15. und 16. Jh.) viele Menschen anzog. Die Zugehörigkeit zum Islam setzte übrigens nicht voraus, daß man auf seine Staatsangehörigkeit oder Sprache verzichtete. Im übrigen gestattete das *Millet*-System (von arab. *Milla*: „Volk" im religiösen, nicht ethnischen Sinne), daß die Schriftbesitzer* ihre eigenen Gemeindeangelegeheiten (Recht, Finanzierung und religiöse Angelegenheiten) verwalteten.

Nachdem die Araber über sieben Jahrhunderte in Spanien* anwesend gewesen waren, gab es, nach der massiven Vertreibung der Morisken* (1709 bis 1711), keine Moslems* mehr auf der Iberischen Halbinsel. Fünf Jahrhunderte osmanische Besetzung haben hingegen nahezu sieben Millionen praktizierende oder nichtpraktizierende, überwiegend autochthone Moslems auf dem Balkan hinterlassen.

▶ Osmanisch (Kultur)

Banken, islamische
Der Aufschwung des moslemischen Fundamentalismus* hat die Existenz islamischer Banken wieder ins Bewußtsein gerufen, die ihrer Kundschaft die üblichen Dienstleistungen traditioneller Banken anbieten, jedoch (theoretisch) ohne Zinsen und Gewinn arbeiten, da dies die Scharia* verbietet.

Um rechtlich erlaubt zu sein, werden kurzfristige Kapitalanlagen derart getätigt, daß die Bank kurzzeitig gegen Bargeld Produkte ankauft, die sofort wieder mit einer Provision verkauft werden (*Murabaha*). Bei langfristigen Geldanlagen werden die Kunden am gemeinsamen Gewinn oder Verlust beteiligt (*Mudaraba*), oder es wird eine Teilhaberschaft an einem Industrie-, Handels- oder Landwirtschaftsunternehmen begründet (*Muscharaka*), wobei die Dividende im Erfolgsfalle anteilmäßig an die Anleger ausbezahlt wird. Dieses System, das zwischen Einzelpersonen bereits im Osmanischen* Reich bestand und einem Pachtvertrag ähnelt, dient der Umgehung der Scharia-Vorschriften. Auch eine Art Versicherung wird angeboten, mit Beteiligung an einem Solidaritätsfonds im Schadensfalle. All diese Mechanismen funktionieren noch nicht zufriedenstellend, und keine islamische Bank hat bisher die international erforderlichen Kriterien erfüllt.

Baraka, die
Im Arabischen ist *Baraka* ein „Segen", ein „Schutz", den Gott bestimmten Personen (Heiligen, Scherifen*), Orten (Gräbern von Marabuts*), Gegenständen (dem Ölbaum) oder Daten (der 27. Nacht im Ramadan*) gewährt und diesen dadurch nutzbringenden geistlichen Einfluß verleiht.

Das Wort *Baraka* erscheint in zahlreichen Dankes-, Wunsch- und Begrüßungsformeln religiösen Charakters. Im täglichen Leben hat es die allgemeinere Bedeutung „Glück". Hervorgegangen aus einer gemeinsamen semitischen Wurzel, existiert das Wort auch im Hebräischen, wo es dieselbe Bedeutung hat („Segen") und in der Bibel auftaucht. Auch fand es Eingang in die Namensgebung: Dem hebräischen Vornamen Baruch entsprechen die arabischen Vornamen Mabruk, Mubarak (der „Gesegnete") usw.

Barbaresken
Ende des 15. Jhs. gingen die lokalen Dynastien im Maghreb* unter (Hafsiden in Tunesien und im Osten Algeriens, Abdalwadiden in der Mitte und im Westen Algeriens). Mit Ausnahme Marokkos, das lange Zeit stabil und mächtig blieb, zerfiel der mittlere Teil Nordafrikas daraufhin in kleine, halbautonome Staaten (unter formaler osmanischer* Hoheit) rund um die wichtigsten Häfen des Berbergebiets (der „Barbarei" im europäischen Sprachgebrauch): die sog. Barbareskenstaaten.

Die Barbareskenstaaten. Im 16. und

zu Beginn des 17. Jhs. nahmen diese Küstenstaaten die nach der Reconquista* aus Spanien* vertriebenen Moslems* auf, später die auf Grund ihrer massiven Vertreibung rachelüsternen Morisken und schließlich die türkischen Seeleute (offizielle sowie Piraten), die gegen Spanien kämpften, den damaligen Hauptfeind der Osmanen* im Mittelmeer. Spanier und Portugiesen errichteten ihrerseits Garnisonen (*Presidios*) an der Küste; Ceuta und Melilla in Marokko sind heute noch die letzten Überreste davon. Von jener Zeit an bis zur französischen Kolonisierung des Maghrebs 1830 widmeten sich die „Piraten-Oligarchien" einträglichen Gefechten mit europäischen Handelsschiffen im Mittelmeer. Die Seeräuber der Barbaresken setzten sich aus Türken zusammen und vor allem aus gefangengenommenen und dann islamisierten christlichen Renegaten (Korsen, Kalabriern, Sizilianern, Griechen), denen die Osmanen ihre tapfersten Flottenführer verdankten – darunter die legendären Brüder Chaireddin (Khair ad-Din, genannt Barbarossa) und Arudsch (Horuk), ferner Turgud Re'is (genannt Dragut) sowie Uludsch Ali. Anfangs erkannten die Barbaresken-Korsaren die Hoheit des Osmanen-Sultans* an, doch schon bald bildeten sie eigenständige, häufig instabile politische Systeme und Gesellschaften, die in verfeindete Parteien gespalten waren. 1515 eroberte Chaireddin „Barbarossa", Großadmiral der Flotte, Algier. Vom Sultan in Istanbul* zum Oberbefehlshaber (*Beglerbeg*) ernannt, beteiligte er sich an der Rückeroberung Tunesiens von den Spaniern, das schließlich durch Uludsch Ali endgültig unter türkische Herrschaft kam. Turgud (Dragut) nahm 1551 Tripolis ein, das unter Kontrolle der Ritter des Malteserordens, Verbündeten Spaniens, stand. Die Niederlage in der Seeschlacht bei Lepanto (1571) zwang die osmanische Regierung, sich im westlichen Mittelmeer, das der offiziellen türkischen Flotte nun verschlossen war, auf die verbündeten unbändigen Seeräuber zu stützen. Deren Unabhängigkeit wurde damit schrittweise von Istanbul* (dem formalen Machthaber) *de facto* anerkannt. Im 17. Jh. entstand ein ungefähres Gleichgewicht zwischen Barbaresken und Europäern, wenngleich letztere eine immer größere Überlegenheit im Bereich der Seefahrt* und des Militärs gewannen. Bis zum Beginn des 19. Jhs. intervenierten Engländer, Franzosen und Niederländer in zunehmendem Maße, um dem Piratenkrieg ein Ende zu bereiten – mit diplomatischen wie militärischen Mitteln: Sie nahmen die Häfen von Tripolis, Annaba (Bône) und Algier unter Beschuß. Die Verwaltung in Algier, einem seit dem 14. Jh. blühenden Piratenzentrum, wurde von den Janitscharen*-Aghas (Oberhäuptern) beherrscht; Verschwörungen und Palastrevolutionen brachten jedoch eine Reihe kurzlebiger Beys an die Macht. In Tunesien, einem lange Zeit wohlhabenden Land, regierte die türkische Lokaldynastie der Hussainiden, die 1705 von Istanbul anerkannt wurde, bis zum Beginn des französischen Protektorats 1881.

Die Seeräuberei, ein internationales Unternehmen. Ab dem Beginn des 17. Jhs. wurde der von den Küstenstädten geführte Piratenkrieg ein wohlorganisiertes und rentables Unternehmen, ermöglicht durch die Wendigkeit der Galeoten, Brigantinen und anderen Galeeren. Bis zu 200 Rudersklaven waren auf einer Galeere eingesetzt, die gelegentlich auch mit lateinischem Segel betrieben wurde und im Vergleich mit europäischen Handelsschiffen schneller war. Die Seeräuberei sicherte den Küstenstädten ihren Wohlstand, so daß es Mengen von Abenteurern dorthin zog, die ihr Glück als Piraten suchten und aus Ost wie West herbeiströmten. Zuwanderer aus Westen führten neue Techniken in der Seefahrt ein. Die Seeräuberkapitäne (*Ra'is*) stellten eine große Belastung für die Regierung dar: Sie waren in einem regelrechten Freibeutersyndikat zusammengeschlossen und verteilten Beute wie Sklaven unter den Machthabern, den Schiffseignern, den Besatzungen und sich selbst. In der Wirtschaft der Barbaresken spielten das Kapern von Schiffen sowie die Sklaverei (als Frucht wiederholter Raubzüge zu den Inseln und Küsten des Mittelmeers und der Adria) eine ausschlaggebende Rolle. Der französische König Franz I. erklärte sich sogar damit einverstanden, um seinen Gegner, Kaiser Karl V., zu schwächen. Die Sklaverei führte zu Lösegeldforderungen (die enorme Einnahmen erbrachten), sicherte den Nachschub an Rudersklaven für die Schiffe wie auch an Haussklaven und versorgte die Bergwerke, Baustellen und Werften mit Zwangsarbeitern. Unter Chaireddin Barbarossa gab es in Algier unter anderem allein rund 20000 italienische Sklaven bei einer Bevölkerung von 80000 Einwohnern. Die „Piratenrepublik" Salé (nahe Rabat) unternahm Plünderzüge im Atlantik bis nach Island, Schottland und Neufundland. Tunis, Algier, Tripolis und Bidjaja (Bougie) betrieben eine regelrechte „industrielle Freibeuterei" in Verbindung mit den Bank- und Handelsplätzen Europas, wo man sich wenig um die Unterjochung der eigenen Mitbürger kümmerte. Umgekehrt füllten die auf dem Meer von christlichen Schiffen gefangengenommenen Moslems die berüchtigten königlichen Zuchthäuser in Toulon und Marseille, sei es unmittelbar oder auf dem Weg über die Sklavenmärkte von Livorno und Malta. Die Barbareskenstaaten entwickelten somit eine Wirtschaft ganz eigener Art, die von der Beherrschung der Meere abhing und demzufolge durch das Erstarken der Europäer ab dem 17. Jh. geschwächt wurde. Deren wirtschaftliche und militärische Überlegenheit setzte sich schließlich am Ende des folgenden Jahrhunderts vollends durch und brachte die Freibeuterei, die Haupteinnahmequelle der Barbaresken, zum Versiegen. Damit war ihre auf Europa ausgerichtete Wirtschaft untergraben und ihre Existenz bedroht. Zu Beginn des 19. Jhs. hatten die Hafenstädte nur noch die Bedeutung kleiner Marktflecken – trotz einiger Versuche offensiven Aufbegehrens am Vorabend des französischen Einmarschs. Der Untergang der Barbareskenstaaten erklärt sich auch aus der jahrhundertelangen Mißachtung, die die kosmopolitische Welt der Freibeuter unter Führung einer türkischen Minderheit sowie arabisch-berberisch-türkischer Mischlinge (den *Kulughli*) dem bäuerlichen Hinterland entgegenbrachte. Dieses unterstand der Feudalherrschaft und war damals unterbevölkert, es kam dort vereinzelt zu Glaubensspaltungen, und die Bewohner zogen sich auf ihre traditionelle Religion zurück. Das System der Barbaresken hatte zur

Gestaltung dieser Regionen wenig beigetragen.

▶ Maghreb, Maghreb (Geschichte und Dynastien), Morisken, Seefahrt, Sklaverei, Osmanen

Basar

Das persische Wort „Basar" ist gleichbedeutend mit dem arabischen Wort *Suk,* und bezeichnet einen Markt, einen Ort des Handels*. Als Erbe der antiken Welt des Orients und des Mittelmeers ist der moslemische städtische Basar durch eine zusammenhängende Struktur charakterisiert, die die Jahrhunderte hindurch fast unverändert blieb.

Mit dem Aufblühen und dem zunehmenden Wohlstand der Städte, begannen das Handwerk und der Einzelhandel zu florieren. Im Herzen dieser Aktivitäten befindet sich der Basar, der in der klassischen Zeit durch den Kadi* oder den Muhtassib (derjenige, der mit der Preiskontrolle und den Aktivitäten des Handwerks betraut war) überwacht wurde, aber auch durch die religiöse Polizei. Der bedeutendste Basar, im Zentrum der Stadt gelegen, zeichnet sich durch seine Konzentration und durch seine Gliederung nach Sachgebieten aus. Ein Schema, das sich auch in den Basaren der einzelnen Viertel wiederfindet. Diese Spezialisierung nach Produkten vereinigt an demselben Ort sowohl die Produktion – Handwerk und leichte Industrie – wie den Vertrieb – aufgeteilt in Branchen: Großhandel, Einzelhandel und Import-Export. Die Geldgeschäfte werden durch Verleiher, Wucherer und Bankiers ausgeführt, auf Grund der Beschränkungen und Auflagen der Scharia* waren dies häufig Schriftbesitzer*. Im Gegensatz zu den Geschäftsvierteln europäischer Städte des Mittelalters oder der Moderne sind die Basare in der Nacht unbewohnt – außer den Aufpassern und Nachtwächtern –; das Treiben hört auf, sobald die Verkaufsstände geschlossen sind.

Der Hauptbasar befindet sich im allgemeinen in der Nähe der Großen Moschee*, der sog. „Freitagsmoschee". Die Händler halten sich in ihren Geschäften oder Verkaufsständen und Magazinen (*Makhzan,* pl. *Makhazin*) auf, die oft gleichzeitig auch Werkstätten sind. Die Hauptgeschäfte sind nach der Funktion oder nach dem Ansehen der Waren aufgeteilt: Bücher und fromme Werke, feines Leder und Parfüm (Basar der Parfümhersteller) befinden sich im allgemeinen beim Haupteingang der Moschee; in direkter Nachbarschaft, aber außerhalb des Blickfelds des heiligen Bauwerkes sind die Märkte der Geldwechsler und Goldschmiede eingerichtet, da diese zumeist nicht von Moslems*, sondern von Juden und Christen geführt werden; die Luxusartikel sind in der *Qaysariyya* (arabisches Wort, abgeleitet von Caesar) angesiedelt, wahrscheinlich weil sich im Fruchtbaren Halbmond* dieser abschließbare, überdachte und bewachte Teil des Basars im alten Forum der antiken Städte befindet. In der osmanischen Welt nennt man diesen Teil des Basars *Bedesten.* In der Hauptstraße des Basars gibt es Haushaltsartikel, Kleider und Stoffe, in den Seitenstraßen Lebensmittel und Geschirr für den täglichen Gebrauch. Die lärmverursachenden, „schmutzigen" oder wasserverbrauchenden Gewerbe werden an der Peripherie des Basars ausgeübt. Jeder Bereich trägt den Namen des jeweiligen Handwerks: Basar der

Messinghersteller, der Kesselflicker, der Gerber, der Färber und der Kupferschmiede. Die Karawanserei* oder der Khan* befindet sich im Zentrum oder am Rande des Basars; der Khan ist gleichzeitig Werkstatt, Handelsplatz und Herberge für die auswärtigen Händler. Er dient ihnen als Lager und entbindet sie davon, einen Laden zu mieten. Diese Konzentration der Waren im Khan hilft der Obrigkeit, die Händler zu kontrollieren und die Steuern festzulegen. Die wichtigsten Städte* der islamischen Welt (die schon immer städtisch und vom Handel geprägt wurde) haben im Laufe der Jahrhunderte bemerkenswerte Basare hervorgebracht, sowohl hinsichtlich ihrer Aktivitäten wie ihrer Architektur. Struktur und Organisation einiger von ihnen haben sogar die moderne Urbanisierung überlebt. Diese Urbanisierung begann meist ab dem 19. Jh. und hat vielen überdachten Basaren ihre heutige Struktur verliehen. Andere haben ihre traditionelle Gestalt fast vollständig verloren. Ersteres gilt für die „zentrierten" Basare in Fes* (die Altstadt hat ihren klassischen Aufbau bewahrt) oder Istanbul* sowie für die „geradlinigen" Basare, z. B. in Damaskus*, Schiras* oder Teheran (letzterer stammt aus dem 19. Jh.). Einige Basare, die sich weit ausgedehnt haben, wie in Sana (Jemen*), Isfahan*, Buchara*, Tunis oder Aleppo (Syrien) sind ebenfalls gut erhalten. In die zweite Kategorie fallen die Basare von Kairo* (Khan al-Khalili), Kabul (Afghanistan*), Delhi* und Lahore*, die durch die moderne Urbanisation stark verändert wurden.

Indessen besteht diese Institution in der moslemischen Welt fort, parallel zum modernen Wirtschafts- und Handelsbereich, wie es ihn in allen Großstädten der Welt gibt.

▶ Karawanserei, Handel (in der klassischen Zeit), Städte

Beduinen

Beduinen (arab. *Badawi*, abgeleitet von *Badija*: „Steppe") ist die Bezeichnung für die Nomaden* Arabiens im Gegensatz zu den Seßhaften in den Oasen, die von den Beduinen oft beherrscht wurden, auf die sie jedoch zugleich angewiesen waren. „Nomade" ist auch eine der ursprünglichen Bedeutungen des Wortes *arab*, „arabisch, Araber", dessen erste Erwähnungen in Inschriften aus dem 9. Jh. v. Chr. stammen. Diese Konnotation hat sich auch im modernen arabischen Sprachgebrauch erhalten.

Eine mit dem Kamel verknüpfte Gesellschaft. Die dürftige Vegetation im Norden und in der Mitte Arabiens erlaubt lediglich die Kleintierhaltung an den Rändern der allgegenwärtigen Wüste (im Gegensatz zu den fruchtbaren Hochebenen im Jemen*, die daher von seßhaften Bauern bevölkert sind). Durch die Domestizierung des Kamels um 1100 v. Chr. entstand unter den Beduinenstämmen eine auf den Besitz dieses Tieres gegründete Hierarchie. Mit seiner Unempfindlichkeit, Genügsamkeit, Ausdauer und Schnelligkeit dient das Kamel nicht nur als hilfreicher Lastenträger, sondern ebenso als Reittier für den Kampf. Es ermöglicht ein ganzjähriges Leben in der Wüste: im Sommer nahe den Brunnen oder an den Ausläufern der Oasen, im Winter durch die erleichterte Umsiedlung mit den Ziegen-, Kamel- und später auch Pferdeherden an die mageren und kurzlebigen Weideplätze, die infolge plötzlicher Regenfälle entstehen. Kamel und Ziege liefern den Beduinen die bescheidenen Grundnahrungsmittel; aus dem Fell werden Zelte und Decken gemacht.

Kultur der Wüste. Das patriarchalische Stammessystem der Beduinen bietet seinen Mitgliedern Schutz: Der Stamm trägt die Verantwortung für die Taten jedes einzelnen. Seinem Wesen nach ist der Beduine jedweder politischen Organisation abgeneigt und ein geborener Individualist; dennoch hängt er von seiner Sippe (Clan) ab, denn die Blutsbande bilden die Grundlage eines Systems, außerhalb dessen er nichts gilt. Verbannung aus der Sippe ist gleichbedeutend mit Tod oder Versklavung. Wer auch immer sich in das Gebiet eines fremden Stammesverbandes wagt, läuft Gefahr, ausgeraubt oder getötet zu werden, sofern er nicht das Gastrecht einer Sippe oder eines Stammes genießt. Gelingt es jemandem, ein Kleidungsstück oder das Zelt eines verfeindeten Stammesoberhaupts zu berühren, so steht ihm (das als sakrosankt angesehene) Asylrecht zu. Dies gilt für einen durchziehenden Reisenden, jedoch können auch ganze Gruppen auf diesem Wege assimiliert werden, indem sie im Laufe mehrerer Generationen eine Blutsverwandtschaft mit dem Gastgeberstamm herstellen. Ein Beduine hat sich stets an der Seite seiner Stammesgenossen aufzuhalten, denn die Hauptaufgabe besteht darin, die Einheit des Stammes zu bewahren. In derart auf Gleichheit ausgerichteten Gemeinschaften (in denen die Frauen auch über ein gewisses Maß an Freiheit verfügen) besitzen die Oberhäupter keinerlei besonderen Rechte; im Stammesrat kommt ihrer Meinung lediglich hohe Wertschätzung, jedoch kein Vorrang zu. Bei Raubzügen gegen andere Beduinenstämme oder gegen Seßhafte muß jeder Mann zur Opferung seines Lebens bereit sein. Auch kommen seine materiellen Güter dem Stamm und den Bedürftigen zu. Konflikte (Eigentumsrechte, Nachfolgeregelungen, Straftaten mit Ausnahme von Mord) werden durch Verhandlungen zwischen den beteiligten Parteien gelöst oder im allgemeinen durch Schiedsspruch von Wahrsagern oder Wahrsagerinnen, denen übernatürliche Kräfte nachgesagt werden. Deren Entscheidungen besitzen allerdings keine Rechtskraft; vielmehr beruft man sich auf die „Gewohnheit" (Sunna*), so daß die Einwilligung der Kläger allein deren gutem Willen überlassen bleibt. Das Stammesoberhaupt besitzt keinerlei vollziehende Gewalt; jeder einzelne muß sein Recht selbst durchsetzen gegen Diebe und Mörder, und zwar auch, wenn es sich dabei um einen Verwandten handelt. Die unvermeidliche Vergeltung für einen Mord kann gleichermaßen einen Verwandten des Mörders treffen. Nachdem so häufig über Generationen hinweg sämtliche Mittel der Blutrache ausgeschöpft worden sind, kann eine Fehde durch die Zahlung von „Blutgeld" (oft in Form von Kamelen) beendet werden. Somit steht das Ehrgefühl im Zentrum der traditionellen beduinischen Gesellschaft. In den Karawanenstädten im Hedschas*, wo Mohammed* geboren wurde, waren die beduinischen Verhaltensregeln etwas gemäßigter, da die in Mekka* regierenden Sippen ihre Handelsinteressen und die Einkünfte aus der Wallfahrt* schützen mußten. Indem Mohammed die Grundlagen eines Staatswesens schuf, das die Auflösung der alten Stammesordnung zu Gunsten einer durch den Islam* gefestigten Gemeinschaft (*Umma*) zum Ziel hatte, zivilisierte er das alte System, wenngleich manche überlieferten Gewohnheiten bis zur endgültigen Durchsetzung des islamischen Rechts* anderthalb Jahrhunderte später fortbestanden. Die ersten Kalifen* kanalisierten die kriegerischen Energien der Beduinen in den erfolgreichen frühen Eroberungen des Islams. Beduinische Heldentaten und ihre Tugenden der Mannesehre lebten über die Jahrhunderte fort in der arabischen Literatur*, in vorislamischen Gedichten, die zu Klassikern wurden, so im *Roman von Antara** und der Geschichte von *Madjnun und Laila**. Im 18. Jh. bildeten die Beduinen die Speerspitze bei der Errichtung des wahhabitischen* Staates, bis König Ibn Saud (gest. 1953) sie durch Seßhaftmachung gleichschaltete.

Heutzutage gibt es im Nahen Osten und in Nordafrika noch ca. zehn bis zwölf Millionen Beduinen; ihre Anzahl ist vor allem auf Grund staatlicher Ansiedlungsmaßnahmen rückläufig.

▶ Arabien (altes), Mohammed, Nomaden und Seßhafte

Behsad, Maler und Kalligraph (Herat, Afghanistan 1450 – Iran um 1536)
Behsad arbeitete zuerst für Hussain Baiqara, Sultan* zu Beginn des zweiten goldenen Zeitalters der timuridischen* Malerei, das von Schah Ruch und dessen „Haus des Buches" (*Kitab Khaneh*) in der ersten Hälfte des 15. Jhs. eingeläutet worden war. Die Miniaturen* von Behsad, die die Handschriften des Nisami* (*Khamseh*) und des Saadi* (*Bustan* und *Golestan*) bereichern, zeigen natürliche und geschmackvolle Kompositionen, die die „psychologische" Atmosphäre der bebilderten Szenen widerspiegeln: offene Räume oder synkopische Aufnahmen eines Milieus, worin die Personen in ihrer Bewegung und in ihrem Ausdruck in einer Reihe von lebendigen, aber harmonischen Farben, zu einer neuen Einheit werden. Nach dem Fall der Timuriden verließ Behsad Herat, um nach Täbris zu gehen, wo er die Leitung der Bibliothek* von Schah Ismael und Schah Tachmasp, den ersten Safawiden*-Herrschern, übernahm. Schon zu Lebzeiten war sein Einfluß bemerkenswert: Sein Name blieb so berühmt, daß drei Jahrhunderte lang hochgeschätzte Miniaturen seine gefälschte Signatur trugen.

Bektaschiten ▶ **Anatolien, Derwisch**

Berber
Einheimische Bevölkerung im Maghreb*, von Libyen bis zum Atlantik und vom Mittelmeer bis zur Nigermündung, mit hamito-semitischen Sprachen; dazu gehören die Kabylen* und die Tuareg*. Die Mehrheit der Berber wurde durch die Jahrhunderte der Islamisierung arabisiert.

Eroberungen und Widerstand. Der Name „Berber" ist eine Abwandlung des griechisch-römischen Wortes „Barbar"; in ihren eigenen Sprachen nennen sich die Berber *Imazighen* („Edle"). Sie bilden eine Gruppe verwandter Völker, bei denen der Gegensatz zwischen Nomaden* und Seßhaften eine entscheidende Rolle spielt. Schon in prähistorischer Zeit lebten sie in Nordafrika.

Im Laufe der Jahrhunderte wurden die Berbergebiete teilweise kolonisiert, unter anderem von den Phöniziern (Karthago) ab dem 9. Jh. v. Chr., sodann von den Römern, die unter den Berberkriegern Truppen rekrutierten, sowie von Byzanz* (an der Küste und in Kolonien im Landesinneren). Das seit dem 2. Jh. n. Chr. in der Region präsente Christentum breitete sich im 4. und 5. Jh. vor allem auf Betreiben eines Berbers aus: des hl. Augustinus. Zu Zeiten der *Africa romana* versuchten Berberführer wie Jughurta (2. Jh.), die unterschiedlichen Stämme zu einigen, jedoch ohne Erfolg, da die Berbergruppen unter sich zerstritten und in den Gebirgsregionen und isolierten Gebieten zersplittert waren. Dieses Charakteristikum machten sich die Maghrebiner zunächst im 7. und 8. Jh. zunutze, um den ersten arabisch-islamischen Eroberungen Widerstand zu leisten, die in ihren Augen eine weitere Invasion darstellten. Bis 688 kämpfte der Berberführer Kussaila gegen die Araber, der nach seinem Tode von al-Kahina (der „Wahrsagerin") abgelöst wurde (möglicherweise einer Jüdin, da sich in jener Zeit zahlreiche Einheimische zum Judentum bekehrt hatten). Al-Kahina errang bis um 700 mit ihren Truppen mehrere Siege. Zum Ausdruck ihrer Zurückhaltung gegenüber der offiziellen arabisch-islamischen Ordnung und ihres Ärgers über die Benachteiligung in den von Arabern befehligten Streitkräften, in die sie in großem Maße aufgenommen wurden, nahmen die Berber den Islam* zunächst in Gestalt der Sekte* der Charidschiten* an. Aus diesen ging die Dynastie der Rustamiden (761–908) hervor, die ein Perser in Tahert im Westen Algeriens gründete und die später von den schiitischen* Fatimiden* gestürzt wurde. Ebenjenen Fatimiden, deren Oberhaupt sich zum Mahdi* proklamierte, gelang es, die Berber für sich zu gewinnen. Nachdem sich das Fatimidenkalifat stärker nach Osten ausgerichtet hatte, überließ es seinen berberischen Vasallen, den Ziriden (973–1156), die Verwaltung seiner Besitzungen Tunesien und Ostalgerien. Zur Strafe für die Rückkehr der Ziriden zur sunnitischen* Orthodoxie schickten die Fatimiden im 11. Jh. die Hilal*, arabische Beduinenstämme aus Ägypten, in den Maghreb, die das Gebiet verwüsteten. Ihr Einfall trug in hohem Maße zur Arabisierung und Islamisierung des Maghrebs bei, denn sie verbreiteten sich von den Städten und Küstengebieten bis auf das abgelegene Land und in einige Gebirgsregionen. Dieser zweiten arabischen Welle folgten weitere, die regelmäßig von den moslemischen Regierungen im Osten oder vor Ort gefördert wurden, um Nordafrika an den Rest der islamischen Welt zu binden. Araber (im eigentlichen Sinne) blieben dort für lange Zeit zahlenmäßig in der Minderheit.

Die Berber im Islam. Vom 10. bis zum 16. Jh. stellten die Berber die Mehrzahl der Herrschergeschlechter im Maghreb*; sie folgten dem klassischen islamischen Vorbild und vertraten oftmals einen reinen und unnachgiebigen Islam*. Als Speerspitzen der moslemischen Eroberung Spaniens* (711) bildeten die Berber lange Zeit die Mehrheit unter den nicht einheimischen Moslems* der Iberischen Halbinsel. Sie befanden sich in ständigem Kampf untereinander und gegen die Araber, von denen sie abschätzig betrachtet wurden. Einige Berber errangen die Herrschaft über Fürstentümer in der Zeit der *Reyes de Taifas**. Kurze Zeit war der Maghreb vereinigt (das einzige Mal in seiner Geschichte): unter den beiden größten Berber-Dynastien, den Almoraviden* (1061–1147) und den Almohaden* (1130–1269), die in ethnischer Hinsicht aus rein berberischen religiösen Bewegungen hervorgegangen waren. Die Almohaden schufen eine dauerhafte und fruchtbare Verbindung zwischen dem Maghreb und Andalusien*. Diese glänzenden Erfolge sind jedoch keine Eigentümlichkeit der Berber. Denn wie auch bei den anderen Berber-Dynastien unterschied sich weder der Regierungsstil noch die Kultur vom klassischen islamischen Muster. Lediglich die Almohaden verfügten kurzzeitig die Predigt in Berbersprache sowie die Umschrift berberischer Texte mit arabischen Buchstaben. An sich standen die islamischen Vorstellungen in völligem Gegensatz zu den ursprünglichen politischen und gesellschaftlichen Gepflogenheiten der Berber und trugen so zur Entfremdung vom Berbertum bei. Fundamentalistische, intolerante und autoritäre Züge, die auch den Aufstieg beider Dynastien begleiteten, entsprechen in keiner Weise berberischen Traditionen, sondern sind vielmehr kennzeichnend für bestimmte rückwärtsgewandte politisch-religiöse Bewegungen im Islam. Durch die Bekehrung zum Islam (mit seiner umfassenden Kultur) und die Arabisierung wurden die Berber schließlich vollständig in die klassisch-islamische Kultur integriert (wie es auch bei zahlreichen anderen Völkern in der moslemischen Welt der Fall war). Schon seit längerem zeigen die Berber ihre Eigenständigkeit nicht mehr in religiöser Sektenbildung (und auch nicht in der Anarchie, wie noch Ibn Chaldun* diagnostizierte), sondern unter anderem in der Übernahme der malikitischen* Rechtsschule* mit ihrem Rigorismus und in der Ausbildung des Marabut*-Wesens; dabei behielten sie zahlreiche vorislamische Bräuche und religiöse Züge bei.

Heutzutage gibt es ungefähr 17 Mio. Berber (d. h. Berbersprachige). Sie stellen rund 60% der Marokkaner und 40% der Algerier. Die Forderung nach kultureller (und politischer) Eigenständigkeit der Berber im Maghreb äußert sich immer eindringlicher und wird von vielen Arabern (Arabischsprachigen) ebenso bekämpft wie von den Fundamentalisten*.

▶ Andalusien, Maghreb, Maghreb (Geschichte und Dynastien)

Bergwerke

Die klassische moslemische Welt besaß nur wenige Metallvorkommen*, und daher nahm die Einfuhr einen wichtigen Raum in ihrem internationalen Handel* ein. Diese Metalle waren für das Prägen von Geld*, für die Ausrüstung mit Waffen, für die Industrie und die Herstellung von Alltags- und Luxusgegenständen der städtischen Oberschicht bestimmt. Daher wurde Mineralogie, die mit Alchimie* verbunden war, von großen moslemischen Gelehrten wie Razi* und al-Biruni* studiert, die ihr Abhandlungen widmeten.

Arm an Eisen und Zinn, führte die moslemische Welt diese Metalle aus dem Kaukasus* und Malaysia*, aus Indien* und Europa ein. Die beiden letztgenannten Regionen lieferten auch

Stahl, denn sie waren in seiner Herstellungstechnik weit voraus. Ein großer Teil des für Waffen notwendigen Kupfers war im Boden von Ober-Mesopotamien, Südmarokko und Spanien* vorrätig. Silber aus silberhaltigen Bleiminen kam vor allem im Maghreb*, im Kaukasus, in Mittelasien* und Andalusien* vor – diese Länder hatten von ihrer Ausfuhr große Vorteile. Gold als Grundlage für die Goldschmiedekunst und die Prägung des Dinars, der eine internationale Währung war, wurde aus Ostafrika über die Swahili*-Küste, aus dem Sudan* über die Transsahara-Karawanenwege und aus dem Maghreb eingeführt. Das Gebiet am Roten Meer, der Kaukasus und Turkestan* besaßen ebenfalls Goldminen. Indien* und Ostiran* waren reich an Edelsteinen; der Persische Golf und das Rote Meer an Perlen und Korallen. Das Mittelmeergebiet besaß Steinbrüche für das Bauwesen. Irak, Mittelasien und die iranische Welt benutzten seit dem Altertum Tonziegel als Grundmaterial für ihre Wohnungen. Der blühenden Textilindustrie* des Reiches lieferte Ägypten Alaun und Natron für die Färberei und für chemische Erzeugnisse. Salz kam aus Ägypten, aber auch aus dem Sudan über die Routen, die die Sahara* durchquerten. Einige Minen befanden sich in Staatsbesitz. In Ägypten hatte der Staat das Monopol auf den Verkauf der Produkte und zog u.a. ein Fünftel der Einkünfte aus Privatminen ein.

Beschneidung

Der Ursprung der Beschneidung (das Entfernen der Vorhaut beim männlichen Kind) ist ebenso wie ihre ursprüngliche Bedeutung ungewiß. Heutzutage wird sie von allen Moslems* praktiziert.

Möglicherweise hat die Beschneidung ihren Ursprung in Afrika*; für das pharaonische Ägypten ist sie nachgewiesen. Der Brauch besteht bei den Kopten* und den Christen in Äthiopien* fort und ist noch heute Bestandteil zahlreicher „animistischer" Initiationsriten in Schwarzafrika. Für die Israeliten war die Beschneidung eine religiöse Pflicht, die den „Bund" mit Gott besiegelt. Derartiges ist im Islam* nicht der Fall; auch der Koran* kennt keine entsprechende Vorschrift. Schlichtweg als „Brauch" (*Sunna**) bezeichnet, hat die Beschneidung für die Schafiiten* verpflichtenden Charakter, die anderen Rechtsschulen* betrachten sie als „nachdrücklich empfohlen". Im Laufe der Zeit ist sie zu einem allgemein üblichen Ritual des Islams geworden. Sie liegt in der Konsequenz des Islams, der sich ja als Erbe der Botschaft Abrahams* betrachtet, des Vaters der Semiten und speziell (durch seinen Sohn Ismael*) der Araber.

Je nach Region und äußeren Umständen wird die Beschneidung von einem Barbier oder einem Chirurgen zwischen dem siebten Tag nach der Geburt und dem 13. Lebensjahr durchgeführt. Sie steht symbolisch für den Eintritt des Jungen in die Welt der Erwachsenen und wird von einem Fest mit Geschenken begleitet.

▶ Feste (islamische)

Bibliotheken

Begründet auf dem Koran*, dem „Buch" schlechthin, hat der Aufschwung der Schrift und der Buchkunst* in der moslemischen Kultur im 8.–15. Jh. eine Blütezeit öffentlicher und privater Bibliotheken* hervorgebracht. Dies geschah auch mit Hilfe eines fürstlichen oder privaten Mäzenatentums* der Kalifen*, einem einzigartigen Phänomen vor Beginn der Neuzeit, das für religiöse Zwecke und das Studium der Korankommentare sowie der Wissenschaft in der gesamten islamischen Welt von Andalusien* bis Indien*, von Timbuktu* bis Samarkand* gedacht war.

Das goldene Zeitalter der Bildung. Drei legendäre Einrichtungen, die im 9. und 10. Jh. errichtet wurden, sind mit dem Buch verbunden. Die erste ist das „Haus der Weisheit" (*Bait al-Hikma*), das um 815 in Bagdad* vom abbasidischen* Kalifen* al-Mamun oder vielleicht von seinem Vater Harun ar-Raschid* gegründet wurde. Diese Einrichtung wurde aus dem Staatshaushalt bezahlt und war für die Übersetzung von Handschriften aus den Gebieten der sog. „alten Wissenschaften" bestimmt, z. B. Philosophie* und Naturwissenschaften, d. h. für griechische und hellenistische, aber auch persische, syrische* und Sanskrithandschriften. Ausgestattet mit einer Sternwarte*, nahm seine reiche Bibliothek, die von ausgebildeten Bibliothekaren verwaltet wurde, Übersetzer und Handschriftenkopisten auf. Ein Netz von „Häusern der Wissenschaft" (*Dar al-Ilm*) und öffentlichen Bibliotheken, die Stipendiaten empfingen, erstreckte sich von Bagdad* über Mossul, Basra und Damaskus* nach Aleppo und Ägypten. In Bagdad überführte der Kalif al-Mustansir 1234 einen Teil seiner Bücher (80 000 Bände) in das von ihm gegründete theologische Kollegium (Medresse*) namens al-Mustansiriya. Ebenso herrausragend war das „Haus der Wissenschaft" (*Dar al-Hikma*) der schiitischen* Fatimiden*, im 10. Jh. in Kairo* gegründet, mit seinen 40 mit Büchern angefüllten Sälen (darunter allein 18 000 hellenistische Werke über Naturwissenschaften und Philosophie*). Es wurde teilweise aus den Mitteln des Palastes finanziert, und alle Bereiche des Wissens waren darin enthalten. Federn, Tinte und Papier* wurden den Lesern kostenlos überlassen. Bibliothekare und Forscher erhielten ein Gehalt. Der Kalif al-Hakim fügte eine Akademie hinzu. Saladin* vernichtete als Reaktion gegen die Schiiten, nachdem er die Fatimiden gestürzt hatte, Zehntausende Werke. Zur gleichen Zeit wurde unter dem omaijadischen* Kalifen Hakam II., der selbst ein Wissenschaftler und Bücherfreund war, die Bibliothek des Palastes von Cordoba* berühmt, die Gelehrte, Kopisten und Buchbinder beschäftigte und etwa 400 000 Bände umfaßte. Der Wesir* al-Mansur säuberte sie von einer großen Anzahl von Titeln, die in seinen Augen „häretisch" waren. Die *Reyes de Taifas** gründeten reiche Bibliotheken in Saragossa, Granada, Toledo. Durch die nach der Reconquista* einsetzende Inquisition wurden zahlreiche kostbare Ausgaben verbrannt.

In den florierenden Städten der iranischen Welt wetteiferten Fürsten, Wesire und reiche Privatleute darum, gut ausgestattete Bibliotheken zu gründen. Im 10. Jh. gründete der iranische Bujiden-Herrscher Adad ad-Daula (gest. 983) in Schiras* eine Einrichtung mit 360 Sälen mit Gewölben, um Kühlung zu schaffen. Diese Bibliothek enthielt Kopien aller bis dahin geschriebenen Bücher. Eine solche Blütezeit gab es auch in Isfahan*, Raiy (Teheran) – hier hatten im 12. Jh. die abbasidischen Kalifen mehrere Bibliotheken gegründet – und Merw, im Ostiran, das im 13. Jh. zehn Bibliotheken besaß, bevor der Mongoleneinfall sie zu Asche machte. An jede bedeutende Moschee* waren Bibliotheken angegliedert, z. B. die Moschee von Sanaa im Jemen*, die bis heute ihre jahrhundertealte Bibliothek beherbergt; dasselbe galt für andere Bildungseinrichtungen, z. B. Krankenhäuser*, Medressen, Sternwarten*. Überall, wo man eine bedeutende städtische Gemeinde antraf, wurden Bibliotheken gegründet. Ein Phänomen, das die lähmende orthodox-sunnitische* Reaktion nicht auszulöschen vermochte, solange man weiterhin in Samarkand*, Herat und Täbris unter den Timuriden* und den nachmongolischen Dynastien Bibliotheken errichtete, oft unter dem Zeichen des Schiismus. Diese Bibliophilie setzte sich bis ins 17. Jh. fort.

Im Osmanischen* Reich begann der Eroberer Mehmed II. gleich nach der Einnahme Konstantinopels (1453), Handschriften zu sammeln, ausgehend von der berühmten Sammlung des Topkapi* und der (religiösen) der Süleymaniye: Die Bibliotheken von Istanbul* besitzen heute fast 150 000 Handschriften. Das Indien* der Moguln*, wo Kaiser und Höflinge gebildete Bibliophile waren und wo die Buchkunst und die Miniatur* Höhepunkte erreichten, stand dem nicht nach. Die Bibliothek der Mogul-Kaiser wurde von den Engländern nach Absetzung der Dynastie im Jahre 1858 aufgelöst.

Heute besitzen die meisten moslemischen Länder moderne Nationalbibliotheken und veröffentlichen Nationalbibliographien.

▶ Abbasiden, Bildung, Buchkunst, Fatimiden

Bild

Der Islam* hat strikte Vorbehalte gegenüber Bildern und Abbildungen. Im Koran* und im Hadith* wird demjenigen, der Bilder von (menschlichen wie tierischen) Lebewesen schafft, die Höllenstrafe angedroht. Durch die Nachahmung und Abbildung von Dingen „konkurriert" der Künstler in seiner Schöpfung mit Gott (*Allah*), dem „Schöpfer" und „Bildner" schlechthin. Diese beiden Bezeichnungen (*al-Chaliq* und *al-Musawwir*) gehören zu den 99 „schönen Namen Gottes".

Gott, der Schöpfer schlechthin. Das Bilderverbot betrifft vor allem dreidimensionale Skulpturen. Mohammeds* unnachgiebige Verkündigung des Monotheismus zielte von Beginn an auf die Vernichtung des Götzendienstes und der Bilderverehrung, die die Araber im „Zeitalter der Unwissenheit" (*Dschahilija**) praktizierten. Nach seinem Sieg über Mekka* zerstörte der Prophet selbst die Götzenbilder im heidnischen Heiligtum der Kaaba*. Die Ächtung bezieht sich hingegen nicht auf Pflanzen-, Landschafts- und geometrische Darstellungen (letztere bestehen aus regelmäßigen Vielecken, die auf unbestimmte Weise sternförmig verbunden werden) und auch nicht auf die Kalligraphie* in ihren vielfachen Stilvarianten. Diese Art der Ausschmückung wurde zu einem Unterscheidungsmerkmal der islamischen Kunst, bevor sich schließlich eine „islamisierte" Malerei entwickelte. Im gesamten Bereich der Religion wurde das Verbot der Darstellung von Lebewesen ab dem 7./8. Jh. (bis auf den heutigen Tag) rigoros durchgesetzt; dies gilt für die Ausschmückung der Moscheen* und ihres Mobiliars

(*Minbar**) ebenso wie für die Illustration des Korans* und der Handschriften anderer religiöser Texte. Die Verzierungen ziviler Gebäude der Omaijaden* zeugen allerdings von der Freiheit, die man sich in der Handhabung des Verbots herausnahm, denn die Kalifen* dieser Dynastie schmückten ihre Residenzen mit zahlreichen farbigen Stuckfiguren und erhabenen Statuen, von denen manche originalgetreue Porträts der Herrscher und ihrer Umgebung darstellen – was der Islam* uneingeschränkt verdammt. Dasselbe Phänomen läßt sich an den Wandmalereien (nach römisch-byzantinischem Vorbild) beobachten, die sich in den Omaijaden-Schlössern der syrisch-jordanischen Wüste finden, z. B. in Qusair Amra, wo eine Wandmalerei die während der Ausbreitung des Islams besiegten Herrscher darstellt. Im Maghreb* existierten noch im 11. Jh. ähnlich ausgestaltete fürstliche Landsitze, unter anderem bei den Hammadiden in Marokko und Andalusien*. Im Gegenzug zeigen die Mosaiken der Großen Moschee von Damaskus* (der sog. Omaijaden-Moschee) ausschließlich Pflanzen- und Landschaftsmotive. Noch strenger wurde die Haltung zum Bild im 11. Jh., einer Zeit, in der das islamische Reich eine Vielzahl von Völkern umfaßte, deren Religionen (Christentum*, Buddhismus) und künstlerische Traditionen der Darstellung von Menschen einen bevorzugten, wenn nicht gar zentralen Platz in Kult und Kunst einräumen. Die Ablehnung von Bildern und Skulpturen im Islam wurde möglicherweise verstärkt durch den damaligen Ikonoklasmus (Bildersturm) der Byzantiner (8./9. Jh.). Auch die anderen Bereiche des täglichen Lebens waren und sind von dem unnachgiebigen Verbot bildlicher Darstellungen betroffen, wahrscheinlich wegen der magischen oder sogar übernatürlichen Kraft, die man Bildern im Orient zuschreibt. Jedenfalls tritt die Unterscheidung zwischen Abgebildetem und Abbildung in der dortigen Mentalität nicht deutlich zutage. Äußere Faktoren und historische Umstände haben so die dem Islam ohnehin schon innewohnende theologische Mißbilligung des Bildes noch verschärft. Beschädigungen und Zerstörungen kann man an zahlreichen Skulpturen, Gebäudemalereien oder metallenen Gegenständen beobachten, sowohl an antiken Werken (ägyptischen oder griechisch-römischen Skulpturen) wie an christlichen (Kirchen in Kappadozien nach dem Verschwinden der meisten Christen aus Anatolien*) oder buddhistischen (wie in Bamian in Afghanistan*) als auch zum Teil an moslemischen. Den Extremfall stellte die massive Zerstörung hinduistischer Tempel während der moslemischen Besetzung Indiens* dar. Diese Art von Verwüstungen entstand weniger auf Grund „barbarischen" Unverständnisses als mit der Absicht, den Bildern das „Leben" zu entziehen: Sie wurden geköpft, man stach ihnen die Augen aus oder zertrümmerte ihre Nasen oder Hände, so als wolle man sie am Atmen hindern oder ihren Blutkreislauf unterbrechen. Derart entstellt, haben diese Bilder oder Skulpturen nichts mehr mit einem menschlichen (oder tierischen) Lebewesen gemeinsam, das zu schaffen allein Gott die Macht hat.

Auf dem Weg zu einer islamisierten Ästhetik bildlicher Darstellung. In diesem geistigen Klima entwickelten sich

Arabeske* und Kalligraphie* (als künstlerisches Gestaltungsmittel und zur Verzierung des Wortes Gottes) mit der ihnen eigenen, auf Abstraktion gegründeten Dynamik. Sie erzielten ungeahnte Erfolge, die soweit gingen, daß sie oft mit islamischer Kunst insgesamt gleichgesetzt werden. Es entstand also eine spezifisch islamische Ästhetik bei der Darstellung von Lebewesen, die gekennzeichnet ist von der Suche nach Konzepten, in denen die Form eine Idee (von dem betreffenden Geschöpf) ausdrückt, und in der es nicht mehr um die Reproduktion eines bestimmten individuellen Wesens geht. Dies gilt für Miniaturen* oder Darstellungen auf anderen Materialien (Keramik*, Metallkunst*): Personen erscheinen darauf wie Marionetten mit ähnlichen, stereotypen Gesichtszügen, ohne Ausdruckskraft und nicht voneinander zu unterscheiden. Die figürliche Darstellung wird somit zurückgeführt auf eine rein formale Ebene. Zwei Faktoren beeinflußten die Entwicklung dieser Kunstauffassung: einerseits das geistige Klima in der islamischen Welt, das vom 7. bis zum 11. Jh. gekennzeichnet war von Übersetzungen* antiker Werke (hellenistischer, persischer und indischer), und andererseits das damit verbundene Bekanntwerden der Illustrationen, die in diesen Büchern enthalten waren. Deren arabische Versionen ließen die ursprüngliche Bebilderung nicht vollends verschwinden, sondern wandelten sie in islamisierte Formen um. Literarische Texte waren von diesem Prozeß weniger betroffen, denn sie gründen ja im wesentlichen auf Fiktion und Erdichtung und weniger auf Realität. Anders verhielt es sich mit wissenschaftlichen Werken (vor allem im Bereich der Medizin* und der Mechanik*), in denen die bildliche Darstellung notwendig für das Verständnis des Textes ist: Unmittelbar in Arabisch verfaßte wissenschaftliche Schriften enthielten schon sehr früh derart formalisierte, unerläßliche Illustrationen. Islamische figürliche Miniaturen finden sich ebenso in literarischen Texten, zum Beispiel in Bagdad* und später im Iran* (13.–15. Jh.), zur Abbildung von Personen und Tieren in Märchen und Fabeln, z. B. in den berühmten *Makamen* von al-Hariri oder dem Buch *Kalila und Dimna**. Der Einfluß dieser Ausdrucksformen reichte bis nach Andalusien*. Sie zeugen von den jedem Künstler und Kunsthandwerker eigenen geistigen Beziehungen. Die ästhetische Bandbreite erweiterte sich noch einmal beträchtlich durch die Integration einer Vielzahl künstlerischer Traditionen in die islamische Welt. Bereits sehr früh signierten einige Kunstschaffende ihre Werke; besonders ab dem 15. Jh. begannen die Künstler nachhaltig, die Anonymität aufzugeben, unter anderem der große iranische Miniaturmaler Behsad*. Eine naturalistische Tendenz entwickelte sich vor allem in Persien*, einem Land mit einer reichhaltigen vorislamischen ästhetischen Tradition, die von der semitischen Bilderfeindlichkeit der Araber weit entfernt war. Auch Indien* kannte eine ausgeprägte Bilderkultur (Malerei und Skulptur). Großer Beliebtheit erfreute sich die Porträtmalerei an den Höfen* der Safawiden* und Moguln*, jedoch ausschließlich in den Palästen und bei der gebildeten Oberschicht. Die europäische Malerei begann ab dem 16. Jh., einen Einfluß auszuüben: vor allem in

Indien, wegen der Gemälde und Stiche, mit denen sich die Europäer in den Kolonien umgaben oder die von westlichen Botschaftern als Geschenke überreicht wurden. Unter der Dynastie der Kadscharen (1779–1924) erlebte der Iran* eine große Begeisterung für Porträtmalerei und figürliche Darstellungen. Auch in der moslemischen Volkskunst werden Bilder von Personen (Helden, Heiligen, Politikern, Gelehrten und Schriftstellern) hergestellt, vorrangig in der schiitischen* Welt (Bilder von Ali*, Hussain* und Fatima) sowie in jüngerer Zeit in Mittelasien* unter dem Einfluß sowjetischer Skulpturen und Malereien. Heutzutage akzeptiert der Islam die Fotografie (nach langen Vorbehalten) und das Kino (hier haben die meisten moslemischen Länder – Ägypten, Türkei, Iran, die indisch-pakistanische Welt und Indonesien* – Meisterwerke produziert). Ebenso sind die in der westlichen Welt entstandenen großen Richtungen der Malerei (mehr als diejenigen der Bildhauerei) in den Ländern des Islams gegenwärtig, sowohl gegenständliche wie abstrakte Malerei.

Bildung

Das klassische islamische Bildungssystem beruht auf einer streng hierarchischen Klassifizierung und einer universellen Vorstellung des Wissens und der Wissenschaft*; gefördert wurde sie seit dem 9. Jh. durch al-Kindi*, im folgenden Jahrhundert geschah dies auf Veranlassung al-Farabis* und um 950 durch die bemerkenswert offenen Werke des Geheimbundes der sog. „Lauteren Brüder" (in Basra, Irak).

Hierarchie des Wissens. Die Suche nach Wissen ist eine Weisung des Korans* und Mohammeds* selbst: „Sucht Wissen bis nach China, wenn notwendig." Indem er sich auf die aristotelischen Klassifikationen stützt, empfiehlt al-Kindi das Studium der „alten Wissenschaften" – der griechischen und hellenistischen –, der theoretischen, praktischen und „herstellenden" Wissenschaften. Im folgenden Jahrhundert spielt al-Farabi* (gest. 950) mit seinem Werk „Aufzählung der Wissenschaften" – im 12. Jh. unter dem Titel *De scientiis* ins Lateinische übersetzt – eine entscheidende Rolle bei den meisten nachfolgenden moslemischen Denkern und Lehrern, wie Avicenna*, Averroes* und al-Ghasali* (gest. 1111). Letzterer wendet sich auch dem Lehrer-Schüler-Verhältnis zu im Hinblick auf die nötige „Anstrengung des eigenen Nachdenkens" (*Idschtihad*) bei der Wahrheitssuche. Das System al-Farabis schließt praktisch alle Wissensbereiche ein; Sprachwissenschaft, Dichtung*, dann Logik, gefolgt von Mathematik* und Musik*, bevor er von Physik – den Naturwissenschaften* – und Metaphysik spricht. Es endet mit den Sozialwissenschaften.

Im 14. Jh. stellt Ibn Chaldun* in seinen *Prolegomena* den Zustand der Wissenschaften* am Ende der reichsten geistigen Epoche der Geschichte des Islams dar. Er unterscheidet zwischen den Verstandeswissenschaften, die mit der angeborenen Vernunft begriffen werden (Philosophie), den überlieferten Wissenschaften, mit denen man zu ihrem Schöpfer gelangt (reine und angewandte Wissenschaften, Mathematik, Astronomie*, Musik), und den religiösen Wissenschaften (Offenbarung, Recht*, Theologie*, Sprachwissenschaft). Der große Geschichtsschreiber des Maghrebs* spricht auch die Kindererziehung an. Alle klassifizierten Wissenschaften werden nicht an den Stätten des offiziellen höheren Bildungswesens unterrichtet, sondern von Generation zu Generation öffentlich oder privat überliefert.

Bildungsstätten. Vom Anbeginn des Islams* bis heute sind die Moscheen* die wichtigsten Bildungsstätten. Die bedeutendsten unter ihnen besitzen eine Bibliothek*, denn das Studium ist unlösbar mit der religiösen Vertiefung verbunden: der Koran*, das Buch schlechthin, stellt die Quintessenz allen göttlichen und menschlichen Wissens dar. In den Koranschulen (*Kuttabs*) lernen die Kinder Grammatik und Schrift der heiligen arabischen* Sprache und das Koranlesen. Einmal fest etabliert, schafft die islamische Gesellschaft Einrichtungen, die zur klassischen Zeit eine wichtige Rolle in der Vermittlung der griechisch-islamischen Philosophie* und in der Lehre der Naturwissenschaften und der weltlichen Humanwissenschaften (Latein und Griechisch) spielen. Diese Institutionen wirken sich günstig auf die Entfaltung geistiger Fähigkeiten aus. Unter den Abbasiden* in Bagdad* stellt das „Haus der Weisheit" (9. Jh.) ein Urbild dafür dar. Seine Bibliothek empfängt nicht allein die Gelehrten und Gebildeten, die Übersetzer* der griechischen, persischen und indischen Weisheiten und Wissenschaften, sondern auch Studenten. In Fes* (Marokko) bewahrt die religiöse Moschee-Universität der „Kairuaner" (*Karawijin*) seit elf Jahrhunderten ihre Bildungstradition. Die Fatimiden* gründen, kurz nach der Eroberung Ägyptens (969), die Stadt Kairo* und die Universität al-Azhar*. Diese wird ein Hauptzentrum der Verbreitung des schiitisch*-ismailitischen* Gedankengutes, aber man unterrichtet dort auch Humanwissenschaften und Musik. Um sich dieser Propaganda zu widersetzen, gründet der Wesir* Nizam al-Mulk (im 9. Jh.) im Seldschuken*-Reich zahlreiche neue Universitäten mit einer Art theologisch-juristischer Kollegien: die Medressen*. Diese sind weit weniger offen gegenüber den theoretisierenden interdisziplinären Fachrichtungen als die „Häuser der Weisheit". Die Medresse wird rasch zum Instrument der religiösen sunnitischen* Orthodoxie und der politischen Macht. Der Theologe und Mystiker al-Ghasali* ist der berühmteste Professor der großen Medresse von Bagdad, der *Nizamiyya*. Bis ins 16. Jh. hinein werden Medressen in der ganzen moslemischen Welt gegründet: Jerusalem*, Maghreb*, Syrien, Granada, Ägypten, Iran*, Mittelasien*, Indien* und später im Osmanischen* Reich. Die Studenten – oft Stipendiaten und Beherbergte – erhalten einen akademischen Grad (*Idjazah*), wenn ihre Lehrer der Meinung sind, daß sie ein ausreichendes Niveau in ihrem Fach erreicht haben. Nachdem die rationalistische Philosophie auf den Index gesetzt worden ist, ab dem 12. Jh., verschwinden viele sog. weltliche Fächer aus dem Universitätsangebot. Die schiitischen* Universitäten – z.B. in Isfahan*, Schiras*, Meschhed* – zeigen sich länger gegenüber der griechischen Philosophie, den Naturwissenschaften und der Mathematik aufgeschlossen. Neben den Universitäten bestehen zwei andere Hauptbildungsorte: die Sternwarten* und die Krankenhäuser*.

▶ Azhar (al-), Bagdad, Bibliotheken, Recht, Farabi (al-), Ghasali (al-), Krankenhäuser, Medresse, Philosophie, Wissenschaften

Biruni, al-, Gelehrter und Enzyklopädist (Chiwa, Usbekistan um 973 – Ghazna, Afghanistan 1050)
Aus einfachen Verhältnissen stammend war der Iraner Abu Raihan al-Biruni ein Universalgelehrter, der an intellektuellen Theorien auf allen Gebieten seiner Epoche interessiert war: Technik*, Mineralogie, Optik, Astronomie*, exakte und angewandte Wissenschaften, Philosophie* und Geschichte. Er war der hervorragendste mittelalterliche moslemische Gelehrte.

Zuerst als Gefangener des großen ghasnawidischen türkischen Sultans* Mahmud, dann als Attaché an dessen Hof*, begleitete er seinen Herrn bei dem verheerenden Feldzug, den dieser gegen Indien* führte. Er studierte zwölf Jahre Sanskrit und die indische Weisheit, womit er eine Brücke zwischen moslemischer und hinduistischer Kulturwelt schlug. Seine *Geschichte Indiens* ist ein enzyklopädisches Kulturdenkmal, welches immer noch von Historikern herangezogen wird und mit großer geistiger Offenheit das philosophische System, die Sitten und die Kosmologie der Hindus beschreibt. Er übersetzte indische Werke ins Arabische und seine eigenen, ebenso wie Euklid, ins Sanskrit. Gleichzeitig war er der überragendste Astronom und Mathematiker seiner Zeit. Sein astronomischer *Kanon al-Massudi* (dem ghasnawidischen Sultan Massud gewidmet) ist das vollständigste Werk seiner Art. Er zeichnete mehr als 1000 Sterne auf und schrieb ein Kompendium über Weiten und Längen, die er mit Hilfe von selbsterfundenen Instrumenten bestimmt hatte. Sein Pharmakologiebuch enthält Bezeichnungen verschiedener Substanzen in griechisch, arabisch, persisch und sanskrit; in der Botanik zeichnete er fünfmal mehr Pflanzen auf als Dioskurides. In seinem Mineralienbuch berechnete er das spezifische Gewicht und die Besonderheiten von seltenen Mineralien. 1018 studierte er – in einer Festung im heutigen Pakistan – den Erdradius nach dem Winkelverhältnis zwischen einem Berg und dem Horizont, mit einer Abweichung von nur 15 km. Seine Schätzung des Erdumfangs liegt lediglich 200 km unter modernen Berechnungen. Als aufgeschlossener Moslem* verstand er es, auch einen „wissenschaftlichen" Blick auf andere Religionen und Kulturen zu werfen.

Bruderschaften
Als „Weg" (arab. *Tariqa*) bezeichnet man eine Bruderschaft von Jüngern, die sich um einen Sufimeister (Scheich*) sammeln und dessen Lehren und Praktiken fortbestehen lassen.

Die teilweise „Derwische*" genannten Jünger leben – je nach Bruderschaft – in einer Art Kloster (pers. *Khanka*) mit ihrem Meister, oder aber sie ziehen wandernd umher oder führen gar ein normales Leben in der Gesellschaft. Jede Bruderschaft besitzt besondere Lebensregeln und eigene religiöse Riten, die sich zu manchen Zeiten an der Grenze zur Häresie bewegten und häufig von den orthodoxen Ulema* angegriffen wurden. Ihre Autorität führt eine Bruderschaft auf Mohammed* zurück, mit Hilfe einer „Kette" (arab. *Silsila*), die bis zu dessen unmittelbaren Gefährten zurückreicht. Die meisten Bruderschaften tragen den Namen ihres Scheichs. Unter den zahlreichen noch heute – regional oder weltweit – bestehenden Bruderschaften sind die berühmtesten: die Kadirija (benannt nach dem Bagdader* Sufi Abd al-Kadir al-Dschilani, gest. 1166), die sich bis in den Maghreb* und nach China* verbreitete; in der Türkei die Mewlewije* (nach Maulana Dschalal ad-Din Rumi* im 13.Jh.) und die Bektaschiten (nach Hadschi Bektasch im 15.Jh.); in Mittelasien* und Indien* die Nakschbanditen (nach Naqschband, gest. 1389); in Libyen die Senussi (nach Mohammed Ali as-Sanussi, gest. 1859); schließlich die im Maghreb und in Schwarzafrika tätigen Tidschaniten (nach Ahmad at-Tidschani, gest. 1815). In der jüngeren Vergangenheit fungierten die Bruderschaften oft als Speerspitze gegen die Kolonialherrschaft. Zwar hat der Einfluß der Bruderschaften mit der Gründung moderner moslemischer Staaten (seit der kemalistischen* Revolution in der Türkei) stark abgenommen, dennoch bestehen viele von ihnen fort. Durch die derzeitige allgemeine Misere in der islamischen Welt haben sie eine bedeutende Rolle erhalten und bilden in einigen Gegenden die Grundlage für eine Erneuerung.

► Mewlewije, Sufismus

Buchara

Die chinesischen Dokumente des 7. Jhs., die Buchara (im heutigen Usbekistan) erwähnen, klären uns über den Ursprung dieser Oasenstadt in unmittelbarer Nähe der Ufer des Serawschan auf.

Die ersten arabischen Eroberer bemächtigten sich ihrer 674, während ihres Feldzuges durch Transoxanien*, und 710 führte Qutayba endgültig den Islam* ein. Als Hauptstadt der Samaniden, den iranischen Vasallen des abbasidischen* Kalifen*, wurde Buchara die Wiege der persischen Renaissanceliteratur mit Dichtern wie Rudaki* oder Firdausi*. Aus dieser Zeit stammt das Grabmal der Samaniden, welches von Ismail an der Wende vom 9. zum 10.Jh. errichtet wurde, berühmt durch die Verwendung von Ziegelsteinen sowohl für den Bau als auch für die Ausschmückung. 1220 von Dschingis-Khan zerstört sowie nochmals von den mongolischen* Il-Khanen, wurde es fünfzig Jahre später wieder aufgebaut. Im 16.Jh. stand die Stadt unter usbekischer* Herrschaft, was sie bis zur russischen Revolution blieb. Sie wurde zu einem wichtigen politischen und intellektuellen Zentrum. Im Gegensatz zum Schicksal anderer Städte wie Kairo* oder Samarkand* haben die Wandlungen der Geschichte keine Ortsveränderung des Stadtzentrums nach sich gezogen, das immer am gleichen Platz wiederaufgebaut wurde. In Buchara findet man heute noch zahlreiche Denkmäler: Moscheen*, Medressen*, Klöster und drei mit Kuppeln* überdachte Markthallen aus dem 16.Jh.

Buchkunst

Die Buchkunst ist zweifelsohne eine der wichtigsten Kunstgattungen der arabisch-moslemischen Kultur und die Grundlage zahlreicher Meisterwerke. Da die moslemische Religion auf dem Wort begründet ist, nämlich der Offenbarung Gottes an die Menschen durch die Vermittlung Mohammeds*, mußte der Koran* sehr bald schriftlich festgelegt werden, um die Botschaft vor den Risiken, die eine mündliche Verbreitung mit sich bringt, zu schützen. Diese Notwendigkeit bildet die Grundlage einer Entwicklung, zu der jedes Jahrhundert und jede Dynastie ihren Beitrag leisteten.

Das Erstellen von Handschriften war das Ergebnis der Zusammenarbeit einer Gruppe von Handwerkern, die sich aus Kopisten, Kalligraphen, Buch- und Miniaturmalern, Vergoldern und Buchbindern zusammensetzte. Hinzu kamen andere, die die für die Arbeit der Handwerkerzünfte notwendigen Materialien vorbereiteten: z. B. Herstellung und Vorbereitung von Papier*, Tinte, Farben und Pigment, Leder oder Lack für die Einbände.

Solche Gemeinschaften konnten sich nur im Rahmen des höfischen Lebens* und dank der Mäzene* bilden. Sie allein waren in der Lage, ausreichende materielle Mittel für die Herstellung kostbarer Bücher zur Verfügung zu stellen. Handschriften in Auftrag zu geben, war außerdem auf moslemischem Boden immer ein Zeichen von Macht und Klugheit. Die arabischen Chronisten und Reisenden* im Mittelalter haben uns wunderbare Beschreibungen der abbasidischen* und fatimidischen* Bibliotheken* hinterlassen, aus denen nur wenige Werke und Fragmente erhalten sind. Was die königlichen Sammlungen aus der Neuzeit anbetrifft, so können wir sie auf Grund der Werke, die im osmanischen* Topkapi*-Palast erhalten sind, besser einschätzen. Dazu zählen auch die Bücher der Safawiden* und Moguln*, die in Privatsammlungen oder Museen verstreut sind. Sie können mit Hilfe der Quellen der Herrscher genau bestimmt werden, was eine Vorstellung von ihrem Reichtum ermöglicht.

Die Ausbreitung der Papierverwendung hat sich auf die Buchkunst günstig ausgewirkt. Papier ist seit dem 8. Jh., d. h. nach der Eroberung Samarkands*, bekannt. Die Araber benutzten es als Untergrund für offizielle abbasidische Dokumente. Bei der Herstellung von Büchern verdrängte das Papier langsam den Papyrus, der schließlich im 9. Jh. im Orient ganz verschwand, und das Pergament, welches man bis 1200 besonders im Maghreb* und in Spanien* gebrauchte.

Jeder Handschrift wird die gleiche sorgfältige Herstellung unabhängig von ihrem Inhalt zuteil. Koranköpien werden selbstverständlich immer besonders sorgfältig behandelt, was das Niveau der Kalligraphie* und der Buchmalerei anbetrifft. Außer dem Koran enthält die Gruppe der religiösen Handschriften die sog. *Hadithe**, Texte über die Anwendung des moslemischen Rechts* im täglichen Leben und mystische Schriften. Einen anderen Zweig der religiösen Texte stellt das *Miradj-name* dar, das über die Himmelsreise* Mohammeds berichtet, die ihn von Mekka* nach Jerusalem* führte sowie in die sieben Himmel. Entgegen dem Verbot von Bildern*, enthalten zahlreiche Kopien dieses Textes seit dem 16. Jh. Miniaturen*, besonders in osmanischen* Ausgaben.

Literarische Texte bilden die zweite große Gruppe von Büchern; sie enthalten zugleich Dichtung*, Grammatik, Vorträge (*Makamen*), die meist die unerfreulichen Abenteuer eines prahlerischen Bettlers in Szene setzen, ferner Märchen und Fabeln, besonders jene aus dem Sanskritmärchen von Bidpay, die La Fontaine im Frankreich des 17. Jhs. wieder aufnahm. Zwischen literarischer und historischer Gattung findet man Epen. Das berühmteste ist *Schah-name* von Firdausi*, das die Taten der mythischen oder historischen Könige Persiens* beschreibt. Zur historischen Gattung gehören Chroniken (Aufzählungen von Ereignissen verschiedener Herrscher) sowie Universalgeschichten. Eine der berühmtesten wurde 1314 von Raschid ed-Din* geschrieben. Die wissenschaftlichen und enzyklopädischen Handschriften – wie die berühmten *Abhandlungen über Wunder* - bilden die vierte Gruppe. Sie wurde durch die zunehmende Übersetzungstätigkeit*, die seit dem 10. Jh. von den Abbasiden gefördert wurde, eingeführt. Schließlich sei eine besondere Gattung der Buchkunst erwähnt, die allein in der moslemischen Welt vorzukommen scheint: das Album oder der Bildband: eine Sammlung von Kalligraphien, Dichtungen und Miniaturen, die nichts anderes miteinander verbindet als ihre Schönheit oder der Geschmack des Auftraggebers. Dieser Typus des Albums ist hauptsächlich an den osmanischen, safawidischen und Mogul-Höfen anzutreffen.

Man kennt keine Beispiele der Buchkunst aus der Zeit der Omaijaden*. Hingegen haben die Abbasiden das Mäzenatentum eingeführt, das für ehrgeizige Vorhaben notwendig war und das, verbunden mit einer geistigen Unruhe, zukünftigen moslemischen Dynastien als Vorbild dienen sollte. Bagdad*, die Hauptstadt des Reiches, wurde von anderen Zentren auf dem Gebiet des Buchwesens nachgeahmt. Diese wurden oft von Dynastien gefördert, die vom Kalifat* abgefallen waren: wie im Falle von Kairo* zur fatimidischen Zeit. Unglücklicherweise sind die dortigen Buchproduktionen nur durch Zeugenberichte und nicht durch die Werke selbst bekannt. Ein anderes Beispiel ist Kairuan* zur aghlabidischen Zeit, das wegen seiner Pergament-Korane berühmt ist. In den weltlichen Handschriften erschien die Miniatur im 12. Jh. in wissensschaftlichen Werken – wie im *Buch der Gegenmittel* – und in literarischen – wie den *Makamen* von Hariri aus der sog. „Bagdader Schule" (aufbewahrt in der Französischen Nationalbibliothek und in Sankt-Petersburg). Bagdad wurde 1258 von den Mongolen* geplündert, und das Zentrum der arabischen Kultur verlagerte sich nach Syrien und Ägypten, wo mameluckische* Emire* und Sultane* zahlreiche Handschriften in Auftrag gaben. Darunter befand sich – neben den oft großformatigen Koranen – eine schöne Ausgabe der *Automaten* von al-Djasari (Sammlung As-Sabbah, Kuwait).

Gegen Ende des 13. Jhs. erreichten die östlichen Provinzen des ehemaligen Abbasiden-Reiches nach dem Mongoleneinfall unter Dschingis-Khan* den zum Entstehen der Buchkunst notwendigen Reichtum. Diese schlug eine neue Richtung ein, bei der der persische Einfluß richtungweisend wird. Zwei Dynastien begünstigten diese Kunst: die Ilchane (1256–1353) und die Timuriden* (1370–1506). Unter der Regierung der ersten wurden Kopien der berühmten *Universalgeschichte* von Raschid ed-Din, dem Wesir* der Sultane Ghazan Khan und Oljaytu erstellt, außerdem entstand eine Handschrift des

Schah-name, genannt „Demotte" (nach dem Namen des früheren Besitzers). Die Miniaturen, die diese Werke ausschmücken, zeichnen sich durch einen starken Einfluß des Fernen Ostens aus. Mit der Ankunft der Timuriden wurde die Stadt Täbris von Herat in den Schatten gestellt, das bis zum Ende des 16. Jhs. das wichtigeste kulturelle Zentrum der östlichen islamischen Welt blieb, in dem Künstler wie Behsad* oder der Kalligraph Mir Ali wirkten.

Die Neuzeit setzte die Tradition der Buchkunst fort, die im 10. Jh. begann. Im Iran* wurden zwei safawidische Herrscher auf diesem Gebiet berühmt: Schah Tahmasp (1527–1576), der u. a. Auftraggeber eines wunderbaren *Schahname* war (heute auf öffentliche und private Sammlungen verteilt), und sein Enkel Schah Abbas (1587–1629), der in Isfahan* lebte. Diese Werke zeichnen sich durch Schönheit und Feinheit aus, die alle Kunstwerke dieser Dynastie hervorheben. Die osmanische Konkurrenz stand in der Buchkunst nicht nach. Mäzene und Künstler waren von ihrer eigenen Welt beeindruckt, ganz anders als ihre persischen Kollegen, die sich mehr den klassischen literarischen Werken verbunden fühlten. Daher sind die Chroniken der Regierungen der Sultane mit ihren Taten und Heldentaten verbunden: das *Süleyman-name* von Süleyman* dem Prächtigen ist ein vollendetes Beispiel dafür (aufbewahrt im Topkapi*). In Indien* nahm das Buch bei den Moguln* ebenfalls eine wichtige Stellung ein, dem Beispiel der Timuriden folgend, deren Nachkommen sie waren. Die Werke ihrer Herrschaft, Abbild ihre Kultur, spiegeln eine durch diese Dynastie geschaffene Synthese moslemischer und nicht moslemischer Stile* wider, wie z. B. *Babur-name* (Franz. Nationalbibliothek) oder die Bildbände von Jahangir (verstreut in verschiedenen Sammlungen).

Die fortdauernde Schwächung dieser Dynastien von Mäzenen hat unvermeidbar zu einem Niedergang der Buchkunst geführt; sie wurde durch die technische Entwicklung (Buchdruckerkunst) gänzlich verdrängt. In ihren kunstvollen und vergoldeten Lederschatullen – oder mit Lack überzogen, wobei Motive der Buchmalerei oder Kompositionen der Miniaturmalerei aufgenommen werden – nimmt uns die Buchkunst immer wieder wegen ihrer Feinheit und Vielfalt gefangen. In verschiedenen Formen und Formaten – z. B. Korane in Miniaturgröße, in Rollen oder sechseckig – vermitteln uns diese Bücher durch ihren Inhalt den Eindruck der islamischen Kultur und ihrer Entwicklung während eines Jahrtausends.

▶ Bibliotheken, Kunststile (islamische)

Byzanz, islamische Beziehungen zu

Als das sassanidische* Kaiserreich Persiens* durch die erste arabische Ausdehnung vernichtet war, wurde das Byzantinische Reich der bei weitem mächtigste Staat in der Region und entwickelte sich zum Hauptziel des Heiligen Krieges*. Die Moslems* nahmen im 7. Jh. einige seiner wichtigen Provinzen ein: Ägypten, Syrien und Ifriqiya (östlicher Maghreb*).

Der Überlieferung zufolge soll Mohammed* dem byzantinischen Kaiser Herakleios einen Brief geschickt haben, in dem er ihn aufforderte, sich zum Islam* zu bekehren. Ein *Hadith** (Überlieferung) soll ebenfalls die Eroberung der prächtigen Hauptstadt Byzanz bzw. Konstantinopel (arab. Qustantiniyya) vorausgesagt haben. Diese Stadt stellte ein wichtiges politisches und symbolisches Ziel für die Moslems dar. Diese sendeten ab 644 Truppen nach Anatolien*, aber es gelang ihnen nicht, die Hauptstadt einzunehmen. Sie wurde dann nach drei Angriffswellen (668–669, 674–680 und 716–718) durch die Omaijaden* belagert, nachdem diese eine Kriegsflotte gebildet hatten. Während einer dieser ersten Feldzüge soll Aijub (türk. Eyüp), ein Gefährte des Propheten, in Konstantinopel den Tod gefunden haben. Diese Legende spornte 1453 die Türken während des letzten Belagerungszuges gegen die Stadt an, und noch jahrhundertelang erhielten die osmanischen* Sultane* in der Nähe seines Grabes in der Eyüp-Moschee, die das Goldene Horn überragt, die Investitur (das Schwert des Osman). Über den Reichtum und den Prunk von Byzanz berichteten sowohl moslemische Botschafter als auch freigekommene Kriegsgefangene. Die byzantinische Metropole blieb lange Zeit eine obligatorische Durchgangsstation für die moslemischen Händler: Waren aus Nord- und Westeuropa, Waren aus Rußland (Pelze, Metalle, Holz, Pferde, Vieh, Sklaven*), die über den Dnjepr, die Wolga und das Schwarze Meer befördert wurden, Waren (Luxusartikel, Textilien*, Parfums), die aus dem Westen der moslemischen Welt in einen Teil Europas exportiert wurden, durchquerten die Stadt. Dieser Handel* führte dem Islam* Geld zu, was Byzanz schadete. Die Osmanen* bemächtigten sich 1453 der Herrschaft über die Stadt und machten aus *Qustantiniyya* ihre Hauptstadt Istanbul*.

► Kreuzzüge, Islam (Ausbreitung), Istanbul, Osmanen

Chaijam, Omar al-, Dichter, Philosoph und Mathematiker (Nischapur, Persien um 1048 – um 1132)
Al-Chaijam (arab. „Zeltmacher") verdankt seine weltweite Berühmtheit seinen *Vierzeilern* (*Rubajat*, Mehrzahl von *Rubai**). Er wurde als Epikureer angesehen, in Wirklichkeit war er aber stark vom sufischen* Mystizismus, wenn nicht gar Gnostizismus geprägt.

Als Philosoph der Schule Avicennas* wurde er wegen seiner mathematischen* Arbeiten als einer der größten Gelehrten im Islam* angesehen. Neben einem Dutzend wissenschaftlicher Arbeiten, die uns überliefert sind, zählt sein Werk *Algebra* zum Hauptwerk der mittelalterlichen Mathematik: Hierin löst er kubische Gleichungen auf, indem er ihnen algebraische und geometrische Lösungen zuschreibt. Vom Seldschuken*-Sultan* Djalal ad-Din Malik Schah eingeladen, arbeitete er mit Mathematikern an der Sternwarte* von Isfahan* zusammen an der Ausarbeitung des „Djalali-Kalenders" (nach dem Namen des Sultans), der zuverlässigere astronomische Grundlagen lieferte als der gregorianische Kalender, mit einer Abweichung von nur einem Tag bei 3700 Jahren. Um zu diesem Ergebnis zu kommen, stellte Omar al-Chaijam astronomische Tafeln (*Zidj*) für Malik Schah zusammen. Zu seinen Lebzeiten wurde er auf zwei Gebieten berühmt, in denen er es bis zur Perfektion brachte: Poesie* und Mathematik.

Charidschiten ▸ **Sekten und Gruppen im Islam**

Charismi/Chwarismi, Mohammed Ibn Musa al-, iranischer Geograph und Mathematiker (Charism um 780 – Bagdad um 846)

Über das Leben von al-Charismi, geboren im heutigen Usbekistan, ist nur wenig bekannt: Man weiß, daß er einige Zeit in Bagdad* lebte, wo er ein geschätzter Gelehrter im „Haus der Weisheit" war, das der Abbasiden*-Kalif* al-Mamun gegründet hatte.

Er war der Verfasser des ersten großen moslemischen Geographiewerkes (vermutlich nachdem er Indien* besucht hatte), welches weitgehend die Theorien des Ptolemäus revidierte. Er spielte eine grundlegende Rolle in der Mathematik* und trug mit seinen Arbeiten zur späteren Entwicklung dieser Wissenschaft bei. Dem Islam und Europa hinterließ er sein *Kurzes Buch über das Rechnen mit der Einrenkung* (arab. *al-Dschabr*, ein chirurgischer Begriff) *und dem Vergleich*. Es wurde im Mittelalter ins Lateinische übersetzt und gab einem Zweig der Mathematik – der Algebra – seinen Namen. Er führte indische Ziffern, die ursprünglich aus dem Sanskrit stammten, in die moslemische Welt ein; seitdem werden sie „arabische Zahlen*" genannt. Vor allem gab er der Null – abgeleitet von arab. *sifr* („leer"), woraus das Wort „Ziffer" entstand – den zentralen Platz, den sie mittlerweile im Dezimalsystem einnimmt. Er beschrieb die verschiedenen Arten der arithmetischen Rechnungen, darunter den Algorithmus, dessen Bezeichnung von seinem eigenen Familiennamen herrührt.

▸ Algebra, Mathematik, Zahlen (arabische)

Chemie

Eng mit der Alchimie* verbunden und mit dem gleichen Wort arabischen Ursprungs (*al-Kimiya*) bezeichnet, basiert die Chemie auf der Verwandlung von Metallen. Seit dem 9. Jh. hat die moslemische Chemie einen wissenschaftlichen Status, auf Grund des theoretischen Wissensstands über die chemischen Substanzen, der von Gelehrten und ihren Instrumenten erreicht wurde, um daraus Anwendungen abzuleiten.

In seinem *Buch der Geheimnisse* beschreibt Razi* (gest. 925) ausführlich die Ausstattung eines (al)chemischen Laboratoriums. Die Technik der Chemie stützt sich besonders auf die Beherrschung der Destillation von Alkohol (arab. *al-Kuhl*, „Pulver"). Dieser Prozeß eröffnet den Weg für das Studium der mineralischen Säuren – wie Alaun, Ammoniaksalz, Salpeter, Schwefelsäure, Salpetersäure (Nitrit) und Chlorwasserstoff –, der Alkalien und der organischen Säuren. Jede bekannte Substanz wurde chemischen Reaktionen unterzogen.

Diese Versuche sind in einem bestimmten Maße Vorboten der modernen synthetischen Chemie und dienten der Arzneimittelherstellung, der Glas-, Keramik-, Textil-(Färbe-)industrie und der aufblühenden Herstellung von Parfums ebenso wie derjenigen bestimmter landwirtschaftlicher Erzeugnisse.

► Alchimie

China

Im chinesischen Kaiserreich wurden die moslemischen Bevölkerungsgruppen meist mit dem Namen „Hui" bezeichnet, dies ist vielleicht die chinesische Version eines ethnisch türkischen Namens, der auch andere Minderheiten Mittelasiens* umfaßt, die von arabischen oder persischen Einwanderern abstammten. Der Islam* wurde „Lehre des Wahren und Reinen" (*Chen Ch'ing Chiao*) genannt, die Kaaba* hieß *Tien Fang* und das von den Tadschiken* abgeleitete *Ta Shih* stand für das „Land der Araber". Letztere wurden meist mit den Persern verwechselt und mit Karawanenführern und Vermietern von Reittieren gleichgesetzt.

Ein Land, das die Moslems kannten. Die Geschichtsschreiber* und Geographen* al-Masudi* und Ibn Rusta (10.Jh.) kannten China, insbesondere den Süden des Landes, den die arabischen und persischen Seefahrer* auf dem Seeweg erreichten. Diese Route wurde ab dem 8. bzw. 9. Jh. häufig vom Persischen Golf aus befahren. In Kanton gab es seit 758 ein moslemisches Viertel mit Hammams* und Moscheen*, bevor die Moslems* 877 einem Blutbad zum Opfer fielen. Doch kehrten sie später wieder dorthin zurück. Der Landweg nach China war (durch Hörensagen) bekannt und wurde vom Geographen und Reisenden* Ibn Khurdadhbih (gest. 885) beschrieben. Vom Hafen Chüanchou (heute Quanzhou, Südchina) aus unternahm Ibn Battuta* im 14.Jh. seinen Chinabesuch. Die ersten direkten Kontakte zwischen dem Islam* und dem Innern des chinesischen Kaiserreichs fanden während der mongolischen* Herrschaft statt. Sayyid-i Adjall, einer der wichtigsten Offiziere von Dschingis-Khan* war ein Moslem* aus Buchara* gewesen. Er soll von 1273 bis zu seinem Tode 1279 Gouverneur von Yünnan gewesen sein, wo sein Sohn Nassir ad-Din (den Marco Polo „Nescradin" nannte) den Islam verbreitet haben soll. Eines der wichtigsten moslemischen Werke Chinas, *Die Magnetnadel des Islams*, soll von einem seiner Nachfahren, Ma (Mohammed) Chu (gest. 1710), verfaßt worden sein.

Sinkiang, Schmelztiegel des chinesischen Islams. Sinkiang (Xinjiang), eine Region im chinesischen Turkestan*, ist mehr als dreimal so groß wie Frankreich, liegt im äußersten Westen Chinas und grenzt an Transoxanien* an, von dem es durch die Gebirge Pamir und Tienschan natürlich abgetrennt ist. Es ist seit Jahrhunderten ein Schmelztiegel verschiedener Kulturen und ein Einwanderungsgebiet, das mit blühenden, von Seßhaften* bewohnten Oasen entlang der Seidenstraße (Tarim, Hotan, Kaschgar) versehen ist. Die seßhaften Uiguren türkischer Abstammung (die ihren Namen der heutigen chinesischen Provinz Xinjiang-Uigur vermachten) riefen dort eine prächtige Kultur ins Leben, die dem Manichäismus anhing (9.–13. Jh.), bevor sie sich später zum Islam* bekehrte. In Sinkiang bzw. Kaschgar waren die Religionen entweder gleichzeitig vorhanden oder lösten sich ab: so der türkisch-mongolische Schamanismus, der Buddhismus, der Manichäismus und das nestorianische* Christentum. Wenngleich der Sieg der Araber über die Chinesen (751) in der Nähe des Flusses Talas in Transoxanien die politischen Grenzen zwischen beiden Kaiserreichen festigte, so setzte sie dem Fortschreiten des Islams in Richtung Osten kein Ende. Araber hatten im übrigen ab 715 Kaschgar erreicht. Das langsame Eindringen des Islams über die moslemischen Händler beschleunigte sich, zum Nachteil des Buddhismus der Uiguren, zur Regierungszeit des dritten Sohnes von Dschingis-Khan, Tschagatai (gest. 1241), dessen Khanat* über die Berge des Tienschan hinaus reichte. Während der ersten Hälfte des 14. Jhs. setzte sich der Islam, unter dem Einfluß der herumziehenden sufischen* Derwische*, überall in Kaschgar durch. In der Mitte des 19. Jhs. wurde Kaschgar von der Mandschudynastie erobert und am Ende des 19. Jhs., nach einem gescheiterten Loslösungsversuch, endgültig durch das chinesische Kaiserreich unter dem Namen „Neue Provinz" (*Sinkiang*) annektiert. Doch am Ende des vorhergehenden Jahrhunderts hatte die „Neue Sekte", die durch die sufische Bruderschaft* der Nakschbanditen aus Mittelasien* angeregt worden war, Aufstände der Moslems* gegen die Mandschu ausgelöst, was im 19. Jh. sogar einen kurzlebigen, unabhängigen moslemischen Staat entstehen ließ.

Heute vereint die autonome Region Sinkiang-Uigur (1,6 Mio. km^2, Hauptstadt: Ürümqi), trotz der massiven Kolonisierung durch die Chinesen (Han), mindestens 16 Mio. Moslems türkischer Abstammung. Die sunnitische* Glaubensrichtung überwiegt.

Christen, orientalische

In der islamischen Welt gibt es christliche Kirchen der ursprünglichen Bevölkerung lediglich im Nahen Osten – der Region, in der das Christentum entstanden ist und sich entwickelt hat: Fruchtbarer Halbmond*, Ägypten, Türkei sowie Ausläufer in Indien* und Äthiopien*. Im Maghreb* ist das Christentum in seiner angestammten Form aus der römischen und byzantinischen Epoche nach der Islamisierung dieser Gegend vollständig verschwunden. Man schätzt die Anzahl der Christen im Orient (ob mit Rom uniert oder nicht) gegenwärtig auf etwa zwölf Millionen, wobei die

Zahl auf Grund zunehmender Auswanderung in die westliche Welt rückläufig ist.

Vorchalcedonische Kirchen. Die „vorchalcedonischen" Kirchen sind diejenigen, die die Beschlüsse des Konzils von Chalcedon nicht anerkennen. Dieses Konzil tagte 451 auf Initiative des byzantinischen Kaisers und verurteilte einige „Irrlehren", die aus dem 20 Jahre zuvor abgehaltenen Konzil von Ephesus hervorgegangen waren. Die maßgebende Formel von Chalcedon ist diejenige von den „zwei Naturen" Christi (der göttlichen und der menschlichen), die „ungetrennt und unvermischt" bestehen.

Gegenüber der offiziellen „orthodoxen" Kirche von Konstantinopel behielt die ost-syrische Kirche (auch „assyrische" oder „nestorianische Kirche" genannt) ihre ursprüngliche Auffassung von den zwei „getrennten" Naturen Christi bei und lehnte daher den Titel „Gottesmutter" für Maria ab. Im Byzantinischen Reich verfolgt, entfaltete sie sich im sassanidischen Persien*, von wo aus sie sich in der Folgezeit bis nach China* und Südindien verbreitete. Die nicht mit Rom unierten Nestorianer* zählen heute ungefähr 200000 (vor allem im Irak, im Iran* und im Westen). Unter den Abbasiden* spielten sie eine beträchtliche Rolle bei der Übersetzung* griechischer, syrischer und persischer wissenschaftlicher Werke sowie in anderen Bereichen des geistigen Lebens.

Der „monophysitische" Strang (Christus hat nur „eine" Natur: die göttliche, die die menschliche „aufgesogen" hat) wird von mehreren Kirchen repräsentiert: Die „armenische Kirche" hat fünf bis sechs Millionen Anhänger, außerhalb Armeniens im weiteren Sinne leben Minderheiten (insgesamt 500000 Personen) im Libanon, in Syrien, Palästina, der Türkei und im Iran. Die west-syrische Kirche („syrisch-orthodox" genannt oder auch „jakobitisch" nach dem Namen des Gründers Jakob Baradai), mit syrischer Liturgiesprache und Patriarchat in Damaskus*, begrüßte die arabischen Eroberer als Befreier von der byzantinischen Unterdrückung (wie andere getrennte Kirchen auch). Später verringerte sich die Zahl ihrer Anhänger unter dem Druck der Bekehrung zum Islam; gegenwärtig gibt es 250000 Gläubige, vor allem in Syrien, im Libanon und im Irak. Die verschiedenen Zweige der west-syrischen Kirche in Südindien zählen über eine Million Gläubige („syrisch-orthodoxe malankaresische Kirche des Ostens"). Ebenfalls Monophysiten sind die Kopten* (Patriarchat in Alexandria, später in Kairo*). Im durch die Verkündigung des hl. Markus im 1. Jh. n. Chr. christianisierten Ägypten tritt neben das religiöse Schisma eine „nationale" Dimension, da sich das koptische Christentum mit Ägypten identifiziert – zumal angesichts der byzantinischen Verfolgungen. Der (aufgezwungene oder freiwillig angenommene) Islam verkleinerte die koptische Gemeinde, die heute etwa sechs Millionen Mitglieder zählt (etwa 10% der ägyptischen Bevölkerung).

Chalcedonische Kirchen. Orthodox: Die drei autokephalen griechisch-orthodoxen Patriarchate im Nahen Osten (Alexandria, Jerusalem* und vor allem Antiochia) werden „melchitisch" genannt – abgeleitet vom syrischen und arabischen Wort für „König" –, weil sie

Konstantinopel* und dem Kaiser nach dem Konzil von Chalcedon verbunden blieben. Der Ritus ist byzantinisch, die Liturgiesprache arabisch und griechisch. Die eine Million Anhänger (einschließlich Diaspora) verteilen sich hauptsächlich auf den Libanon und Syrien.

Mit Rom uniert: Ein Großteil der orientalischen Christen blieb nach dem Konzil von Chalcedon der Kirche von Konstantinopel und damit auch Rom treu, da ja das Große Schisma von 1054 noch nicht vollzogen war, das die „lateinische" Kirche von der „griechischen" trennen sollte. Einige von ihnen haben sich im Laufe der Jahrhunderte wieder der Oberhoheit Roms unterstellt; man nennt all die in Einheit mit Rom stehenden Kirchen „katholische Ostkirchen": Die „Maroniten" im Libanon haben niemals offiziell mit Rom oder Konstantinopel gebrochen. In den Wirren der arabischen Eroberungen des 7. Jhs. entwickelten sie sich als eigenständige Gemeinschaft mit eigenen kirchlichen Strukturen. Durch ihre Isolierung waren sie von manchen theologischen Entwicklungen abgeschnitten und sollen zeitweise dem Monotheletismus angehangen haben (in Christus gibt es nur einen einzigen Willen: den göttlichen). Von den Kreuzfahrern „wiederentdeckt", akzeptierten sie ab 1182 die Autorität des Papstes; ihre Wiedereingliederung in die katholische Kirche vollzog sich zwischen dem 15. und 17. Jh. Ihren west-syrischen Ritus (in arabisch und syrisch) behielten sei bei, ebenso die Priesterehe und ihre eigenen Klöster. Maroniten sind vor allem im Libanon und auch in der Diaspora zu finden. Es gibt etwa zwei Millionen Gläubige. Der Großteil der oben erwähnten Ostkirchen erlebte den Anschluß (teilweise beträchtlicher) Teile ihrer Gläubigen an Rom – als Ergebnis katholischer Missionsarbeit. Zwar nahmen nur recht wenige Kopten* und Armenier (jeweils 150 000) den Katholizismus an, jedoch eine bedeutende Anzahl von Nestorianern* ab dem 16./17. Jh.: Sie werden „Chaldäer" genannt, ihre Anzahl beläuft sich auf 400 000 im Mittleren Osten (300 000 im Irak mit dem Patriarchen in Bagdad*, 15 000 im Iran*, 10 000 in Syrien). Dreieinhalb Millionen ihrer Glaubensgenossen in Indien* werden „Syro-Malabaren" genannt, weil sie hauptsächlich an der Malabar-Küste in Südindien leben. Von derselben Zeit an schlossen sich west-syrische Jakobiten dem Katholizismus an; heutzutage sind 300 000 ihrer Glaubensgenossen in Indien mit Rom vereint: die Syro-Malankaren. Auch bei den Melchiten gibt es einen mit Rom unierten Zweig („melchitisch-griechisch-katholisch").

Als Schriftbesitzer* teilten alle diese Christen im Laufe der Geschichte die Vor- und Nachteile dieses Status, darunter Zwangsbekehrungen und gewalttätige Verfolgungen, deren jüngsten und mörderischsten die Massaker an Hunderttausenden Armeniern in Anatolien* unter den Osmanen* und später unter der Regierung der Jungtürken* (1895–1915) waren. Die heutige Zunahme von Fanatismus und islamischem Fundamentalismus* könnte langfristig das Überleben der orientalischen Christen bedrohen. Ihre wachsende Auswanderung spricht in dieser Hinsicht für sich. Zehn Millionen von ihnen leben bereits mit ihren Nachkommen außerhalb der orientalischen Heimat ihrer Vorfahren.

▶ Christentum und Islam, Kapitulationen, Kopten, Kreuzzüge, Maroniten, Nestorianer, Schriftbesitzer, Syrisch

Christentum und Islam

Das Christentum war weder Mohammed* noch den ersten Moslems* unbekannt, denn einige Araber hatten es seit längerem angenommen, so die ghassanidischen und lakhmidischen Fürsten an der syrisch-irakischen Grenze. In Arabien selbst gab es christliche Stämme, und christliche Stadtgemeinden existierten sowohl in Arabien (Nadschran) wie im Jemen* (Sana, Insel Sokotra), ganz zu schweigen von Äthiopien*; zum dortigen christlichen Negus floh eine Gruppe von Moslems* auf Anweisung des Propheten, als die Verfolgung durch die Koreischiten* besonders arg war. Und schließlich war das Byzantinische Reich der bedeutendste Nachbar der Araber – gemeinsam mit dem zoroastrischen Perserreich der Sassaniden*, der Schutzmacht der nestorianischen* Kirche Persiens*. Als der Prophet Karawanenführer war, soll er selbst während einer Reise einen syrischen christlichen Einsiedler namens Bahira kennengelernt haben.

Gemeinsamkeiten und Unterschiede. Für den Islam* stellen die Thora und die Evangelien hebräische bzw. griechische Abschriften der „himmlischen Urschrift" dar, die bei Gott existiert. Diese heiligen Schriften kündigen im islamischen Verständnis Mohammed* und den Koran* an, die den Arabern gesandt wurden als dem einzigen semitischen Volk, das zuvor weder einen eigenen Propheten noch eine heilige Schrift besaß. Christentum wie Judentum sind monotheistische Religionen, die von Adam und Abraham* abstammen; beide Religionen haben jedoch ihre ursprüngliche Botschaft „verfälscht". Die koranische Offenbarung will diese Botschaft zugleich wiederherstellen wie bestätigen. Im Koran (wie in den *Hadithen**) wird Jesus (*Isa*) häufig als „Prophet" und „Gesandter" (*Rasul*) genannt, der das Evangelium – ebenso wie Mose die Thora – als heilige Botschaft überbringen soll. Für Mohammed, der niemals beansprucht hat, mehr als ein Mensch zu sein, und betonte, keine Wunder gewirkt zu haben, besitzen die von Jesus (mit Gottes Erlaubnis) vollbrachten Wunder zeichenhafte Bedeutung. Die Menschwerdung Gottes ist für Moslems* eine unannehmbare Glaubenslehre, da Gott absolut transzendent ist (wenngleich sein Wort der Welt immanent ist). Desgleichen ist die göttliche Natur Christi inakzeptabel, eine „Übertreibung", die dem Unglauben gleichkommt. Jesus, ein vollkommener Mensch und Prophet, ist Gott unterworfen wie alle Propheten und wie die Engel. Hinsichtlich seines Todes deutet der Koran an, daß die Kreuzigung eine Täuschung war und ein anderer Mann an Stelle Jesu am Kreuz hing, während dieser von Gott in den Himmel erhoben wurde. Zwar war Jesus mit menschlicher Vollkommenheit ausgestattet, seine Rolle als „Fürsprecher" bei Gott ist jedoch eine Vorstellung, die dem Islam – zumindest dem sunnitischen* – fremd ist. Die Bedeutung Jesu als Messias ist eher gering: Einige Hadithe erkennen lediglich an, daß er am Ende der Zeiten wiederkommen wird, um jeden Unglauben zu beseitigen und ein Reich des Friedens und der Gerechtigkeit zu errichten. Aus der Ablehnung der Göttlichkeit Christi ergibt sich der

Widerspruch gegen den christlichen Glauben an die Dreifaltigkeit Gottes, die der Koran freilich biologistisch auf die Dreiheit Gott Vater – Maria als Mutter – Jesus als Sohn bezieht (Sure 5,116) und der schlimmsten Sünde zurechnet: dem Polytheismus, der „Beigesellung" anderer Götter (*Schirk*) und damit dem Götzendienst. Die Jungfrau Maria (*Maryam*) ist die einzige Frau, nach der eine Sure im Koran benannt ist. Sie zählt zu den „erhabenen" Frauen des Islams, zusammen mit Chadidscha, der ersten Ehefrau des Propheten, Fatima, seiner Tochter und Ehefrau Alis*, und der Tochter des Pharaos, die Mose aus dem Wasser rettete. Die Jungfrauengeburt stellt kein Problem dar, denn das Vorbild hierfür ist dem Koran zufolge die Erschaffung Adams ohne einen Vater. Die Bezeichnung „Mutter Gottes" ist allerdings ebenso unannehmbar wie die „Gottessohnschaft" Jesu. Dies sind einige der grundlegenden Übereinstimmungen und Unterschiede zweier semitischer Religionen, die einer gemeinsamen Wurzel entstammen. Im modernen Arabisch nennt man die Christen *Masihijun* („Anhänger des Messias"), manchmal auch *Nasranijun* („Nazarener") und in früheren Zeiten *Rum* („Römer", d. h. Oströmer/Byzantiner).

Die Christen im Islam. Während der Ausbreitung des Islams* nahmen zahlreiche Christen die Eroberer freudig auf, zumal diese ihnen die freie Religionsausübung gestatteten. Dies geschah im Rahmen des (einschränkend-diskriminierenden) Status als „Schriftbesitzer*" (*Dhimmi*), den sie bis zum Untergang des Osmanischen* Reichs beibehielten. Besonders die „schismatischen" (getrennten) orientalischen Christen fühlten sich von den byzantinischen Verfolgungen befreit; diejenigen, die Byzanz* treu geblieben waren, wurden hingegen fortan – je nach der politischen Stimmungslage – oft mit Skepsis betrachtet. Das war der Fall anläßlich der Kriege zwischen der islamischen Welt und Byzanz, später in der Zeit der Kreuzzüge* sowie während der Reconquista* in Spanien*. Diese Skepsis wurde später wiederbelebt durch die Kapitulationen* und die direkten europäischen Einmischungen. Im Maghreb* ist das angestammte Christentum durch die Islamisierung vollständig erloschen.

Unter den Omaijaden* verblieben viele Christen (Griechen, Syrer, Perser) in der Verwaltung, da die Moslems* wenig Erfahrung in der Staatsführung hatten und zunächst ihren neuen Untertanen gegenüber zahlenmäßig in der Minderheit waren. Mit der wachsenden Zahl von Bekehrungen zum Islam nahm der Einfluß von Christen in der Verwaltung stark ab. Im Staat* der Abbasiden* spielten die Christen – vor allem Nestorianer* – eine bedeutende Rolle bei der Übersetzung* antiker Werke sowie im intellektuellen Leben. Der Iraker Hunain Ibn Ishak (gest. 873) war der hervorstechendste christliche Intellektuelle der islamischen Kultur. Christen nahmen auch hohe Ämter in Politik und Verwaltung im fatimidischen* Ägypten und in Andalusien* ein. Die Kalifen* förderten religiöse Streitgespräche zwischen Moslems*, Juden und Christen (die teilweise recht polemisch verliefen). Da die Kirchenlehrer den Islam schon frühzeitig als eine beträchtliche Herausforderung des christlichen Glaubens erkannt hatten, griffen sie ihn in zahlreichen apologetischen Werken an, ohne dafür in größerem Maße von den Machthabern behelligt zu werden. Johannes Damascenus (gest. ca. 750), ein byzantinisch-orthodoxer hellenisierter Syrer, ordnete den Islam unter die christlichen Häresien ein. Der Christ al-Kindi verfaßte (vermutlich im 10. Jh.) eine der bekanntesten christlichen Apologien in arabischer* Sprache, worin er ein düsteres Bild vom Islam, vom Koran* und von Mohammed* zeichnet; seine Argumentationen wurden später von den spanischen Christen wiederaufgenommen. Der Syrer Ibn al-Ibri (gest. 1286) – Bar Hebraeus, Sohn einer zum syrisch-jakobitischen Christentum konvertierten jüdischen Familie – prangerte die islamische „Häresie" in einer für die orientalischen Christen schwierigen Zeit an (Kreuzzüge*), bemühte sich jedoch auch um eine Synthese von syrisch-christlicher und islamischer Kultur. Die christliche Apologetik in islamischen Ländern besitzt im christlichen Europa jener Zeit kein Äquivalent, weder hinsichtlich des Islams noch des Judentums*. Die Apologien bringen im allgemeinen die hauptsächlichen Streitpunkte zwischen Christentum und Islam zur Sprache: Dreifaltigkeit, Menschwerdung, Mohammeds prophetische Sendung.

Das islamische Andalusien war eher ein Schmelztiegel denn ein Nebeneinander der Religionen. Dort behielten die einheimischen Christen, die im 8./9. Jh. noch die Mehrheit und unter den *Reyes de Taifas** immerhin ein Fünftel der Bevölkerung ausmachten, einen Großteil ihrer gesellschaftlichen, politischen und kulturellen Strukturen, ebenso wie ihren Besitz. Die Anziehungskraft der orientalischen islamischen Kultur begünstigte allerdings unter den Andalusiern die Zunahme der Bekehrungen zum Islam. Diese Assimilation der Christen an die vorherrschende arabische Kultur beklagten manche christlichen Theologen, so Paul Alvarus aus Cordoba*, der Mitte des 9. Jhs. die Begeisterung für arabische Kleidung, Dichtung*, Musik* und Sprache bemängelte. Diese Entwicklung führte dazu, daß später die Evangelien für den Gottesdienst ins Arabische übersetzt werden mußten. In diesem Zusammenhang entschieden sich während eines kurzen Zeitraums (850–859) einige eifernde Christen dazu, freiwillig das Martyrium auf sich zu nehmen, indem sie offiziell den Islam verhöhnten (was die christliche Hierarchie verboten hatte): Mehrere von ihnen, darunter der Bischof von Cordoba, Eulogius, wurden wegen absichtlicher Verunglimpfung des Islams und Verweigerung des Widerrufs hingerichtet. Die Öffnung Andalusiens zum Orient und nach Byzanz begünstigte zugleich den Kontakt mit den Christen des Ostens. So verfaßten Christen aus Toledo oder Murcia 754 die *Mozarabische Chronik* ausgehend von arabischen und syrischen* Quellen aus dem Orient. Wie auch andere Schriftbesitzer, stießen sich die Mozaraber* regelmäßig am Verbot, neue Kirchen zu bauen, und litten ab dem Ende des 9. Jhs. unter diskriminierenden Maßnahmen, die viele von ihnen bewogen, in den christlichen Teil Spaniens zu fliehen. Im 10. und frühen 11. Jh. hingegen scheinen christliche Stadt- wie Landbewohner ohne größere Schwierigkeiten gelebt zu haben. Die Verfolgungen von Cordoba (1013) sowie die Massaker von Saragossa (1065) waren jedoch schon Vorboten der Vertreibung der Christen durch die Almoraviden* (1120), der diejenige der Juden durch die Almohaden* folgte (1145).

In der islamischen Geschichte war die Lage der christlichen (und jüdischen) Minderheiten wesentlich weniger idyllisch, als manche Autoren es schildern; sie war jedoch um ein Vielfaches besser als diejenige der Juden oder häretischer Christen (z. B. der Albigenser) im christlichen Europa jener Zeit. Die Behandlung der Christen durch die Moslems, wofür der rechtliche Status als Schriftbesitzer maßgebend war, wechselte im Laufe der Zeit – je nachdem, ob die umgebende moslemische Gesellschaft sich stark genug fühlte, sich abkapselte oder aber bedroht und angegriffen wurde, zumal von den christlichen Reichen.

▸ Andalusien, Christen (orientalische), Schriftbesitzer

Chwarismi ▸ Charismi

Cordoba

Fünf Jahre nach der Eroberung durch die Araber (711) wurde Cordoba Hauptstadt Andalusiens*. Eine erste große Moschee* wurde in der Kirche San Vincente errichtet. 756 begründete Abd ar-Rahman I. in Cordoba das omaijadische* Emirat*, welches für die Dauer von fast drei Jahrhunderten den Reichtum der Stadt vergrößerte.

Von den prachtvollen Gebäuden, die damals entstanden, blieb nur die Große Moschee übrig. Der einfache Gebetsraum wurde 785 von Abd ar-Rahman I. erbaut. Die städtische Bevölkerung wuchs, und die Übertritte der christlichen Einheimischen vermehrten sich. Die Moschee wurde dreimal nacheinander ausgebaut: 833, 961 (neuer Mihrab* mit aufwendigem Dekor) und 987. Diese Veränderungen setzten sich kontinuierlich fort.

Mit der Proklamation des Kalifats* durch Abd ar-Rahman III. 929 wurde Cordoba zu einem bekannten Künstlerzentrum, was sowohl moslemische als auch mozarabische* Intellektuelle betraf. Der Hof* ließ sich 945 in der in der Nähe liegenden Residenzstadt Madinat az-Zahra nieder. Die Künstlerateliers brachten Meisterwerke hervor: Skulpturen aus Elfenbein und kleine Tierplastiken aus Metall. Die Bibliothek* Cordobas, mit 400000 Werken, war ein wichtiger Ort für Übersetzungen* von griechischen, lateinischen und hebräischen Manuskripten, die entscheidend zum Aufschwung der islamischen Wissenschaften* beitrugen: Gelehrte und Gebildete der drei Buchreligionen (Islam, Christentum* und Judentum*) fanden sich hier zusammen.

Nach dem Sturz des Kalifats 1031 fand in Cordoba unter den Almoraviden* eine kurze künstlerische und intellektuelle Renaissance statt; dies war die Zeit von Averroes*. Unter deren Nachfolgern, den asketischen Almohaden*, verminderte sich die Tätigkeit der Ateliers, und die bis dahin so produktive kulturelle Koexistenz war gefährdet. 1236 besiegelte die Einnahme der Stadt durch Ferdinand III. von Kastilien ihren unaufhaltsamen Verfall.

Damaskus
Stadt am Fuß des Berges Kassiun (Antilibanon) inmitten einer fruchtbaren Oase, „Ghouta" genannt, die berühmt ist für ihre Obstgärten und vom Fluß Barada („die Kalte") bewässert wird.

Damaskus – im Buch Genesis erwähnt: aram. *Dammaseq*, arab. *Dimaschq* – ist eine der ältesten Städte des Nahen Ostens; sie ist seit der Antike ohne Unterbrechung bewohnt. Die Stadt wird auf einer aus dem dritten Jahrtausend stammenden Tafel erwähnt, die in Keilschrift geschrieben und in Ebla (im Norden Syriens) entdeckt wurde. Die Mauern der heutigen Omaijaden*-Moschee* im Zentrum der Stadt dienten als Ort der Verehrung des aramäischen Gottes Hadad, dem der Jupiterkult unter den Seleukiden folgte, dann die christliche Kathedrale des Heiligen Johannes des Täufers, dessen Kopf dort begraben sein soll. Nachdem Damaskus assyrisch, hellenistisch, romanisch, dann byzantinisch geworden war, wurde es während der ersten arabischen Eroberungswelle 635 eingenommen, bevor es unter den Omaijaden (660–750) zur Hauptstadt des moslemischen Weltreichs wurde, das sich vom Indus bis zu den Pyrenäen erstreckte. Diese bauten dort die Omaijaden-Moschee, eine der schönsten und wichtigsten des Islams*. Damaskus wurde durch die Verlegung der Reichshauptstadt nach Bagdad* durch die Abbasiden* zweitrangig. Unter den Fatimiden* (979–1171) war es ein im wesentlichen von Ägypten verwaltetes Besitztum, bevor Glanz und Wohlstand unter der lokalen türkischen Dynastie der Zengiden (1146–1181) zurückkehrten, die dort berühmte Medressen* bauen. Unter den Aijubiden* (1186–1260) wurde die Stadt eine Zeitlang zum Zentrum eines Weltreiches, welches sich von Ägypten und Palästina* bis zu einem Teil des Jemens* erstreckte; der Gründer der Dynastie, Saladin*, führte die Feldzüge gegen die Kreuzfahrer im wesentlichen vom Fruchtbaren Halbmond* aus: Er liegt in Damaskus begraben. Von den Mongolen* unter Hülägü (13. Jh.) besetzt, wurde die Stadt 1399 von Timur-Leng* zerstört. Als Hauptstadt der osmanischen Provinz Syrien von 1516/1517 an war Damaskus 1832–1840 durch die Truppen Mohammed Alis* von Ägypten besetzt und fiel dann an Istanbul* zurück. Nach ihrer Niederlage 1918 überließen die Osmanen* die Stadt dem französischen Mandat, bevor Damaskus 1946 die Hauptstadt des unabhängigen Syrien wurde. Heute zählt man mehr als zwei Millionen Einwohner.

Außer der Omaijaden-Moschee (705–715), die mit wunderbaren Mosaiken aus Blumenmustern geschmückt ist und eine beachtliche Rolle in der Ausarbeitung der moslemischen Kunst spielte, hat Damaskus zahlreiche Bauwerke, die an die großen Epochen seiner Geschichte erinnern: das Krankenhaus* *(Maristan)* Nuri, die Nurija-Medresse (1146–1174) und die Zitadelle von Saladin (12. Jh.). Die mameluckischen* Herrscher statteten die Stadt mit religiösen Bauwerken aus, die den Moscheen und Grabmälern von Kairo*, ihrer Hauptstadt, ähnelten. Die Osmanen hinterließen das Derwischkloster (*Tekke*) Sulaimanije (1554).

Darwisch, Mahmud, palästinensischer Dichter (geb. Galiläa 1942)
Vor der Errichtung des Staates Israel in

Galiläa geboren, studierte Darwisch in Israel und Moskau. Von den israelischen Machthabern zu einem Wohnsitz in Haifa gezwungen, ging er nach Kairo ins Exil, dann nach Beirut, bevor er zwischen Tunis und Paris hin und her pendelte. Vor allem mittels der Dichtung kämpft dieser Nationalist für eine Anerkennung der Rechte seines Volkes. Von seinen Gedichtsammlungen und Prosatexten müssen *Kleine Vögel ohne Schwingen, Lebe wohl Krieg, lebe wohl Frieden, Ein Liebender aus Palästina* und *Geschrieben im Schein des Gewehrs* genannt werden: Mahmud Darwisch gilt als einer der führenden Schriftsteller der zeitgenössischen arabischen Literatur.

Delhi

In Nordindien an den Ufern des Flusses Yamuna gelegen, ist Delhi auf Grund seiner zentralen und strategischen Lage zunächst die politische Hauptstadt des indischen Islams*.

Im Jahr 1911 verlegten die Machthaber des britischen Kaiserreichs Indien (*Raj*) ihre Hauptstadt von Kalkutta nach Delhi. 1947 wurde die Stadt – gemeinsam mit ihrer modernen Erweiterung Neu-Delhi – die politische Hauptstadt der unabhängigen Indischen Union; Delhi zählt heute fast 6 Mio. Einwohner.

Durch die Entdeckung von Keramikscherben läßt sich eine Besiedelung der Gegend um Delhi zwischen dem 10. und 5. Jh. v.Chr. nachweisen. Die Rolle der Stadt an einem der wichtigsten Verkehrswege zwischen den bedeutendsten Städten des antiken Indiens* ist ebenfalls bezeugt. Am Ende der Invasionsstraßen, die von Afghanistan* kamen, gelangte die Stadt als politische moslemische Hauptstadt Indiens nach dem 12. Jh. zu größerer Bedeutung. Ihren Namen verlieh sie einer langen Periode, dem sog. Sultanat von Delhi* (1206–1555). Dessen sieben aufeinanderfolgende türkische oder türkisch-afghanische Dynastien (nach ihnen dann die Moguln* im 16.–17. Jh.) haben die Stadt geprägt, indem eine jede ihre Hauptstadt oder ihre eigenen Bauwerke dort errichtete: deshalb spricht die Historiographie häufig von den „sieben Städten von Delhi", mit Verweis auf diese Dynastien. Delhis Zerstörung 1399 durch Timur-Leng*, der die Bevölkerung massakrieren oder in die Sklaverei führen ließ, versetzte der Stadt einen Schlag, von dem sie sich nur schwer erholte. Vor der Thronbesteigung der Mogul-Kaiser und dann auf dem Höhepunkt ihrer Macht teilte Delhi zeitweise die Vormachtstellung als Hauptstadt mit anderen indischen Städten: Agra*, Fatehpur-Sikri* und Lahore*, vor allem was die strategische Vorherrschaft betraf. Das erste große Bauwerk des indischen Islams, das in Delhi von Qutb ad-Din Aibak (gest. 1210) errichtet wurde, um an seinen Sieg über die Hindus zu erinnern, war die Quwwat-ul-Islam-Moschee („Macht des Islams") von 1192–1198. Hier wurden zahlreiche Materialien und Elemente aus hinduistischen Tempeln verwandt, die von den Moslems* zerstört worden waren. Die Moschee* wurde durch eines der höchsten Minarette* des klassischen Islams vervollständigt, das Qutb Minar (72 m hoch, fertiggestellt 1229). Dieses präsentiert eine Aufeinanderfolge von kegelstumpfförmigen Säulen, die durch Balkone mitereinander verbunden und mit epigraphischen Bändern geschmückt sind. Aus der gleichen Periode stammt das erste Beispiel eines Mausoleums, eine Architekturform, die im moslemischen Indien der reichen Nachkommenschaft vorbehalten war: das Mausoleum des „Sklaven"-Sultans Iltutmisch. Andere Grabmäler von Herrschern folgten, die heute noch immer in der indischen Hauptstadt zu besichtigen sind, wie z. B. die von Ghiyas-ud-Din Tughluq (1325), von Khan-i Djahan Tilangani (1368) bis zu dem von Mohammed Schah (15. Jh.). Da die beiden ersten Großmoguln, Babur und Humayun, keine architektonischen Zeugnisse in Dehli hinterließen, außer den Gärten* nach dem persischen Vorbild der „Vier Gärten" (*Tschahar-Bagh*), war das erste wichtige Bauwerk ihrer Dynastie das Grabmal, welches (1560) die Witwe von Humayun, der nach einem Sturz von der Leiter in seiner Bibliothek gestorben war, bei einem persischen Architekten in Auftrag gab. Verkleidet mit weißem Marmor und rotem Sandstein in der Tradition des Sultanats von Delhi, eindrucksvoll, ausgewogen und zugleich anmutig, ist es charakteristisch für die schlichte Größe der Mogul-Architektur. Man verdankt Schah Djahan den Bau (auf Grund der sagenhaften Beute eines einzigen Feldzugs) des Roten Forts („rot" wegen des Sandsteins, aus dem es besteht) 1638 ebenso wie den Bau der Freitags*-Moschee (Masdjid-Djuma), die fast genauso groß ist wie die in Lahore*. Sein Nachfolger Aurangzeb war der Auftraggeber (1662) eines Schmuckstücks indisch-moslemischer Kunst, der herrlichen Moti Masdjid („Perlenmoschee") aus Marmor: der private Gebetsraum des Kaisers innerhalb der Mauern des Roten Forts. Delhi ist so die Wiege und der Ort, wo – abgesehen von bestimmten moslemischen Sultanaten in Südindien (Dekkan) – die glänzendsten architektonischen und dekorativen indomoslemischen Synthesen erprobt wurden, mit denen sein Name verknüpft bleibt, ebenso mit dem der Moguln.

Delhi, Sultanat

Die Moslems* in Sind (Südpakistan), die dort seit der Eroberung durch die Omaijaden* (711) lebten, kämpften ab dem 11. Jh. im Norden Indiens* gegen die verheerenden Invasionen der turkstämmigen Ghasnawiden unter Mahmud von Ghazna. Deren Nachfolger, die afghanischen Ghuriden, gründeten 1192 von Lahore* (der Hauptstadt des islamisierten Pandschabs) aus den ersten moslemischen Staat* auf dem indischen Subkontinent. 1206 entstand dort das Sultanat von Delhi.

Aufstieg und Niedergang eines Staates. Zwischen 1206 und der endgültigen Eroberung durch die Moguln* im Jahre 1555 herrschten im Sultanat Delhi nacheinander sechs türkisch-afghanische Dynastien: „Sklaven-Sultane" (d. h. frühere Sklaven), Khaldschis, Tughluqiden, Sayyids, Lodis und Suris.

Der 1206 von Aibak – dem türkischen Sklaven-Feldherrn der Ghuriden – errichtete Staat übernahm das traditionelle persische Regierungssystem. Ein weiterer „Sklaven-Sultan", Iltutmisch (*Iletmisch*, gest. 1236), legte die Grundlagen für die Unabhängigkeit des Sultanats und ernannte – was im Islam* einmalig ist (außer im Jemen*) – seine Tochter Raziyya zu seiner Nachfolgerin als Sultanin (1236–1240). Balban (gest. 1287), ein weiterer Herrscher sklavischer Abstammung, festigte die Ordnung im Staate. Unter den Khaldschis (1290–1320) wurde das Sultanat auf Grund seiner stabilen Regierung und hoher Einkünfte die bedeutendste Macht in Indien. Delhi war von nun an eine prachtvolle Stadt, in der zahlreiche Bauwerke entstanden; jede nachfolgende Dynastie gründete eine eigene Hauptstadt im Großraum um diese Stadt. Der grausame Ala-ud-Din Khaldschi (gest. 1316) war einer der größten vormogulischen moslemischen Herrscher; seine Eroberungen in Südindien führten zu unermeßlichem Reichtum. Den Höhepunkt seiner Macht erreichte das Sultanat unter den türkisch-indischen Tughluqiden mit Ghiyas-ud-Din Tughluq. Dessen Sohn Mohammed Ibn Tughluq (gest. 1351) läutete eine Wende ein: Seine Geldpolitik erwies sich als katastrophal (fehlgeschlagene Einführung einer Kupferwährung); seine Marotten waren kostspielig. So war er entschlossen, einen Krieg im Dekkan zu führen und verlegte daher seine Hauptstadt nach Daulatabad (Maharaschtra), 1000 km von Delhi entfernt. Alle Einwohner Delhis mußten dorthin übersiedeln, doch dann entschied er sich wieder für eine Rückkehr in die alte Hauptstadt. Es kam zum Abfall einer ganzen Reihe von Provinzen. Firuz Tughluq (gest. 1388) war ein prunkliebender Baumeister, unter anderem einer Medresse* in Delhi, die zum größten Zentrum moslemischer Bildung* auf dem indischen Subkontinent wurde. Im 14. Jh. entstanden blühende unabhängige Sultanate in Bengalen, im Dekkan, in Kaschmir und Gudscharat. 1398/'99 verwüstete Timur-Leng* Delhi und ließ die Bevölkerung töten oder deportieren. Nachdem die politische Einheit nun zerbrochen war, blieb das Sultanat (unter den Sayyids) allein auf seine Hauptstadt beschränkt. Es herrschte Anarchie, bis die afghanischen Lodis die Herrschaft Delhis über Mittelindien und das Pandschab wiederherstellten. Sultan Sikandar Lodi (gest. 1517) verlegte allerdings aus strategischen Gründen seine Hauptstadt nach Agra*. Interne Streitigkeiten ermöglichten es Babur, dem ersten Mogulherrscher, 1526 in Nordindien einzudringen. Dessen Sohn Humayun sicherte 1555 die endgültige Eroberung des Sultanats, nachdem es zuvor zu einer kurzen Unterbrechung der Mogulherrschaft durch die afghanische Suri-Dynastie unter Schir Khan (später: Schir Schah) gekommen war, die in Delhi ein mächtiges, rein afghanisches Sultanat gründete.

Versuch einer indo-moslemischen Symbiose. Lange Zeit betrachteten die moslemischen Eroberer das „götzendienerische" Indien* auf Grund der gewaltigen Reichtümer seiner Tempel und Städte als Beuteland und Sklavenrekrutierungsgebiet. Nach dem Widerstand einiger hinduistischer Herrscher, besonders der Radschputen, endete die Seßhaftwerdung der Moslems* (für die die Gründung des Sultanats Delhi steht) mit grausamen Massakern und Verwüstungen. Erzwungene Massenbekehrungen – ein den Hindus völlig fremdes Vorgehen – kamen erschwerend hinzu und hinterließen unauslöschliche Nachwirkungen. Die moslemischen Eroberer, eine kleine Minderheit in dem mehrheitlich hinduistischen Gebiet, schufen unterdessen die Grundlagen einer indo-moslemischen Kultur, die von Glanzleistungen gekennzeichnet war und unter den Moguln* ihren Höhepunkt erreichte. Dies war für sie eine Frage des Überlebens, da sie nach den Invasionen der Mongolen* vom Mittleren Osten abgeschnitten waren. Die Moslems, Mitglieder der herrschenden Klasse, heirateten hinduistische Frauen und stellten sich zum Teil auf indische Grundlagen, indem sie Grundzüge dieser Kultur übernahmen. Regierungssystem, Hof* und königliche Werkstätten folgten dem persischen Vorbild; Persisch* blieb bis ins 19. Jh. Amtssprache in Nordindien. Im 13. Jh. profitierte das Sultanat von Tausenden von Flüchtlingen aus Persien* und Transoxanien*; darunter befanden sich Gelehrte, Handwerker, Künstler und Theologen, die durch den Mongolensturm vertrieben worden waren. Der Hof von Delhi beherbergte den größten indo-persischen Sufi-Dichter, Amir Khusrau Dihlavi (gest. 1325), den Bibliothekar des Sultans. Urdu*, die Sprache der „Heerlager", die aus dem (auf dem Sanskrit basierenden) Hindi gebildet ist, starken persischen Einfluß aufweist und mit arabischen Buchstaben geschrieben wird, wurde zunehmend zur Umgangssprache der indischen Moslems. Die Künste (Architektur* und Kunstgewerbe) standen unter dem Einfluß der reichhaltigen hinduistischen Traditionen, sofern sie sie nicht sogar direkt übernahmen. Sie trugen zum Entstehen einer eigenständigen indo-moslemischen Kultur bei, vor allem in Delhi, jedoch auch in Gudscharat, Bengalen, Kaschmir und im Dekkan. Der Tughluqide Firuz (gest. 1388) war berühmt dafür, ganze Städte gebaut zu haben, Dutzende von Moscheen*, Hammams*, Krankenhäusern*, Brücken und Stauseen. Seltsamerweise entstand gerade auf religiösem Gebiet – mit der Religion der Sikhs – der Versuch einer Vereinigung von Sufismus* und hinduistischen Anhängern einer persönlichen Frömmigkeit (*Bhakti*) ohne Riten und Brahmanen. Bedeutendster Vertreter dieser Glaubensrichtung war Kabir* (1440–1518). Noch heute hat diese Mischform von islamischer und hinduistischer Mystik rund zehn Millionen Anhänger.

▶ Delhi, Kabir, Mogul-Kultur, Moguln

Derwisch

Das Wort „Derwisch" ist persischen Ursprungs (*Darwisch*) und bezeichnet in der islamischen Welt im allgemeinen den Sufi, d. h. den Mystiker, der Mitglied einer Bruderschaft* ist und sich einem geistlichen Meister (Scheich*) anschließt sowie manchmal auch einem „Kloster" (pers. *Khanka*, türk. *Tekke*, arab. *Zawiya*).

Im Maghreb* spricht man von „Brüdern" (*Ichwan*). Im türkisch-iranischen Bereich bezeichnet der Begriff „Derwisch" einen herumziehenden, bettelnden Sufi (arab. *Fakir*, „Armer"). Unter den Mamelucken* genossen sie eine gewisse Wertschätzung seitens der Theologen*, doch im Normalfall verdächtigten die Ulema* sie sektiererischer Tendenzen (Sekten*). Dies trifft beispielsweise auf die in *Tausendundeiner Nacht** erwähnten „Kalender"-Derwische (von pers. *Qalandari*) zu, die sich besonders im 13. Jh. von Turkestan* bis Marokko verbreiteten. Sie erregten Anstoß mit ihren – möglicherweise durch hinduistische Praktiken beeinflußten – Lehren, mit ihrer Kleidung und ihrem öffentlichen Verhalten. Es bestehen auch weibliche Derwisch-Orden. Derwische gaben Anlaß zu Volkserhebungen gegen Regierungen, so die Anhänger von Baba Ishak in Anatolien* im 13. Jh. oder die schiitischen* Bektaschiten (die „Seelsorger" der Janitscharen*) im Osmanischen* Reich vom 15. bis zum 17. Jh. Noch Ende des 19. Jhs. nahmen die Glaubenskrieger des Mahdis* im Sudan* den Titel „Derwische" an, als sie sich gegen die britisch-ägyptische Herrschaft erhoben (1881–1898).

Die modernen Staaten haben die Derwisch-Orden verboten, wie z. B. lange Zeit die Türkei (unter Mustafa Kemal*), oder aber die weiterhin bestehenden unter staatliche Aufsicht gestellt, da man sie unter anderem der Häresie oder der Förderung des Fundamentalismus* anklagte.

▶ Sufismus

Deutschland, Moslems heute in

Zwar gab es die ersten Moslems* in Deutschland bereits im 18. Jh., zahlenmäßig ins Gewicht fällt die islamische Präsenz jedoch erst seit den 60er Jahren des 20. Jhs., als Gastarbeiter angeworben wurden, von denen – auf Grund traditioneller Beziehungen – viele aus der Türkei stammten. Gegenwärtig leben in Deutschland rund 2,7 Millionen Moslems (ca. 3% der Bevölkerung). Ein Viertel bis die Hälfte bezeichnet sich als gläubig oder praktizierend.

Über 70% der in Deutschland lebenden Moslems stammen aus der Türkei. Nach den Türken stellen die Bosnier die zweitstärkste Gruppe mit etwa 400 000; darunter befinden sich allerdings auch viele Bürgerkriegsflüchtlinge. Es folgen die Iraner (110 000), Marokkaner (82 000), Afghanen (63 000) und Libanesen (55 000). Die Anzahl der Moslems mit deutscher Staatsangehörigkeit beläuft sich auf ungefähr 200 000; ca. 50 000 Deutsche sind zum Islam* konvertiert. Zum allergrößten Teil sind die hiesigen Moslems Sunniten*; den größten schiitischen* Anteil stellen die rund 400 000 Aleviten* aus der Türkei. Etwa 50 000 gehören der offiziell nicht als islamisch anerkannten Ahmadiyya-Bewegung an.

Da dem Islam eine institutionelle Organisation (vergleichbar der christlichen Kirche) fremd ist, haben die Moslems in Deutschland ihr Leben in zahlreichen Vereinen organisiert. Viele von ihnen stehen verschiedenen politischen Parteien in der Türkei nahe. Um dem Staat zur Regelung der zahlreichen Fragen kompetente Ansprechpartner zu bieten, haben sich die Vereine in Dachverbänden zusammengeschlossen: im Islamrat für die Bundesrepublik Deutschland (gegründet 1986) und im Zentralrat der Muslime in Deutschland (gegründet 1994). Sichtbares Zeichen verstärkter und dauerhafter Präsenz des Islams sind die derzeit 30 Moscheen* im klassischen Baustil, zu denen sich etwa 2200 Gebetsräume (sog. „Hinterhofmoscheen") gesellen. Die meisten Moscheen gehören der „Türkisch-Islamischen Union der Anstalt für Religion" (DITIB) an, die den türkischen Staatsislam vertritt und vom türkischen Staat besoldete Imame* nach Deutschland schickt (deren häufig mangelnde Deutschkenntnisse ein Integrationsproblem darstellen). Drängende Fragen für die Moslems in Deutschland ergeben sich vor allem in den Bereichen Bildung und Erziehung (Kindergärten, Religionsunterricht, Imam-Ausbildung), der Einhaltung islamischer Rechtsvorschriften (Bestattung, Beachtung der Gebetszeiten, rituelles Schlachten, Schleier*) sowie grundlegend im angemessenen Verständnis von „Integration".

Dhimmi ▸ **Schriftbesitzer**

Dichtung, klassische

Zunächst entstanden aus der Liebes- und Heldendichtung der Beduinen* aus dem Hedschas* der Dschahilija*, erhält die Dichtung in arabischer* Sprache einen Modellcharakter. Ihre Formen und Themen werden in der ganzen islamischen Welt nachgeahmt und übernommen; sie begünstigen das Aufblühen der persischen Dichtung und später die Geburt der türkischen und Urdu*-Dichtung.

Die Kalifen, Mäzene und Liebhaber der Dichtung. Unter den Omaijaden* macht das Mäzenatentum* der Kalifen* und Fürsten aus dem Dichter einen Lobredner des Fürsten – nicht immer ohne satirischen Geist – und zu einem Goldschmied der Sprache, dessen Werke der höfischen oder moralisierenden Liebe den Islam* und den Propheten verherrlichen oder die traditionellen Beduinentugenden besingen – wie der berühmte Zyklus *Arabische Tage (Ayyam al-Arab*). Die bedeutendsten Dichter dieser Zeit sind vor allem al-Achtal (gest. 701), ein christlicher Syrer, Epikureer und offizieller Hofdichter. Später stellen echte dichterische Wettkämpfe den panegyrischen Dichter und Freidenker al-Farasdak (gest. 730) dem unerbittlichen Dscharir (gest. 728) gegenüber, die beide in ihrer Zeit berühmt sind. In dieser Zeit entsteht das Ghasel*, eine neue Form der Liebeslyrik, die städtisch und sinnlich ist – verbunden mit Musik* und Gesang – und die immer noch in der ganzen moslemischen Welt beliebt ist. Diese Gattung wird von Ibn Abi Rabia (gest. 719) vorgestellt. Er besingt in seiner „beduinischen" Form die ehrbare Liebe ohne Hoffnung. Dschamil (gest. 701) ist der größte Dichter dieser Strömung. In dieser poetischen Richtung, die bis zum Wahnsinn neigt, gilt der Dichter Qais als legendär für seine Dichtung *Der Verrückte von Laila* (*Madjnun Laila**), die im Laufe der Jahrhunderte von allen Arabern, Persern und Türken* nachgeahmt wurde.

Im goldenen Zeitalter der Abbasiden* (750–1055) entstehen neue Richtungen. Es findet eine Verbreitung der Dichtung und des Regelwerks der arabischen* Sprache statt. Die Gebildeten übernehmen diese Amtssprache des Vielvölkerreiches und vermischen darin iranische und arabische Elemente. Während die Prosadichtung einen ungewöhnlichen Aufschwung erlebt, neigt die Versdichtung dazu, sich zu formalisieren: durch die wieder in Mode kommende Kasside*, eine Ode mit mehreren Themen und wenigstens sieben Versfüßen. Aus dieser unruhigen, hedonistischen Zeit stammen: Abu Nuwas* (gest. 810), dessen Meisterschaft in allen Dichtungsformen seine Zeitgenossen begeistert, die aber zugleich von seiner Freizügigkeit schockiert sind – oder eher von seiner Freiheit des Geistes. Abu Tammam (gest. 846) ist der große Vertreter des abbasidischen Neoklassizismus, ebenso wie al-Buthuri (gest. 897) sich als ein Meister der Versbildung erweist. Ibn ar-

Rumi (gest. 896) ist selbstbeobachtend mit einer Dichtung voller ethischer und religiöser Inspiration. Die beiden größten Dichter des abbasidischen Zeitalters, die zu den bedeutendsten arabischen Dichtern überhaupt zählen, sind al-Mutanabbi (arab. „der, der sich für einen Propheten hält", gest. 965) und Abul-Ala al-Maarri (gest. 1058). Der erste bewältigt alle traditionellen klassischen Themen und verleiht der Kasside eine Einheit: er zeichnet sich durch die Heldendichtung aus und feiert die großen Taten der arabischen Eroberungen. Viel später wohnt der blinde al-Maarri von seiner asketischen Abgeschiedenheit in einem syrischen Dorf aus der Zerstückelung des abbasidischen Kalifats bei. Als erbitterter Menschenfeind nimmt er in seine angsterfüllte Dichtung verzweifelte Töne auf, um die Absurdität der menschlichen Existenz auszudrücken. Die mystische Sufidichtung wird besonders von al-Halladsch* (gest. 922) vertreten, dessen nonkonformistische Themen seine Qualen und seinen Tod erahnen lassen, und von Ibn Arabi* (gest. 1240), einem Mystiker und Sufi* aus Andalusien*. In dieser Gegend des Islams* unterliegen die Dichter zunächst den Moden von Bagdad*, wie es bei Ibn Abd Rabbih (gest. 940) der Fall ist, oder bei dem Sizilianer Ibn Hamdis (gest. 1138), der nach Spanien ausgewandert ist. Zur Zeit der *Reyes de Taifas** erwirbt die andalusische Dichtung ihre Eigenständigkeit und wird „spanisch", bevor sie die europäische höfische Dichtung beeinflußt. Das vorromantische Thema der Natur wird von Ibn Chafadja (gest. 1038) entwickelt, und charakteristische Formen des andalusischen Geistes kommen auf, z.B. der Zadjal* und die Muwaschschaha*, zusammen mit der Musik*, die zuerst durch Ibn Quzman (gest. 1159) berühmt wird und später durch Ibn Zadun (gest. 1070) sowie Ibn al-Khatib (gest. 1374). Der wegen seiner einzigartigen und vollständigen Gedichtsammlung *Das Halsband der Taube* berühmteste andalusische Dichter Ibn Hazm* (gest. 1064) stellt, abwechselnd in Versen und Prosa, alle Formen der höfischen Liebe dar, die nicht immer platonisch ist. Wenn auch ein Teil der jüdischen Prosa in Spanien auf arabisch geschrieben wurde (Ibn Paquda, Maimonides*), so entlehnt doch ebenso die jüdische Lyrik in Hebräisch (die religiös und mystisch inspiriert ist) laufend ihre Vorbilder und ihre Strukturen bei der arabischen Dichtkunst. Sie nimmt bei Juda Halevi (gest 1141) eine anmutige Gestalt an oder eine phantasievolle und religiöse bei Salomo Ibn Gabirol (gest. 1057), Ibn Ezra (gest. 1167) und Jehuda al-Harizi (gest. um 1235).

Neue Sprachen, klassische Dichtung. Im Schutz der Geburt der unabhängigen iranischen Staaten (9.–11. Jh.) entsteht das Mittelpersisch (*Pehlewi*) in Form des Persischen*, das durch zahlreiche lexikalische und syntaktische Entlehnungen aus dem Arabischen wiederbelebt und dann in arabischer Schrift geschrieben wird. In diesem kulturellen Aufschwung spielt die aus der großen epischen altpersischen Tradition hervorgegangene Dichtkunst eine zentrale Rolle. Rudaki* (gest. 940) ist deren „Vater", bevor Firdausi* (gest. 1020) dem Iran* sein großes „nationales" Heldenepos schenkt: das *Königsbuch* (*Schah-name*). Der iranische gebildete Geist drückt seine

Merkmale den traditionellen Formen der arabischen Metrik auf, wie der Kaside*, die weiterhin die höfische Dichtung beherrscht. Besonders das Masnawi* und das Ghasel* werden fortentwickelt und neue Formen erfunden, wie der Rubai*. Neben der Heldendichtung gründet die persische Poesie auf dem Mystizismus (Sufismus*) und erreicht eine vollendete Kunst der Allegorie – wie die des Weins – und der Anspielung. Das Ghasel verbirgt häufig eine Kritik an den Frömmlern und am Fanatismus und zeigt manchmal Sympathien für den Schiismus*. Der Rubai ist das bevorzugte Versmaß von Abu Said (11. Jh.) und vor allem von Omar al-Chaijam* (gest. 1132) – u. a. einem der größten Mathematiker* des Islams. Das erlesene Werk von Nisami* (gest. 1202), sufisch inspiriert, wird von sicherer Erfahrung und breitem philosophischen Wissen untermauert, die er besonders in seinem *Quintett (Chamse)* verbindet, einer unerschöpflichen Quelle für die persische Miniaturmalerei*. Die mystische Tendenz erreicht ihre Höhepunkte mit den *Vogelgesprächen (Mantiq at-Tair)* von Farid ad-Din Attar* (gest. um 1230) und noch mehr mit dem *Masnawi** von Djalal ad-Din Rumi* (gest. 1273), einem Juwel der Weltliteratur, das immer noch in der moslemischen Welt gelesen und rezitiert wird. Saadi* (gest. 1283), ebenfalls Sufi, genießt noch heute sehr große Beliebtheit in der iranischen Welt, sein *Bustan* („Obstgarten") und sein *Golestan* („Rosengarten") dienen lange Zeit den persischen, türkischen und indischen muslimischen Dichtern als Vorbild. Mit seiner Stadt Schiras* verbunden, bleibt Hafis* (gest. 1390) wahrscheinlich der Dichter, der den Herzen der Iraner am nächsten ist. Sein Hedonismus erscheint als Maske einer romantischen Dimension, und seine Metaphern müssen in den höheren Schulen gelesen werden. Djami* (gest. 1492) beschließt die große Tradition der klassischen persischen Dichtung. Sein *Frühlingsgarten* (*Baharistan*) vermischt den Lehrcharakter mit einer gewissen Anstößigkeit. Diese dichterische Tradition setzt sich fort, denn Persisch ist die Hofsprache des Sultans* von Delhi*, der nachmongolischen Fürstentümer des Irans* und später der Mogul*-Dynastie. Die gleiche dichterische Tradition überträgt sich auf die Urdu*-Literatur, die Sprache der Moslems* in Indien*, die teilweise aus dem Persischen und dem Hindi entstand und seit dem 17. Jh. zur Reife gelangte. Das Persische war lange Zeit Amtssprache und Sprache der schöngeistigen Literatur in den türkischen – u. a. seldschukischen* – Sultanaten, später im Osmanischen* Reich; der Einfluß der persischen Prosodie beeinflußt die geschriebene Dichtung der Türken seit dem 11. Jh. Eine Ausnahme: der Sufi-Barde* Junus* Emre (gest. um 1320) aus Anatolien, dessen Volksdichtungen den breiten Massen zugänglich sind. Die türkische Dichtung in der Tschagataisprache – in Prosa geschrieben, wie die bemerkenswerten Erinnerungen von Babur (*Babur-name*), dem ersten Mogulherrscher – ist berühmt und entwickelt sich am Hofe* der Timuriden* von Herat im 15. Jh., besonders durch Mir Alisher Navoi* (gest. 1501), dessen Einfluß – selbst wenn persische Vorbilder überwiegen – Grundlage für die türkischsprachige vorosmanische und besonders die osmanische Literatur ist. Bei den Türken muß man im 15. Jh. auch Nesimi erwähnen und seine Meisterschaft und mystische Empfindung, die sich von der seiner Zeitgenossen abhebt. In der gelehrten osmanischen Dichtung des Diwan*, die das persische Versmaß nachahmt (*Ghasel* und *Masnawi*), sind zahlreiche Dichter in den osmanischen Annalen erhalten: auf dem Höhepunkt des Reiches gibt es die größten Dichter: Nedjati (gest. 1509), Fusuli* (gest. 1556), Baki* (gest 1600), Nefi (gest. 1635), bevor der blumige indo-persische Stil aufkommt, den die Dichter Nedim (gest. 1730) und Ghalib Dede (gest. 1799) vertreten.

► Arabische Sprache, Arabische klassische Literatur, Persisch, Türkisch, Urdu

Diwan, der
Das Wort ist möglicherweise persischen Ursprungs und wurde aus der Verwaltung des persischen Sassaniden*-Reiches übernommen, oder aber es ist eine Ableitung von arab. *dawanna* („registrieren, sammeln"). Durch Vermittlung italienischer Händler entstand aus dem Wort *Diwan* das französische *Douane* („Zoll"); seine Bedeutungen sind vielfältig.

Im klassischen islamischen Staat* befand sich die Verwaltung zu großen Teilen in den Händen iranischer Schreiber. Ab der Abbasiden*-Zeit war sie in spezielle Abteilungen aufgeteilt, genannt Diwane. Die bedeutendsten Diwane waren: der *Diwan ar-Rasa'il* (Amt für öffentliche Korrespondenz: die Staatskanzlei – in der auch ein eigenständiger Schrifttyp entstand), der *Diwan al-Dschaisch* (Heeresamt, zuständig für Rekrutierung, Ausrüstung und Besoldung) und als wichtigstes der *Diwan al-Mal* (Schatzamt, u. a. zuständig für die Erhebung von Steuern). Daneben bestanden Diwane geringerer Bedeutung, z. B. der *Diwan al-Charadsch* (Grundbuchamt, das die Bodensteuern der Bauern eintrieb). Jedes dieser Ämter besaß auch eine Abteilung in den Provinzen. Im Indien* der Mogulzeit* war der *Diwan* ein hoher Beamter. Im Osmanischen* Reich bezeichnete der Ausdruck den Reichsrat, der mehrmals wöchentlich vom Sultan* in den Topkapi*-Palast (später vom Großwesir an die Hohe Pforte*) einberufen wurde. Hier in Istanbul* stand das Wort *Diwan* gleichzeitig auch für die Thron- und Audienzsäle sowie (in ausgedehnter Bedeutung) für die Polsterbänke („Diwane"), auf denen sich die geladenen Gäste niederließen.

Die zweite wichtige Bedeutung des Wortes ist „Anthologie" oder „Gedichtsammlung" (die thematisch oder chronologisch geordnet ist). Während der großen Epoche der Osmanen entstand eine wertvolle Hof*-Dichtung*, die unter der Gattungsbezeichnung „Diwan-Dichtung" zusammengefaßt wird.

Djami, Nur od-Din, persischer Dichter (Djam, Afghanistan 1414 – Herat 1492)
Obgleich Nur od-Din Djami Mitglied einer Sufi*-Bruderschaft* war, stand er mit dem prachtvollen Hof* der Timuriden* von Herat in Verbindung, insbesondere mit seinem größten Mäzen* Hussain Baiqara. Er war der Freund des Wesirs* und türkischsprechenden Dichters Mir Alisher Navoi*. Sein schöpferisches Werk umfaßt ein biographisches Lexikon der Sufis, *Hauche der Vertraut-*

heit, drei literarische Diwane* – Gedichte über Jugend, reifes Alter und Verfall –, eine Allegorie, *Haft Aurang* („Die sieben Throne"), und vor allem *Baharistan* („Frühlingsgarten"). In diesem Werk, welches Poesie und didaktische Essays in Prosa vermischt, unterscheiden sich die Themen von der klaren Sicht des berühmten *Golestan* von Saadi und enthalten einen Hauch von Zweideutigkeit. Dies trotz des Mystizismus, der in Metaphern und einer komplizierten Rhetorik ausgedrückt wird. Seine Sprachbeherrschung und die Vielfalt seines Stils machen Djami zum letzten persischen Dichter in der klassischen Tradition, die vor ihm Saadi*, Nisami* und Hafis* vertraten. Sein Einfluß auf die späteren persischen, osmanischen und indischen Dichter war beachtlich.

▶ Persisch, Dichtung, Timuriden

Drusen

Von der Glaubensrichtung der Ismailiten* abgespaltene arabischsprachige islamische Bevölkerung in Syrien und dem Libanon mit eigenen Initiationsriten.

Die Drusen leiten ihren Namen vom ismailitischen Propagandisten Darazi ab. Sie betrachten den sechsten Fatimiden*-Kalifen*, al-Hakim, als Inkarnation Gottes; jener entschwand 1021 in Kairo in die „Verborgenheit" und soll am Ende der Zeiten wiederkommen. Ihre Lehre arbeitete kurz darauf Hamza Ibn Ali aus: Bekehrungseifer ist ihnen fremd (ab dem 11. Jh. wurden keine neuen Anhänger mehr aufgenommen), ebenso wie Apostasie. Geheiratet wird ausschließlich untereinander. Die Lehre der Drusen, häufig als ismailitische Prägung angesehen, ist esoterisch und gilt dem sunnitischen* wie schiitischen* Islam* als häretisch. Sie gründet auf Initiationsriten (ab dem 18. Lebensjahr) und hält ihre Texte, die unter anderem die Seelenwanderung verkünden, streng geheim. Innerhalb dieser Sekte unterscheidet man zwischen „Eingeweihten" und „Unwissenden". Nach außen hin werden die islamischen Riten befolgt, wobei bis in die jüngste Vergangenheit hinein die „Verheimlichung" des eigenen Glaubens (*Takija*) praktiziert wurde, um während der sunnitischen Verfolgungen zu überleben. Drusische Emire* herrschten im 17., 18. und 19. Jh. über Teile des Libanons, wo die Drusen noch immer eine bedeutende politische Rolle spielen. Heutzutage leben die rund 600000 Drusen hauptsächlich in den Bergregionen des Libanons, Syriens und Israels, in denen sie zu Beginn Zuflucht gesucht hatten, wenngleich sich auch viele von ihnen dem städtischen Leben zugewandt haben.

▶ Fatimiden, Ismailiten

Dschahilija

Arabische Bezeichnung für das „Zeitalter der Unwissenheit" im islamischen Geschichtsverständnis: die Zeit des heidnischen alten Arabiens bis zur Offenbarung an Mohammed*, durch die die Unwissenheit beendet wurde.

Diese Epoche war gekennzeichnet vom anarchischen Stammeswesen der Beduinen* in Arabiens Norden und Mitte (Hedschas*). Die damals herrschenden Werte Mut, Freigiebigkeit und Gastfreundschaft, die in zuerst mündlich, dann schriftlich überlieferten Gedichten (über die berühmten *Tage der Araber [Ayyam al-Arab])* besungen wurden, sind im arabischen kulturellen Empfinden nach wie vor lebendig. Die Religion der Araber in der Dschahilija war polytheistisch und verband die Verehrung von Bäumen und Steinen mit derjenigen der Götter – unter denen eine weibliche Gottheit, Allat, die höchste und bedeutendste war. In den Augen der Fundamentalisten (vgl. Fundamentalismus*) ist die moderne islamische Gesellschaft ins „Zeitalter der Unwissenheit" zurückgefallen, aus dem sie nur Gewalt wieder herausreißen kann.

Dschihad

Das häufig mit „Heiliger Krieg" übersetzte arabische Wort *Dschihad* bedeutet zunächst „Anstrengung" (gegen seine Leidenschaften). Es stammt von derselben Wortwurzel wie *Idschtihad,* einem der Prinzipien des Rechts*. Im Zusammenhang mit der Ausbreitung des Islams* kodifizierten die sunnitischen* Juristen der Omaijaden* und Abbasiden* das Konzept des Heiligen Krieges.

Ziel des Dschihads ist die Ausweitung und Verteidigung des Gebiets des Islams (gegen die Byzantiner und später, zu Zeiten der Kreuzzüge*, gegen die Kreuzfahrer). Der Dschihad muß von männlichen Erwachsenen „in ausreichender Zahl" geführt werden; diejenigen, die in seinem Verlauf sterben, gelten als Märtyrer, denen das Paradies versprochen ist. Im Gegensatz zu einer häufig vertretenen Auffassung gehört der Heilige Krieg nicht zu den rechtlich vorgeschriebenen „Fünf Säulen des Islams"* (außer bei der Sekte* der Charidschiten*, die ihn in ihrer Zeit zu einer sechsten Säule erhoben).

Gemäß der Sunna* muß dem Dschihad eine Aufforderung an die Ungläubigen zur Bekehrung vorangehen. Dies betrifft nicht die Schriftbesitzer*, deren Status ihnen die Beibehaltung ihrer Religion erlaubt. In den als „heidnisch" betrachteten polytheistischen Regionen, wie in Indien* oder Schwarzafrika (vgl. Afrika*), diente der Heilige Krieg als Vorwand für Massaker. Theoretisch ist es ausgeschlossen, einen Dschihad gegen Moslems* zu führen, doch im Laufe der Geschichte wurde diese Vorschrift häufig aus politischem Opportunismus verletzt – und wird es noch heute von seiten vieler fundamentalistischer* Bewegungen. Für die Zwölferschiiten* darf es vor der Rückkehr des verborgenen Imams* keinen Heiligen Krieg geben.

Dschingis-Khan, Gründer des mongolischen Reiches (Mongolei 1167 – China 1227)

Temudschin – später Dschingis-Khan, „universaler Khan" genannt – war Führer eines obskuren mongolischen Clans und wurde 1206 von mehreren mongolischen Stammesbündnissen, die er vereinigte, um ein Weltreich zu gründen, als Herrscher (Khan*) anerkannt. Am Ende seines Lebens erstreckte sich dieses Reich von China*, wo Dschingis-Khans Nachfolger die Yüan-Dynastie (1271–1368) begründeten, über Transoxanien* bis zur Wolga. In Transoxanien war er Nachbar der Moslems*; die Ermordung seiner Gesandten 1218 durch den Schah von Chwarism (Choresm) lieferte ihm einen Vorwand, um die reichen Länder des Islams* anzugreifen. Unter seiner Führung verwüstete der „Mongolensturm" Transoxanien, Afghanistan*, den größten Teil des Irans* und setzte sich bis Rußland fort. Zwei seiner Söhne führten sein Zerstörungswerk fort. Dschingis-Khans Enkel, darunter Hülägü*, gründeten in der Folgezeit dennoch prächtige Dynastien, besonders im Iran, im Wolga-Becken und auf der Krim*.

▶ Mongolen im Islam

Dschinn

Die auch im Koran* erwähnten *Dschinn* (Sing. *Dschinni*) sind für den Menschen unsichtbare Geister oder Dämonen, die Gott noch vor dem Menschen aus Feuer, Dampf und Rauch erschaffen hat.

Sie nehmen zur Täuschung der Menschen je nach Bedarf verschiedene Gestalten an, seien sie gut- oder bösartig: Naturelemente (Wind), tierische (Reptilien), pflanzliche (Büsche) oder menschliche Gestalt. Männliche wie weibliche Dschinn können sich in Menschen verlieben, die dann von ihnen „besessen" sind (arab. *madschnun*, „verrückt"). Salomo stand in dem Ruf, sie seinem Willen unterwerfen zu können. Die Dschinn können eine Religion (z. B. den Islam*) annehmen. Sie haben sich weder (wie der Satan*) gegen Gott aufgelehnt noch widmen sie sich (wie die Engel) der Anbetung Gottes; sie sind daher dem Menschen nicht grundsätzlich feindlich gesonnen, vielmehr wetteifern sie mit ihm um die Liebe Gottes. Überall in der islamischen Welt sind sie im Volksglauben gegenwärtig. Möglicherweise handelt es sich bei ihnen um ein Relikt alter agrarischer Kulte der Semiten (besonders der Kanaanäer).

Ehe

Gemäß einem Mohammed* zugeschriebenen *Hadith** ist die Ehe die „halbe Erfüllung des Glaubens" und daher im Interesse der gesellschaftlichen Moral und der Fortpflanzung die Regel. Freiwillige Ehelosigkeit ist daher im Islam* – wie im Judentum* – verpönt.

Der Prophet selbst hatte neun Ehefrauen (größtenteils Witwen von Gefährten, denen er den Lebensunterhalt sicherte), obwohl die Zahl der rechtlich erlaubten (und gleich zu behandelnden) Ehefrauen im Koran* auf vier festgelegt ist; die Anzahl der erlaubten Konkubinen aus den Reihen der Sklaven* ist unbegrenzt. Polygamie ist im Koran keineswegs vorgeschrieben, vielmehr hängt sie mit bestimmten besonderen Situationen zusammen. Ihre spätere Erhebung zur Norm durch die Rechtsschulen* und im Recht* bedeutete eine deutliche Verschlechterung des Schicksals der Frauen, besonders in den Städten. Die Ehe ist kein religiöses Sakrament, sondern ein Vertrag zwischen den Eheleuten und öfter noch ein Bündnis zwischen Familien. Sie wird in einer privaten Zeremonie vor einem Notar oder Kadi* geschlossen und verlangt theoretisch die Zustimmung der Ehefrau vor Zeugen. Häufig wird die Ehe jedoch im vorhinein arrangiert und das heiratsfähige Mädchen bei der Vertragsunterzeichnung von einem männlichen „Vormund" aus seiner Familie vertreten. Im allgemeinen folgt die Ehefrau ihrem Mann in dessen Familie, unter der Gefahr, dort in die strenge Bevormundung durch ihre Schwiegermutter zu geraten. Eine bedeutende Rolle spielt die in den meisten Fällen vorgeschriebene „Morgengabe" des Bräutigams an seine Braut, da jene im Falle der Verstoßung oder Scheidung an die Frau ausbezahlt wird. Daher gehören dazu häufig Juwelen, die manchmal das einzige „Vermögen" einer geschiedenen Frau aus bescheidenen Verhältnissen darstellen. Falls die Frau eigene Geldmittel besitzt, kann sie frei darüber verfügen. Ihr Anteil am Erbe fällt dem Recht zufolge hingegen geringer aus als derjenige des Mannes, falls nicht etwas anderes vereinbart wurde. Wenngleich die Scheidung häufig einseitig vom Mann durch eine bestimmte Formel ausgesprochen wird, hat sich die auch von der Frau ausgehende Zivilscheidung in den modernen Staaten (Türkei, Tunesien, Libanon, Marokko, Ägypten und sogar Iran* und Pakistan*) verbreitet – eine Entwicklung, die heutzutage vom islamischen Fundamentalismus* bedroht ist. Eine Scheidung auf Initiative der Frau wird für gewöhnlich erst nach mehreren Versöhnungsversuchen ausgesprochen und ist nur möglich, wenn der Ehevertrag eine entsprechende Klausel enthält. In seinen Werken *Die Befreiung der Frau* und *Die neue Frau* kämpfte der dem Reformislam* zugehörige ägyptische Essayist Kasim Amin (1863–1908) beredt für eine Verbesserung weiblicher Lebensbedingungen – vor allem hinsichtlich der Ehe – in den islamischen Ländern. Eine geschiedene Frau behält ihre Kinder, bis sie sieben Jahre alt sind; in diesem Alter müssen sie dem Vater anvertraut werden. Ein Moslem* darf eine Angehörige einer anderen Buchreligion (Schriftbesitzer*) heiraten, ohne daß diese ihren Glauben aufgeben muß; die Kinder aus dieser Ehe sind jedoch automatisch Moslems. Weibliche Angehörige anderer Religionen müssen zunächst den Islam annehmen, um einen Moslem zu heiraten. Nichtmoslemische Männer, die eine Moslemin heiraten wollen, müssen zwangsweise konvertieren. Bevor eine Witwe oder eine geschiedene Frau von neuem heiraten darf (wozu im allgemeinen ermutigt wird), muß sie einige Monate abwarten, um feststellen zu können, ob sie von ihrem vorherigen Mann schwanger ist. Für das Kind einer geschiedenen Frau hat anfangs der ehemalige Mann finanziell aufzukommen. Bei den Schiiten* besteht die Möglichkeit einer „Ehe auf Zeit“ oder „Genußehe“ (*Muta*), die von einem Tag bis zu mehreren Jahren dauern kann und zur Hebung der Moral im öffentlichen Leben beitragen soll.

▶ Recht

Emir, der

Der Begriff „Emir“ (von arab. *Amir*, „Befehlshaber“) ist ein ursprünglich in rein militärischer Bedeutung, später allgemein für Fürsten, Generäle oder Gouverneure gebrauchter Titel.

Im Laufe der Geschichte des Islams* erklärten sich zahlreiche Emire für unabhängig, ohne jedoch aufzuhören, zumindest theoretisch weiterhin einem Lehnsherrn, Kalifen* oder Sultan* zu huldigen. Die Kalifen trugen den Titel *Amir al-Muminin*: „Beherrscher der Gläubigen“. Im Osmanischen* Reich hieß der Großadmiral der Flotte *Amir al-Bahr*, wörtlich „Beherrscher (oder Fürst) des Meeres“; hiervon ist das deutsche Wort „Admiral“ abgeleitet. Heutzutage bezeichnet „Emir“ ein Mitglied einer herrschenden Familie (wie in Saudi-Arabien) oder das Staatsoberhaupt eines „Emirats“ (also eines Fürstentums), besonders am Persischen Golf (Kuwait, Bahrain, Katar, Vereinigte Arabische Emirate), wobei hierfür mit gleicher Bedeutung auch oft die Bezeichnung „Scheich*“ verwandt wird.

In einem völlig anderen Zusammenhang lassen sich manche Anführer fundamentalistischer Gruppierungen „Emir“ nennen, um die kriegerische Dimension ihres Kampfes zu betonen.

Europa, Moslems heute in

Man schätzt die Zahl der in Europa lebenden Moslems* (seien sie praktizierend oder nicht) auf über 15 Mio.; sie halten sich entweder nur vorübergehend hier auf oder aber dauerhaft und haben zum Teil die Staatsbürgerschaft ihres Gastlandes angenommen. Hinzuzuzählen sind einige zehntausend konvertierte „angestammte“ Europäer.

Die Fußfassung des Islams* in Europa ist das Ergebnis geschichtlicher Ereignisse, die mehr oder weniger weit zurückliegen: osmanische* Eroberungen im 14./15. Jh., Kolonisierung (und später Entkolonisierung) islamischer Regionen durch europäische Mächte, Wirtschaftsmigration von („Gast-“)Arbeitern ab den 50er Jahren, Zustrom von Kriegsflüchtlingen und schließlich persönliche Wahl des Aufenthaltsortes.

Einige Moslems sind schon seit Jahrhunderten auf dem „Alten Kontinent“ verwurzelt; es handelt sich größtenteils um konvertierte Einheimische. Das gilt für die Moslems auf der Balkanhalbinsel, die etwa sieben Millionen ausmachen, davon ca. 3,5 Mio. im ehemaligen Jugoslawien (2,5 Mio. in Bosnien-Herzegowina, 500000 im Kosovo und 500000 Albaner in der mittlerweile unabhängigen Republik Mazedonien). Rund eine Million Moslems leben in

Bulgarien, 250000 im Norden Griechenlands. In Rumänien gibt es rund 50000 Nachkommen von Türken und Tataren*. Hinzuzurechnen ist ein bedeutender Anteil (etwa 2 Mio.) von Albanern, die – ebenso wie die dortigen Christen – vom untergegangenen kommunistischen Regime offiziell als „Atheisten" betrachtet wurden.

In Westeuropa beherbergt Frankreich die größte islamische Minderheit (ungefähr vier Millionen, davon ein Drittel mit französischer Staatsangehörigkeit); der Islam* ist dort zahlenmäßig die zweitgrößte Religion. Die Moslems in Frankreich stammen hauptsächlich aus dem Maghreb*, aus Afrika* südlich der Sahara, ferner aus dem Nahen Osten und in jüngster Zeit auch aus der Türkei. Deutschlands historische und wirtschaftliche Verbindungen mit dem Osmanischen Reich und später der Türkischen Republik erklären, daß über 70% der in Deutschland lebenden Moslems türkischen Ursprungs sind (darunter eine halbe Million Kurden*); gefolgt von den Moslems aus dem ehemaligen Jugoslawien. Großbritannien, das bis in die Mitte des 20. Jhs. das größte Kolonialreich der Welt beherrschte, beherbergt mehr als zwei Millionen Moslems, von denen ein Großteil die britische Staatsbürgerschaft besitzt. Die große Mehrheit stammt vom indischen Subkontinent (Pakistan*, Bangladesch, Indien*); schon bei ihrer Ankunft beherrschen die meisten die englische Sprache. Einwanderer kommen ebenfalls aus dem Mittleren Osten (Irak, Iran*), aus Ost- und Westafrika und vom türkischen Teil Zyperns. Moslems leben heute in kleinerer oder größerer Zahl praktisch in allen europäischen Staaten. In den Niederlanden gibt es 550000 Anhänger des Islams, die zumeist aus den ehemaligen Kolonien kommen, in erster Linie aus Indonesien*, ferner aus Surinam in Südamerika (wohin sie aus Indien ausgewandert sind); hinzu kommen Marokkaner und ehemalige Jugoslawen. Österreich (200000), Belgien (350000 Türken und Maghrebiner) und die Schweiz (100000) haben ebenfalls Moslems aufgenommen. In jüngerer Zeit sind auch die skandinavischen Länder von moslemischer Einwanderung betroffen. Annähernd 60000 Moslems leben in Dänemark, 20000 in Norwegen; in diesen Ländern handelt es sich vor allem um Türken und seit kurzem auch um einen beachtlichen Anteil Pakistaner. Die rund 120000 Moslems in Schweden umfassen einen bedeutenden Anteil von Türken und Kurden, ferner von Bürgern des ehemaligen Jugoslawiens, Marokkos und des Irans (die durch die islamische Revolution vertrieben wurden). Bei den 2000 Moslems in Finnland handelt es sich (ebenso wie bei denjenigen in Polen) vor allem um einheimische Nachkommen der Wolga-Tataren, die nach der bolschewistischen Revolution von 1917 aus Rußland geflohen sind. (Im Gebiet der Russischen Föderation – einschließlich des asiatischen Teils – leben rund 20 Mio. Moslems.)

Ein neues Phänomen ist die „Nah-Einwanderung" (vom Südufer des Mittelmeers, jenseits der Straße von Gibraltar). Dieser bislang schlecht beherrschte Strom – er enthält zahlreiche Illegale – betrifft zwei Länder, aus denen selbst (bis zur Mitte des 20. Jhs.) viele auswanderten: Spanien (wo die offene Ausübung des Islams unter Franco verboten war) und Italien. Nachdem sie zu Wohlstand gekommen sind, beherbergen diese beiden Länder heute offiziell rund 300000 bzw. 500000 Moslems (tatsächlich wahrscheinlich noch viel mehr), die aus dem Maghreb stammen und in geringerem Maße aus Schwarzafrika. Die etwa 50000 Moslems in Portugal kommen hauptsächlich aus dessen ehemaligen Kolonien; jedoch nimmt auch hier die „Nah-Einwanderung" einen bedeutenden Platz ein.

Diese Zahlen erfassen das Phänomen der Migration nicht zur Gänze, da die Einwanderung nach Europa (aus welchen Völkern und Religionen auch immer) teilweise heimlich und illegal geschieht. Die Wanderungsbewegungen werden vermutlich so lange anhalten, wie die derzeitigen politischen, sozialen, wirtschaftlichen und demographischen Bedingungen – die von einer zunehmenden Verarmung der Bevölkerung gekennzeichnet sind – in der überwältigenden Mehrheit der Herkunftsländer potentieller Emigranten sich nicht ändern.

► Andalusien, Balkan, Deutschland (Moslems heute in), Krim, Provence-Languedoc, Sizilien

Faiz, Ahmed Faiz, pakistanischer Dichter (Pandschab 1911–1984)
Faiz, der aus einer vermögenden Familie aus Lahore* stammte, wurde von der indo-moslemischen Kultur geprägt. Er studierte englische Literatur sowie Urdu*, Persisch* und Arabisch*. Als Sozialist, engagierter Journalist und Herausgeber der Tageszeitung *Pakistan Time* war er zwischen 1951 und 1954 von den machthabenden Militärs inhaftiert. Auf dem ganzen indischen Subkontinent wird er als größter moderner Dichter Pakistans* angesehen, wo er eine wichtige Rolle als Beamter im Kulturwesen spielte. Zunächst folgte er in stilistischer Hinsicht Ghalib* (gest. 1869), dem Meister des *Ghasels**. Am Anfang seines Werkes übernahm er herkömmliche Themen aus der Urdu- und persischen Literatur, die er relativ schnell durch soziale und politische Probleme seiner Zeit ersetzte – die Leiden der Menschheit, den Sozialismus –, indem er dem Ghasel einen einfachen und direkten Stil verlieh und damit zur Modernisierung des Urdu als Schriftsprache beitrug.
▶ Urdu, Pakistan

Falsafa ▶ Philosophie

Farabi, Abu Nasser al-, Gelehrter und Philosoph (Turkestan um 872 – Damaskus 950)
Al-Farabi, türkischer Abstammung, geb. in Farab, Turkestan*, studierte in Bagdad* Philosophie*, Mathematik*, Musik* und Logik, eine Disziplin, in der er eine Anzahl bekannter Philosophen ausbildete. Neben Türkisch* beherrschte er Arabisch* und Persisch*. Nachdem er zwanzig Jahre im „Schmelztiegel" Bagdad verbracht hatte, ließ er sich am glanzvollen Hof seiner Mäzene* aus der Dynastie der Hamaniden (905–1004) in Aleppo und Damaskus* nieder, wo er starb.

In Anlehnung an al-Kindi* (gest. 873) war er im Islam* der erste, der in seiner *Aufzählung der Wissenschaften* eine Unterteilung der Wissenschaften* und des Wissens vornahm und deren Grundsätze und Grenzen festlegte. Dieses Werk, das maßgebend für die Bildung wurde und das im 12. Jh. Gerhard von Cremona ins Lateinische übersetzte, verlieh Alfarabius (sein lat. Name) den Beinamen „Zweiter Lehrer" (nach Aristoteles). Jedenfalls war er der erste Aristoteles-Kommentator, was später Avicenna* in die Lage versetzte, seine Kenntnis der griechischen Philosophie zu vertiefen. Als „intellektueller Mystiker" bezeichnet, harmonisierte al-Farabi in einem Gesamtüberblick die Lehren von Aristoteles und Platon, dessen *Staat* er den moslemischen Verhältnissen anpaßte. In seinen Augen kann nur eine Elite von „aufgeklärten Philosophen" – entsprechend den Imamen* der schiitischen* Lehre, deren Anhänger er höchstwahrscheinlich war –, die der Askese und der Distanz zur Sinneswelt fähig sind, die „ideale Polis" errichten. Hauptverdienst von al-Farabi, der auch physikalische und mathematische Abhandlungen verfaßte, war es, eine echte philosophische Lehre (*Falsafa*) in den Islam eingeführt zu haben. Da er außerdem ein wichtiger Musiktheoretiker war, stellte er Zusammenhänge zwischen Musik und Mathematik her, und seine Werke werden immer noch von den Sufis, denen er angehörte, gespielt. Die moslemische Bevölkerung verehrt ihn als einen ihrer größten Denker.

Fatehpur-Sikri
Eine Stadt in Indien*, die zeitweise Hauptstadt des Mogulreiches war. 1569 sagte ein Sufi*-Heiliger, der sich in eine Höhle etwa 40 km vor Agra* zurückgezogen hatte, dem Mogulkaiser Akbar*, der bis dahin kinderlos geblieben war, die Geburt eines Sohnes voraus. Salim, der spätere Kaiser Jahangir, wurde im darauffolgenden Jahr in Agra geboren, und Akbar hob dieses Ereignis durch den Bau einer neuen Stadt hervor, welcher 1517 beendet war. Die Stadt bekam den Namen Fatehpur, „Stadt des Sieges", und blieb Reichshauptstadt bis 1586, als sie, wohl auf Grund des zu starken Salzgehaltes des Wassers, verlassen werden mußte. Eine Stadtmauer von 6 km umgibt zahlreiche Gebäude, die bis heute gut erhalten sind: Palast, Kunstschätze, Hammam*, Archive und der berühmte Diwan-i-Khas („Audienzpalast") mit seiner Mittelsäule, die von einer Plattform überragt wird, welche über vier Brücken mit dem Gebäude verbunden ist. Dort versammelte Akbar, wie Chroniken berichten, Vertreter der verschiedenen Religionen, um seine eigenen Ansichten in Einklang zu bringen. Der Einfluß der hinduistischen Architektur in diesen Gebäuden aus rotem Sandstein wird durch die Feinheit und Schlichtheit, die dem islamischen Geist eigen ist, abgeschwächt.

Fatimiden
Die Dynastie der Fatimiden (909–1171) beanspruchte die direkte Abstammung von Fatima, Mohammeds* Tochter und Alis* Ehefrau, sowie eine Verbindung zum siebten Imam* der Siebenerschiiten, Ismail. Nachdem sie zuerst im Maghreb* (909–973) Fuß gefaßt hatte, gründete die Dynastie ein Kalifat* in Ägypten und Syrien (969–1171). Ihr politischer Erfolg war der dauerhafteste der Bewegung der Ismailiten*.

Ein charismatisches Kalifat. 909 begab sich Ubaidallah, der zum ersten fatimidischen Kalifen* und zum Mahdi* ausgerufen wurde, von Syrien in den Maghreb*, wo seine Ankunft durch eine starke schiitische* Propaganda, besonders bei den Berbern*, vorbereitet worden war. Im gleichen Jahr stürzte er die Aghlabiden von Tunesien und die charidschitischen* Rustamiden von Tahert (Algerien) mit Hilfe seiner berberischen Verbündeten, dann zwang er seine Oberherrschaft den Idrisiden Marokkos (929) auf. Von Mahdija aus, der Hauptstadt an der tunesischen Küste, griffen die Fatimiden Sizilien* an, das damals unter arabischer Herrschaft stand, und bereiteten so ihren Vormarsch in Richtung Orient – ihr eigentliches Ziel – vor. 969 ergriff der Fatimiden-General Djauhar Besitz von Fustat (erste arabische Hauptstadt Ägyptens) und stürzte die Dynastie der türkischen Ikhschididen. Im gleichen Jahr gründeten die Fatimiden nahe bei Fustat eine neue Hauptstadt, Kairo* (*al-Qahira*: „die Siegreiche"). Als mit Bagdad* rivalisierendes Kalifat* dehnte Ägypten seinen Einflußbereich auf Syrien, Palästina* und auf die heiligen Orte des Hedschas* aus. Unter al-Mustansir (1036–1094) erreichte ihre Macht den Höhepunkt. An der Spitze eines mehrheitlich sunnitischen* Staates strebten die fatimidischen Kalif-Imame* nicht direkt danach, ihre schiitische Lehre den Ägyptern aufzuzwingen. Sie überließen diese Aufgabe eher den ismailitischen Missionaren, die an der Azhar*-Universität ausgebildet wurden, welche sie 970 mit dem Ziel gegründet hatten, ihre Version der Schia in der ganzen moslemischen Welt zu verbreiten. Von dieser Initiative zeugen noch heute die ismailitischen Gemeinden in Indien*, Pakistan*, dem Jemen* und in Syrien (die Drusen*).

In der Außenpolitik unterhielten die Fatimiden Beziehungen zu Byzanz* und auf dem Höhepunkt der Kreuzzüge* mit den italienischen Handelsstädten. Die türkischen Seldschuken* stellten als Sunniten* die größte Gefahr für sie dar. Am Ende des 12. Jhs. begann das fatimidische Kalifat Risse zu bekommen; die Wesire* übernahmen den wesentlichen Teil der militärischen und administrativen Macht, während die Herrscher vom Volk getrennt lebten, umgeben von ihren wilden Prätorianergarden – Schwarze, Berber, Türken. Mit Ausnahme des Beginns der Herrschaft von al-Hakim (996–1021) genossen Christen und Juden einen recht vorteilhaften Status; einige unter ihnen bekleideten hohe Posten im Staat. Unter al-Hakim und später nach seinem Tod faßte die extremistische ismailitische Bewegung der Drusen in Syrien Fuß. Unter der Herrschaft von al-Mustansir erfuhr die ismailitische Bewegung eine Spaltung in zwei Teile; jede Gruppe ergriff Partei für einen seiner Söhne, Nizar und al-Musta'li: Die Nizariten riefen die Assassinen* ins Leben (Syrien, nördliches Persien*). Die Musta'liten, deren Nachkommen heute den Aga Khan* zum geistlichen Führer haben, waren die gemäßigten geistigen Vorfahren der heutigen Bohoras in Westindien (Bombay). 1171 eliminierte der Aijubide* Saladin* die „schismatische" Dynastie der Fatimiden.

Eine glänzende materielle Kultur. Unter den Fatamiden erlebten Kairo* und ganz Ägypten eine unermeßliche Ausstrahlung und einen großen wirtschaftlichen Wohlstand, basierend auf der fruchtbaren Landwirtschaft am Nil und noch mehr auf dem gewinnbringenden internationalen Handel*. Dieser deckte die gesamte moslemische Welt ab und verzweigte sich bis nach Indien* – über den Indischen Ozean und das Rote Meer – sowie in den europäischen Mittelmeerraum und stellte das Verkehrsnetz des abbasidischen* Iraks am Persischen Golf in den Schatten. Die Juden spielten eine vorherrschende Rolle bei diesen Handelsaktivitäten. In jener Epoche produzierten die Werkstätten in Kairo, oft mit dem Fachwissen der Kopten*, die prachtvollsten Werke moslemischer Kunst* (Metall*-, Textil*- und Buchkunst*), die der fatimidischen Dynastie eine besondere Bedeutung geben.

▸ Assassinen, Azhar, Bibliotheken, Ismailiten, Kairo, Schiiten

Fatwa, die

Rechtsbelehrung, Gutachten, das ein Fachmann der Scharia* (ein Mufti* oder ein Professor einer namhaften Universität, wie al-Azhar*) erstellt. Bei den Schiiten* erläßt ein Mitglied der höheren Hierarchie, zum Beispiel ein Ajatollah*, Fatwas.

Diese Rechtsbelehrung kann eine Verhaltensregel bestätigen oder aufheben, die den Bereich des Persönlichkeitsrechts betrifft (Ehe, Scheidung, Nachfolgeregelungen) oder einen Bereich der Religion (religiöses Recht*). Eine Fatwa hat empfehlenden, jedoch nicht verpflichtenden Charakter; sie ist eine theologische Angelegenheit und muß daher einen bestimmten Punkt religiöser Wissenschaft betreffen. Bei den Schiiten gelten des weiteren Entscheidungen eines religiösen Würdenträgers mit dessen Tod als aufgehoben. Schließlich muß eine Fatwa, die ein Todesurteil enthält, nur dann tatsächlich befolgt werden, wenn sie von einem Gericht aus genau bestimmten, bewiesenen und sehr schwerwiegenden religiösen Gründen verkündet wird.

Felsendom

Der Felsendom, das älteste noch erhaltene islamische Bauwerk (gebaut 691), ist keine Moschee*. Er erhebt sich in Jerusalem* auf dem von den drei großen monotheistischen Religionen für heilig gehaltenen Tempelplatz. Die Juden verehren hier den Ort des Tempels von Salomo, die Christen die Grabeskirche, die Moslems* den Felsen auf dem Berg Morija, wo Abraham* (ihr Vorfahr durch Ismael*) seinen Sohn opfern sollte und wo Mohammed* seine Himmelsreise* begann.

Das Bauwerk breitet sich um diesen Felsen aus, um die Pilger aufzunehmen, die der Fels anzieht: ein zweifacher oktogonaler Chorumgang umschließt den Rundbau, der den Felsen umgibt. Eine Kuppel* mit zwei Schalen, getragen von einem Tambour mit 16 Fenstern, überragt das Gebäude. Das Innere wurde ausgeschmückt mit außergewöhnlich vielfarbigem Dekor aus Marmor, Tafeln aus gemeißelter Bronze und vor allem Mosaiken aus Gold: diese verkleiden die Kuppel und enthalten die älteste, eindrucksvollste islamische Inschrift, die uns erhalten ist. Der Felsendom ist ein vollkommenes Beispiel des Synkretismus, aus dem die islamische Kunst hervorgeht: sein zentrierter Grundriß ist direkt durch frühchristliche Bauwerke inspiriert (San Vitale in Ravenna), die angewandten dekorativen Techniken sind aus Byzanz*, und die Motive stammen aus byzantinischen und sassanidischen* Sammlungen.

Aber dieses Bauwerk zeugt auch von der Kraft der entstehenden Kultur: durch seine Lage proklamiert es die Macht des neuen Glaubens, und durch die Wahl der Pflanzenmotive, der Kalligraphie* wie durch die Symbolik, die damit verbunden ist, distanziert es sich von seinen Vorbildern, um seine Identität zu bestätigen.

Der Felsendom bleibt einzigartig in der Geschichte der islamischen Architektur*. Unter Süleyman* dem Prächtigen wurde er restauriert. Aus dieser Epoche datieren die äußeren Vertäfelungen aus Marmor und Keramik*, die die älteren Mosaiken ersetzten.

Fes, arab. *Fâs*

Erste Hauptstadt Marokkos, im mittleren Norden des Landes, von den Idrisiden (789–926) an den Ufern des Wadi Fes, einem Nebenfluß des Sebou, gegründet.

Anfangs bestand Fes aus zwei Siedlungen, die an beiden Ufern des Wadis lagen. Von den Almoraviden* wurde die Stadt im 11. Jh. vereint. Unter deren Herrschaft kam sie zu Wohlstand, und deren Sultan* Jussef Ibn Taschfin ließ die Karawijin-Moschee („Moschee* der Kairuaner“) erweitern, die 859 gegründet wurde und die älteste und noch heute eine der bedeutendsten islamischen Hochschulen beherbergt. Die Stadt fiel unter die Herrschaft der Almohaden* und dann im 13. Jh. unter die der Meriniden; diese machten sie zur Hauptstadt und zum geistigen und kommerziellen Hauptzentrum Marokkos und bauten dort eine neue Stadt, das heutige Fes al-dschadid („Neues Fes"). Heute zählt man in der Stadt Dutzende von Moscheen und Medressen*. Auf Grund unruhiger Zeiten unter den Wattasiden und Saditen erlebte Fes einen Niedergang. Erst im 18. Jh. nach der Thronbesteigung des alawitischen* Sultans Moulay Abdallah wurde es wieder zeitweise Hauptstadt und erfuhr einen neuen Aufschwung. Bis heute hat die Stadt fast unbeschädigt den Aufbau der klassisch-islamischen Stadt bewahrt.

Feste, islamische
Die religiösen Feste in den moslemischen Ländern werden nach dem vorislamischen arabischen Kalender* datiert, dessen Monatsnamen nach wie vor neben den bürgerlichen Monatsnamen (des Sonnenjahres) in Gebrauch sind.

Das wichtigste der beiden religiösen Hauptfeste ist das „Opferfest" (arab. *Id al-Adha*, türk. *Kurban Bayram*), das an das Opfer Abrahams* erinnert und im Monat *Dhul Hiddscha* („Wallfahrtsmonat") stattfindet, dessen 8., 9. und 10. Tag die Haupttage der Wallfahrt* nach Mekka* bilden. Danach kommt das „Fest des Fastenbrechens" (arab. *Id al-Fitr*, türk. *Scheker Bayram*), auch „kleines Fest" (*Id as-saghir*) genannt, eine dreitägige Feier zum Ende des Fastens im Ramadan*. Am Morgen beider Feste versammeln sich die Moslems* – so wie auch an jedem Freitag* – zum Gebet, oftmals unter freiem Himmel.

Es gibt weitere Feste mit religiösem Charakter: Das *Aschura*-Fest wird gegen Beginn des islamischen Jahres begangen, am 10. *Muharram*, dem ersten Monat des islamischen Kalenders. Für die Sunniten* ist es ein freudiges Fest, denn es steht unter dem Zeichen göttlicher Gnade und Vergebung (möglicherweise ein Anklang an den jüdischen Jom Kippur). Für die Schiiten* hingegen ist dieses Fest der Höhepunkt ihrer kollektiven Trauer in Erinnerung an das Martyrium Hussains* in Kerbela*: Prozessionen, Wehklagen und öffentliche Selbstgeißelungen gehen im allgemeinen der Aufführung der Tazija* voraus, eines Passionsspiels, das Hussains Leiden inszeniert. Der Geburtstag des Propheten (*Maulid*), ein populäres Fest, wird am 12. *Rabi al-awwal* (der dritte Monat) mit Volksfesten und Andachten der Bruderschaften* gefeiert. Fröhlich begeht man auch (mit lokal unterschiedlichem Brauchtum) die „Nacht der Himmelsreise*" (*Miradsch*) am 27. im Monat *Radschab*. Am 15. im Monat *Schaban* findet die „Nacht der Sündenvergebung" (*Lailat al-Baraa*) statt, die von inständigen Andachten gekennzeichnet ist, da in dieser Nacht das Schicksal des kommenden Jahres festgelegt wird und die Sünden vergeben werden. Feierlich und von Koranlesungen begleitet ist die „Nacht der Bestimmung" (*Lailat al-Kadr*) am 27. Ramadan, in der an die Nacht erinnert wird, in der der Koran* auf Mohammed* „herabgesandt" wurde. Ein rein schiitisches Fest ist das Fest von Ghadir Khumm (*Id Ghadir Khumm*), benannt nach einem Teich oder Sumpf bei Medina*, an dem der Prophet ausdrücklich Ali* zu seinem Nachfolger bestimmt haben soll. Die Schiiten gedenken weiterhin zahlreicher Ereignisse, die mit dem Leben ihrer Imame* verknüpft sind. Das von den iranischen Völkern (zum Beispiel den Kurden) am 21. März gefeierte *Nowruz* – der Beginn des neuen (Sonnen-)Jahres – ist ein rein profanes Fest ohne Anerkennung durch die religiösen Autoritäten.

▶ Kalender (islamischer)

Fetwa ▶ Fatwa

Firdausi, Persischer Dichter (Tus, Iran um 940–1020)

Firdausi wurde nahe der Stadt Meschhed* (im östlichen Iran*) in eine Familie von persischen Landbesitzern geboren, die noch die alten persischen und zoroastrischen Heldengedichte bewahrten, welche unter den Sassaniden* in Altpersisch – dem Pehlewi – zusammengetragen worden waren.

Er ist der Verfasser des berühmtesten Buches der persischen Literatur, des *Schah-name* („Königsbuch"), dessen 60 000 Verse, zusammen mit dem Werk von Rudaki*, sich der Erneuerung der persischen Sprache seit dem 9. Jh. unter den Samaniden widmete. Das *Schah-name* berichtet in epischer Form vom königlichen Prunk und von den Taten der iranischen Armee bis zur arabischen Invasion im 8. Jh. sowie von der tausendjährigen Feindschaft zwischen seßhaften Iranern und Turanern, den türkischen Nomaden*. Die Abfassung dieses gewaltigen Heldengedichts – welches über ein historisches Werk hinausgeht – dauerte 40 Jahre. Der Dichter schöpfte aus allen verfügbaren Quellen. Auf der Suche nach einem Mäzen* widmete er sein Werk dem türkischen Kriegssultan Mahmud von Ghazna (Afghanistan*), jedoch brachte ihm seine Vorliebe für den Schiismus große Probleme ein. Daneben verfaßte er eine Reihe von lyrischen Gedichten, u.a. *Jussuf und Suleika* (über den biblischen Joseph). Das *Schah-name* wird noch heute im Iran – sogar in den Kaffeehäusern – gelehrt und vorgetragen, wo man es immer noch als „nationales" tausendjähriges Heldenepos ansieht.

▶ Iran, Persisch

Freitag

Am Freitag (arab. *Jaum al-Dschuma*) sind alle Moslems* gehalten, ihre Arbeit zu unterbrechen, um am Mittagsgebet in der Hauptmoschee der Stadt – oftmals „Freitagsmoschee" genannt – teilzunehmen. Bei dieser Gelegenheit hält der Imam* eine Predigt (arab. *Chutba*) von einer hölzernen Kanzel aus (Minbar*) oder auf einem Podium sitzend.

Gewohnheitsgemäß wurden dabei Segensgebete für den Herrscher des Landes gesprochen, was in unruhigen Zeiten zugleich erlaubte, die nominelle oder tatsächliche Herrschaft eines umstrittenen Regenten zu bezeugen. Diese Praxis wird nach wie vor in Ländern mit traditionellen Regimen ausgeübt. Um radikal-islamistischen Tendenzen entgegenzutreten, sind die Prediger heutzutage oftmals von den Ministerien für religiöse Angelegenheiten beamtete Ulema*.

Fruchtbarer Halbmond

Diese Region im Nahen Osten erhielt wegen ihrer Geschichte und wegen ihrer geographischen Beschaffenheit den Namen „Fruchtbarer Halbmond".

Die Region grenzt im Westen ans Mittelmeer, im Norden an die Gebirgsketten Anatoliens*, Kurdistans* und des

Irans* (Zagrosgebirge), im Osten an die arabische Wüste, im Süden und im Südosten an die Wüsten Arabiens und des Sinais. Sie ist dank der mesopotamischen Flüsse (Tigris und Euphrat) und dank der regelmäßigen Niederschläge, die ihr Bergland bewässern (das syrische Hochland der Alawiten*, das Libanongebirge (3 087m), den Antilibanon, Galiläa, die Hügel von Palästina* und Jordanien), ein fruchtbares Gebiet. Der Regen versorgt die Flüsse der Region (den Jordan, den Jarmuk und den Litani) mit Wasser.

Für die Araber ist die Region in erster Linie das „Scham-Land" (das biblische „Sem"), ein Name, mit dem sie seit jeher Syrien bezeichnen. Sie ist seit dem 4. Jahrtausend v. Chr. Schmelztiegel wichtiger Zivilisationen. Mit der Ausbreitung des Islams* entwickelte sich der Fruchtbare Halbmond zum Zentrum des omaijadischen* Reiches (des ersten arabischen Reiches) und später zum Zentrum des abbasidischen* Kalifats* im Irak. Prächtige Dynastien, wie die der Hamdaniden aus Aleppo (905–1004), ließen sich dort nieder. An manchen Stellen florierte die Landwirtschaft*: in Palästina, im landwirtschaftlich genutzten Gebiet von Damaskus* (*Ghuta*), in der Dschazira (arab. „Insel") Syriens und im irakischen Mesopotamien. Aber das Nomadentum* und, mehr noch, die Kriege und Invasionen zerstörten einen großen Teil der Bewässerungssysteme. Der Fruchtbare Halbmond, der ab 1516/17 osmanisch* war, wurde nach 1918 in ein französisches (Syrien, Libanon) und in ein britisches Mandat (Palästina, Irak, Transjordanien) unterteilt. Heute ist diese Region unter mehreren Staaten aufgeteilt: Irak (das seit 1932 unabhängig ist), Syrien (1941), Libanon und Transjordanien (1946). Letzteres wurde 1949 zu Jordanien. Israel rief 1948 seine Unabhängigkeit über einen Teil von Palästina aus. Ein eigenständiger palästinensischer Staat ist gegenwärtig, im Gaza-Streifen und um Jericho, im Entstehen begriffen.

Fundamentalismus

Der Islamismus oder Fundamentalismus – die Rückkehr zur Scharia* sowie zum goldenen Zeitalter Mohammeds* und der ersten Kalifen* – als rückwärtsgewandte Erscheinung besteht in den islamischen Ländern seit frühesten Zeiten. Als seinem Wesen nach politische Strömung lehnt er sich gegen die Herrschaft mit religiösen – teils sektenhaften* – Begründungen auf, die bedingt sind durch die theokratische Natur des klassischen islamischen Staates. Heutzutage wendet sich der Fundamentalismus besonders lebhaft gegen Regierungen, die als säkularisiert oder gar als ungläubig (*kafir*) betrachtet werden.

Mit Hilfe des Heiligen Krieges (*Dschihad**) – der theoretisch nicht gegen Moslems* geführt werden darf – wollten und wollen sich die Fundamentalisten durchsetzen. Einer der beachtenswertesten politischen Erfolge des Islamismus war derjenige der Wahhabiten* im 18. Jh. in Arabien, die ein Jahrhundert später Ableger in Indien* und bei den libyschen Senussi entwickelten. Seitdem wurde Saudi-Arabien mit seiner durch die Öleinkünfte wachsenden finanziellen Macht zum Hauptförderer ihm genehmer fundamentalistischer Bewegungen in aller Welt. Die Ausbreitung des Islamismus in Ägypten führte 1928 zur Gründung der religiösen Bewegung (und späteren politischen Partei) der „Moslembrüder“ durch Hassan al-Banna. Dieser forderte gemeinsam mit seinen Anhängern die umfassende Anwendung der Scharia in allen Bereichen des täglichen und des politischen Lebens, den Bruch mit dem Westen sowie die Errichtung eines „wahren“ islamischen Staates. Manche ihrer Ideen bezog diese Bewegung von dem Reformer al-Afghani. Sie verbreitete sich in der gesamten arabischen Welt (besonders in Syrien), auch noch nach der Hinrichtung ihres Gründers 1949 und trotz der harten Unterdrückung durch das Nasser*-Regime. In Pakistan* verfolgte eine entsprechende Bewegung die gleichen Ziele; sie wurde ins Leben gerufen von Maududi (1903–1979), der zusammen mit dem hanbalitischen* Juristen Ibn Taimija (gest. 1328) einer der anerkannten Theoretiker des Islamismus ist. Die islamische Revolution unter Ajatollah* Khomeini im schiitischen* Iran* (1979) ging in dieselbe Richtung, wenngleich das dortige Regime (im Unterschied zu Saudi-Arabien) den Frauen das Arbeiten und Autofahren erlaubt und auch öffentliche Lustbarkeiten (Musik*, Theater, Kino) zuläßt, die bei den Wahhabiten lediglich im Privatbereich gestattet sind. Ebenfalls gibt der im Iran bestehende „Klerus“ – der im sunnitischen* Bereich nicht existiert – Anlaß zu Diskussionen über dessen politische Rolle. Die gegenwärtige islamistische „Eintrübung“ umfaßt unterschiedlichste Organisationen, die sich zum Teil gewaltsam bekämpfen, wie in Pakistan* und Afghanistan*. Finanziert werden diese Bewegungen aus der islamischen Diaspora oder von Staaten wie Saudi-Arabien, Pakistan und dem Iran. Letzterer ist in seiner Einflußnahme auf Grund seines schiitischen und persisch-nationalen Charakters beeinträchtigt, der bei den Sunniten unbeliebt ist.

Der Fundamentalismus ist gekennzeichnet von Unnachgiebigkeit, Intoleranz und dualistischer Schwarzweißmalerei („Der Westen ist der Satan!“), von seiner (todbringenden) Feindschaft gegenüber den Schriftbesitzern* sowie von einer durchorganisierten inneren Struktur und auch von der Akzeptanz mancher Erscheinungen der modernen Gesellschaft (technischer Fortschritt, Kapitalismus). Begründet ist die gegenwärtige Popularität des Fundamentalismus vermutlich in den (einfachen) Antworten, die er – im Zusammenhang mit der unbestreitbaren Rückkehr des Religiösen – einer Gesellschaft zu geben vermag, die durch den wirtschaftlichen, politischen und sozialen Mißerfolg ihrer politischen Klasse destabilisiert ist. Letztere wird in den meisten der betroffenen Länder von einer Oligarchie gebildet, die nur um des eigenen Nutzens willen ein patriarchalisches Zwangsregime aufrechterhält. Daß die Machtergreifung der Islamisten etwas verändern würde, steht zu befürchten. Zwar betätigen sie sich häufig im sozialen Bereich bei besonders Bedürftigen; zugleich riskieren sie jedoch, sich den gebildeten und modern gesonnenen Schichten der Gesellschaft zu entfremden, weil sie davon besessen sind, die Frauen aus dem öffentlichen Leben auszuschließen und öffentliches wie privates Leben auf dem Wege einer repressiven, gewaltsamen Inquisition – wenn nicht gar mittels Terrorismus – zu „moralisieren“. Manche islamistische Bewegungen, wie gegenwärtig in Algerien, erklären offen ihren

Willen, ebendiese höheren sozialen Schichten zu verdrängen oder sogar zu vernichten, um eine neue Gesellschaftsordnung zu errichten.

▸ Reformislam, Staat, Wahhabiten

Fünf Säulen des Islams

Der Ausdruck (von arab. *Arkan*: Säulen, Pfeiler, Stützen [der Religion]) bezeichnet die Grundpflichten des Islams, die für alle Moslems* vorgeschrieben sind.

Im einzelnen handelt es sich um: das Glaubensbekenntnis (*Schahada*), in dem bezeugt wird: „Es gibt keinen Gott außer Gott (*Allah*), und Mohammed* ist Gottes Gesandter!"; das fünfmalige tägliche Gebet* (*Salat*); die Abgabe („Almosen") eines vorgeschriebenen Vermögensanteils (*Zakat*); das Fasten (*Saum*) im Monat Ramadan*; schließlich die Wallfahrt* nach Mekka* (*Haddsch*), die jeder körperlich und materiell dazu Fähige – Frauen wie Männer – mindestens einmal im Leben unternehmen soll. Der sog. Heilige Krieg (*Dschihad**) zählt, entgegen geläufigen Vorstellungen, nicht zu diesen Säulen.

Fuzuli, osmanischer Dichter (Kerbela um 1495 – Bagdad 1556)

Fuzuli, türkisch-aserbaidschanischer und schiitischer* Abstammung, Sohn eines Rechtsgelehrten (Ulema*), wurde wahrscheinlich in Kerbela* geboren und starb in Bagdad* an der Pest. Als einfacher Hüter des Grabes von Ali* in Nadschaf* ist er, zusammen mit seinem Zeitgenossen Baki*, der größte osmanische* Dichter und einer der größten Dichter seiner Epoche überhaupt sowohl in türkisch* als auch in persisch*, in Sprachen also, die in ständigem Wettstreit mit dem Arabischen stehen. Sein Diwan* auf persisch zeugt von persönlicher Inspiration, jedoch wählt er die türkische Sprache, um die mystische Liebe auf sufische* Weise zu besingen. Davon geprägt ist insbesondere *Madjnun und Laila**, eine arabisch-vorislamische Legende über eine leidenschaftliche Liebe, die in der ganzen moslemischen Welt bekannt ist. Mit seinen Helden beschreibt Fuzuli mit Nachdruck den Konflikt zwischen irdischen Belanglosigkeiten und der Transzendenz. Sein restliches Werk ist von einer künstlerischen Ader geprägt, die sowohl erotisch-mystischer als auch symbolischer Art ist.

▸ Osmanisch (Kultur), Türkisch

Gartenkunst

Die Gartenkunst in den islamischen Ländern steht hauptsächlich in Zusammenhang mit der persisch-sassanidischen* Tradition, die im moslemischen Iran* wieder aufgenommen und zu einer Blüte gebracht wurde.

Schon vor der Geburt des Islams* wird der Garten in den Überlieferungen der Mittelmeerländer und der Länder des Nahen Ostens mit dem Paradies in Zusammenhang gebracht (altpers. *Firdaus*, d.i. die Bezeichnung für den von Mauern umschlossenen Königsgarten).

Der Koran*, der dem Paradies zahlreiche Verse widmet, entwirft eine so genaue Vorstellung, daß sie zu einer Quelle der Inspiration für die Schöpfer von Gärten wird: inmitten einer vor den Wüstenwinden geschützten Umfriedung fließt das Wasser der Vier Ströme in Kanälen zwischen den Bäumen hindurch, die mit Früchten behangen und von Vögeln bevölkert sind. Jungfrauen empfangen in den Pavillons die Glückseligen für eine Ewigkeit voller Wonnen. Der Garten, ein Paradies und Erinnerung an seine Herkunft als Oase in der Wüste, nimmt einen privilegierten Platz in der moslemischen Vorstellung ein.

Mehrere verschiedene Überlieferungen der Gartenkunst gab es vor dem Islam: z.B. in Babylon (7.–6. Jh. v.Chr.) mit seinen Terrassen, in Ägypten mit den Gärten, die „Flachland" genannt wurden und sich um Obstgärten und Weinberge ansiedelten. Sie sind schachbrettartig angelegt und werden von einem Kanalnetz bewässert, das in einem Hauptbecken zusammenfließt.

Der sassanidische Iran erschafft eine eigene Gartenkunst: in diesen Parks wechseln hohe Bäume, die sorgfältig aneinandergereiht sind, mit Obstgärten, Lichtungen und Weideflächen ab; Pavillons auf der Erde oder auf Bäumen erlauben den Jägern, das Hoch- und Nieder-Wild zu belauern; große rechteckige Kanäle markieren die Achsen der Umzäunung und verbinden sich im Mittelpunkt des Parks in einem großen Becken.

Die Gärten der omaijadischen* Herrschaftssitze, deren Erzeugnisse eine Einkunftsquelle bilden, stehen in Zusammenhang mit der Gartentradition der ägyptischen Ebene (wie Qasr al-Hayr al-Gharbi, angepflanzt zu Beginn des 8. Jhs. in der Steppe von Palmyra). Sie nehmen auch die Tradition der hellenistischen Königsgärten auf, die ihrerseits von den persischen Gärten beeinflußt sind. Sie bestehen aber aus einer Mischung mit architektonischen Elementen (wie Portikus, Wandelgang, Säulenhalle). Auch in Khirbat al-Mafdjar in Palästina* (erste Hälfte des 8. Jhs.) kommt zu den Esplanaden und Vorhöfen, die für Militärparaden bestimmt sind, ein im Innern des Schlosses gelegener Hof mit Säulenhalle hinzu. Diese Gestaltungsform läßt die Entwicklung des omaijadischen Gartens zu den riesigen Parks der abbasidischen* Herrschaftssitze erahnen. Sie stehen in direktem Zusammenhang mit der Entwicklung der sassanidischen Gärten, von denen sie die Weite und streng geometrische Anordnung übernehmen. Hier wie dort finden königliche Jagden, Militärparaden sowie private und offizielle Empfänge statt. Man übt in ihnen Kunstreiten, Reiten oder Polo aus. Der Park des Palastes von Djausak al-Khakani in Samarra (836, Irak) öffnet sich in Richtung einer sehr großen von Bäumen bepflanzten Esplanade, die in voller Blüte steht und mit Kanälen, Bassins und Kiosken versehen ist. Die Blumenbeete sind so angelegt, daß eine gute Bewässerung möglich ist, und begrenzen deutlich die Alleen, die mit Fayencekacheln bedeckt sind. Voller Bewunderung berichten byzantinische Botschafter, die 917 im Palast des Kalifen* al-Muktadir (932) in Bagdad* empfangen wurden, darüber. Ein Park wird beschrieben, in dem sich zwischen Merkurbecken mit Spiegeleffekten ein exotisches Tierreich mit der verschwenderischen Fülle von seltenen Pflanzenarten vermischt.

Das große Abbasiden-Reich verbreitet den Gartengeschmack von Bagdad und Samarra: Die Lustschlösser Ägyptens und des Maghrebs* übernehmen im 9. Jh. ihre Grundrisse. Sie wetteifern auf ihre Weise mit der Schaffung übergreifender Bewässerungsysteme, die für das Blühen und Gedeihen notwendig sind: Wasserbecken, Kanäle und Wasserleitungen, Wassermühlen etc. Die Spuren eines Gartens, der in Marrakesch* unter den Ruinen der ersten Kutubija-Moschee gefunden wurde, gehen bis ins 12.Jh. zurück. Sie zeigen, daß er – trotz seiner geringeren Grundfläche – mit seinen beiden gekreuzten Alleen mit dem sassanidischen Schema identisch ist. Dieses stark geometrische Modell stammt aus Persien* und beherrscht den Osten genauso wie den Westen, wo es seit dem 12.Jh. übernommen wurde: die nasridischen* Gärten der Alhambra* (14.Jh.) sind ein Beispiel dafür. Sie beeinflussen seit dem 16.Jh. zahlreiche Parks im Maghreb (Palast Badi in Marrakesch, 1578).

Am äußersten Ende der moslemischen Welt entwirft der safawidische* Herrscher Schah Abbas I. (1588–1629), der die Stadt Isfahan* gegründet hat, den Plan für einen großen Park, genannt die „Vier Gärten“ (Tschahar Bagh), mit Pavillons und Palästen, die noch nach sassanidischer Tradition errichtet sind. Die zeitgenössischen „Teppichgärten“ sind ebenfalls ein Zeugnis für den Fortbestand der Tradition. Im Osmanischen* Reich vermischen die Gärten persische Traditionen mit byzantinischer Gartenkunst. Diese zeichnet sich durch ein Streben nach Ausschmückung aus und benutzt dazu farbigen Marmor, Mosaik und Blumenbeete. Der Topkapi*-Palast, seit Mitte des 15. Jhs. in Istanbul* erbaut, enthält ebenfalls zahlreiche Gärten mittlerer Größe. Er wird durch Fontainen untergliedert, die von erfinderischen Bewässerungssystemen gespeist werden, und ist übersät von eleganten Pavillons aus Marmor, deren Mauern mit Stuck und mehrfarbigen Keramikplatten verkleidet sind.

Die Mogulkaiser stechen mit einer Gartengestaltung hervor, deren Geometrie an die der persischen Parks der „Vier Gärten“ erinnert. Ihre Hauptmerkmale sind hohe Mauern um die viereckigen oder geometrischen Blumenbeete, die sich in Form von stufenförmig angelegten Terrassen einfügen; nicht sehr tiefe Becken mit Springbrunnen und künstlichen Wasserspielen beleben die Kreuzungen der stets geraden Alleen. Zu den berühmtesten Gärten der Moguln* zählt Nishat Bagh, um 1625 in Kaschmir angelegt. Er erstreckt sich über zwölf Terrassen, die die zwölf Tierkreiszeichen darstellen. Der Garten Shalimar in Lahore*, der einige Jahre später errichtet ist, erstreckt sich über drei Terrassen.

Der Garten und seine Symbolik haben der arabischen und persischen Literatur* und Dichtung* zahlreichen Stoff geliefert.

In der persischen, türkischen und Mogul-Miniatur* finden sich reich ausgeschmückte Darstellungen von Gärten, die einen hervorragenden Hintergrund für die Liebesleiden der großen mythischen Paare wie Madjnun* und Leila bieten.

▶ Kunststile

Gebet

Die fünf täglichen Gebete (*Salat*) – eine der Fünf Säulen* des Islams – sind für alle volljährigen und geistig gesunden Moslems* verpflichtend.

Sie werden zu fünf genau festgelegten Tageszeiten gesprochen und jeweils kurz zuvor durch den Ruf des Muezzins* angekündigt. Heutzutage geschieht dies jedoch immer häufiger auch durch die Medien. Die Gebete finden statt: in der Morgendämmerung (*Subh* oder *Fadschr*), mittags (*Dhuhr*), nachmittags (*Asr*), in der Abenddämmerung (*Maghrib*) und bei Einbruch der Nacht (*Ischa*). Versäumte Gebetszeiten können nachgeholt werden. Der Tradition zufolge hat Mose die Fünfzahl Mohammed* anläßlich dessen Himmelsreise* vorgeschlagen – an Stelle der ursprünglich von Gott angeordneten 50 Gebete. Form (Verneigungen, Niederwerfungen, Gesten) und Inhalt (Gebete und Rezitationen) sind durch die Sunna* gemäß dem Vorbild des Propheten und durch die Praxis der Rechtsschulen* festgelegt.

Zusätzlich zu diesen täglichen Anbetungen gibt es spezielle Bittgebete: anläßlich eines Todesfalls, eines religiösen Festes, während des Ramadans* oder um eine besondere Gnade (*Baraka**) zu erflehen.

▶ Fünf Säulen des Islams, Moschee

Gebetsnische ▶ Mihrab

Gebetsrichtung ▶ Qibla

Geld

Fünfzig Jahre nach ihren ersten Expansionswogen prägten die Araber, welche keine eigenen Münzen besaßen, Nachahmungen byzantinischer* und sassanidischer* Münzen.

Von den Sassaniden übernahmen sie den großen und kleinen *Dirham* (arab. Wort, gebildet aus griech. „Drachme"), wobei sie einen Spruch des Korans* hinzufügten, manchmal auch den Namen eines Herrschers. In Syrien und Ägypten benutzen die Araber die im Umlauf befindlichen byzantinischen Denariori (woraus arab. *Dinar* entstand). Sie setzten parallel dazu reichlich lokales Münzgeld aus Kupfer in Umlauf. Im Jahre 696 begann der omaijadische* Kalif* Abd al-Malik mit der Arabisierung der staatlichen Dienststellen, wovon auch das Münzgeld betroffen war, denn die Ausstattung mit Bildern* von Herrschern widersprach dem islamischen Verbot menschlicher Darstellung. Die neuen Geldstücke zeigten eine arabische Legende – im allgemeinen in kufischer* Schrift – und vier Zeilen auf dem Feld auf beiden Seiten: Die Legende war unpersönlich und beschränkte sich im wesentlichen auf das islamische Glaubensbekenntnis (*Schahada*), das Datum und den Namen der Prägestätte.

Diese Art der Münzen dominierte innerhalb des moslemischen Geldes (mit kleinen Varianten). Der Name des Kalifen erschien nur zu Anfang der abbasidischen* Zeit, oft gefolgt vom Namen des Thron-Erben und des Gouverneurs. Bis zum 11.Jh., solange sich die moslemische Welt im Zentrum eines internationalen Handels* befand, dienten die Silberdirhams und die Golddinare als internationales Zahlungsmittel im Innern und über die Grenzen hinaus (abbasidische Münzen wurden sogar in Skandinavien entdeckt). Mit der Zerstückelung des Reiches prägten die autonomen Dynastien ihr eigenes Geld, wobei sie weiterhin den Namen des von ihnen anerkannten Kalifen auf die Rückseite der Münzen setzten. Die von den türkischen Dynastien in Mesopotamien geprägten Münzen unterschieden sich durch ihre bildlichen Darstellungen.

Geographen

Durch die Übersetzungen* der abbasidischen* Zeit wurden die Moslems* mit der Geographie vertraut – besonders mit der griechischen und hellenistischen. Diese Disziplin hängt direkt mit Kosmographie, Geschichte und den Reiseberichten* zusammen, in denen der humanistische Geist des *Adab* zu spüren ist, einer literarischen Gattung, die für den gebildeten Weltmann bestimmt war.

Schon im 9. Jh. wurden zahlreiche geographische Abhandlungen verfaßt. Eine irakische Geographenschule bestimmte Bagdad* (und Mekka*) zu Mittelpunkten der Welt. Nach Abu Zayd al-Balkhi (gest. 934) erweiterte sich die Disziplin auf das „Bild der ganzen Erde“, und dadurch entstand eine Gruppe von Werken, die die „Wege und Königreiche“ (*Al-Massalik wal Mamalik*) beschreiben. Über den Zustand des moslemischen Reiches zu berichten, war in seinen *Wegen des Königreichs* Ziel des Persers Ibn Khurdadhbih (gest. 885), eines Postbeamten der Kalifen*. Der berühmte Mathematiker Chwarismi* (gest. um 847) hinterließ die erste wichtige moslemische Geographie und die erste Karte. Die *Beschaffenheit der Erde* von Ibn Hauqal (gest. um 988) berichtet in persönlichem Stil über das gesamte islamische Gebiet – von Transoxanien* bis Andalusien* und Sizilien*. Aber erst al-Muqaddasi (gest. um 990) machte die Geographie zu einer echten Wissenschaft in seiner *Besten aller Einteilungen zur Kenntnis der Gegenden*. Nach Chwarismi erreichte ein anderer Universalgelehrter*, al-Biruni* (gest. um 1050), einen Höhepunkt auf diesem Wissenschaftsgebiet mit seiner *Geschichte Indiens*. Der Autor al-Bakri (gest. 1094) beschrieb den moslemischen Okzident und den Sudan* (Afrika*), eine bis heute wichtige dokumentarische Quelle. Idrisi* (gest. 1166), der am Hof* von Sizilien lebte, fügte seinem *Buch von* [König] *Roger* (ein Kommentar zur Weltkarte von Palermo) einen Weltatlas hinzu. Darin ist zum ersten Male Westeuropa enthalten. Auch das *Lexikon der Länder* des Historikers Yakut (gest. 1229) bleibt eine geographische Quelle über die islamische Welt. Der syrischer Fürst und Schriftsteller Abu l-Fida (gest. 1331) hat eine bemerkenswerte Beschreibung der Geographie, die *Ortsbestimmung der Länder,* hinterlassen. Zahlreiche frühere moslemische Werke über Afrika gelangten 1550 nach Europa. Dies geschah durch die Übersetzung der *Beschreibung Afrikas* von Hassan al-Fassi (gest. 1554), der unter seinem christlichen Namen Leo der Afrikaner bekannter ist. Unter den Osmanen* wurde diese Disziplin in den Werken über Kartographie und Meeresgeographie des Admirals Piri Reis (gest. 1553) und des bedeutendsten osmanischen Gelehrten seiner Zeit, Katip Tschelebi (gest. 1567), vermittelt.

Aber die Geographen waren auch große Reisende, z. B. Ibn Fadlan, Ibn Djubair und Ibn Battuta*. Was den Geschichtsphilosophen Ibn Chaldun* betrifft, so widmete dieser der physischen, klimatischen und Human-Geographie eine wichtigen Platz in seinem Werk.

► Geschichtsschreiber (klassische), Reisende

Geschichtsschreiber, klassische

Seit dem 9. Jh. entsteht eine eigene historische Gattung (*Tarich*, „ Chronologie", „Datum") aus den Prophetenbiographien (*Sira**), dem *Hadith** und den frommen Legenden. Diese Gattung ist oft nicht von der Chronik, der Geographie, den Reiseberichten (*Rihla*) und den Universalwörterbüchern zu trennen, und auch nicht von der Heldendichtung. Auf Grund seiner wissenschaftlichen Genauigkeit wurde Ibn Chaldun* zum bedeutendsten klassischen moslemischen Geschichtsschreiber.

Die Geburt der Geschichtsschreibung. Viele Geschichtsschreiber unterscheiden sich im 9. Jh. dadurch, daß sie größte Sorgfalt auf das Studium der Geschichte verwenden. In seinem *Feldzug des Propheten* schließt al-Waqidi (gest. 823), Sekretär am Hofe* Harun ar-Raschids*, die Legenden aus. Er zitiert und bestätigt seine Quellen in einem Überblick, der Arabien, Syrien und den Irak umfaßt. Ibn Saad (gest. 845) führt eine literarische Gattung ein, die sehr erfolgreich wird, „die Klassen" (*Tabaqat*), die hauptsächlich von Mohammed* handeln und von seiner historischen Mission. Al-Baladhuri (gest. 892) erörtert in seinen *Buch über die Eroberungen* und in der *Genealogie der Edlen* verschiedene Bereiche (z. B. soziale, politische, wirtschaftliche und kulturelle). Er versucht, ein Bild der moslemischen Geschichte bis zu den Abbasiden* wiederzugeben, und wählt nach eigenen Vorstellungen Informationen aus, aber er bemüht sich dabei um Objektivität. Al-Yakubi (gest. 897) zitiert und kritisiert seine Quellen: historische und geographische Gegebenheiten sowie Übersetzungen fremder Schriften ins Arabische. Er interessiert sich in seinem *Buch der Länder* für alte und zeitgenössische Völker, wie Griechen, Iraner, Türken und Chinesen, bevor er sich der Geschichte des Islams widmet. At-Tabari (gest. 923) ist einer der verdienstvollsten moslemischen Geschichtsschreiber und einer der wichtigsten Verfasser von Koran*-Kommentaren*. Seine umfangreiche *Geschichte der Propheten und der Könige (Tarich ar-rusul wal-muluk)* bleibt ein Quellenwerk. In dieser Universalgeschichte von der Antike bis 915 übernimmt er das System der Überprüfung, das für den *Hadith* angewandt wurde (die Überliefererketten). Der Universalgelehrte aus Bagdad*, al-Masudi (gest. 957) stellt in seinen berühmten *Goldwiesen (Murudj adh-dhahab)* eine Zusammenfassung des gesamten Wissens seiner Zeit auf allen Gebieten vor und fügt, um seine Leser zu erfreuen, Fabeln und Legenden hinzu. Der Universalgelehrte al-Biruni* trägt mit seiner *Geschichte Indiens** ebenfalls zur historischen Wissenschaft bei. Sein Werk ist von bemerkenswerter geistiger Offenheit und wird noch zehn Jahrhunderte später mit Erfolg genutzt.

Reifezeit einer historischen Gattung. Die Geschichte wird vielfältiger, indem sie sich sowohl mit universellen als auch mit regionalen und lokalen Themen beschäftigt. Es existieren sogar Monographien, die einer Stadt* oder einer Berufsgruppe gewidmet sind, sowie Biographien, z.B. jene über Saladin* von Imad ad-Din al-Isfahani und Baha ad-Din (13.Jh.). In Andalusien* stellt Ibn Said al-Andalusi (gest. 1034) ein weites Bild der Kulturen vor, die *Arten der Nationen*, in denen er den wissenschaftlichen Beitrag der nicht moslemischen Völker, wie z.B. der Inder, Juden, Griechen, anerkennt; dieses Werk regt viele spätere Schriftsteller an. Sein Landsmann und Zeitgenosse Ibn Hayyan (gest. 1076) wird ohne viele Analysen in seiner *Geschichte Andalusiens* zum Geschichtsschreiber des moslemischen Spanien. Al-Humaydi (gest. 1095), ein früherer Schüler von Ibn Hazm*, verfaßt eine Geschichte der spanischen Gelehrten, die andere Schriftsteller beeinflussen wird. Die *Geschichte von Damaskus* in mehreren Bänden des Damaszeners Ibn Asakir, eines Zeitgenossen von Saladin, entwickelt sich zu einem Modell dieser Gattung und zu einer unvergleichlichen dokumentarischen Quelle. In diesem Werk, das den Sehenswürdigkeiten der Stadt Damaskus* gewidmet ist, findet man ein alphabetisches biographisches Wörterbuch der hervorragenden Personen der Stadt. Ebenfalls ein Syrer, der Emir*, Ritter und Schriftsteller Usama Ibn Munqidh (gest. 1188), hinterläßt in seinem *Buch der Belehrung durch Beispiele*, einem eher autobiographischen als historischen Werk, ein wertvolles Zeugnis der moslemischen Sicht der Kreuzzüge*. Ibn al-Athir (gest. 1233), Angehöriger einer kurdischen Gelehrtenfamilie, ist der Verfasser von zwei Werken. Sein *Vollständiges Geschichtsbuch (Kamal at-tawarikh)* ist eine Geschichte der moslemischen Welt vom 10. bis zum 13.Jh. Es ist reich an Informationen, und al-Athir hat eine genaue Zusammenstellung der Arbeiten von at-Tabari* für die ältesten Zeiten vorgenommen. Das zweite Werk, die *Dschungellöwen*, ist eine Biographie der Gefährten Mohammeds, zusammengesetzt aus 7500 Kurzberichten. Der *Abriß (Mukhtassar) der Universalgeschichte* von Ibn al-Ibri (Bar Hebraeus, gest. 1286), einem Juden, der zum Christentum konvertierte, ist dokumentarisch belegt. Abul Fida (gest. 1329), Nachkomme der Aijubiden*, unterstreicht deutlich die Überschneidungen von Geschichte und Geographie im *Abriß der Geschichte des Menschengeschlechts* und in seinem *Verzeichnis der Länder*. Diese Mischung von Gattungen findet sich in den beliebten historisch-geographischen Wörterbüchern wieder. Yakut (gest. 1229) hat zwei hinterlassen, die immer noch für das Studium der moslemischen Kultur maßgeblich sind: das *Lexikon der Länder (Mu'dam al-buldan)* mit vielen bemerkenswerten Informationen, die er in den Bibliotheken* und auf den Reisen in den ganzen Mittleren Orient zusammengetragen hat: Informationen über Geographie, Geschichte, „Anthropologie", Naturwissenschaften; Das *Lexikon der Gelehrten* (*Mu'dam al-udaba*) liefert Wissen über Autoren und Schriftstücke, deren Spuren man verloren hat. Mit gleichem Erfolg schrieb Ibn Challikan (gest. 1282) die *Nachrufe auf berühmte Personen* und erfaßte darin 865 alphabetische Kurzberichte mit Biographie, Werk und Laufbahn der aufgeführten Personen.

Der Beitrag von Ibn Chaldun*. Das Werk des bedeutendsten Geschichtsschreibers des Islams* (gest. 1406) – „Soziologe" oder „Geschichtsphilosoph" wäre genauer – weicht von der Zusammenstellung und Sammlung von Autoritäten ab. Es ist ein einzigartiges Beispiel persönlicher Philosophie, die auf die Beobachtung der Tatsachen und ihre Analyse angewandt wird. Ohne ein „Freidenker" zu sein, neigt Ibn Chaldun in seinen Schriften dazu, Erklärungen abzugeben, die nicht so sehr vom rein religiösen Bereich abhängen. Sein *Buch der Betrachtungen der Geschichte der Araber, Perser und Berber (Kitab al-Ibar)* beweist schon eine bemerkenswerte Meisterschaft, aber seine *Prolegomena (Muqaddima)* bestätigen die wissenschaftliche Methode des Verfassers: „klar die Lehren von den Gründen der Ereignisse darzulegen und auch die Tatsachen selbst". Er beweist auch sein Bestreben nach Unparteilichkeit: „den Teufel der Lüge mit dem Licht der Vernunft zu besiegen". Auf die Beziehungen zwischen Nomaden* und Seßhaften*, zwischen Stadtbürgern und Bauern, den Staatsbetrieb, die Verbindungen zwischen geographischen Faktoren und dem menschlichen Leben weist er u. a. hin; all dies bezeugt einen Weitblick, der bis zu Ibn Chaldun in dieser Form niemals zum Ausdruck kam.

Das Jahrhundert von Ibn Chaldun (14. Jh.), die Zeit, in der das geistige Leben der moslemischen Welt zu verkümmern beginnt, erlebt noch die Arbeit an einigen historisch wertvollen Werken. Seit Ende des vorhergehenden Jahrhunderts schreibt der Perser Raschid ed-Din* (gest. 1318), Wesir* der mongolischen Ilchanen-Sultane* des Irans* und Geschichtsschreiber, eine umfangreiche *Universalgeschichte (Djami at-tawarikh)*, die bemerkenswert gute Kenntnisse enthält und die Geschichte der hebräischen und moslemischen Propheten seit Adam umfaßt, außerdem die der persischen und moslemischen Könige samt ihrer Genealogie – bis zur Zerstörung Bagdads* durch die Mongolen*. Er stellt die Geschichte Chinas* zusammen und beschreibt die chinesischen Schriftzeichen, die er erklärt und für die er eine arabische Transkription vorschlägt. Vor allem schreibt er auf Befehl seines Herrschers die *Geheime Geschichte* (der Mongolen), die bis dahin nur mündlich überliefert war und durch ihn bis heute erhalten ist. In Granada ist Lissan ad-Din al-Khatib oder Khattabi (gest. 1374) der berühmteste Geschichtsschreiber des Nasriden*-Reiches; seine Arbeiten werden im 17. Jh. von dem Algerier al-Maqqari (gest. 1632), der sich in Kairo* niedergelassen hat, in seinem dem moslemischen Spanien* gewidmeten Handbuch vervollständigt. Bereits zuvor verfaßt al-Maqrizi (gest. 1442) mit seinem *Buch der Zugeständnisse (Kitab al-Khitat)* ein

Sammelwerk, das unter anderem Untersuchungen über Ägypten und Kairo* unter den Mamelucken* enthält. Es ist ein Buch, das immer ein Standardwerk auf diesem Gebiet bleiben wird. Die *Geschichte des Sudans* (Tarikh as-Sudan*) wurde in Timbuktu* von Abderrahman Saadi (gest. 1665) verfaßt und ist ein wertvolles Werk über die Geschichte, die Heiligen, Sehenswürdigkeiten und Städte (bes. Timbuktu) Westafrikas im 16.–17. Jh.

▶ al-Biruni, Universalwissen, Geographie, Ibn Battuta, Ibn Chaldun, Masudi, Raschid ed-Din, Tabari

Ghalib, Asadullah Khan, mogulischer Dichter (Agra 1797 – Dehli 1869)
Ghalib, toleranter Lebenskünstler von adeliger Herkunft, zu dessen Freunden sowohl Hindus als auch Moslems* zählen, ist der große Dichter in Urdu* am Ende des Weltreiches der Moguln*. Er ist einer der brillantesten Vertreter des Ghasel* aus der Schule von Dehli* (wo er sich niederließ), ein Virtuose in bezug auf Reim und Rhythmus. Je nach Eingebung und Vorstellung beschreibt er mit autobiographischen Akzentuierungen die Liebe und ihre jeweiligen Zustände von Angst, Enttäuschung und Ekstase. Seine Gedichtsammlungen wurden zum Großteil nach seinem Tode veröffentlicht. Ghalib hat dazu beigetragen, aus dem Urdu eine große Literatursprache in Hinsicht auf Poesie und Prosa zu machen.

▶ Ghasel, Urdu

Ghasali, Abu Hamid al-, Philosoph und Theologe (Tus, Nordiran 1059–1111)
Al-Ghasali (im mittelalterlichen Europa Algazel genannt) ist eine bedeutende intellektuelle und religiöse Persönlichkeit des Islams*. Er entwickelt eine kohärente Synthese der moslemischen Morallehre: der Theologe ist ihr „Kopf“; der Philosoph der „Verstand“; der Sufismus* das „Herz“; und das Recht* der „handelnde Arm“. Sein Werk gründet sich sowohl auf grundlegende islamische Texte als auch auf die der Sufis, wobei er dazu beiträgt, diese in den offiziellen Islam wieder einzugliedern. In der Hoffnung, „die Vernunft zu zerstören, um die Vernunft wiederzufinden“, spielt er eine entscheidende Rolle beim Bedeutungsverlust der rationalen griechisch-moslemischen Philosophie*.

Al-Ghasali studierte in Nischapur (Persien*) bei dem großen Mystiker al-Djuwaini, bevor er eine Professur an der wichtigsten religiösen Universität (Medresse*) der Epoche, der berühmten Nizamiyya, erhielt, die in Bagdad* von dem großen persischen Wesir* der Seldschuken*, Nizam al-Mulk, gegründet wurde, um die Sekten, insbesondere die schiitische*, zu bekämpfen. Sein großes Ansehen hinderte ihn nicht daran, eine mystische Krise zu überwinden: von der Öffentlichkeit zurückgezogen, reiste er zu den Quellen der Spiritualität – nach Jerusalem*, Hebron (Grab Abrahams*), Mekka* und Medina*. Er fand seine Erfüllung im Sufismus und trug dazu bei, ihm Heimatrecht in der religiösen Orthodoxie zu verleihen, da er in ihm das authentische Erbe des Propheten sah. Am Ende seines Lebens kehrte er in seine Geburtsstadt Tus zurück, wo er im Kreise sufischer Schüler starb. Zu seiner Zeit trieben die Ausbreitung von Sekten und Auseinandersetzungen, die schiitische Bedrohung und ebenso der (zurückgehende) Einfluß der hellenistisch geprägten moslemischen Philosophen die Regierenden und Theologen dazu, die in ihren Augen mit dem orthodoxen Islam unvereinbaren Lehren zu bekämpfen und eine zusammenhängende moslemische Philosophie zu erarbeiten. Dieses Ziel erreichte al-Ghasali mit seinem Hauptwerk *Die Wiederbelebung der religiösen Wissenschaften,* in dem er auf bemerkenswert verständliche Art seine Vorstellungen ausdrückt, ebenso wie in der *Befreiung vom Irrtum.* In seinem berühmten Werk *Die Inkohärenz der Philosophen,* das sowohl gegen Aristoteles als auch gegen dessen kritische moslemischen Schüler wie Avicenna* und al-Farabi* gerichtet ist, wandte sich al-Ghasali gegen den neuaristotelischen Rationalismus und gegen die ismailitische* Häresie. Bestärkt durch die Überzeugung, die philosophischen Bewegungen sehr gut zu kennen, lehnte er die Möglichkeit ab, Wahrheit durch intellektuelle Gewißheit der Philosophie zu erlangen: letztere kann nur ein Hilfsmittel für eine spekulative Theologie* sein, die auf dem einzigen Glauben und dem moslemischen Gesetz beruht. Für al-Ghasali erlaubt nur das persönliche Streben (*Idschtihad*) dem Moslem – nachdem er der Lehre eines Meisters gefolgt ist – die Suche nach der Wahrheit in einem System, wo Glaube und Werke untrennbar sind. Die Mehrzahl seiner ungefähr siebzig Abhandlungen sind der Moral und dem Recht gewidmet, und viele fassen nochmals die Themen der *Wiederbelebung der religiösen Wissenschaften* zusammen, oder sie entwickeln sie weiter, denn al-Ghasali war bemerkenswerter Pädagoge. Al-Ghasali spielte auf Grund seines immensen persönlichen Einflusses und seiner Überzeugungskraft eine große Rolle dabei, eine geordnete Synthese von Theologie, Recht*, Mystik und Philosophie zu schaffen; eine Synthese, die dem zu seiner Reife gelangten moslemischen Denken noch fehlte. Gleichzeitig übte er einen entscheidenden Einfluß auf die intellektuelle Entwicklung der moslemischen Welt an der Wende vom 11. zum 12. Jh. aus.

▶ Bildung, Philosophie, Sufismus

Ghasel

Das Ghasel (arab. „Liebesgeflüster, Flirt“) ist eine Lyrikform, die man mit dem europäischen Sonett vergleichen kann. Es wird auch gesungen.

Das Ghasel ähnelt sehr der Kasside*, ist aber im allgemeinen viel kürzer (es besteht aus 7 bis 15 Versen). Sein Umfang ist festgelegt und gestattet wenig dichterische Freiheit, da Rhythmus und Bedeutung in jedem Vers zusammentreffen. Seine Themen sind leichter als die der Kasside: das Ghasel besingt vor allem die mystische und menschliche Liebe, aber auch die Launen des Schicksals, die Geheimnisse des menschlichen Lebens, das Glück, wenn der Frühling anbricht, sowie Freuden und Leiden der irdischen Gefühle. Das Ghasel ist die bevorzugte Gedichtform der persischen Dichter Saadi* und Hafis*. Es ist auch die bevorzugte Gattung der Urdu*-Dichtung in Indien*, u. a. berühmt durch Ghalib*.

▶ Dichtung (klassische), Urdu

Goldene Horde

Bezeichnung, die aus dem türkisch-mongolischen Wort *Orda* („Militärlager") gebildet und von den Russen den westlichen tatarischen* Khanaten* des Mongolen-Reiches verliehen wurde; ein Erbe, welches der Eroberer Dschingis-Khan* seinen Söhnen Batu und Berke hinterlassen hatte.

Berke (1225–1266) konvertierte trotz der Vorbehalte der Mongolen* zum Islam*, und das Khanat der Goldenen Horde, welches im 14. Jh. vollständig islamisiert war, erstreckte sich vom Schwarzen Meer – der Krim, im Süden der Ukraine, im Flußbecken der Wolga gelegen – bis zum westlichen Sibirien. Die russischen Fürstentümer Kiew, Moskau und Nowgorod waren ihm tributpflichtig. Seine Hauptstadt Saraj, an der mittleren Wolga gelegen, rivalisierte mit anderen blühenden Städten des Khanats: Astrachan, Kasan, Derbent. Die Goldene Horde stand in Beziehung mit den Mamelucken* Ägyptens, mit Byzanz* und den Handelsstädten Italiens – insbesondere Genua, welches Handelshäuser auf der Krim besaß. Um 1370 führten Unruhen im Khanat dazu, daß die Russen ihre Zahlungen einstellten; eine Situation, die herbeibeschworen wurde durch den tatkräftigen Tochtamysch, den Khan der Weißen Horde im Osten des Urals. Daraufhin vernichtete Timur-Leng* die Streitkräfte der Goldenen Horde und zerstörte Saraj. 1426 spalteten sich die Tataren* der Krim ab und gründeten die Girai-Dynastie (1426–1783). Die Khanate von Astrachan und Kasan wurden in der Folge unabhängig (1466–1467). Am Ende des 15. Jhs. befreite sich das Fürstentum Moskaus, mitten in Rußland, von der tatarischen Vorherrschaft und setzte der Goldenen Horde ein Ende; ein Werk, welches von Iwan dem Schrecklichen (1530–1584), der Kasan und Astrachan eroberte, vollendet wurde.

▶ Krim, Mongolen

Großwesir ▶ **Wesir**

Hadith

Hadith bedeutet auf arab. „Bericht", „Überlieferung"; auch gebraucht für die Gesamtheit der Überlieferungen. Der Koran* ist in einer begrenzten Gemeinde entstanden und kann daher nicht alle Fragen beantworten, die in der neuen Vielvölkergemeinschaft des riesigen islamischen Reiches entstanden. Um Antworten zu finden und zugleich die Kontinuität der islamischen Tradition zu sichern, zieht man die im Hadith überlieferte Sunna* des Propheten heran, die nach dem Koran die zweite Quelle der Scharia* bildet.

Die Hadithe, deren Kenntnis eine eigene Wissenschaft darstellt, entstanden, um die Taten, Entscheidungen und Billigungen Mohammeds* zu sammeln. Es wurden nur die Zeugnisse aufgenommen, die aus den Lebzeiten des Propheten stammen, von seinen Gefährten und den rechtgeleiteten Kalifen*. Die Sammlungen der Schiiten* gehen von Ali* und ihren Imamen* aus. Ab dem Beginn des 8. Jhs. bildeten sich Kriterien für die Echtheit von Hadithen heraus: Ihr jeweiliger Text muß sich auf eine ununterbrochene Überliefererkette (*Isnad*) stützen können, die bis zum persönlichen Zeugnis eines Zeitgenossen Mohammeds (über das, was er gehört oder gesehen hat) zurückreicht oder auf eine andere anerkannte Autorität verweist. Diese sorgfältige Absicherung verhinderte nicht die spätere Anfügung apokrypher Überlieferungen über teilweise fiktive Präzedenzfälle, die das in den 150 Jahren nach dem Tod des Propheten entstandene islamische Recht* rechtfertigen sollten. Die Frage nach der Echtheit der Hadithe war im Laufe der Jahrhunderte unter den Moslems* selbst umstritten. Seit der Zeit des Propheten entschieden sie über die Verläßlichkeit und urteilten darüber, ob bestimmte Überlieferungen die Frucht frommer oder naiver Auffassungen oder tendenziöser Erfindungen einer religiösen oder politischen Gruppe waren. Die Hadithe aus dem „Goldenen Zeitalter" wurden ab dem ersten Jahrhundert des Islams überliefert, besonders im Hedschas* und im Irak; dies geschah vor dem Hintergrund drängender praktischer Probleme oder ungelöster politischer Krisen. Im 9. Jh. erfolgte die Abschlußredaktion des gesamten Korpus. Man kann die Hadithe weder in die Glaubenslehre noch in das Recht einordnen; sie bilden eine eigenständige literarische Gattung und enthalten Aussprüche, Urteile, Maximen und Geschichten weltlichen Charakters, die das Alltagsleben (auch in seinen intimsten Bereichen) betreffen. Hinsichtlich der Zuverlässigkeit unterteilt man die Hadithe in die Kategorien „zurückgehend" (auf Mohammed, mit zuverlässiger Überliefererkette), „gesund" (verläßlich), „gut", „schwach", „in allen Teilen erdichtet". Da der Hadith die zweite Quelle der Scharia bildet, können mit seiner Hilfe die Abweichungen zwischen den Rechtsschulen* versöhnt sowie Rechtswissenschaft und Justizverwaltung ergänzt werden. Die anerkanntesten Hadith-Sammlungen sind (geordnet nach ihrer Bedeutung): der *Sahih* (der „Gesunde", „Authentische") von al-Buchari (gest. 870), der *Sahih* von Muslim Ibn al-Haddschadsch (gest. 875) sowie der *Muwatta* von Malik Ibn Anas (gest. 795), dem Gründer der malikitischen* Rechtsschule.

▶ Islam (Religion), Mohammed, Recht

Hafis, persischer Dichter (Schiras um 1320–1388)
Geboren und gestorben in Schiras, im Herzen Persiens*, weshalb er *Schirasi* („der Schiraser") genannt wird, ist Hafis der bekannteste Dichter des Irans*. In allen persischsprachigen Ländern ist sein poetischer Diwan* bekannt, wird gelehrt, gelesen und vorgetragen.

Als letzter großer persischer mystischer Dichter, als ein Meister der Liebesghaselen um die Dreiheit von „Liebe, Liebender, Geliebter" war Hafis ein typischer höfischer Dichter in einer unruhigen Zeit, in der politische Ungnade und religiöse Verfolgung jederzeit möglich waren. Er brachte einen Hedonismus zum Ausdruck, ein „Freidenkertum" mit einer z.T. schelmischen Verherrlichung der Vergnügungen des Lebens, indem er – wie immer im Iran – die Kunst der Andeutung verwandte, um den Inquisitoren zu entkommen. Wenn er sich auch oftmals auf den Koran* und die vier großen biblischen Propheten bezog, die dort neben vielen anderen genannt sind, zeigt sich doch seine Vorliebe für die mythischen Herrscher des antiken Persiens. Wahrscheinlich sind seine Gedichte in zweifacher Hinsicht zu verstehen, da eine Anzahl der Metaphern, z.B. der Wein, eine mystische Konnotation haben. Jedoch stand die Liebe in all ihren sowohl körperlichen als auch mystischen Eigenschaften im Mittelpunkt seiner Ghaselen*, was der Autor gerne zweideutig zum Ausdruck brachte. Sowohl heiter wie skeptisch, besitzt das Werk von Hafis eine unzweifelhaft „romantische" Dimension, was auch seine bis heute immense Popularität erklärt: Goethe irrte nicht, als er ihn in seinem *Westlich-Östlichen Diwan* ehrte.

▸ Schiras, Persisch (Sprache)

Haitham, Ali al-Hassan, Universalgelehrter (Basra 965 – Kairo 1040)
Haitham, der bedeutendste moslemische Physiker (latinisiert Alhazen), wurde in Basra (Irak) geboren, wo er Mathemathik*, Astronomie* und Physik* studierte.

Auf Einladung der Fatimiden* ließ er sich in Ägypten nieder, um die Hochwasser des Nils zu kontrollieren. In Ungnade gefallen, führte er seine Untersuchungen in Kairo* fort, wo er starb. Haitham, der mehr als 200 kurze wissenschaftliche Abhandlungen verfaßte, kommentierte Aristoteles, Euklid und Ptolemäus, indem er sie kritisierte und korrigierte. Seine *Abhandlung über die Optik* brachte ihm über Jahrhunderte Ruhm ein, weil es auf diesem Gebiet das vollständigste Werk bis zur Neuzeit war. das die Optik als eigenständige Wissenschaft behandelte. Er beschrieb die Brechung des Lichts, die Eigenschaften der Dunkelkammer sowie der Linsen und arbeitete mit Hilfe von Spiegeln. Unter anderem bewies er, daß die Reflexion vom Objekt zum Auge stattfindet und nicht umgekehrt, wie dies auf Grund der griechischen Werke angenommen wurde. Haitham gilt in der Geschichte des Islams als Prototyp des „reinen" großen Wissenschaftlers.

Halladsch, Hussein Ibn Mansur al-, Mystiker (Persien 857 – Bagdad 922)
Al-Halladsch, Sohn eines persischen Webers (arab. Halladsch), ist einer der größten moslemischen Mystiker. Jahrelang lebte er zurückgezogen bei sufi-

schen Lehrmeistern, bevor er mit ihnen brach und den Iran*, Turkestan* und Indien* durchquerte, um Mystik und Askese auf eine den radikalen Karmaten ähnelnde Art zu predigen.

Der Zauberei, Scharlatanerie und vor allem des „Pantheismus" angeklagt, wurde er sowohl von den sunnitischen* als auch den schiitischen* religiösen Machthabern exkommuniziert, während die Massen ihm Wunder zuschrieben und sich darum drängten, ihm zuzuhören. Nach Jahren im Gefängnis wurde er von den Machthabern in Bagdad* gekreuzigt und seine Überreste in den Tigris geworfen. Er hinterließ einen Diwan*, in dem sich eine echte Besessenheit ausdrückt: Grundlage des ganzen geistlichen Lebens ist die Gottesliebe; die Wahrheit (Erkenntnis) kann nur durch eine völlige Einswerdung mit Gott erreicht werden, und zwar auf Kosten des Verlustes der menschlichen Persönlichkeit. Es war sein öffentlicher Anspruch „Ich bin die Wahrheit, d.h. Gott", der den Vorwand für sein Todesurteil lieferte.

▶ Sufismus

Hammam

Das Schwitzbad wurde von den römischen und byzantinischen Thermen übernommen. Das antike Architekturprogramm wurde seit der Omaijaden*-Zeit verändert, damit es für die Ausübung der Waschung*, die dem Freitagsgebet* vorangeht, geeignet ist. Es ist ein Ort der Gemeinschaft und spielt von Anfang an im moslemischen Leben eine wichtige Rolle.

Frauen und Männer benutzen es gemeinsam, d.h. bestimmte Tage und Stunden sind jeweils für die verschiedenen Geschlechter reserviert. Der omaijadische Prototyp bewahrt das System der Hypokausten und das Heizungssystem der antiken Bäder. Er wird auch von ihrem Mosaikschmuck beeinflußt, von seinen Fresken oder Skulpturen (z.B. in den Schlössern der syrischen Wüste). Andererseits gibt es keine Geschäfte, Turnhallen, Schwimmbäder oder Palästren (Sportanlagen mit Säulenhallen) wie in alten Thermenanlagen. Das Hammam beschränkt sich auf eine Folge von Hallen mit ansteigender Luftfeuchigkeit: Ankleideraum, nicht geheizter Raum (Caldarium), Aufwärmraum (Trepidarium), Schwitzbad (Sudatorium) und technische Anbauten (Toiletten, Heizungsräume, Hof). Am Hammam von Damaskus* kann man die Entwicklung dieser Einrichtung zurückverfolgen. Die mittelalterlichen Bäder nehmen diese Form auf und vereinfachen den omaijadischen Typus: z.B. zur aijubischen Zeit entsteht der warme Raum, und dieses Vorbild erobert den Maghreb*. Unter den Mamelucken* kommt man vom System der Hypokausten ab: die Beheizung des Bades erfolgt durch Heizschächte, die unter den Bodenfliesen hindurchgehen. Seit dem 15. Jh. gewinnt der Wärmesaal mit zahlreichen Ruhenischen an Bedeutung. Nach der Eroberung durch die Seldschuken* entstehen bemerkenswerte Hammams im Iran* und in Anatolien*. Sie zeichnen sich durch große technische Vollkommenheit aus. In osmanischer* Zeit geht man vom Prinzip der zahlreichen Räume ab: Auskleidesaal und Schwitzbad werden zu eindrucksvollen Hallen mit Kuppeln*. In dieser Zeit entstand das Prinzip zweier symmetrisch aneinandergereihter Gebäude, die jedoch nicht miteinander verbunden sind, sondern nur die technischen Anlagen teilen.

Hanafiten

Anhänger der von dem Theologen Abu Hanifa (gest. 767) gegründeten Rechtsschule*. Neben den Hauptquellen des Rechts*, Koran* und Hadith*, läßt die hanafitische Rechtsschule das persönliche Urteil (*Ra'i*) zu, falls sich in den anderen Quellen kein Präzedenzfall findet.

Die Rechtsschule der Hanafiten bildete das offizielle Rechtssystem der Abbasiden*, der Seldschuken* und der Osmanen*. Heutzutage ist diese Rechtsschule in der Türkei, den ehemals osmanischen Gebieten (Fruchtbarer Halbmond*, Ägypten) und in Mittelasien* vorherrschend.

▶ Recht, Rechtsschulen

Hanbaliten

Anhänger der auf der Lehre von Ahmad Ibn Hanbal (gest. 855) gründenden Rechtsschule*. Diese ist die dogmatischste und puristischste der vier sunnitischen* Rechtsschulen.

Ibn Hanbal trat für eine einzige Rechtsquelle ein und verwarf daher das persönliche Urteil (*Ra'i*) sowie die Urteilsfindung durch Analogieschluß (*Qijas*). Denn er stand der spekulativen Theologie* feindlich gegenüber, da diese nur sündhafte Neuerungen (*Bida*) in bezug auf Koran* und Hadith* einführen könne. Somit besteht diese Rechtsschule auf einer wortwörtlichen Auslegung der heiligen Texte. Während der letzten beiden Jahrhunderte der Abbasiden*-Herrschaft erlebte der Hanbalismus sein „goldenes Zeitalter" und blieb in Syrien und im Irak noch bis zum 14. Jh. populär – bis zu seinem Niedergang unter den Osmanen*. Größter Rechtsgelehrter und späterer Theologe war der Rigorist Ibn Taimija (gest. 1327), dessen Denken im 18. Jh. die Grundlage der wahhabitischen* Lehre bildete, die noch heute in Saudi-Arabien Gültigkeit besitzt.

▶ Recht, Rechtsschulen

Handel

Die Wirtschaft der moslemischen Stadt* beruhte auf der Landwirtschaft*, die zugleich Versorgerin des Grundbedarfs und Geldquelle sowohl für die Staatskassen als auch für die Empfänger von bürgerlichen und militärischen Lehen war. In Zeiten der Überproduktion diente der Handel – der zweite Zweig der moslemischen Wirtschaft – als Antrieb einer blühenden Marktwirtschaft. Seit dem 14. Jh. beobachtete Ibn Chaldun* diese Entwicklung.

Die Organisation des Handels. Der Handel unter den Abbasiden* fußte auf mehreren Faktoren: einer Mischung von Regierungs- und Privatmaßnahmen, einer gutgehenden Landwirtschaft sowie der Herstellung von luxuriösem Kunsthandwerk und Verbrauchsgütern, die mit dem örtlichen Handel verbunden war. Denn der Hersteller verkaufte seine Produkte normalerweise selbst. Die Führungsschicht (*Khassa*) zog Nutzen aus der Arbeit der Massen (*Amma*): Handwerker, Ladenbesitzer, Bergarbeiter und an der unteren sozialen Schwelle Arbeiter, die sich überwiegend in der Textilindustrie verdingten. Aber auch die industrielle Herstellung in den staatlichen Manufakturen nahm einen bedeutenden Teil des Handels innerhalb der moslemischen Welt ein. Dieser war außerordentlich vielfältig und machte sich das ausgedehnte Netz der Handelswege zu Land und zu Wasser zunutze. Das Anwachsen der Städte begünstigte die Entstehung des Bürgertums und eines städtischen „Kapitalismus", der sich in Binnenmarkt und Außenhandel ausweitete. Der letztere wurde von den Großhändlern (*Tudjars*) beherrscht.

Der Markt (arab. *Suk*, pers. *Basar**) befindet sich im Zentrum der Stadt, normalerweise in der Nähe der Hauptmoschee*. Seine Organisation blieb im Laufe der Jahrhunderte unverändert: Produktionsstätten, Handelsplätze und Einzelhandelsgeschäfte sind topographisch und normalerweise nach der jeweiligen Fachrichtung verteilt. Noch heute bieten die moslemischen Städte, die ihre hergebrachte Anordnung bewahrt haben, eine genaue Vorstellung davon: Isfahan*, Aleppo, Fes*, Buchara*, die beiden Basare von Istanbul* sowie Sana. Die Lager und Handelsplätze können auch als Herberge dienen (Karawansereien*); sie befinden sich am Stadtrand. Die verschiedenen Wirtschaftszweige sind in Zünfte untergliedert, die zu allen Zeiten von der Verwaltung, d.h. dem Marktaufseher (*Muhtassib*), genau überprüft wurden und niemals als Volksvertretung – im Gegensatz zu den Zünften im mittelalterlichen Europa – galten. Beständigkeit, finanzieller Rückhalt seitens der Regierung, eine gesunde Geldwirtschaft und offene Grenzen in einem geordneten Reich waren die Bedingungen für den Aufschwung von Wirtschaft und Handel.

Das Handelsnetz. Bevor Bagdad* vom fatimidischen* Kairo* verdrängt wurde, war es das erste Zentrum eines unermeßlichen Wirtschafts- und Handelsnetzes. Selbst im Falle von Mißernten und wirtschaftlichen und politischen Schwankungen konnten die Großhändler, die die Handelswaren in ihren Speicherhallen sammelten, Nutzen daraus ziehen. Luxusartikel und wertvolle Waren (Gewürze, Arzneien, Parfums, Seidenstoffe) waren durch den Fernhandel wieder sehr begehrt. Der Wohlstand des Binnen- und Außenhandels führte auch zur Verbreitung der islamischen Kultur. Der Handel war in mancher Beziehung ihr Botschafter. Dies wurde begünstigt durch die arabische* Sprache, die lange Zeit *lingua franca* der moslemischen Welt war. Die moslemischen Händler spielten im übrigen oft die Hauptrolle bei der Islamisierung einiger Landstriche.

Seit dem 9. Jh. berichten Dokumente über Verwaltungsgeographie und Reisebeziehungen auch über die Wirtschaft, aus denen man Einzelheiten über Theorie und Praxis des Handels erfährt. Ein besonderer Stellenwert kommt dabei der „Geniza", einer Sammlung von Archivalien der jüdischen Gemeinde Kairos (10.-13.Jh.) zu. Ab dem Ende des 8. Jhs kam der Unternehmergeist in der Entwicklung eines moslemischen Handelsrechts zum Ausdruck, die von den Händlern angeregt wurde und zumindest auf lokaler Ebene ihren Bedürfnissen entsprach. Dieses Recht ist bemerkenswert, denn der Koran* und die ersten Texte des moslemischen Rechts* legen den Handelsunternehmungen Beschränkungen auf (weder Zins noch Wucher): der Handel war häufig den Schriftbesitzern* vorbehalten, auch im Osmanischen* Reich.

Die Scharia* bildete in zahlreichen Fällen die juristische Grundlage des Handels und regelte das Einvernehmen der Partner (Ursprung der heutigen islamischen Banken*). Diese Vereinbarungen konnten durch verschiedene Verfahren von den Juristen umgangen werden, wobei sie das heilige Recht berücksichtigen mußten. Der gute Ablauf des internationalen, ausgedehnten Handels mit seinen unliebsamen Zufällen und Gefahren konnte niemals ohne eine persönliche wechselseitige Garantie gesichert sein; es entstanden schriftliche, nicht geldwirtschaftliche Dokumente (arab. *Schakk*, ein Wort, das vielleicht dem „Scheck" seinen Namen verlieh), Kredit- und Inhaberbriefe, die in der ganzen islamischen Welt verwendet wurden und sogar darüber hinaus gegenüber Geschäftspartnern in Afrika* und China*. Der Staat* griff in die Bereiche Wirtschaft und Handel durch Kontrollen und Bestimmungen ein: Wohlstand und Schwächung der Wirtschaft, Aufschwung und Niedergang der Sozialordnung waren daher direkt mit den großen politischen Vorgängen verbunden. Dies war der Fall bei der Wirtschaft des Abbasiden*-Reiches während der großen Einfälle der Nomaden*, besonders der türkischen* und der mongolischen*. Andere Regionen übernahmen die Nachfolge oder führten den Aufschwung weiter: Das Reich der Seldschuken*, der nachmongolische Iran*, der hafsidische Maghreb*, das Indien* der Moguln* und die osmanische Türkei.

Beteiligte, Produkte, Wege. Der Islam entstammt der Umgebung des städtischen Handels des Hedschas*, und Mohammed* selbst war einst Händler. Die Rechtmäßigkeit des Handels war nie in Frage gestellt, vorausgesetzt, er achtete die Scharia*. Moslemische Händler investierten ihr Geld, um Festbestellungen zu befriedigen. Die Teilhaberschaft war fest in der alten moslemischen Gesellschaft verwurzelt, wo sie sich unabhängig von Religion oder ethnischer Herkunft etabliert hatte. Sie stellte eine Art dar, Einkünfte, besonders aus dem Grundbesitz, zu investieren, die weder der Kalif* selbst noch die Aristokratie verschmähten. Indessen zählten zahlreiche Händler auf großer Fahrt zu den Schriftbesitzern*. Besonders die Juden waren als Bankiers und Vermittler im internationalen Handel unentbehrlich. Grund dafür war, daß sie schon vor islamischer Zeit in den Handelsnetzen mitwirkten und sich ihre religiösen und familiären Verbindungen über alle großen Handelswege erstreckten, vom Kaukasus* bis nach Mittelasien* und vom Maghreb* bis ins Languedoc*. Die berühmten „Radhaniten" (Händler aus dem Rhonetal) hatten Geschäftspartner und Makler von Lothringen (Verdun) bis nach China*. Ihr Wirken erstreckte sich von Byzanz* aus nach Ägypten (Rotes Meer) und über den Persischen Golf nach Südindien. Sie waren auf den Durchfuhrhandel kostbarer Waren spezialisiert: Zucker, Gewürze und Arzneien, die für die hervorragende jüdisch-moslemische Medizin* notwendig waren. Sie beförderten auch Gold, seltene Waren aus China und Sklaven. Die Juden, die schon im Abbasiden*-Reich eine wichtige Rolle spielten, erhielten einen noch höheren Rang unter dem Fatimiden*-Kalifat, das ihnen einen großen Teil seines Handelsaufschwungs verdankte. Aus diesem Grund waren sie über lange Zeiten hinweg willkommen. So blieb Ibn Killis, ein jüdischer Wesir*, 20 Jahre (975–996) in Kairo* an der Macht. Juden spielten ebenfalls eine wichtige Rolle im Handel zwischen Ägypten und Indien*, der über den Jemen* führte, wo sie Makler in Aden besaßen. Die Benutzung der Seewege im Mittelmeer und im Indischen Ozean wurde den orientalischen Christen* (*Syri* für die Europäer) von den Juden sowie von der moslemischen Flotte gänzlich untersagt. Die orientalischen Christen spielten hingegen eine bedeutende Rolle im Binnenhandel der islamischen Welt: Dank ihrer Gemeindeorganisation arbeiteten die jakobitischen Syrer, Nestorianer*, Kopten* und Armenier hauptsächlich als Geldverwahrer. Man konnte sie überwiegend in Ägypten und Syrien, im Irak und Iran*, in Mittelasien und in Armenien finden. Die Armenier waren besonders tüchtig wegen ihrer Mittlerstellung zwischen Islam und Byzanz und wegen ihrer Zerstreuung im gesamten Ostteil des Reiches: in Bagdad*, in Ägypten und vor allem im Norden Syriens, in Obermesopotamien und in der Gegend von Trapezunt am Schwarzen Meer. Im Unterschied zu den Schriftbesitzern, denen ihre rechtliche Stellung einen sozialen und gleichberechtigten Zusammenhalt erlaubte und bewirkte, konnten die orthodoxen Moslems* nicht auf ein ebenso strukturiertes Netz bauen, außer wenn sie Sekten* angehörten: z. B. den Charidschiten* im Maghreb (8.–10. Jh.), die auf den Transsaharahandel spezialisiert waren. Der moslemische Großhandel war nicht weniger blühend, was u. a. eine richtige „Dynastie", die berühmten Karimi-Händler, bezeugt, die vom 10. bis 16. Jh. die Märkte der Fatimiden, Aijubiden* und ägyptischen Mamelucken* mit Waren aus Asien und Gewürzen beschickte. Dies war z. T. nur wegen eines bemerkenswerten Kommunikationsnetzes von Brieftauben möglich. Arabische, persische und indische Seeleute und Händler islamisierten im Laufe der Jahrhunderte die Suaheli*-Küsten, Malaysia* und das indonesische* Inselreich. Auf dem Landweg brachten arabische und Berber*-Händler den Islam nach Schwarzafrika und nach Sinkiang in China.

Mannigfaltige Erzeugnisse. Nahrungserzeugnisse wie Olivenöl, Datteln oder Rohrzucker, der in die islamischen Länder von Indien* aus über Persien* bis nach Andalusien* und Sizilien* eingeführt wurde, nahmen eine wichtige Stelle ein. Die Aufzucht von Tieren, z. B. türkisch-mongolische, arabische, iranische und Berberpferde, waren Gegenstand eines lebhaften Handels mit Spanien*, Sizilien, Ägypten und Indien. Selbst nach Mittelasien und Arabien wurden Kamele geliefert; das mittelasiatische Kamel wurde später im Iran* und Irak, das arabische Kamel u. a. in Äthiopien* aufgezogen. Gleichermaßen verbesserte die Einführung des Büffels die Aufzucht in der moslemischen Welt.

Im Bereich Seefahrt und Technik* herrschte großer Holzmangel. Holz wurde im größten Teil des islamischen Gebietes mit Ausnahme des Libanons, Nordsyriens, Südanatoliens, des Maghrebs* und Kurdistans wenig kultiviert. Daher wurde es aus dem Balkan*, aus Europa und Indien eingeführt. Aus Indien stammte das berühmte Teakholz, das für den Schiffbau unentbehrlich war. Einige Metalle gab es in ausreichenden Mengen in den Bergwerken* der moslemischen Welt, z.B. Kupfer, das die Grundlage für eine bedeutende Industrie bildete und von Mittelasien*, Obermesopotamien, Marokko und Spanien geliefert wurde. Aber der Holzmangel benachteiligte den Aufschwung einer bedeutenden Metallindustrie. Man mußte die wichtigsten Metalle aus dem Ausland einführen: aus dem Kaukasus, dem Ural, dem „Land der Türken" (Turkestan*), dem barbarischen Westen, Schwarzafrika und von der Suaheliküste. Aus diesen Gebieten kam Gold für die Goldschmiedekunst und die Münzprägung. Afghanistan* und Spanien lieferten Silber zum eigenen Gebrauch. Eisen – unerläßlich für die Armeen* – gab es in kleinen Mengen im Libanon, dem Maghreb und Spanien. Es wurde zusätzlich aus dem Kaukasus und Europa eingeführt. Indien war führend in der Stahlherstellung – seitdem in Ostafrika Erz gefördert und von indischen Schiffen von der Suaheliküste transportiert wurde. Es wurde in Damaskus* und Toledo meisterhaft verarbeitet.

Textilien* (Leinen, Musselin, Baumwolle und Seidenlamé) wurden für Möbel, Zelte und Kleidungsstücke gebraucht und nahmen einen wichtigen Platz in der moslemischen Kultur ein. Die Textilien stellten eines der Haupterzeugnisse dar, auch für die Kunst. Wie an anderen Höfen* des Orients waren Textilien fürstliche Geschenke. Die „Tiraz" (bestickte Stoffe) der Manufakturen des Kalifats* dienten als Tauschwährung und waren ein Zeichen von Reichtum und Macht. Wolle wurde traditionell von Schafen aus dem Maghreb, Spanien, Mittelasien und Anatolien* geliefert. Aus Leinen entstanden sehr feine Stoffe. Es wurde in Ägypten, Persien und Spanien hergestellt und kam zur Baumwolle hinzu, die ihren Namen vom arabischen *Qutn* (engl. cotton) herleitet. Sie wurde in Turkestan schon vor dem Islam angebaut und von Indien aus seit dem 7. Jh. in die moslemische Welt eingeführt. Sie eroberte alle Gebiete: Mesopotamien, später Syrien – einen wichtigen Hersteller im Mittelalter – und Ägypten, obgleich sie in alter Zeit mit Leinen in diesen Ländern in Wettbewerb stand. Sie gelangte in den Maghreb und von dort nach Sizilien, bevor sie Andalusien eroberte. Die Seide, ein weiterer neuer Stoff, war das Symbol für Reichtum an sich. Sie kam aus China über die Seidenstraße nach Mittelasien, in den Nordiran und später in das Byzantinische Reich (6. Jh.). Nachdem sie sich dem Klima angepaßt hatte, wurde Seide in großen Mengen in Syrien, Andalusien, wo ihr Handel gut gedieh, und Sizilien hergestellt, von wo sie nach Italien gelangte. Unbehandelte Seide wurde aus islamischen Ländern nach Byzanz* exportiert. Eine leistungsfähige Textilindustrie und die Teppichherstellung entwickelten sich in Transoxanien*, Ägypten, Armenien, Mesopotamien, Persien und Spanien (Almeria). Jede Stadt hatte ihre Besonderheiten.

Sklaverei, ein wichtiger Bereich des Handels. Die Sklaverei stellte einen der wichtigsten Wirtschaftsfaktoren der moslemischen Welt dar: Haussklaven, Frauen für den Harem* und Militärsklaven. Einige Herrscher besaßen bis zu 10000 Militärsklaven. Da es nicht erlaubt war, Moslems* und Schriftbesitzer* zu solchen „wirtschaftlichen Tätigkeiten“ zu zwingen, wirkte sich dies auf internationaler Ebene aus. Sklaven kamen hauptsächlich aus den „Slawenländern“ (*Saqaliba*) Osteuropas und Rußlands (bevor diese im 9./10. Jh. zum Christentum konvertierten), den „Türkenländern“ (Turkestan*), den mittelasiatischen Steppen und schließlich aus dem „Sudan“ („Land der Schwarzen“). Auf verschiedenen Wegen gelangten die Sklaven zu den moslemischen Märkten: vom russisch-skandinavischen Sklavenfürstentum Kiew wurden sie nach Byzanz* gebracht; durch das Wolgabecken und das Kaspische Meer in den Iran* und nach Bagdad*, durch die Steppen auf die Märkte Mittelasiens* und von dort aus in den gesamten moslemischen Orient. Fränkische und jüdische Händler transportierten das „menschliche Vieh“ zum Verkauf nach Westen: nach Prag, Verdun, an die Rhone und in die Provence*, ins Languedoc* und nach Spanien*. Venedig war ein Umschlagplatz Richtung Süden und häufte ungeheure Gewinne durch den Sklavenhandel mit Ägypten und Syrien an. Die Türken, Völker der Steppen Mittelasiens und Südrußlands, wurden meistens von Transoxanien* aus in den Iran verschleppt sowie in die übrigen Länder des östlichen Islams. Gleichgültig, ob als Freie oder Sklaven, übten sie ab dem 11. Jh. Rache und gründeten die meisten Dynastien, die im Nahen und Mittleren Osten sowie in Indien* an die Macht kamen.

Die schwarzen Sklaven Westafrikas und der Sahelzone kamen über die Transsahararoute Richtung Norden (Maghreb) und Nordosten (Kairo). Auf den ägyptischen Märkten kamen die Schwarzen aus Nubien und Äthiopien* zusammen; aus diesen Gegenden gelangten auch einige direkt in den Jemen*, nach Arabien und Mesopotamien sowie in den Iran. Diese Länder waren wie Indien Bestimmungsorte für schwarze Sklaven, die in Ostafrika gefangengenommen und von der Suaheliküste aus durch moslemische Händler abtransportiert wurden. Schließlich wurden mit den türkischen Beutezügen der Ghasnawiden in Indien seit dem 11. Jh. die Inder, die der Hindu-Religion angehörten, selbst zum Handelsobjekt in der moslemischen Welt. Später ereilte das gleiche Schicksal die christlichen europäischen Gefangenen der Barbaresken*-Freibeuter im westlichen Mittelmeer (16.–18. Jh.): auch sie wurden zum Tauschobjekt und Gegenstand lukrativer Lösegeldforderungen.

▶ Landwirtschaft, Banken (islamische), Basar, Karawanserei, Sklaverei, Bergwerke, Seefahrt, Städte, Verkehrswege

Harem, der

Abgeleitet von arab. *haram* („unverletzlich, verboten, heilig“) bezeichnet der Harem den Teil des Hauses, der den Frauen vorbehalten bleibt, mitunter aber auch die Frauen selbst (z. B. in Ägypten). Den Harem bewohnten Ehefrauen, Töchter, Schwiegertöchter, in Herrscherhäusern auch Dienerinnen und Sklavinnen, häufig Konkubinen. Im Osmanischen* Reich spielte der Harem des Herrschers ab dem 18. Jh. eine wichtige politische Rolle für die Thronfolge des Sultans*. Die Türkei schaffte den Harem 1926 mit Einführung der Einehe ab; auch in arabischen Ländern ist er heute nicht mehr üblich.

Das Wort Harem besitzt auch eine religiöse Bedeutung, wenn es z. B. auf das Gebiet der „beiden heiligen Stätten" (*Haramain*), Mekka* und Medina*, angewandt wird, die von Nicht-Moslems nicht betreten werden dürfen. Bereits in vorislamischer Zeit gewährten einige Heiligtümer (wie der Schwarze Stein der Kaaba* in Mekka) Asylrecht; dort war es verboten, Waffen zu tragen.

Schließlich steht der Begriff *haram* („verboten") im islamischen Recht* (Scharia*) für zahlreiche Verbote (Speiseverbote u. a.) – als Gegensatz zu *halal*: das, was erlaubt ist (letzteres ist vergleichbar mit dem jüdischen „koscher").

Harun ar-Raschid, abbasidischer Kalif* (Raiy, Iran 766 – Tus, Iran 809)
Dank der Erzählungen aus *Tausendundeiner Nacht**, in denen er oft erscheint, bleibt Harun ar-Raschid, der fünfte Kalif der Abbasiden*, das Symbol der klassischen islamischen Kultur zu ihren Glanzzeiten. Sein Hof* unterhielt Beziehungen mit dem Kaiser von China* und vielleicht mit Karl dem Großen. Sein Prestige in der moslemischen Geschichte ist verbunden mit seinem Interesse an der Verstärkung einer moslemischen Flotte und am Heiligen Krieg (*Dschihad**), den er gegen Byzanz* führen wollte. Tatsächlich begann unter seiner Herrschaft die Spaltung des moslemischen Reiches (Omaijaden* in Spanien*, Idrisiden und Aghlabiden im Maghreb*), während im Iran* Aufstände ausbrachen. Er selbst trug übrigens zur Zersplitterung des Reiches bei, indem er es unter seinen beiden Söhnen aufteilte.

► Abbasiden, Tausendundeine Nacht

Haschimiten
Innerhalb des in Mekka* vorherrschenden Stammes der Koreischiten* war die Sippe der Banu Haschim (daher Haschimiten) diejenige, der Mohammed* angehörte.

Haschimiten stellten von 960 bis 1924 die angesehenen Herrscher von Mekka. Den Namen führten und führen auch Nachkommen der Sippe (und damit Mohammeds), wie die regierende Familie in Transjordanien (ab 1921) und später in Jordanien (seit 1951) sowie zwischen 1921 und 1958 im Irak. Die gegenwärtigen Haschimiten stammen vom Scherifen* von Mekka ab, dem Hüter der heiligen Stätten, den die Alliierten 1916 als König des Hedschas* anerkannten, um ihn zur Kriegsbeteiligung an ihrer Seite gegen die Osmanen* zu bewegen. Die Annexion des Hedschas durch den Wahhabiten* Ibn Saud setzte dieser kurzlebigen Monarchie 1924/'25 ein Ende.

Hedschas
Der Hedschas (arab. „Schranke", in bezug auf seine Berge) ist eine Region im Nordwesten der Arabischen Halbinsel. Er ist die Wiege des Islams* und dessen geistliches Zentrum. Der heilige Bezirk um Mekka* und Medina* ist für jeden Nichtmoslem verboten.

Der Hedschas, der sich seit dem Aufkommen des Islams ununterbrochen in moslemischer Gewalt befindet, war während der Herrschaft der rechtgeleiteten Kalifen* das politische Zentrum der moslemischen Welt, bevor er im Auftrag omaijadischer* und später abbasidischer* Kalifen durch Scherifen*-Dynastien regiert wurde. Danach übten die Dynastien Ägyptens politischen

Druck auf die Region aus, bevor die Osmanen* 1517 den Nahen Osten eroberten. Ihnen oblag von nun an der Schutz der heiligen Stätten und die Organisation der kollektiven Wallfahrten* nach Mekka, die zweimal jährlich stattfinden. Heute ist der Hedschas eine Provinz des saudi-arabischen Königreichs, nachdem die Haschimiten* durch Ibn Saud 1924–1925 verdrängt wurden. Der Dialekt des Hedschas wurde von Mohammed* gesprochen und ist die Grundlage für die Sprache des Korans* und somit für die klassische arabische* Sprache.

Heiliger Krieg ▶ **Dschihad**

Hidajat, Sadeq, persischer Schriftsteller (Teheran 1903 – Paris 1951)

Sadeq Hidajat, aus literarischen Kreisen stammend, hat auf unvergängliche Art die Literatur seines Landes geprägt. Frankreich, wo er studiert hatte, sah er als seine zweite Heimat an. 1950 kehrte er nach Paris zurück, wo er sich ein Jahr später das Leben nahm.

Hidajat verfaßte eine französische kritische Edition der *Vierzeiler* von Omar al-Chaijam* und übertrug Kafka ins Persische. Er ist ein Schriftsteller, der von Beklemmungen und durch Einsamkeit geprägt ist, gequält von Unglück und Tod. Obwohl er auf aristokratische Art die Zufälligkeiten des Lebens zurückwies, zeigte er dennoch große Sympathie für die einfachen Leute, für die Lage der Frauen im Iran*, und er wehrte sich gegen die Bildungsfeindlichkeit der Mullahs*, ohne jedoch ein sozialer und realistischer Schriftsteller zu sein. Angelehnt an Franz Kafka, Edgar Poe und den französischen Surrealismus beschreibt er in seinem großartigen Roman *Die blinde Eule* (ein Jahr nach seinem Tode veröffentlicht) eine geistig verwirrte, krankhafte und unterdrückte Welt. Ein Roman, den André Breton als „verzweifeltes Zeichen in der Nacht" beurteilte.

▶ Persisch (Sprache)

Hidschra

„Auswanderung" Mohammeds*. Dieser floh, als ihn die Koreischiten* auf Grund seiner Verkündigung mit dem Tode bedrohten, im September 622 mit einer Gruppe von Gläubigen aus Mekka*, um in Yathrib (dem späteren Medina*), 400 Kilometer im Norden gelegen, Zuflucht zu suchen. In Medina nahmen ihn dortige Konvertiten mit Zustimmung ihrer Mitbürger auf.

638 machte der rechtgeleitete Kalif* Omar den Brauch verbindlich, Ereignisse nach der Hidschra zu datieren, die die Errichtung des ersten islamischen Staates* kennzeichnet. Bis dahin zählte man die Jahre nach dem „Jahr des Elefanten", 570, dem Zeitpunkt einer äthiopischen Invasion in Arabien und vermuteten Geburtsjahr des Propheten. Seither ist 622 der Ausgangspunkt der islamischen Ära und zählt als Jahr 1 des Hidschra-Kalenders (das Jahr 2000 n. Chr. ist das Jahr 1421 der Hidschra-Zeitrechnung).

▶ Kalender (islamischer), Mohammed

Hikmet, Nazim, Dichter (Saloniki 1902 – Moskau 1963).

Nazim Hikmet ist der größte türkische Dichter des 20. Jhs. Er stammte aus einer Familie von Militärs und Verwaltungsbeamten des Osmanischen* Reiches und nahm 1918 am Aufstand gegen die Besetzung der Türkei durch die Alliierten teil. Als Kommunist war er gleich zu Beginn Anhänger der nationalistischen Bewegung unter Mustafa Kemal*, bevor er auf Grund der Unterdrückung seiner Partei nach Rußland floh. Er verbrachte einen Großteil seines Lebens in Moskau. Seine Rückkehrversuche in die Türkei waren von Verurteilungen gekennzeichnet, eine davon zum Tode (1933), die in fünf Jahre Gefängnis umgewandelt wurde, gefolgt von einer Verurteilung zu 28 Jahren Zuchthaus (1939); eine internationale Kampagne befreite ihn 1951 – inzwischen schwer erkrankt – aus dem Gefängnis. Er kehrte nach Moskau zurück, wo er 1963 starb. Als Pionier des freien Verses befreite er die türkische Poesie und das Theater von ihren stilistischen Fesseln – dies waren zunächst der arabisch-persische Formalismus des Diwans*, sodann die französische Romantik und der Symbolismus. Seine Poesie führte eine humoristische Dimension und neue Themen ein: Gesellschaft, Politik und das Leben auf dem Lande. Unter seinen wichtigsten Werken sind *„Die Mona Lisa von Siiyaou"* (1929), *„Das Epos von Scheich Bedredin"* (1936) sowie *„Menschenlandschaften"* (1942–1950) zu nennen; bei den Theaterstücken *„Warum hat sich Benerdji umgebracht?"* Erst 1964 wurde die Veröffentlichung seiner Werke in der Türkei erlaubt, die seitdem gelesen, unterrichtet und gespielt werden.

Hilal

Die ursprünglich aus Arabien stammenden und in Oberägypten nur schwerlich zu beherrschenden umtriebigen Beduinenstämme der Banu Hilal und Banu Sulaim kämpften 1051/'52 auf Veranlassung der schiitischen* Fatimiden* gegen die vormals verbündete sunnitische* Dynastie der Ziriden (972–1148) in Tunesien und Ost-Algerien, die sich erneut dem Abbasidenkalifen* unterstellt hatte. Die schiitischen Herren über Ägypten entledigten sich dabei gleichzeitig lästiger „Subjekte".

Im Zuge regelmäßiger Wellen von Nomadenwanderungen verbreiteten sich die Hirten der Banu Hilal „wie die Heuschrecken", sagte Ibn Chaldun*. Mit ihrer Anzahl von vermutlich 300 000 (einschließlich Frauen und Kinder) verwüsteten sie Städte (Kairuan*) und Landschaften und trugen zur Wüstenbildung in einem Großteil des Maghrebs* bei. Im Gegenzug spielten sie eine bedeutende Rolle bei der Arabisierung dieser Region, in der die Araber seit ihrer Ankunft im 7./8. Jh. nach wie vor in der Minderheit sind. Allerdings blieben in den Gebirgszonen Algeriens und Marokkos die Berbersprachen in großem Maße lebendig. Der Durchzug der Banu Hilal hinterließ Heldensagen nach Ritterart und volkstümliche Geschichten, die im kollektiven Unterbewußtsein der Maghrebiner noch fortleben.

► Maghreb (Geschichte und Dynastien), Nomaden und Seßhafte

Himmelsreise Mohammeds

Die im Koran* in Anspielungen erwähnte Himmelsreise (arab. *Miradsch*) oder Nachtreise (*Isra*) Mohammeds* führte den Propheten in einer Nacht auf der geflügelten Stute Burak und mit Hilfe des Erzengels Gabriel von der Kaaba*, der heiligen Moschee* in Mekka*, zur „fernsten Moschee" (*Al-Aksa*) in Jerusalem*. Dort, am Standort des Tempels Salomos, betete er mit den Propheten

Abraham*, Mose und Jesus. Die Omaijaden* errichteten 691 den Felsendom*, um an dieses Ereignis zu erinnern. Von diesem Ort aus durchquerte Mohammed die sieben Himmel bis hin zum Thron Gottes. Burak brachte ihn noch in derselben Nacht wieder nach Mekka zurück. Im Hadith* wird diese „Himmelfahrt" ausführlich beschrieben; sie ist zugleich ein ständiges Thema der religiösen und poetischen Literatur aller Sprachen der islamischen Welt und dient auch als reichhaltige ikonographische Quelle für volkstümliche Bilder und Miniaturen* – dabei wird der Prophet verschleiert dargestellt. Im Sufismus* symbolisiert die Himmelsreise den Aufstieg der Seele zur mystischen Erkenntnis, nachdem jene sich von der materiellen Welt befreit hat.

▶ Jerusalem, Mohammed

Hof, höfisches Leben

Unsere Kenntnis über die arabisch-islamische Kultur beruht zu großen Teilen auf dem höfischen Leben, das den Anspruch der Herrscher aller Dynastien widerspiegelt.

Wir besitzen zahlreiche Quellen, um uns darüber eine genaue Vorstellung zu machen: Historische Berichte, Herrscher-Chroniken, literarische Zeugnisse, aber auch Architektur* und Kunst* informieren uns über das Phänomen des Lebens am Hofe, das unbestreitbar der Motor der wirtschaftlichen Entwicklung dieser Kultur war (sowohl hinsichtlich des Handels* wie der Industrie). Zugleich war das höfische Leben Gegenstand der Bewunderung im Abendland, wo man die (teils übertriebenen) Beschreibungen der arabischen, türkischen und persischen Autoren über den Prunk der Kalifen*, Sultane* und Emire* und deren Umgebung las. Denn das höfische Leben war nicht allein den Herrschern vorbehalten, sondern setzte sich (in bescheidenerem Maße) bei allen Entscheidungsträgern fort. So wetteiferten die Provinz-Gouverneure darum, all das zu kopieren, was ihnen in der Hauptstadt ihres Herrschers gefiel. Dies war zweifellos ein entscheidender Faktor bei der Verbreitung der islamischen Kunststile*.

Das Leben am Hofe hatte zwei Ebenen: eine offizielle und eine private. Zuallererst übte der Herrscher eine offizielle Funktion aus: er war eingesetzt als Machthaber und damit Oberhaupt einer Gemeinschaft. Eine entsprechende Erscheinungsweise war daher unerläßlich, um diese Rolle zu bestätigen, so daß dem Bild* des Herrschers und seinem Palast eine große Bedeutung zukam. Deswegen übernahmen die omaijadischen* und abbasidischen*, später die fatimidischen*, seldschukischen* und mameluckischen* Herrscher persische und byzantinische Traditionen der bildlichen Darstellung: in feierlicher, majestätischer Pose, von vorn abgebildet und häufig mit einem Kelch in der Hand als Symbol ihrer Macht. Mit Ausnahme weniger Stuck-Skulpturen aus der Omaijaden-Zeit handelt es sich bei den Abbildungen der Herrscher nicht um Porträts, sondern um idealisierte Darstellungen; man findet sie (außer auf Geldstücken*) auf verschiedenen Materialien: Miniatur*, Keramik*, Metall*, Textilien* und (selten) Wandmalereien. Motiv dieser idealisierten Bilder ist allein der Herrscher. Ab dem 14. Jh. entwickelte sich diese Darstellungsform weiter, vor allem in den östlichen Provinzen: Der Fürst erscheint fortan in seinem Lebensumfeld dargestellt, im Palast oder Garten*. Mit dem Aufstieg der Dynastien der Osmanen*, Safawiden* und Moguln* vollzog die idealisierte Darstellung den Schritt zum wahrhaften Porträt. Aus Indien* sind uns sogar Porträts überliefert, die sowohl realistisch wie symbolisch sind: zu den präzise wiedergegebenen Gesichtszügen des Herrschers fügen sich diverse symbolische Attribute (Heiligenschein, Himmelskugel), und auf Bildern, die ihn gemeinsam mit seinen safawidischen und osmanischen Rivalen zeigen, überragt er diese an Größe. Genauso wichtig wie das Bildnis des Herrschers war der Ort, an dem er seine Macht ausübte. Auch dort, in der Palast-Architektur, läßt sich eine Entwicklung feststellen: Die ersten Dynastien residierten in Palästen, deren Räume strukturiert und nach Rangordnung eingeteilt waren; die Gebäude-Achse verlief zwischen Portal und Thron- oder Audienzsaal. Dies gilt für die Omaijadenschlösser, die von römischen und byzantinischen Vorbildern aus Syrien beeinflußt wurden, sowie für die Abbasidenpaläste, z. B. in Samarra, die das sassanidische* Erbe widerspiegeln. In späterer Zeit nahm der Palast die Form von Pavillons (Kiosken) in einem umgrenzten Garten an, die abwechselnd nach Gutdünken des Fürsten benutzt wurden. Hervorzuheben ist, daß es im Islam keine Dauerhaftigkeit der Herrschaftssitze gibt: Jede Dynastie schuf sich ihren eigenen Lebensrahmen; die Wohnsitze der Vorgänger wurden aufgegeben.

Zweck des offiziellen Lebens am Hofe war sowohl die Darstellung der Pracht wie die Legitimation der Herrschaft: Die Reichtümer aus den Schatzkammern (Münzen, Schmuck, Edelsteine, Waffen und Rüstungen, aber auch Stoffe, Kleider und Wandbehänge) wurden anläßlich öffentlicher Kundgebungen und bei Empfängen von Botschaftern und Gesandtschaften aus den Provinzen offen zur Schau gestellt.

Das Privatleben des Herrschers oder Fürsten stand hinsichtlich der Prachtentfaltung dem öffentlichen Leben in nichts nach. Für die Freizeitvergnügungen wurden sogar sämtliche Reichtümer des Hofs und der untergebenen Provinzen in Anspruch genommen. Zu diesem Zweck wurden auch die meisten Werke (Handschriften, Alben) und Gegenstände (Keramik, Metall, Textilien, Edelsteine) angefertigt, die sich heute in den Sammlungen von Museen und Privatpersonen befinden. Neben diesen materiellen Zeugnissen dürfen die anderen Künste nicht vergessen werden, die um die Erfreuung des Hofes wetteiferten: Kochkunst, Musik* und Tanz; hinzu kam der Sport, besonders die Jagd (die sehr bedeutend im Leben des Fürsten war, wie zahlreiche Abhandlungen über die Falkenjagd bezeugen) und Spiele wie Polo. Miniaturen zeigen zahlreiche Szenen dieser Art höfischen Lebens des 12. und 13. Jhs. Derartige Zerstreuungen, die teilweise in Besäufnisse und Orgien ausarteten, bei denen Jünglinge und „mondgesichtige" Schöne um die Gunst ihrer Herren stritten, dürfen nicht vergessen lassen, daß das höfische Leben auch der Rahmen für die Entwicklung des geistigen Lebens, von Literatur, Dichtung* und Wissenschaften* war. Freisinnige Konversation war dort sehr geschätzt; Denker und Gelehrte scharten sich um die Herrscher, in der Hoffnung, von deren Mäzenatentum* zu profitieren, das für ihre Arbeit und ihre Forschungen unerläßlich war.

Dieses prächtige Leben am Hofe war außerdem häufig Zufluchtsort der Fürsten, die ihre faktische Macht an Wesire* und Emire* verloren hatten. Selbst in Zeiten der Finanznot oder Wirtschaftskrisen wurden an diesem Lebensstil keine Abstriche gemacht, da jedermann von der Notwendigkeit des höfischen Lebens überzeugt war. Denn Macht und Pracht sind im Islam untrennbar, wie uns in den Erzählungen aus *Tausendundeiner Nacht** ständig vor Augen geführt wird.

Hohe Pforte

Bab-i ali, „hohe Pforte", d. h. die höchste. Zu Anfang die Bezeichnung für den Regierungspalast Topkapi* in Istanbul*, das Zentrum der Macht, in dem alle Staatsgeschäfte während der regelmäßig stattfindenden Diwane* behandelt wurden. In der Folgezeit bezeichnete die Hohe Pforte den Geschäftsbereich des Großwesirs*.

Auf Grund des zunehmenden Desinteresses der Sultane* an der Regierung nahmen diese die Angewohnheit an, sich jeden Tag nach dem Nachmittagsgebet mit dem Großwesir zu treffen. Sultan Mehmed IV. machte diese Verlegung des Machtzentrums schließlich im 18. Jh. offiziell. Er bot dem Großwesir ein Gebäude an, welches diesem sowohl als Residenz als auch als Geschäftsstelle dienen sollte: die „Pforte des Paschas" (*Pascha Kapisi*). Dieser Sachverhalt war sowohl innerhalb als auch außerhalb des Osmanischen* Reiches anerkannt: In der Hohen Pforte herrschte die Bürokratie und wurden die Botschafter mit ihren „Dragoman" (offizielle Dolmetscher) empfangen. Ab dem 18. Jh. wurde sowohl das Gebäude als auch die türkische Regierung selbst als „Hohe Pforte", manchmal auch einfach als „Pforte" bezeichnet.

Hülägü, mongolischer Militärführer (1217–1265)

Hülägü war ein Enkel Dschingis-Khans* und der Bruder der mongolischen* Groß-Khane Möngke (gest. 1259) und Kublai (gest. 1294), den Herrschern der Mongolei und Chinas*. Streng antimoslemisch – seine Mutter und seine Frau waren christliche Nestorianer* und zahlreiche Mongolen Buddhisten – führte Hülägü die zweite mongolische Eroberungswelle im Mittleren Osten und verwüstete die im Herzen des Islams* gelegenen Länder. Er schlug die Ismailiten* von Alamut im Norden Persiens*, danach fiel er 1258 über Bagdad* her, das er schleifte, und ließ den abbasidischen* Kalifen* töten. Aleppo und Damaskus* fielen 1260 in seine Hände; dennoch wurde seine Vorhut im gleichen Jahre bei Ain Dschalut in Palästina* von den Mamelucken* geschlagen: ein definitiver Schlag gegen den Vormarsch der Mongolen in dieser Region. Hülägü zog sich nach Persien zurück, wo er die glanzvolle, iranisierte Dynastie der Il-Khane (1256–1353) gründete. Der Übertritt zum Islam eines seiner Nachfolger, Mahmud Ghasan, ließ die Mongolen im Iran* Wurzeln schlagen, wo sie bereits praktisch vom Groß-Khan Kublai unabhängig waren, der selbst 1294 in Peking starb.

▶ Mongolen

Husain, Taha, Schriftsteller (Zentralägypten 1889 – Kairo 1973)

Taha Husain, der aus einer armen Bauernfamilie stammte, erblindete mit fünf Jahren. Er hatte schon früh einen unstillbaren Wissensdurst: er besuchte al-Azhar*, dann die moderne Universität in Kairo*, bevor er an der Sorbonne studierte, wo er Griechisch und Latein lernte, um das Examen für Geisteswissenschaften zu machen. Nach seiner Rückkehr nach Ägypten übersetzte er Voltaire und Paul Valéry ins Arabische. Sein *Tagebuch* (1926), die erste literarische Autobiographie im Arabischen, ist die erschütternde Erzählung aus der Sicht eines blinden Jugendlichen im Hinblick auf Leben und Kultur. Mit kritischem Geist und dem Modernen gegenüber offen, spielte Taha Husain eine wichtige Rolle, was die Öffnung seines Landes gegenüber westlicher Kultur, insbesondere französischer, betrifft. Ohne jemals das arabisch-moslemische Erbe Ägyptens zu leugnen, veränderte er in seiner Sammlung *Die vorislamische Poesie* (1927) von Grund auf die traditionelle moslemische Sicht des Zeitalters der Unwissenheit (Dschahilija*), unterstützt von seinen Eindrücken in al-Azhar. Ohne Scheu erörterte er die Beziehungen zwischen Orient und Okzident in seinen Berichten *Adib oder das westliche Abenteuer* (1935) und die gegenwärtigen Übel Ägyptens in *Der Baum des Unglücks* und in *Die Ausgebeuteten der Erde.* Sein Essay *Die Zukunft der ägyptischen Kultur* ist ein Beweis für seine pädagogischen Bemühungen: nachdem er zum Erziehungsminister seines Landes ernannt wurde, spielte er bei der Durchsetzung des kostenlosen Schulbesuchs für alle eine bedeutende Rolle.

Hussain, Martyrium
Der Mord bei Kerbela* (Irak) 680 an Hussain (pers. Hossein), Sohn Alis* und Enkel Mohammeds*, durch die omaijadischen* Soldaten wurde zu einem grundlegenden Ereignis für die Schiiten*. Hussain ist der dritte schiitische Imam*.

Zur Erinnerung an dieses Unglück finden im Iran* seit der Zeit der Safawiden* jedes Jahr am 10. des Monats Muharram öffentliche Beweinungen statt, die den Rahmen bilden für die Aufführung eines „Mysterienspiels“ (Tazija*). Tazija ist die Darstellung der Kollektivschuld, einen rechtmäßigen Helden aufgegeben zu haben, der bis zum Märtyrertod gegangen ist, in der Gewißheit, seinen Kampf gegen eine politische, „unrechtmäßige“ Macht – ein Hauptbegriff im Zwölferschiismus* – von vornherein bereits verloren zu haben. Nach einer frommen Legende, überliefert von at-Tabari*, wurde Hussain mit einer der Töchter des letzten persischen Sassaniden*-Kaisers verheiratet, die von den Arabern gefangengenommen worden war. Dieses Ereignis gilt als Ursprung einer „Berufung“ der Iraner zum Schiismus, dessen zwölferschiitische Form als eine „national-kulturelle“ Reaktion gegen den arabisch-sunnitischen* Islam betrachtet werden kann, der semitischen und fremden Ursprungs ist, und es unterstützte die ruhmvolle iranische Kultur der Vergangenheit.

Als heldenhafter „Retter“ der Menschheit bis zum höchsten Opfer – diese Vorstellung findet sich im Zoroastrismus, der offiziellen Religion im vorislamischen Iran, dann im christlichen Messianismus in bezug auf Jesus – steht die Fürsprache Hussains, zugleich Imam und Märtyrer, im Zentrum eines wahrhaften Kultes, den ihm die Schiiten im Gegensatz zu den Sunniten widmen.

Ibaditen ▶ **Sekten und Gruppen im Islam**

Ibn Arabi, Muhyi ad-Din, Mystiker (Murcia 1165 – Damaskus 1240)
Ibn Arabi studierte in Sevilla, der almohadischen* Hauptstadt, und schlug im Alter von 16 Jahren den sufischen Weg ein. Betraut mit wichtigen Ämtern, legte er diese infolge einer mystischen Krise nieder und machte sich auf, Theologie* in Tunis, Mekka*, Bagdad* und Konya* zu studieren, bevor er sich in Damaskus* niederließ, wo er starb, ohne Andalusien* wiedergesehen zu haben.

Dieser große spanisch-moslemische Mystiker, der von griechischer und gnostischer Philosophie beeinflußt war, sah keine grundlegenden Unterschiede zwischen Sunniten* und Schiiten*. Trotz seiner als häretisch betrachteten Ansichten bekam er von den Ulema* den Beinamen „der Religionsbeleber" und „der größte der (sufischen) Meister". Unter den 300 literarischen Werken, die er geschrieben hat, ist eines der wichtigsten *Die mekkanischen Eröffnungen*, das in 560 Kapiteln das mystische Wissen unter allen Gesichtspunkten lehrt. Seine Lehre gründet sich auf der Einzigkeit Gottes als zentralem Dogma des Islams* und versteht den Menschen als eine Möglichkeit Gottes; dieser Monismus bringt ihm den Bannstrahl der orthodoxen Theologen ein. Sein geistliches Testament, *Die Weisheit der Propheten*, stellt die Botschaften der Propheten von Adam bis Mohammed* dar, die in seinen Augen die göttliche Offenbarung widerspiegeln, Botschaften, die ihre Bedeutung durch den erlangen, der sie empfängt. Es handelt sich um eine kühne Vision für den Islam, der dazu bestimmt ist, die vorherigen Religionen in einer vollkommenen und überlegenen Form zu „besiegeln".

Seit dem Gedankengut von Ibn Arabi hat sich der Sufismus Richtlinien gegeben und sich in Bruderschaften* zusammengeschlossen.
▶ Sufismus

Ibn Badjdja, Abu Bakr Mohammed; andalusischer Philosoph (Sarragossa Ende 11. Jh. – Fes 1138)
Ibn Badjdja (latinisiert Avempace), der erste große Philosoph Andalusiens*, wurde in Saragossa geboren. Er lebte in Sevilla und Granada, bevor er sich in Fes*, nunmehr der Hauptstadt der Almoraviden*, niederließ, wo er auch starb.

Sein Hauptwerk *Die Leitung des Einsamen* ist ein moralischer Protest gegen den Materialismus der herrschenden Klassen. In diesem Werk, das von einer großen ethischen Leidenschaft durchzogen ist, wird die Einsiedelei als der einzige Ausweg dargestellt. Hier erkennt man einen versteckten Protest gegen die malikitische* Strenge, die sich lähmend auf das intellektuelle Denken auswirkte. *Die Leitung* spiegelt die platonische Vorstellung wider, daß der Intellekt die Wahrheit aus sich selbst erlangen kann, ohne Hilfe der göttlichen Offenbarung. Sein umfangreiches philosophisches Werk prägte die Denker des andalusischen Mittelalters, darunter Averroes*, bevor es ins Hebräische übersetzt wurde. Ibn Tufail* (gest. 1185) ließ sich davon für seinen philosophisch-allegorischen „Roman" *Der Lebende, der Sohn des Wachenden* (*Hayy Ibn Yaqzan*) inspirieren, der einen beachtlichen Einfluß auf das moslemische, jüdische und europäische Denken des Mittelalters ausübte. Ibn Badjdja war auch Astronom*, Dichter* und Musiker*. Ibn Chaldun* bezeichnete ihn als gleichbedeutend mit Averroes* für das moslemische Abendland und al-Farabi* für den Orient.

Ibn Battuta, Abu Abdallah Mohammed, Jurist und Historiker (Tanger 1304 – Fes 1368/69 od. 1377)
Ibn Battuta, ohne Zweifel der bedeutendste Reisende des islamischen Hochmittelalters, war auch Jurist, Historiker und Theologe. Als „Reisender des Islams" lieferte er in seinem Reisebericht (*Rihla*) *Den Beobachtern über die Besonderheiten von Städten und Reisen zum Geschenk gemacht* eine Fundgrube von Informationen, die er auf seinen fast dreißig Jahre dauernden Reisen gesammelt hatte, die durch nur eine einzige Rückkehr nach Marokko unterbrochen wurden.

Fast 100000 km legte er dabei zurück; manchen Ort suchte er ein zweites Mal auf, z.B. Mekka*, hier verweilte er drei Jahre, in Dehli* blieb er sogar sieben Jahre und fungierte dort als Richter (Kadi*); ebenso lange lebte er auf den Malediven. In dieser Zeit heiratete er mehrmals. Von Wissensdurst getrieben, war Ibn Battuta von dem Wunsch beseelt, bedeutende zeitgenössische Persönlichkeiten der Religion zu treffen und seine eigene Reputation als bedeutender Rechtskundiger zu stützen. Bei seinen Kontakten mit Mäzenen*, wie dem Sultan* von Delhi, erwies sich diese Anerkennung durchaus als gewinnbringend. Ibn Battuta überprüfte stets seine Informationen, selbst wenn er einige „Anleihen" beim großen andalusischen Reisenden Ibn Djubar (gest. 1217) machte und seine letzte Erzählung von seinem Sekretär ausgeschmückt wurde. Seine scharfsinnigen Beobachtungen bezogen sich auf Themen wie Religion, Aberglauben, Städte*, Sitten, Politik und Handel*. Seine Reisen führten ihn vom Maghreb* nach China*, wobei er den ganzen Mittleren Osten durchquerte: Arabien, Jemen* und Oman*, Krim*, Wolga, Byzanz*, Mittelalasien*, Afghanistan* und Indien* waren seine Stationen. Er überquerte den Indischen Ozean in beiden Richtungen, bis Indonesien* und bis zur östlichen Suaheliküste* Afrikas. Nach seiner Rückkehr nach Marokko besuchte er Andalusien* und durchquerte anschließend die Sahara bis zum Sudan*, wobei er wichtige Informationen über örtliche Sitten und die Ausübung des Islams hinterließ.
▸ Geographen, Reisende

Ibn Chaldun (Abd ar-Rahman) Historiker (Tunis 1332 – Kairo 1406)
Ibn Chaldun, Beamter, Diplomat und Höfling, ist vor allem – im heutigen Sinn des Wortes – der größte moslemische Historiker vor der Moderne.

Ibn Chaldun hatte ein bewegtes Leben, zuerst im Dienste verschiedener Fürsten im Maghreb* und in Andalusien*, dann in Damaskus*, wo er während der Belagerung der Stadt durch Timur-Leng* mit diesem zusammentraf, dann als Beamter in Ägypten, wo er starb. Er hinterließ ein grundlegendes historisches Werk, weswegen ihn die modernen Kommentatoren den „Vater der Historiographie", „der Soziologie" oder den „Geschichtsphilosophen" nennen. In seinen *Prolegomena* (*Muqaddima*), der berühmten Einleitung seines monumentalen *Buchs der Betrachtun-*

gen der Geschichte der Araber, Perser und Berber (*Kitab al-Ibar*), führte er für seine Epoche eine erstaunlich moderne Betrachtungsweise ein, indem er behauptete, daß es die „Aufgabe der Geschichte ist, uns über den sozialen Zustand des Menschen, die Kultur der Welt und über die Phänomene zu informieren, die naturgemäß dazugehören". Er definierte eine strenge Methode, durch die „der Historiker die von ihm behandelten Themen auf eine solide Grundlage stellen muß, um Ursachen für Ereignisse anzugeben und um klare Schlußfolgerungen zu liefern, die auf Grund dieser Ursachen und der Fakten selbst zu ziehen sind". Für das Studium der Lage im Maghreb* unterteilte er seine *Prolegomena* in Kapitel mit folgenden Themen: die physische Geographie, der Gegensatz zwischen Nomaden* und Seßhaften – ein charakteristischer Zug der moslemischen Kultur –, der Staat*, seine Struktur und Entwicklung, die Städte* und Dynastien mit dem Kreislauf von Wohlstand und Niedergang, die Wirtschaft und schließlich die Wissenschaften* mit ihren Unterteilungen – z. T. um ihre Lehre zu vereinfachen – und ihrer Entwicklung. Er lehnte sich gegen den Glauben auf, den einige seiner Vorgänger nicht bewiesenen Legenden schenkten. Seine Methode – welche im Islam bis zu ihrer Wiederentdeckung im 19. Jh. durch die europäische Orientalistik* auf Unverständnis stieß – blieb einigermaßen unabhängig von der damals üblichen metaphysischen Betrachtung der Geschichte. Damit lieferte Ibn Chaldun, ausgehend von seiner philosophischen und religiösen Bildung, die Grundlagen für die Geschichte als Lehrfach und darüber hinaus für wissenschaftliche „Humanwissenschaften".

► Geschichtsschreiber (klassische), Nomaden und Seßhafte

Ibn Fadlan ► **Reisende**

Ibn Hazm, Abu Muhammad 'Ali Ahmad, Jurist, Theologe und Poet (Cordoba 994 – Niebla 1064)

Ibn Hazm, der aus einer andalusischen Beamtenfamilie im Dienste der Omaijaden* stammte, erhielt eine ausgezeichnete Erziehung, auch in Theologie*.

Sein politisches Engagement zugunsten der Omaijaden zwang ihn – nach deren Machtverlust – zu einem gewissen „Umherirren": Almeria, Cordoba*, Valencia waren seine Stationen, bevor er sich auf seine Ländereien in ein inneres Exil zurückzog. Etwa vierzig seiner Werke sind überliefert, darunter ist das berühmteste *Das Halsband der Taube*, eine literarische Betrachtung auf neuplatonistische Art und – zum Teil autobiographisch – über die Liebe in all ihren Erscheinungsformen. Eine große Sinnlichkeit ausdrückend, in Prosa und in vollendeten arabischen Versen verfaßt, beeinflußte das *Halsband der Taube* in großem Maße die orientalische und mittelalterliche Literatur Europas. Gleichfalls Historiker, ist Ibn Hazm vor allem Jurist und Theologe, der zunächst in der sittenstrengen malikitischen* Rechtsschule, die in Andalusien* stark vertreten war, ausgebildet wurde, und später zum wichtigsten Vertreter der zahiritischen Schule wurde, die ohne Nachfolger im 11. Jh. verschwand. Diese vertrat eine buchstabengetreue Auslegung des Korans* und schloß die Suche nach jeglicher esoterischer Bedeutung in dem heiligen Text aus. Sein Bestreben war es, Recht und Theologie auf eine kohärente Art einander näherzubringen. In einem Andalusien, wo die drei großen monotheistischen Religionen nebeneinander existierten, polemisierte Ibn Hazm in seiner *Abhandlung über die Religionen* – eines der ersten Werke „religiöser Kritik" – gegen die Sekten* und gegen die beiden anderen Schriftbesitzer*.

Ibn Ruschd ▸ **Averroes**

Ibn Sina ▸ **Avicenna**

Ibn Tufail, Abu Bakr, Philosoph, (Guadix, bei Granada um 1105 – Marrakesch 1185)
In Europa bekannt unter dem latinisierten Namen Abubacer, wurde der Philosoph Ibn Tufail, ein Freund von Averroes*, zum Arzt des almohadischen* Sultans* Abu Jakub Jussuf (1163–1184). Er ist der Verfasser des „philosophischen Romans", dessen Titel *Der Lebende, der Sohn des Wachenden* (*Hayy Ibn Yaqzan*) er von Avicenna* übernommen hatte. Es ist eine der interessantesten utopischen Schriften des Mittelalters.

Indem er dialektische Beziehungen zwischen Philosophie* und Religion aufzeigt und sich der Linie eines anderen Andalusiers, Ibn Badjdja* (gest. 1138 in Fes), und der zahiritischen* buchstabengetreuen Schriftauslegung verschreibt, beschreibt er in diesem literarisch hochwertigen „Roman", das Leben von Hayy (arab. „der Lebende"), einem „Einsiedler", der nach seiner Geburt auf einer einsamen Insel ausgesetzt worden war. Fern von jeder menschlichen Gesellschaft und von einer Gazelle genährt, erkennt dieser junge Mensch, eine Art „wahrer" Philosoph, von sich selbst aus die großen intellektuellen Wahrheiten. Nach seiner einführenden Erleuchtung bekommt er Besuch von Asal, dem Bewohner einer benachbarten Insel, von dem er die kritische Philosophie und die traditionelle Religion lernt. Sein Unterricht, der in einer allegorischen Form dargestellt wird, verbindet sich mit den Wahrheiten, die Hayy selbst erfahren hat, um nun seine natürlichen Begabungen zu vervollständigen. Unverstanden von den Menschen, denen sie ihre Erfahrungen zu vermitteln versuchen, kehren die beiden Männer zurück, um „weise" auf ihrer einsamen Insel zu leben. Für diese Personen – ebenso wie für den Autor – kann die religiöse Philosophie nicht direkt dem gewöhnlichen Volk helfen; ein Thema, welches eine wahrscheinliche Reminiszenz an den *Staat* Platons erkennen läßt.

1671 übersetzte der große Vertreter der englischen Orientalistik*, Edward Pocock, *Hayy* unter dem Titel *Philosophus autodidacticus* ins Lateinische. Dieses Buch erregte in Europa großes Aufsehen; es inspirierte unter anderem Daniel Defoes *Robinson Crusoe* (1719).

Ibn Zuhur, Abu Marwan, andalusischer Arzt (Sevilla 1092 – ebd. 1161)
Ibn Zuhur (Avenzoar im europ. Mittelalter) gehörte zur fünften Generation einer sevillanischen Familie von Ärzten. Diese Ärztedynastie konnte sogar eine Frau vorweisen, die Spezialistin in der Wundheilung war. Ibn Zuhur selbst, Arzt der almohadischen* Herrscher, ist einer der größten Repräsentanten der moslemischen Medizin. In seinem *Buch der Erleichterung* (*Taysir*), einer Zusam-

menstellung über Therapie und Prophylaxe, vertieft er die früheren wissenschaftlichen Kenntnisse, trotz der Kritik von seiten der Ulema*. Hier beschreibt er zum ersten Mal die Entzündung des Herzbeutels, empfiehlt einen Luftröhrenschnitt, künstliche Ernährung (durch die Speiseröhre oder durch den After) und eine Behandlung gegen Ischias. In der klinischen Medizin wurde er einzig von Razi* übertroffen, und er erfuhr in Andalusien* und der ganzen moslemischen Welt eine immense Reputation; Averroes* bezog sich in seinem eigenen Werk in allem, was Prophylaxe betraf, auf ihn. Das Werk von Avenzoar, das zuerst ins Hebräische, dann im 13. Jh. ins Lateinische übersetzt wurde, übte einen beachtlichen Einfluß auf die Entwicklung der Medizin in Europa aus.

▶ Andalusien, Medizin

Idrisi, Abu Abdallah al-, Geograph und Kartograph (Ceuta 1000 – Palermo? 1165 od. 1166)

Idrisi, der aus Marokko stammte und in Cordoba* erzogen wurde, ließ sich, nachdem er Andalusien*, den Maghreb* und Mekka* bereist hatte, in Palermo, am Hof der normanischen Könige Roger II. und dessen Sohn Wilhelm I. nieder. Er ist einer der größten moslemischen Geographen* und Kartographen. Sein Hauptwerk, das *Rogerbuch* (von beachtenswertem dokumentarischen Wert) ist seinem Herrscher und Mäzen gewidmet: es handelt sich hierbei um eine Interpretation einer Weltkarte, die der Herrscher in Palermo hatte herstellen lassen; es ist aufgeteilt in sieben Kapitel, entsprechend den antiken ineinandergreifenden Klimazonen (von Ptolemäus) und beschreibt die parallel zum Äquator verlaufenden Bahnen bis zum arktischen Polarkreis. Als Innovation für diese Epoche führt Idrisi Wegbeschreibungen ein, womit die moderne Kartenprojektion und die deskriptive Geographie beginnen. Sein Werk ist ebenfalls Zeugnis der kulturellen arabisch-moslemischen Beeinflussung Siziliens* in seiner Epoche.

Imam, der

Arabische Bezeichnung für den Anführer, den, „der die Spitze einnimmt“, d. h. denjenigen, der das rituelle Gebet* leitet. Da der sunnitische* Islam* keinen Klerus besitzt, kann jeder gläubige Moslem*, der den Koran* gut kennt, als Imam fungieren, unabhängig von seiner gesellschaftlichen Stellung.

Das Amt des Imams beim Gebet ist kein Beruf, wenngleich die Gemeinschaften und die einer Moschee* zugeordneten Wohnviertel einen Imam ernennen, der zum Beispiel die Freitagspredigt* hält. In früheren Zeiten war der Kalif* der erste Imam; Gleiches gilt für die Oberhäupter der Charidschiten* und Ibaditen*. Der Titel wurde auch ehrenhalber an bedeutende Theologen verliehen, wie al-Ghasali* oder asch-Schadhili, den Gründer einer Sufi-Bruderschaft*.

Im Gegensatz zu den Sunniten schreiben die Zwölferschiiten* (Imamiten) dem Imam die Rolle eines Fürsprechers und Vermittlers zwischen Gott und Mensch zu. Um das Heil zu erlangen, müssen die Zwölferschiiten den Lehren dieses vorherbestimmten und in seiner Zeit jeweils einzigen Imams folgen. Rechtmäßige Imame waren Ali*, der vierte rechtgeleitete Kalif* und erste schiitische Imam, sowie seine Nachfolger, die von ihm und seiner Frau Fatima abstammen müssen. Es kann nie mehr als einen Imam zur selben Zeit geben, und so hat die Bestimmung des „wahren" Imams zahlreiche Streitigkeiten hervorgerufen, die oftmals zur Abspaltung von Sekten* und Gruppen führten. Für die Zwölferschiiten, die die Mehrheit der Schiiten bilden, ist der Imam ein sündenloser Heiliger, den einige extreme Richtungen sogar vergöttlichen. Der letzte Imam ist nach schiitischem Glauben nicht gestorben, sondern lebt im Verborgenen weiter.

▶ Imam (verborgener), Islam (Religion), Schiiten

Imam, verborgener

Eine dem sunnitischen* Islam* fremde Vorstellung, die lediglich in der Lehre der Schiiten* beheimatet ist.

Der Glaube an einen Imam als Mittler zwischen Gott und Mensch ist den verschiedenen schiitischen Glaubensrichtungen gemeinsam. Nach der Lehre der Zwölferschiiten* (auch Imamiten genannt) im Iran* sowie der Ismailiten* (Siebenerschiiten) lebt der jeweils letzte als rechtmäßig anerkannte Imam in der „Verborgenheit" weiter; die Zaiditen* im Jemen* weichen von dieser Auffassung ab. Der (für die Zwölferschiiten) zwölfte und letzte Imam, Mohammed al-Mahdi al-Huddscha, geboren vermutlich 869 in Samarra (Irak), entschwand in die „Verborgenheit" in seiner frühen Kindheit, beim Tod seines Vaters Hassan al-Askari, des elften Imams. Seitdem lebt er im Übernatürlichen und ist den Blicken der Menschheit entzogen. Am Ende der Zeiten wird er als der erwartete Mahdi* erscheinen und ein Reich des Friedens und der Gerechtigkeit errichten, nachdem er sich an den Feinden Gottes gerächt hat. Dieser „Verborgene Imam" ist der „Herr der Zeit" und der oberste Herrscher des Universums, der die Menschen erleuchtet und für sie bei Gott eintritt. Man schreibt ihm Briefe, die man versiegelt auf die Gräber der Imame in den heiligen Orten der Schiiten (Kerbela*, Nadschaf*, Kazimain bei Bagdad*, Meschhed*) legt. Im Namen des „Verborgenen Imams" wird die „Fünftelsteuer" (die ursprünglich den Bedürfnissen der moslemischen Urgemeinde zugute kam) als Abgabe für die Mullahs* und Ajatollahs* erhoben. Sie sichert diesen ein mitunter reichliches Einkommen und damit zugleich die Unabhängigkeit gegenüber der weltlichen Gewalt, die ja – solange kein Imam auf Erden regiert – als unrechtmäßig und vorläufig angesehen wird. In der iranischen Verfassung von 1979 hat Ajatollah Khomeini daher zur Kontrolle der „unrechtmäßigen" politisch-weltlichen Herrschaft verfügt, daß an der Spitze des Staates* Geistliche stehen.

Indien

Der indische Subkontinent, der sich aus den heutigen Staaten Indien, Pakistan* und Bangladesch zusammensetzt, vereinigt beinahe 350 Mio. Moslems*, was einem Drittel der moslemischen Weltbevölkerung entspricht. Im eigentlichen Indien machen die rund 100 Mio. Moslems etwa 12% der Bevölkerung aus.

Für die Moslems, die ab 711 (während der Herrschaft der Omaijaden*) in Sind (heutiges Pakistan) in Erscheinung traten, stellte Indien anfangs ein Land dar, das geplündert werden konnte und

Reserven an Sklaven* darbot. Mit der Zeit setzten sie sich auf dem größten Teil des Subkontinents politisch durch (13. bis 17.Jh.). Diese Zeit war durch Massaker, durch Zwangsbekehrungen zum Islam* und durch die Zerstörung des kulturellen und religiösen hinduistischen Erbes gekennzeichnet. Trotzdem entstand langsam eine fruchtbare indomoslemische Symbiose (kultureller, künstlerischer und, bis zu einem gewissen Grade, religiöser Art) in Indien: zuerst während des Sultanats* von Delhi*, dann während der Dynastie der Moguln*, aber auch unter anderen prächtigen moslemischen Dynastien aus der Mitte (Dekkan) und aus dem Osten (Bengalen) des Landes. So gehörte ein ganzer Teil der stark indisierten moslemischen Bevölkerung nun dem kulturellen Substrat des Subkontinents an. Denn die meisten der dort lebenden Moslems waren Nachkommen von konvertierten Einheimischen und nicht von fremden Eindringlingen.

Die tragische Teilung Indiens brachte 1947 die zwei „rein" moslemischen Länder Pakistan und Bangladesch (das 1971 von Pakistan abgetrennt wurde) hervor, setzte jedoch der Präsenz von Moslems im aktuellen, föderalistischen und säkularen indischen Staat kein Ende. Sie sind im ganzen Land zahlreich vertreten, insbesondere im Norden, im Westen und im Zentrum.

Aber das Wiederauftreten des moslemischen und des hinduistischen Fundamentalismus*, dessen Wurzeln sowohl in der Gegenwart als auch in der Vergangenheit liegen, wirft heutzutage einen Schatten auf das Nebeneinander, das seit der Unabhängigkeit Indiens (1947) eher ruhig verlief.

▶ Delhi (Sultanat), Islam (Ausbreitung), Mogul-Kultur, Moguln, Moslemliga, Pakistan, Urdu

Indonesien

Im Gegensatz zur Islamisierung des Mittleren Ostens und Indiens* verlief die Islamisierung Indonesiens, die noch schlecht erforscht ist, auf friedlichem Wege zunächst über arabische, dann über indische (aus Gudscharat stammende) Moslems. Gleichzeitig führten Sufi*-Prediger aktive Bruderschaften* in Indonesien ein. Im Verlauf der Jahrhunderte griffen die moslemischen Staaten der Region teilweise auf den Heiligen Krieg* gegen die Hinduisten zurück.

Chinesische Chroniken weisen 647 auf die Existenz einer arabischen Kolonie in Sumatra hin. Im 9. Jh. suchten die Moslems, die die Massaker an ihren Glaubensgenossen in Kanton (China*) überlebt hatten, an der Westküste von Malaysia* Zuflucht. Sowohl die chinesischen Annalen als auch Marco Polo (13.Jh.) berichten über die durch arabische Händler bereits im vorhergehenden Jahrhundert durchgeführte Islamisierung einiger Fürstentümer an der Küste Sumatras. Im 13.Jh. machte die Verbreitung des Islams, trotz des massiven Widerstands der lokalen hinduistischen Königreiche, wesentliche Fortschritte – eine Tatsache, die Ibn Battuta* während seiner Durchreise bestätigte. Ab 1400 verbreiteten arabische und persische Missionare den Islam in der Region und gewannen den Süden von Sumatra, Kalimantan (Borneo) und die Molukken, bevor sie sich am Anfang des 16. Jhs. auf die Celebes-Inseln begaben. Im 15.Jh. spielte die Stadt Malakka (Malaysia) als regionales Handelszentrum* eine entscheidende Rolle für die Verbreitung des Islams, bis sie (1511) durch die Portugiesen erobert wurde. Andererseits begann der Islam, auf Java, wo das prächtige hinduistische Königreich Majapahit (1513–1528) zusammenbrach, Fuß zu fassen, und setzte sich schließlich im ganzen Archipel durch (Bali blieb hinduistisch und bewahrte seine hinduistisch-javanische Literatur). Das Sultanat* von Atjeh (Sumatra) war bemerkenswert. Trotz seines religiösen Rigorismus durchlief es im 17. Jh. eine Phase des Wohlstands, bis es im darauffolgenden Jahrhundert unterging. Ab dem 17. Jh. brachten die Holländer Java nach und nach in ihre Gewalt, doch ihre Eroberungsversuche gegen Sumatra wurden eine Zeitlang durch Atjeh abgewehrt. Im 14. und 15. Jh. fielen Moslems, Vorfahren der Moros (Mauren*), die von anderen indonesischen Inseln aus aufgebrochen waren, in den Süden der Philippinen ein.

Der indonesische Islam ist wegen seines lebendigen indischen Erbes durch zahlreiche kulturelle und künstlerische Einflüsse gekennzeichnet (der Hinduismus hatte im 2. Jh. v. Chr. im Archipel Fuß gefaßt). Dieses Erbe und die moslemischen Bräuche bestehen in vieler Hinsicht nebeneinander. Heute ist Indonesien (1,9 Mio. km^2, Hauptstadt Jakarta) demographisch gesehen der bedeutendste moslemische Staat auf der Welt: das Land zählt 200 Mio. Einwohner, von denen 90% Sunniten* (85% der Moslems leben auf Java und Sumatra) und annähernd 10% Christen sind.

Iqbal, Mohammed, indischer Dichter und Rechtsanwalt (Sialkot, Pandschab 1873 – Lahore 1938

Mohammed Iqbal, Philosoph und Politiker, studierte an den Universitäten Lahore*, Cambridge und München.

Nachdem er Präsident der Moslemliga* im britischen Indien geworden war und 1930 in die gesetzgebende Versammlung seiner Heimatprovinz Pandschab gewählt wurde, kämpfte er – obwohl vom weltlichen europäischen Humanismus beeinflußt –, für einen eigenen moslemischen Staat*. Mohammed Ali Jinnah, der Gründer des späteren Pakistan*, beeinflußte ihn mit seinen Ideen. Iqbals englische Werke über die Reform des Islams* und seine Modernisierung, wie z. B. *Die Wiederherstellung des religiösen Denkens im Islam*, in denen er versucht, das koranische Denken mit dem von Bergson und Nietzsche in Einklang zu bringen, spielen eine beachtliche Rolle in den moslemischen Ländern. Aber es war sein Ruf als „Nationaldichter" Pakistans, der ihn berühmt machte. Ein Autor, auf der Linie Ghalibs*, von großartigen mystischen Gedichten in Persisch* und in Urdu*. Sein Werk hat dazu beigetragen, Urdu auf die Stufe einer modernen Literatursprache zu erheben.

Iran

Der Name „Iran" deckt eine geographische, eine historische und zugleich eine politische Vorstellung ab. Geographisch gesehen stimmt er mit der heutigen Islamischen Republik Iran überein. Er grenzt im Norden an die ehemals sowjetische Republik Aserbaidschan, ans Kaspische Meer und an die ehemals sowjetische Republik Turkmenistan*, im Osten an Afghanistan* und Pakistan*, im Westen an den Irak, im Nordwesten an die Türkei und im Süden an die Küsten des Persischen Golfs. Somit erstreckt er sich ungefähr über die Hoheitsgebiete der großen antiken Kaiserreiche Persiens. Ab dem 11. Jh. wurde er von türkischen, mongolischen* und turkmenischen Dynastien regiert. Das safawidische* Kaiserreich Persien* führte 1501 den schiitischen* Islam* als Staatsreligion ein und hat dem Iran die Grenzen vermacht, die in groben Zügen den heutigen entsprechen.

Die iranische Identität. Indoeuropäische Stämme „arischer" Meder und Perser, die im Laufe des 2. Jahrtausends v. Chr. aus dem Süden Rußlands und aus dem Transkaukasus gekommen waren, besiedelten die iranischen Hochplateaus, deren Gebirgsketten vom Zagrosgebirge bis zum Hindukusch die Täler Mesopotamiens und des Ganges (Indien*) überragen. Diese Stämme verdrängten prächtige vor- und frühgeschichtliche Kulturen (Elamiter, Assyrer, Babylonier, Urartäer), die sehr viel älter waren, und nahmen die kulturellen Traditionen auf, die ihnen zusagten, was einer typisch iranischen Eigenschaft entsprach. Vor dem christlichen Zeitalter bildeten die westlichen Iraner gewaltige Kaiserreiche: das medische Kaiserreich (um 612–550 v. Chr.), das gegen Athen in den Krieg zog, und später die Dynastie der Achämeniden (559–331 v. Chr.), die sich als die ruhmreichste Dynastie herausstellte und das Gebiet vom Indus bis zum Bosporus und vom Kaukasus bis nach Libyen beherrschte. Die Eroberung durch Alexander den Großen* setzte 331 v. Chr. dem Achämenidenreich ein Ende. Der Iran nahm unter Alexanders Nachfolgern, den Seleukiden (301–64 v. Chr.), die sich in der Region Fars niedergelassen hatten, die hellenistische Kultur oberflächlich an. Fars heißt auf persisch „Persien", woraus sich der Name des persischen Kaiserreichs ableitete, das in der griechisch-römischen Terminologie den Namen „Persis" trägt. Eine aus dem östlichen Iran stammende Dynastie, die der Parther (247 v. Chr.–224 n. Chr.), machte sich von den Seleukiden unabhängig und festigte im 1. Jh. n. Chr., nachdem sie die Römer besiegt hatte, die Grenzen zum Römischen Reich. Die Dynastie der Sassaniden (224–651) stellte die Kultur der Achämeniden, ihrer bedeutenden Vorgänger, in all ihrer Größe wieder her, wie auch die iranischen Werte, die auf dem zarathustrischen (zoroastrischen) Glauben des Parsismus beruhten. Dieser war Zarathustra (um 660–583 v. Chr.) zu verdanken und entwickelte sich zum Nationalkult. Die Sassaniden nahmen zwar eine Zeitlang die nestorianischen* Christen auf, die aus Byzanz* vertrieben worden waren, verloren jedoch wegen ihrer Intoleranz die Unterstützung ihrer nicht-zarathustrischen Untertanen: Buddhisten, Manichäer, Juden und Christen. Im übrigen wurden sie mit Einwanderungswellen von türkischen und mit Türken verwandten Nomaden*, die aus dem Osten und aus Mittelasien* kamen, konfrontiert. Diese Konfrontation nahm bei dem großen Dichter Firdausi* (10. Jh.) die Ausmaße eines gewaltigen, immer wieder entfachten Kampfes zwischen dem kultivierten „Iran" und den türkischen Barbaren im „Turan" an. (Die wichtigen Ereignisse, die die iranischen Dynastien und Helden der Vergangenheit betreffen, wurden in der epischen Dichtung thematisiert, nachdem die persische Sprache im 10. Jh. erneuert worden war.) Während der Jahrhunderte vor der Entstehung des Islams kämpften das sassanidische Persien und das Byzantinische Kaiserreich, das dem Römischen Kaiserreich folgte, erbittert um die Vorherrschaft im Nahen Osten. Jedes Kaiserreich nahm einen Vasallen-Pufferstaat zu Hilfe, der die jeweiligen Grenzen bewachte. Araber, die während der syrisch-mesopotamischen Völkerwanderungen aus Arabien* eingedrungen waren, besiedelten und regierten diese Staaten. Die Dynastie der Lachmiden (Mesopotamien) war mit den Persern verbündet, und die Dynastie der Ghassaniden (Syrien) war auf der Seite der Byzantiner.

Die Einführung des Islams. Die blitzschnelle arabische Expansion überwältigte die Sassaniden in nur zwei Schlachten, 637 vor Qadissija und 642 vor Nihawand. Zwar war die persische Armee den Arabern zahlenmäßig überlegen, jedoch bestand sie weitgehend aus Söldnern. Yazdegerd, der letzte sassanidische Kaiser, floh nach Zentralasien, bevor er 651 ermordet wurde. Die Eroberung der östlichen Provinzen des Irans war zwischen 661 und 680 unter den Omaijaden* abgeschlossen. Die Provinzen am Kaspischen Meer, die durch das Elbursgebirge geschützt sind, entkamen zum Teil der arabischen Herrschaft, doch der Rest des Landes wurde in vier Provinzen unterteilt, von denen zwei dem Irak angegliedert wurden. Garnisonen übten die Kontrolle über Fars (Persien), Chorasan (Hauptstadt: Meschhed*), Afghanistan* sowie Transoxanien* aus. Nachdem der Zoroastrismus (in den Augen der Araber die Religion der „Magier") schließlich als monotheistische Offenbarungsreligion anerkannt worden war, stellte man die Perser den Schriftbesitzern* gleich. Wie anderswo im Islam, wurden die Konvertierten zu „Klienten" (*Mawali*) eines arabischen Klans. Der Übertritt zum Islam ermöglichte den Landbesitzern (*Dhikan*), die die Steuer für die Zentralregierung erhoben, ihre Ländereien zu behalten. Die Neubekehrten waren eifrige Proselyten und behielten die Tat von Salman dem Perser (*Salman al-Farisi*), der im Koran* gepriesen wird, im Gedächtnis. Er hatte Mohammed* bei der Verteidigung Medinas* während der Grabenschlacht gegen die Koreischiten* geholfen. Jedoch löste (wie auch anderswo) die Unzufriedenheit über den Status als „Klienten" einen Aufstand aus. Während der Kriege um die Nachfolge des Kalifen* verstärkten Iraner die Reihen der Anhänger Alis*; allerdings hatte anfangs die „Partei Alis" (arab. *Schiat Ali*, wovon sich das Wort „Schiiten" ableitet) keine ethnische Konnotation. Die Ermordung Alis und vor allem das Blutbad, das die omaijadischen Truppen 630 an seinem Sohn Hussain und an seinen Anhängern anrichteten (das Martyrium des Hussain* – pers. Hossein –, der für seine Männer starb, obwohl er im vorhinein seinen Kampf verloren wußte), kennzeichnen auf eine unvergeßliche Art das Ethos Persiens. Vielleicht handelt es sich dabei um eine Wiederbelebung des jüdisch-christlichen und zoroastrischen Messianismus. Der „Verlust" der Anhänger Hussains wird seitdem in der schiitischen Welt jedes Jahr in tiefer Trauer beklagt (*Tazija**) – einer Trauer, die auch die darauffolgenden schiitischen Imame*, die alle eines gewaltsamen Todes gestorben sein sollen, mit einbezieht. Diese Identifizierung der Aliden (Anhänger Alis) mit dem Iran verstärkte sich im 10.Jh., als der Geschichtsschreiber at-Tabari* eine fromme Legende wiedergab, welche besagt, daß Hussain eine der Töchter des letzten sassanidischen Kaisers von Persien, die von Arabern gefangengenommen und versklavt worden war, geheiratet haben soll. Mit Hilfe der persischen „Klienten" und unter Berufung auf alidische Theorien stürzte der geniale Agitator Abu Muslim, die Gunst eines Aufstandes im Nordosten nutzend, die Omaijaden und machte somit den Weg für die Abbasiden* frei. In ihrer neuen Hauptstadt Bagdad* waren die Abbasiden von Iranern, die die Verwaltungsposten innehatten, umgeben. Die Wesir*-Dynastie der Barmakiden, die einer konvertierten buddhistischen Familie entstammte, war persischen Ursprungs gewesen. Die sassanidischen Sitten und Bräuche wurden vom Hof* übernommen, bis sie sich zum Regierungsvorbild aller Dynastien des moslemischen Orients, Indien* mit inbegriffen, entwickelten. Der Kalif stützte sich zunächst auf eine iranische Leibgarde aus der Provinz Chorasan, da er den Arabern mißtraute. Nach der Hinrichtung Abu Muslims durch das abbasidische Regime, das um seine Anerkennung als rechtgläubig besorgt war, nahm die Agitation, die in einigen Teilen des Irans betrieben wurde, die Gestalt von Sekten* und Gruppen an, u.a. auch in Form extremistischer Schiiten. Man hat gelegentlich versucht, eine „nationale" iranische, anti-arabische Opposition hier hineinzuinterpretieren, die für diese Epoche jedoch völlig anachronistisch wäre. Es kann allerdings durchaus bei vielen Iranern das Gefühl bestehen, daß ihre prächtige Kultur durch ungebildete Nomaden*, die aus Arabien gekommen waren, vernichtet worden ist. Dennoch haben die Iraner die arabische* Sprache (für die Religion) übernommen und bei der Bildung der islamischen Hochkultur in allen Bereichen eine wichtige Rolle gespielt, da sie die arabisch-persische Elite des moslemischen Kaiserreichs bildeten.

Der Iran im Islam. Hand in Hand mit der politischen Auflösung des abbasidischen* Kalifats* (um 850–ca. 1055) tauchten autonome iranische Dynastien auf: die der Saffariden (867–ca. 1495) in Sistan, an der afghanischen Grenze, vor allem jedoch die kurzlebige, aber prächtige Dynastie der Samaniden aus Transoxanien* und Chorasan (819–1005) und schließlich die Dynastie der Tahiriden (821–873) in einem Teilgebiet von Chorasan. Die an das Kaspische Meer grenzenden Provinzen von Dailam entwickelten sich unter Dynastien, wie den Ziyariden (928–1090), zu einer Hochburg schiitischen Gedankenguts. Die wagemutigsten unter diesen „Dailamiten" waren die schiitischen* Bujiden (932–1055), deren Hof* sich in Schiras* befand und die den Iran vom Joch der Araber befreiten. Nachdem die bujidischen Emire* 945 in Bagdad* einmarschiert waren, setzten sie den abbasidischen Kalifen für 110 Jahre unter ihre „Vormundschaft", bis sie schließlich ihre Besitztümer (den Irak, das südliche Persien und sogar Oman*) vereinigten. Die abbasidischen Herrscher nahmen ab der Mitte des 9. Jhs. in erster Linie die Gewohnheit an, sich türkischer Soldaten (Sklaven oder freier Söldner) zu bedienen. Schon ab der Mitte der zweiten Hälfte des 9. Jhs. rissen diese die

Macht an sich und begründeten Dynastien. Das ist insbesondere für die Ghasnawiden (977–1186) der Fall gewesen, die eine Zeitlang Chorasan, Afghanistan und den Norden Indiens* unter ihrer Gewalt vereinigten. Die türkischen Seldschuken* marschierten 1055 in Bagdad ein und vertrieben die Bujiden. Ihr Anführer erhielt vom Kalifen, der ihm die weltliche Macht übertrug, den Titel „Sultan"*. Im 11. Jh. bildeten die iranischen Groß-Seldschuken* um ihre prächtige Hauptstadt Isfahan* herum einen mächtigen Staat*, dessen Macht sich unter dem bedeutenden Malik-Schah (gest. 1092) von Kaschgar (Stadt in Sinkiang*) bis nach Syrien ausdehnte. Wenngleich die Türken von da an die Kultur und das Regierungssystem der Iraner annahmen, so waren sie doch fanatische Verfechter des orthodoxen sunnitischen* Glaubens. Um der schiitischen* Propaganda, insbesondere von seiten der Ismailiten* entgegenzutreten, versahen sie ihre Staaten reichlich mit Medressen* (orthodoxe theologische Hochschulen).

Eine iranische Nation. 1231 überwältigten mongolische* Invasionen den Iran, bevor sie die Institution des Kalifats* zerschlugen und Bagdad* vernichteten (1258). Ein großer Teil des Landes wurde verwüstet, Bevölkerungsgruppen niedergemetzelt, und ganze Regionen kehrten wieder zum Nomadenleben zurück. Unter diesen wieder einmal fremden Herrschern nahm der Iran, der von da an vom arabisch-türkischen, sunnitischen* Nahen Osten abgeschnitten war, einen eigenständigen Platz in der islamischen Welt ein, was die Entwicklung seiner Eigenart begünstigte. Mit der Dynastie der mongolischen Ilkhane Persiens (1256–1353) wurde der Iran wieder wirtschaftlich erfolgreich und bekräftigte erneut seine kulturelle Identität, die bis nach Indien* ausstrahlte. Der mongolische Sultan* Ghazan Khan aus Persien bekehrte sich 1295 zum Islam*. Die Ilkhane versöhnten die Iraner mit ihren Eroberern und förderten mit Hilfe ihrer Höfe* in Täbris und Sultaniya die Künste* und Wissenschaften*. So wurde der persische Geschichtsschreiber Raschid* ed-Din (gest. 1318), ein Wesir* von Ghazan Khan, vom Sultan damit beauftragt, die *Geheime Geschichte der Mongolen*, die bis zu diesem Zeitpunkt ausschließlich mündlich weitergegeben wurde, zu verfassen. Weiterhin ließen sie in Maragheh (im iranischen Aserbaidschan) die damals beste Sternwarte* bauen; sie wurde vom schiitischen Astronomen* Nassir ad-Din at-Tussi* geleitet. Der Iran entwickelte sich wieder zu einem Handelsumschlagplatz zwischen Europa und dem Orient, bevor er um 1340 erneut in verfeindete Fürstentümer aufgeteilt wurde. Die Dschalajiriden (1336–1432), eine Dynastie, die das östliche Aserbaidschan, Kurdistan* und den Irak in ihrer Gewalt hatte, waren Mäzene*. Die Dynastie der Musaffariden (1314–1393), Herrscher über Fars, Kerman und einem Teil des Iraks, protegierten den Dichter Hafis*. Nach neuen zerstörerischen Invasionen der tschagatai-türkischen Mongolen unter Führung von Timur-Leng* im 14. Jh. begründete letzterer eine Zentralgewalt in Samarkand* in Transoxanien*. Seine Nachfahren, die Timuriden* (1370–1506), waren vermögende Mäzene, die die Literatur, die Miniatur* und die Wissenschaften an ihrem prächtigen Hof förderten. Sie waren die letzte bedeutende moslemischen Dynastie, die aus den Steppen stammte. Die Reiche, die von da an aufkamen, waren mit Schußwaffen ausgerüstet und besaßen weiterentwickelte militärische Techniken. Letzte Nomadenwellen, die im Westen des Irans von den Mongolen zurückgedrängt worden waren, strömten in das östliche (iranische) Aserbaidschan und den westlichen Iran. Sie wurden von den turkmenischen* Nomadenbündnissen der „Weißen Hammel" (*Ak Kojunlu*) – Sunniten – und der „Schwarzen Hammel" (*Kara Kojunlu*) – proschiitisch, mit Täbris als Zentrum – geführt. In der Region traten erneut heterodoxe Bewegungen auf, doch die Zwölferschiiten* setzten sich anscheinend im ganzen Iran durch. Eine dritte Welle turkmenischer Schiiten, die der „Rotmützen" (*Kizil Basch*), wurde von Ismail geführt, einem Krieger aus Turkmenistan oder Kurdistan* und Anführer der Sufi*-Bruderschaft* Safawija. Ismail behauptete, die Reinkarnation von Ali zu sein. Nachdem er gegen die „Weißen Hammel" in Täbris die Macht ergriffen hatte, ließ er sich im Iran, wo er 1501 die Zwölferschia als Staatsreligion einführte, zum Schah erklären. Auf diese Weise errichtete er die Dynastie der Safawiden*. Obwohl die Machthaber des Landes ein weiteres Mal nicht iranischer Herkunft waren, verhalfen sie dem Persischen Reich zu seiner Blüte, insbesondere unter Schah Abbas (1588–1629), der aus Isfahan* ein wahres städtisches Juwel machte, und verliehen dem Iran zusammenhängende Grenzen, die sich in etwa mit den Grenzen des heutigen Irans decken. Unter der Dynastie der Kadscharen aus Turkmenistan (1779–1924) fand im Iran eine kurze konstitutionelle und liberale Revolution statt, die unter dem gemeinsamen Druck der wichtigen Basarhändler und der Briten ausgelöst worden war. Doch der Schah gelangte mit Hilfe des zaristischen Rußlands wieder an die Macht. Reza Khan, ein Offizier der persischen Kosaken, den die Russen ausgebildet hatten, stürzte 1924 die Kadscharen und gründete die Pahlevi-Dynastie (1925–1979). Reza Khan ersetzte „Persien" durch „Iran", um die politische iranische Einheit zu bezeichnen. Sein Sohn, Mohammed Reza, wurde 1979 durch die islamische Revolution entthront.

Die Iraner haben bei der Bildung der moslemischen Kultur eine wichtige Rolle gespielt, dabei bewahrten und entwickelten sie allerdings auch ihre eigene Sprache und ihr eigenes Wesen, beides entsprungen aus einer jahrtausendealten vorislamischen Kultur. Es scheint, daß das innere Streben der Iraner seinen Ausdruck in der Trauer und im Warten auf den verborgenen Imam* findet, den beiden Herzstücken des Zwölferschiismus. Dieser bestimmte im Laufe der Zeit die iranische Sichtweise des Islams, die sich durch eine besondere mystische Dimension auszeichnet (veranschaulicht von den bedeutendsten Dichtern: Nisami*, Rumi* Attar* und Hafis*) sowie durch den Aufschwung des Sufismus*. Man hat die Behauptung aufgestellt, daß die sunnitische Theologie*, die ihrem Wesen nach hyperlegalistisch ist und schon früh erstarrte, das persische, von Grund auf spekulative Gemüt nicht befriedigen konnte. Vielleicht erklären diese wenigen Punkte die Langlebigkeit der nationalen kulturellen Identität und das Bestehen einer wahrhaftigen iranischen „Sonderstellung" im Islam.

► Schiiten, Mongolen, Persisch (Sprache), Safawiden, Seldschuken (Groß-), Timuriden, Türken

Isfahan

Die alte Stadt Isfahan, in der Nebukadnezar (605–562 v. Chr.) eine jüdische Gemeinschaft errichten ließ, liegt 500 km südlich von Teheran. Im Jahr 640 wurde sie auf Befehl des rechtgeleiteten Kalifen* Omar erobert.

Die Schicksalsschläge der Geschichte hinderten Isfahan nicht daran, zu einer großen und blühenden Stadt zu werden, ein Charakteristikum, das sich mit der Ankunft der Groß-Seldschuken* bestätigte, deren Hauptstadt Isfahan von 1051 bis 1118 war. Die Stadt wurde nun mit einer gewaltigen, mit Schießscharten versehenen Stadtmauer umgeben, welche viele reiche Basare* einschloß, und zeichnet sich durch die eindrucksvolle Freitagsmoschee* aus: Am Ende des 11. Jhs. von Malik Schah auf den Mauern eines Gebäudes aus dem vorhergehenden Jahrhundert erbaut, ist sie eines der ersten Beispiele einer Moschee mit vier Iwanen – Hallen mit Tonnengewölben, die auf einer Seite offen sind – und das einzige große Bauwerk, das aus dieser Zeit erhalten blieb. Der Einfall der Mongolen* (1240) führte nicht zum Niedergang: Isfahan blieb reich, und der Sultan Oldjaitu schmückte die Moschee mit einem prunkvollen Stuckmihrab*. Dagegen zerstörte Timur-Leng* 1387 die Stadt und ließ ihre 70000 Einwohner massakrieren. Isfahan gewann Reichtum und Ansehen zurück, als es zu Beginn des 17. Jhs. zur Hauptstadt des Safawiden*-Schahs Abbas wurde: der französische Reisende und Kaufmann Chardin hat uns eine Beschreibung voller Bewunderung hinterlassen. Der Königsplatz (heute: Imam-Platz), der länger als 500 m ist, wird von doppelstöckigen Arkaden eingefaßt, und jede Ecke ist mit einem Gebäude geschmückt: im Süden die Königsmoschee (1612–1629), im Osten die Lotfollahmoschee (1603–1619), das gewaltige Portal des Königlichen Basars im Norden und schließlich der Ali-Kapu-Palast im Westen, der den Eingang zum Gartenpalast des Schahs markiert. Der Pavillon Tschehel Soton („mit 40 Säulen", tatsächlich sind es zwanzig, die sich in einem Wasserbecken widerspiegeln) ebenso wie jener der „Acht Paradiese" vervollständigen diese Residenz. Neben dem Königsplatz ist der Tschahar-Bagh ein freier Platz, mit Bäumen bepflanzt und mit Kanälen lebhaft gestaltet, welche die alte Stadt mit dem Fluß Sajende Rud verbinden. Die Schönheit der Stadt wurde im Persischen zu einem Sprichwort (mit einem phonetischen Wortspiel): *Isfahan nasf-e-Djahan* („Isfahan, die Hälfte der Welt"). Heute ist Isfahan eine Industrie- und Handelsstadt mit mehr als 2 Mio. Einwohnern.

Islam, Ausbreitung des

Die Ausbreitung des Islams nahm ihren Beginn im Hedschas* mit dem Ziel, ganz Arabien für den neuen Glauben zu gewinnen. Die überwältigenden Erfolge der ersten Wellen der islamischen Expansion stellen ein hervorstechendes geschichtliches Ereignis dar. Sie waren vor allem das Werk von in der Kriegskunst scheinbar unerfahrenen Beduinen*. Die von ihnen angegriffenen Reiche, Persien* und Byzanz*, waren in jener Gegend die mächtigsten; sie waren jedoch durch den jahrhundertelangen Kampf gegeneinander geschwächt. Unbestreitbar spielte die Religion – in Verbindung mit dem Streben nach unermeßlicher Kriegsbeute – eine zentrale Rolle bei der Ausbreitung des Islams.

Von Indien bis zu den Pyrenäen. Die rechtgeleiteten Kalifen* als unmittelbare Nachfolger Mohammeds* (gest. 632) an der Spitze des islamischen Staates* wollten zuallererst den kriegerischen Eifer der Araber kanalisieren. Dazu sandten sie diese in einer ersten Eroberungswelle über die Grenzen Arabiens hinaus, und binnen zwölf Jahren (633–645) entstand ein islamisches Reich. Hervorragenden, legendär gewordenen Heerführern (wie Khalid Ibn al-Walid, Muawija – der spätere Omaijaden*-Kalif – und Amr Ibn al-As) gelang es, die Beduinen zu disziplinieren. Das sassanidische* Persien, das durch innere Auseinandersetzungen stark geschwächt war, wurde 637 in der Schlacht von Qadissija besiegt und die Hauptstadt Ktesiphon (in Mesopotamien) 638 besetzt. 642 wurde die persische Armee in Nihawand vernichtend geschlagen, und der letzte sassanidische König floh, so daß der Iran* den islamischen Reitern offenstand. Die Byzantiner verloren Syrien und Palästina* zwischen 635 und 638 durch die Einnahme von Damaskus*, Aleppo und Jerusalem*. Anschließend, zwischen 639 und 642, mußten sie auch ihr ägyptisches Schutzgebiet aufgeben. Im Norden und im Westen geboten Gebirge (in Anatolien*) und Wüsten (in Libyen) den Eroberungen vorübergehend Einhalt. Zur Kontrolle der neuen Provinzen wurden Garnisonstädte im Irak (Kufa, Basra) und in Ägypten (Fustat, das „alte Kairo") gegründet. Nun stellte sich ein neues rechtliches Problem: Wie sollte man die Massen der neuen nichtmoslemischen Untertanen (Juden, Christen, iranische Zoroastrier) und die Neubekehrten organisieren? Hierbei wurde unterschieden zwischen dem Schicksal polytheistischer Heiden (gewaltsam bekehren oder töten) und demjenigen der Schriftbesitzer*, die ihren Glauben beibehalten konnten, wenn sie Tribut zahlten. Einem Teil der Christen (nämlich Kopten* und anderen Monophysiten sowie Nestorianern*) war dies nicht unrecht, da sie bislang oft Gegenstand religiöser Verfolgungen seitens der Byzantiner gewesen waren, so daß sie den Eroberern nicht sonderlich feindlich gesonnen waren. Hinzu kam, daß die Moslems* die jeweilige (ihnen zahlenmäßig überlegene) Bevölkerung auch nicht ausrotten oder sich entfremden wollten, da deren wirtschaftliche und administrative Fähigkeiten für das neue Reich unerläßlich waren. Das Problem der Konvertiten (*Mawali*), die zu einem arabischen Stamm in ein Klientelverhältnis treten mußten, war paradoxerweise – bis in die Zeit der Abbasiden* – wesentlich schwerer zu regeln; es bildete eine Quelle politisch-religiöser Aufstände, die teilweise zur Sektenbildung* beitrugen. Mit der zweiten Eroberungswelle (685–715) unter den Omaijaden erreichte das arabisch-islamische Reich seine größte Ausdehnung. Kleinasien war Raubzügen schutzlos ausgesetzt, und Byzanz* mußte zwei Belagerungen zu Lande und zu Wasser über sich ergehen lassen

(668–669 und 674–680). Ab 699/700 besetzten die Moslems Afghanistan*, schwärmten anschließend von ihren Stützpunkten im Iran aus und eroberten Transoxanien* (704–715), wo sie Garnisonen in Buchara* und Samarkand* errichteten. Die den Chinesen von den Arabern 751 am Fluß Talas (nahe Taschkent) zugefügte Niederlage sicherte die Grenzen zwischen der islamischen und der chinesischen Welt, hielt den Vormarsch des Islams nach China* (Kaschgar-Sinkiang) jedoch nicht auf. Vom iranischen Belutschistan aus gelangte der Islam 711 nach Indien*: nach Sind (das heutige Pakistan*). Im selben Jahre überschritt eine kleine arabisch-berberische Armee die Straße von Gibraltar; damals war der Maghreb* schon infolge der Feldzüge von 647–648 sowie derjenigen des großen Anführers Ukba Ibn Nafi (670–681) und des Musa Ibn Nusair (705–708) teilweise islamisiert und arabisiert. Spanien stand, ausgehend von Andalusien*, fünf Jahre später (715) fast vollständig unter moslemischer Herrschaft und wurde zur Grenze des Islams im Westen. Nachdem das Westgotenreich geschlagen war, setzten die Moslems ihren Siegeszug ins Frankenreich fort. Dort wurden sie 732 im Norden (bei Poitiers) gestoppt, konnten ihren Vormarsch jedoch ins Languedoc und die Provence* fortsetzen. Im 9. Jh. war Sizilien* in islamischem Besitz.

Ausdehnung in die gesamte bekannte Welt. Ab dem 9. Jh. war die Verbreitung des Islams weniger das Werk der Araber als der neu bekehrten Völker: Türken* als Verfechter der sunnitischen* Orthodoxie in Anatolien* und Indien*, Mongolen* im Osten und auf der Krim*, Berber* im Westen und in Schwarzafrika, Araber im Nilgebiet des Sudans*. Arabische, persische und indische Händler trugen den Islam nach Ostafrika, Malaysia* und Indonesien*.

Nachdem der Islam an den Küsten Äthiopiens* bereits präsent war, konnte er sich schließlich ab dem 12. Jh. in Ostafrika, an der Swahili*-Küste, festsetzen. In Indien legten die türkische Dynastie der Ghasnawiden (977–1186) und die ihnen nachfolgenden Ghuriden die Grundlagen des Sultanats* Delhi* (1206). So wurde ein Teil Indiens islamisiert. Durch die Moguln* kam der größte Teil des Subkontinents unter die politische Herrschaft der Moslems. Andere Türken, die Seldschuken* und später die Turkmenen*, die durch die Invasionen der Mongolen vertrieben worden waren, vergrößerten den Machtbereich des Islams in Anatolien, bevor das Osmanische* Reich entstand. Die Berber im Maghreb* verbreiteten die Religion des Propheten in Westafrika und im Sahel – sowohl friedlich entlang der Karawanenwege durch die Sahara* als auch durch Heiligen Krieg (*Dschihad**; so die Almoraviden* und die Almohaden*). Nachdem es den Mongolen nicht gelungen war, den Islam im Mittleren Osten zu vernichten, belebten sie die Handelsstraßen wieder, über die sich die islamische Kultur vor allem ausbreitete, und nahmen in diesem Teil der Welt am Ende des 13. Jhs. den Islam an. Ihr Khanat* auf der Krim (13.–14. Jh.) trug zur Verbreitung des Islams rund um das Schwarze Meer und im Kaukasus* bei. Zur selben Zeit wurde das christliche Nubien von den Mamelucken* in Ägypten nach und nach islamisiert, im Anschluß daran auch ganze Regionen des nördlichen Sudans. Die Moslems in

Schwarzafrika bauten mit der Zeit ein Verkehrsnetz von Ost nach West auf, das zur späteren Islamisierung weiterer Gebiete des Kontinents beitrug. Arabische Händler führten den Islam ab dem 10. Jh. in Südostasien ein, doch erst im 14.–15. Jh. verbreitete er sich in bedeutendem Maße in Malaysia und Indonesien auf Grund der Tätigkeit persischer Missionare und (wie in der gesamten Region) arabischer, persischer und indischer Händler, Prediger und Seeleute.

Ein beachtenswertes Phänomen stellt die Islamisierung des Balkans* durch die Osmanen ab dem 14./15. Jh. dar, denn dadurch faßte der Islam in Europa dauerhaft Fuß. Im Gegensatz zu Spanien*, wo der Islam mit der Vertreibung der Morisken* zu Beginn des 17. Jhs. endgültig vernichtet wurde, leben auf dem Balkan bis heute rund sieben Millionen Moslems – praktizierend oder nicht –, größtenteils konvertierte Einheimische.

Der Islam ist wie das Christentum eine Religion mit Universalanspruch und wächst nach wie vor durch seinen Bekehrungseifer – in den letzten zwanzig Jahren allerdings nicht mehr so schnell. Heutzutage ist der Islam in allen Erdteilen vertreten.

▶ Afrika, Andalusien, Balkan, Berber, China, Indien, Indonesien, Islam (heutige Verbreitung), Maghreb, Sklaverei, Türken

Islam, heutige Verbreitung

Eine Milliarde Menschen bekennen sich heute zum Islam, 90% von ihnen sind Sunniten*, 10% Schiiten*. Moslems* sind in über 100 Ländern der Erde präsent, in ungefähr 40 davon bilden sie die Mehrheit.

Am Ende des 20. Jahrhunderts vollzieht sich die religiöse und kulturelle Ausbreitung des Islams in größerem Maße durch natürliches Bevölkerungswachstum als durch Bekehrungsaktivitäten; letztere gibt es in jüngster Zeit noch in Schwarzafrika. Prognosen für das Jahr 2025 sprechen von anderthalb Milliarden Moslems, von denen rund 500 Mio. Araber sein werden. Diese waren unter den moslemischen Völkern schon immer in der Minderheit. Heutzutage gibt es 200 Mio. Araber, von denen 10 Mio. orientalische Christen* sind. Es ist daher ein doppelter Irrtum, „Moslems" und „Araber" gleichzusetzen.

In demographischer Hinsicht ist der Islam heute in überwältigendem Maße eine asiatische Angelegenheit. Die Mehrheit der Moslems findet sich (in absteigender Reihenfolge) in Südostasien, dann im türkisch-mongolischen Bereich (vom Bosporus über Mittelasien* bis nach Sinkiang in China*) und schließlich in iranischen Gebieten (Iraner, Kurden*, Afghanen). Die arabische Welt steht an vierter Stelle, gefolgt von Afrika* südlich der Sahara. 15 Mio. Moslems leben in der Diaspora in Europa und beiden Teilen Amerikas.

Die größten moslemischen Staaten sind nach der Bevölkerungszahl (in absteigender Reihenfolge): Indonesien* (200 Mio. Einwohner, die zu 90% moslemisch sind), gefolgt von Pakistan* (96% der 130 Mio. Einwohner sind Moslems), Bangladesch (knapp 90% Moslems bei 120 Mio. Einwohnern). In Indien sind über 100 der 950 Mio. Einwohner Moslems, das entspricht fast 12% der Bevölkerung. Es folgen der Iran* (62 Mio. Moslems), die Türkei (ungefähr 60 Mio. Moslems), Ägypten

(49 Mio. Moslems neben 6 Mio. koptischen* Christen), Nigeria (51 Mio. Moslems bei 115 Mio. Einwohnern) und schließlich die mittelasiatischen* Republiken der ehemaligen Sowjetunion (rund 44 Mio. Anhänger des Islams).

Islam, Religion

Wörtlich: „Unterwerfung" unter Gott (Allah), von derselben arabischen Wortwurzel abgeleitet wie *Salam* (Friede, Heil). Der Islam wurde Mohammed* mittels des Korans* offenbart und den Arabern in Mekka* und Medina* verkündet. Er ist die zeitlich letzte Weltreligion und entstand in der Folge von Judentum* und Christentum*, die beide bereits im alten Arabien* bekannt waren.

Der Islam versteht sich als eine Religion der „Versöhnung" (eine der Bedeutungen von „Islam") mit Gott innerhalb der semitischen monotheistischen Tradition seit Abraham* – einer Tradition, die schon Juden und Christen vertraten, jedoch im Laufe der Zeit „verfälschten". Für Mohammed hat die neue Religion sowohl die Aufgabe, die Botschaft der zwei vorangegangenen Religionen zu „bestätigen" (und dabei zu vollenden) als auch den Arabern einen Propheten zu geben sowie eine heilige Schrift, die unmittelbar von Gott auf ihn „herabgesandt" wurde: den Koran. Durch beides wurde die Stammesanarchie der Araber überwunden, die dadurch zu einem geeinten Volk mit einer einheitlichen Sprache wurden, dem Arabischen*. Grundlegendes Dogma des Islams ist die absolute Einzigkeit Gottes (*Tauhid*), hinzu kommen die Sendung der Propheten und das endzeitliche Gericht. Der Islam trennt nicht zwischen Diesseits und Jenseits und betont, daß der Mensch einen freien Willen besitzt, mit dem er die göttlichen Gebote befolgen oder mißachten kann, wobei er allein verantwortlich ist und auch keinen Klerus zur Seite hat, der zwischen ihm und Gott vermittelt. Ein zentraler Begriff ist derjenige der Gemeinschaft aller Moslems* (*Umma*); diese übersteigt alle Spaltungen in Völker und Gesellschaftsschichten und ermöglicht die gemeinsame Verteidigung des islamischen Gebiets. Die „Anstrengung" (*Dschihad**) im „Heiligen Krieg" (der jedoch nicht zu den rechtlich vorgeschriebenen „Fünf Säulen*" des Islams gehört) erlaubt die Ausdehnung der *Umma*. Seinem Selbstverständnis zufolge ist der Islam zugleich „Religion und Staat" (*Din wa-Daula*) und daher (mit Hilfe des islamischen Rechts*, der Scharia*) in allen Bereichen des öffentlichen und privaten Lebens der Moslems gegenwärtig. Das islamische Glaubensbekenntnis ist vor allem im Koran (und dessen zahlreichen Kommentaren*) enthalten, ebenso wie in den Überlieferungen (*Hadith**) und den Entscheidungen der Theologie* und der Rechtsschulen*. Die gleichen Quellen definieren auch das Verhältnis zu anderen Monotheisten, den Schriftbesitzern*. Koranische Vorschriften (die Fünf Säulen: Glaubensbekenntnis, Gebet*, Fasten, Sozialabgabe, Wallfahrt*) bestimmen das geistliche Leben der Gläubigen, deren Alltag von den islamischen Festen* und dem Besuch der Moschee* strukturiert ist. Den Sufismus*, der lange Zeit von den Ulema* (den Religionsgelehrten) wegen seiner – tatsächlichen oder vermeintlichen – sektiererischen Tendenzen kritisiert wurde, integrierte der große Theologe al-Ghasali* in den sunnitischen* Islam. Die Schiiten* gelten zwar als vollberechtigte Moslems, viele ihrer Glaubenslehren und Praktiken unterscheiden sich jedoch beträchtlich von denjenigen des sunnitischen Mehrheits-Islams.

Wie das Christentum ist auch der Islam eine Religion mit Universalanspruch. Die heute rund eine Milliarde Gläubigen sind auf allen Kontinenten vertreten. Allerdings ist der Islam vor allem eine asiatische Angelegenheit; die Araber sind unter den Moslems zahlenmäßig in der Minderheit. In überwältigender Mehrheit ist der Islam sunnitisch, die Schiiten machen nur 10% der Moslems aus.

▶ Fünf Säulen des Islams, Hadith, Islam (heutige Verbreitung), Koran, Mohammed, Moschee, Moslem, Ramadan, Recht, Rechtsschulen, Scharia, Schiiten, Sufismus, Sunna, Theologie, Wallfahrt

Islamisten ▶ Fundamentalismus

Ismael

Indem er erklärte, daß er die ursprüngliche monotheistische Religion von Abraham* und Ismael (arab. Ismail) wiederherstelle, machte Mohammed* den jüdischen Patriarchen und dessen ältesten Sohn zu direkten Vorfahren der Araber aus dem Norden der arabischen Halbinsel.

Für die Moslems* war es Ismael, der im Koran* wiederholt erwähnt wird, und nicht sein Halbbruder Isaak, der Ahnvater der Hebräer, den Abraham opfern wollte, um dadurch seine völlige „Unterwerfung unter Gott" (dies ist der Sinn des Wortes „Islam") zu zeigen. Diese Unterwerfung sollte der Anlaß für die Geburt Isaaks sein, den langersehnten Sohn mit seiner legitimen Ehefrau Sarah, die zum Zeitpunkt der Niederkunft bereits in fortgeschrittenem Alter war. Sein erstgeborener Sohn Ismael wurde dagegen nach der Geburt zusammen mit seiner Mutter Hagar, der Konkubine Abrahams, in die arabische Wüste verbannt. Grund war die Eifersucht Sarahs, die bis dahin noch kinderlos war. Nach Meinung der Moslems haben Ismael und sein Vater die Kaaba*, den ersten monotheistischen Tempel, wiederaufgebaut, der ursprünglich von Adam hinterlassen wurde. Nahe der Kaaba ließ Gott die von der Vorhersehung gesandte Zamzam-Quelle entspringen, die den Durst Ismaels und seiner Mutter stillte, um sein Versprechen zu erfüllen, daß er Abraham zum Erzvater eines großen Volkes, der Araber, machen würde. Hagars verzweifelter Weg, um ihr Baby zu retten, wird immer während der kanonischen Wallfahrt* nach Mekka* feierlich begangen, indem die Pilger zwischen den beiden Hügeln Marwa und Safa hin und her laufen. Nach alter Sitte löschen sie ihren Durst am Zamzam-Brunnen, der sich heute innerhalb der Tempelmauern der Großen Moschee* in Mekka befindet. Ismael heiratete in dieser Gegend; nach der Überlieferung soll er wie seine Mutter in dem „eingezäunten Land des Ismael", nahe der Kaaba, beerdigt sein.

▶ Abraham

Ismailiten

Siebenerschiiten, d. h. sie erkennen sieben rechtmäßige Imame* an (im Gegensatz zu den Zwölferschiiten*, die die Mehrheit der Schia bilden). Häufig als extremistisch eingeschätzt, gehören sie zu den regelmäßig im Laufe der islamischen Geschichte auftauchenden politisch-religiösen Bewegungen messianischen Charakters.

Die „Sieben" symbolisiert einen Geschichtszyklus von sieben Zeitaltern, deren jedes von einem Imam abgeschlossen wird. In den Augen der Sunniten* ist die ismailitische Lehre völlig häretisch; sie vertritt eine allegorische, teils sogar gnostische Schriftauslegung sowie den Glauben an die Seelenwanderung: Die Seelen werden nur befreit durch die unter Anleitung des Imams erworbene Erkenntnis. Die Lehre weist unleugbare Einflüsse des iranischen Manichäismus und des Neuplatonismus auf, wahrscheinlich auch indische Einwirkungen. Trotz seines militanten politischen Charakters ist der ismailitische Glaube im wesentlichen esoterisch und betont sehr stark die grundlegende dualistische Unterscheidung von „Offensichtlichem" (*zahir*) und „Verborgenem" (*batin*) in den offenbarten Schriften. Nur die Eingeweihten kennen die Wahrheiten, die besonders aus der mystischen Bedeutung der Buchstaben und Zahlen erschlossen werden.

Die von den orthodoxen Sunniten gewalttätig verfolgte ismailitische Bewegung bildete im Kalifat* der Abbasiden* eine revolutionäre Geheimorganisation, deren Missionare zeitweise einen großen Teil Persiens* (879) für sich gewannen, ebenso Bahrain (in Gestalt der Karmaten*, 899), im Jemen* Anhänger sammelten und sogar in Indien* Fuß faßten. Auf politischer Ebene hatten die Ismailiten ihren größten Erfolg mit der Errichtung des bedeutenden, mit Bagdad* rivalisierenden Kalifats der Fatimiden* (909–1171) zunächst im Maghreb*, dann in Ägypten. Nach dem Ende der Fatimiden-Herrschaft spaltete sich die Bewegung in zwei Zweige, deren extremistischerer, die Assassinen*, sich in zahlreichen Burgen (z. B. Alamut) im Norden Persiens und in Syrien niederließ. Die Assassinen setzten eine terroristische Bewegung gegen die herrschenden sunnitischen Eliten in Gang, bevor sie selbst in Persien von den Mongolen* und später in Syrien von den Mamelucken* vernichtet wurden.

Heutzutage zählen die Ismailiten – in einer beträchtlich abgemilderten Form – 600 000 Anhänger, die in Indien und Pakistan* leben. Die meisten von ihnen erkennen den Aga Khan* als geistliches Oberhaupt an. Ismailiten-Gemeinden bestehen ferner in Syrien, im Libanon, im Iran* und sogar in Mittelasien* und Sinkiang*. Teilweise wird die Religion der Drusen*, die unter den Fatimiden entstand, als ein Zweig der Ismailiten betrachtet.

▸ Assassinen, Fatimiden, Schiiten

Istanbul

Istanbul ist die türkische Form des griechischen Ausdrucks *eis tên polin* („in die Stadt"). Die Stadt schlechthin, das ist Byzanz* oder Konstantinopel. Die Osmanen* nannten sie Istanbul, aber behielten für lange Zeit die arabische Form von Konstantinopel, *Qustantiniyya,* bei. Istanbul erstreckt sich bis zum südlichen Ende des Bosporus, mit einer Verbindung zum Mittelmeer (Ägäischen Meer). Am europäischen Ufer wird sie durch das Goldene Horn geteilt (die „Bucht" oder der „Golf", arab. *khalidj,* türk. *halice*). Das asiatische Ufer ist heute der Metropole einverleibt, womit sie durch drei Hängebrücken verbunden ist.

Nach der Eroberung Konstantinopels durch Mehmed (Mohammed) II., genannt *Fatih* („der Eroberer"), am 29. Mai 1453 ersetzte Istanbul Edirne (Adrianopel) als Hauptstadt des Osmanischen Reiches. Die Stadt war bei der Ankunft der Türken z. T. verfallen und entvölkert; der Sultan* bemühte sich, diese Erblast nicht zu verschlimmern, und ordnete sogar – nicht nur moslemische – Umsiedlungen aus anderen Provinzen des Landes an. Die kosmopolitische Tradition der Stadt wurde so bewahrt; im 16. Jh. z. B. betrug der Anteil der Christen mehr als 40% der Bevölkerung der Hauptstadt. Mehmed II. wollte aus Istanbul eine heilige Stadt des Islams machen und ließ ein Grabmal errichten, um die Überreste von Abu Aijub (türk. Eyüp) aufzubahren, einem Gefährten Mohammeds*, der 669 während der Belagerung von Byzanz durch die Araber vor der Stadt starb. Bevor mit dem Bau von Architekturkomplexen begonnen wurde, die die Physiognomie der Stadt verändern sollten, nutzten die Eroberer eine bestimmte Anzahl der byzantinischen Bauwerke: Paläste, Zirkus und Kirchen, von denen einige für weltliche Zwecke genutzt oder in Moscheen* umgewandelt wurden. Dies ist z. B. der Fall bei der Hagia Sofia (türk. *Aya Sofya*), welche ein vollendetes architektonisches Modell wurde. Die Hagia Sofia ist ein Beispiel für den ursprünglichen Grundriß der osmanischen Moschee mit einem Hauptraum ohne Kuppel*. Mehmed II. begann den Bau (1465–1478) der kaiserlichen Stadt Topkapi* auf der Spitze eines Felsvorsprungs (die „Spitze des Serails") zwischen dem Marmarameer und dem Bosporus. Von dieser Zeit an ließen Sultane (und Sultaninnen), Wesire* und osmanische Würdenträger Gebäude um die großen Moscheen bauen: Medressen*, volkstümliche Marketendereien, Krankenhäuser*, Karawansereien*, eindrucksvolle öffentliche Brunnen (*Sebils*), aber auch Friedhöfe und Mausoleen. Indem sie als Unterkunftsmöglichkeit dienten, trugen diese Gebäude zur städtischen Entwicklung bei. Unter Süleyman dem Prächtigen* wuchs die Stadt von 400 000 auf 700 000 Einwohner, sie war damit doppelt so groß wie das zeitgenössische Paris und dreimal so groß wie London; die Stadt war ein großes Industrie- und Kunstzentrum; sie beherbergte mehr als 1000 verschiedene Zünfte. Der große Basar* von Istanbul war und ist der größte überdachte Basar der Welt. Die Waffenlager der Hauptstadt machten die osmanischen Flotte zeitweise zur schlagkräftigsten des Mittelmeers.

Unter den schönsten architektonischen Gestaltungen, die man heute noch in der Stadt bewundern kann, müssen die Moschee von Beyazid II. (türk. Bayezit), gebaut 1501–1506, die Hasseki-Moschee Selims I. (1522), der erste Bau Sinans* in Istanbul, und die Moschee des Großwesirs Rüstem Pascha (1560) erwähnt werden. Die gewaltige Moschee und *Kulliye* (Medresse) von Süleyman, die Süleymaniye, eines der Hauptwerke Sinans, beherrscht die ganze Altstadt; gegenüber der Hagia Sofia gelegen, verdankt diese stilvolle Moschee mit sechs schmalen Minaretten (1609–1616) des Sultans Ahmet ihren Namen „blaue Moschee" ihrer inneren Wandverkleidung mit Fliesen aus

Iznik. Man spürt den Einfluß des europäischen, insbesondere des italienischen Barocks des 18. Jhs. in der Verwendung und Ausschmückung des Spitzbogens der Moschee Nuru Osmaniye. Dieser Einfluß findet sich nicht nur in bestimmten Pavillons (Kiosk, aus dem türkischen *köschk* „Pavillon in einem Park") und im Topkapipalast der gleichen Epoche, sondern auch während des ganzen 19. Jhs. in den Palästen, die entlang des Bosporus gebaut wurden, besonders im gewaltigen Kaiserpalast von Dolmabahe, der sich auf einer Länge von über 600 m auf dem europäischen Ufer erstreckt.

Heute ist Ankara die politische Hauptstadt der Türkei. Istanbul bleibt aber mit seinen 10 Mio. Einwohnern die kulturelle Hauptstadt und vor allem das Finanz- und Wirtschaftszentrum des Landes.

Janitscharen

Lange Zeit bildeten die Janitscharen – aus dem Türkischen *yeni tscheri* „neue Truppe" – das Elitekorps der osmanischen* Armee*, welche bis zum Beginn des 17. Jhs. die mächtigste Europas war.

Seit dem 14. Jh. wurden die Janitscharen in regelmäßig angeordneten Erhebungen (Devschirme: „Knabenlese") rekrutiert. Es handelte sich hierbei um christliche Jungen (zw. 10 und 14 Jahren), die ursprünglich vom Balkan* stammten. Nachdem sie zum Islam übergetreten waren, wurden sie im Topkapi*-Palast erzogen, um Soldaten oder Beamte im osmanischen* Staat zu werden. Gewöhnlich hatten sie Zugang zu höheren Funktionen: Wesire*, Kommandeure, sogar Großwesire. Ihrer Wurzeln entrissen, konnte man bei ihnen um so sicherer davon ausgehen, daß sie alles tun würden, was der Sultan* befahl. Sie bildeten ursprünglich die Infanterie – die Türken hauptsächlich die Kavallerie –, dazu bestimmt, gegen die byzantinischen Infanteristen zu kämpfen. Ihre Zahl überstieg selten die 15 000 bis zur Zeit der Kriege gegen das safawidische* Persien*, während der sich ihre Anzahl deutlich vergrößerte. Ab dem Ende des 16. Jhs. konnte, mit Einführung der Heiratserlaubnis, die Zugehörigkeit zum Janitscharenkorps vererbt werden, was zur Verminderung des Kampfgeistes führte. Im 17. Jh. zu einer veralterten Kaste geworden und konservativen religiösen Kreisen verbunden, spielten die Janitscharen, um ihre Privilegien zu schützen und aus Abneigung gegen Erneuerungen – besonders auf militärischem Gebiet –, eine politisch unselige Rolle, indem sie Sultane ein- und absetzten und sogar dazu übergingen, sie zu ermorden. 1826 ließ der reformerische Sultan Mahmud II. sie infolge einer ihrer zahlreichen Revolten niedermetzeln.

▶ Sklaverei, Osmanisch (Kultur)

Jemen

Das Wort „Jemen" bedeutet auf Arabisch „Glück" und „rechts", denn dieses Gebiet liegt rechts von Mekka* und nimmt die südwestliche „Ecke" der arabischen Halbinsel ein. Die Fruchtbarkeit der Hochebenen, die von den Monsunregen des Indischen Ozeans bewässert werden, trug dem Jemen seit der Antike den Namen „Arabia felix" (Glückliches Arabien) ein, im Gegensatz zu den Wüstengebieten (Arabia deserta), die diese Region umgeben.

Südarabien, eine Kultur des Alten Orients. Während der zehn Jahrhunderte, die dem Islam* vorausgingen, entstanden die bemerkenswerten Kulturen Südarabiens, die ihren Wohlstand dem Handel* verdankten. Die Königreiche des Jemens waren zusammen mit ihrer Kolonie Somalia die einzigen Hersteller von Myrrhe und Weihrauch. Diese wurden in großen Mengen für die Bestattungsriten und religiösen Kulte des Altertums verwendet; der Jemen besaß auch das Monopol auf ihre Ausfuhr. Er stand an der Spitze eines Seereiches: die Häfen am Indischen Ozean und Roten Meer führten Luxusgüter aus Indien* und Gold aus Ostafrika ein und leiteten sie sofort zum Mittelmeer, nach Ägypten und zum Fruchtbaren Halbmond* auf dem Wege durch Arabien weiter. Dieser außergewöhnliche Reichtum wird in alten Schriften, in assyrobabylonischen Inschriften und von griechisch-lateinischen Autoren, wie Herodot, Strabo und Plinius gefeiert. Archäologie und bis heute erhaltene Spuren bezeugen, daß es hier im 1. Jahrtausend unserer Zeitrechnung fünf wichtige Staaten gab. Ihre hochentwickelte Kultur stellte einen wichtigen Beitrag der arabischen Völker zur „klassischen" Kultur des Nahen Ostens dar. Ausgestattet mit einem Alphabet, um ihre semitischen Sprachen zu übertragen, pflegten sie eine vielschichtige Landwirtschaft*. Diese Handelsstaaten entstanden sowohl nacheinander als auch zeitweise parallel, rings um florierende Hauptstädte: im Norden die Minäer in Main; Saba in der Mitte des Landes um Marib (eine Zeitlang das größte Handelszentrum des alten südlichen Orients) und Kataban in der südlichen Mitte mit Timna als Hauptstadt; das Königreich von Hadramaut im Südosten um Schabwa; dann das Reich von Himjar im Süden mit der Hauptstadt Zafar. Diese Staaten wurden unter die Herrschaft der Priester-Könige gestellt und dienten dem Kult einer Triade (Dreiheit), die in den großen Tempeln verehrt wurde. Diese Triaden kamen in der Religion* der Araber vor dem Islam vor. Das Königreich von Saba ist das berühmteste von allen. Der Besuch seiner legendären Königin Bilkis in Jerusalem* und ihre „Begegnung" mit Salomo bekunden zugleich die Handelsbeziehungen zwischen dem Jemen und dem Nahen Osten wie die Anziehung, die die südarabischen Königreiche auf die Gelehrten ausübten. Der Sohn aus dieser Verbindung wird vom christlichen Äthiopien* als Ursprung seines königlichen Geschlechts angesehen, womit vermutlich die Kolonisierung durch die Südaraber „bestätigt" wurde. Im 4. Jh. v. Chr. war Südarabien unter der Vorherrschaft von Saba noch vereint. Aber die Nordstaaten standen unter dem Druck der Nomadenstämme der Beduinen*. Das Königreich von Himjar beherrschte, nachdem es um 275 n. Chr. Saba verdrängt hatte, bis ins 5. und 6. Jh. hinein einen großen Teil des Südjemens. Der südarabische Handel, der eine unbeständige Quelle des Reichtums war, erlitt einen schweren Schlag, als die Ptolemäer in Ägypten im 2. Jh. v. Chr. das Monsunsystem entdeckten und nun Weihrauch und Luxusgüter direkt über das Rote Meer bezogen und als Folge die Karawanenstraßen mieden. Später, 24 v. Chr., sandte Rom eine Expedition, um den südarabischen Handel in seine Gewalt zu bekommen, aber dies stellte sich als Mißerfolg heraus. Südarabien verfiel und erhielt einen Gnadenstoß, als sich im 6. Jh. der entscheidende Dammbruch von Marib, der alten Hauptstadt von Saba, ereignete. Saba besaß ein ausgefeiltes Bewässerungssystem, das der Gegend seit seiner Erbauung im 7. Jh. v. Chr. den Beinamen „grün" verlieh. Der im Koran* erwähnte Dammbruch ist für Arabien bedeutsam, weil er viele Stämme des Südens dazu veranlaßte, in den Norden der Halbinsel auszuwandern, und die Karawanenstädte des Hedschas* bereicherte. Der Jemen wurde zum Spielball religiöser und politischer Interessen zwischen Byzanz* mit seinem Verbündeten, dem christlichen Äthiopien, und dem Persischen Reich. Das Judentum*, das in dieser Gegend als politisch neutral angesehen wurde, war dort ebenfalls präsent: im 6. Jh. bemächtigte sich der junge jüdische Konvertit Dhu Nuwas des Himjariten-Throns. Seine antichristliche religiöse Unnachgiebigkeit bildete den Vorwand für eine neue – von Byzanz angestiftete – äthiopische Invasion (525–575), bis eine Dynastie aus der Region das Eingreifen der Sassaniden* forderte. Der Jemen wurde persische Satrapie.

Der Jemen unter dem Islam. Der persische Gouverneur nahm 628 den Islam* an. In Folge des Zustroms nordarabischer Stämme ersetzte die arabische* Sprache das Himjaritische. Später erhielten die Stämme mehr oder weniger ihre Unabhängigkeit, bis 860 der (fünferschiitische) Zaiditen*-Imam* al-Hadi Yahya eine Dynastie in den Hochebenen begründete. Die schafiitischen* Sunniten* hielten sich im Süden und an den Küsten. Das Zaiditen-Imamat überdauerte bis zur republikanischen Revolution von 1962. Während der islamischen Zeit besaß der Jemen trotz der Stammeskriege und einer Zersplitterung in Fürstentümer hervorragende einheimische Dynastien, z. B. die Sulaihiden (11.–12. Jh.) und Rassuliden (1229–1454), und war zeitweise moslemischen Dynastien von außerhalb unterworfen (Aijubiden*, Osmanen*). Die Städte, wie Sana, Zabid, Taizz, Saada, und der Hadramaut errichteten hervorragende, sehr unterschiedliche islamische Bauwerke. Im 17.–18. Jh. wurde die am Roten Meer liegende Stadt Mokka durch den Export von Kaffee nach Europa reich. Im Jahr 1990 vereinigten sich die beiden jemenitischen Staaten wieder, die wegen des britischen Protektorats über Aden und Umgebung (1839–1967) und später wegen ideologischer Unstimmigkeiten getrennt waren. Hauptstadt wurde Sana. Die Republik Jemen (fast 550000 km^2) hat 13 Mio. Einwohner; in den Hochebenen leben die Zaiditen und im übrigen Land die Sunniten.

► Arabien (altes)

Jerusalem

Jerusalem (arab. *al-Quds*, „die Heilige") ist nach Mekka* und Medina* die dritte heilige Stadt der sunnitischen* Moslems*. Sie wird verehrt, weil auf dem Vorplatz des Tempels des Salomo – das „würdige Heiligtum" – Mohammed* seine Himmelsreise* in die sieben Himmel begann. Aber auch, weil diese Stadt mit zahlreichen – jüdischen – Propheten, die im Koran* zitiert werden, in Verbindung gebracht wird sowie mit Jesus. Die Moslems besetzten schließlich Syrien-Palästina* und bemächtigten sich 638 Jerusalems, dessen Übergabe von dem christlichen Patriarchen Sophron ausgehandelt wurde. Bereits beim Betreten der Stadt führten sie auf dem fast unbesetzten Vorplatz des Tempels ihr Gebet* aus. Bald entstanden zwei wichtige Gebäude des Islams, der Felsendom* (691) und die Al-Aksa-Moschee („die Abgelegenste", 7.–11. Jh.). Unter dem fatimidischen* Kalifen* al-Hakim wurde das christliche „Heilige Grab" zerstört (1009), und Juden und Christen wurden verfolgt. Während des ersten Kreuzzuges* 1099 wurde die Stadt eine Zeitlang die Hauptstadt des lateinischen Königreichs Jerusalem (1099–1291). 1187 wurde sie von Saladin den Kreuzfahrern entrissen. 1229 gab der aijubidische* Sultan* al-Kamil, der um Entspannung mit den Franken bemüht war, die Stadt wegen eines Vertrages auf, der mit dem König von Sizilien und deutschen Kaiser Friedrich II.

von Hohenstaufen geschlossen wurde, zum Nachteil für Islam und Papsttum. Juden und Moslems war die Stadt nun verboten, letztere konnten sich aber weiterhin auf dem Vorplatz des Tempels versammeln. 1244 gaben die Aijubiden Jerusalem dem Islam zurück, dann annektierten die Mamelucken* Palästina* für Ägypten, nachdem sie die letzten Kreuzfahrer (1291) verjagt hatten. In Folge der osmanischen* Eroberung des Nahen Ostens (1516–1517) fiel Jerusalem an die Türken. Süleyman* der Prächtige ließ die Mauern der Heiligen Stadt wiederaufbauen und den Felsendom restaurieren (16. Jh.). Unter britischem Mandat (welches 1917 begann) fiel die Hälfte Jerusalems 1948 dem neuen Staat Israel zu, die andere Hälfte kam zu Transjordanien (welches 1950 Jordanien wurde).

Nach ihrem Sieg über die Araber infolge des Sechs-Tage-Krieges 1967 proklamierten die Israelis die endgültige „Wiedervereinigung" Jerusalems und machten es zu ihrer Hauptstadt. Diese Annexion ist immer noch nicht von der internationalen Gemeinschaft anerkannt und noch weniger von den Arabern, an erster Stelle den Palästinensern, welche aus Ost-Jerusalem die Hauptstadt ihres zukünftigen Staates machen möchten.

▸ Kreuzzüge, Palästina, Saladin, Himmelsreise

Judentum und Islam

Im alten Arabien lebten jüdische oder judaisierte Stämme genauso wie ihre heidnischen Nachbarn und teilten deren Gebräuche und Sprache. Ihr Glaube (ebenso wie derjenige der christlichen Araber) war den heidnischen Arabern in unterschiedlichem Maße bekannt.

Das Judentum als seit Jahrhunderten in Arabien gegenwärtige Religion. Jüdische Händler lebten mindestens seit dem 2. Jh. n. Chr. in den wohlhabenden Königreichen Südarabiens. Im 6. Jh. regierte im Jemen* ein jüdischer König, Dhu Nuwas, der das Judentum zur Staatsreligion in seinem Reich erheben wollte. In Nord- und Mittelarabien lebten zahlreiche jüdische Händler und Bauern, darunter die jüdischen Stämme der Region von Yathrib, dem späteren Medina*, im Hedschas*. Einige von ihnen waren eingewandert, andere ortsansässige Konvertiten. Diese wenigen Beispiele lassen darauf schließen, daß das Judentum die Entstehungs- und Reifungsphase des Islams beeinflußt hat – vor allem in Medina, einer Stadt, die zur Hälfte von Juden bewohnt war.

Der Koran und die jüdischen heiligen Schriften. Der Prophet hat die Araber in die Abstammung von Abraham* eingereiht, der sowohl ihr Vorfahr ist (durch seinen Sohn Ismael*) als auch derjenige der Juden (durch seinen Sohn Isaak). Im Laufe der Lehrentwicklung Mohammeds*, wie sie im Koran* deutlich wird, nahmen die biblischen Personen eine zunehmende Rolle ein, wenn auch die heiligen Schriften (Altes oder auch Neues Testament) nur nach dem Hörensagen und manchmal verzerrt zitiert sind oder aber vermittels apokrypher Texte. Denn die (zuhauf im Koran erwähnten) biblischen Propheten waren entschiedene Verteidiger eines unbeugsamen Monotheismus, der auch die Grundlage des entstehenden islamischen Glaubensbekenntnisses bildet. Häufig bezieht sich der Koran auf den Sabbat, den Ruhetag; Jerusalem* bildete die Gebetsrichtung (*Qibla**), bis in Medina* mit dieser Tradition gebrochen wurde. Der Koran enthält wesentliche Lehren, die auch dem Judentum bekannt sind: Auferstehung, rechtliche Regelungen, Speisevorschriften. Mohammed sah die Juden in Medina von vornherein als seine natürlichen Verbündeten an; daher war seine Enttäuschung groß, als diese sich weigerten, sich dem Islam anzuschließen. Der Bruch mit dem Judentum wurde schnell und gewaltsam vollzogen.

Die jüdische Unterscheidung zwischen Thora (Bibel) und Talmud (Kommentare auf der Grundlage des Judentums) ist auch dem Islam bekannt: Die Überlieferungen (*Hadith**) bilden nach dem Koran (dem heiligen Buch) die zweite Grundlage der Scharia*, die – entsprechend der jüdischen Halacha – als Gesetz Gottes gilt, das alle Lebensbereiche genauestens regelt. Beide Religionen betrachten das Recht* und die Lehren der Rechtsschulen* als wesentliche Bestandteile des Glaubens. Diese Ähnlichkeit liegt vermutlich am Einfluß der konvertierten Juden auf den Islam: Die Überlieferungen entwickelten sich vornehmlich im Irak, wo sich die großen rabbinischen Zentren des babylonischen Talmuds befanden.

Die Juden in der islamischen Kultur. Im Laufe der islamischen Geschichte konnten die Schriftbesitzer* (Juden und Christen) häufig ihre Religion ausüben, hatten aber den Status von Bürgern zweiter Klasse. Das allerdings hinderte die Mitglieder beider Religionsgemeinschaften nicht daran, höchste Positionen zu erlangen; sie blieben jedoch den Launen der Geschichte unterworfen. Einige Perioden waren gekennzeichnet von gewaltsamen antijüdischen Verfolgungen in zahlreichen islamischen Ländern: in Ägypten unter den Fatimiden*, in Andalusien* unter den Almohaden* sowie in rückläufiger Weise im schiitischen* Persien*, in Marokko und im Jemen*. Allein das Osmanische* Reich blieb davon ausgenommen, selbst während der im 17. Jh. durch den „falschen Messias" Schabbatai Zevi bewirkten Unruhen. Diese Spannungen schlossen nicht aus, daß im Laufe der Zeit, besonders im klassischen Goldenen Zeitalter, ein Gedankenaustausch zwischen den drei Religionen stattfand – in Form der Polemik oder gelehrter Disputationen, die zum Teil auf Betreiben der Abbasiden*-Kalifen* oder der andalusischen Herrscher stattfanden, wobei jede Religion versuchte, ihre Überlegenheit über die anderen zu beweisen. Juda Halevi (gest. um 1140) zeigte in seinem apologetischen *Buch vom Chasaren* (*Sefer ha-Kusari*) die Überlegenheit des Judentums auf, was den Khan der in den Steppen Südrußlands lebenden türkischen Chasaren dazu veranlaßte, dieser Religion den Vorzug vor den beiden anderen einzuräumen. Hervorzuheben ist, daß ein Werk wie das *Buch vom Chasaren* niemals hätte erscheinen können, wenn ihm nicht polemische Religionstraktate von Moslems* als Vorbild gedient hätten.

Der islamische Einfluß auf die jüdische Kultur. Im Mittelalter übte die islamische Kultur ihrerseits auch einen großen Einfluß auf die jüdische Kultur aus, namentlich durch die Dynamik und das Prestige der islamischen Philosophie*, Literatur* und Wissenschaften*. Die jüdischen Wissenschaftler, Gelehrten, Dichter und Literaten schrieben die meisten ihrer Werke in Arabisch. Sie übernahmen auch arabische literarische Vorbilder ins Hebräische, besonders im islamischen Spanien*, das eine Blütezeit einer prächtigen jüdisch-arabischen Kultur erlebte. Die Dichter und Philosophen Ibn Gabirol (Avicebron) und Juda Halevi im 11. und 12. Jh. sowie al-Harizi im 13. Jh. waren Meister poetischer und schöngeistiger Werke, wobei sie die Regeln und Bilder der arabischen Dichtkunst übernahmen. In Arabisch veröffentlichte auch Abraham Ibn Ezra (1092–1167) das bedeutendste Werk über hebräische Poesie-Theorie. Der größte Philosoph des Judentums im Mittelalter, Maimonides* aus Andalusien* (1135–1204), schrieb einen großen Teil seiner medizinischen und philosophischen Werke in Arabisch. Die Grammatik dieser Sprache diente Abraham Ibn Ezra als Vorbild für die Systematisierung der hebräischen Grammatik. Ebenfalls in Andalusien verfaßte der jüdische Moralphilosoph Bahja Ibn Paquda in der zweiten Hälfte des 11. Jhs. eines der Hauptwerke jüdisch-pietistischer Literatur, das *Buch der Herzenspflichten*. In Ägypten schrieb der Gelehrte Saadja al-Fajumi (gest. 942) in Arabisch und übersetzte die Bibel in diese Sprache. Juden und Moslems* arbeiteten gemeinsam an der Übersetzung philosophischer Werke der Griechen, die auf diese Weise beide Kulturen beeinflußten; einige dieser Schriften kennen wir heute nur noch durch die hebräische Übersetzung (da die arabische verlorengegangen ist) oder durch die aus dem Hebräischen angefertigte lateinische Übersetzung. All dies dank der fruchtbaren Vermittlung des islamischen oder christlichen Spaniens, wo vor allem Toledo ab dem 12. Jh. eine herausragende intellektuelle Rolle spielte. Auf diese Weise folgte dem anfänglichen jüdischen Einfluß auf die Entstehung des Islams über Jahrhunderte hinweg derjenige der islamischen Kultur auf die Entwicklung einer großen jüdischen Kultur des Mittelalters.

► Andalusien, Arabien (altes), Hadith, Mohammed, Schriftbesitzer

Jungtürken

Während das Osmanische* Reich vollkommen in Verfall geriet, sowohl politisch als auch wirtschaftlich, brach 1908 die friedliche Rebellion der Jungtürken aus, Erben eines Komitees „Junge Türkei", welchem 1895 das – reformistische – Geheimkomitee „Einheit und Fortschritt" folgte, das seinen Sitz hauptsächlich in Saloniki und Paris hatte.

Die Jungtürken forderten die Rückkehr zur Verfassung von 1876, welche zwei Jahre nach Einführung vom absolutistischen Sultan* Abd ül-Hamid aufgehoben worden war. Sie lehnten sich gegen die Fortschrittsfeindlichkeit des Staates auf und gegen die europäische Einflußnahme auf die osmanische Wirtschaft. Mit Hilfe der Armee wurde der Sultan 1909 abgesetzt, dann gewannen die Jungtürken 1912 die Wahlen. Im folgenden Jahr brachte sie ein Staatsstreich an die Macht: sie versuchten, die Verfassung anzuwenden, indem sie insbesondere die staatliche Zentralisation und die Modernisierung innerhalb der Streitkräfte vorsahen. Aber das Machttriumvirat – Enver, Djemal und Talat – entwickelte eine zunehmend autoritäre Staatsform und einen Ultranationalismus, womit sie schwerwiegende Mißstimmungen, insbesondere bei den Arabern, hervorriefen. Außerdem taten sich die Jungtürken bei den Massakern an den Armeniern (1909–1915) hervor. Und als die neuen Staaten des Balkans*, unterstützt von Rußland und Österreich, den Krieg gegen die Osmanen erklärten, verloren letztere alle ihre europäischen Provinzen, mit Ausnahme von Thrakien, in der Nähe von Istanbul*. Die Jungtürken besiegelten ihr Schicksal, als sie sich im Ersten Weltkrieg mit den Mittelmächten (Deutschland und Österreich) verbündeten. Nach 1918 wurde das Osmanische Reich aufgeteilt, und sie mußten der nationalen Freiheitsbewegung von Mustafa Kemal weichen.

▸ Kemal Atatürk, Osmanen

Junus Emre, türkischer Dichter (Sarköy (?) um 1250 – ebd. um 1320)

Junus Emre, ein nomadischer Sufi*-Derwisch*, ist einer der größten türkischen Dichter. Er besingt Brüderlichkeit und mystische Liebe in einer Zeit der Zusammenführung der türkischen Nomadenvölker* in Kleinasien. Als Autodidakt, des Arabischen* und Persischen* – der Sprache der Kultur und der Regierung in Anatolien* – mächtig, hat er sich sehr darum verdient gemacht, die Empfindungen der Türken* zur Zeit der Bildung und Synthese ihrer Kultur in einer für alle verständlichen Sprache festzuhalten. Sein *Diwan** (Gedichtsammlung), beschwörend und vergeistigt, ruft die Erinnerung an die Stufen menschlicher Freuden, des Zweifels, des Schmerzes und das Gefühl der Leere und der Ewigkeit wach. Gleichzeitig bringt Junus Emre eine bemerkenswerte religiöse Toleranz zum Ausdruck. Von osmanischen* Gebildeten abgelehnt, genießen seine Gedichte in der Türkei eine große Popularität, wo sie bis vor kurzem von Bänkelsängern auf Plätzen und in Cafés Anatoliens* vorgetragen wurden. Sie haben besonders die Romane von Yasar Kemal* beeinflußt.

▸ Türkisch

Kaaba
Die Kaaba („Würfel", der ursprüngliche Sinn des Wortes) mit 15 m Höhe und ungefähr 12 m Länge – liegt im Zentrum der Großen Moschee* in Mekka*. Sie ist ganz mit einem Tuch bedeckt; in ihrer nordwestlichen Ecke wird der schwarze Stein aufbewahrt.

Die Kaaba ist keine Kultstätte an sich, sondern die Materialisation eines monotheistischen Heiligtums, welches ursprünglich von Adam begründet und von Abraham* (Ibrahim) und seinem Sohn Ismael* (Ismail) wiederaufgebaut wurde. In der vorislamischen Periode wurde die Kaaba nach zahlreichen Umbauten vom Stamm der Koreischiten* wiederaufgebaut; sie war Hauptort der polytheistischen Pilgerfahrt in Arabien; Steine wurden in dieser Region häufig verehrt. Mohammed* machte sie zum Zentrum der moslemischen Wallfahrt*. Der rechtgeleitete Kalif* Omar veranlaßte den Bau der Großen Moschee, die er mit Mauern umgeben ließ. Sie wurde in ihrer Geschichte mehrmals umgebaut und vergrößert, besonders 1571 durch den großen osmanischen Architekten Sinan*. Zur Kaaba hin wenden sich täglich die fünf kanonischen Gebete* der Moslems*. Viele moslemische Haushalte besitzen eine Abbildung auf Stoff oder eine Fotografie der Kaaba.

Kabir, indischer Dichter und Mystiker (Benares 1440 – Maghar, Uttar Pradesh 1518)
Im 15. und 16. Jh., während sich ein Großteil Indiens* unter moslemischer Herrschaft befand, entstand eine volkstümliche Symbiose zwischen dem persischen Sufismus* und dem hinduistischen *Bhakti* – einer persönlichen Frömmigkeit ohne Priester und Riten. Kabir war der bedeutenste innovative Repräsentant dieser Glaubensrichtung. Seine Biographie ist unklar: Als Sohn moslemischer Weber aus Benares übte er diesen Beruf selbst aus. Er wurde frühzeitig Schüler von Ramananda, einem bedeutenden hinduistischen Asketen und Reformer. Wie auch andere Dichter und Mystiker, versuchte er, einen eigenen indo-muslimischen Synkretismus zu entwickeln, im Rahmen einer Lehre, die den Glauben an eine einzige Gottheit als Synthese aus Vishnu, Rama und Allah predigte. Hinduismus und Islam* bezeichneten ihn offiziell als Ketzer. Er lehnte jegliche Unterscheidung von Rasse, Kaste und Glaube ab und verkündete die absolute Gleichheit der menschlichen Wesen. Kabir präsentierte seine Lehre in einer verständlichen Form mittels Gedichten auf Hindi – er gilt in dieser Sprache als der größte Dichter –, und in Predigten sowie Liedern. Er vertrat eine nüchterne Spiritualität ohne Dogma, ohne offenkundige asketische Praktiken, ohne Klerus, Tempel oder Moschee*. Seine zahlreichen Anhänger bildeten eine Sekte. Seine Ideen beeinflußten große hinduistische Philosophen wie Tulsidas, Santaram und Nanak – letzterer wurde der Gründer des Sikhismus. Zu Kabir bekennen sich mit gleicher Inbrunst sowohl Hindus als auch Moslems*: sein Grab – in Uttar Pradesh – ist ein Kultort beider Religionen.
► Dehli (Sultanat)

Kabylen
Ausdruck aus der französischen Verwaltung Algeriens (gebildet aus arab. *Qabila*, „Stamm") für die berberischen*

Stammesverbände im algerischen Tell-Atlas. Das Gebiet der Kabylen ist unterteilt in die Große Kabylei (Djundjuramassiv, Aurasgebirge, mit Tizi Ouzou als wichtigster Stadt) und die Kleine Kabylei (entlang der Mittelmeerküste mit Djidjel und Bidjaja [Bougie] als wesentlichen Städten).

Wie die anderen Berber in den Gebirgsregionen, mit denen sie zahlreiche kulturelle Eigenheiten teilen (Berberdialekt, Ältestenrat [*Dschemaa*], vorislamisches Religionsgut, Handwerkstraditionen), nahmen die Kabylen bei der arabischen Eroberung im 8. Jh. den Islam in der Version der Sekte* der Charidschiten* an. Von den Almohaden* unterworfen, später von den Hafsiden in Tunis und den marokkanischen Meriniden, bewahrten die Kabylen dennoch eine Teilautonomie – auch als Djidjel im 16. Jh. Barbaresken*-Stützpunkt wurde –, denn die Türken tasteten deren Eigenständigkeit kaum an. Zu Beginn der französischen Besetzung 1830 war die Kabylei nahezu unabhängig. Der Emir* Abd al-Kader* organisierte in der Folgezeit den Widerstand gegen die Eindringlinge, während diese ihre Hoffnung auf die Kleinstaaterei setzten – allerdings vergeblich, da die Kabylen am großen Aufstand von 1871 teilnahmen und schließlich auch eine entscheidende Rolle im algerischen Unabhängigkeitskrieg spielten. Seit Beginn des 20. Jhs. befinden sich die traditionellen Gesellschaftsstrukturen der Kabylen durch die Auswanderung in die Großstädte in Auflösung. Die von den dortigen Kabylengruppen überwiesenen Gelder stellen allerdings eine wichtige Einnahmequelle für die Region dar. Heutzutage kämpfen die Kabylen für die Anerkennung ihrer kulturellen Rechte durch den Staat Algerien; manche politische Partei Algeriens besitzt eine deutliche kabylische Ausrichtung.

▸ Berber

Kadi, der

Richter, der Streitigkeiten im Bereich des Privat- und des Strafrechts auf der Grundlage des islamischen Gesetzes rechtskräftig entscheiden kann.

Das Amt des Kadis entstand in der Zeit der Omaijaden*; er war damals eine Art Rechtsberater der Gouverneure. Im ersten Jahrhundert des Islams* spielten die Kadis eine wichtige Rolle bei der Ausarbeitung des islamischen Rechts. Sie werden für einen bestimmten Bezirk von den Autoritäten ernannt; Bedingung hierfür ist der Nachweis der Kenntnis des islamischen Rechts gemäß dem Corpus rechtlicher Entscheidungen der vier Rechtsschulen*. Der Kadi besitzt heutzutage eine gewisse Freiheit, um neue Lösungen anzuwenden, die dem Entwicklungsstand der modernen Gesellschaft Rechnung tragen. Um seine Unparteilichkeit zu gewährleisten, darf er nicht in geschäftlichen Angelegenheiten tätig werden. Seine Aufgabe wird in einer begrenzten Gemeinschaft, z. B. auf dem Lande, als notwendig erachtet, wenngleich in zahlreichen Rechtsstreitigkeiten auch die zivilen staatlichen Gerichte entscheiden.

▸ Recht

Kaffee

Im 17. Jh. ist der Ausdruck aus dem arabischen *Qahwa* (türk. *kahve*) sowohl in die französische als auch in die anderen europäischen Sprachen übernommen worden: ital. *caffè*, dtsch. *Kaffee*, franz. *café*, engl.*coffee*.

Der Kaffeestrauch (*Coffea arabica*) von bester Qualität wurde in den arabischen Kolonien der Hochplateaus Äthiopiens* und auf der anderen Seite des Roten Meeres im Jemen* angebaut. Dort nahmen Ende des 13. Jhs. die Sufis* den aufgebrühten Sud der Kaffeebohnen zu sich, damit sie während der Nacht wach blieben, um ihre Andachten zu verrichten. Wahrscheinlich hat im 9./10. Jh. der berühmte Arzt Razi* auf die vorbeugenden Eigenschaften des Gebräus aufmerksam gemacht. Es war als anrüchig verpönt, da es möglich war, mittels Gärung der Kaffeefrucht ein Getränk herzustellen, das in Rauschzustände versetzen konnte. Deswegen wurde der Kaffee von der Scharia* verboten.

Ende des 15. Jhs. wurde der Kaffee im ganzen Mittleren Osten und im Maghreb* durch Pilger, die aus Arabien zurückkehrten, verbreitet. Osmanische* Chronisten datierten seine Einführung in Istanbul* auf etwa 1555. Dorthin gelangte er durch Vermittlung zweier Syrer, die Kaffeehäuser eröffneten. Diese kamen sehr in Mode und wurden sofort von der Obrigkeit und den Ulema* verdächtigt, politische Kreise zu verstecken und Orte des Müßiggangs zu sein, an denen man Trick-Track spielte und rauchte, eben Orte der Unmoral, die die Gläubigen von ihren religiösen Pflichten abhielten. Bald schon bekämpften die Herrschenden den Kaffee mit harten Mitteln, manchmal wurde sein Genuß sogar mit der Todesstrafe geahndet. Schließlich wurde er durch eine Fatwa* anerkannt, „denn Kaffee erreicht nicht den vollständigen Zustand der Brennung".

Seit dem 17. Jh. verbreitete sich das kostbare Getränk von Istanbul aus nach Venedig und dann in alle Gegenden Europas. Es war in Mode, Kaffee zu kennen und (mehr noch) die Orte, an denen er genossen wurde. Im 17./18. Jh. war Kaffee eine ertragreiche Handelsware, die vom Roten Meer, besonders vom jemenitischen Hafen Mokka aus, nach Europa gebracht wurde. Marseille wurde das Haupteinfuhrzentrum für Europa. Indessen machten die Europäer die kostbare Bohne in ihren Kolonien heimisch; trotz der besseren Qualität des „arabischen" Kaffees ging es mit diesem von nun an bergab. In Frankreich wurde der Kaffee zuerst in Paris durch einen armenischen Händler namens Pascal eingeführt, bevor François Procope sein erstes elegantes Cafè in der Hauptstadt eröffnete, das seitdem gegenüber der Comédie-Française liegt. Der Kaffee wurde eine Zeitlang von den französischen Weinhändlern als unredliche Konkurrenz bekämpft. In England wurde der Kaffee rasch durch den Tee verdrängt, einem der wichtigsten Anbaugüter der British India Company und einem der wichtigsten Exportartikel der Company ins Mutterland.

Kairo

Im Jahr 639 eroberte der arabische General Amr Ibn Al-As Ägypten. Zwei Jahre später gründete er die Stadt Fustat („Alt-Kairo") als Feldlager. Als Vorbilder dienten das tunesische Kairuan* und Kufa im Irak.

Fustat, ausgestattet mit einer Moschee* und umgeben von Schutzwällen, vergrößerte sich unter den Omaijaden* und Abbasiden*. 969 entschlossen sich die schiitischen* Fatimiden*, die neuen

Herrscher des Landes, eine neue Hauptstadt zu errichten, welche mit dem Bagdad* der Abbasiden* in Konkurrenz trat: die Stadt Kairo, arab. *al-Qahira* „die Siegreiche", im Norden von Fustat gelegen. 973 verlegten die Fatimiden ihren Amtssitz dorthin, nachdem sie die Moschee al-Azhar* gegründet hatten. 1176 vereinte Saladin* die Städte Fustat und Kairo, indem er sie beide mit einer steinernen Stadtmauer umschloß. Das Ganze krönte er mit einer Zitadelle, welche später die Residenz seiner Nachfolger wurde. In der Epoche der Mamelucken* erfuhr die Stadt eine Periode des Wohlstandes. Moscheen, Medressen* und bemerkenswerte Mausoleen wurden gebaut. Die Stadt bewahrte ihre Physiognomie auch unter den Osmanen* (nach 1517), trotz des Baus zahlreicher Gebäude, die von der türkischen Architektur inspiriert waren. Als Hauptstadt Ägyptens ist Kairo heute eine große und aktive Metropole mit mehr als 12 Mio. Einwohnern.

▶ Fatimiden

Kairuan

Als tunesische Stadt des antiken *Ifriqiya* (Tunesien und westliches Algerien) wurde Kairuan – ursprünglich Garnisonstadt und Zentrum für die Verbreitung des Islams* – 670 vom arabischen Herrscher Okba während der schwierigen Eroberung des Maghrebs* gegründet.

In Kairuan residierten die omaijadischen*, später die abbasidischen* Gouverneure. Die Aghlabiden-Dynastie (800–909) – unabhängig von Bagdad* – machte Kairuan zu einer blühenden Stadt, mit prunkvollen Bauwerken und Palästen. Der dritte Herrscher dieser Dynastie, Ziyadat Allah, ließ 836 die im 7. Jh. gebaute Große Moschee* erweitern, ein Schmuckstück klassischer moslemischer Architektur*, die zu den heiligen Stätten des Islams zählt und wichtigstes Pilgerzentrum Nordafrikas ist. Die Moschee der Drei Tore und die gewaltigen Wasserbecken, bekannt unter dem Namen „Bassins der Aghlabiden", stammen aus der gleichen Epoche. Die schiitischen* Fatimiden*, die ihre Macht in Nordafrika festigten, bevor sie Ägypten eroberten, verließen Kairuan, eine Hochburg der orthodoxen Sunniten*, zugunsten ihrer neuen Hauptstadt Mahdia, die 916 an der Küste gegründet wurde; später kehrten sie wieder zurück und bauten die Vorstadt Sabra-Mansourija. Kairuan, die politische, wirtschaftliche und religiöse Hauptstadt des Maghrebs, wurde 1057 durch die Invasionen der Hilal* zerstört. Ab dieser Zeit lebte die Stadt am Rande zuerst des almohadischen* Weltreichs, später des hafsidischen Fürstentums (1228–1574), das seine Hauptstadt nach Tunis verlegte.

▶ Maghreb (Geschichte und Dynastien)

Kalender

Nach dem moslemischen oder Hidschra-Kalender beginnt das moslemische Zeitalter im Jahre 622, dem Jahr der Auswanderung (Hidschra*) Mohammeds* von Mekka* nach Medina*. Offiziell wurde dieser Kalender im Jahr 638 unter dem rechtgeleiteten Kalifen* Omar eingeführt. Dabei wurde eine Datierung abgelöst, die 570 begann, dem Jahr des Elefanten, das wegen einer mißlungenen äthiopischen Invasion wichtig war und gleichzeitig vermutlich das Geburtsjahr Mohammeds ist.

Nach dem Vorbild der meisten semitischen Kalender, folgte der von den Arabern angewandte seit langem den Mondzyklen. Ein Monat nimmt dabei die Zeit zwischen zwei Mondwechseln ein (der Ausrichtung des Mondes nach Erde und Sonne). Der moslemische Kalender ist wahrscheinlich der einzige noch angewandte Mondkalender. Die Araber des Mittleren Ostens verwenden übrigens noch heute die ursprünglich aramäischen weltlichen Monatsnamen – wie *Ailul, Nisan, Tamuz* - parallel mit den arabisch-moslemischen Bezeichnungen. Erst nach langer Zeit wurde die Beobachtung *de visu* des Neumonds durch astronomische Berechnungen ersetzt. Die gelehrten Moslems* waren früher führend auf diesem Gebiet, z. B. Omar al-Chaijam*, der am besonders genauen „Djalali"-Kalender mitwirkte (11. Jh.). Das Hidschra*-Jahr besteht aus zwölf Mondmonaten, einige haben 29 Tage, andere 30 Tage. Somit dauert ein Jahr im Hidschra-Kalender nur 354 Tage und 8 Stunden; d. h. es fehlen 11 Tage gegenüber dem gregorianischen Sonnenjahr. Daher verschieben sich die Festtage um 10 Tage pro Jahr: der Monat Ramadan wandert beispielsweise alle 36 Jahre einmal komplett durch das Sonnenjahr. Um Mond- und Sonnenkalender anzugleichen, was für die Landwirtschaft* notwendig war, wurde im antiken Arabien ein Schaltmonat eingefügt. Dies war die einzige Maßnahme auf diesem Gebiet; sie wurde jedoch durch den Koran* wieder abgeschafft. Der moslemische Tag beginnt mit Sonnenuntergang. Jeder Wochentag trägt den Namen der entsprechenden Ordnungszahl; die Woche beginnt also mit dem „ersten Tag" (*Jaum al-ahad*), dieser entspricht unserem Sonntag. Einige Tage haben besondere Bezeichnungen, z. B. der Freitag, der Tag der Gemeinschaft (*Dschuma*) der Gläubigen, oder der Sonnabend (*Sabt*), der Name bezieht sich auf den jüdischen Sabbat. Der koptische julianische Kalender war bis vor kurzem in Ägypten und im Sudan* in Gebrauch, um den Anforderungen des ländlichen Lebens zu entsprechen: der osmanische Steuerkalender, der ebenfalls auf dem julianischen Kalender basiert, wurde im 18. Jh. im Osmansichen* Reich aus den gleichen Gründen übernommen. Bis in unsere Tage bestehen beide Datierungen nebeneinander. Im täglichen Leben benutzt man jedoch den westlichen gregorianischen Kalender, der in allen Bereichen des modernen Lebens Gültigkeit besitzt, während der moslemische Kalender allein dazu dient, die religiösen Feiertage festzulegen. Genaue Berechnungen legen die Festtage oder Neujahr fest: das Hidschra-Jahr 1421 beginnt danach am 6. April 2000.

▸ Astronomie, Islam (Religion)

Kalif ▸ **Kalifat**

Kalifat

Amt und Herrschaftsbereich eines Kalifen. Als „Nachfolger" und „Stellvertreter" des Propheten auf Erden und als erster Imam* der Gemeinschaft der Moslems* übte der Kalif vor allem ein geistliches Amt aus, dessen Aufgabe es war, für die Einhaltung der Scharia* zu sorgen, ohne daß er (im Gegensatz zum Imam der Schiiten*) befugt war, Dogmen zu verkünden oder zu verändern. Ursprünglich sollte das Kalifat dem verdientesten Mitglied der islamischen Gemeinde zukommen; unter den Abbasiden* entwickelte es sich zu einem ausgeklügelten politisch-religiösen System.

Die ersten („rechtgeleiteten") Kalifen wurden auf Grund ihrer moralischen und religiösen Befähigung gewählt – außer Omar, der von Abu Bakr als Nachfolger bestimmt wurde. Im Gegensatz zu diesem anfänglichen Brauch wurde das Amt schon bald erblich; der Kalif mußte nur noch durch die Anerkennung von seiten der Ulema* (der religiösen Autoritäten) legitimiert werden. Ab dem zweiten rechtgeleiteten Kalifen Omar kennzeichnete der zusätzliche Titel „Befehlshaber der Gläubigen" seine Funktion als oberster Heerführer. Nach der Ermordung Alis* rief sich Muawija, der Begründer der Omaijaden*-Dynastie, zum Kalifen aus. Sein Amt wurde ihm neun Jahre lang von einem Gegenkalifen in Mekka*, Ibn az-Zubair (gest. 692), streitig gemacht. Nachdem die Abbasiden 750 an die Macht gekommen waren, betrachteten diese den Kalifen als charismatischen Garanten der islamischen Theokratie, in deren Namen sie sich absolute politisch-religiöse Macht zuschrieben, bis sie selbst ab 850 von ihrer türkischen Prätorianergarde und später von den schiitischen Emiren* der iranischen Bujiden (945–1055) abhängig wurden. Damit waren religiöse und weltliche Macht *de facto* getrennt; diese Entwicklung wurde 1055 durch die Verleihung des Titels „Sultan*" an das Oberhaupt der Seldschuken* offiziell anerkannt. Die Abbasiden-Kalifen übten fortan eine rein geistliche Funktion aus, wenngleich es mehrere Versuche gab, wieder eine tatkräftige politische Rolle zu übernehmen. Nach der Vernichtung des Kalifats 1258 durch die Mongolen* errichteten die Mamelucken* in Kairo* ein abbasidisches (Schein-)Kalifat*, das allerdings nur noch repräsentative Aufgaben wahrnahm. 1517 wurde es durch die osmanische* Eroberung Ägyptens und die Deportation des letzten Kalifen nach Istanbul* beendet.

Einigen Hadithen* zufolge dürfen nur Koreischiten* das Amt des Kalifen bekleiden, also Mitglieder desjenigen arabischen Stammes, dem Mohammeds* Sippe der Haschimiten* angehörte. Die türkisch-osmanischen Sultane beanspruchten daher nie offiziell diesen Titel, galten jedoch bei der Mehrheit der sunnitischen* Moslems als in die Funktion des Kalifen eingesetzt. Denn an der Spitze des mächtigsten islamischen Staates jener Zeit fungierten sie als aktive und unbeugsame Garanten der sunnitischen Orthodoxie. Die Abschaffung des Kalifats 1924 durch Mustafa Kemal* Atatürk stieß auf wenig Widerstand; nur die Haschimiten im Hedschas* und König Fuad von Ägypten versuchten erfolglos, das Amt zu übernehmen.

Im Laufe der Geschichte beanspruchten mehrere Dynastien das Kalifat. Bereits in der Zeit der Abbasiden proklamierten die Fatimiden* 909 in Kairo ein schiitisches Kalifat, ein entsprechender Schritt folgte 929 in Cordoba* durch die sunnitischen Omaijaden Spaniens*. Im Maghreb* nahmen die Hafsiden in Tunesien (1229–1574) und die Meriniden in Marokko (1196–1465) den Titel an.

▶ Abbasiden, Omaijaden, Kalifen (rechtgeleitete), Staat

Kalifen, rechtgeleitete (632–661)
Bei seinem Tode 632 in Medina* hinterließ Mohammed* weder einen männlichen Nachkommen noch Anweisun-

gen bezüglich seiner Nachfolge an der Spitze der islamischen Gemeinde. Die Nachfolger des Propheten waren die vier rechtgeleiteten (oder rechtgläubigen) Kalifen (arab. *Raschidun*). Diesen Namen erhielten sie von den Moslems*, besonders von den Fundamentalisten*, da ihre Regierungszeit als Goldenes Zeitalter des Islams* gilt. Die Schiiten* verabscheuen ihrerseits die ersten drei Kalifen, weil diese sich ihrer Meinung nach das Erbe, das Mohammed an Ali* übertragen hatte, widerrechtlich aneigneten.

Dem Verständnis der damaligen Zeit zufolge sollte das Kalifenamt durch Wahl dem Tugendhaftesten der Prophetengefährten zukommen. Ein ehrenhafter und energischer Mann, Abu Bakr, einer der ersten zum Islam Bekehrten und Vater von A'ischa, der Lieblingsfrau Mohammeds, erhielt als erster das Amt des Kalifen („Nachfolger", „Stellvertreter" des Propheten). Ihm oblag es, den Machtbereich von Medina*, der Hauptstadt des entstehenden islamischen Staates, bis an die Grenzen der Arabischen Halbinsel auszudehnen, nachdem Beduinen*-Stämme ihren mit Mohammed geschlossenen Bündnisvertrag gebrochen hatten. Ein anderer Schwiegervater Mohammeds, Omar (*Umar*) folgte Abu Bakr 634 im Amt; er gilt als einer der Größten. Als entschlossener Regent kanalisierte er die kriegerischen Energien der arabischen Wüstenbewohner im Heiligen Krieg (*Dschihad**), wodurch sich das arabische Reich bis nach Syrien, Palästina* und Ägypten ausdehnte (auf Kosten von Byzanz*) und bis in den Irak (was den Interessen der persischen Sassaniden* zuwiderlief). Omar schuf ebenfalls die Grundlagen einer Zivilverwaltung für sein Reich. Schließlich wurde er von einem unzufriedenen Sklaven ermordet. Die Wahl des dritten Kalifen, Osman (*Uthman*), im Jahre 644 verlief weniger einmütig. Osman war ein Schwiegersohn Mohammeds, gehörte jedoch nicht dessen Sippe der Haschimiten* an, sondern derjenigen der Umaija, die er später begünstigte. Da auch sie Koreischiten* waren, kam ihm das Amt rechtmäßig zu. Er ließ die verbindliche Fassung des Korans* erarbeiten und schuf eine islamische Flotte, die der byzantinischen Vormachtstellung auf dem Meer Einhalt gebot. Von seinen Gegnern wurde Osman 656 ermordet: Dieser erste politische Mord lastete schwer auf der weiteren Geschichte des Kalifats und führte zu einem harten Kampf um die Nachfolge. Zum vierten und letzten rechtgeleiteten Kalifen wurde Ali gewählt, Mohammeds Cousin und Schwiegersohn, ein hervorragender Krieger, der mit Religion und Literatur eng vertraut war. Trotz seiner deutlichen Bevorzugung durch Mohammed zu dessen Lebzeiten gelang es Ali nicht, sich durchzusetzen. Einige Gruppen widersetzten sich seiner Wahl unter dem Vorwand, er sei in die Ermordung Osmans verwickelt gewesen. Besonders Muawija, der ambitionierte Gouverneur Syriens, war ihm feindlich gesonnen. Ali zog sich in die (von den Arabern gegründete) Garnisonstadt Kufa im Irak zurück, während andere Regionen des Reiches ihre Gegnerschaft zu Ali zeigten oder aber neutral blieben. In der Schlacht von Siffin am oberen Euphrat (657) trat Ali Muawija entgegen, unterlag aber letztlich, nachdem ein Schiedsgericht wider Erwarten zu seinen Ungunsten entschieden hatte. Dieses Schiedsgericht lehnte ein Teil von Alis Truppen ab: die extremistischen Charidschiten* („Auszügler", „Abtrünnige"), die sich von ihm trennten. Einer ihrer Anhänger tötete Ali im Jahre 661. Alis Sohn Hassan wurde gezwungen, auf das Kalifenamt zu Gunsten Muawijas zu verzichten, der in Damaskus* die Dynastie der Omaijaden* begründete. Trotz seines völligen Scheiterns hatte das kurze Kalifat Alis beträchtliche Auswirkungen: Seine Anhänger waren von einem mystischen Glauben an den Propheten und an Ali ebenso beseelt wie von erbittertem Rachedurst; sie bildeten die „Partei Alis" (arab. *Schiat Ali*) und waren damit die ersten Schiiten*. Die große Glaubensspaltung innerhalb des Islams war vollzogen.

▸ Kalifat, Islam (Ausbreitung)

Kalila und Dimna

Arabische Namen der beiden Schakale Karataka und Damanaka, den Helden eines indischen Bildungsromans, einer Abhandlung über die Regierung, mit dem Titel *Buch des Bidpai*: Das Werk wurde ursprünglich in Sanskrit geschrieben und unter den Sassaniden* ins persische Pahlewi übersetzt.

Es wurde ins Arabische übertragen und in den Kontext der Zeit gestellt von dem Perser Ibn al-Muqaffa (gest. 759), einem abbasidischen* Beamten, der darin Überlegungen über die Beziehung von Macht und Gelehrsamkeit anstellt. Vielleicht durch die Fabeln von Äsop angeregt und für die Gebildeten bestimmt, wurde *Kalila und Dimna* eine der beliebtesten Erzählungen der islamischen Welt. In den unbeschwerten, scharfsinnigen und moralisierenden Lehrfabeln machen sich die Tiere zum Sprachrohr menschlicher Wesen. Es handelt sich um einen der ersten großen Texte der klassischen arabischen Literatur*. Er wurde in Andalusien* ins Lateinische übersetzt und später (im 13. Jh.) ins Kastilische. Dieses Werk wird gerühmt, in Europa den *Reineke Fuchs,* Boccaccio und La Fontaine beeinflußt zu haben.

Kalligraphie

Kalligraphie ist die die Schriftkunst, eine Kunst, die sich auf eine Ordnung, ein Zusammenspiel von geometrischen und ornamentalen Regeln, bezieht.

Das Arabische kennt nur einen einzigen Terminus (*Khatt*) für die Begriffe Schrift und Kalligraphie, Grund dafür ist der heilige Charakter der arabischen* Sprache – als Sprache des Korans*. Wenige Kulturen haben die Kunst der Kalligraphie auf ein so hohes Niveau gebracht wie die Moslems*. Das Arabische, aramäisch-nabatäischen Ursprungs (*Petra*), gehört zur Gruppe der semitischen Sprachen, in denen allein die Konsonanten geschrieben werden. Die Vokale werden durch Zeichen markiert, die unter oder über das Wort gesetzt werden. Die arabische Schrift, die zur Zeit der Offenbarung des Korans noch bruchstückhaft war, setzte sich schon früh als Mittel der Erhaltung und Überlieferung des heiligen Textes durch. Später wurde sie von Grammatikern und Kalligraphen reformiert und verbessert, damit sie sich ihres heiligen Auftrags würdig erweise. Von Anfang an wurde die arabische Schrift in zwei Schriftformen ausgeführt: eine strenge, von kantiger Geometrie, ist unter dem Namen „Kufisch*" bekannt, die andere ist weicher, runder und fließender und heißt „Naskhi". Das östliche Kufisch, das Ende des 10. Jhs. in Persien* entwickelt wurde, stellt sich in Form von langen feinen Vertikalen dar, während die kurzen Schriftzüge schräg sind. Das westliche Kufisch, das in Kairuan* (Tunesien) entstand, unterscheidet sich durch Halbkreise, die die kleinen Buchstaben bilden und die sich bis unter die Schreiblinie ausdehnen. Die Entwicklung des Kufischen setzte sich bis zum Ende des 12. Jhs. fort. Von dieser Zeit an diente diese Schrift hauptsächlich dekorativen Zwecken, und ihre Hauptfunktion blieb der Ausdruck von Gedankengut. Die gebräuchlichsten Schreibstile waren von da an Blatt-, Blüten- und Flechten-Kufisch sowie geometrisches und mit Lebewesen versehenes Kufisch.

Die kulturellen Unterschiede der zahlreichen Völker, die in neuerer Zeit islamisiert wurden, führte mit Beginn des Kalifats* (7./8. Jh.) zu einer Reform der arabischen Sprache. Notwendig geworden war dies, um gegen Mißverständlichkeiten anzukämpfen und eine klare und allgemeinverständliche Sprache mit einer lesbaren Schrift einzuführen. Eine erste Lösung zur Unterscheidung der Vokale wurde von Abu al-Aswad ad-Duali (gest. 688) vorgeschlagen. Sie bestand darin, große farbige Punkte zu setzen, um die Vokale, die nicht durch Buchstaben dargestellt werden, zu markieren. Das Problem der Unterscheidung der Konsonanten ging als erster al-Haddjad Ibn Yussuf ath-Thaqafi (gest. 714) an: Diakritische Zeichen, d. h. ein, zwei oder drei kleine schwarze Punkte, werden über oder unter den Buchstaben gesetzt. Dieses Punktsystem stiftete aber Verwirrung. Der Austausch der Punkte durch kurze vertikale Linien konnte das Problem ebenfalls nicht lösen. So wurde nach einer Regelung gesucht, damit der Kalligraph mit einer einzigen Farbe schreiben konnte. Der berühmte Grammatiker Khalil Ibn Ahmad al-Farahidi (gest. 786) hatte schließlich die Idee, die Punkte von al-Haddjadj zwar zur Unterscheidung der Konsonanten beizubehalten, die Darstellung der Vokale durch das System von Abu al-Aswad sollte aber durch acht neue Zeichen für die Vokalisation ersetzt werden. Darunter findet man *Fatha, Damma, Kasra* (a, u, i). Diese so geschaffene Kodifizierung erlaubte eine Vereinheitlichung der Aussprache, die sich in den Dialekten der verschiedenen Provinzen und Reiche häufig veränderte.

Der Erfolg des *Naskhi*-Stils, der schon in vorislamischer Zeit bekannt war, überragte den der kufischen Schriften: seine Entwicklung vollzog sich langsam während der Zeit der Omaijaden* (661–750). Neue Schrifttypen wie *Tumar, Djalil* oder *Thuluth* wurden entwickelt. Unter den Abbasiden* begann die ruhmvollste Zeit der Kalligraphie. Die Kalligraphen verbesserten und verfeinerten die schon bestehenden Stile, aber sie versuchten auch ihr Bestes, um neue Formen zu erschaffen. Man zählte gegen Ende des 9. Jhs. 21 verschiedene Schrifttypen. Nur sechs überlebten bis in unsere Tage, die sog. „sechs Federn" (*al-Aqlam as-sitta*): *Thuluth, Naskhi, Muhaqqaq, Rayhani, Riqa* und *Tawqi*. Alle diese Schriften wurden weitgehend von den alten moslemischen Kanzleien benutzt: nur vier davon (die ersten drei und die letzte) dienten dazu, den Koran abzuschreiben. Alle sechs Stile wurden durch den Wesir* und genialen Kalligraphen Abu Ali Ibn Muqlah (gest. 940) persönlich geprägt und streng wissenschaftlichen Regeln unterworfen: Länge, Breite und Durchmesser der Buchstaben werden nach einem Proportionssystem berechnet, dessen Grundlage die Spitze einer Raute bildet, die durch die Spitze des *Qalam* (dtsch. Calamus, Rohrfeder) entsteht. Drei Jahrhunderte später gewannen diese Schreibstile unter der Hand des Schreibers Yaqut al-Mustasimi (gest. 1298) an Anmut und Schönheit. Er ersann einen schrägen Schnitt der Spitze des *Qalam*, anstatt eines geraden.

Im Maghreb* entwickelte sich im 11. Jh. aus dem westlichen Kufisch ein Schreibstil, der unter dem Namen *Maghribi* (maghrebinisch) bekannt wurde und sich durch die Feinheit seiner Linien, die flüssige Freiheit seiner offenen Kurven und die Rundung seiner Schleifen auszeichnet. Das Papier*, dessen Herstellung und Anwendung die Araber seit 750 von den Chinesen übernommen hatten, breitete sich in der ganzen orientalischen moslemischen Welt aus. Bis Ende des 14. Jhs. konnte es jedoch im Maghreb das Pergament nicht ersetzen. Den Erfolg des *Maghribi* beweist seine Langlebigkeit und seine Ausbreitung in ganz Nord-West-Afrika sowie in Andalusien*, wo sich eine regionale Abwandlung, das *Andalusi,* entwickelte. Persische Kalligraphen übernahmen die Schrift *Taliq* und ihre Abwandlung *Nastaliq,* die beide im 15. Jh. zur eigentlichen Schrift Persiens* wurden. Die Osmanen* übernahmen die meisten der gängigen Kalligraphiestile und entwickelten daraus neue Stile, von denen die wichtigsten *Schekaste* und *Diwani* (für die Kanzlei, den „Diwan*") heißen.

▶ Arabische Sprache

Kanzel ▶ **Minbar**

Kapitulationen

Im 16. Jh. hatten Türken und Franzosen einen gemeinsamen Feind: die Habsburger. 1536 unterzeichnete der französische König Franz I. mit dem osmanischen* Sultan* Süleyman* dem Prächtigen die Kapitulationen (von lat. *Capitulationes,* „Kapitel"). Daraufhin wurde dem französischen Herrscher wegen seines Bündnisses mit den Moslems* die Exkommunikation angedroht.

Diese (1569 vervollständigten) Vereinbarungen erlaubten den Franzosen – wie schon zuvor den Venezianern – den freien Handel* im gesamten Osmanischen Reich, wobei sie nur 5% Zoll zu bezahlen hatten, und sie stellten die diplomatischen Vertreter unter Schutz. Bis zum Ende des 19. Jhs. wurden die Kapitulationen mehrmals erneuert; die meisten europäischen Mächte (vor allem England und die Niederlande) erhielten schon bald dieselben Vorrechte. Die Türken wälzten den internationalen Handel*, der sie nur wenig interessierte, auf die Schriftbesitzer* ab, die Verbindungen zum Abendland besaßen; diese Minderheiten profitierten davon sehr. Eine Klausel der Kapitulationen bezog sich daher auf den Schutz ebendieser christlichen Minderheiten, wobei jede europäische Nation für eine bestimmte Minderheit zuständig war: Frankreich für die Katholiken, Rußland für Armenier und griechische Orthodoxe, Österreich für die griechischen Katholiken sowie England für Drusen* und Protestanten. Das Schicksal der Minderheiten diente als Vorwand für zunehmende Einmischungen in die inneren Angelegenheiten des Osmanischen Reiches. Diese Einmischungen wurden mit der „Orientalischen Frage"* gerechtfertigt und leiteten die Auflösung des Reiches ein. Ab 1856 verlangten die Osmanen die Aufhebung der Kapitulationen, die jedoch erst 1923 im Vertrag von Lausanne erreicht wurde.

Karawanserei
Der Begriff wurde aus einem persischen Wort gebildet, das „Unterkunft für Reisende" bedeutet. Die Karawanserei ist ein vielschichtiges Gebäude. Oft wie eine Festung gestaltet, dient es den Handelskarawanen als Reiseunterkunft, je nach Art ihres Handels*. Man betritt die Karawanserei durch eine einzige Pforte und je nachdem, ob das Gebäude in der Stadt liegt oder nicht, ist es während der Nacht geschlossen.

In der türkisch-iranischen Welt und im Nahen Osten wird die Karawanserei oft auch „Khan" genannt und in den Städten *Funduk* (aus dem Griechischen *pandocheion*). Sie unterscheidet sich je nach Gegend und Epoche. Ihre Einrichtung umfaßt immer die gleichen Grundelemente: Ein Hof, in dem ein Brunnen oder eine Zisterne steht, wird von einem Hauptgebäude mit Galerien eingerahmt, das den Reisenden Zimmer zur Verfügung stellt. Im Erdgeschoß befinden sich Ställe für die Tiere und häufig auch überwölbte Säle, in denen die Waren untergestellt werden können. Tagsüber werden im Hof oft Handelsgeschäfte abgewickelt. Die Warenkonzentration in der Karawanserei erlaubt den Machthabern auch, diese leicht zu besteuern. Normalerweise enthält die Karawanserei eine Moschee* oder einen Gebetssaal. In allen wichtigen Städten* gibt es Karawansereien und ebenso entlang der großen Handelswege. Sie wurden früher von Mäzenen*, wie Zubeydah, der Gattin von Harun ar-Raschid*, errichtet, die den Pilgerweg zwischen Bagdad* und Mekka* mit Karawansereien ausstattete, und von den verschiedenen Herrschern, um den Handel* in der ganzen moslemischen Welt zu schützen und zu kontrollieren. Einige prächtige Karawansereien in Kairo*, Syrien, Mittelasien* und im Iran* sind noch erhalten. Die eindrucksvollsten waren vielleicht die Khane der Seldschuken*, die Anatolien* mit dem Iran und mit den Häfen des Schwarzen Meeres verbanden.

Karmaten ▸ **Sekten und Gruppen im Islam**

Kasachen
Turksprachiges Volk im weiträumigen Steppengebiet zwischen Kaspischem Meer, Aralsee, Westsibirien und China*.

Die Ursprünge des Volkes der Kasachen liegen noch im dunkeln. Bekannt ist, daß das Kasachische zu den Turksprachen innerhalb der altaischen Sprachfamilie gehört. Die kasachischen Steppen waren schon immer ein von Nomaden* und ihren Herden bewohntes Gebiet; um 1218 wurde es von den Mongolen* verwüstet. Als Volk tauchten die Kasachen im 15. Jh. auf, rund um den Balchaschsee in Sibirien. Im 16. Jh. leisteten sie ihren Nachbarn, den Usbeken*, sowie den Dsungaren aus Nordwestchina erfolgreich Widerstand. Unter dem Einfluß der Wolga-Tataren* nahmen die Kasachen in dieser Zeit den sunnitischen* Islam hanafitischer* Richtung an. Sie gründeten im 17. Jh. drei Khanate* zwischen dem Balchaschsee und dem Ural, die von den Russen bei ihrer Ausdehnung nach Osten ab 1740 unterworfen wurden. Daraufhin verstärkte sich der Moskauer Einfluß durch die schrittweise Ansiedlung von Kolonisten, die die traditionellen Weidegebiete zerstörten. Aufstände unterbrachen die lange und gewaltsame „Befriedung" durch die russischen Kolonisten, die sich der landwirtschaftlichen Nutzflächen Kasachstans bemächtigt hatten und so neben der Enteignung auch noch Hungersnöte verursachten: eine Million Kasachen starben in den siebziger Jahren des 19. Jhs. Die Kommunisten zerschlugen die örtlichen nationalistischen politischen Parteien, und nach 1945 stellten die Kasachen nur noch 30% der Bevölkerung in ihrem Land. Das seit 1991 unabhängige Kasachstan ist die größte der Republiken Mittelasiens* (2,7 Mio. km^2, Hauptstadt bis 1994 Almaty [Alma-Ata], seitdem Astana [ehemals Akmola, Zelinograd]) mit 17 Mio. Einwohnern, davon 7,2 Mio. Kasachen, 6,2 Mio. Russen, 900000 Deutsche, 850000 Ukrainer sowie je 300000 Usbeken und Tataren.

▶ Mittelasien

Kasside

Die Kasside entstand in Arabien und erreichte bereits bei den vorislamischen Dichtern ihren Höhepunkt. Sie wurde die Grundform der höfischen klassisch-arabischen Dichtung. Am Hof* der Abbasiden* und an den Höfen in der Provinz, im Iran* (hier beeinflußte sie die Erneuerung der persischen Sprache) und in Andalusien*, wurde die Kasside gepflegt. Von dort aus verbreitete sie sich bis in die Provence* und beeinflußte die Kunst der Troubadoure.

Ausgehend von streng durch die Überlieferung bestimmten Themen, lehrten zahlreiche Handbücher für Prosodie, wie die Kasside – die aus 30 bis 120 Versen, mit gleichem Metrum und gleichen Schlußreim, besteht – zu „ziselieren" sei. Ihre Anzahl von Versfüßen verteilt sich auf zwei gleiche oder fast gleiche Halbverse. Sog. „Werkstätten" setzten die Themen, die vorher in Prosa verfaßt wurden, in eine Form, bevor sie in den geeigneten Stil und ein Metrum übertragen wurden. Die Kasside, die vor allem auf Virtuosität ausgerichtet war, wurde rasch durch äußersten Formalismus bestimmt. Sie ist geeignet für Lob- und Trauerreden, für die Satire, aber auch für Modethemen: das Feiern der Jahreszeiten und der Natur oder für Redeabschnitte, die zum Vortragen oder Singen bestimmt sind.

▶ Andalusien, Dichtung

Kateb Yacine ▶ Yacine, Kateb

Kaukasus

Der heutige Kaukasus, der an die Türkei, ans Schwarze Meer, ans Kaspische Meer und an die Steppen Rußlands grenzt, besteht hauptsächlich aus den unabhängigen Staaten Armenien, Georgien und Aserbaidschan.

Die arabisch-moslemischen Krieger brachten von Syrien aus zunächst Armenien (642) und Aserbaidschan (um

644–650) in ihre Gewalt und drangen dann bis nach Georgien vor. Tiflis (Tiblissi) entwickelte sich im 9. Jh. zu einem Emirat*. Nachdem die Armenier erbitterten Widerstand geleistet hatten, wurden sie schließlich doch von arabischen Befehlshabern regiert, und die Moslems* erreichten über Aserbaidschan das Kaukasusgebirge sowie das Kaspische Meer. Der Islam* faßte dauerhaft Fuß; im 10. Jh. tauchten lokale (kaukasische, kurdische*) moslemische Dynastien auf. Unter den Seldschuken* und den Mongolen* intensivierte sich durch die turkmenischen* Nomaden* die Türkisierung von großen Teilen des Kaukasus und Transkaukasiens, obwohl der Islam sich im Gebirge nur langsam durchsetzte. Dagestan war erst im 15. Jh. islamisiert und Tschetschenien im 18. Jh. Trotz der Verwüstungen, die Timur-Leng* durchführte, und trotz der abwechselnd osmanischen* und persischen* Besetzungen (16.–18. Jh.) blieben Georgien und Armenien christlich. Transkaukasien, das ab dem Ende des 18. Jhs. mehr und mehr durch Rußland aufgezehrt wurde, geriet 1828 unter dessen Gewalt. Der Widerstand, den dagestanische und tschetschenische Bergbewohner gegen die russische Vernichtungspolitik leisteten, verstärkte sich, insbesondere durch den Einfluß der Sufis*. Der legendäre Imam* Schamil (gest. 1871) führte einen Heiligen Krieg* (1824–1859) und errichtete kurzfristig eine islamische Republik in Dagestan, die auf der Scharia* beruhte.

Heute konzentriert sich der transkaukasische Islam vor allem in Aserbaidschan (7,5 Mio. Einwohner; Hauptstadt: Baku, Bevölkerung türkischer Abstammung, mehrheitlich Schiiten*) und in einigen kleinen Bergrepubliken, die der Russischen Föderation angehören.

▸ Islam (Ausbreitung)

Kemal Atatürk, Mustafa, türkischer Politiker (Saloniki 1881 – Istanbul 1938) Mustafa Kemal, von seinen Landsleuten „Atatürk" („Vater der Türken") genannt, ist der Gründer und erste Präsident der Türkischen Republik, die aus den Trümmern des Osmanischen* Reiches entstanden ist.

Als Berufssoldat hielt er sich fern von der Revolution der Jungtürken*. Er zeichnete sich als Kriegschef aus während der italienischen Invasion im osmanischen Tripolitanien 1911 und während des Ersten Weltkriegs gegen die Alliierten in den Dardanellen (1915), im Kaukasus und in Palästina* (1916/17). Nach dem Krieg, den die Mittelmächte verloren hatten, wurde das Osmanische Reich aufgelöst und von den Alliierten besetzt. Mustafa Kemal zog sich nach Anatolien* zurück und begann dort mit der Errichtung eines nationaltürkischen Staates. Von Ankara aus, seiner neuen Hauptstadt, setzte er den türkischen Unabhängigkeitskrieg in Gang – gegen die Alliierten, besonders die Griechen, und gegen die Regierung in Istanbul*. In Ankara trat die erste Nationalversammlung zusammen und wählte ihn zum Präsidenten. Nach dem Sieg über die Alliierten schaffte er 1922 das Sultanat*, dann 1924 das Kalifat* ab. Bereits 1923 hatte die Friedenskonferenz von Lausanne die Unabhängigkeit der neuen türkischen Republik anerkannt. Atatürk betrachtete die islamische Tradition als fortschrittsfeindlich und modernisierte und säkularisierte das Land mit eiserner Hand: Verbot islamischer Gerichtshöfe und Schulen, womit der Islam seinen Status als Staatsreligion verlor; Verstaatlichung ausländischer Handelsgesellschaften; Förderung von Landwirtschaft*, Industrie und Banken. Er verbot die Polygamie, schaffte für Frauen das Tragen des Schleiers* ab und gab ihnen das Wahlrecht (1930). Die türkische* Sprache wurde von einem Großteil ihrer arabischen und persischen Lehnwörter gereinigt und die lateinische Schrift vorgeschrieben – auf die Gefahr hin, die Türken von ihrer Geschichte abzuschneiden. Atatürks Beispiel hat zahlreiche Reformer in der moslemischen Welt inspiriert.

Kemal, Yaschar, türkischer Schriftsteller (geb. Anatolien 1923)
Yaschar Kemal, türkisch-kurdischer Abstammung, ist zusammen mit Nazim Hikmet* der größte türkische Schriftsteller des 20. Jhs. Geboren 1923, im Jahr der Proklamation der Türkischen Republik durch Mustafa Kemal*, wurde er 1950 wegen seiner progressiven politischen Ideen verhaftet. Er sammelte uralte Erzählungen und Geschichten aus Anatolien*, die in seiner Jugend noch von Barden im Stile von Junus Emre* vorgetragen und gesungen wurden. Kemal schuf daraus volkstümliche „ländliche" moderne Epen, die humanistisch inspiriert und von universeller Tragweite sind. Davon zeugt sein erster Roman *Mehmet, der Winzige* (1955), gefolgt von *Mehmet, der Falke*. Ebenso hat er *Jenseits der Berge* (1966–1978), *Die Legende der tausend Stiere* und *Die Lehnsherren von Aktschasaz* geschrieben. Diese Romane, die auf der ganzen Welt übersetzt wurden, besingen die Kämpfe von ritterlichen Banditen, die sich gegen die Feudalherrschaft und den modernen Staat richten, der in bezug auf ländliche Realitäten blind ist. Es geht für den Schriftsteller nicht darum, die ungerechte Rechtsordnung der Vergangenheit zu verteidigen, sondern darum, einen symbolischen Alarmschrei auszustoßen gegen die schleichende Unmenschlichkeit einer Lebensart, in der sich Natur und zwischenmenschliche Beziehungen immer stärker voneinander entfernen. Seine Stellungnahmen zugunsten einer Anerkennung der kurdischen* Eigenständigkeit haben ihm von seiten der türkischen Regierung schwerwiegende Unannehmlichkeiten eingebracht.

Keramik
Als eine der wichtigsten Kunstgattungen des Islams* erfuhr die Keramik seit dem 8. Jh. eine großartige Blütezeit, besonders dank technischer Verbesserungen, die – neben einer oft originellen Produktion, die zum häuslichen Gebrauch bestimmt war – die Verwirklichung echter Meisterwerke ermöglichten.

Die omaijadische* Keramik griff auf das Erbe byzantinischer und orientalischer Techniken zurück, führte aber auch sehr schnell neue Dekorationsmuster ein, z. B. die Kalligraphie*. Im 9. Jh. wurden in Bagdad* Techniken erfunden, die die „Feuerkunst" maßgeblich veränderten: die Fayence, der weiche Ton und der Doppelbrand bei unterschiedlichen Temperaturen. Die abbasidischen* Töpfer wollten mit den aus China* importierten Keramiken in Wettstreit treten und bewerkstelligten daher nie dagewesene Synthesen verschiedener Tonarten und Glasuren. Es gelang ihnen, auf die Fayence eine bestimmte Methode zum Färben zu übertragen, die schon die Glasbläser Ende des 8. Jhs. in Ägypten anwandten: die Zementation von Silber- und Kupferteilchen. Sie erfanden eine Keramik mit einer Glasur, die metallische Reflexe enthielt, und konnten dadurch goldfarbenes Geschirr herstellen. Diese Technik verbreitete sich, wie auch andere, im ganzen Reich. Das fatimidische* Ägypten produzierte eigenartige Keramiken mit Szenen aus dem höfischen* oder täglichen Leben in einem spontanen und sehr neuen Stil.

Syrien und der Iran* unter den Seldschuken* entwickelten seit dem 11. Jh. die Anwendung von kieselsäurehaltigen Tonen, sie verwendeten die Technik der metallischen Reflexe und stellten neben Verblendfliesen (Fliesen zur Verkleidung) Hocker oder Regale aus Keramik her. Der Iran entwickelte Ende des 13. Jhs. die Technik des *Minai,* die eine Palette von sieben Farben umfaßt. Eine Meisterleistung, die niemals zuvor in der Geschichte der Keramik erreicht wurde. Es war zugleich die Geburtsstunde ihrer schönsten Meisterwerke. Die Muster, die zeitgenössischen Miniaturen* ähneln, lassen bei diesen Luxusgegenständen auf die Zusammenarbeit mit Miniaturmalern schließen. Zu Beginn des 14. Jhs. ersetzte die Technik der *Ladjvardina* (rote, weiße und schwarze Farbtöne mit aufgetragenen kleinen goldenen Blätterranken) die des *Minai.* Diese Keramikform war der Beginn einer Verschmelzung mit chinesischen Motiven, die nach den mongolischen* Eroberungen zur Norm wurden. Ende des 13. Jhs führten Ägypten unter den Mamelucken* und Syrien zwei Neuerungen ein: zum einen neue Formen (Schalen auf Füßen, Krüge, Wasserbecken), verziert mit Kalligraphien und Wappen, zum anderen die Nachahmung von chinesischem Blaßgrün.

Seit dem 10. Jh. stellte man im Westen, in Andalusien* und im Maghreb*, unter Anwendung verschiedener Techniken serienmäßig große Krüge (*Tinajas*) und Brunneneinfassungen her. Bougie und Malaga produzierten Fayencen mit kobalt-blauem Schmuck und metallischen Reflexen (bemerkenswert sind Vasen mit rundem Bauch und wulstigem Hals, die man „Albarellen“ nennt). Techniken und Formen wurden von den christlichen Städten Spaniens* im 13. Jh. in die spanisch-maurische Fayence übernommen. Die Werkstätten von Florenz und Siena, die seit dem 15. Jh. von den spanischen Produkten aus Manises beeinflußt wurden, stellen ebenfalls einen Teil der islamischen Keramikkunst dar. Der Iran verfolgte nach den mongolischen Eroberungen weiter die Tradition der Architekturkeramik mit großen Platten zur Verkleidung der (Außen-)wände. Sie waren erkennbar an ihrer Verzierung durch geformte Motive (z. B. bei den *Mihrabs** oder den Moscheelampen).

In der Türkei gelang es der osmanischen Keramik zu Beginn des 16. Jhs., bis zu fünf verschiedenfarbige Glasuren zu vereinigen. Eine technische Meisterleistung, die in den Werkstätten von Iznik mit der Dekorationsgruppe „Vier-Blumen“, die durch ein sehr lebhaftes Rot hervorgehoben wurde, ihren Höhepunkt erreichte.

Trotz der Vermischung türkischer, europäischer und fernöstlicher Einflüsse

und trotz des Gebrauchs von vorgefertigten Produkten, die die späte islamische Keramik charakterisieren, kamen im 18. und 19. Jh. immer noch einige schöne Stücke im Iran unter den Kadscharen und im Maghreb zum Vorschein.
▶ Kunststile (islamische)

Kerbela
Kerbela oder *Maschhad Hussain* („[Ort des] Martyriums von Hussain"), 90 km südlich von Bagdad* gelegen, ist der heiligste Wallfahrtsort der Zwölferschiiten*. Hier wurden im Jahr 680 Hussain (pers. Hossein), Sohn des Ali*, und seine Begleiter von den Omaijaden* getötet.

Bereits zu Beginn bauten die Schiiten* dort ein Heiligtum, welches 850 von den Abbasiden* zerstört wurde, um einen Unruheherd auszurotten. Die persisch-schiitischen Bujiden, die schon 979 *de facto* Vormund des Kalifats* waren, ließen eine Grabmoschee (Mausoleum) bauen, welche aber abbrannte. Im 11. Jh. wurde sie wieder aufgebaut. Kerbela wurde 1803 als Ort häretischen Aberglaubens von den Wahhabiten* zerstört und seine Bevölkerung getötet.

Durch das Blut der ersten Märtyrer (von Hussain und seinen Begleitern) geheiligt, wird der Lehm von Kerbela stückweise verkauft: die schiitischen Pilger nehmen ihn mit sich und berühren damit während des Gebetes ihre Stirn. Als Gegenstand großer Verehrung finden im Iran* bis heute am Todestag Hussains spektakuläre Szenen einer Kollektivtrauer statt. Während einer Wallfahrt in Kerbela zu sterben oder dort begraben zu werden, ist der Wunsch zahlreicher schiitischer Gläubiger.
▶ Schiiten, Hussain (Martyrium)

Khan, der
Türkischer Titel (entspricht dem arab. Emir*) für einen Herrscher, z. B. ein Stammesoberhaupt, oder einen regierenden Fürsten in einem Khanat, vor allem in Mittelasien*.

Bei den Mongolen* hatte die oberste herrschaftliche Gewalt der „Groß-Khan" inne – ein Titel, den unter anderem Dschingis-Khan* und Kublai-Khan trugen. Darüber hinaus wird „Khan" in einer anderen Bedeutung im türkisch-persischen Sprachraum auch als Synonym für Karawanserei* gebraucht.

Khanat ▶ Khan

Khayyam ▶ Chaijam

Kindi, Jakub Ishak al-, Philosoph und Enzyklopädist (Basra um 800 – Bagdad um 870)
Al-Kindi, der den Beinamen „der Philosoph der Araber" trägt, war der erste Philosoph rein arabischer Abstammung. Er war sowohl Arzt als auch Wissenschaftler. Wegen seines Universalwissens genoß er im Europa des Mittelalters und der Renaissance (unter dem lateinischen Namen Alkindus) immenses Ansehen. Vertraut mit dem abbasidischen* Hof*, kannte er die griechische Philosophie (Platon, Aristoteles und Plotin) durch Übersetzungen* aus dem Syrischen* und Griechischen. Er war der Wegbereiter der griechisch-moslemischen Philosophie* (*Falsafa*), die er als „die Erkenntnis der Wirklichkeit der Dinge gemäß den menschlichen

Fähigkeiten" definierte. Er übte direkten Einfluß auf al-Farabi* aus und war sowohl in Philosophie, Logik, Physik, Mathematik* als auch in Medizin*, Geschichte und Musik* gebildet. Seine ungefähr 250 kurzen Abhandlungen sind zum Großteil nicht erhalten. Er war einer der ersten moslemischen Denker, der sich an die Frage der dem Aristotelismus zufolge ewigen Schöpfung heranwagte und versuchte, das Problem zwischen Emanation und Erschaffung der Welt zu lösen. Und dies zu einer Zeit, in der die moslemische Philosophie eher das Bedürfnis verspürte, eine Harmonisierung zwischen Vernunft und Offenbarung zu schaffen. Auch schlug er eine allegorische Interpretation des Korans* vor, mit dem Bestreben, offensichtliche logische Widersprüche zu lösen.

▶ Philosophie

Kirgisen

Die kirgisischen Nomaden* waren Anhänger einer schamanistischen Religion. Es handelt sich möglicherweise um türkisierte Indoeuropäer aus dem Süden Sibiriens. Ins Licht der Geschichte traten sie 840, als sie das mächtige Uigurenreich von Sinkiang (im Westen Chinas*), das der manichäischen Religion angehörte, zeitweise unterwarfen. Ihre kriegerischen Qualitäten machten die Kirgisen zu einer bedeutenden Macht.

Auf ihrer Wanderung zum Tien-Schan-Gebirge stießen sie im 13. Jh. auf die Mongolen* unter Dschingis-Khan*, die in die Gegenrichtung, nach Westen, zogen und die Kirgisen (trotz Widerstands) schlugen. Die Überlebenden schlossen sich ihren Besiegern an. Im 15. Jh. vereinnahmten die Kirgisen andere türkische Nomadenstämme: Kiptschaken und Oghusen; auf diese Weise entstanden in Mittelasien* zahlreiche Stammesbündnisse. Im 17. Jh. verbündeten sie sich mit den Kasachen* gegen die chinesischen Dsungaren und begannen, sich zu islamisieren – ein Prozeß, der bis ins 20. Jh. dauerte. Zwar waren die Kirgisen Mitte des 18. Jhs. theoretisch Untertanen der Chinesen, *de facto* blieben sie jedoch unabhängig bis zu ihrer Eroberung durch die Khane* von Chokand (Transoxanien*) um 1830. 1864 umfaßte das russische Turkestan* den größten Teil der kirgisischen Gebiete, die es beim Fall Chokands 1876 annektierte.

Seit 1991 ist die Republik Kirgisien (oder Kirgistan) unabhängig; Hauptstadt ist Bischkek (früherer Name: Frunse), das Staatsgebiet umfaßt 198 500 km² und besteht zu 90% aus Gebirge. Die Anzahl der (sunnitischen*) Kirgisen beträgt 2,5 Mio. unter insgesamt 4,6 Mio. Einwohnern (darunter 900 000 Russen und 500 000 Usbeken* sowie kleinere Minderheiten von Ukrainern, Tataren* und Deutschen).

Kleinkönigreiche ▶ Reyes de Taifas

Konstantinopel ▶ Istanbul

Konya

Die Stadt, die in der Antike gegründet wurde, liegt in einer unfruchtbaren Ebene Anatoliens*. Sie wurde die Hauptstadt der türkischen Rum-Seldschuken* (1070–1308).

Zwar sind nur noch Ruinen von ihren Palästen und der Zitadelle vorhanden, dafür beruht jedoch das Ansehen dieser

Stadt auf den zahlreichen religiösen Bauwerken. Normalerweise wurde Stein für die Außenmauern der Gebäude, insbesondere für das Portal, verwendet: das Portal der Ince-Minare-Medresse*, was soviel bedeutet wie „mit einem kleinen Minarett", wird durch ein mächtiges Bandgesims mit eingemeißelten Inschriften geschmückt, während das Portal der Alâeddin-Moschee mit dem Wechsel von Reihen aus dunklem und hellem Stein spielt. Fliesen (Keramik*) waren der inneren Ausschmückung vorbehalten: z.B. die Kuppel* mit Sternenmotiven der Karatay-Medresse oder etwa der Mihrab* der Sircali-Medresse. Es wurden nur die Farben blau, weiß und schwarz verwendet. In Konya befindet sich auch das Mausoleum von Djalal od-Din Rumi* und seinen Nachfolgern, welches durch seine pyramidenhafte Kuppel* auffällt, die mit türkis emaillierten Fliesen verkleidet ist.

Kopftuch ▶ Schleier

Kopten

Von der ägyptischen Bezeichnung für das „Territorium" der Pharaonen abstammend und von den Griechen zu *Aigyptos* (Ägypten) umgeformt, bezeichnet der Name „Kopte" zuallererst den autochthonen Ägypter.

Die koptische Kirche, im 1. Jh. vom hl. Markus in Alexandria gegründet, nahm die monophysitische Lehre an (Jesus besitzt nur eine einzige Natur: die göttliche), die vom Konzil von Chalcedon (451) auf Veranlassung der Byzantiner verurteilt worden war. So wurde diese Kirche unabhängig. Die Byzantiner verfolgten in ihrer ägyptischen Kolonie die Kopten, die dort die Mehrheit der Bevölkerung ausmachten, schwer. Diese nahmen daher die arabischen Eroberer im 7. Jh. eher freudig auf, und viele Kopten wurden Moslems*. Die koptische Sprache, die mit griechischen Buchstaben geschrieben wird, verschwand äußerst schnell zu Gunsten des Arabischen und überlebte nur als Liturgiesprache. Die koptische Kunst hingegen (Buch-*, Textil-* und Holzkunst) lebte noch jahrhundertelang fort. Zahlreiche Kopten waren in der moslemischen Verwaltung tätig; ihre Lage verschlechterte sich jedoch auch phasenweise. Die koptische Kirche, die autokephal ist und ihren Sitz nun in Kairo* hat, leitet ein „Papst", der Jurisdiktionsgewalt über die zehn Millionen Kopten in Ägypten und im Sudan* hat, bis 1959 auch noch über die rund 15 Mio. Gläubigen in Äthiopien*. Deren Kirche ist seitdem unabhängig und besitzt eine eigene Hierarchie; ihre Liturgie und ihre alte Kirchensprache, das *Ge'ez,* hat sie beibehalten. Rund 200 000 Kopten haben den Katholizismus oder auch den Protestantismus angenommen. Heute machen die Kopten, die sowohl in den Städten als auch auf dem Lande leben, mindestens 10% (6 Mio.) der Ägypter aus. Sie sind mit vielerlei Einschränkungen konfrontiert (beim Zugang zu Universitäten und zur höheren Verwaltung) und zunehmend Zielscheibe von Mordanschlägen islamischer Fundamentalisten*. Ihre Auswanderung, besonders nach Nordamerika, Australien und Europa, beschleunigt sich.

▶ Christen (orientalische)

Koran

Von der arabischen Wortwurzel *qara'a* („lesen, laut rezitieren") abgeleiteter

Name des hl. Buches aller Moslems*, das Mohammed* unmittelbar von Gott offenbart wurde. Der Koran ist die Hauptquelle des religiösen Gesetzes (Scharia*), das alle menschlichen Handlungen abdeckt. Zentrales Thema des Korans ist der Lobpreis der Einzigkeit Gottes, seiner Taten und der notwendigen „Unterwerfung" (dies bedeutet das Wort „Islam") unter seinen Willen sowie der prophetischen Sendung Mohammeds.

Entstehung des Korans. Als Teil der „himmlischen Urschrift" des Wortes Gottes, von der Teile in der Thora und dem Evangelium (durch auch von den Moslems* verehrte Propheten wie Mose und Jesus) enthüllt worden sind, wurde der Koran „herabgesandt" zur „Bestätigung" der früheren Offenbarungen, die jedoch von Juden und Christen „verfälscht" wurden. Gott „spricht" im Koran zu Mohammed*, einem gewöhnlichen Sterblichen, durch Vermittlung des Erzengels Gabriel, um sich an die Araber zu wenden als den einzigen unter den Semiten, die bis dahin weder einen Propheten noch eine heilige Schrift besaßen. Mohammed, vermutlich Analphabet, diktierte diese Offenbarungen im arabischen Dialekt des Hedschas*, den man dank der Ausstrahlung Mekkas* auf der gesamten Arabischen Halbinsel verstand. Sie wurden niedergeschrieben auf den zerbrechlichen Materialien, die in Zentralarabien verfügbar waren: Kamelschulterblättern, Tonscherben und Palmblättern. Dem Propheten dürften die Glaubensrichtungen der arabischsprachigen Anhänger der Buchreligionen bekannt gewesen sein, die in der gemeinsamen semitischen kulturellen Grundlage verankert sind (wie das Judentum*) – Glaubensrichtungen, die seit langem in jener Gegend präsent waren, sei es durch entsprechende Bevölkerungsschichten, sei es durch Bekehrungen. Der jüdische Einfluß ist ersichtlich in der koranischen Welterklärung: Adam, Eva, Kain, das Jüngste Gericht, der Satan*, um nicht die zahlreichen ehrerbietigen Bezugnahmen auf Propheten und andere biblische Persönlichkeiten zu erwähnen, wie Salomo, für den Islam das Vorbild an Weisheit. Bei alldem wird zugleich aus den ureigenen arabischen Traditionen geschöpft: Dschinn* (Geister); Kaaba* (Haus Gottes), zu Mohammeds Zeit ein polytheistisches Heiligtum, bevor sie zum Zentrum der islamischen Wallfahrt* (*Haddsch*) wurde; spezifisch arabische Propheten, wie Hud, Salih und Schuaib, als direkte Vorläufer Mohammeds.

Aufbau und Inhalt des Korans. Der Koran enthält 114 Suren (Kapitel), die in jeweils unterschiedlich viele Verse (3–286) unterteilt sind. Die erste Sure heißt „Die Eröffnende" (*Fatiha*) und stellt eine Art Glaubenszeugnis dar; sie wird häufig im rituellen Gebet* zitiert. Die einzelnen Suren, ob kürzer oder länger, behandeln ein oder mehrere Themen, die auf den ersten Blick oft unverbunden nebeneinander stehen. Jede Sure trägt einen Titel („Die Kuh", „Die Höhle", „Die Bienen", „Der Tisch" usw.); manche Suren beginnen mit sog. „geheimnisvollen Buchstaben" ungeklärter Bedeutung, denen esoterischer Wert beigemessen wird. Viele Unklarheiten im Koran wurden nach Mohammeds* Tod durch die *Sunna** (Brauch, Gewohnheit) eindeutig erklärt, die die Aussprüche und Taten des Propheten vereint, wie sie in den *Hadithen** (Überlieferungen) fixiert sind. Die Offenbarung des Korans folgte der Lebensentwicklung Mohammeds: Verfolgung, Fragen seiner Anhänger und seiner Gegner, Kriege gegen die Koreischiten*, Regierung seiner Gemeinde. Zwei große Perioden sind bei der Entstehung während Mohammeds 20jähriger Verkündigung (612–632) zu unterscheiden: die mekkanische Periode (in Mekka*), die von Visionen und Ermahnungen geprägt war, häufig in Form von Reimprosa; anschließend die medinensische Periode (in Medina*), in der es um die rückhaltlose Verdammung des Polytheismus ging, um den Bruch mit den Juden und die Bestätigung von Mohammeds politischem Auftrag; die Suren aus dieser Periode enthalten vermehrt rechtliche Regelungen (ohne daß der Koran deswegen eine Gesetzessammlung wäre) und historische Anspielungen. Gedichte und Legenden aus Arabien und den anderen nahöstlichen Kulturen jener Zeit inspirierten den Koran, so daß er (im Unterschied beispielsweise zur Bibel) weniger „Geschichte" im eigentlichen Sinne bietet, als vielmehr „Geschichten", die zu einem Großteil biblische Personen und Propheten behandeln: Am häufigsten wird Josef angeführt, aber auch Noah, Abraham*, Ismael*, Mose, Salomo, Jona und ebenso Johannes der Täufer und Jesus. Der Koran ist kein liturgisches Buch im engeren Sinne; er enthält dramatische Szenen, Predigten über nicht genauer beschriebene Themen oder auch Texte rechtlichen, politischen und moralischen Inhalts (in der medinensischen Periode).

In Arabisch offenbart, ist der Koran das erste literarische Monument der klassischen arabischen* Sprache, die dadurch für alle Moslems einen sakralen Charakter erhält. Er ist nach wie vor das Modell moslemischen Denkens und Fühlens aller Völker und Kulturen und inspirierte Literatur* wie Künste. Seine wissenschaftliche Exegese wird abgelehnt; schon sehr bald betrachtete man ihn als „unnachahmlich", ewig und vollkommen, da er ja unmittelbar auf den Propheten „herabgesandt" worden war (wie es im Koran heißt). Zugleich gab und gibt es jedoch – seit der Festlegung des Textes und der Schreibweisen in der Zeit der rechtgeleiteten Kalifen* über die Abbasiden*-Zeit bis hinein in unsere Tage – eine beträchtliche Anzahl von Korankommentaren (*Tafsir*), ebenso wie esoterische Auslegungsbestrebungen.

► Arabien (altes), Hadith, Koran (Kommentare), Mekka, Medina, Mohammed

Koran, Kommentare

Die Wissenschaft der Koran-Interpretation wurde bereits in der Entstehungszeit des Islams* von Ibn al-Abbas (gest. 686), einem Vetter Mohammeds*, begründet, möglicherweise unter Einfluß der Haggada, die konvertierte Juden bei den Moslems* bekannt gemacht haben könnten.

Mit dem Namen „Korankommentar" (arab. *Tafsir*, „Erklärung") bezeichnet man die Erklärungen und Anmerkungen zum hl. Buch. Daraus entstand alsbald eine Wissenschaft der Interpretation und ein bedeutender Zweig des *Hadiths**. Der Umfang reicht von einigen wenigen Worten bis hin zu durchgängigen satzweisen und sogar wortweisen Kommentaren des gesamten Korantextes. Zahlreiche Koranhandschriften tragen am Rande einen oder mehrere Kommentare. Die herausragendsten Kommentatoren in der Geschichte sind at-Tabari*, Zamachschari, Fachr ad-Din ar-Razi und Baidawi. Diese eigenständige und stets lebendige Disziplin versteht sich jedoch nicht als wissenschaftliche Exegese, der der Koran, der als „ungeschaffen" und unfehlbar betrachtet wird und direkt auf Mohammed „herabgesandt" wurde, nicht zugänglich sei. Der größte Teil der unzähligen Kommentare beabsichtigt offensichtlich, bestimmte Punkte der Theologie* oder des Rechts* zu präzisieren oder Anspielungen des hl. Textes zu erläutern. Das Studium der Kommentare ist wichtig, um eine genaue Kenntnis der historischen Entwicklung islamischer Theologie und islamischen Rechts zu erlangen, ebenso für die Philologie. Eine andere Art der Kommentierung (*Tawil*) bemüht sich um den Koran-Inhalt als solchen; verschiedene weniger orthodoxe „Schulen" (bei den Sufis* und den Schiiten*) haben sie angewandt, um die koranische Offenbarung ihren eigenen Vorstellungen anzunähern, manchmal mittels allegorischer Auslegungen, die wenig Bezug zum Geist des Textes aufweisen. Diese Methode wurde u.U. von der Schule des Philo von Alexandrien oder vom iranischen Manichäismus beeinflußt.

▶ Koran

Koreischiten

Arabischer Stamm (sein Totemname bedeutet „kleiner Hai"), der Politik und Handel in Mekka* zur Zeit Mohammeds* beherrschte. Dieser entstammte selbst einer koreischitischen Sippe, den Haschimiten*.

Die Koreischiten lebten in der unmittelbaren Umgebung der Kaaba* und kontrollierten die ergiebige heidnische Wallfahrt zu diesem Heiligtum. Der Verkündigung des Propheten widersetzten sie sich von Anfang an. Um ihrer Verfolgung zu entgehen, mußte Mohammed 622 nach Medina* fliehen, bevor er seine Stammesgenossen schließlich besiegte und diese den Islam* annahmen.

Ein *Hadith** (Überlieferung) wurde lange Zeit so ausgelegt, daß das Amt des Kalifen* notwendigerweise einem Koreischiten zukommen müsse. Im Kampf um die Macht gab dies den Abbasiden* (die ihren Ursprung auf einen Onkel Mohammeds zurückführten) ein Argument gegen die Omaijaden* an die Hand, die nur entferntere Verwandtschaft aufweisen konnten.

Diese Forderung einer entsprechenden Abstammung hinderte vermutlich die Osmanen* daran, jemals einen offenen Anspruch auf den Titel „Kalif" zu erheben, wenngleich sie dessen Funktion faktisch ausübten.

Krankenhäuser

Das Krankenhaus (pers. Bimaristan) war eine der Hauptbildungsstätten in der klassischen islamischen Epoche, als die Medizin* eine der wichtigsten moslemischen Wissenschaften* war. Es war auch ein Ort, an dem Bildung angewandt wurde, die man an Universitäten* und großen Bibliotheken* – ebenfalls Wissenszentren – erwarb. Das erste Krankenhaus der moslemischen Zeit wurde um 707 von den Omaijaden* in Damaskus* gegründet.

Als erstes unter den historisch nachgewiesenen Krankenhäusern wurde auf

Initiative des abbasidischen* Kalifen* Harun ar-Raschid* um 800 das Krankenhaus von Bagdad* für den großen nestorianischen* Arzt Djibrail (Gabriel) Ibn Bachtischu erbaut. Dies geschah nach dem Vorbild der hervorragenden und kosmopolitischen Medizinakademie von Gondischapur, die von den persisch-sassanidischen* Herrschern im Südwesten Persiens* vor der arabischen Invasion gegründet wurde. Bekannt ist aber auch, daß es andere Krankenhäuser gab, die von Regierenden und reichen Mäzenen* im 10. Jh. in Form religiöser Stiftungen (*Wakf*) im Irak geschaffen wurden. Seit dem 9. Jh. erhielten alle Städte der moslemischen Welt (von Mittelasien* bis Andalusien*) ähnliche Einrichtungen. Eine Gruppe von Ärzten und Chirurgen – darunter einigen Spezialisten – sowie Personal beiderlei Geschlechts (weibliche und männliche Patienten wurden getrennt) waren in diesen Krankenhäusern beschäftigt; verschiedene Abteilungen waren für innere Krankheiten, Chirurgie, Augenerkrankungen und Orthopädie zuständig. Jedes wichtige Krankenhaus besaß eine Verwaltung (Abhandlungen über eine gute Verwaltung von Krankenhäusern wurden verfaßt), eine Ambulanz, eine Apotheke (für die von den praktizierenden Ärzten verschriebenen Rezepte), Geschäfte, eine Moschee* und häufig eine Spezialbibliothek. Die Meister, wie der große ar-Razi*, ließen hier den Studenten eine theoretische und praktische Ausbildung zuteil werden, die auf die klinische Beobachtung ausgerichtet war und deren Ergebnisse durch das Verfassen einer Doktorarbeit und den Erhalt eines Diploms bestätigt wurden; das erlaubte den Studenten, nachdem sie den Eid des Hippokrates abgelegt hatten, als Ärzte zu arbeiten. Im 12. Jh. war das Nuri-Krankenhaus von Damaskus eines der größten seiner Zeit, und das al-Mansuri-Krankenhaus, das 1284 in Kairo* gegründet wurde und z. T. noch heute besteht, konnte angeblich 8000 Patienten beiderlei Geschlechts aufnehmen.

Von Anfang an widmeten sich Spezialeinrichtungen den Geisteskranken, und folgt man einigen Quellen, so durchquerten mobile Ambulanzen zur Zeit der Kalifen den unteren Irak.

▶ Bildung, Medizin, Razi

Kreuzzüge

Name für die militärischen Feldzüge, die das christliche Europa auf Anregung des Papstes vom 11.–13. Jh. gegen die Moslems* führte.

Tatsachen. Für die Europäer waren die Kreuzzüge ein Epos religiösen Eifers, der Beginn eines „europäischen" Bewußtseins und zugleich die erste wirtschaftliche und koloniale Übersee-Expedition. In den Augen der Moslems* standen die Kreuzzüge in einer Reihe mit den Invasionen der seldschukischen* Türken*, der Turkmenen* und der Mongolen* sowie mit den Feldzügen der Byzantiner, die allesamt durch die politische und religiöse Anarchie im moslemischen Osten begünstigt wurden. Es dauerte annähernd zwei Jahrhunderte (1099–1299), bis die Moslems der Anwesenheit der Kreuzritter ein Ende bereiten konnten.

Die Zerstörung des Heiligen Grabes in Jerusalem* 1009 durch die Fatimiden* war einer der Hauptgründe für den Willen in Europa, die christlichen heiligen Stätten aus den Händen der Moslems zu befreien: Der erste Kreuzzug der „Franken“ (mit diesem Namen bezeichnen die arabischen Geschichtsschreiber* die Kreuzritter noch heute) gelangte in den Nahen Osten über das byzantinische Anatolien*; die Kreuzritter verstanden sich noch als Verbündete von Byzanz*. 1099 eroberten sie Jerusalem, das zur Hauptstadt des ersten lateinischen Königreichs Jerusalem wurde (1099–1187), und unterwarfen die syrisch-palästinische Küste von Antiochia bis Askalon. Zahlreiche Eroberer und Pilger paßten sich in der Folgezeit den orientalischen Sitten an. Das Schicksal der fränkischen Fürstentümer, die alle am Mittelmeer lagen, hing in zunehmendem Maße von der Unterstützung aus Europa ab. Interne Kämpfe fanden unter den Moslems wie unter den Kreuzrittern statt, wobei keine Partei davor zurückschreckte, sich zeitweise mit dem „Feind“ zu verbünden. Im 12. Jh. führten Dynastien türkischen Ursprungs (wie die Zengiden aus Aleppo und Mossul) als Verfechter der sunnitischen* Orthodoxie einen Gegenangriff, nahmen 1144 Edessa ein und vereinigten Syrien (Auslöser des zweiten Kreuzzugs, der jedoch erfolglos blieb). Einer ihrer kurdischen* Offiziere, Saladin* (gest. 1193), stürzte das schiitische* Kalifat* der Fatimiden und gründete die Dynastie der Aijubiden*. Er erklärte den Heiligen Krieg (*Dschihad**) gegen die Franken, die nach dem Sieg Saladins in Hattin und der Einnahme Jerusalems (1187) vorübergehend aus der Mehrzahl ihrer Besitzungen vertrieben wurden. Dies war der Anlaß für den dritten Kreuzzug unter Führung des Kaisers Friedrich Barbarossa, der allerdings unterwegs starb. Unter Führung des englischen Königs Richard Löwenherz gelang es jedoch, die moslemische Offensive einzudämmen und einige Zugeständnisse zu erreichen. Für ein halbes Jahrhundert entstand ein Gleichgewicht. Der vierte Kreuzzug gelangte nur bis Konstantinopel*. Den fünften Kreuzzug konnten die Aijubiden abwehren; allerdings gelang es ihnen nicht, die Franken zu vertreiben. Sie mußten sogar (zum Schaden des Islams*) dem römisch-deutschen Kaiser und König von Sizilien*, Friedrich II., zeitweise Jerusalem überlassen (1229–1244). 1291 beendeten die tatkräftigen Mamelucken*-Sultane* (nachdem sie 1261 den Vorstoß der Mongolen* in Palästina* endgültig gestoppt hatten) die zwei Jahrhunderte währende Präsenz der Kreuzritter im Orient. Diese Präsenz hatte die Kräfte der moslemischen Völker gebündelt; nun gelangten sie unter türkische Herrschaft. Es dauerte sechs Jahrhunderte, bis die Europäer wieder eine politische Vormachtstellung in dieser Region erlangten.

Eine widersprüchliche Bilanz. Die Kreuzzüge betrafen vor allem den Nahen Osten (am Mittelmeer); der Rest der islamischen Welt nahm davon fast keine Kenntnis (ausgenommen die Einnahme Jerusalems*). Denn zur gleichen Zeit waren auch andere islamische Gebiete bedroht: im Osten durch die Mongolen*-Einfälle, im Westen durch den Vormarsch der christlichen Reconquista* in Spanien*. Überdies war das Ideal des Heiligen Krieges* im Islam* am Ende des 11. Jhs. abgestumpft; einzig die „Glaubenskrieger“ (*Ghazis*) an den Grenzen hielten noch daran fest. Im iranischen Bereich, in Indien* und selbst im Maghreb* (wo der achte Kreuzzug 1270 mit dem Tod König Ludwigs IX. in Tunis scheiterte) wurden die Kreuzzüge als sehr weit entfernte Ereignisse zur Kenntnis genommen. Im Gegensatz zu manchen Vorstellungen führten die Kreuzzüge (die ersten eindeutig religiösen Kampfhandlungen, die die islamische Welt erlebte) nicht zur „Begegnung" von Völkern und Kulturen: Europa hat zwar in materieller Hinsicht vieles aus der weiter entwickelten islamischen Welt mitgenommen. Doch was die Vermittlung der Wissenschaften* betrifft, so vollzog sich diese eher über Spanien und vor allem über Sizilien* (das im 11. Jh. für den Islam verlorenging). Abgesehen vom Papsttum waren die einzigen Europäer, die von den Kreuzzügen profitierten, die italienischen Händler aus Venedig, Pisa, Amalfi und Genua: Neben dem gewinnbringenden Transport der Pilger und Kreuzritter über das Meer unterhielten diese Städte einen florierenden Handel* mit Gewürzen, erlesenen Textilien* und Aromen. Dieser Handel mit den Fürstentümern der Kreuzritter und mit den moslemischen Staaten wurde selbst in Zeiten größter Feindseligkeiten fortgeführt.

Das erste Opfer der Kreuzzüge war indes das Byzantinische Reich, für das die Auseinandersetzung mit dem Islam immer militärisch und politisch, jedoch niemals religiös geprägt war. Nach dem Schisma zwischen der Ostkirche und Rom (1054) betrachteten die Lateiner Byzanz* als häretischen und verräterischen Feind. So plünderten die Kreuzritter anläßlich des vierten Kreuzzugs Konstantinopel* (1204) und beseitigten vorübergehend das Byzantinische Reich, das fortan empfindlich geschwächt war gegenüber den türkischen Invasionen. Ein weiteres Opfer der Kreuzzüge waren die Schriftbesitzer* (Juden und Christen in islamischen Staaten): Die Juden im Nahen Osten wurden von den Kreuzfahrern von Zeit zu Zeit systematisch niedergemetzelt. Die angestammten orientalischen Christen* wurden infolge der Kreuzzüge von den Moslems mit Argwohn betrachtet: Die Maroniten* wurden in die Berge des Libanons zurückgedrängt und die Armenier in Anatolien* (Zilizien) im 14. Jh. von den Osmanen* dezimiert. Die Verschlechterung des Schicksals der orientalischen Christen in Syrien und Ägypten veranlaßte einige von ihnen, zum Islam zu konvertieren. Von dieser Zeit an wurde das Mißtrauen der Moslems gegenüber den Christen durch die Kapitulationen* und später durch die direkte europäische Einflußnahme ab dem 19. Jh. erneut belebt.

▶ Byzanz, Christentum und Islam, Dschihad, Jerusalem, Saladin, Schriftbesitzer

Krieg, Heiliger ▶ **Dschihad**

Krim

Die Krim-Halbinsel (im Süden der Ukraine) ist Teil des Gebietes, das von den türkischen und mongolischen Völkerwanderungen betroffen war. Im 13. Jh. kam sie während eines Feldzuges der Rum-Seldschuken* mit dem Islam* in Berührung.

Das Khanat* (Fürstentum) Krim (oder „Khanat Kiptschak", 1226–1502), das durch Mongolen* von der Goldenen Horde*, Nachfahren Dschingis-Khans*, gegründet worden war, umfaßte den Westen Sibiriens und den Süden Rußlands, die Krim mit inbegriffen. Damals war Rußland ihr unterworfen. Die Krim befand sich im 13. und 14. Jh. im Aufschwung, nachdem der Khan Berke sich zum Islam bekehrt hatte und die Mongolen eine türkische* Sprache (das Kiptschakische) annahmen. Um 1430 spalteten sich die Krim-Tataren* mit der Dynastie (1426–1783) der Giray-Khane (abgeleitet vom Kerey-Klan) ab und erklärten Baghtsche-Saray (Simferopol) zu ihrer Hauptstadt. Am Ende des 15. Jhs. erkannten sie die Oberherrschaft der Osmanen* an. Doch ab der Herrschaft von Iwan IV. (Iwan der Schreckliche, 1530–1584) erwies sich der russische Vormarsch als unerbittlich. Katharina II., die gegen die Osmanen als Siegerin hervorgegangen war, erhielt 1774 den Zugang ihrer Flotte zum Schwarzen Meer sowie die Vormundschaft über die Krim, die 1783 annektiert wurde. Ein Teil der Tataren wanderte daraufhin in die Türkei aus. Von 1921 bis 1941 setzten sie ihre Autonomie mitten in Rußland durch, bevor Stalin sie scharenweise nach Sibirien deportierte. Vor kurzem wurde ihnen gewährt, auf die Krim zurückzukehren; etwa 270000 von ihnen sollen dort leben.

Kufische Schrift

Ein Ausdruck der Kalligraphie*, mit dem man einen Typus der spitzen arabischen Schrift bezeichnet, deren Aufkommen mit der Stadt Kufa im Irak verbunden ist.

Diese Schrift wurde sowohl für Koranabschriften auf Pergament angewandt – was ihr einen hieratischen Charakter verlieh, den sie noch immer bewahrt – als auch für monumentale Inschriften, die in hartes Material eingeschnitten wurden. Anfangs zeichnete sie sich durch die Strenge der Grundlinie aus, auf der die Schriftzeichen liegen. Dann entwickelte sie Formen, die immer reicher mit Flechtwerk und pflanzenartigen Endungen geschmückt wurden. Mit dem Aufkommen verschiedener kufischer Schrifttypen kamen Blumen, Laubwerk, Flechtband, geometrische und lebendig gestaltete Zierleisten hinzu. Das Kufisch wurde bis ins 12. Jh. hinein als architektonisches Schmuckelement angewandt und als Schrift für Manuskripte, bis es schließlich den neuen Formen der abgerundeten arabischen Schrift wich.

▶ Kalligraphie

Kunststile, islamische

Der Islam, der sich über ein sehr großes geographisches Gebiet erstreckt, hat im Laufe der eineinhalb Jahrtausende seines Bestehens den verschiedensten künstlerischen Stilrichtungen (neben der Architektur) zum Entstehen verholfen. Diese Stilrichtungen fanden sowohl in weltlichen als auch in religiösen Gegenständen ihren Niederschlag, die von Handwerkern für Auftraggeber, die nicht immer Moslems* waren, sondern zum Teil auch Kopten* oder Juden, ausgeführt wurden. Die Synthese, die die islamischen Künste bilden, ist das Ergebnis von Bemühungen und künstlerischer Eingebung aller moslemischen Völker: Araber, Türken*, Perser, Berber* und Inder. Auf Grund des unermeßliches Reichtums des dekorativen Repertoires (von der nackten Frau auf den Fresken von Qusair Amra in Jordanien zu Beginn des 8. Jhs. bis hin zur strengsten Arabeske*) gibt es keine einheitliche Ästhetik innerhalb der islamischen Stilrichtungen. Diese beruht vielmehr auf den jeweils vorherrschenden lokalen vorislamischen Traditionen und ist vom Glauben geprägt, der der materiellen Kultur eines jeden in einem islamischen Land lebenden Menschen seinen Stempel aufdrückt.

Geburt einer eindeutig islamischen Kunst. Die omaijadische* Kunst bildete seit der zweiten Hälfte des 7. Jhs. in Syrien und im Irak die Grundlage, auf der sich dann die Mehrheit der verschiedenen künstlerischen Stile entwickelte. Die arabischen Eroberer, die über fast keine eigene künstlerische Tradition verfügten, stützten sich bewußt auf die beiden Kulturen, die es vor ihrer Ankunft gab: die hellenistische Kultur der Mittelmeerprovinzen des Byzantinischen Reiches und die sassanidisch-persische im Irak und Iran* (die letzte wiederum unterlag selbst hellenistischen Einflüssen). Ein Kunstdenkmal wie der Felsendom*, der 691 in Jerusalem* erbaut wurde, ist bezeichnend für diese Entwicklung. Sein Grundriß beruht auf der christlichen Architekturtradition, seine Ausstattung greift auf Techniken und Muster der byzantinischen und sassanidischen Kultur zurück. Aber der Felsendom ist auch Zeugnis für eine Zeit, in der sich Regeln und tiefgreifende Gestaltungsmerkmale, die mit dem neuen Glauben verbunden waren, herausgebildet haben: z. B. entstand die erste kalligraphische* Monumentalinschrift, während die figürliche Darstellung aus der heiligen Stätte verbannt wurde. Die moslemischen Fürsten schätzten hingegen die Darstellung des Menschen (die Skulptur inbegriffen) im weltlichen Rahmen ihrer Fürstenhöfe, und obgleich der *Hadith** das Zurschaustellen verdammt, förderten sie die Herstellung von Keramik*, Metall*, Glas, Goldschmiedekunst oder Luxustextilien. Nur wenige Gegenstände dieser Zeit sind erhalten geblieben, aber man kennt mehrere Beispiele, bei denen die Kalligraphie wegen ihrer dekorativen Möglichkeiten angewandt wurde (z. B. beim Felsendom).

Einfluß aus dem Iran und regionale Strömungen. Unter den Abbasiden* wich der Einfluß der byzantinischen Traditionen zugunsten der vom alten Iran* abstammenden Vorbilder. Die islamische Kunst erfuhr seit der zweiten Hälfte des 8. Jhs. ihre erste Entfaltung. Grund dafür waren neue Verbindungen von Formen und Techniken, die jede für sich zum größten Teil schon bekannt waren. Sie zeichneten sich durch das Aufkommen einer echten Schriftkunst und eine Abstraktion aus, die immer mehr durch Pflanzenmotive erweitert wurde. Dieser Stil, der in den irakischen Hauptstädten wie Bagdad* und Samarra entwickelt wurde, eroberte im Laufe des 9. Jhs. die ganze islamische Welt. Er gelangte in Gegenden, die von den Machtzentren weit entfernt waren und die bis dahin eine Kunst pflegten, die den alten lokalen islamischen Stilen sehr ähnlich war. Die Annäherung der islamischen Hauptstädte an die altiranischen Traditionen war besonders in der abbasidischen Metallkunst* spürbar, die in Zusammenhang mit der Entwicklung der sassanidischen Kunst der Tierdarstellung mit ziselierten oder gepunzten Vögeln stand. In allen anderen Künsten, die Einrichtungsgegenstände betrafen, waren Tierdarstellungen selten. Im Stuckdekor hielt man sich an Motive, die oft floralen Ursprungs waren, und an einfache und abstrakte Formen (wie

z. B. Perlen, Bogen, Palmblätter). Diese Entwicklung setzte sich in der Kalligraphie*, der Holzkunst, der Keramik* und der Glaskunst durch. Sogar in den Koranen* erschienen seit dem 9. Jh. dezente Miniaturen* von Palmblättern.

Seit dem 10. Jh. begannen sich ursprünglich lokale Kunstformen in den aufblühenden Provinzen zu entwickeln. Sie belebten den kaiserlichen Stil, der sich von Bagdad aus verbreitete. Ein Jahrhundert später erfuhren der Iran und Mittelasien* eine echte Blütezeit, und der künstlerische Ausdruck der islamischen Welt begann immer mehr, mit iranischen oder türkischen Formen und Themen zu verschmelzen: beispielhaft dafür sind im Nordosten des Irans in Chorasan hergestellte Metalle mit Tier- oder Pflanzenmustern. In allen Künsten überwogen die Tierformen (besonders der Adler), aber sie wurden nicht mehr naturalistisch dargestellt, wie noch bei den Sassaniden. Von nun an wurde das schmückende Element jeder Figur genutzt. Diese Auffassung wurde für die islamischen Stile charakteristisch, ebenso wie die Kalligraphie. Die Werkstätten von Nischapur (Iran) und Samarkand* im Osten des Irans erstellten im 9. und 10. Jh. beispielsweise eine Reihe sehr origineller Keramiken, auf denen die Kalligraphie den einzigen Schmuck auf weißem Grund bildete.

Der islamische Westen. Im moslemischen Westen hingegen bestand der Einfluß der abbasidischen* Kunst des Iraks während des 9./10. Jhs. fort und erreichte seine Blütezeit im 11. Jh. Das gilt für die Stile Ägyptens unter den Tuluniden (868–905), des moslemischen Spaniens* und der Dynastien des Maghrebs*. Die tulunidische Kunst wurde durch die Holzschnitzkunst (Boiserien) bereichert. Sie bezog sich auf die koptische Tradition, ließ sich aber auch von Blumenmotiven anregen, die in Samarra in Stuck geschnitten wurden, mit Hilfe einer Technik, die „schräger Schnitt" genannt wird. Zweifelsohne verdankte man den Aufschwung, den die Einbandkunst seit dem 9. Jh. in Ägypten nahm, im wesentlichen den koptischen Handwerkern. Man hat festgestellt, daß sich unter den Keramikkacheln mit metallischen Reflexen, die den Mihrab* der Sidi-Okba-Moschee in Kairuan* (836) schmücken, einige befinden, die aus Bagdad* eingeführt worden sind, andere wiederum wurden vor Ort hergestellt und ahmten irakische Vorbilder genau nach.

Obwohl Erben des omaijadischen* Syriens und der spanisch-römischen, byzantinischen sowie westgotischen Überreste (Akantus, Katzen- oder Ziegen-Masken), befreite sich die Kunst der Omaijaden* in Cordoba* (755–1031) und der *Reyes de Taifas** (1031–1090) nicht gänzlich von irakischen Vorbildern. Höfische Szenen, Jagdszenen und Tierdarstellungen, die die Elfenbeinschnitzereien oder Marmorbecken verzieren, wurden von westlichen Einflüssen geprägt.

In Tunesien und Ägypten erwachten durch die Fatimiden* ab dem 10. Jh. wieder klassische und byzantinische Einflüsse, die Kunst befreite sich immer mehr von den abbasidischen Vorbildern. Die Tierdarstellungen herrschten auf allen Materialien vor (Holz, Elfenbein, Textilien, Keramik*, Bergkristall) und vor allem in der Malerei. Wie Spanien und der zeitgenössische Iran*, stellte das fatimidische Ägypten Räuchergefäße, Brunnen, Lampen in Tiergestalt (Vierfüßer, Vögel, Hirsche, Löwen, Hasen, Pfauen etc.) aus Bronze her, für die sicher das sassanidische Persien* die gemeinsamen Vorbilder geliefert hat. Bei der Keramik läßt die Häufigkeit christlicher Themen darauf schließen, daß nichtmoslemische Handwerker eine wichtige Rolle spielten. Das gleiche ist bei den koptischen Handwerkern zu beobachten, die seit der Spätantike Gefallen am Bildhaften und Anekdotischen fanden, dem der fatimidische Stil seine charakteristische Lebendigkeit verdankt.

Neue Strömungen und Formen. Der seldschukische* Iran* (1038–1055) unterlag seit dem 11. Jh. einer starken Strömung chinesischer Einflüsse. Die Miniatur*, die jetzt ihren Aufschwung nahm, begann, auf die anderen Künste einzuwirken. Die Luxuskeramik des *Minai* ist ein Beispiel dafür: ihre Formen waren häufig aus der chinesischen Keramik entlehnt; ihr Schmuck, der hauptsächlich figürlich mit höfischen* Szenen war oder poetische Texte darbot, schöpfte aus den Themen der zeitgenössischen Miniatur. Tiermuster und Pseudoinschriften überdauerten auf den Bronzen aus Chorasan.

Die almoravidischen* (1056–1147) und almohadischen* (1145–1269) Berberreiche einerseits und Andalusien* andererseits beeinflußten sich gegenseitig. Der herrschaftliche Almohaden-Stil nahm viele westliche Einflüsse auf, schloß aber die figürliche Darstellung aus, die von da an im moslemischen Westen selten wurde. Gedrechseltes Holz erschien im Laufe der ersten Hälfte des 11. Jhs. in einer *Maqsura* (einer Vorrichtung, die einen Teil des Gebetssaals für den Fürsten abtrennt) mit epigraphischen und floralen Mustern in der Großen Moschee* von Kairuan*. Moslemische Künstler aus Sizilien* schnitzten für die christlichen Könige Holzverbindungen in Form von Stalaktiten. Mit den Nasriden* (1232–1490) in Granada und den Meriniden (1216–1470) in Marokko verbreitete sich die Verwendung feingliedriger Muster. Ein Zeugnis hierfür sind einige große Tonkrüge (*jarrones*) der Alhambra* mit ihrem feinen Schmuck. Sowohl in Spanien* als auch in Marokko entwickelte sich, zusammen mit einer lebhaften Polychromie, die Technik der Keramikmosaiken.

Im 13. Jh. wurden Kairo*, Damaskus* und Aleppo unter der Herrschaft der Mamelucken* wichtige Herstellungszentren der Kunst. Die Kunst der Mamelucken verband schon vorhandene künstlerische Traditionen (fatimidische und aijubidische*) miteinander; auf diese Weise konnten die farbige Glaskunst, die Keramik* und die Textilkunst* überdauern. Die Mamelucken führten das Wappenmotiv, das mit einer militärischen Staatsorganisation verbunden war, in ihre Muster ein. Gleichzeitig wurde der Aufschwung der Miniatur und der Metallkunst* durch die Einwanderung der Künstler nach Kairo begünstigt, die aus mesopotamischen Schulen kamen.

Die großen Reiche im Osten. Nach der mongolischen* Eroberung sind die stilistischen Strömungen der ilchanidischen (1256–1353) und timuridischen* (1370–1506) Reiche schwer zu bestimmen, denn die Künstler und besonders die Miniaturisten wechselten häufig ihren Wohnsitz und kamen von einer

Werkstatt zur nächsten. Ende des 13. Jhs. erschien ein neuer Typus der Miniatur*, der chinesische Elemente aufnahm. Dieser Einfluß, Quelle zahlreicher Erneuerungen, wurde unter den Timuriden* fortgesetzt und umfaßte alle Künste der Innenausstattung. Textilien*, Keramik*, Holz und Metall* (z. B. große Bronzen aus Fars in Persien* im 13. Jh.) zeigten eine bisher unbekannte neue Pflanzenwelt, wie Lotusblume und Pfingstrose, die angefüllt war mit einer sowohl phantastischen als auch realistischen Fauna. Diese Elemente vermischten sich mit dem traditionellen iranischen Formenschatz (z. B. Jagdszenen, Vögel, Vierfüßer). Die Kalligraphie*-Kursive blieb hingegen ein wichtiges Schmuckelement.

Mit den Safawiden* aus dem Iran* (1501–1732) veränderte die Rolle des Ornaments alle Kunstformen: So hatte das Interesse an der chinesischen Ming-Kunst das Eindringen von Motiven aus dem Fernen Osten zur Folge, sowohl in der Miniatur (Darstellung eines mythischen Tierreiches mit Phönix, Drachen etc.) als auch in der Textilherstellung (Teppiche, Seiden) und der Keramik. Auf der Suche nach Formschönheit und Verfeinerung mischten sich chinesische Motive mit persischen Elementen.

Der Stil des Mogul*-Reiches (1526–1858) stellte die Verbindung zwischen iranischen und indischen Traditionen her. Zeugnis dafür ist die Buchkunst*, die genaueste Wirklichkeitsnähe mit einer schwungvollen Lebendigkeit verbindet. Wie im zeitgenössischen Iran übertrugen die Zeichner Motive der Miniatur oder des architektonischen Schmucks auf Textilien (z. B. Teppiche* aus Lahore*) sowie auf die Juwelier- und Goldschmiedekunst (z. B. mit Gold und kostbaren Steinen inkrustierte Jade und Bergkristalle).

Besonders der herrschaftliche osmanische Stil wurde vom Können der Zeichner bestimmt. Die Keramik schöpfte aus einem dekorativen Pflanzenvorrat (wie Nelke, Hyazinthe, wilde Rose und vor allem Tulpe), der als freie und feine Zeichnung aufgetragen oder geschickt in Medaillons eingefügt wurde, die man auf Textilien, Teppichen und Bucheinbänden findet. Diese Kompositionen waren in allen osmanischen Provinzen beliebt, besonders in Tunesien, und gelangten bis nach Venedig und Genua.

Erst seit dem 18. Jh. werden einige Gepflogenheiten der europäischen Kunst auf einige islamische Kunstformen übertragen, besonders auf das mogulische Porträt und die Malerei des Irans unter den Kadscharen (1779–1924). Sie brachten eine bisher unbekannte Gefühlsbetontheit zum Ausdruck.

Die islamische Kunst hat niemals ihr Erbe geleugnet. Sie hat im Laufe ihrer Geschichte, besonders wegen des internationalen Handels*, künstlerische Traditionen aus Europa, Asien und Afrika* aufgenommen und mit ihrer Kunst verwoben. Dies begünstigte das Entstehen unterschiedlicher Stile. Aber alle islamischen Kunstrichtungen zeigen ein stärkeres Interesse an der visuellen Qualität der Gegenstände als am ikonographischen oder gefühlsmäßigen Inhalt. Dies beweist ihre unvergleichbare Fähigkeit, Gegenstände des täglichen Gebrauchs in reich verzierte Kunstwerke umzuwandeln.

▸ Architektur, Keramik, Buchkunst, Mäzenatentum, Miniatur, Textilien

Kuppel

Die Kuppel ist eines der am häufigsten verwendeten Architekturelemente der vom Islam* eroberten Gebiete. Ihr Vorkommen bei religiösen und weltlichen Bauten ist seit dem 1. Jh. der Hidschra* nachgewiesen: Der Felsendom wurde 691/692 in Jerusalem* erbaut.

Moslemische Architekten haben Konstruktionsmodelle übernommen, die von ihren byzantinischen und sassanidischen* Vorgängern erfunden wurden, um die Kuppel aus einem viereckigen Grundriß zu einem kreisförmigen zu entwickeln. Sie haben sie mit anderen Bauteilen verbunden und ihre Konstruktion verbessert, um originelle und vollkommene Formen zu schaffen, z. B. die *Muqarnas*, die durch Stalaktiten eine großartige Wirkung erzielen. Die Silhouette mit vielfältigen Kuppeln prägt die Stadtlandschaft; eine Kuppel trägt eine Moschee*, eine Medresse*, ein Grabmal, ein Palast, ein Hammam* oder ein Basar*. Unabhängig vom Baumaterial bildet die Kuppel den Untergrund für eine Ausschmückung, die im Äußeren und im Innern gleichermaßen angebracht ist.

Kurden

Die Anzahl der Bewohner des Kurdengebiets (Kurdistan) liegt derzeit bei schätzungsweise 23 Mio. Sie verteilen sich hauptsächlich auf den Osten der Türkei (über die Hälfte), den Norden des Iraks (3 Mio.), den westlichen Iran* (6 Mio.) und den Nordosten Syriens (800 000).

Ein kurzfristiger Einbruch auf der politischen Landkarte des Islams. Das kurdische Volk beruft sich auf seine Abstammung von den Medern, einem mit den Iranern verwandten indoeuropäischen Nomadenvolk, das vom 9. Jh. v. Chr. bis zur Eroberung durch die Perser im iranischen Bergland lebte. Nach den arabischen Eroberungen im 8. Jh. wurden die Kurden islamisiert; sie sind hauptsächlich Sunniten*. Mit der Auflösung des Kalifats* entstanden kurdische Dynastien: Schaddaditen (östliches Armenien, 951–1174), Marwaniden (Ostanatolien, 990–1096) und vor allem Saladins* Aijubiden* (Naher Osten, 1169 bis Anfang des 15. Jhs.). Ab dem 9. Jh. setzten die türkischen* Invasionen den Dynastien Kurdistans ein Ende, bevor die Mongolen* die Kurden in die Bergregionen zurückdrängten. Anschließend war Kurdistan drei Jahrhunderte lang Schauplatz der Auseinandersetzungen zwischen den schiitischen* Safawiden* aus Persien* und den sunnitischen Osmanen*, die ihre Grenzen sicherten. Der osmanische Sieg über die Perser in der Schlacht bei Tschaldiran (1514) besiegelte die erste Teilung Kurdistans. Im 17. und 18. Jh. begünstigte die militärische Schwäche der Osmanen wie der Perser Bewegungen für die Vereinigung Kurdistans; diese scheiterten jedoch an der ständigen Uneinigkeit der kurdischen Fürsten. Nichtsdestoweniger gelang es einigen von ihnen in dieser sensiblen Pufferzone, eine gewisse Autonomie von ihren „Schutzmächten“ zugestanden zu bekommen.

Kurdistan im Zeitalter des Nationalismus: uneingelöste Versprechen. Das gesamte 19. Jh. war gekennzeichnet von kurdischen Aufständen vor allem gegen die Osmanen*. Letztere benötigten ab 1826 rund ein Vierteljahrhundert, um die autonomen Fürstentümer Kurdistans aufzulösen und ihrer direkten Verwaltung zu unterstellen. Die Liquidierung zahlreicher Regionalfürsten führte zu einer wachsenden Bedeutung der Sufi-Bruderschaften* für das kurdische Unabhängigkeitsbewußtsein, das zu diesem Zeitpunkt jedoch keine Abspaltung vom Osmanischen Reich anstrebte. 1843 kam es zu einer „vornationalen" Erhebung unter dem Emir* Bedir Khan, die binnen vier Jahren niedergeschlagen wurde. Während des Krimkriegs brach in Anatolien* ein Aufstand aus, der sich von Van bis Bagdad* erstreckte und bis 1855 dauerte. Ein erneuter Aufstand fand 1878 statt, und 1881 verwüsteten Kurden persische Provinzen. Unterdessen gewährten die Osmanen den Kurden eine begrenzte Autonomie, und innerhalb wie außerhalb des Reiches entstanden kurdische Intellektuellen-Vereinigungen. Sultan Abdülhamit II. versicherte sich als Förderer des Panislamismus* der Unterstützung der Kurden in den Massakern an den Armeniern (1890 sowie 1894/'95). Während des Ersten Weltkriegs kämpften Kurden in der osmanischen Armee gegen den russischen Vormarsch in Anatolien.

Der Vertrag von Sèvres (1920) garantierte die Selbstbestimmung und spätere Unabhängigkeit Kurdistans; diese Zusage wurde jedoch durch den Vertrag von Lausanne (1923) zu Gunsten der Republik Mustafa Kemals* sowie durch die Engländer zurückgenommen. Letztere (die sich mit den Franzosen den Nahen Osten teilten) beanspruchten und erhielten die reichen Ölfelder von Mossul und Kirkuk im irakisch gewordenen Teil Kurdistans. Hoffnungen auf eine Wiedervereinigung Kurdistans wurden mit der Gründung des haschimitischen* Königreichs Irak durch London endgültig begraben. Kurdische Aufstände im Gefolge der Gründung der kurdischen Nationalliga wurden von den Türken in Ostanatolien, von den Iranern im Westen ihres Landes und von der britischen Luftwaffe im Irak niedergeschlagen. Die Türkische Republik ließ Tausende von Kurden in türkischsprachige Gebiete deportieren, leugnete die Eigenständigkeit der Kurden (sie wurden offiziell „Bergtürken" genannt) und verbot die kurdische Sprache. 1937 schlossen die Türkei, der Iran und der Irak den Saadabad-Vertrag, der sich vor allem gegen kurdische Ansprüche richtete; die nachfolgenden Aufstände schlugen die Türken 1937/'38 gewaltsam nieder. 1970 kam es erneut zu Volkserhebungen; schließlich führte der Militärputsch in der Türkei 1980 zur Besetzung des türkischen Kurdistans durch die Armee. Die PKK (Arbeiterpartei Kurdistans), eine revolutionäre Bewegung, verübt seit 1984 vermehrt Terroranschläge, die bis in die Gegenwart fortdauern und unterschiedslos mit zunehmender Unterdrückung beantwortet werden. Allein den Gebrauch der kurdischen Sprache hat die Regierung in Ankara 1991 letztlich gestattet, während schon seit mehreren Jahren kurdische Abgeordnete im Parlament sitzen. Im Iran* als Vielvölkerstaat war die Lage auf Grund der ethnischen und kulturellen Verwandtschaft seit jeher anders, wenngleich die Kurden mehrheitlich Sunniten* sind. Während des Zweiten Weltkriegs hatten Briten und Sowjets den Iran besetzt; mit Hilfe der Sowjets entstand für kurze Zeit eine kommunistische Republik im iranischen Aserbaidschan. Im Westen des Irans schufen die Kurden die noch kurzlebigere Republik Mahabad (1946–

1947), die von der iranischen Armee gewaltsam aus dem Weg geräumt wurde. Doch es gelang Teheran, durch eine Reihe von Reformen wieder einen Teil der Kurden für sich zu gewinnen.

Im Irak wiesen die Araber 1932, am Ende der britischen Mandatszeit, die kurdischen Forderungen zurück und schlugen mit Hilfe der britischen Luftwaffe einen Aufstand nieder. 1936 wurde der legendäre Kurdenführer Mustafa al-Barzani ausgewiesen. Nach dem Sturz der irakischen Monarchie (1958) erhielt er die Erlaubnis zurückzukehren und löste 1961 eine lang andauernde Guerilla aus, die ihn in Gegnerschaft zur arabischen Regierung in Bagdad brachte und zeitweise vom iranischen Schah unterstützt wurde. 1970 nahm das Regime der Baath-Partei eine Dezentralisierung der Verwaltung vor, ein Kurde wurde Vizepräsident, und die Kurden erhielten politische, sprachliche und kulturelle Rechte. Schon bald entbrannte der bewaffnete Kampf von neuem, um von Bagdad die Autonomie Kurdistans zu erzwingen, jedoch waren die Kurden innerlich zerstritten. Im Iran rief der Widerstand der islamischen Revolution gegen jedwede kurdische Autonomie Volkserhebungen hervor, bis der iranisch-irakische Krieg die Kurden beiderseits der Grenze zu Gegnern machte. 1988 setzte der Irak Giftgas gegen ganze kurdische Dörfer ein, um sie von der Landkarte verschwinden zu lassen.

Seit dem zweiten Golfkrieg (1991) ist die Lage weiterhin gespannt: Verhandlungen blieben bislang ergebnislos, und die unterschiedlichen kurdischen Gruppen reiben sich in internen Auseinandersetzungen auf. Mit einer Verbesserung ist erst zu rechnen, wenn das Volk der Kurden internationale politische Anerkennung erhält. Diese liefe allerdings Gefahr, mindestens vier Staaten in der Region nachhaltig zu beeinträchtigen.

Die kurdische Gesellschaft. Das gesellschaftliche Leben der Kurden vollzieht sich vor allem in den Stammes- und Dorfgemeinschaften sowie den Großfamilien. Es handelt sich zu 80% um eine bäuerliche Bevölkerung (davon mindestens 10% nomadische Hirten), in der der ländliche Feudalismus noch sehr lebendig ist und die traditionellen und religiösen Oberhäupter wenig Neigung zu Reformen zeigen. Allerdings ist auch eine wachsende Zahl der Kurden von der Urbanisierung betroffen. Dies gilt für Kurdistan selbst – in den Städten Mossul, Kirkuk, Arbil und Sulaimaniya (Irak), Mahabad und Sanandadsch (Iran) sowie Diyarbakir, Mardin und Erzurum (Türkei). Es betrifft jedoch gleichermaßen die Metropolen in den Aufenthaltsländern, besonders Istanbul* und Ankara.

Die ureigene und altüberkommene Wesensart der Kurden findet ihren Ausdruck in einer reichhaltigen Literatur, in Musik* und Folklore, die sich von der Kultur ihrer Nachbarvölker unterscheiden. In religiöser Hinsicht sind die Kurden größtenteils Sunniten*, auch im Iran* (wo allerdings einige Schiiten* geworden sind), und die Sufi-Bruderschaften spielen seit Jahrhunderten eine bedeutende Rolle im religiösen Leben. Einige Kurden sind hingegen Anhänger von Sekten*, die von der sunnitischen Orthodoxie abgelehnt werden: *Yeziden* (oft abwertend „Teufelsanbeter" genannt) im Irak, *Ahl-i Haqq* („Leute der göttlichen Wahrheit") im westlichen Iran sowie Aleviten* in der Türkei.

Lahore

Lahore, die heutige Hauptstadt des Pandschabs (Pakistan*), hat sich eigentlich nur in der moslemischen Epoche entwickelt; es war die Hauptstadt der letzten Ghasnawiden (12. Jh.), bevor es von den Ghoriden erobert wurde, die 1186 aus Afghanistan* gekommen waren. Trotzdem wurde es von Dehli* in den Schatten gestellt. Dort hatten sich die moslemischen Herrscher niedergelassen, bevor die Stadt von den Mongolen* verwüstet wurde.

Lahore fand seinen Glanz mit der Ankunft der Moguln*, die es zu einer ihrer Hauptstädte machten. Verschiedene Gebäude dieser Zeit sind noch erhalten. Die Moschee* und Medresse* Wasir Khans (1634) zeichnet sich aus durch ihre äußere Vertäfelung mit Keramik*-Fliesen nach Art der zeitgenössischen safawidischen* Bauwerke in Isfahan*. Sie ist das einzige Beispiel dieses Typus, das man in Indien* kennt. Noch „indischer" ist die gewaltige Moschee Badshahi (1674), sie faßt 60000 Gläubige, besteht aus rotem Sandstein und wird von drei Kuppeln* aus weißem Marmor überragt. Die Moti Masjid („Perlenmoschee") ist ganz aus Marmor gebaut. Fünf Kilometer nördlich der Stadt beherbergen die Shahdaragärten das Mausoleum des Mogul-Kaisers Jahangir, während im Osten die Gärten des Shalimar (1641), sicher die schönsten des Orients, das Werk des Kaisers Schah Jahan sind. Heute ist Lahore eine rege Metropole mit mehr als 3 Mio. Einwohnern.

Landwirtschaft

Landwirtschaft und Landbauwissenschaft nehmen mit der Gestaltung von Ziergärten eine wichtige Stellung innerhalb der islamischen Kultur ein. Daher beeinflußten sie schon früh moslemische Schriftsteller, besonders im Irak, in Andalusien* und Persien*. Entstanden in der Wüste, beherrschten die Gärten rasch Gegenden, die zu den fruchtbarsten in der Antike zählten.

Land und Stadt. In der moslemischen sozio-ökonomischen Struktur gibt es einen Bruch zwischen ländlicher und städtischer Welt. Der Grundbesitz und seine Nutzung – oder die Freude an seinen Gärten – als echtem Privatbesitz ist seit der Zeit der abbasidischen* Kalifen* die Hauptquelle des Reichtums für Bürger und Staat* – mehr noch als Handwerk und Handel*. Grundbesitz stellt einen wichtigen Teil des Staatseinkommens dar: der Staat kann einen Teil seiner Ländereien privaten Nutzern (den *Qatai*) abtreten. Das System des Grundbesitzes ist sehr unterschiedlich: Es gibt Land, das einem Zins unterliegt (*Charadj*), privaten Grundbesitz (*Melk*) und Ländereien, die religiösen Stiftungen (*Wakf*) gehören. Trotz der Erbgesetze, einem der Gründe für die Besitzaufteilung, und des Systems der *Wakfs*, das wenig Anreiz bietet, den Ertrag zu verbessern, hat man – je nach Epoche und Gegend – an der Einführung einer fruchtbaren Landwirtschaft Anteil. Die Stadt* lebt auf Kosten des Landes, das sie ernährt, aber das Land erhält praktisch nichts dafür, Steuereinnehmer und Soldaten ausgenommen. Je mehr man sich von den städtischen Zentren zu den Steppen hin entfernt, desto mehr entwickelt sich eine Verbindung zwischen seßhaften Bauern und Nomadenhirten. In den meisten islamischen Ländern, die in Trockenzonen liegen, herrschen große Wasserprobleme. Der

Unterschied zwischen Wüsten- oder Halbwüsten- und bewässerten Gebieten ist, wegen der Flüsse (in Mesopotamien und Ägypten) oder wegen des manchmal schon vor tausend Jahren entwickelten Bewässerungssystems, wie die berühmten unterirdischen *Qanats* im Iran*, bemerkenswert.

Schon vor dem Islam* wurden Bewässerungsmethoden angewandt, um das Wasser in Kanäle zu schöpfen und darin weiterzuleiten, z. B. Norias, Chadufs, Seghias in Syrien, Ägypten und Spanien*. Die Moslems* verbesserten aber die Methoden. Sie wurden zusammen mit einer beachtlichen Anzahl im Nahen Osten und im Maghreb* unbekannter Kulturpflanzen in den eroberten Gebieten eingeführt: Rohrzucker (ursprünglich aus Indien* und schon im sassanadischen Iran* angebaut), Reis, Zitrusfrüchte, Auberginen, Artischocken, Baumwolle und Leinen. Die Araber führten diese Produkte auch in Andalusien* und Sizilien* ein. Zu den für die Ernährung wichtigen traditionellen Kulturpflanzen, wie Weizen für die Menschen, Gerste für das Vieh, kam in den Gärten eine Fülle von Gemüsesorten und Gewürzen hinzu, außerdem eine Vielfalt von Blumen für die Parfumherstellung; in den Oasen wurde der Anbau von Obstsorten des Mittelmeerraumes durch die Dattelpalme ergänzt. Wein kam in den Randgebieten der Wüste (Ägypten) vor, und der Olivenbaum wurde wie die Sesampflanze in trockenen Gebieten angebaut.

Großer Landbesitz entwickelte sich im Laufe der moslemischen Geschichte, z. B. Ländereien, die nach den Eroberungen dem Staat übereignet wurden, ohne den Kleingrundbesitz auszulöschen. Dieser gehörte der alten Landaristokratie im Iran oder war dort Gemeinschaftsbesitz verschiedener ländlicher Gemeinden.

Der Großgrundbesitz wurde von den Bauern (*Fellah*, pl. *Fellahim*) bewirtschaftet. Die meisten zahlten ihren Zins in Naturalien: Ihre Pacht war daher durch einen Vertrag festgelegt, der das Verhältnis von Zins und Ernteertrag regelte. Andere Verträge verteilten die Bewässerungsarbeiten gleichmäßig unter den Eigentümern, Halbpächtern und Arbeitern, oder sie legten den Teil des Landes fest, den der Bauer bewirtschaften mußte. Anders als im Römischen Reich wurden Sklaven*, die vor allem für militärische und häusliche Aufgaben bestimmt waren, nicht in der Landwirtschaft beschäftigt. Dennoch ließ der berühmte Aufstand der Sklaven (*Zandjs*) auf den Ländereien des unteren Iraks „nach dem Vorbild von Spartakus" das Kalifat* zwischen 868 und 883 erzittern. Was die sogenannten freien Bauern anbelangt, so war ihr Schicksal weit davon entfernt, beneidenswert zu sein.

Grundlegende Veränderungen bei der Landverteilung. Die Lage der Bauern verschlechterte sich vor allem während der regelmäßig auftretenden Überfälle durch Nomaden* (z. B. Türken*, Mongolen*, Hilal*, Turkmenen*), die die Ernte im Iran*, Anatolien*, Mittelasien* und im Maghreb* vernichteten. Sie zwangen die Bauern dazu, entweder auch Nomaden zu werden oder in die oft verwüsteten Städte* zu ziehen. Seit Mitte des 10. Jhs. befand sich der ganze Mittlere Osten in den Händen der iranischen Fürsten und im darauffolgenden Jahrhundert in Händen der türkischen Feldherren. Diese setzten eine radikale Veränderung der Landverteilung durch: Die Armee ließ sich durch die „Zuweisung" (arab. *Iqta*, manchmal mit „Lehen" übersetzt) der Bodensteuern (*Kharadj*) eines ihnen vom Staat* übertragenen Landguts entlohnen (Steuerpacht). Dieses System war die Ursache schwerer Verluste staatlicher Mittel und führte bei Grundbesitzern und enteigneten oder Feudalherren unterworfenen Bauern zu sozialen Unruhen.

Die Ausdehnung des Systems auf den Iran und Irak durch die Seldschuken* (seit dem 11. Jh.) und später durch die Aijubiden* auf Ägypten (12. Jh.) bewirkte, daß die *Iqta* die wichtigste Art der Entlohnung wurde, die den Armeeführern zustand. Dieses Regierungssystem herrschte bei den Mamelucken* in Ägypten und in Syrien (13.–15. Jh.) vor. In Indien* wurde eine der *Iqta* entsprechende Form unter den Moguln* erblich. Die Osmanen* führten sie in Form des *Timar* weiter, d. h. das Einkommen aus dem Landbesitz wurde einem Soldaten oder einem Verwalter als Gegenleistung für eine bestimmte Anzahl von Soldaten, die im Krieg antraten, übertragen. Vom 16. Jh. bis zum Ende des Osmanischen Reiches besaßen die Notabeln, die nicht auf ihrem Landbesitz wohnten, Ländereien, die zuvor gemeinsam von einem Stamm oder einer Dorfgemeinschaft bewirtschaftet wurden. Diese Situation verleitete die ausgebeuteten Bauern oft dazu, nur das Lebesnotwendige zu ernten, ohne sich um technische Verbesserungen zu kümmern.

▸ Armee, Staat, Technik

Languedoc ▸ **Provence-Languedoc**

Literatur ▸ **Arabische Literatur**

Machfus, Nagib, ägyptischer Schriftsteller (geb. Kairo 1911)
Der größte ägyptische Romancier, auch Drehbuchautor, hat fast niemals seine Geburtsstadt Kairo*, die er sehr gut kennt, verlassen. Er, ein Humanist und Laizist, ist der Verfasser von etwa vierzig Romanen und einem Dutzend Novellensammlungen, deren Großteil zum Thema von Drehbüchern und Theaterstücken wurde.

1988 hat der Erhalt des Nobelpreises für Literatur sein Werk gekrönt, das mehr und mehr in Angriffen gegen die Ulema* von al-Azhar* und die Islamisten* gipfelte. Dies führte kürzlich zu einem Mordanschlag auf den Autor.

Neben großen Romanen wie *Die Midaq-Gasse* (1947), *Der Dieb und die Hunde* (1961) und vor allem *Die Söhne der Medina* (1965), ist seine romanhafte Parabel über die drei monotheistischen Religionen *Trilogie* (1952–1957) das Kernstück seines Schaffens.

In diesem sorgfältigen und natürlichen Bild der ägyptischen Gesellschaft Kairos zwischen den beiden Kriegen, einer Stadt, die nun die Hauptstadt von Kultur, Luxus und Elend ist, schildert Machfus das Leben einer gewöhnlichen kleinbürgerlichen Familie, deren drei Söhne ihre ersten Erfahrungen mit der Moderne machen, indem sie die symptomatischen Ideologien ihrer Epoche annehmen: Marxismus, Nationalismus und Moslembrüder. Sein Werk ist vor allem durch die Forderung nach Freiheit und persönlichem Bewußtsein gegenüber den familiären und religiösen Traditionen geprägt – ein relativ seltenes Faktum in der zeitgenössischen arabischen Literatur.

Madjnun und Laila
Lailas Narr ist die berühmteste arabische Liebesgeschichte und mit der Verbreitung der moslemischen Kultur eine der bekanntesten des Islams*. Wahrscheinlich entstand sie in der zweiten Hälfte des 8. Jhs. Der junge Qais ist unsterblich in seine Kusine Laila verliebt, was auf Gegenseitigkeit beruht. Er muß mit ansehen, wie sein Handanhalten abgelehnt wird, weil seine Leidenschaft ihn zu zügellosem Benehmen verführt. Laila wird mit einem anderen verheiratet. Besessen vom Liebesleid – daher erhält er seinen Spitznamen *madjnun* („besessen von den *Dschinn*", d. h. verrückt) – irrt er in der Wüste umher. Seine Leidenschaft regt ihn zu herzzerreißenden Versen und monotonem Gesang an. Die wahre Existenz des verliebten Dichters ist jedoch weit davon entfernt, historisch bewiesen zu sein. Seine Geschichte wird seitdem gesungen, wiederaufgenommen, nachgeahmt und ist immer noch lebendig. Man kennt arabische, persische (darunter das *Chamse* von Nisami*), kurdische* und türkische* Versionen sowie in Paschto (Afghanistan*) und Urdu* geschriebene. Auch die Miniaturmalerei* bedient sich häufig des Themas: Madjnun wird in der Wüste dargestellt, umgeben von Tieren, die er mit seinen Liebesgesängen erfreut.
▶ Dichtung (klassische)

Madrasa ▶ Medresse

Maghreb
Für die Araber ist der Maghreb (Nordafrika) „die Region des Sonnenuntergangs" (der Westen, das Abendland) im Gegensatz zum Maschrik* (Ägypten,

Naher Osten), dem „Morgenland“ (wo die Sonne aufgeht).

Die europäische Geschichtsschreibung führte die Region lange unter dem Namen „Land der Berber*“. Der klassische arabische Name Marokkos ist *al-Maghreb al-aqsa* („der äußerste Westen“). Die mehrheitliche Berberbevölkerung des historischen Maghrebs wurde vom 7./8. Jh. an islamisiert und dann durch die Ankunft arabischer Stämme ab dem 11. Jh. arabisiert. In unseren Tagen schätzt man den Anteil der Berber (d. h. derjenigen, die eine Berbersprache sprechen) auf ungefähr 20% der Bevölkerung in Algerien und auf 60% in Marokko. Den Beginn einer politischen Einigung erfuhr Nordafrika unter den Almohaden*. Heute ist der Maghreb – auf nahezu 4,7 Mio. km^2 – in vier Staaten aufgeteilt: Marokko und Algerien (jeweils 26,5 Mio. Einwohner), Tunesien (8,5 Mio.) und Libyen (4,9 Mio.). Die gegenwärtigen politischen Bestrebungen, einen „Groß-Maghreb“ zu errichten, schließen Mauretanien (2 Mio. Einwohner auf 1,03 Mio. km^2) mit ein.

► Ibn Chaldun, Maghreb (Geschichte und Dynastien)

Maghreb, Geschichte und Dynastien

Die Araber kamen ab 647 in den Maghreb und eroberten ihn seit 664 planmäßig. 670 gründeten sie Kairuan* als religiöse und politische Hauptstadt. Sie stießen auf einen lang andauernden und heftigen Widerstand der Berber*, der durch den Kriegsherrn Kussaila und die judaisierte Königin al-Kahina („die Seherin“) geführt wurde. Die Eigenart der Berber, die lange Zeit nur oberflächlich islamisiert waren, zeigte sich zunächst in ihrem Beitritt zu moslemischen Sekten* und Gruppen, wie den Charidschiten*. Später übernahmen sie die strenge Rechtsschule* der Malikiten*, bevor Marabuts* aufkamen, die für die religiöse Geschichte des Maghrebs kennzeichnend wurden. Seit dem 10. Jh. stellten Berber die Hauptdynastien des Maghrebs.

Eine bewegte Geschichte der Dynastien. Die beiden ersten moslemischen Dynastien des Maghrebs versuchten, von den Sunniten* abtrünnige Bewegungen einzurichten. Der Perser Ibn Rustam, ein Ibadit* aus dem Orient, begründete die Dynastie der Rustamiden (777–909) im mittelalgerischen Tahert (*Tiaret*), das an der Mündung der Transsahara-Karawanenstraßen liegt, über die Gold und Sklaven* aus dem Sudan* nach Ägypten und in den Nahen Osten gebracht wurden. Ibaditengemeinden gibt es immer noch im Maghreb, in Tripolitanien, im Mzab und auf Djerba. Dieses kosmopolitische Fürstentum war bemerkenswert reich, bevor es von den schiitischen* Fatimiden*, die aus dem Osten kamen, ausgelöscht wurde. Die Fatimiden unterjochten noch eine weitere schiitisch-orientalische Dynastie, die Idrisiden (789–926), die den ersten marokkanischen Staat* und Fes*, seine Hauptstadt, gegründet hatten. Fes war das Verbreitungszentrum des Islams* für die Berber* der ländlichen Gebiete. Dieselben Fatimiden versetzten auch der arabisch-sunnitischen Bastion der mächtigen und prächtigen Dynastie der Aghlabiden (800–999, Tunesien, Algerien, Sizilien*) den Todesstoß. Diese hatte sich um Kairuan* herum – damals ein glänzendes kulturelles und religiöses Zentrum – angesiedelt. Nun Herren eines großen Teils des Maghrebs (zwischen 909 und 973), gründeten die Fatimiden eine Hauptstadt in Mahdia an der tunesischen Küste. Sie diente als Ausgangspunkt für ihr eigentliches Ziel, die Eroberung Ägyptens, wo sie von 969 bis 1171 herrschten. Einmal im Orient angelangt, stützten sie sich im Maghreb auf ihre ziridischen Berbervasallen (972–1152; Tunesien, Ostalgerien). Aber als diese offiziell vom Schiismus abließen, um dem Abbasiden*-Kalifen* zu gehorchen, schickten die Fatimiden gegen die Berber etwa 300000 Hilal*-Nomaden*, die die Ziriden beseitigten und Nordafrika verwüsteten (1050–1051). Die Invasion der Hilal trug zu einer tiefgreifenden Arabisierung der Berber bei und hinterließ einen teilweise versteppten Maghreb, der zum Nomadentum zurückkehrte und politisch lahmgelegt war. Dies war der letzte Versuch einer Dynastie des Orients, Nordafrika seine Herrschaft aufzuzwingen.

Berber- und verwandte Dynastien. Die Almoraviden* (1056–1147) waren Berber*, die aus der Gegend des Flusses Senegal kamen und sich das entstandene Machtvakuum zunutze machten. Um 1100 standen sie an der Spitze eines Reiches, das sich von Ghana bis Andalusien* erstreckte. Dies bedeutete einen ersten Versuch, den Maghreb zu vereinen. Ihre almohadischen* Widersacher und Nachfolger (1130–1269), ebenfalls Berber, vollendeten dieses Vorhaben. Ihr Reich umfaßte zu seiner Blütezeit (zusätzlich zu Andalusien und Marokko) Nordafrika bis Tunis und Tripolis. Die Meriniden (1196–1549) nahmen in der Folgezeit nur Marokko ein und sahen ihren Traum, Spanien* zu erobern, scheitern. Eine glänzende städtische und künstlerische Kultur schuf den sog. „Merinidenstil“, z.B. in Marrakesch*. Die Meriniden nahmen den Abdalwadiden von Tlemcen Westalgerien ab. Es gelang ihnen jedoch im 14.Jh. nicht, die bedeutendste Dynastie Tunesiens und Ostalgeriens, die berberischen Hafsiden (1228–1574), zu stürzen. Unter der Herrschaft letzterer erfuhr Tunis einen wichtigen materiellen, kulturellen und künstlerischen Aufschwung. Es knüpfte fruchtbare Handelsbeziehungen zu Italien, Frankreich und Aragon. Diese Verbindungen waren zeitweilig durch den achten Kreuzzug* gefährdet, der 1270 vor Tunis scheiterte, der Stadt, in der König Ludwig der Heilige an der Pest starb. Die Osmanen* setzten 1574 der Dynastie ein Ende und nahmen den letzten Herrscher nach Istanbul* mit.

Fremde Eingriffe und der Sonderfall Marokko. Vom 13. bis 16.Jh. stießen die Vereinigungsbestrebungen des Maghrebs auf Machtstreitigkeiten innerhalb der Dynastien. Später stützte sich der nordafrikanische sunnitische* Islam* auf die Malikiten*, auf einheimische mächtige Sufi*-Bruderschaften* und auf den Heiligenkult (Marabut*). Die Besetzung der Küsten durch die Osmanen* – eine Reaktion auf den spanischen Angriff auf den Maghreb – führte zum Entstehen der kleinen Küstenstaaten. Das Landesinnere erkannte die Lehnsherrlichkeit der türkischen Herrscher, Beys, Deys und anderer Agas an. Die Janitscharen* gelangten immer mehr an die Spitze der erblichen Barbaresken*-Freibeuterstaaten (Tripolis, Tunis, Algier), die von der Hohen Pforte* *de facto* unabhängig waren, bis die europäischen Flotten sich im 18. Jh. der Herrschaft über das Mittelmeer bemächtigten.

Allein Marokko wehrte sich gegen jede Herrschaft von außen und entging als einziges Land den Osmanen. Die Saaditen (1511–1659) kamen aus dem Süden Marokkos und beanspruchten den Rang von Scherifen* (Nachkommen Alis*), d. h. einen arabischen Ursprung (aber ohne schiitische* Konnotation), und erklärten sich 1549 zu Herren von Marokko; ihr Staat* dehnte sich bis nach Timbuktu* aus, mit Marrakesch* als Hauptstadt. Sie stießen einen vom portugiesischen König Dom Sebastian (der in der Schlacht der drei Könige 1578 starb) unternommenen Kreuzzug* zurück und vertrieben mit spanischer Hilfe die Türken*, die aus Algier gekommen waren. Der mächtigste Sultan* der Saaditen war der Sudanese Ahmed al-Mansur (gest. 1603), der wegen seines Reichtums an Gold „der Goldene" genannt wurde. Er schuf ein administratives Gleichgewicht zwischen dem *Machzan* (Gebiet, das direkt vom Staat verwaltet wurde) und dem *Siba* (Gebiet, das gespalten war und dessen Stämme ständig zur Ordnung gerufen wurden). Wirtschaftsverbindungen zu Europa wurden angebahnt, trotz der gegenseitigen Piraterie. Nach ihrer Vertreibung aus Spanien* (1609–1611) strömten die Morisken* nach Marokko und brachten sowohl ihre Fähigkeiten als auch ihre Rachegelüste mit. Unter den Saaditen kam es zu einer bemerkenswerten neuen Blüte der Architektur und Kunst im Land. Ab dem 17. Jh. spalteten zentrifugale Stammesbewegungen und Nachfolgekriege das Königreich, bis es im Jahre 1660 zur endgültigen Machtergreifung der scherifischen Dynastie der Filalis kam, die aus Tafilalet stammten, wo sie seit 1631 herrschten. Sie sind unter dem Namen Alawiten* bekannt und noch immer in Marokko an der Macht. Mulay – Hoheit – Ismail (gest. 1727) wird manchmal der „marokkanische Ludwig XIV." genannt und war der größte Herrscher dieser Dynastie. Während seiner 45jährigen Regentschaft stellte er eine mächtige Armee* schwarzer Sklaven auf, um Marokko wieder zu vereinen, und er nahm den Europäern die Häfen wieder ab, mit Ausnahme von Ceuta und Melilla, die den Spaniern blieben. Seine neue Hauptstadt Meknes (mit einer 25 km langen Befestigungsmauer) war prachtvoll. Es wurden fruchtbare wirtschaftliche Beziehungen zu europäischen Machthabern angebahnt. Aber nach seinem Tod kehrte Marokko zur Anarchie zurück, und im 19. Jh. verschloß sich das Land gänzlich gegenüber Fremden. Die verschiedenartigen Interessen der europäischen Kolonialmächte zogen keine Teilung des Landes nach sich – bis zu Beginn des französischen Protektorats im Jahr 1912; das Rif im Norden kam unter spanische Herrschaft. Der Maghreb wurde von dieser Zeit an vollständig von europäischen Kolonialherren dominiert: Frankreich in Algerien (1830), Tunesien (1881) und Marokko (1912); Italien in Tripolitanien (Libyen, 1911). Algerien wurde 1962 unabhängig, Tunesien und Marokko 1956, Libyen 1951.

▸ Almohaden, Almoraviden, Hilal, Maghreb

Mahdi

Arab. „der (von Gott) Rechtgeleitete". Gemäß dem bei den Sunniten* verbreiteten Volksglauben (nicht aber gemäß der orthodoxen Lehre) wird der Mahdi kurz vor dem Weltende (dem Tage des Jüngsten Gerichts) wiederkehren, um den Islam* in gereinigter Form wiederherzustellen, bevor der *Daddschal* („Betrüger", eine Art Antichrist) versucht, die Menschheit in ihr Verderben zu führen.

Die Zwölferschiiten* setzen den Mahdi mit dem zwölften Imam* gleich, der „verborgen" ist und „erwartet" wird und der eine mystische und eschatologische Dimension besitzt, die bei den Sunniten nicht vorhanden ist. Über den Ort seines Erscheinens gibt es in der Tradition unzählige Berichte. Mehrere moslemische Oberhäupter erklärten sich im Laufe der Geschichte zum Mahdi: die ismailitisch*-schiitischen* Fatimiden* ebenso wie sunnitische Führer, so der Almohade* Ibn Tumart (gest. 1130) und der Sudanese Mohammed Ahmed, genannt al-Mahdi (gest. 1885), der an der Spitze seiner Derwisch*-Armee die britisch-ägyptische Armee schlug und Khartum einnahm, bevor seine Truppen schließlich besiegt wurden.

Maimonides, Moses, Arzt und Philosoph (Cordoba 1135 – Kairo 1204)
Moses Ibn Maimon, mit dem Beinamen „Der Adler der Synagoge", war der größte jüdische Denker Andalusiens*. Sehr früh mußte er auf Grund der Verfolgungen durch die Almohaden* aus Spanien fliehen. Nach Aufenthalten in Marokko und Palästina* ließ er sich in Kairo* nieder. Dort wurde er Hofarzt des aijubidischen* Sultans* Saladin* und gleichzeitig Beschützer und geistlicher Führer der in Marokko und im Jemen* verfolgten Juden. Indem er sich dem Weg verschrieb, den die neuplatonische moslemische Philosophie* (*Falsafa*) eröffnet hatte – diese versucht, offenbarte Religion und Philosophie einander näherzubringen –, übte er beachtlichen Einfluß auf das Judentum* aus. Gleichzeitig ist er einer der Hauptrepräsentanten der jüdischen Esoterik. Auf Arabisch schrieb er ein Dutzend medizinischer Werke und eine kurze Zusammenfassung über Logik. Seine auf Hebräisch verfaßte *Leitung der Zweifelnden* untersucht die Bedeutung und den Wert biblischer und rabbinischer Lehren, die Gott, das religiöse Gesetz und den Ursprung der Welt betreffen. Man findet in seinem Werk den Einfluß al-Farabis*, dem Anhänger einer Eingliederung des Philosophen in die Gesellschaft, und den Einfluß des Andalusiers Ibn Badjdja* (auch: Avempace), dessen *Leitung des Einsamen* die Lossagung von der Welt predigt. Das beachtliche Werk von Maimonides, das von den religiösen jüdischen Orthodoxen und von Spinoza kritisiert wurde, wurde ab dem 18. Jh. von den jüdischen Denkern anerkannt.

► Andalusien, Judentum und Islam

Malaysia
Zunächst wurde der Islam* auf der malaiischen Halbinsel ab dem 10. Jh. durch arabische Händler verbreitet. Ab dem 12. Jh. faßte er unter dem Einfluß indischer Kaufleute (die überwiegend aus Gudscharat kamen) von Sumatra (Indonesien*) aus fest Fuß.

Die ältesten Texte mit moslemischer Konnotation, die man in Malaysia und Sumatra wiederfand, stammen aus dem 14. Jh. Sie spiegeln den malaiisch-indonesischen Islam wider, der durch ein

Nebeneinander mit dem in dieser Region vorherrschenden Hinduismus gekennzeichnet ist. Die Stadt Malakka an der malaiischen Westküste war im 15. Jh. ein mächtiges moslemisches Sultanat* und ein Zentrum für den regionalen Handel* (welcher eine wichtige Rolle für die Verbreitung des Islams spielte), bis sie 1511 durch Portugiesen erobert wurde. Die in arabischer Schrift abgefaßte malaiische Sprache ist seit Ende des 16. Jhs. belegt (heute wird das Malaiische mit lateinischen Buchstaben geschrieben). Die Urheberschaft des Literaturmalaiischen schreibt man dem Schriftsteller Munschir Abdallah (gest. 1854) zu.

In Malaysia (19 Mio. Einwohner, 330000 km^2) praktizieren heutzutage 55% der gebürtigen Malaien den sunnitischen* Islam, während Chinesen und Inder den Rest der Bevölkerung stellen.

Malikiten

Anhänger einer der vier orthodoxen islamischen Rechtsschulen*, die auf der Lehre von Malik Ibn Anas gründet. Dieser starb 795 in Medina*, wo er den Hauptteil seines Lebens verbrachte und eine große Anzahl von Schülern anzog.

Ibn Anas verfaßte das älteste islamische Rechtsbuch, *al-Muwatta*. Seine Rechtsschule baut auf dem medinensischen Gewohnheitsrecht auf (und hieß daher früher auch „Schule von Medina") und bevorzugt das persönliche Urteil (*Ra'i*) und den Analogieschluß (*Qijas*) vor dem Hadith*. Im islamischen Andalusien* war diese Schule mit ihrem Rigorismus im 8. und 9. Jh. vorherrschend; im 14. Jh. setzte sie sich schließlich im Maghreb* durch. Heutzutage wird sie mehrheitlich in Nord- und Westafrika, einschließlich Nigerias, befolgt.

▶ Recht, Rechtsschulen

Mamelucken

Dynastie in Ägypten und Syrien (1250–1517), gegründet von Militärsklaven (arab. *Mamaluk*, „Sklaven"), die von den Aijubiden* gekauft worden waren und aus der Steppe der Kiptschaken (Türken aus dem Süden Rußlands) und dem Kaukasus* stammten. Die ersteren bildeten den „bahritischen" Zweig („am Fluß", dem Nil), die letzteren den „burdschitischen" („in der Zitadelle"). 1250 traten sie an die Stelle ihrer aijubidischen Herren.

Sie zeigten ihre militärischen Talente, indem sie die bis dahin unbesiegbaren Mongolen* in Palästina* 1260 aufhielten, im gleichen Jahr, in dem der große Sultan* Baibars (gest. 1277) die faktische Machtergreifung dieser Lohnsklaven in Ägypten und Syrien bekanntgab. Als Vorkämpfer des Islams* schlug Baibars siegreich die Kreuzfahrer, wobei er dennoch gewinnbringende wirtschaftliche Beziehungen mit den christlichen Mittelmeermächten beibehielt. Geschickt brachte er in Kairo* den letzten abbasidischen* Überlebenden der Zerstörung Bagdads* durch die Mongolen* unter, und das Prestige dieses Marionetten-Kalifen* strahlte auf die Mamelucken* zurück. Diese besondere Dynastie, die den eingeborenen Ägyptern verschlossen blieb, war theoretisch nicht erblich, sondern funktionierte durch Hinzuwahl der Mameluckenführer nach dem Prinzip des Altersvorrechts und der persönlichen Treuebekundung, was zu destruktiven Uneinigkeiten führte. Die Mamelucken eroberten Nubien, und sie übernahmen den Handel* im Roten Meer, wobei sie auch die heiligen Orte im Hedschas* schützten. Kairo wurde erneut zu einer Wirtschaftsmetropole. Die Mamelucken überhäuften die Stadt als Mäzene* mit prächtigen Monumenten: Medresse* von al-Kala'un (13. Jh.), Sultan-Hassan-Moschee* (14. Jh.), Mausoleum von Ka'it Bey (15. Jh.), weitere Paläste, Karawansereien* und Hammam*-Bäder. Das geistige Leben der Mamelucken wurde von den Geschichtsschreibern* al-Maqrizi (gest. 1442) und Suyuti (gest. 1505), dem Geographen* Abul Fida (gest. 1331) und dem Rechtsgelehrten Ibn Taimija (gest. 1328) bestimmt. Im mameluckischen Ägypten kam die Ausarbeitung von *Tausendundeiner Nacht** zum Abschluß, die den von der Dynastie erreichten Zivilisationsstand widerspiegelt. 1517 beendete der osmanische* Sultan Selim seine Eroberung des arabischen Vorderen Orients mit Ägypten. Den Mamelucken gelang es dennoch, sich zu behaupten: als weitgehend parasitische grundbesitzende Klasse. In der Folgezeit leisteten sie bewaffneten Widerstand gegen die Invasion Napoleon Bonapartes in Ägypten – besonders während der Pyramiden-Schlacht 1798 –, bevor Mohammed Ali* 1812 die Mamelucken-Führer am Ende eines Banketts in der Zitadelle niedermetzeln ließ.

▶ Sklaverei

Marabut, der

Von den Franzosen in ihren Kolonien in Nord- und West-Afrika* geschaffenes Wort, abgeleitet von arab. *Murabit*: „Klosterbewohner". Diesen Namen trugen auch die in Wehrklöstern (*Ribat*) lebenden „Glaubenskrieger", deren bedeutendsten die Almoraviden* waren. Ab dem 14. Jh. Bezeichnung für einen „Heiligen".

Die Heiligenverehrung im Islam*, die zumeist an Sufi-Bruderschaften* geknüpft ist, wird besonders leidenschaftlich in Westafrika und vor allem im Maghreb* betrieben. Dort hat sie sich über Jahrhunderte hinweg blühend entwickelt, trotz schwerster Verurteilungen durch die Ulema* und modernistische Moslems*. Der Volksglaube schreibt dem Marabut die Macht besonderer Fürbitte zwecks Erlangung einer göttlichen Gnade (*Baraka**) zu; daher wird er in Gebeten angerufen und sein Grab besucht (*Ziyara*). Man ruft ihn an, um eine Heilung zu erlangen, gegen Unfruchtbarkeit oder bei Besessenheit durch den Satan*. Der Marabut kann Schutzpatron eines Landes oder einer Stadt sein, oft handelt es sich auch um einen bloßen Lokalheiligen. In Marokko erwecken die ihnen zu Ehren abgehaltenen Feste (*Mussems*) die Inbrunst beträchtlicher Massen. Zu den berühmtesten Marabuts im Maghreb zählen der Patron von Fes*, Mulay Idris (der zweite Idrisiden-Herrscher, 9. Jh.), der Patron von Tlemcen, Sidi Boumedienne (Abu Madyan, 12. Jh., gebürtig aus Sevilla), und Sidi Mahriz, Patron von Tunis.

▶ Maghreb

Maroniten

Größte christliche Gemeinschaft im Libanon. Der Name „Maroniten" ist abgeleitet vom hl. Maron (gest. 432), einem Eremiten aus der Gegend von Antiochia.

Vor den Syrern sowie den persischen und später den arabischen Eroberern flohen die Maroniten ins Libanon-Gebirge. Im Jahre 685 schuf der Mönch Johannes Maron die Grundlagen der maronitischen Kirche. Später wurde die Glaubensgemeinschaft von den Byzantinern verfolgt, da sie dem Monotheletismus anhing, einer Häresie aus dem 7. Jh., die Jesus zwar zwei Naturen, jedoch nur einen Willen (den göttlichen) zusprach und die in der Nachfolge des (verurteilten) Monophysitismus (der Lehre von der *einen* – göttlichen – Natur Christi, in der das Menschliche aufgegangen sei) entstanden war. Zwar meinten die Kreuzfahrer, die Maroniten ab 1182 für Rom zurückgewonnen zu haben, diese selbst betonen jedoch, niemals den Katholizismus aufgegeben zu haben, mit dem die Beziehungen 1495 offiziell wiederaufgenommen und im 16. Jh. umstrukturiert wurden. Im 18. Jh. versuchte Rom, die maronitische Kirchenordnung der seinen anzugleichen, wobei die Maroniten jedoch zahlreiche ihrer Besonderheiten beibehielten, so ihre östliche Liturgie in syrischer* und arabischer* Sprache, ihre eigenen Klöster und die Ehe der einfachen Priester. Die dem französischen König Ludwig XIV. von den Osmanen* zugestandene Schutzmachtfunktion für die Maroniten stand am Beginn weiterer französischer Eingriffe, wie demjenigen von 1860, als die Drusen* Massaker an den Maroniten verübten, die damals zur mächtigsten Gruppe im Libanon geworden waren.

Diese französischen Interventionen begünstigten die kulturellen, affektiven und wirtschaftlichen Bande zwischen der maronitischen Gemeinschaft und Frankreich. Dieses förderte während seiner Mandatszeit über den Libanon (1920–1941) die Schaffung eines unabhängigen „Groß-Libanons", was den fortwährenden Unmut der (sunnitischen* wie schiitischen*) Moslems* hervorrief, die schon bald die zahlenmäßige Mehrheit bildeten. Von den rund drei Millionen im Lande lebenden Libanesen sind heutigen Schätzungen zufolge 30% Maroniten; sie stellen gemäß dem „Nationalpakt" zwischen den Religionsgemeinschaften den Staatspräsidenten. Zahlreiche Maroniten sind ausgewandert (nach Nord- und Südamerika, Europa und Afrika); diese Bewegung wurde durch den Bürgerkrieg (1975–1990) noch beschleunigt.

▶ Christen (orientalische)

Marrakesch

Die Stadt Marrakesch, deren Kennzeichen ihre purpurfarbene Stadtmauer und die verschneiten Bergen im Hintergrund sind, wurde 1070 in einer überreichen Oase von den Almoraviden* als deren Hauptstadt gegründet und von Jussuf Ibn Taschfin weiterentwickelt.

Nachdem die Almohaden* die Stadt 1147 von ihren Rivalen erobert hatten, zerstörten sie die Mehrzahl der almoravidischen Bauwerke. Die 1158 erbaute Kutubija-Moschee („Buchhändler") diente als Vorbild für die Giralda in Sevilla. Sie ist ein Symbol der künstlerischer Symbiose zwischen dem Maghreb* und Andalusien*, die auf den Eroberungen des moslemischen Spaniens* durch die beiden großen Berber*-Dynastien basierte. Neben der Mauer der Kasba-Moschee (1185–1190) beherbergen zwei Mausoleen, die zwischen 1578 und 1603 errichtet wurden, die Gräber der Scherifen* der saaditischen Dynastie. Diese prächtigen Gebäude sind ein großartiges Beispiel der spanisch-maurischen Kunst des 16. Jhs. und zeugen vom künstlerischen Talent der Handwerker in bezug auf Holzschnitzerei und ziselierten Stuck, die unter den Saaditen ihr Metier ausübten. Die Ben-Jussuf-Medresse*, die in der Mitte des 16. Jhs. gegründet und von Moulay Abdallah (1564–1565) wiederaufgebaut wurde, ist eine der größten Nordafrikas: in ihrem Hof befindet sich ein großes rechtwinkliges Becken aus Marmor, und ihre Mauern sind verziert mit ziseliertem Stuck und Mosaiken aus Steingut.

▶ Maghreb (Geschichte und Dynastie)

Maschrik
Arabischer Ausdruck, der „das Morgenland" bedeutet und die arabischen Länder des Nahen Ostens bezeichnet, im Gegensatz zum Maghreb* („das Abendland"), der für die Länder Nordafrikas steht.

Der Maschrik umfaßt in erster Linie die fünf Staaten des Fruchtbaren Halbmonds* (Irak, Jordanien, Libanon, Palästina*, Syrien) sowie Ägypten, während Israel als eine Einheit für sich betrachtet wird. Aus geostrategischer Sicht schließt man die Staaten der Arabischen Halbinsel in den Maschrik mit ein: Saudi-Arabien, die Vereinigten Arabischen Emirate, Katar, Bahrain, Kuwait, den Jemen* und Oman*. Der Sudan* wird teilweise auch aufgeführt, da er zugleich arabischsprachig, moslemisch (im Norden) und afrikanisch ist.

Masnawi
Obgleich arabischer Herkunft, kommt diese Gattung innerhalb der arabischen Dichtung* nur wenig zur Anwendung. Ab der Samanidenzeit (10. Jh.) tritt das Masnawi als typisch persische Gattung auf. Mit Mir Alisher Navoi* beeinflußte es sehr stark die tschagatai-türkische und später mit Fusuli* auch die osmanische Dichtung.

Die Urdu*-Dichtung verwendet das Masnawi ebenfalls, heute mehr mit Themen, die einen sozialen Bezug haben. Das Masnawi basiert auf einer gereimten Strophe und verwendet eine andere Metrik als beispielsweise das Ghasel* und der Rubai*. Es ist die Reimform der persischen Gedichtkomposition, die manchmal aus bis zu 10000 Versen besteht: mit den epischen Dichtungen von Firdausi* und Rudaki* oder mystisch-didaktischen, wie dem *Mathnawi* von Rumi*, erreichte diese Gattung einen Höhepunkt. Alle Themen können vom Masnawi angesprochen werden, z. B. Religion, Geschichte, Medizin, weltliche oder geistliche Liebe.

▶ Dichtung, Rumi

Masudi, Abul Hassan al-, Historiker (Bagdad um 895 – Kairo 956 oder 957)
Abul Hassan al-Masudi wurde in Bagdad* geboren. Er entstammt einer schiitischen* Familie, die mit dem intellektuellen Leben der Abbasiden* verbunden war. Masudi hat dazu beigetragen, die historischen Wissenschaften* im Islam* zu begründen.

Masudi starb in Ägypten, nachdem er Persien*, Mittelasien*, den Norden Indiens* und den Nahen Osten bereist hatte. Neben vierzig Titeln, darunter *Die Geschichte Alis und des Imamats,* ist sein Hauptwerk *Goldwiesen.* Darin führte er die Bemühungen seines großen Vorgängers at-Tabari* fort, die Gattung der Universalgeschichte anzuwenden, indem er alle vorstellbaren Themen seiner Epoche erörterte: die Geschichte des Propheten, der alten Araber*, der Römer, der persischen Könige, der moslemischen Dynastien, der „fränkischen“ Könige und der Religionen. Dazu kamen noch die Geographie*, die Medizin*, die Astrologie-Astronomie*, die Wissenschaften* sowie die Psychologie der Völker und ihre Sagen. Indien, von dem al-Masudi behauptete, daß dort in der Vergangenheit „Ordnung und Weisheit herrschten“, inspirierte ihn zu Gedanken über hinduistische Theorien zu Zeit- und Geschichtszyklen. Am Ende seines Lebens stellte sein *Buch der Ankündigung und Überprüfung* eine Synthese seiner Sicht von der Geschichte des Islams* dar.

▶ Geschichtsschreiber (klassische)

Mathematik

In der moslemischen Welt haben die esoterische „Wissenschaft von den Zahlen“ und die Forschung in der „reinen“ Mathematik, die u. a. mit Optik, Astronomie*, Astrologie und Musik* verbunden waren, eine besondere Beachtung gefunden. Dies wurde durch viele große Wissenschaftler wie al-Kindi*, al-Biruni*, Avicenna* und Omar al-Chaijam* bewirkt. Auch einige der Übersetzer* griechischer wissentschaftlicher Werke (Euklid, Archimedes und Ptolemäus) sowie syrischer*, persischer und indischer waren Mathematiker. Chwarismi* (gest. 846), der Begründer der Algebra*, gilt als der erste moslemische Mathematiker. Man verdankt ihm die Umstellung auf die Dezimalzählung der indischen Gelehrten: die indischen Zahlen, die die Null einbeziehen, werden seitdem arabische Zahlen* genannt. Chwarismis *Kurzes Buch über das Rechnen mit der Einrenkung* legte die Grundlagen für die arabische Mathematik. Es ist in drei Kapitel eingeteilt, das erste behandelt allein die Algebra, das zweite die Zusammenhänge zwischen Algebra und Geometrie, und das dritte ist Problemen der Zahlenfolge gewidmet. Der Astronom und Geometriker Thabit Ibn Qurra (gest. 900) nahm sich des 5. Theorems des Euklid an und trug zur Erhellung der Infinitesimalrechnung bei. Im 9. Jh. errechneten die „Söhne des Mussa“ (*Banu Mussa*) u. a. die Beziehung des Kreisumfangs zum Durchmesser und den Inhalt des Dreiecks; ihre Arbeiten wurden Gegenstand mehrerer Veröffentlichungen (darunter das *Buch der ebenen und sphärischen Darstellung*), die später unter dem Titel *Liber trium fratrum* („Buch der drei Brüder“) ins Lateinische übersetzt wurden. Der Astronom Ibn Djabir al-Battani (gest.929) wendete die Mathematik auf die Astronomie an: trigonometrische Linien, Tafeln der Tangenten und Kotangenten und Formeln des Kosinusgesetzes. Der Universalgelehrte al-Biruni* (gest.1050) behandelte in seinen Schriften über Astronomie auch die Trigonometrie. Er veröffentlichte eine Sinustafel und vervollständigte die Werke von Chwarismi und al-Battani. Haitham* (gest. 1039), der größte islamische Optiker, kritisierte die Werke von Ptolemäus und Euklid. Der Dichter Omar al-Chaijam* (gest. 1131) war ein berühmter Astronom und Mathematiker. Er löste die algebraischen Gleichungen zweiten, dritten und vierten Grades und wendete die Algebra auf die Geometrie an. Ein anderer berühmter Astronom, der Iraner Tussi* (gest. 1274), verfaßte das *Buch des vollständigen Vierecks,* in dem er darstellte, wie man ebene und sphärische Dreiecke berechnet. Der Direktor der Sternwarte* von Samarkand*, Ghiyath ad-Din al-Kaschi (gest. 1429), legte in seiner *Abhandlung über den Kreis* die Beziehung zwischen Umfang und Durchmesser dar. Er erforschte unter anderem auch den Dezimalbruch. Im Maghreb* stellte Ibn al-Banna (gest. 1321) aus Marrakesch* eine neue Theorie über das Zahlensystem auf, und der nach Tunis geflohene Andalusier (s. Andalusien*) Abul Hassan al-Qalsadi (gest. 1486) war Verfasser arithmetischer und algebraischer Abhandlungen, in denen er die ganzen Zahlen, die Bruchzahlen, das Wurzelziehen und die Lösung von Gleichungen behandelte. Hauptsächlich durch Vermittlung des moslemischen, aber auch des christlichen Spaniens gelangten, besonders unter Alfons X., dem Weisen, über Toledo eine große Anzahl mathematischer Werke, aber auch Werke anderer Wissenschaftsbereiche, durch lateinische Übersetzungen in das mittelalterliche Europa. Dort spielten sie eine bedeutende Rolle in der Entwicklung der Wissenschaften.

▶ Algebra, Astronomie, Abendland (wissenschaftliches Erbe), Wissenschaften

Mauren

Als die Römer im 1. Jh. v. Chr. einen Teil des Maghrebs* eroberten, gaben sie den dort lebenden Berbern* den Namen „Mauren" (von griech. *mauros*: „dunkel[-häutig]") und einer ihrer Besitzungen (Marokko und ein Teil Algeriens) den Namen „Mauretanien". In Andalusien* bezeichnete der Name die Moslems* (oder „Sarazenen*"). Deren Nachkommen, die nach der Reconquista* großteils bekehrt wurden (freiwillig oder gewaltsam) und „Morisken*" genannt wurden, wurden 1609–1611 gewaltsam aus Spanien* vertrieben.

Heutzutage wird die Bezeichnung „Moros" in Südostasien und auf den Philippinen für Moslems verwendet. Auf den Philippinen mit ihrer breiten katholischen Mehrheit hielt der Islam* im 14./15. Jh. Einzug; die dortigen „Moros" leben in mehreren Regionen, deren Unabhängigkeit sie in einer Guerilla erkämpfen wollen.

Auf Sri Lanka (Ceylon) heißen die Moslems arabischen, malaysischen oder indischen Ursprungs (die 7,5% der Bevölkerung von 18 Mio. Einwohnern stellen) *Moors* (engl. für „Mauren").

Mäzene ▶ Mäzenatentum

Mäzenatentum

In der moslemischen Welt bestanden zwei Hauptformen des Mäzenatentums nebeneinander: das Mäzenatentum der Regierung sowie des Hofes* und das städtische Mäzenatentum der Händler sowie der Personen von Rang. Sie trugen dazu bei, Erzeugnisse, die den höfischen nachgeahmt waren, herzustellen und zu verbreiten, aber auch neue künstlerische Ausdrucksmöglichkeiten zu entfalten.

In den ersten Jahrhunderten des Islams* (zwischen 622 und 1050) gab es vor allem das Mäzenatentum der omaijadischen*, dann der abbasidischen* Kalifen*, das einen Aufschwung der Monumental-Architektur* (z. B. Felsendom*, 691) und der großen Moscheen* (Damaskus* 706, Jerusalem* 707) bewirkte. Die Gründung von Hauptstädten durch die Abbasiden (Bagdad*, Samarra) schuf riesige Baustellen, die Tausende von Handwerkern beschäftigten, die aus dem ganzen Reich kamen. Die Omaijaden, und mehr noch die Abbasiden, versuchten, den Luxus, der am Sassanidenhof in Persien* und am byzantinischen Hof herrschte, zu übertreffen. Zwei Arten von Werkstätten, die unter der Aufsicht des Staates arbeiteten, sind aus dieser Zeit bekannt: Münzpräge- und Textilwerkstätten (*Tiraz*). Letztere stellten kostbare Stoffe für den ausschließlichen Gebrauch des Kalifen und später unter den Abbasiden auch für den Handel* her. Die Verbreitung von Luxusgegenständen und die Mobilität der Bauarbeiter hatten grundlegende Folgen für die Entwicklung der islamischen Kunst: die künstlerischen Errungenschaften, die im Rahmen des Mäzenatentums der Kalifen gefördert wurden, breiteten sich in zahlreichen Gesellschaftsschichten aus. Motive, die am Hofe für Luxusstücke geschaffen wurden, wurden auf weniger kostbare Materialien übertragen. Der Handel mit weit entfernten Gebieten und die Wallfahrten* nach Mekka* verbreiteten die Muster im ganzen Reich.

Seit dem 11. Jh. tauchten mit der Gründung von unabhängigen Machtzentren auch neue Zentren des Mäzenatentums auf und trugen zum Fortbestehen und zur Entwicklung der regionalen Kunsttraditionen bei, z. B. zum Überleben der koptischen* Holzplastik in Ägypten.

Zur klassischen Zeit (1050–1250) war das Mäzenatentum eine Angelegenheit der regionalen oder lokalen Herrscher – Wesire*, Sultane* oder Emire* (Fürsten) – , die finanzielle Mittel besaßen, die für künstlerische Auftragsarbeiten erforderlich waren. Im gerade eroberten Anatolien* errichteten die Seldschuken*-Sultane Moscheen und Karawansereien*, die für den Handel unentbehrlich waren. Das wichtigeste Unternehmen des Mäzenatentums im Bereich Architektur während dieser Epoche war aber in der gesamten islamischen Welt die Gründung der Medressen* (d. h. theologischer Kollegien) durch Herrscher und Privatpersonen. Die Gepflogenheit der frommen Schenkung in Form von Koranen*, die aufwendig verziert und gebunden waren, verbreitete sich. Das Bürgertum bestellte die ersten illustrierten literarischen Texte (z. B. die *Makamen* von al-Hariri oder *Kalila und Dimna**); es unterstützte die Herstellung kostbarer Keramiken* und die Kunst der Metalleinlegearbeiten, deren schönste Stücke gewidmet oder signiert wurden.

Die mongolischen* Herrscher der Ilchane im Iran* (1256–1353) führten eine bedeutende Neuerung im moslemischen Osten ein: die Einrichtung höfischer Werkstätten, die der Buchkunst* gewidmet und mit den Bibliotheken* verbunden waren. Der Wesir Raschid ed-Din* (1247–1318) gründete die Bibliothek von Täbris in Aserbaidschan und bestellte 1306 eine Handschrift seiner *Universalgeschichte*. Die Timuriden* unterstützten ihrerseits die Herstellung illustrierter historischer Erzählungen, die ihre Herrschaft legitimieren sollten (z. B. *Schah-name* aus der Sammlung Demotte, 1335). Der Herrscher von Samarkand*, Fürst Ulugh-Beg, der von der Astronomie beigeistert war, ließ 1428 in seiner Stadt eine Sternwarte* errichten. Der Mamelukken*-Sultan Kait Bey (1468–1496) und die Angehörigen der gebildeten Schicht Ägyptens und Syriens waren ebenfalls Förderer der Buchkunst.

Die drei großen Staatsdynastien, die im Laufe des 16. Jhs. entstanden (Osmanen* und Safawiden* im Mittleren Osten und Moguln* in Indien*), übten eine Förderung von früher unerreichter Tragweite aus. Fernhandel, wirtschaftlicher Reichtum und intensiver Kulturaustausch begünstigten an den kaiserlichen Höfen die wirkungsvolle Organisation einer künstlerischen Produktion auf der Grundlage eines echten „Kunstmarktes". Unter diesen Voraussetzungen begannen die Künstler, ihre Werke zu signieren.

Eine neue Gruppe von Künstlern entstand: die Zeichner, deren Entwürfe zu Ausführungen in anderen Materialien anregten. Diese wurden oft in den Werkstätten, die direkt unter kaiserlicher Aufsicht standen, ausgeführt. Die von den Buchmalern oder Buchbindern der safawidischen oder osmanischen Schulen benutzten Motive trugen auf diese Weise zu einer Einheit der Kunst bei, die von der Außenausstattung bis hin zur Textilkunst* reicht. Unter den Herrschern, die die Förderung der Kunst als einen wesentlichen Bestandteil ihres Amtes und ihrer Macht ansahen und prachtvolle Schulen unterhielten sowie Wissenschaften, Künste und Literatur förderten, muß man Süleyman den Prächtigen* erwähnen (1495–1566), außerdem die Safawiden-Schahs Tahmasp (1514–1576) und Abbas (1571–1629), aber auch die Mogulnherrscher Akbar (1556–1605), Jahangir (1605–1678) und Schah Jahan (1627–1658).

Wenn sich auch die Art des Mäzenatentums im Laufe der Jahrhunderte verändert hat, so hat der Vorbehalt gegenüber der Kreativität, der in der Koranoffenbarung und im Hadith* festgelegt ist, die gesamte islamische Gesellschaft nicht daran gehindert, eine positive Auffassung gegenüber dem Kunstwerk zu entwickeln.

▶ Kunststile (islamische)

Mechanik ▶ Technik

Medina

Im 7. Jh. war Jathrib, Karawanenstadt im Hedschas*, eine blühende landwirtschaftliche Oase 400 km nördlich von Mekka*. Einige ihrer Bewohner traten zwischen 620 und 622 zum Islam* über und standen für den Propheten im Notfall ein. Von den Koreischiten*, die dem Islam sehr feindlich gegenüberstanden, bedroht, „wanderte" Mohammed* 622 (Hidschra*) mit seinen Begleitern nach Jathrib aus, das darauf den Namen Medina (arab. *Madinat an-Nabi,* „die Stadt des Propheten") annahm.

Medina wurde von rivalisierenden Volksstämmen, von heidnischen Stämmen aus Südarabien und jüdischen oder judaisierten Stämmen bevölkert. Mohammed wurde dort gerne aufgenommen und erreichte eine Beschwichtigung der inneren Kämpfe. Hier legte er den Grundstein für einen moslemischen Staat*, in der Überzeugung, daß die monotheistischen Juden ohne weiteres seine Botschaft annehmen würden. Doch führte ihr Zögern und Spotten schnell zum offenen Kampf, der Massaker und die Verbannung mehrerer jüdischer Volksstämme durch die Moslems* nach sich zog. Diese Uneinigkeit mit dem Judentum* wurde durch den

Wechsel der Gebetsrichtung (*Qibla**) symbolisiert: von nun an betete man in Richtung der Kaaba* in Mekka und nicht mehr in Richtung Jerusalem*. 627 wurden die Moslems von den Mekkanern bei Uhud, in der Nähe von Medina, geschlagen. Aber im gleichen Jahr mußte eine koreischitische Armee nach dem Grabenkrieg die Belagerung der Stadt aufgeben. Mohammed, der 630 die Mekkaner endgültig besiegte, starb 632 in Medina. Die Stadt blieb Hauptstadt des neuen moslemischen Weltreiches, bis der vierte rechtgeleitete Kalif* Ali* sein Hauptquartier nach Kufa (Irak) verlegte. Unter den Omaijaden* wurde dann Damaskus* die Hauptstadt des Kalifats*. Medina, das eine Zeitlang intellektuelles Zentrum war, wurde 683 von den Omaijaden nach einem Aufstand geplündert und verfiel: ein Teil seiner Bewohner emigrierte nach Andalusien*. Von den Osmanen* besetzt, wurde Medina 1924 endgültig durch die Wahhabiten* annektiert, die sich dem Besuch der Grabmäler und dem Heiligenkult widersetzten. Sie verwüsteten daher die Mausoleen und zerstörten die Kuppeln*. Der Besuch von Medina, der zweitheiligsten Stadt des Islams, ist bei der Wallfahrt* nach Mekka nicht zwingend vorgeschrieben. Bis heute trifft sich indessen die Mehrzahl der Wallfahrer dort, um sich in der Moschee* des Propheten zu versammeln, die nahe der Stelle der ersten – prototypischen – Moschee des Islams gebaut wurde. Neben Mohammed liegen hier die drei ersten rechtgeleiteten Kalifen begraben sowie eine Anzahl seiner Begleiter und Malik Ibn Anas, der Gründer des Malikismus*. Heute beherbergt Medina, die fünftgrößte Stadt Saudi-Arabiens – außer im Monat der gemeinschaftlichen Wallfahrt *(Haddsch)* –, 250 000 Einwohner; seit 1994 ist sie mit einer modernen Moschee von 350 000 m² ausgestattet, die 175 000 Gläubige auf einmal aufnehmen kann.

▸ Arabien (altes), Koran, Mohammed

Medizin

Der Koran* und die Hadithe* enthalten weise medizinische Sprüche allgemeiner Art, die Mohammed* zugeschrieben werden. Sie wurden schon bald in medizinischen Abhandlungen unter dem Titel *Medizin des Propheten* zusammengestellt und kommentiert. Als maßgebliche Richtlinien für Hygiene und Ernährung erfreuten sie sich großer Beliebtheit innerhalb der moslemischen Medizin. Diese nahm eine außergewöhnliche Entwicklung und wurde in der islamischen Welt wegen ihrer genauen Forschungsmethoden sehr geschätzt, aber auch wegen der Ausbildung und der Erfahrung, die in den weitverbreiteten Krankenhäusern* erworben wurden.

Die Verschmelzung vorislamischen Wissens. Mit der Unterwerfung des persisch-sassanidischen Reichs (zwischen 637 und 651) und der Eroberung Gondischapurs im Südwesten Persiens* übernahmen die Araber das Erbe dieses wichtigsten Wissenschafts- und Medizinzentrums des Mittelalters, das am Ende des 3. Jhs. durch die Sassaniden* gegründet worden war. Die Akademie von Gondischapur wurde schließlich gestärkt, sowohl durch den Zustrom christlicher Wissenschaftler und Philosophen, die im 5. Jh. von den Byzantinern aus Edessa (heute Urfa in der Türkei) vertrieben wurden, als auch durch diejenigen, die nach der Schließung der Akademie von Athen durch Justinian (529) kamen. Die Schule von Alexandria (Ägypten war seit 642 erobert) war ebenfalls noch immer in der griechisch-ägyptischen praktischen Medizin wegen ihrer reichen Bibliothek* lebendig. Die griechischen und hellenistischen medizinischen Überlieferungen sowie die persischen und indischen Erfahrungen und Theorien (im Bereich der Pharmakologie besonders die der Inder) trafen aufeinander. Dies und das große Wissen von Gondischapur wirkten sich fruchtbar auf die medizinische Forschung islamischen Musters aus. Dynastien von christlichen nestorianischen* Ärzten – wie die Bachtischus und die Masawahis – beteiligten sich in Bagdad* unter den Abbasiden* an der Errichtung von Krankenhäusern*. Aber auch die Welle von Übersetzungen* aus dem Griechischen sowie aus dem Syrischen*, dem Pahlewi-Persischen und dem Sanskrit trugen zum Wissen bei.

Die Kalifen* begannen in großem Umfang, Gesandte – zuerst unter Leitung christlicher und jüdischer Gelehrter – nach Byzanz* zu schicken, um Handschriften zu kaufen. Dabei nahmen medizinische Werke einen wichtigen Platz ein. Der Christ Hunain Ibn Ishak (gest. 911), der zusammen mit seinem Sohn Ishak und seinem Neffen Hubaisch der bedeutendste dieser Übersetzer war, beherrschte Griechisch, Syrisch, Persisch* und besonders Arabisch, in das er übersetzte. Unter seinen Übersetzungen befanden sich die wichtigsten griechischen medizinischen Texte, u.a. etwa 100 Werke von Galen, Hippokrates, Dioskurides. Er verfaßte auch *Fragen der Medizin* (in Form von Fragen und Antworten), die *Abhandlung über das Auge* und *das Buch der einfachen Arzneimittel*. Der christliche Übersetzer und Mathematiker Thabit Ibn Qurra schrieb ein anerkanntes medizinisches Werk, den *Thesaurus*.

Die moslemische Medizin. Die Moslems* übertrafen bald ihre Lehrer: Die Regierung der Kalifen* verbreitete im ganzen Reich (Ägypten, Syrien, Maghreb*, Andalusien*) Kopien von medizinischen Handschriften und überwachte die Ausübung der Medizin und Paramedizin der Chirurgen, Orthopäden, Tierärzte, Augenärzte, Einbalsamierer (für Leichen), Hersteller von heilenden Säften, Apotheker und Drogisten. Praktische Handbücher wurden veröffentlicht, und der Bau von Krankenhäusern* dehnte sich vom Irak auf die ganze moslemische Welt aus. Der in Bagdad* ansässige iranische Arzt und Übersetzer Ali Ibn Rabban at-Tabari (gest. 850) verfaßte die erste vollständige medizinische Abhandlung auf arabisch, das *Buch der Weisheit*. Es ist in 30 Kapitel und 360 Abschnitte eingeteilt – darunter ein wichtiges Kapitel über die indische Medizin – und behandelt alle bisherigen Zweige der medizinischen Kunst. Der größte praktizierende Arzt des Islams*, ar-Razi* (gest. 925), war von allen moslemischen Ärzten der am wenigsten dogmatische und leitete das bedeutendste Krankenhaus von Bagdad, an dem er auch lehrte. Er war sehr kundig in der Anatomie, die er dadurch erneuerte, daß er in die medizinische Beobachtung und Praxis einen psychosomatischen Aspekt einführte. Er hat fast 200 Bücher geschrieben und erblindete über dieser Arbeit. Sein *Königsbuch* (lat. *Liber Almansoris*, nach al-Mansur) war ein praktisches Nachschlagewerk, abgeleitet aus griechischen medizinischen Quellen. Er behandelte darin u. a. Anatomie, körperliche Verfassung, Hygiene, einfache Medikamente, Diät für Reisende, Gifte, Fieber, Chirurgie. Sein Hauptwerk war *Al-Hawi* (lat. *Liber continens*), das vor allem für seine Studenten geschrieben war. Daneben schrieb er eine Abhandlung über die Masern und die Pocken, die bis in die heutige Zeit in Europa für das Studium benutzt wird.

Der Iraner Ali Ibn al-Abbas al-Madjussi (gest. um 995), der in Schiras* lebte und im mittelalterlichen Europa unter dem Namen Haly Abbas bekannt war, wird als einer der Väter der Medizin auf islamischem Boden angesehen. Er verfaßte *Das Ganze der Heilkunst* oder *Königliches Buch* (lat. *Liber regis*), das bis Avicenna* als Grundlagenwerk anerkannt war. Einer seiner Zeitgenossen, Ishak al-Israili, war ein berühmter jüdischer Augenarzt aus Kairuan*. Seine Bücher über die Naturkräfte, Fieber und Urine wurden im Mittelalter unter dem Namen Isaak Judaeus ins Lateinische übersetzt, z. B. seine *Besonderheiten der Diät*. Sein *Handbuch der Medizin* ist ursprünglich auf arabisch geschrieben, aber nur in einer hebräischen Übersetzung überliefert. Der Iraner Avicenna (Ibn Sina, gest. 1037) war, zusammen mit ar-Razi, der bedeutendste Arzt und einer der größten Philosophen des Islams. Für die Moslems ist er der *Scheich ar-Rais* (der Meister aller Meister) und für das mittelalterliche Europa der „Fürst der Medizin". Weniger klinisch als ar-Razi, dafür systematischer und philosophischer, versuchte er, die Medizin vernunftgemäß zu betrachten. Sein Hauptwerk, der *Kanon* (der Medizin), behandelt in fünf Büchern die Gesamtheit der medizinischen Wissenschaften, besonders Anatomie, Hygiene, Krankheiten und ihre Ursachen sowie Anweisungen für ihre Heilung. Die medikamentöse Heilung ist in 800 Abschnitten Gegenstand des vollständigsten medizinischen Sammelwerks der Zeit. Avicenna befaßt sich ferner mit den inneren und äußeren Störungen der Gliedmaßen, außerdem mit Krankheiten, wie Fieber, Tumoren, Pocken, Brüchen etc,. und der Schönheitspflege. Schließlich behandelt er die Medikamente: Theriak gegen Vergiftungen und Seuchen, Pulver, trockene Heilmittel, flüssige Arznei und Säfte, die von den Arabern erfunden wurden. Er diagnostiziert die Rippenfellentzündung und die Ansteckungsgefahr der Tuberkulose.

Ausdehnung der Medizin auf islamischem Boden. Die Blüte der medizinischen Studien findet man im moslemischen Spanien*: zuerst in Cordoba*, dem geistigen Zentrum, und später auch in anderen Städten. Im 10. Jh. übersetzte der jüdische Arzt Hasdai Ibn Schaprut die *Materia medica* von Dioskurides. Saad al-Katib verfaßte eine Abhandlung über Gynäkologie, Abu l-Kasim* (Abulcassis im mittelalterlichen Europa, gest. 1013), der größte arabische Chirurg, schrieb ein chirurgisches Werk, das in der Medizin ebensoviel Ansehen genoß wie der *Kanon* Avicennas: der *Tasrif* („Beschreibung"). Diese Abhandlung über die Kauterisierung (Ätzung), die zum ersten Male Abbildungen von chirurgischen Instrumenten enthielt, wurde, nachdem sie von Gehard von Cremona im 7. Jh. ins Lateinische übersetzt worden war, jahrhundertelang in Europa studiert. Die Zeit nach

Avicenna wurde auf der Iberischen Halbinsel vom Verfasser des *Buches der Erleichterung,* Abu Marwan Ibn Zuhur* (Avenzoar, gest. 1162 in Sevilla), repräsentiert. Er stammte aus einer Familie praktischer Ärzte; darunter befand sich auch eine Frau, die sich auf die Vernarbung von Wunden verstand. Der berühmte Averroes* (Ibn Ruschd, gest. 1198), dessen Ruhm als Philosoph sein medizinisches Schaffen in den Hintergrund gestellt hat, war ein weiterer bedeutender Arzt. Maimonides*, der größte jüdische Philosoph des Mittelalters, wurde in Cordoba geboren und starb 1204 in Kairo*. Dort war er Arzt der aijubidischen* Sultane* und verfaßte ein Dutzend medizinischer Schriften in arabischer* Sprache, darunter das bemerkenswerte *Buch der medizinischen Sprüche.* In Ägypten, das reich an Krankenhäusern* und Bibliotheken* war, traten Augenkrankheiten bis ins 20. Jh. besonders häufig auf. Hier schrieb Ibn Ali al-Mawsili für die Fatimiden* sein *Buch über die Heilung von Augenkrankenheiten,* das in Europa bis ins 18. Jh. hinein ein Grundlagenwerk darstellte. Haitham* (gest. 1039 in Kairo), der größte Augenarzt des Islams, beschrieb die Merkmale der Augenkrankheiten in seiner *Abhandlung über die Optik,* die ihm zu Ruhm verhalf. Es handelt sich dabei um das vollständigste Werk der moslemischen Augenheilkunde. An-Nafis (geb. in Damaskus, gest. 1288 in Ägypten) beschrieb den *kleinen Blutkreislauf* (der Lunge), drei Jahrhunderte bevor diese Entdeckung 1556 Michel Serbet zugeschrieben wurde. In Persien verfaßte al-Djurjani (gest. 1136) das wichtigste medizinische und pharmakologische Nachschlagewerk auf persisch. Die mongolische* Invasion im 13. und 14. Jh. hinderte die Medizin (die Tiermedizin inbegriffen) – dank des mongolischen Mäzenatentums* – nicht an ihrer Entfaltung. Dies wird besonders am Beispiel von Raschid* ed-Din (gest. 1318), dem Erbauer von Krankenhäusern in Täbris, deutlich. Die anatomische Wissenschaft wurde (1326) in der illustrierten *Anatomie* von Mohammed Ibn Ahmed Ilyas verständlich dargestellt sowie in der anonym erschienenen und weitverbreiteten *Anatomie des al-Mansur.* Die safawidisch*-schiitische* Blütezeit bewirkte medizinische Erneuerungen, beschrieben unter anderem in der *Quintessenz der Erfahrung* von Mohammed Hussayni Nurbakhshi (gest. 1507). Die persische Medizin war im Indien* der Moguln* verbreitet: Ayn al-Mulk aus Schiras*, widmete 1526 sein *Wörterbuch der Heilmittel* dem Mogul-Herrscher Schah Dschahan; das letzte große moslemische medizinische Nachschlagewerk, die *Medizin von Dara Shikuh,* trägt ebenfalls den Namen eines Mogul-Fürsten.

Bis in die neuere Zeit basierte die Ausbildung der Studenten in moslemischer Medizin auf den griechischen und arabischen Hauptwerken: *Aphorismen* des Hippokrates, *Fragen* des Hunain Ibn Ishak und dem *Handbuch der Nomadenmedizin* von ar-Razi, später folgten der *Thesaurus* Thabit Ibn Qurras, die *Sieben Abhandlungen* von Galen, und als Krönung aller Werke *De continens* von Razi sowie der *Kanon* von Avicenna. Avicenna faßte seine Auffassung von der Medizin folgendermaßen zusammen: „Sie dient dazu, das physische und geistige Gleichgewicht des einzigartigen individuellen Charakters jedes menschlichen Wesens zu bewahren".

▶ Averroes, Avicenna, Universalwissen, Bildung, Krankenhäuser, Haitham, Ibn Zuhur, Maimonides, Nestorianer, Abendland (wissenschaftliches Erbe), Razi, Wissenschaften, Übersetzungen, Abu l-Kasim

Medresse, auch: Medrese, die Medresse bedeutet „Studienort, Schule" (arab. *Madrasa*, im Maghreb* *Medersa* genannt, türk. *Medresse*). Die Medressen waren ursprünglich Universitäten; ab dem 9. Jh. wurden sie zu Hauptzentren für die Verbreitung der sunnitischen* Orthodoxie. Es handelte sich folglich um Hochschulen für islamisches Recht* und Theologie*, die parallel zu den Moscheen* Unterricht erteilten, denen sie oft angeschlossen waren. Im heutigen Arabisch bezeichnet *Madrasa* (pl. *Madaris*) vor allem die modernen höheren Schulen.

Die Medressen als Speerspitze der Orthodoxie. Die türkischen Seldschuken*, die im 11. Jh. im sich auflösenden Reich der Abbasiden* den Titel Sultan* angenommen hatten, wurden zu Vorkämpfern für die Erneuerung der sunnitischen* Orthodoxie und erhoben die Medresse in den Rang einer staatlichen Institution. Der sunnitische Glaube sollte sowohl als einigendes Band der islamischen Gemeinschaft (*Umma*) dienen – gegen die Propaganda der schiitischen* Fatimiden* und die Bedrohungen durch die Ismailiten* – als auch den Geist des Heiligen Krieges (*Dschihad**) gegen Byzanz* wiederbeleben. Zur selben Zeit trat eine mächtige Bewegung mit dem Ziel hervor, die spekulative Philosophie* (*Falsafa*), der unter anderem Avicenna* zu Ruhm verholfen hatte, zu zerstören. Somit wurde die Medresse neuer Art zur Speerspitze in diesem intellektuellen und religiösen Kampf. Sie entwickelte sich zu einem richtigen Kolleg, da Professoren und Studenten (viele von ihnen mit Stipendien ausgestattet) dort zusammenlebten. Das Recht* (*Fiqh*) wurde entsprechend den vier sunnitischen Rechtsschulen* gelehrt. Weiterhin standen auf dem Lehrplan: Korankommentare*, Koranrezitation, die „Freien Künste" des mittelalterlichen Triviums (Grammatik, Logik, Rhetorik), arabische Philologie, traditionelle Mathematik* (*Ahdschad*) und häufig Medizin*. Im Gegensatz zu den universitären Vorgängerinstitutionen, die wesentlich offener waren (wie die „Häuser der Weisheit" der frühen Abbasiden und die fatimidischen „Stätten der Wissenschaft"), wurden die Wissenschaften* und die spekulative Philosophie nach und nach aus der Medresse verdrängt. Diese bewährte sich jedoch als Bildungszentrum und erwies sich als wirksames Instrument der religiösen und politischen Kontrolle in den Händen der orthodoxen Führer.

Das Reich der Seldschuken* und alsbald auch der Rest der islamischen Welt wurden mit Medressen überzogen. Gegründet wurden sie von Mäzenen*: Händlern, Bruderschaften*, Sultanen* (z. B. Saladin*) oder Funktionären (wie dem persischen Wesir* der Seldschuken, Nizam al-Mulk, der 1092 von den Assassinen* ermordet wurde und nach dem die Nizamiyya-Medresse in Bagdad* benannt ist, an der der große Theologe al-Ghasali*, gest. 1111, eine Zeitlang lehrte). Mit Hilfe dieses dichten Netzes von Medressen konnten die Seldschuken die politische Stabilität des Staates* sichern, indem sie die rechtlichen, mystischen und geistigen Komponenten der islamischen Welt integrierten und im Schoße der sunnitischen Orthodoxie vereinten – unter der Gefahr, diese einzelnen Bestandteile ihrer weiteren Entwicklungsmöglichkeiten zu berauben.

Einheitliche Architektur im gesamten Islam. Der Baustil der Medresse ähnelt demjenigen der Moschee* und entstand unter den Seldschuken* im Iran*. Dieser anfängliche iranische Einfluß wird deutlich in der Bedeutung des *Iwans,* einer großen, überwölbten Halle, die auf drei Seiten geschlossen und nach der vierten hin offen ist. Im (vorislamischen und islamischen) Iran war der Iwan ein charakteristisches Baumerkmal.

Die ein- oder zweigeschossigen Gebäude der Medresse gruppieren sich um einen rechteckigen Innenhof mit einem Brunnen in der Mitte und beherbergen die Wohnzellen der Studenten und die Unterrichtsräume. Auf drei oder allen vier Seiten des Hofes (je nach Stilrichtung) steht ein Iwan in der Mitte der Gebäude.

Zahlreiche prachtvolle Medressen bestehen noch. Sie sind Zeugen der Baustile verschiedener Dynastien und Regionen, von Buchara* bis Fes* und von Lahore* bis Istanbul*, und weisen entsprechend unterschiedliche Verzierungen auf (Stein, Holzvertäfelung, Keramik*, Stuck, Skulpturen). Im 13. Jh. gründete der abbasidische* Kalif* al-Mustansir in Bagdad* die Mustansiriyya-Medresse, die den Einfall der Mongolen* überstand. Zur selben Zeit errichteten die Rum-Seldschuken* in Anatolien* unter anderem die große Ince-Minare-Theologenschule in Konya* (mit außerordentlicher „Barock"-Dekoration) sowie die Gök-Medresse in Sivas. Aus demselben Jahrhundert stammen die noch heute zu besichtigenden Medressen-Mausoleen des Aijubiden*-Sultans* Salih Nadschmaddin und des Mamelucken*-Sultans Kala'un in Kairo*. Die Mamelucken-Sultane al-Hassan (14. Jh.) und Ka'it Bey (15. Jh.) ließen die jeweils nach ihnen benannten prunkvollen Medressen samt Mausoleen errichten. In Fes (Marokko) stehen Prachtbauten wie die Attarin- („Parfümverkäufer-") und die Bu-Inaniyya-Medresse (14. Jh.). Die Timuriden* hinterließen unter anderem die Schule des Fürsten Ulugh-Beg in Samarkand* sowie in Herat (Afghanistan*) diejenige am Grabmal seiner Mutter, der Sultanin Gauhar Schad (beide aus dem 15. Jh.). Ab dem 14. Jh. bauten die Osmanen* Medressen, so Murad I. nahe Bursa. Auf dem Höhepunkt ihrer Macht wurde aus dieser Institution ein gewaltiger Universitätskomplex (*Külliye*) in Anbindung an die Moscheen; die bedeutendsten Beispiele sind die Bauwerke von Sinan* aus dem 16. Jh.: die Süleymaniye in Istanbul* und die Selimiye in Edirne. Im Mogulreich* war eine der bemerkenswertesten theologischen Fakultäten diejenige des Statthalters Khan Wasir in Lahore* (17. Jh.), die die Zeiten überdauert hat.

▸ Architektur, Moschee, Recht

Mekka

Nach dem Niedergang der Königreiche im Jemen* und zur Zeit der Zermürbung des byzantinischen und des persischen Reichs durch andauernde Kriege war Mekka, mitten im Hedschas* gelegen, eine florierende Handelsstadt. Auf der Karawanenstraße vom Indischen Ozean und Roten Meer zum Mittelmeer war es der wichtigste Ort der „heidnischen" Pilgerfahrt Zentralarabiens.

In einem unfruchtbaren Tal liegend und abgeschirmt durch eine lebensfeindliche Umgebung, wurde Mekka damals von einer Oligarchie regiert, die von einem koreischitischen* Volksstamm beherrscht wurde. Zu den Einnahmen aus dem Handel* und der Wallfahrt* zur Kaaba* kamen wichtige regelmäßig stattfindende Märkte während der Waffenstillstände der beduinischen* Bürgerkriege hinzu. Gut besuchte poetische Wettstreite fanden damals statt, die besten Gedichte wurden an den Wänden der Kaaba „aufgehängt". Diese Treffen spielten eine wichtige Rolle bei der Bildung einer gemeinsamen Sprache für die Araber der Halbinsel. In diesen wirtschaftlichen, religiösen und kulturellen Kontext von Mekka wurde Mohammed* um 570 geboren. Er stammte aus einem haschimitischen* Klan, der dem Volksstamm der Koreischiten angehörte. Als Waise und mittellos wurde er Kameltreiber im Dienste von Chadidscha, einer reichen Witwe, die er – obwohl sie viel älter war – schließlich heiratete. In der Umgebung von Mekka hatte der Prophet mit ca. 40 Jahren seine erste Offenbarung; seine Predigten stellten die Einnahmen bloß, die die Koreischiten aus der Wallfahrt zogen. Die Haschimiten wurden daraufhin aus der Stadt verbannt und Mohammed flüchtete wegen Morddrohungen mit den ersten Moslems* ins 400 km nördlich gelegene Jathrib, dem späteren Medina*. Nach mehreren Kriegsjahren gegen die Mekkaner unternahmen die Moslems unter der Führung Mohammeds eine erste Wallfahrt nach Mekka, welches von seinen Bewohnern verlassen worden war. 630 betrat der Prophet die Stadt, mit 10000 Anhängern, die die Götzenbilder der Kaaba zerstörten. Die Mekkaner ließen sich bekehren, gefolgt von zahlreichen arabischen Volksstämmen. Die „Abschiedswallfahrt" Tausender Männer und Frauen in Gegenwart Mohammeds (kurz vor dessen Tod 632) machte Mekka zum ersten heiligen Ort des Islams*.

Mekka wurde nach und nach zweitrangig; islamische Hauptstadt wurde erst Medina, dann Damaskus* und schließlich Bagdad*. Ein Gegner der Omaijaden*, Abdallah Ibn Zubayr, errichtete in Mekka ein vorübergehendes rivalisierendes Kalifat*, bevor die Stadt 930 von schiitisch*-karmatischen Rebellen geplündert wurde, die den schwarzen Stein der Kaaba stahlen und erst 20 Jahre später wieder zurückgaben. Ab dem 11. Jh. regierten die haschimitischen Führer Mekka unter der Oberherrschaft der Kalifen; dann machten es die Osmanen* zur Garnisonstadt und organisierten die beiden Karawanen der jährlichen Wallfahrten, die eine von Damakus aus, die andere von Kairo*. 1924 vertrieben die Wahhabiten* die letzten haschimitischen Scherifen* aus Mekka.

Mekka, Ziel der Wallfahrt *(Haddsch)*, eine der Fünf Säulen* des Islams, ist auch der Ort, zu dem sich traditionsgemäß eine Milliarde Moslems bei den fünf täglichen kanonischen Gebeten* hinwenden.

Die Stadt (heute 300000 Einwohner) zieht seit 14 Jahrhunderten moslemische Pilger aus der ganzen Welt an. Waren es vor 1945 einige zehntausend

Pilger, so sind es heute mehr als eine Million während des heiligen Monats der Wallfahrt (*Dhu-l Hiddscha)* und Hunderttausende den Rest des Jahres über.

▸ Arabien (altes), Mohammed, Wallfahrt

Meschhed

Hauptstadt von Khorasan, im nordöstlichen Iran* gelegen, und drittgrößte Stadt des Landes (mehr als 1 Mio. Einwohner). In Meschhed (von arab. *Maschhad,* „Ort des Martyriums") befindet sich seit dem 9. Jh. das Grab Ali Rezas, des 8. Imams* der Zwölferschiiten*.

Wichtigstes Heiligtum und schiitischer Wallfahrtsort im Iran. Die Safawiden* zogen in Erwägung, die Stadt zum wichtigsten schiitischen Wallfahrtsort überhaupt zu machen, da sich die Hauptzentren (Kerbela*, Nadschaf*) im Irak unter osmanisch*-sunnitischer* Herrschaft befanden. In Meschhed ist auch das Grabmal des abbasidischen* Kalifen* Harun ar-Raschid* – ein großer Feind des Schiismus –, der dort während eines Feldzuges starb.

Metallkunst

Wie gegen das Bild* gibt es auch gegen die Metallkunst religiöse Vorbehalte. Der Koran* droht denen mit dem Höllenfeuer, die kostbare Metalle für ihre persönliche Bereicherung und nicht zum Nutzen der Gemeinschaft der Gläubigen verwenden und ansammeln. Diese Einschränkung hatte jedoch keine negativen Auswirkungen auf eine Kunstform, die wie die Keramik*, eine herausragende Entwicklung erfahren hat.

Der Islam und die Metallkunst. Nur wenige alte Gegenstände aus Gold oder Silber sind – abgesehen von Münzen (s. Geld*) – erhalten geblieben. Es gibt dafür zwei Gründe: einerseits kennt der Islam* kein Grabmobiliar, andererseits wurden diese Metalle im Laufe der Jahrhunderte ständig wiederverwendet. Man zögerte nicht, alte Stücke wieder einzuschmelzen, um daraus Gold oder Silber zu gewinnen. Dies ist vergleichbar mit dem Phänomen, das zum Verschwinden des europäischen königlichen Tafelgeschirrs beitrug. Ein weiterer Grund für das Fehlen von alten Gegenständen aus Gold oder Silber ist, daß der Islam keine liturgischen Gegenstände verwendet. Alle diese Gründe erklären, warum allein die Kulturen der Osmanen*, Safawiden* und der Moguln* prunkvolle Gegenstände aus Gold und Silber hinterlassen haben, die oft mit Steinen und Bergkristallen verziert waren.

Die moslemischen Kunsthandwerker übernahmen die Techniken, die im Mittleren Osten seit 1000 Jahren entwickelt wurden. Die Ausdehnung der Gebiete, die von moslemischen Machthabern regiert wurden, hat den Abbau reicher Bodenschätze gefördert, z. B. Gold, Silber, Kupfer, Eisen und Blei. Zinn hingegen mußte importiert werden, zunächst aus Südostasien, dann seit dem 14. Jh. aus Europa. Den moslemischen Messinghandwerkern hat man die Einführung und verstärkte Anwendung von Zink in ihrer Kunst zu verdanken.

Kunsthandwerk von Alltags- und Luxusgegenständen. Für Messingwaren wurden verschiedene Legierungen angewandt. Messing in der Legierung aus Kupfer und Zink (es verleiht dem Gegenstand eine goldene Farbe) oder aus

Kupfer und Blei wurde am häufigsten für Geschirr benutzt, trotz der unliebsamen Begleiterscheinung des Grünspans. Der Gegenstand wurde zum Schutz davor mit einem feinen Zinnblatt bedeckt, d.h. verzinnt. Bronze, eine Legierung aus Kupfer und Zinn, wurde selten verwendet. Gründe dafür waren die hohen Kosten (die Einfuhr von Zinn war sehr teuer) und die aufwendige Technik, denn es war schwierig, daraus einen Gegenstand zu formen. Schließlich wurden Eisen und Stahl (eine Legierung aus Eisen und Kohlenstoff) oft verwendet: Sie zersetzen sich jedoch leicht (korrodieren); dies erklärt, warum nur wenige Beispiele aus dem Mittelalter erhalten blieben. Man weiß aber, daß sie sehr begehrt waren, denn ein mameluckischer* Schriftsteller schrieb, sie seien den höchsten Würdenträgern des Staates vorbehalten.

Die Metalle dienten dazu, eine Vielfalt von Gegenständen herzustellen: Haushaltsgegenstände (Geschirr und Geräte), prunkvolle Schmuckstücke, Kriegsgerät (Waffen und Rüstungen) und wissenschaftliche Gegenstände (Instrumente). Auch Einrichtungsgegenstände wurden mittels dieser Technik hergestellt, z.B. Lampen, Leuchter und Kandelaber, aber auch Tischplatten und Beistelltische.

Man unterscheidet zwei Gruppen von Kunsthandwerkern. Die einen arbeiteten in einer Werkstatt, jeder Handwerker in seinem Fach (z.B. Gießer, Formgießer, Zeichner). Die Werkstatt war normalerweise familiär organisiert, was sich an den Signets einiger Gegenstände ablesen läßt. Die zweite Gruppe bestand aus den sog. „Wanderern", die oft kostbare Metalle bearbeiteten oder dekorierten und die für ihre Arbeit wenig Material sowie keine schweren Gerätschaften benötigten. Die Auftraggeber nahmen die Wanderhandwerker bei sich auf, bis sie ihre Arbeit erledigt hatten, um Betrug zu verhindern: Der fertige Gegenstand mußte das gleiche Gold- oder Silbergewicht haben wie der Barren, der zur Ausführung des Auftrags vergeben wurde.

Stile der Metallkunst. Die Metallkunst durchlief in ihrer hervorragenden Entwicklung verschiedene Stilarten; in ihren Formen und ihrer Verzierung steht sie in Beziehung zu anderen Techniken, wie der Holz- oder Elfenbeinschnitzerei. Man kann sich einfach das Jahr 1100 als Wendepunkt merken: Vor dieser Zeit wurden die Gegenstände hauptsächlich aus geschmolzenem und geformten Messing hergestellt. Ihre Formen waren einfach und elegant, mit einem eingeritzten und eingravierten oder auch durchbrochenen Muster. Neben den Kannen, Räuchergefäßen, Kesseln und Lampen findet man Gegenstände mit runden Buckeln in Tierform, von denen einige eine Höhe von 2,50 m erreichen. Man bezeichnet sie häufig als „Aquamanile", weil man glaubt, sie dienten als Teile von Springbrunnen.

Nach 1100 wurde die Oberfläche der Gegenstände durch die Inkrustationstechnik größer. Ob in rotem oder gelbem Kupfer, in Silber oder seltener in Gold, verleiht die Inkrustation den Gegenständen einen prächtigen und nuancenreichen Schimmer, der für die islamischen Produkte charakteristisch wurde. Die Inkrustation wurde meist auf Stücken aus Messing angewandt. Sie kann eingeritzt werden, um die

Details der Muster hervorzuheben. Die Vielfalt an Dekorationsmustern war sehr groß. Kalligraphie* wurde häufig angewandt: man findet Inschriften, die die Verdienste des Auftraggebers preisen, poetische Verse oder auch Wünsche an den anonymen Besitzer des Gegenstandes. Florale, geometrische und figurative Motive (Darstellungen von Szenen des höfischen* Lebens) und die Darstellung von Tierkreiszeichen waren sehr geschätzt.

Die großen Herstellungszentren befanden sich in der Gegend von Mossul im Irak, in Chorasan im Iran*, in Syrien und Ägypten. Wichtige Werkstätten gab es auch in Spanien*.

Seit dem 16. Jh. veränderte der zunehmende internationale Handel* den Geschmack: die Höfe* der Osmanen*, Safawiden* und Moguln* zeigten ein großes Interesse an importierten Gegenständen, nicht nur an denen aus aus Gold. Der Eklektizismus erreichte einen Höhepunkt. Mit dem Ansteigen der Gold- und Silberkurse wurde die Technik des inkrustrierten Messings, ohne aus der Mode zu kommen, auch für weniger edle Metalle angewandt: z. B. Tauschierung in Damaskus* und in Kairo*, oder *Bidri* in Indien*. Gleichzeitig reagierten die Handwerker immer mehr auf Nachfragen aus dem europäischen Markt: wenn auch die technische Qualität blieb, verkümmerte dennoch die Phantasie beim Dekor. Bis heute änderte dies nichts daran, daß viele Verkaufsstände in den Basaren* der internationalen Kundschaft Gegenstände aus Metall anbieten, die das Erbe des goldenen Zeitalters dieser Technik widerspiegeln.

► Kunststile (islamische)

Mewlewije

Die Sufi*-Bruderschaft* der Mewlewije ist eine der berühmtesten im Islam*. Ihr Name ist abgeleitet von der türkisierten Form von *Maulana* (arab. „unser Meister"), dem Beinamen des Gründers, des großen persischen Dichters Dschalal ad-Din Rumi* (gest. 1273). Dessen Sohn Sultan Walad organisierte die Bruderschaft.

Gegründet wurde sie in Konya*, wo sich noch heute das Zentrum der Bruderschaft befindet. Die Derwische* bringen sich durch Tanzen (*Sama*) in mystische Ekstase – eine im Islam seltene Technik. Daher stammt ihr europäischer Name „tanzende Derwische". Der Tanz symbolisiert die Drehung der Planeten; dabei drehen sich die Derwische um sich selbst, bis sie die Ekstase erreichen. Musik* (Flöten, Tamburin) und der Gesang *ilahi* („göttlich") gehören ebenfalls dazu. Diese Vorgehensweisen werden von den orthodoxen Ulema* ungern gesehen und von den islamischen Fundamentalisten* untersagt. Am Ende der ersten Hälfte des Tanzes erscheint der geistliche Meister (Scheich*) der Bruderschaft, was das Erwachen der Seele ausdrückt und ihre Begegnung mit der Wirklichkeit schlechthin, d. h. mit Gott. Die Einführung des Laizismus in der Türkei durch Mustafa Kemal* führte 1928 zum Verbot der Sufi-Bruderschaften; in der Folgezeit wurden sie z. T. wieder zugelassen.

► Bruderschaften, Sufismus

Mihrab, der

Halbkreisförmige Nische in der Qibla*-Wand (die die Gebetsrichtung nach Mekka* anzeigt) einer Moschee*; die „Gebetsnische".

Als architektonisches Element wurde der Mihrab von den Omaijaden*-Kalifen* eingeführt, die – unter dem Einfluß der christlichen Architektur dieser Region – die ersten großen Moscheen bauten, wie die Omaijadenmoschee in Damaskus* oder diejenige in Cordoba* in Spanien*. Von dieser Zeit an nahm die spezifisch religiöse Bedeutung der Gebetsnische ständig zu: Sie wurde zum Herzen des Bauwerks, zum reich dekorierten Mittelpunkt. Die Gestaltung der Mihrabs erfolgt je nach örtlicher Tradition in Stein, Stuck, Keramik* oder auch Holz. Sie nehmen stark unterschiedliche Dimensionen und Formen an: von einer flachen, vier- oder mehreckigen Nische bis zum Halbkreis.

Minarett
Von arab. *Manara* („Ort des Lichtes"). Das Minarett ist der steinerne Turm einer Moschee*, von dem aus zum Gebet* gerufen wird. Eine Moschee kann ein oder mehrere Minarette besitzen.

Zur Zeit des Propheten waren Minarette unbekannt. Die ersten entstanden im 7. Jh. in Syrien mit quadratischem Grundriß unter dem Einfluß syrischer Glockentürme. Diese Bauweise wurde im islamischen Westen aufgenommen, wie in Kairuan* oder Cordoba*. In Samarra im Irak besitzen die Moscheen spiralförmige Minarette, die vom mesopotamischen Zikkurat angeregt wurden. Sie dienten als Vorbild für die Ibn-Tulun-Moschee in Kairo*. Im Iran* und in der Türkei zeichnen sich die Minarette durch ihren runden Grundriß aus.

Minbar, der
Kanzel mit Stufen, die sich in der Moschee* immer rechts vom Mihrab* befindet.

Der Minbar war ursprünglich ein für das Oberhaupt der Gemeinde reservierter, herausgehobener Thron. Seine Verwendung reicht bis zu Mohammed* selbst zurück, der die Gewohnheit hatte, vor seinem Volk auf einem Stuhle sitzend zu predigen, der auf einem Sockel mit zwei Stufen stand. Die ihm nachfolgenden Kalifen* und auch die Gouverneure behielten diese Tradition bei und nahmen während der Predigt auf einem Stuhl Platz. Erst in der Zeit der Abbasiden* wurde der Minbar zu einer richtigen Kanzel. Sämtliche Moscheen des islamischen Reiches besaßen seitdem ihre eigene Kanzel, die im allgemeinen aus Holz gefertigt ist. In seiner typischen Form ist der Minbar ein Bauwerk mit mehreren Treppenstufen, dessen Seitenwände mit Schnitzereien verziert sind, die teilweise noch durch Perlmutt- oder Elfenbeineinlagen geschmückt sind. Weiterhin besitzt der Minbar eine eingerahmte Tür sowie ein Dach in Form eines Baldachins. Die Reihe der edlen Minbars eröffnete die berühmte Kanzel der Großen Moschee von Kairuan* (874–902), die aus Ebenholz besteht. Steinerne Varianten waren bis in die osmanische* Zeit bekannt; sie sind wesentlich einfacher gestaltet und beschränken sich zumeist auf eine bloße Plattform, die über eine drei- bis fünfstufige Treppe zugänglich ist.

Minderheiten (religiöse) ▸ **Schriftbesitzer**

Miniatur
Die Miniatur ist nicht von der Buchkunst* zu trennen, denn allein durch

die Handschriften konnte sie sich lange Zeit trotz der Vorbehalte gegenüber Bildern verbreiten, die seit ihrem ersten Erscheinen zum Ausdruck kamen. Die Araber hatten ursprünglich keine Bildtradition, und es ist wahrscheinlich, daß die ersten Zeugnisse dieser Kunst von den Christen*, Byzantinern und Kopten*, stammen. Dafür legen die ersten Wandmalereien und omaijadischen* Mosaiken Zeugnis ab.

Der Höhepunkt der Miniatur. Man weiß nur wenig über die Maler und ihre Arbeitsweise während des Mittelalters. Seit dem 14. Jh. steigt die Anzahl der erhaltenen Werke, und im folgenden Jahrhundert erreichten die Miniaturisten den Status eines Künstlers. Er signierte seine Werke, die Gegenstand von Kritiken waren und von Mäzenen* und Sammlern geschätzt wurden. Die Sammlungen verlockten zu teilweise phantastischen Zuschreibungen, haben aber auch den Verdienst, eine Vorstellung der Marktlage zu vermitteln. Man zählt beispielsweise nicht mehr die unzähligen Seiten, die angeblich von Behsad* signiert wurden.

Dies soll nicht die Tatsache verschleiern, daß die Miniatur eine Gemeinschaftsarbeit war und im Rahmen der Anfertigung einer Handschrift stand. Man kann in ihrem Fall von einer Werkstatt in der Werkstatt sprechen. Die Berichte aus safawidischer* und mogulischer* Zeit geben eine Übersicht über die verschiedenen Mitarbeiter, die für die Herstellung einer Miniatur notwendig waren: diejenigen, die Papier, Farben und Pigmente vorbereiteten (der Miniaturist benutzte eine Technik, die der Guache ähnlich war), gefolgt von denen, die die Komposition vorzeichneten und die Grundierung vornahmen. Andere Spezialisten kamen hinzu, die die Elemente, für die sie zuständig waren, ausführten: Landschaft, Architektur, Fauna, Flora, Kleidung, Gesichter. Der Vergolder beendete die Arbeit. Wie in den Werkstätten der westlichen Maler seit der Renaissance, gab es einen Meister, der die Arbeiten seiner Schüler und Lehrlinge überwachte. Diese Art der Organisation führte zu einer eher konservativen Gesinnung, die in bestimmten Epochen zur Wiederholung der als vollendet angesehenen Kompositionen neigte. Man bewahrte selbst die Schablonen auf, die zum Durchpausen dienten. Die Linien der Zeichnung wurden mit winzigen Löchern versehen, durch die man Kohlestaub auf die Unterlage übertrug. Dies führte dazu, daß man besonders in dem *Schah-name* viele ähnliche Darstellungen findet, die sich nur in Details unterscheiden. Deshalb auf eine erstarrte Kunst zu schließen, wäre jedoch ein Irrtum. Die Entwicklung der Kunststile* beweist die Lebendigkeit der Miniaturschulen seit dem 12. Jh.

Miniaturschulen. Die erste Schule wurde von der Abbasiden*-Dynastie begründet, besonders im „Haus der Weisheit“, wo die Übersetzung von Werken der Antike erfolgte, die u. a. die verschiedenen Wissenschaftsbereiche behandelten. Die Illustrationen der arabischen Kopien, die zwar von ihrem Vorbild beeinflußt wurden, veränderten sich: die naturalistische Wiedergabe machte einer Zeichnung Platz, die die Zweidimensionalität betonte und eine Vereinfachung einleitete, die ihrerseits eine starke Ausdruckskraft erlangte. Dieser Stil erreichte seinen Höhepunkt in den verschiedenen Fassungen der *Maqamat* von Hariri durch die sog. „Bagdader* Schule“. Die Miniaturen versuchen nicht, die Wirklichkeit darzustellen; Personen, die keine individuellen Züge tragen und deren Proportionen keine Beziehung zu den verschiedenen Körperteilen haben, entwickeln sich in einer Umgebung, die auf die für das Verständnis der Darstellung unverzichtbaren Elemente reduziert wurde. Der Bildaufbau ist schwungvoll und verleiht den Buchseiten viel Lebendigkeit. Die Kopien von *Kalila und Dimna** oder die *Fabeln* von Bidpay spiegeln ebenfalls diese Abneigung gegenüber dem Realen wider: Die Tiere stehen der Karikatur nahe und sind in phantastischen Farben koloriert.

Nach dem Sturz des Kalifats* von Bagdad setzte sich die arabische Malerei bei den Mamelucken* fort. Sie wendeten diese Malweise mit höchster Sorgfalt weiterhin an. In dieser Zeit füllte die Miniatur meist nicht die ganze Seite der Handschrift aus: sie fügt sich in den Text ein und ist nicht mehr von einem Rahmen umgeben. Die gleichen Prinzipien bestimmten die Miniaturen der Seldschuken*, wie die wenigen Zeugnisse dieser Kunst beweisen: z.B. eine Kopie des persischen* Romans *Varqi-e Golscha*. Ebensowenig ist über die Miniatur der Fatimiden* bekannt, von der man sich aber wenigstens durch Dekorationen der Keramik* eine Vorstellung machen kann und auf Grund der Malereien, die die Decken der Palastkapelle von Palermo auf Sizilien* schmücken. Die Art der Darstellung steht der der Miniaturen aus der Schule von Bagdad nahe. Im Maghreb* dagegen entwickelte sich weder zu dieser Zeit noch später die Kunst der Miniaturmalerei: illuminierte Handschriften waren hier selten.

Nach dem Einfall der Mongolen* wurden Mesopotamien und der Nahe Osten von den östlichen Provinzen ausgestochen. Dort überwog unter den neuen Herrschern, den Ilchanen und Timuriden*, die persische Tradition, auch wenn bis ins 15. Jh. hinein ein chinesischer Einfluß wahrzunehmen ist. Die Miniaturen der *Universalgeschichte* von Raschid ed-Din* zeigen ausgeschmückte Landschaften und Personen. Die Timuriden hinterließen Seidenmalereien: Technik, Motiv und Art der Darstellung wurden stark vom Fernen Osten bestimmt. Die Zentren der persischen Miniaturmalerei, wie Herat, Schiras*, Täbris oder Buchara*, entwickelten durch den Einfluß der Mäzene*, wie Schah-Ruch oder Maysunqur, eine Ästhetik, die sich von der arabischen Miniaturmalerei unterscheidet. Die naturalistische Darstellung wurde nicht geschätzt; die Personen sind oft stereotyp in die Dekoration (Landschaft oder Architektur) eingefügt. Dabei wird dem Entwurf, nicht aber der Perspektive große Aufmerksamkeit gewidmet. Die persische Miniatur zeichnet sich durch ihre sehr reiche Vielfarbigkeit aus, und ihre Leuchtkraft wird häufig mit Email verglichen. Waren im 13./14. Jh. die Miniaturen häufig in die Textseite eingefügte Vignetten, so entwickelten sie sich allmählich unabhängig vom Text. Dies führte so weit, daß sie selbst wiederum kalligraphische Kartuschen einbeziehen. Das *Schah-name* von Firdausi*, das *Chamse* von Nisami* und der *Bustan* von Saadi* lieferten viele Themen für die Miniaturmalerei.

Die persische Miniatur erfuhr eine Erneuerung, als die Safawiden* an die Macht kamen, vor allem durch Schah Tahmasp, der eine Werkstatt unterhielt, der viele Meisterwerke zu verdanken sind. Dies geschah, bevor dieser Mäzen zur Religion zurückkehrte und sich für die Tätigkeit seiner Künstler nicht mehr interessierte, von denen einige an den Hof* der Moguln* auswanderten. Die naturalistischen Anschauungen, die Perspektive und der Versuch, die Personen zu individualisieren, zeichneten die Arbeiten dieser Werkstatt aus. Die Miniaturen sind nicht systematisch in einen Rahmen eingebunden, sondern entstehen manchmal auf dem Rand, der mit Gold überzogen ist oder mit Motiven der mit Personen und Tieren durchwebten Arabeske*. Als Beispiele seien das *Schah-name* Houghton (nach dem Namen seines früheren Besitzers), eine Kopie des *Chamse* von Nisami oder auch die Seiten eines *Miradj-name* (Buch über die Himmelsreise* Mohammeds*) erwähnt. In Isfahan* übernahm der Enkel von Schah Tahmasp, Schah Abbas, die Macht. Als Folge kann man eine Entwicklung der safawidischen Miniatur hin zu mehr fließendem und anmutigen Ausdruck beobachten. Dabei verdrängte die Zeichnung oft die Farbe: viele Seiten zeigen Kompositionen mit Tinte, die einfach von einigen gleichmäßig deckenden Farbtönen oder von Gold hervorgehoben werden. Man sieht auch Miniaturen, die um ihrer selbst willen und nicht mit dem Ziel, eine Handschrift zu bebildern, hergestellt wurden. Aus dieser Zeit stammen vielfältige Darstellungen junger Menschen, die manchmal unbestimmten Geschlechts sind. Es entstand auch ein neues Interesse an der westlichen Kunst, das in der zweiten Hälfte des 17. Jhs. seinen Höhepunkt erreichte.

Die persische Miniatur war Vorbild und Empfehlung zweier Schulen, die sich später gegensätzlich entwickelten. Zunächst war es die osmanische* Schule, deren Hauptsitz in Istanbul* lag. Ihre Miniaturen zeichnen sich durch große Detailtreue aus. Diese betrifft ebenso die Darstellung von Körpern wie die von Gesellschaften und ist versehen mit einer gewissenhaften Erforschung dessen, was die Identität des Gegenstands ausmacht. Doch bleiben die Kompositionen statisch und hieratisch, als ob sich die Gesellschaft vor dem Künstler aufstellen würde. Unzählige Bände, die der Chronik der Herrschaft der Sultane* gewidmet sind, bekunden diese Darstellungsweise. Im 17. Jh. erscheint unter Leitung des Malers Levni in der osmanischen Malerei eine Zartheit. Ein anderer Aspekt dieser Malerei sind die geographischen Aufzeichnungen, die während der zahlreichen Feldzüge der Sultane* durchgeführt wurden. Die Seiten dieser Werke vereinen auf kühne Art verschiedene Gesichtspunkte (weite, perspektivische und verkürzte Ausblicke) und stellen Orte in erstaunlichen Kompositionen dar.

Die letzte Blütezeit. Auch die Schule der Moguln* stammte von der persischen Miniatur ab. Sie stand am Beginn einer anderen Ästhetik, die viel naturalistischer und auch realistischer war. Die Kompositionen sind lebendig, und die Bestandteile der Szenen sind in Beziehung zueinander gesetzt und nicht einfach hinzugefügt oder gegenübergestellt. Die Miniaturen des *Babur-name* („Babur-Buch") oder des *Akbar-name* („Akbar-Buch") sind wundervolle Beispiele dafür. Indien* war auch ein Gebiet der islamischen Porträtkunst. Wie im Iran* wurde der Kanon der westlichen Kunst (vermittelt durch die Kunststiche, die besonders von den Jesuiten verbreitet wurden) über- und aufgenommen, besonders die Behandlung des Lichts und der Atmosphäre. Im 17. Jh. verhalf die Herrschaft Jahangirs der Miniatur als unabhängiger Kunst zu neuen Ehren, die sich aus dem Zwang des Buches befreit hatte. Es war die Zeit, in der einzelne Seiten in Bildbänden zusammengefaßt wurden: Die Miniatur wurde nun oft auf einem Blatt angebracht, das ihr einen Rahmen verlieh, auf dem man unterschiedliche Motive finden kann, darunter auch Motive, die der Architektur* und der Malerei entnommen wurden.

Die fortschreitende Schwächung der Dynastien seit dem 18. Jh. bewirkte einen Niedergang der Miniatur, die nun vor allem im Iran* unter den Kadscharen (1779–1924) der westlichen Tafelmalerei gegenübergestellt wurde. Es entstand daraus eine Art Zwitterkunst, die versuchte, zwei gegensätzliche ästhetische Auffassungen in Einklang zu bringen. Als gerechter Ausgleich konkurrierte die Entdeckung der Miniatur, vor allem der persischen, durch die europäischen Künstler seit dem 19. Jh. indirekt mit bestimmten Aspekten der modernen Kunst.

Während der ganzen Geschichte der Miniatur waren die Mäzene auch Sammler. Mit den Kolonien begannen die westlichen Länder auf ihre Weise damit, Miniaturen zu sammeln. Bedauerlicherweise zerstörten sie auch Handschriften, um allein die Bilder aufzubewahren. Dies geschah auf Kosten der Texte, die sie nicht immer verstanden.

► Bild, Buchkunst, Mogul-Kultur

Mittelasien

Region, die sich unter anderem aus Transoxanien* und dem früheren „russischen" Turkestan* zusammensetzt. Sie spielte ab dem 9./10. Jh., nach der arabischen Expansion im 7./8. Jh., eine wichtige Rolle für die moslemische Zivilisation.

Der Begriff „Mittelasien" (eine Drehscheibe in der Geschichte Asiens) bezeichnet seit jeher ein geographisches Gebiet, das sich je nachdem, ob es geographische, kulturelle, historische oder politische Kriterien erfüllt, sehr unterschiedlich gestaltet. Die Zweiheit von Nomaden* und Seßhaften, die meist ein vorbildhaftes Gleichgewicht erreichte, war während der ganzen Geschichte Mittelasiens ein entscheidender Faktor gewesen.

Der Sieg der Araber am Talas bei Taschkent stabilisierte 751 die Grenzen zwischen dem moslemischen und dem chinesischen Kaiserreich, ohne jedoch die Verbreitung des Islams* in der Region und darüber hinaus, insbesondere in China*, im heutigen Sinkiang (ehemaliges „chinesisches" Turkestan), aufzuhalten. Der Islam mit überwiegend sunnitischen* Zügen breitete sich in Mittelasien aus. Er ist durch die bemerkenswerte Entwicklung von einheimischen Sufi*-Bruderschaften* gekennzeichnet, die gewissermaßen von der eigentümlichen Haltung der mittelasiatischen Völker gegenüber der Rechtgläubigkeit zeugt. So wie Mittelasien gegenwärtig verstanden wird, setzt es sich (in verkleinerter Form) aus fünf unabhängigen Staaten der ehemaligen Sowjetunion zusammen: Kasachstan, Kirgisien, Usbekistan, Tadschikistan und Turkmenistan. In diesen Republiken leben an die 55 Mio. Einwohner, die sich in etwa 100 Volksgruppen unterteilen und auf rund 4 Mio. km² verteilen.

▶ Buchara, Kasachen, Kirgisen, Mongolen (im Islam), Usbeken, Persisch, Samarkand, Tadschiken, Türken (im Islam), Turkmenen

Mogul-Kultur

Der Gründer der Mogul-Dynastie, Babur, und seine Nachfolger, die den indischen Subkontinent von 1526 bis 1858 regierten, beanspruchten, zu den Nachkommen von Dschingis-Khan* und Timur-Leng* zu gehören.

Auf diese türkisch-mongolische* Herkunft waren sie stolz, und zugleich hatten sie die persische Kultur als Referenz. Durch ihren Reichtum, ihre Intelligenz und ihren guten Geschmack übten diese Kaiser einen direkten Einfluß auf die Künste aus, die sie protegierten. Sie standen am Beginn einer neuen Ästhetik, die sich gänzlich von ihren Vorbildern unterschied. Der Grund dafür ist sicherlich, daß die Moguln die komplexe politische Situation, mit der sie konfrontiert waren, mit einem von Offenheit geprägten Geist beantworteten. In der Tat blieb die Mehrheit der indischen Bevölkerung, trotz der Bemühungen der moslemischen Dynastien, die in Indien* seit dem Ende des 12. Jhs. Fuß gefaßt hatten (zusammengefaßt unter dem Namen Sultanat* Delhi*), der hinduistischen Religion treu, und die religiösen Minderheiten der Jainas und Parsen behielten ihre Unabhängigkeit. Seit dieser Epoche war Indien für seine Toleranz berühmt; zahlreiche Moslems* aus anderen Gegenden des Islams* suchten hier Zuflucht. Die Künstler strömten ebenfalls herbei, um von dem großzügigen Mäzenatentum* zu profitieren, das bereits vor den Moguln charakteristisch für das Leben am indischen Hof* war. Seit dem Beginn der Dynastie wurden drei Sprachen am Hof der Moguln gesprochen: das Arabische*, die Sprache der Religion und des Korans*, das Persische*, die Sprache der Kultur und der Elite, sowie das Tschagatai-Türkische*, die Muttersprache der Moguln. Die zwei ersten Kaiser, Babur (1526–1530) und Humayun (1530–1556), die damit beschäftigt waren, die Grundlagen des noch schwachen Reiches zu schaffen, widmeten den Künsten wenig Zeit. Humayun war sogar gezwungen, am Hof der Safawiden* im Iran* Zuflucht zu suchen, nachdem ihn 1540 die Rebellion von Schir Schah verjagt hatte. Dieses Exil dauerte 15 Jahre, und Humayun gewann sein Reich erst im Jahr vor seinem Tod zurück, der infolge eines Sturzes in seiner Bibliothek in Delhi eintrat. Man könnte hier fast eine Art Symbol sehen, denn die Buchkunst* erfuhr von der Regierungszeit Akbars (1556–1605) an einen riesigen Aufschwung, der uns gewiß am besten Zeugnis über diese Kultur gibt.

Akbar, obwohl des Lesens und Schreibens unkundig (er ließ sich in langen Sitzungen die zahlreichen Werke, die ihn interessierten, vorlesen), schuf ein Atelier, das eine große Zahl von Kalligraphen, Illustratoren und Malern versammelte. Den Kern der letzteren bildeten die von Humayun, seinem Vater, vom Safawiden-Hof von Schah Tahmasp mitgebrachten Künstler, nachdem dieser, von religiösen Skrupeln geplagt, sein Interesse für die Künste verloren hatte. Zu nennen sind vor allem die Maler Dost Mohammed und Abd as-Samad – mit dem vom Kaiser verliehenen Beinamen *Schirin Qalam* („Sanfte Feder") –, die an der Seite von hinduistischen Künstlern arbeiteten.

Akbar, Zeitgenosse von Königin Elisabeth I. und militärisches Genie, dem die Dynastie die Eroberung von zwei Dritteln Indiens verdankt, gab drei Arten von Arbeiten in Auftrag: Wie jeder Herrscher, der ein Gebiet regierte, in welchem er am Anfang fremd war, bemühte sich Akbar, Geschichtsbücher, aus denen er eine gewisse Legitimität schöpfte, und die dynastischen Memoiren verfassen zu lassen, die die Apologie seiner Vorfahren und gleichzeitig seiner Herrschaft darstellten. So gab er mindestens fünf prächtige Kopien des *Babur-name* („Babur-Buch") des Dynastie-Gründers in Auftrag, zu denen die zwei Kopien des *Akbar-name*, seiner eigenen Biographie, hinzukamen – eine auf seinen Wunsch hin von seinem Ratgeber und Kameraden Abul Fazl abgefaßte Lobrede. Diese Arbeiten, vervollständigt durch das *A'in-i Akbari*, das kostbare Auskünfte über die Mogul-Verwaltung gibt, sind grundlegende historische Quellen für die Kenntnis des Mogul-Staates und der Persönlichkeit des Kaisers. Ein anderer wichtiger Auftrag war der einer Kopie der *Universalgeschichte* von Raschid ed-Din*, ein von Akbar verehrter Text. Neben den Geschichtsbüchern bildeten die literarischen Werke das zweite Interessenfeld des Kaisers. An erster Stelle ist hier das *Hamza-name* zu nennen, eine epische Erzählung der Heldentaten von Amir Hamza, Onkel des Propheten Mohammed*. Nach Abul Fazl enthielt dieses Manuskript ursprünglich mehr als 1400 großformatige Miniaturen* (bis 75 × 60 cm) – ganz nach Timuriden*-Tradition –, ausgeführt mit Deckfarben auf Baumwollstoff von zwei persischen Malern: Mir Saiyid Ali und Abd as-Samad. Hier hat man sicherlich die ehrgeizigste Ausführung islamischer Buchkunst*. Dieser gewaltigen, 1565 realisierten Arbeit folgten im Verlauf der Regierungszeit Akbars Kopien der Werke der persischen Literatur, unter denen man den *Bostan* („Obstgarten") und den *Golestan* („Rosengarten") von Saadi* herausheben kann, Sammlungen von Geschichten und erbaulichen Anekdoten, die Akbar bezauberten. Zur gleichen dichterischen Tradition ist das *Tuti-name* („Märchen vom Papagei") zu zählen. Die dritte Kategorie der durch das Atelier von Akbar hervorgebrachten Werke setzt sich aus einer Art von Essays zusammen, die sowohl Texte wie das *Kitab-i Sa'at* („Buch der Stunden") – ein Zeichen für das Interesse der Moguln an Astronomie* und Astrologie – als auch persische Übersetzungen von religiösen Hindu-Texten enthalten. Diese trugen gewiß zur Einführung einer neuen religiösen Tradition durch Akbar bei, *Din-i Ilahi* („göttlicher Glaube"), die die spirituelle und synkretistische Natur des Kaisers zum Ausdruck brachte. Diese als wenig orthodox beurteilte Tradition wurde von seinen Erben wieder aufgegeben. Das *Aktiläq-i Nasiri* („Nassirische Ethik") ist eine ganz besondere Arbeit, 1235 von Nassir ad-Din at-Tussi*, einem iranischen Gelehrten, verfaßt. Die dortige Analyse moralischer, sozialer und politischer Fragen eignete sich kaum für die Illustration; daher findet man in dieser Handschrift Bilder*, die von der traditionellen Ikonographie abweichen, zum Beispiel das eines Ateliers der Buchkunst. Diese wohl zwischen 1590 und 1595 angefertigte Kopie ist ein Meisterwerk. Die Miniaturen in diesen unterschiedlichen Typen von Handschriften zeigen – über das Bild hinaus, das sie uns von der Umgebung des Mogul-Hofes geben – die Kreation eines Stils, bei dem sich ein starker Realismus durchsetzte, eine Synthese indischer, iranischer und auch europäischer Strömungen.

Der Erbe Akbars, des Herrschers schlechthin der Dynastie, Dschahangir (1605–1627), ist bekannt als einer der größten Mäzene der islamischen Kunstgeschichte, selbst wenn er das Buchkunst-Atelier seines Vaters verkleinerte, um nur noch die größten Meister zu behalten. Seine Regierungszeit war gekennzeichnet von der Herstellung kleinformatiger Handschriften und vor allem durch die Auftragserteilung für Zeichnungen, Malereien und Kalligraphien*, die anschließend in einem Album vereinigt wurden. Neben den Miniaturen, die Tiere und Pflanzen abbilden – die berühmtesten signiert von Mansur –, findet man vor allem Porträts, für die nun ein Goldenes Zeitalter war. Die Anziehungskraft, die die Porträtmalerei auf Dschahangir ausübte, spiegelt seine Vorliebe für fremde und erstaunliche Anblicke wider. Zuerst von den feinen und stilisierten safawidischen Vorlagen inspiriert, gewannen die Mogul-Porträts an psychologischer und emotionaler Tiefe.

Schah Dschahan (1627–1657), Sohn und Nachfolger Dschahangirs, war bekannt für seine Leidenschaft für Schmuck, die an Fanatismus grenzte. Das Tadsch Mahal in Agra* mit seinem Dekor von Einlegearbeiten aus hartem Stein ist fast schon eine Übertreibung. Darüber hinaus liebte er die Macht, ihre Riten und Darstellungen. In seine Regierungszeit gehören verschiedene Porträts der Kaiser der Dynastie. Diese Albumseiten haben eine besondere Ikonographie: die Miniatur ist ein Porträt, häufig vom Profil oder von drei Vierteln, auf einem Landschaftshintergrund, und am Rand symbolisieren verschiedene Figuren die königliche Macht und ihr göttliches Wesen: ehrergebene Engel und Wachen halten die Attribute der Macht (Schwert, Halskette, *Sarpech* – Turbanperlenbrosche). Die königlichen Riten – für die Schah Dschahan eine Neigung offenbarte, die man bei seinem Zeitgenossen Ludwig XIV. wiederfindet –, die Stammbäume und die Herrschaftsübertragung sind das Thema von Dutzenden von Seiten seiner Alben.

Bei seinem Tod stritten seine vier Söhne um den Thron, und es war der jüngste, Aurangzeb (1657–1707), der ihn letztlich eroberte. In seiner Jugend Schirmherr der Buchkunst, widmete er sich nunmehr der Erweiterung seines Kaiserreichs, das den ganzen Subkontinent beherrschte. Aber im 18. Jh. brachen Revolten aus, und das Reich zerfiel, bis es schließlich von der britischen Krone annektiert wurde. Diese Periode des politischen Niedergangs hatte keine sofortigen Auswirkungen auf die Arbeit der Maler und Kalligraphen, die weiterhin Werke großer Güte herstellten. Sie wurden nicht mehr allein von den Moguln protegiert, sondern ebenfalls von den moslemischen Fürsten im Dekkan und den hinduistischen Radschputen-Adligen, bei denen sie die in den kaiserlichen Ateliers ausgearbeitete Ästhetik und deren Regeln verbreiteten.

Neben der Buchkunst, dem idealen Spiegelbild der Mogul-Kultur, die dennoch zumeist im Verborgenen bleibt, zeugt die Architektur* von ihrem Lebensentwurf. Sie ist einzigartig durch ihre Materialien – die Verwendung von rotem Sandstein und Marmor ist einmalig im Islam – und durch ihre Architekturformen (Flach-Kuppeln* mit Hufeisenbogenprofil und *Tscharis*, kleine Türmchen, die die Giebel der zivilen und religiösen Gebäude rhythmisch gestalten). Sie manifestiert den eklektischen Geist, der offen war für neue Einflüsse, aber zur Synthese fähig blieb. Die Vorliebe für harte Steine (Jade, Bergkristall), die in der architektonischen Ausstattung, in der Ausschmükkung der Waffen und des Geschirrs verwendet wurden, und die Vorliebe für Edelsteine brachten das Ideal des moslemischen Fürsten zum Ausdruck, für den sich Macht auf Pracht reimte. Der Mogul-Kaiser stand an der Spitze eines militärischen und administrativen Systems, das streng hierachisch gegliedert war (Bedeutung und Häufung von Titeln und Dienstgraden) und auf dem Despotismus beruhte; es verband die Aufrechterhaltung der Ordnung mit der Erhebung der Steuern. Die beiden Reichtümer des Reiches waren die Landwirtschaft* (abhängig von jahreszeitlichen Niederschlägen) und der Handel*. Dieser war sehr gut organisiert und fand auf dem Landweg – über Kabul und Kandahar – sowie auf dem Seeweg statt; letzterer wurde von den Portugiesen, dann von den Holländern und den Engländern beherrscht. Über den Import von kostbaren Metallen und Luxusgütern hinaus zielte der Handel darauf, indische Produkte gegen Silber und Gold zu verkaufen.

Die Pracht der Mogul-Kultur führte zu den im Abendland gängigen Legenden über die Reichtümer Indiens. Es ist fast ein Paradox, daß eine nicht-indische Dynastie dafür das Sinnbild geworden ist.

Moguln, Dynastie (1526–1858)
Am Ende des 17. Jhs. wurde Indien* – zu dieser Zeit eines der reichsten Länder der Welt – fast völlig von der Mogul-Dynastie beherrscht. Ihr Name ist eine arabisch-persische Verformung von „Mongolen“. Die „Groß-Moguln“, d.h. die ersten sechs Kaiser (1526–1707), führten die moslemische Macht im Subkontinent auf ihren Höhepunkt, wobei sich eine echte indo-moslemische Kultur herauskristallisierte. Unter schwachen Herrschern war die Dynastie ab dem 18. Jh. Zielscheibe von Angriffen der Afghanen und Perser, bevor sie in den Händen der Engländer, die den letzten Herrscher 1858 absetzten, auf ein „Marionetten“-Dasein reduziert wurde.

Konsolidierung der Dynastie. Der Gründer des Geschlechtes war der Timuride Babur, ein tschagatai-türkischer Nachkomme von Timur-Leng* und Dschingis-Khan*, der nach der Vertreibung durch den usbekischen* Expansionismus Kabul besetzte (1504) und bis zum Indus vorrückte. Eine aufrührerische Gruppe der Lodi-Sultane, die im Sultanat Delhi* an der Macht waren, ermutigte ihn zu intervenieren; 1526 schlug er den Sultan* von Delhi bei Panipat, dann die Radschputen-Führer. Ein afghanischer Gegenschlag zwang seinen Sohn Humayun, bis 1555 nach Persien* zu flüchten, dem Jahr, in dem er den Thron von Delhi zurückerlangte. Akbar* der Große (1556–1605) regierte darauf ein halbes Jahrhundert lang: er festigte seine Macht im Norden und in der Mitte Indiens, setzte den moslemischen Sultanaten Bengalen, Kaschmir, Chandesch und Gudscharat ein Ende und ergriff Besitz von Kandahar in Afghanistan*, das die Nordostgrenze sicherte, den traditionellen Invasions-Korridor. Diplomatische Beziehungen wurden mit den Usbeken in Mittelasien* auf Kosten der persischen Safawiden* geknüpft. Unzweifelhaft ein großer General, zeigte sich Akbar als noch bemerkenswerterer Reformer in seinem Versuch, Hindus und Moslems* auf der religiösen Ebene einander näherzubringen. Unter seiner Regierungszeit wurde die Sondersteuer für Nichtmoslems, die *Dschizja*, abgeschafft. Die Hindus wirkten weitgehend an der Führung des Staates mit, und ein solides Regierungssystem – noch immer nach persischem Vorbild – nahm Gestalt an, wobei die herrschende Klasse verschiedene ethnische Elemente vereinte: Hindus, Türken, Afghanen und Perser. Diese herrschende Klasse wurde aus offiziellen Funktionsträgern gebildet, die verpflichtet waren, eine bestimmte Anzahl von Soldaten zur Verfügung zu stellen, und die zum Teil mit nicht vererbbarem Grund und Boden entlohnt wurden. Ausgestattet mit einer theoretisch unbegrenzten Macht, erwiesen sich die ersten Moguln als moderate Herrscher, zumal die ungeheure Größe des Staates keine zu große Zentralisation erlaubte.

Der Aufbau des Reiches. Das Mogul-Reich stützte sich auf das Gewerbe und den Handel*; Stoffe bildeten das Hauptgewerbe und wurden nach ganz Asien und nach Europa exportiert. Die Händler und Handwerker waren in Kasten eingeteilt, die nicht so undurchlässig waren wie die religiösen Kasten und einen sozialen Aufstieg eher zuließen. Die Städte* und der Hof* lebten, wie dies im klassischen Islam* die Regel war, auf Kosten der Dörfer und der Landwirtschaft* des Subkontinents. Aber die Entstehung einer erblichen Grundbesitzerklasse, die *Samindare*, sollte die Verhältnisse auf dem Lande in Indien* bis ins 20. Jh. hinein dramatisch gestalten, zum Nachteil der Pächter und der armen Bauern. Die Nachfolger Akbars*, Dschahangir (gest. 1605) und Schah Dschahan (gest. 1657), wie er prunkliebende Baunarren (vor allem in Agra*, der Hauptstadt des Mogul-Reiches), verfolgten mit Nachdruck die Gleichschaltung der Randgebiete: Radschastan mit seinen tapferen hinduistischen Radschputen-Kriegern, der Dekkan und seine schiitischen* Sultanate* sowie die Küste von Bengalen, die von den Portugiesen gehalten wurde. Der verheerende Ehrgeiz von Schah Dschahan, Zentralasien und Indien zu vereinigen, war ein Mißerfolg (1647). Nach seinem Tod brachte ein wilder innerfamiliärer Erbfolgekrieg Aurangzeb für 50 Jahre (1658–1707) an die Macht. Seine Regierungszeit stand im Zeichen ständiger verheerender Kriege, besonders im Dekkan. Der Bauernstand wurde von Steuern erdrückt, und die religiöse Intoleranz des Kaisers entfremdete ihn von seinen Hindu-Untertanen, die die Mehrheit der Bevölkerung stellten – während der Hinduismus eine bemerkenswerte Erneuerung erfuhr. Wenn die Hindus auch weiterhin an der administrativen und der militärischen Struktur mitwirkten, versetzte die brutale Politik von Aurangzeb der indo-moslemischen Symbiose, die seit dem Sultanat Delhi* eingeleitet worden war, doch einen schweren Schlag. Aurangzeb trieb die Expansion des Mogul-Reiches zum Maximum: ganz Indien – mit Ausnahme des äußersten Südens des Dekkans –, vom Golf von Oman zum Golf von Bengalen, über einem Teil Afghanistans* und des heutigen Pakistans*: ein zu umfangreiches und zu sehr von Zentrifugalkräften geplagtes Reich, um lebensfähig zu sein. Zumal ein neues Phänomen in Indien auftrat: die Ankunft der Europäer. Zuerst errichteten die Portugiesen, dann die Holländer, Engländer und Franzosen Kontore, zukünftige Brückenköpfe ins Innere, und ruinierten nach und nach den indischen Handel.

Der Niedergang. Der Niedergang der Moguln begann also. Kurzlebige Führer lösten sich an der Macht ab, während ganze Provinzen in die Hände von ethnischen und religiösen Gruppen fielen: Marathen im Westen; afghanische Nomaden*, die starke indo-afghanische Staaten gründeten (1710–1780); Sikhs. Die Invasion in Indien* und die Plünderung Delhis* 1739 durch den persischen Afschariden-Schah Nadir Schah – der die Schätze, darunter den berühmten „Pfauenthron", mitnahm – zwangen den Mogul-Herrscher, an diesen letzteren Tribut zu zahlen und ihm die Provinzen im Norden und im Westen des Indus zu überlassen. In der Folgezeit plünderten die afghanischen Durranis von neuem Delhi und Agra* und versetzten der Dynastie materielle und moralische Schläge, von denen sie sich nicht mehr erholte. Die Hindus faßten wieder Mut, während die britische *East India Company* – nachdem sie den französischen Vormarsch gestoppt hatte – begann, eine bestimmende Rolle im Innern des Landes und in den Küstenregionen zu spielen, ausgehend von den Stützpunkten in Kalkutta, Madras und Bombay. Die Moguln wurden von den Engländern in der Schlacht von Plassey (Ganges-Delta) 1757 geschlagen. Im Verlauf des 18. Jhs. dehnten die Engländer ihre Herrschaft über Audh (Lucknow), Zentralindien und Radschputana (Radschastan) aus, wobei sie teilweise den Verwaltungsapparat der Moguln beibehielten. Als Marionettenherrscher wohnten die Moguln diesen Ereignissen ohnmächtig bei. Schah Alam II. (gest. 1806) erhielt eine Pension von den Engländern. 1858 setzten diese dann den letzten Moguln, Bahadur Schah II., ab, der der Mittäterschaft bei der Revolte der Cipajen (1857) angeklagt war, und verbannten ihn ins Exil nach Birma. 1858 wurde Indien direkt an die britische Krone angeschlossen. Die Kriege, die dem Niedergang des Mogul-Staates vorausgingen und folgten, der deutliche Bevölkerungszuwachs auf dem Subkontinent und ferner die militärische und ökonomische britische Kolonisation machten die Blüte des 16. und 17. Jhs. zunichte – einer Epoche, in der das fast selbstgenügsame Mogul-Reich Textilien, Lebensmittel und Luxusgüter bis nach Europa exportierte.

► Akbar, Delhi (Sultanat), Mogul-Kultur, Timuriden

Mohammed, Prophet (Mekka um 570 – Medina 632)
Für Moslems* ist Mohammed (arab. Muhammad) ein gewöhnlicher Mensch, zwar mit Vorbildfunktion, jedoch ohne jegliche göttliche Eigenschaft und kein Wundertäter. Er ist der letzte einer Reihe von verehrten semitischen Propheten (darunter Mose, David, Salomo und Jesus) und vor allem der von Gott erwählte „Warner", der den Menschen die göttliche Offenbarung überbringt und die Botschaft Abrahams* letztgültig „bestätigt".

Mohammed in Mekka. Die Biographie Mohammeds kennen wir hauptsächlich durch das, was der Koran* über ihn berichtet; diese Informationen werden ergänzt durch die nach dem Tode des Propheten gesammelten Überlieferungen über seine Worte und Taten (*Hadith**) sowie durch das „Leben des Propheten" (*Sira**) aus dem 8. Jh., in dem der Versuch einer Chronologie seines Lebens unternommen wird. Zwei Daten sind jedenfalls gesichert: 622, der Beginn der islamischen Zeitrechnung, als Datum der Hidschra* (der Auswanderung Mohammeds von Mekka* nach Yathrib, dem späteren Medina*), und 632, sein Todesjahr. Über die Anfänge des Lebens des „Gelobten" (dies ist die Bedeutung von *Muhammad* im Arabischen) ist wenig bekannt: Er wurde um 570 geboren als Sohn des Abdallah aus der Sippe der Haschimiten* innerhalb des Stammes der Koreischiten*, eines Stammes von Händlern in Mekka. Sein Vater starb unerwartet kurz vor Mohammeds Geburt, bald darauf auch seine Mutter, so daß er als Waise von seinem Onkel Abu Talib aufgenommen wurde. Er wurde Hirt, bevor er als Karawanenführer in die Dienste Chadidschas trat, einer reichen Witwe, die 15 Jahre älter war als er und seine Frau wurde. Sie blieb zeit ihres Lebens Mohammeds einzige Frau. Als erste zum Islam* Bekehrte wird sie von den Moslems* als eine der vier „erhabenen Frauen" des Islams verehrt – neben der Tochter des Pharaos, die Mose aus dem Wasser rettete, Fatima, einer der Töchter des Propheten, und Maria, der Mutter Jesu. Nach Chadidschas Tod unternahm Mohammed im Schlafe auf der geflügelten Stute Burak seine nächtliche Himmelsreise* (*Miradsch*) vom Tempelplatz in Jerusalem* aus, die ihn durch die sieben Himmel und vor den „Thron Gottes" führte. Von seiner ersten Frau hatte Mohammed zwei Söhne, die beide jung starben, und vier Töchter. Über seine geistliche Bildung bis zur Hidschra gibt es nur wenige Anhaltspunkte: Wahrscheinlich war er Analphabet; möglicherweise begegnete er auf einer Handelsreise zu den Grenzen Syriens einem syrischen Mönch namens Bahira. Auf jeden Fall lebten in Arabien* seit langer Zeit christliche und jüdische Stämme, deren semitische Kultur derjenigen der Araber ähnlich war. Auf diese Weise besaß Mohammed zumindest teilweise Kenntnis (besonders) des Alten Testaments sowie der Evangelien. Außerdem forderte er ganz zu Beginn seiner Verkündigung die „Schriftbesitzer*" (Juden und Christen) dazu auf, die Zuverlässigkeit seiner Botschaft zu bestätigen. Mekka war Sitz des bedeutendsten heidnischen Wallfahrtsorts Arabiens, der Kaaba*, und zugleich ein wichtiges internationales Handelszentrum. Der Hafen von Janbu am Roten Meer stand in Verbindung mit dem christlichen

Abessinien (Äthiopien*), mit Ägypten, den arabischen Königreichen der Lakhmiden und der Ghassaniden an der syrisch-mesopotamischen Grenze und ebenso mit dem zoroastrischen Persien*. In diesem Umfeld wuchs Mohammed auf. Der Tradition zufolge begann die Offenbarung des Korans im vierzigsten Lebensjahr des Propheten während einer seiner regelmäßigen Meditationen in einer Höhle nahe Mekka. Dort soll ihn der Erzengel Gabriel (arab. *Dschabra'il*) besucht und aufgefordert haben zu „lesen" („Lies!", arab. *iqra!*, das dazugehörige Substantiv lautet *Qur'an*: „Lesung, Rezitation", daher der Name Koran). Im Laufe zahlreicher Besuche „diktierte" der himmlische Botschafter ihm die Verse des heiligen Buches in „deutlicher und verständlicher" Sprache: dem Arabisch* des Hedschas*, der Sprache der Bewohner jener Region.

Mohammed in Medina. Die monotheistische Verkündigung Mohammeds bedrohte den Wohlstand des Wallfahrtsortes Mekka* und rief daher bald den Widerspruch der heidnischen Koreischiten* hervor, die die Stadt beherrschten. Dies führte im Jahre 622 zur Auswanderung (*Hidschra**) Mohammeds und seiner Anhänger nach Yathrib (dem späteren Medina*, 400 Kilometer nördlich von Mekka), nachdem er bereits zuvor einige Moslems* („Gottergebene") zum christlichen Negus von Abessinien gesandt hatte, um dort Zuflucht zu suchen. In Yathrib, wo er den mekkanischen Götzendienern den Heiligen Krieg (*Dschihad**) erklärte, wurde Mohammed als neuer Bundesgenosse wohlwollend aufgenommen, auch von seiten der zahlreichen dort lebenden Juden. Die Beziehungen zu diesen verschlechterten sich alsbald auf Grund der Bekehrungsforderungen Mohammeds. Seine Botschaft rief bei den Juden eine gewisse Ablehnung hervor, die wiederum den tiefen Haß Mohammeds nach sich zog, der bis zur Ausrottung einiger jüdischer Stämme führte. Kurz darauf beschloß der Prophet, die Gebetsrichtung (*Qibla**) von Jerusalem* nach Mekka zu ändern. In Yathrib, das fortan Medina hieß („die Stadt [des Propheten]"), entstand nun der Islam* als eigenständige Religion; der vorherrschende Materialismus wurde überwunden. Zugleich waren jetzt Mohammeds Fähigkeiten als Politiker, Heerführer und Gesetzgeber gefragt, da er seine Gemeinde organisieren mußte, die sich durch Konversionen, Truppenvereinigungen und Eroberungen ständig vergrößerte. Mohammed übte einen maßgeblichen Einfluß auf die Fortentwicklung der Sitten der damaligen arabischen Gesellschaft aus, die bis dahin von der Anarchie der Beduinen*-Stämme gekennzeichnet war, ebenso wie von den Rivalitäten unter den Handelsstädten und von tiefgreifender Ungleichheit in den gesellschaftlichen Beziehungen. In der Schlacht von Badr (624) war Mohammed siegreich; einen weiteren militärischen wie politischen Erfolg erzielte er im Grabenkrieg (627) dank der Fähigkeiten von Salman, einem konvertierten Perser. Die Moslems durften daraufhin eine dreitägige Wallfahrt* nach Mekka unternehmen, das die Einwohner bei dieser Gelegenheit verließen. Drei Jahre später zogen die Wallfahrer erhobenen Hauptes in Mekka ein – unter Führung Mohammeds (auf seinem legendären weißen Kamel), der die Zerstörung der rund 300 Götzenbilder in der Kaaba* anordnete.

Nach diesem Einsatz und einer Reihe siegreicher Kämpfe nahm die Mehrheit der Mekkaner den Islam an, in der Folgezeit ebenso ein Großteil aller Araber, die die neue Religion zugleich als einigenden Faktor gegenüber den benachbarten Großmächten, Byzanz* und Persien*, betrachteten. Mit dieser Periode endete das „Zeitalter der Unwissenheit" (*Dschahilija**). Anläßlich der – fortan jährlich stattfindenden – Wallfahrt* des Jahres 631, an der der Prophet nicht teilnahm, ließ er durch seinen Schwiegersohn Ali* die Gesetzwidrigkeit des Polytheismus verkünden sowie das Verbot für Nichtgläubige, die heiligen Stätten in Mekka zu betreten. Im Jahre 632 unternahm der bereits erkrankte Mohammed seine „Abschiedswallfahrt", während derer er die Riten für den Ablauf der gemeinsamen Wallfahrt der Moslems (*Haddsch*) festlegte, die zu den Fünf Säulen* des Islams gehört. Bei seiner Rückkehr nach Medina starb er in den Armen seiner Lieblingsfrau A'ischa, einer seiner neun Ehefrauen (obwohl er selbst die Zahl der Ehefrauen auf vier begrenzt hatte, heiratete er die bedürftigen Witwen seiner gefallenen Mitkämpfer).

Mohammeds Zeitgenossen waren beeindruckt von der Stärke seiner religiösen Überzeugung im Dienste eines kompromißlosen Monotheismus. Er war ein Mensch mit begrenztem Wissen, der ein einfaches Leben führte und sich dennoch im Laufe der Ereignisse als ausgezeichneter Politiker und gerechter wie autoritärer Organisator seiner Gemeinde erwies.

► Hadith, Himmelsreise Mohammeds, Islam (Religion), Koran, Medina, Mekka, Sira

Mohammed Ali, Vizekönig von Ägypten (Kavala 1769 – Alexandria 1849)
Als albanischer Offizier der osmanischen* Armee* wurde Mohammed Ali (türk. Mehmet Ali) nach Ägypten gegen die französischen Invasionstruppen Bonapartes (1798–1800) geschickt. Nach dem Rückzug Frankreichs und nachdem er sich der mameluckischen* Elite entledigt hatte, zwang Mohammed Ali den Sultan* in Istanbul*, ihn als Gouverneur von Ägypten anzuerkennen. Er begriff schnell, daß Ägypten nur durch die Übernahme der technischen Innovationen, des militärischen Fachwissens und des Erziehungssystems aus Europa gedeihen und vorwärtskommen konnte. Zunehmend stattete er das Land mit modernen Institutionen aus, die zu Vorreitern der Verwestlichung des Vorderen Orients wurden – eine Vorgehensweise, die die reformerischen osmanischen Sultane Selim III. und Mahmut II. ihrerseits versuchten. Geschickt hielt er sich im Gleichgewicht zwischen einer Unterstützung Istanbuls (gegen die griechische Unabhängigkeit und gegen die Wahhabiten* Arabiens) und einer gegen die Hohe Pforte* gerichteten autonomen Politik (Eroberung des Sudans*). Auf Kosten einer schrecklichen Ausbeutung der Bauern modernisiert und zu Zeiten seiner Nachfolger bei den Europäern schwer verschuldet, war seine Dynastie – die Khediven – dennoch solide verwurzelt. Ägypten wurde der modernste Staat der Region. Jedoch setzte die britische Besetzung von 1882 den Willen der Europäer durch, die von Mo-

hammed Ali angestrebte wirtschaftliche und politische Unabhängigkeit Ägyptens zu verhindern. Seine Dynastie wurde 1952 durch den nationalistischen Staatsstreich Gamal Abd el-Nassers* gestürzt.

Mongolen im Islam

Die Mongolen sind ethnisch wie kulturell mit den Türken* verwandt und waren wie diese ursprünglich Nomaden* in den mongolischen Steppen sowie Anhänger des Schamanismus. Sie bewahrten zahlreiche Traditionen ihrer Vorfahren, waren dabei jedoch offen für andere Religionen, wie den Buddhismus oder das nestorianische* Christentum. Diese Offenheit ließ das mittelalterliche Europa eine Zeitlang – vergeblich – auf ein Bündnis mit den Mongolen gegen den Islam* hoffen, der Zielscheibe grausamer mongolischer Kriegszüge war.

Die ersten Mongoleneinfälle. Nachdem Dschingis-Khan* (der „allgemeine Khan*"; geb. um 1167, gest. 1227) eine Ansammlung mongolischer oder tatarischer* Stämme vereinigt hatte, brach er auf, die Welt zu erobern, und errichtete ein Reich, das sich von der Wolga bis nach China* erstreckte. In China gründete später sein Enkel Kublai-Khan die Yüan-Dynastie (1271–1368). 1218 unterwarf Dschingis-Khan das seinem Reich benachbarte Transoxanien*, unterließ es jedoch, dem Islam* den Todesstoß zu versetzen. Das Reich des Chwarism (Choresm) in Mittelasien* wurde 1219 überfallen unter dem Vorwand eines Massakers an mongolischen Gesandten durch den Schah. Mittelasien*, der Iran* und Afghanistan* wurden ebenso vernichtet wie Südrußland und ein Teil Indiens*. Dschingis-Khans Nachfolger schlugen und unterwarfen 1243 die Seldschuken* in Anatolien*.

Eine zweite Invasionswelle der Mongolen erfolgte unter Hülägü*, der zwar Heide, jedoch den Nestorianern* durchaus gewogen war. Er vernichtete die Assassinen* in Persien* und eroberte anschließend Bagdad*, wodurch er dem Kalifat* der Abbasiden 1258 ein Ende bereitete. Hülägü nahm Damaskus* ein, sein Vormarsch wurde jedoch zwei Jahre später in Palästina* von den ägyptischen Mamelucken* gestoppt. Vertrieben durch die mongolischen Eroberungswellen oder in deren Armee aufgenommen, kamen turkmenische* Stämme nach Anatolien. Sie wurden dort seßhaft und verstärkten so das ethnisch türkische Element in dieser Region. Einem dieser Stämme, demjenigen Osmans, war in der Folgezeit unter dem Namen „Osmanen*" ein glänzender Aufstieg beschieden. Tschagatai, einer der Söhne Dschingis-Khans, gründete die Dynastie der Tschagatajiden (1227–1370), deren Herrscher das östliche Turkestan* sowie Transoxanien regierten und 1266 gegen den Widerstand ihrer mongolischen Untertanen den Islam annahmen. Hülägü erhielt das Khanat* Iran und gründete dort die Dynastie der Il-Khane (1256–1353); doch erst einer seiner buddhistischen Nachfahren, Mahmud Ghasan, bekehrte sich im Jahre 1295 zum Islam. Die Il-Khane schufen in ihren Hauptstädten Täbris und Schiras* eine hervorragende Synthese iranisch-mongolischer Kultur (Architektur*, Wissenschaft*, Miniatur*) und bauten die bedeutendste Sternwarte* jener Zeit in Maragheh (in der iranischen Provinz Ost-Aserbaidschan). Daneben entwickelten sie auch den Handel* zwischen dem Orient und Europa. Andere Nachkommen Dschingis-Khans, die nach und nach den Islam annahmen, gründeten ebenfalls Dynastien, so die Khane der Goldenen Horde* (1226–1502) in Westsibirien, Südrußland und auf der Krim* sowie die Khane der Giray-Dynastie (1426–1783) auf der Krim.

Das zweite Mongolenreich unter Timur. Timur-Leng* (oder Tamerlan), ein türkisierter Mongole, der 1336 nahe Samarkand* geboren wurde (gest. 1405), wollte das Reich Dschingis-Khans* erneuern und stürzte sich wie eine Plage über Mittelasien*. Binnen 20 Jahren hatte er bereits den Iran*, den Irak, Armenien, den Kaukasus* sowie Teile Syriens und Kleinasiens erobert. Obwohl auch er Moslem* war, verwüstete er diese Landschaften und ließ die Bevölkerung ganzer Städte niedermetzeln (z. B. Isfahan* mit 70000 Einwohnern) sowie Künstler, Gelehrte und religiöse Würdenträger in seine Hauptstadt Samarkand deportieren. Er fiel in den Süden Rußlands und in das Sultanat Delhi* in Indien* ein. 1402 schlug er nahe Ankara den osmanischen Sultan* Bayezit I. und ließ ihn gefangennehmen, wodurch der Aufstieg der Osmanen* vorübergehend gestoppt wurde und sich die Einnahme Konstantinopels* um 50 Jahre verzögerte. Timurs Nachkommen, die Timuriden* (1405–1506), beseitigten die Ruinen und machten den Iran zu einem großartigen kulturellen Zentrum mit blühender Architektur*, Literatur* und Miniaturmalerei*. Die Territorien seines Vaters vereinigte Timurs Sohn, Schah-Ruch (gest. 1447), von neuem, und dessen Sohn Ulugh-Beg (gest. 1449) wurde in Samarkand einer der bedeutendsten Astronomen seiner Zeit. Unter einem weiteren Timuriden, Hussain Baiqara (gest. 1506), wurde Herat (Afghanistan*) wieder zu einer Stadt der Kultur, die den persischen Dichter Djami*, den türkischen Poeten Alisher Navoi* und den großen Miniaturmaler Behsad* beherbergte. Die Timuriden bildeten die letzte große Dynastie, die aus der Steppe stammte; die anderen islamischen Reiche jener Zeit (Osmanen, Safawiden* sowie ab 1526 die von Babur, einem türkisch-mongolischen Nachfahren der Timuriden, gegründeten indischen Moguln*) besaßen bereits hinreichend starke Armeen (auch in technischer Hinsicht), um Eindringlinge weitläufig abzuwehren.

Indem die Einfälle der Mongolen und Timuriden zur Abtrennung des Irans von der restlichen islamischen Welt beitrugen, verliehen sie dem Iran (nachdem sie ihn zuvor teilweise zugrunde gerichtet hatten) abermals eine politische und kulturelle Bedeutsamkeit, die höchstwahrscheinlich den schiitischen* Safawiden (turkmenischer Abstammung) half, den Iran zu einem starken Staat* mit nahezu unveränderlichen Grenzen zu machen. Der Niedergang der Mongolen hat zugleich das Wiedererstehen türkischer Stammesbündnisse in dieser Region begünstigt.

► Abbasiden, Dschingis-Khan, Hülägü, Iran, Timuriden, Transoxanien

Morisken

Vom spanischen „Morisco“, Verkleinerungsform von *Moro*, der spanischen Bezeichnung für „Maure*“. Name der Moslems*, die nach der Reconquista* in Spanien* blieben (wohingegen ein Großteil beim Fall Granadas in den Maghreb* auswanderte) und zum Teil christianisiert wurden.

Die Morisken waren häufig Bauern und verteilten sich ungleichmäßig über das Land (40% in Valencia, 20% in Aragon). Besonderes Ansehen genossen sie in Cordoba*, Segovia und Salamanca. Wie die Juden („Marranen"), unterlagen sie zwischen 1499 und 1526 verstärkten christlichen Bekehrungsbestrebungen sowie noch größerem Druck nach ihrem Aufstand in der Region Granada 1568. Trotz ihres von den katholischen Königen 1492 anerkannten Minderheitenstatus wurden sie immer stärker diskriminierenden Gesetzen unterworfen. Viele von ihnen wurden bäuerliche Sklaven spanischer Herren. Religionsausübung, Beachtung islamischer Sitten sowie Gebrauch der arabischen Sprache* wurden ihnen verboten, so daß sie eine arabisch-kastilische Mischsprache, das Aljamiado, schufen, das mit arabischen (teilweise auch lateinischen) Buchstaben geschrieben und heimlich gebraucht wurde. Der von der „Blutreinheit" und der Furcht vor den feindlichen Osmanen* (mit denen zu kollaborieren auch die christianisierten Morisken immer wieder verdächtigt wurden) besessene spanische Adel und Klerus brachten König Philipp II. dazu, zwischen 1609 und 1611 350000 Morisken (3% der Landesbevölkerung) mit äußerster Gewalt zu vertreiben, die in den Maghreb und ins Osmanische Reich flohen. Diese Maßnahme (die mit der erzwungenen Ausreise von 500000 Juden fortgesetzt wurde) hatte für Spanien in demographischer wie wirtschaftlicher Hinsicht katastrophale Folgen.

Moschee

Dem Koran* zufolge sind Moscheen eigentlich überflüssig, da dem Gläubigen die gesamte Erde zur Verfügung gestellt ist. Das Wort Moschee (arab. *Masdschid*) bezeichnet den Ort, an dem man sich vor Gott niederwirft (zum Gebet*); es wurde aus dem französischen *mosquée* entlehnt, das seinerseits durch spanisch *mezquita* vermittelt wurde. Die ersten Moscheen wurden bereits zu Lebzeiten Mohammeds* gebaut.

Ursprung. Die ersten Moscheen entstanden durch das Bedürfnis nach einem Ort, der der Zusammengehörigkeit der entstehenden moslemischen Gemeinde Ausdruck verlieh – vor allem anläßlich des Freitagsgebets*. Gemäß der Überlieferung (Hadith*) diente das Haus des Propheten in Medina* mit seinem von Räumen umsäumten, überdachten Innenhof als architektonisches Vorbild. Dieser Grundriß, der typisch für die Häuser auf der Arabischen Halbinsel ist, wurde erstmals in Damaskus* in monumentale Formen übertragen, als der Kalif* al-Walid 705 die Omaijaden*-Moschee bauen ließ. Sie gilt als Idealbild für Säulenhallen-Moscheen, da sie den Anforderungen des islamischen Ritus vollkommen gerecht wird. Ihr Dach wird von Säulen getragen, und ihr (sogenannter „arabischer") Grundriß ist höchst einfach: ein Hof und ein Gebetssaal, der parallel zur Qibla*-Wand in drei Schiffe unterteilt ist (möglicherweise ein Einfluß der christlichen Basiliken). Auf diese Weise können alle Gläubigen den Imam*, der sich vor dem Mihrab* aufhält, gut sehen und infolgedessen seine Gebetsgesten befolgen. Eine Kuppel* krönt den Minbar*; vier

Minarette* (die allerersten der Welt) dienen dem Gebetsruf in alle Richtungen und stehen als Symbol für eine siegreiche Religion. Diese Säulenhallen-Moschee ist einfach zu bauen und zu vergrößern (durch Anfügung weiterer Seitenschiffe); sie diente als Vorbild für die im Mittelmeerraum (von Palästina* bis nach Spanien*) errichteten Moscheen: Jerusalem* (Al-Aksa-Moschee, 705), Kairuan* (836), Fes* (859), Cordoba* (885), Tlemcen (1082) usw. Die Anpassungsfähigkeit begründete auch den Erfolg der großen, von einer verstärkten Umfassung umgebenen irakischen Moscheen im Orient. Die 859 errichtete Abu-Dulaf-Moschee in Samarra wurde in der Folgezeit in der islamischen Welt nachgeahmt (Ibn-Tulun-Moschee in Kairo*, 879).

Ab dem 11. Jh. erfuhr der Moscheegrundriß beträchtliche regionale Veränderungen. Die von dem Seldschuken* Malik Schah (1072–1092) in Isfahan* in Persien* errichtete Freitagsmoschee ist auf einem kreuzförmigen Grundriß angeordnet und vereint vier mit Kuppeln versehene Gebetssäle rings um einen Innenhof. In Anatolien* baute Sinan* in Istanbul* 1555 die Moschee Süleymans des Prächtigen* und begründete damit den Grundtyp der osmanischen* Moscheen: ein mit einer Kuppel gekrönter Würfel.

Funktion. In den Anfangszeiten des Islams* war die Moschee sowohl Gebetsstätte wie Hauptquartier: Hotel, Gefängnis, Zufluchtsort und Krankenstation; dort wurde Handel* getrieben und Expeditionen vorbereitet. Seit der Omaijadenzeit ist der Zugang zur Moschee als dem religiösen und politischen Zentrum der Gesellschaft strengen Regeln unterworfen. Koranrezitation, Gotteslob, erbauliche Predigten und Meditation sind die hauptsächlichen religiösen Handlungen in der Moschee. Dabei wird der Name des von der Gemeinschaft anerkannten Herrschers in der Moschee erwähnt; sie ist zugleich auch Veranstaltungsort für Versammlungen, in denen Fragen, die die Gesamtheit betreffen, besprochen werden. Lange Zeit war die Moschee Sitz des Gerichts und blieb vor allem das Hauptbildungszentrum, bevor ab dem 11. Jh. die Medressen* entstanden.

Moslem

Die zu Grunde liegende semitische Wortwurzel lautet *s-l-m*; daraus ergibt sich hebr. *Schalom* und arab. *Salam*: „Friede“. Das Wort „Islam*“ bedeutet dementsprechend „Ergebung“ oder „Unterwerfung“ (unter Gott), um inneren Frieden zu gewinnen. Den *Taslim* (von derselben Wurzel abgeleitet) begeht, wer sich dem Islam anschließt, wer Moslem (*Muslim*) wird. Man schätzt die Anzahl der Moslems in der heutigen Welt auf rund eine Milliarde. Die in Europa bis zum Beginn dieses Jahrhunderts gebrauchte Bezeichnung „Mohammedaner“ ist nicht korrekt (und heutzutage veraltet), da sie nahelegt, die Anbetung der Moslems richte sich an den Propheten anstatt allein an Gott (Allah).

Moslemliga (Muslim League)

Im britischen Kaiserreich Indien* versuchte London, den indischen Nationalismus zu spalten, indem es zunächst in Bengalen (1904–1905) zwei nach Religionen (Hinduismus und Islam*) getrennte Wahlgremien schuf. Als Reaktion darauf gründeten modernistische moslemische Nationalistenführer 1916 die *All India Muslim League* (Moslemliga) als Gegengewicht zum hinduistisch dominierten Indischen Nationalkongreß.

Einem begabten Rechtsanwalt aus Bombay, Mohammed Ali Jinnah, gelang es 1916, von den hinduistischen Nationalisten eine eigenständige Vertretung der Moslems* in den künftigen gesetzgebenden Parlamenten zugestanden zu bekommen. 1940, als die Auseinandersetzungen zwischen den zwei großen indischen Parteien über das Schicksal eines unabhängigen Indiens ihren Höhepunkt erreichten, wurde Jinnah zum Oberhaupt der indischen Moslems gekürt und übernahm die Leitung der Muslim League. Deren Kongreß in Lahore*, der besonders vom Gedankengut Mohammed Iqbals* beeinflußt war, vertrat die Theorie von den „zwei Nationen" (einer hinduistischen und einer moslemischen) und forderte die Schaffung eines separaten Moslem-Staates: Pakistan*. Ali Jinnah wurde erster Präsident der 1947 ausgerufenen Republik Pakistan. Heutzutage sind fast 12% der Einwohner Indiens Moslems, das sind über 100 Millionen.

Mossadegh, Mohammed, nationalistischer iranischer Politiker (Teheran um 1880–1967)

Seit 1920 hatte Mossadegh verschiedene Ämter in der Opposition zur Pahlevi-Dynastie (1925–1979) inne. 1943, zur Zeit der englisch-sowjetischen Besetzung des Irans* im Zweiten Weltkrieg, in die Nationalversammlung gewählt, forderte er 1947 ein „negatives Gleichgewicht", eine Distanz zu allen Mächten, um dem Iran seine volle wirtschaftliche Unabhängigkeit zu gewährleisten. 1950 gründete er die Nationale Front, einen Zusammenschluß gegensätzlicher Parteien, darunter die kommunistische Tudeh-Partei. 1951 zum Premierminister ernannt, ließ er die Verstaatlichung der *Anglo Iranian Oil Company* beschließen, woraufhin die angelsächsischen Länder das iranische Erdöl boykottierten. Von schahtreuen putschenden Militärs 1953 verhaftet (während der Schah im Verlauf dieser Ereignisse nach Europa fliehen mußte), wurde er nach der Rückkehr des Schahs zu einer Haftstrafe verurteilt. Als erster Politiker des Mittleren Ostens, der es wagte, das Erdöl zu verstaatlichen, ist er bis heute für die Iraner eine große nationale Gestalt.

Mozaraber

Hispanisierte Form von arab. *musta'rib* („arabisiert") zur Bezeichnung der in Spanien* unter islamischer Herrschaft (711–1492) lebenden Christen, die dort lange Zeit in der Überzahl waren.

Die Mozaraber genossen den Status der Schriftbesitzer*, behielten somit ihre Diözesen (Cordoba*, Elvira, Malaga, Saragossa, Sevilla, Toledo usw.) und konnten ihre Religion ausüben. Im allgemeinen lebten sie in Harmonie mit den Moslems*, was so weit ging, daß man das islamische Spanien des Mittelalters als „Goldenes Zeitalter" der drei Kulturen (der islamischen, christlichen und jüdischen) bezeichnen konnte. Zahlreiche Mozaraber traten in den Dienst islamischer Fürsten. Durch die Übernahme der arabischen* Sprache, Kultur und Werte vollzog sich eine Arabisierung – zum Entsetzen einiger

Bischöfe, denn manche Christen verlernten nun das Latein, so daß die Bibel ins Arabische übersetzt werden mußte! Mischehen sowie der Zugang zu höheren Funktionen erhöhten die Zahl der Konversionen zum Islam*. Allerdings trieben auch Anfälle staatlicher Intoleranz, die stark erhöhte Besteuerung oder die religiöse Überzeugung manche Mozaraber dazu, in die christlichen Königreiche Nordspaniens auszuwandern. Die Almoraviden* vertrieben 1120 sämtliche in den islamischen Territorien verbliebenen Mozaraber. Im christlichen Spanien entwickelten sie eine typisch mozarabische Kunst (Architektur*, Ornamentik, Musik*, Miniaturmalerei*), die von orientalischen und angestammt andalusischen Traditionen angeregt war und (nicht zuletzt in der christlichen religiösen Kunst) auch nach der Reconquista* fortbestand.

Mudejaren

Spanische Bezeichnung (abgeleitet von arab. *mudadschan*, „zum Bleiben berechtigt" mit der Konnotation „abhängig") für die nach dem Fall Granadas (1492) in Spanien* verbliebenen Moslems*.

Ungefähr ab 1502, dem Zeitpunkt verstärkter und massiver Bekehrungen unter dieser Bevölkerungsgruppe, nannte man sie „Morisken*".

Der Begriff „Mudejar" ist vor allem im Bereich der Kunst gebräuchlich; dort bezeichnet er die tiefgreifenden Einflüsse (im Kunsthandwerk und mehr noch in der Architektur*) der islamischen auf die christliche Kunst nach der Reconquista*. Seine Blütezeit erlebte der Mudejarstil im 14. Jh.; besonders deutlich tritt er in der Klosterkirche Corpus Christi in Segovia hervor und am bestechendsten im Alcázar in Sevilla.

Muezzin, der

Gebetsrufer, der von einem Minarett* hinab zu den im Islam* vorgeschriebenen fünf täglichen Gebeten* ruft.

Bis vor nicht allzu langer Zeit war der Muezzin aus dem täglichen Leben der Moslems* nicht wegzudenken; heute wird er jedoch im allgemeinen durch Lautsprecher ersetzt oder durch Radio und Fernsehen, die die Gebetszeiten ankündigen. Dörfer und Wohnviertel haben allerdings nach wie vor einen Muezzin, der vom Minarett aus tätig ist. Der Text des Gebetsrufs (arab. *Adhan*) lautet: „Gott ist größer (*Allahu akbar*). Ich bezeuge, daß es keinen Gott gibt außer Gott. Ich bezeuge, daß Mohammed Gottes Gesandter ist. Auf zum Gebet. Auf zum Heil. Gott ist größer. Es gibt keinen Gott außer Gott." Es war Brauch, das Amt des Muezzins einem Blinden zu übertragen, damit er nicht vom Minarett aus in die Höfe der Häuser schauen konnte, in denen sich Frauen aufhielten. Er ist kein Geistlicher und gehört zum Moschee*-Personal. Seine Aufgabe kann jeder übernehmen, zum Beispiel ein Feldarbeiter für seine Glaubensgenossen, die ihr Gebet direkt am Arbeitsplatz verrichten. Es bedarf nicht zwingend eines Muezzins; so werden die Gebetszeiten in Indonesien* (wahrscheinlich nach buddhistischem Vorbild) mittels Gongschlägen angekündigt.

Mufti, der

Religiöse Persönlichkeit und beamteter Rechtsgelehrter, der sich durch persönliche Ehrenhaftigkeit und Fachwissen auf religiösem und rechtlichen Gebiet auszeichnet. Er erläßt Fatwas* zur Klärung umstrittener Rechtsfragen; hierfür ist neben den religiösen Quellen auch sein persönliches Urteil von Bedeutung, das sich aus der Anstrengung (*Idschtihad*) der Vernunft ergibt.

Mullah, der
Persischer Titel für die niederen geistlichen Würdenträger in der religiösen Hierarchie der Schiiten*, abgeleitet von arab. *Maula* („Meister").

Ein Mullah ist in den theologischen Wissenschaften so weit ausgebildet, daß er seine Kenntnisse anderen zu vermitteln befugt ist. Er hat jedoch nicht das zwölf- bis 15jährige Studium absolviert, das bei den Zwölferschiiten* im Iran* den Zutritt zur höheren Hierarchie der „Mudschtahids" eröffnet, die (wie zum Beispiel die Ajatollahs*) eigenständig rechtlich-religiöse Entscheidungen fällen dürfen. Die Zuständigkeit der Mullahs – vergleichbar derjenigen der Ulema* bei den Sunniten* – beschränkt sich auf die religiöse Erziehung und rituelle Funktionen, wie Gebet*, Eheschließung* oder Begräbnis. Während jedoch den Sunniten die Vorstellung eines Vermittlers zwischen Gott und Mensch fremd ist, kann man die Mullahs als Grundstadium eines institutionalisierten Klerus betrachten. Sie waren im Iran stets dem Mißtrauen der Regierenden ausgesetzt – bis zur islamischen Revolution 1979, die zumindest teilweise als Werk der Mullahs gelten kann; daher spricht man vom Iran oft als „Mullahregime" oder „Mullarchie".

Musik
Gibt es überhaupt eine moslemische Musik, so wie es eine „westliche" Musik gibt? Die Musik der moslemischen Welt geht auf die gelehrten und volkstümlichen Traditionen der griechischen, persischen, indischen und byzantinischen Musik zurück. Der Islam* ist ein Schmelztiegel der Tonkunst, Ergebnis der ständigen Auseinandersetzung zwischen Arabern, Persern, Türken und Indern.

Eine außergewöhnliche musikalische Blütezeit. Im Gegensatz zum Koran* verdammen die Hadithe* und die Puristen die Musik. Allein das Psalmodieren des heiligen Buches und die Stimme des Muezzins* sind demnach mit dem Islam* vereinbar. Heute brandmarken die Fundamentalisten* die Musik, während die Mullahs* im Iran* die öffentlichen Plätze als Gegenmittel zur orientalischen „Unterhaltungsmusik" und zur westlichen Musik geradezu mit traditioneller persischer Musik überfluten. Man geht und ging also frei mit dem Dogma des „verbotenen Vergnügens" um, auch gegen die Ulema*. So konnte sich bereits im 7./8. Jh. eine bemerkenswerte instrumentale und vokale Blüte entwickeln. Begünstigt durch das Mäzenatentum* der Kalifen* und Fürsten, z. B. in Damaskus* unter den Omaijaden*, später im Bagdad* der Abbasiden* und in Andalusien*, verbreitete sich die Musik rasch in den Städten* und Höfen* der gesamten moslemischen Welt.

Diese klassische weltliche Musik weist eine Folge von Tönen und melodischen Ausdrucksformen mit kurzen Intervallen und homophonem Charakter auf. Sie hat eigentlich keine Notenschrift und wurde weitgehend durch die mündliche Überlieferung bekannter Meister weitergegeben. Diese Musik schöpft aus den Quellen antiker griechischer „Musikwissenschaftler", die bereits sehr früh in Bagdad übersetzt wurden; sie ein Echo auf die dekorative Arabeske und besteht vor allem aus Vokal- und Melodienmusik. Die Kunst des Intervalls, der berühmte „Dreivierteltoń" hat eine Vorrangstellung, und die Interpretationsfreiheit des Sängers ist wichtig. Daher nimmt der Gesang gewöhnlich einen höheren Rang als die Instrumente ein. Die modale Grundform der arabischen Musik, die dem gleichen Rhythmus der Ausführung folgt, besteht aus Noten unbestimmter Höhe, aus fünf oder sieben Skalen und der melodischen Improvisation der Solisten (Sänger oder Musiker). Die Polyphonie führt kurze schmückende Motive ein. Die ursprünglichen Instrumente sind Tamburin mit oder ohne Schellen aus Kupfer und Instrumente der Lautenfamilie (*Ud*). Der *Maqam*, die grundlegende musikalische Form, besteht aus einer Reihe untereinander harmonischer Melodien. Er beginnt mit einem Vorspiel, das eine Gruppe von Stücken einleitet, die nach strengen Regeln festgelegt sind, und endet mit einem Schlußstück. Einige der ersten Sänger, Instrumentalisten und Tänzer beiderlei Geschlechts persischer und vor allem syro-byzantinischer Herkunft sind in die Geschichte eingegangen: z. B. die schöne und unglaublich begabte Azza oder Djamil, des weiteren dichtende Sänger wie der Perser Naschit, aber auch einige Künstler aus Mekka* und Medina*, wie Maabad, der vielleicht einer der Wegbereiter der klassichen arabischen Musiktradition war. In einer gemischten Kultur, in der sich persische, byzantinische und arabische Traditionen begegneten, blühte die Lautenkunst auf: Der *Ud* (eine Laute), der zu dieser Zeit entstand, ist das klassische arabische Instrument überhaupt. Auch die Kunst des gestalteten Liedes (*Ghina*) kam damals auf; sie ist bis heute im arabischen Empfindungsvermögen sehr beliebt. Während des „Goldenen Zeitalters" der Abbasiden vereinten sich Mäzenatentum und persönliche Vorlieben, dadurch wurde das Werk zahlreicher Musiker und Theoretiker gefördert: Der Perser Ibrahim al-Mausili, dem man ohne genaue Beweise die Erfindung des *Maqam* zuschreibt, und sein Sohn Ishak waren die unbestrittenen Meister der Laute und gleichzeitig Gefährten von Harun ar-Raschid*. Die Musiker wurden von schönen Sklavensängerinnen begleitet, die wegen ihrer Begabung gefeiert wurden. Ihre Ausbildung erhielten sie an richtigen Musikakademien, vor allem in Bagdad. Die klassische Musik, die von Generation zu Generation überliefert wurde, wurde auch in den Klöstern der Derwische* gepflegt. Gegenüber Neuerungen aufgeschlossene Musiker, wie Ibn al-Mahdi in Bagdad, traten in Erscheinung, allen voran aber Ziryab*, ein persischer Sklave und Musiker, der von Ishak al-Mausili freigelassen wurde und fortging, um sein Glück in Andalusien* zu versuchen. Nach einem Umweg über Kairuan* wurde er bei den Omaijaden* gut aufgenommen und gründete in Cordoba* eine Musikakademie. Er erneuerte die moslemische Musik, indem er aus indopersischen Quellen eine Synthese schuf. Ziryab entwarf das modale und orchestrale System der Nuba (*Nauba*, „Musikgruppe"), einer „musikalischen Darbietung": eine Komposition mit fünf oder mehreren verschiedenen Sätzen, die von Blasinstrumenten und Schlagzeug ausgeführt wird, die den Gesang begleiten. Nach dem Aufkommen der lyrischen *Muwaschschaha** und des *Zadjal** beherrschte der musikalische Rhythmus die poetische Metrik. Ziryab, der auch Verfasser theoretischer Abhandlungen war, erfand auch das Plektron, mit dem die Saiten nun gezupft werden konnten. Er stattete die Laute mit einer fünften Saite aus, die ihr einen reicheren Klang und einen leichteren Anschlag verlieh. Diese umwälzenden Veränderungen machten aus dem moslemischen Spanien ein bedeutendes Zentrum der arabischen Musik. Spanien beeinflußte in den folgenden Jahrhunderten die musikalische Theorie und Praxis des mittelalterlichen Europas – besonders auf dem Gebiet der Orchestrierung: Seit Entstehen der *Nuba* entwickelte sich jenseits der Pyrenäen die Verwendung der Laute, der Leier, der Trompete und der Pauke ständig weiter, d.h. der Instrumente, die arabischen Ursprungs sind. Nach dem Fall Granadas blieb die andalusische Schule Grundlage der klassischen Musik des Maghrebs* und eines Teils des arabischen Nahen Ostens. Die berühmtesten moslemischen Gelehrten schrieben theoretische Abhandlungen über Musik; die Musik wurde als ein Zweig der Mathematik* angesehen. Einige studierten die ästhetische, ethische und therapeutische Wirkung der musikalischen Formen, z.B. Masudi* (8. Jh.), Kindi* (9. Jh.) oder Abul Faradj al-Isfahani (10. Jh.) in seinem umfangreichen und vorbildlichen *Buch der Lieder*, das 21 Bände umfaßte. Außerdem sind al-Farabi* (10. Jh.), Avicenna* und Haitham* (11. Jh.), Ibn Badjdja* (12. Jh.), Djurjani (14. Jh.) und Ladhiqi (16. Jh.) zu nennen.

*Tausendundeine Nacht** ist ein Beispiel für die zentrale Rolle Bagdads* in der Musik. Im 13. Jh. erreichte die eigentliche moslemische Musik ihren Höhepunkt. Sie nahm Künstler und Begabungen der ganzen islamischen Welt auf, ohne zwischen ethnischer oder religiöser Herkunft zu unterscheiden: Araber, Iraner, Türken, Moslems, Juden, Christen und Hindus. Es war auch die Zeit, in der musikalische Regeln und ihre ästhetischen und geistigen Kriterien aufgestellt und genau festgelegt wurden, wie Intervalle, Melodienfiguren und rhythmische Gestaltung. Der Musiker mußte improvisieren und mit der Stimme Verzückung (*Tarab*) beim versammelten Publikum hervorrufen. Dabei richtete er sich nach der Überlieferung der gesungenen Dichtung, die bis heute eine ungeheuer große Macht auf die Zuhörer ausübt.

Eine musikalische Familie in kultureller Vielfalt. Die Zerstörung Bagdads* und des Abbasiden*-Kalifats* durch die Mongolen* (1258) zerschlug diese künstlerische Verbindung, und es entfalteten sich ältere einheimische Traditionen, die dem moslemischen Vorbild angepaßt wurden. Abgeschnitten vom arabischen Nahen Osten ließ Persien* von der Laute (*Ud*) ab und bildete aus seinem jahrhundertealten Erbe seine eigene Musik. Diese verwendete nun rein iranische Instrumente, z.B. eine Langhalslaute (*Tar*), die dreisaitige *Sitar*, das *Santur* (ein Hackbrett mit horizontal angebrachten Saiten, die mit gebogenen, breiten Schlegeln angeschlagen werden) und eine dreisaitige Geige (*Kamantsche*). Die persische Musik fußte auf einem melodischen Repertoire, das auf der feinen Ausschmückung beruhte und an einen wunderbaren Fächer vokalischer Verbindungen (Triller und gebrochene Stimmlage) erinnert. Ab dem 14. Jh. übte die reiche klassische iranische Musik ihren Einfluß auf Mittelasien* und auf die ganze iranische Welt aus, von Afghanistan* bis zum Grenzland des heutigen Pakistan*. Seit dem Sultanat von Delhi* und den Moguln* verbreitete sich die persische Tradition sehr stark. Der größte Dichter und indopersische Musiker, Amir Khusrau Dihlavi (gest. 1325), trug dazu bei. Er propagierte die Form des Liebesliedes (*Khyal*), das noch heute in Nordindien und Pakistan zusammen mit dem Urdu*-Ghasel* sehr beliebt ist. Es bestand gleichzeitig neben einer Hinwendung zum *Raga*, das aus einer grundlegend vokalen Hindu-Tradition stammt. Diese indische musikalische Gattung wurde islamisiert und verbreitete sich unter den Völkern Asiens bis nach Indonesien*. Der Maghreb* blieb seiner *Nuba* weiterhin treu, die ihren Urspung in Andalusien* hat. Seit dem 16. Jh. zog die osmanische Vormachtstellung mit der Unterstützung kaiserlicher Mäzene Begabungen nach Istanbul*. Dort, wo sich der Einfluß der Mewlewije*-Derwische* nachweisen läßt, verliehen die Osmanen* der klassischen türkischen Musik eine Strenge und genaueste Kodifizierung. Dabei verhinderte die Genauigkeit die Verfeinerung, und dies dauert bis in unsere Tage fort.

In der türkischen Welt kamen regionale Musikrichtungen auf: im Kaukasus*, in Aserbaidschan und in Bosnien (auf dem Balkan*). Das tiefgreifend islamisierte Afrika* begründete seinerseits eine arabisch-afrikanische Musiktradition vom Sudan* bis zur Swahili*-Küste. Im 20. Jh. kann man unter dem Einfluß der westlichen Musik – besonders der symphonischen – eine Vermischung beider Musikformen in der moslemischen Welt wahrnehmen. Dort hatte die Entwicklung seit mehreren Jahrhunderten zugunsten der Tradition stagniert. Diese Schwäche wurde abgemildert durch die wieder aufkommende Verwendung der Soloinstrumente und vor allem durch die Erneuerung des klassischen Liedes: z. B. Ghasel und *Qawwali* auf Urdu* in Nordindien und Pakistan, die modernisierte traditionelle persische Musik, das Stimmrepertoire von Mohammed Abd al-Wahhab und Umm Kulthum u. a. in Ägypten. Man muß auch die musikalischen Schöpfungen der arabischen Regionen einbeziehen (Syrien, Irak, Jemen*, Golf) sowie die des Kaukasus und Zentralasiens.

► Andalusien, Cordoba, Ghasel, Muwaschschaha, Dichtung, Kasside, höfisches Leben, Zadjal, Ziryab

Mustafa Kemal ► Kemal Atatürk

Muwaschschaha

Diese Gattung der Dichtkunst* heißt auf arabisch „ausgeschmückte" und ist mit Gesang und Musik* verbunden. Die Muwaschschaha entstand zu Beginn des 10. Jhs. nahe Cordoba* und verbreitete sich im folgenden Jahrhundert in Andalusien*.

Diese Form der strophischen Dichtung bricht, wie der Zadjal*, mit der Struktur der klassischen arabischen Dichtkunst, besonders der Kasside*, und ist einer der bedeutendsten Beiträge des moslemischen Spanien* zur arabischen Dichtung. Es handelt sich um ein Gedicht von fünf oder mehreren Strophen. Die Anfangsstrophe bildet gleichzeitig den Refrain, dem vier Verse mit eigenem Reim folgen. Dann kommen zwei Verse, die die Reime der Anfangsstrophe wiederholen. Vom Dichter erfundene Variationen werden eingeschoben.

Die letzte Strophe stellt das Ende des Gedichtes dar und kann auch in „treffendem“ Dialekt, sozusagen „gewürzt“, verfaßt sein. Ihre beiden größten Dichter waren Andalusier: Ibn Zaydun (gest. 1070) und Ibn al-Khatib (gest. 1374). Diese Gattung ist im Maghreb* und im Nahen Osten verbreitet und immer noch lebendig. Sie wird in der Öffentlichkeit gesungen und von Musik begleitet.

▶ Andalusien, Dichtung (klassische)

Mystik ▶ **Sufismus**

Nadschaf oder **Meschhed Ali** („Ort von Alis Martyrium")
Stadt im Irak, am Rand der Wüste, nahe Kufa. Hier wurde Ali, der vierte rechtgeleitete Kalif*, 661 von einem fanatischen Charidschiten* ermordet. Es wird behauptet, daß Ali in Nadschaf begraben liegt. Der Kalif Harun ar-Raschid* ließ dort sehr wahrscheinlich ein Grabmal errichten, dem ein Mausoleum folgte, welches 977 von den schiitischen* Bujiden erbaut wurde. Nadschaf ist der zweite schiitische Wallfahrtsort* nach Kerbela*, das ebenfalls im Irak liegt. Schiiten aus dem Irak und Iran* strömen trotz sunnitischer* Schikanen seit Jahrhunderten dorthin. Der Imam* Khomeini suchte dort (1965–1978) Zuflucht, bevor er sich eine Zeitlang in Frankreich niederließ.
▶ Ali, Schiiten

Nasriden, Dynastie (1230–1492)
Nach dem Rückzug der Almohaden* eroberten die Christen die meisten moslemischen Städte zurück: Cordoba* 1236, Sevilla 1248 usw. Einem Oberhaupt der Araber, Mohammed al-Ghalib, gelang es, sich der leicht zu verteidigenden Gebirgsregion von Granada zu bemächtigen. Seine „rote Festung" (arab. Alhambra*) wurde das Machtzentrum der neuen Dynastie der Nasriden (von arab. *Nasr*, „Sieg"). Die Nasridendynastie zahlte den Kastiliern Tribut und verfolgte eine Politik des Ausgleichs zwischen den spanischen Christen und der Merinidendynastie von Fes*, die lange Zeit danach strebte, nach Spanien* zurückzukehren. Trotz seiner heiklen Situation blieb Granada zwei Jahrhunderte hindurch ein prächtiges Zentrum moslemischer Kultur, das Gelehrte und Schriftsteller aus dem moslemischen Westen anzog: Ibn Chaldun* arbeitete hier als Diplomat, und der Wesir* Lisan ad-Din Ibn al-Chattabi war der wichtigste Geschichtsschreiber* des Königreichs Granada. In Verbindung mit dem Hafen von Malaga entwickelte Granada einen fruchtbaren Handel*. Die 1469 durch die Heirat der Herrscher von Aragon und Kastilien, Ferdinand und Isabella, vollendete Einigung Spaniens läutete die Totenglocke für das moslemische Granada. 1492 fiel Granada in die Hände der Christen, und der letzte Nasride floh nach Marokko. Trotz der Versprechen der katholischen Könige wurden die Juden und Tausende von Moslems* aus Spanien vertrieben.
▶ Reconquista, Reyes de Taifas

Nasser, Gamal Abd el-, ägyptischer Politiker (Beni Mor 1918 –Kairo 1970)
Nasser, aus einer bescheidenen oberägyptischen Familie stammend, erhielt eine militärische Ausbildung und wurde Offizier. Nach dem ersten Krieg gegen Israel (1948) organisierte er den nationalistischen Bund der Freien Offiziere, der 1952 erfolgreich gegen König Faruk putschte und 1953 die Republik ausrief. 1954 wurde er Präsident der ersten ägyptischen Republik – die 1958 nach der Vereinigung mit Syrien zur Vereinigten Arabischen Republik (1958–1961) wurde – und verstaatlichte 1956 den Suezkanal, was eine israelische und britisch-französische Intervention hervorrief. Ab 1954 legte er in seiner *Philosophie der Revolution* seine Doktrin des Panarabismus und des „Neutralismus" zwischen den beiden Blöcken (Ost–West) dar. Auf der ersten Konferenz der „blockfreien" Länder in Bandung (Indo-

nesien*) 1955 trat er als der unbestrittene Führer der arabischen Welt auf. Sein zunehmend autoritäres Regime beruhte auf dem „arabischen Sozialismus" und der Einheitspartei (1961). Zum Bau des Assuan-Staudamms, der den Mangel an ägyptischen Energiequellen beseitigen sollte, erhielt er die Hilfe der Sowjetunion, und er spielte eine herausragende Rolle bei der Modernisierung des Landes: Verstaatlichungen, Bodenreform, Aufbau des Mittelstands. Sein Engagement im Jemen* auf seiten der Republikaner (1962–67) führte ihn zu einem Bündnis mit Syrien, wodurch er in einen Krieg gegen Israel getrieben wurde. Die Niederlage Ägyptens in diesem Sechstagekrieg (1967) war vernichtend; Nasser erklärte seinen Rücktritt, wurde jedoch sofort wieder von einer gewaltigen Volksbewegung zurückgerufen. Er starb wenig später im Jahre 1970.

Naturwissenschaften

Zur Zeit des klassischen Islams* umfaßte die Naturgeschichte die Bereiche Geologie, Arzneimittelkunde (die mit der Medizin* verbunden war), Physik, Zoologie und Botanik sowie Landwirtschaft*. Es ist nicht weiter erstaunlich, daß einige berühmte Gelehrte des Islams diese Wissenschaften in ihre Werke, seien sie nun universalwissenschaftlicher oder spezieller Art, eingebunden haben, wie al-Kindi*, al-Biruni* oder Razi*.

Sammelwerke der klassischen Wissenschaften. Im 9. Jh. stellte *Das Buch der Tiere* des berühmten Schriftstellers al-Djahiz aus Bagdad* auf seine Weise eine Abhandlung über die Zoologie dar. Im folgenden Jahrhundert boten die „Lauteren Brüder", eine Gruppe wahrscheinlich ismailitischer* Gelehrter, in ihren *Briefen* (*Risalat*) eine ausführliche Beschreibung der Botanik, Geologie und Mineralogie. Naturwissenschaften und Arzneimittelkunde standen im Mittelpunkt der Tätigkeit der bedeutendsten Mediziner, wie Razi* oder Avicenna*. Sie wußten um die herausragende Überlegenheit der Medizin* zur klassischen islamischen Zeit, die durch eine Fülle von Werken dokumentiert ist. Es handelt sich dabei häufig um Pionierarbeiten über Mineralien, Pflanzen und Arzneimittel.

Der Universalgelehrte al-Biruni* (gest. 1050) verfaßte das *Buch der Mineralien*, eine der genauesten Abhandlungen des Mittelalters über Mineralien. Sein *Buch über die medizinische Pharmazie* ist eine Geschichte der Pharmazie, die ein Verzeichnis der Pflichten des Apothekers enthält und vor allem eine Terminologie und alphabetische Klassifikation der Arzneimittel sowie eine Untersuchung über ihre Anwendungen.

Andalusien, Garten des Islams. Die Arzneimittelkunde erzielte besonders in Andalusien*, einer Gegend, in der Pharmakologie, Zoologie und Botanik mit zahlreichen neuen, durch die Araber eingeführten Pflanzen verbunden war, hervorragende Ergebnisse. Dies hatte die Entwicklung einer reichen, bewässerten Landwirtschaft* und die Einrichtung botanischer Gärten* zur Folge. Der Geograph* al–Bekri (gest. 1094) aus Cordoba* untersuchte in seinen Arbeiten Bäume und Pflanzen seines Geburtslandes Spanien* bereits vor seinem Landsmann Ibn Awwam (12. Jh.), dessen *Buch der Landwirtschaft* – eines der bedeutendsten des Mittelalters – auch die Viehzucht behandelt.

Eine Neuigkeit war das im 12. Jh. von Abul Salt in Tunesien geschriebene *Buch der einfachen Arzneimittel.* Das moslemische Spanien war aber weiterhin führend in der naturwissenschaftlichen Forschung. Zur gleichen Zeit und unter den gleichen Verhältnissen wie Abul Salt verfaßte der Andalusier al-Ghafiqi eine neuartige wissenschaftliche Beschreibung der Pflanzen. Im 13. Jh. wurde sein Landsmann an-Nabati durch seine botanischen Werke berühmt. Ein weiterer Spanier war der bedeutendste Botaniker und Pharmakologe der moslemischen Welt, Ahmed Dya ad-Din Ibn al-Baytar. Er wurde in Malaga geboren und starb 1248 in Damaskus*, nachdem er in Diensten der Aijubiden*-Sultane* von Ägypten gestanden hatte. Er unternahm Reisen nach Syrien und Anatolien*, um Pflanzen zu sammeln. Seine Werke, *Das Vollständige Buch der einfachen Arzneimittel* und die verkürzte Ausgabe des *Buches der einfachen Arzneimittel,* stellen das größte Vorhaben dar, das je vor Beginn der Neuzeit auf dem Gebiet der Heilpflanzen unternommen wurde. 1500 Pflanzenarten sind darin aufgezählt, von denen 300 bis dahin niemals verzeichnet wurden. Er zitierte griechische und lateinische Autoren und versah seine eigenen Beobachtungen mit Anmerkungen. Dieses kritische Verzeichnis der ganzen Pharmakologie blieb im moslemischen Orient eine Quelle für die Botanik. Im 14. Jh. war ein Rasuliden-Sultan des Jemens* der Verfasser einer hervorragenden Abhandlung über die Landwirtschaft. Zwei Jahrhunderte später schrieb der Syrer Daud al-Antaki (gest. 1599), der sich in Kairo* niedergelassen hatte, die Abhandlung *Thesaurus des Daud,* die koptisches* Wissen enthält. Er klassifizierte und analysierte die Herstellung von Arzneimitteln und ihre Anwendung, versah die Erkenntnisse seiner Vorgänger mit kritischen Anmerkungen und vervollständigte sie. Auf diese Weise wurde er zum Historiker dieser Fachrichtung. In Persien* verfaßte Scharaf ad-Din al-Djurjani (gest. 1136) mit seiner medizinischen Enzyklopädie ein Nachschlagewerk der Pflanzen und Arzneimittel auf persisch. Unter den Safawiden* (16. Jh.) wurde die neue Blüte der Medizin* von einem Aufschwung der Pharmakologie begleitet. Noch 1629 widmete der Perser Ayn al-Mulk dem Mogul*-Herrscher Schah Dschahan ein *Wörterbuch der Arzneimittel.*

► Andalusien, Medizin

Navoi, Mir Alisher, Dichter (Herat 1441–1501)
Mir Alisher Navoi war einer der bekanntesten Kulturschaffenden Mittelasiens*. Geboren und gestorben ist er in Herat, wo er Wesir* des Timuriden-Sultans* Hussain Baiqara (1469–1506) war, einem Mäzen*, dessen prächtiger Hof* Schriftsteller und Künstler beherbergte, wie den persischen Dichter Djami* und den Miniaturenmaler Behsad*. Als Meister des poetischen Ghasel* in Tschagatai-Türkisch – einer Sprache, in der der Mogul*-Kaiser Babur seine spannende *Autobiographie* verfaßte –, hinterließ Mir Alisher Navoi ein umfangreiches Werk mit 40000 Versen, mit welchem er auf die vorislamischen Liebesgeschichten aus dem Arabischen *(Madjnun und Laila*)* und dem Persischen *(Farhad und Schirin)* zurückgriff. Sein Werk hatte einen nachhaltigen Einfluß auf die spätere Entwicklung

der turksprachigen Literatur in aserbaidschanisch, uiguirisch, tatarisch und osmanisch aus.

▶ Timuriden, Türkisch

Nestorianer

Als ein Zweig der orientalischen Christen* sind die Nestorianer Anhänger von Nestorius, Patriarch von Konstantinopel*, der die zwei Naturen Christi (die göttliche und die menschliche) sehr stark unterschied und demzufolge Maria zwar als „Mutter Christi", nicht jedoch als „Mutter Gottes" bezeichnete.

Das vom Kaiser des Byzantinischen Reiches einberufene Konzil von Ephesus (431) verurteilte den Nestorianismus als häretisch. Die Christen im sassanidischen Iran*, dem Gegner von Byzanz*, nahmen den Nestorianismus als offizielle Glaubensrichtung an – auch um ihre Unabhängigkeit von Byzanz zu betonen; sie blieben jedoch ein Spielball zwischen beiden Reichen. Ab dem 7./8. Jh. verbreiteten sie ihren Glauben in Indien*, entlang der Seidenstraße in Mittelasien* und in China*, wo bis ins 12. Jh. Gemeinden bestanden. Türken* und Mongolen* gehörten dieser Glaubensrichtung an (die Mutter Hülägüs* war Nestorianerin). Mehrere Mongolenherrscher schützten die Nestorianer, bis jene im 13. Jh. den Islam* annahmen und es im Mittleren Osten zu Verfolgungen kam. Die Existenz der Nestorianer führte zur Legende vom „Priester Johannes" (einem vermeintlichen Priesterkönig in Mittelasien, der sich am Islam räche) sowie zu Mißverständnissen seitens der europäischen Christen, die in der Zeit der Kreuzzüge* davon träumten, mit Hilfe ihrer entfernten (und dennoch als häretisch betrachteten) Glaubensgenossen den Islam von zwei Seiten anzugreifen. Am Hofe* der Abbasiden* um das Jahr 800 wohlwollend aufgenommen, spielten die Nestorianer eine Vorreiterrolle als Vermittler der großen wissenschaftlichen und philosophischen Werke der Griechen, von denen sie Übersetzungen* ins Arabische anfertigten. Unter den ersten großen Medizinern* der Abbasiden-Kalifen* gab es nestorianische Gelehrten-„Dynastien" (die Bachtischus und die Masawahis). Feindliche Invasionen und Unterdrückung ab dem 14. Jh. zwangen die Nestorianer zur Flucht in die Berge Anatoliens* und Kurdistans*; seitdem sind sie dort Zielscheibe schwerer Verfolgungen. Diejenigen Nestorianer, die durch eine Union mit Rom im 16. Jh. katholisch geworden sind, heißen „Chaldäer"; von ihnen gibt es ungefähr 300000 im Irak und 35000 in anderen Ländern des Mittleren Ostens, ihr Patriarch residiert in Bagdad*. Ihnen hinzuzurechnen ist ein Teil der Christen Südindiens (an der Malabarküste), die die „syro-malabarische" Kirche bilden. Eine kleinere irakische Gemeinschaft hat sich dem Protestantismus angeschlossen. Die anderen, ihrer ursprünglichen Lehre treu gebliebenen Nestorianer bezeichnen sich auch als „Assyrische Kirche des Ostens"; sie zählt etwa 200000 Mitglieder, davon 50000 im Irak, 25000 in Syrien, je 20000 im Iran und in Indien (Kerala) sowie Auswanderer in die ehemalige Sowjetunion (25000), in die USA (15000) und nach Europa.

▶ Christen (orientalische)

Nisami, Dichter (1141–1209)

Nisami, der in Gandscha – dem heutigen Kirowabad (Aserbaidschan) – geboren wurde, verbrachte den Großteil seines Lebens fast gänzlich zurückgezogen, um den Sufismus* zu praktizieren. Gestützt auf eine umfangreiche philosophische und wissenschaftliche Bildung und ein sehr sicheres Beherrschen seines Metiers ist sein poetisches Werk – subtil, scharfsinnig und von großer Einbildungskraft – von wesentlicher Bedeutung in der persischen Literatur. Seine fünf bekanntesten Werke, die von der persisch-sassanidischen* Epik aus vorislamischer Zeit und von dem Werk Firdausis* beeinflußt wurden, sind im berühmten *Fünfer* (arab. *Chamsa*) zusammengefaßt. Der erste Teil dieser Sammlung, *Schatz der Mysterien*, ist ein didaktisches sufisches Gedicht. Der zweite, *Chosrau und Schirin*, wurde von der Liebesgeschichte des sassanidischen Königs Chosrau II. beeinflußt. Dann bearbeitete er *Madjnun und Laila**, die arabische Legende einer unerfüllten Liebe; seine Version fand in der gesamten islamischen Welt Nachahmer, der osmanische* Poet Fuzuli* war einer davon. Das *Alexanderbuch (Iskandar-name)* ist ein Heldengedicht über Alexander den Großen*, der in die Legenden des Mittleren Ostens einging. Im fünften Teil, *Die sieben Prinzessinen*, beschreibt er die Liebe des sassanidischen Herrschers Bahram Gur zu sieben Prinzessinnen, die aus verschiedenen Teilen der Welt stammten ein Sinnbild für Illusion und Paradies. Im Laufe der Jahrhunderte wurde das *Chamse* sehr oft und eindrucksvoll in persischen Miniaturen* dargestellt. Es diente auch als Vorbild für Schillers *Turandot*.

▶ Persisch, Poesie (klassische)

Nomaden und Seßhafte

Der Gegensatz zwischen Nomaden und Seßhaften spielte eine bedeutende Rolle in der islamischen Welt. Deren gesamte Geschichte scheint auf dem Gleichgewicht von regelmäßigen Nomadenwanderungen und Einigungsbewegungen von Seßhaften zu beruhen. Manche Dynastien nomadischen Ursprungs in der türkisch-iranischen Ära wie auch im Maghreb* wurden schließlich auf Dauer seßhaft.

Eine Konstante in der Geschichte. Seit den Anfängen des Islams*, so bemerkte Ibn Chaldun* im 14. Jh., erhoben sich, sobald seßhafte Herrscher an Macht zu verlieren begannen, Nomaden gegen sie (teils von religiösem Eifer getrieben), um deren Ablösung zu betreiben. So verhielt es sich mit den berberischen Almoraviden* im äußersten Süden Marokkos (11. Jh.), mit den Turkmenen* in Aserbaidschan (aus denen um 1500 die Dynastie der Safawiden* in Persien* hervorging) und auch mit den arabischen Beduinen unter Führung der Wahhabiten* im 18. Jh.

Veränderungen in Natur und Wirtschaft stellten ebenfalls einen entscheidenden Grund für Völkerwanderungen dar, neben rein „imperialistischen" Motiven und dem Willen zu Raubzügen, wie es bei der Ausbreitung der Araber oder den Mongolen*-Invasionen der Fall war. Zwar waren die Eroberungen, die zur Bildung des riesigen islamischen Reiches führten, hauptsächlich das Werk von Nomaden, jedoch kämpften diese unter der Flagge von Städten. Denn die islamische Kultur ist (wie die altorientalische) im wesentlichen durch Städte* und Handel* geprägt, da die Stadt das (religiös legitimierte)

Machtzentrum war, so daß auch die dauerhaften Staaten* unter städtischer Ägide entstanden. Die Bauern, die stets sowohl von den Stadtbewohnern (als politischen und wirtschaftlichen Machthabern) als auch von den Nomaden abhängig waren, lebten mit den Beduinen* der Steppen in Symbiose; daraus konnten zentrifugale Kräfte entstehen, die gemeinsam gegen die Regierung opponierten und zum Teil auch religiöse Sekten* hervorriefen. Kennzeichnend für die Nomaden-Gesellschaft ist die Bereitschaft zu Rebellionen, die unter den Stammesverbänden in den Bergregionen (Atlas, Zagros, Afghanistan*) bis heute lebendig ist. Marokko beispielsweise war beherrscht von dem gewaltsamen Konflikt zwischen *Machzan* (steuerpflichtigen Regionen) und *Siba* („abtrünnigen" Berbergebieten im Gebirge). Bevor die Türken die politisch-militärische Macht im Bagdader* Kalifat* ergriffen, erlebte dieses seine Ohnmacht gegenüber einem arabisch-schiitischen* Stammesbündnis, den Angriffen der Turkmenen und den Plünderungen kurdischer* Stämme. In Zeiten geschwächter Dynastien, die das Gleichgewicht der Kräfte im Lande nicht mehr erhalten konnten, kam es zu Phasen der „Beduinisierung" unterschiedlich langer Dauer und Zerstörungskraft. Dies gilt z. B. für die Hilal*, die im 11. Jh. den Maghreb* verwüsteten, oder für die Einfälle türkischer Stämme in Mittelasien* – einer Region, die lange Zeit vorbildlich für das Gleichgewicht zwischen Nomaden und Seßhaften war (solange letztere die ersteren im Zaum halten konnten). Charakteristisch für dieses in der Geschichte des Islams rückläufige Phänomen war jedoch die Ausbreitung turkmenischer Stämme, der nicht allein die militärische Macht der Dynastien der Seldschuken* und der mongolischen Il-Khane Einhalt gebot, sondern vor allem die kulturelle und religiöse Assimilation der Oberschicht der Turkmenen.

Reichsgründungen durch einstige Nomaden. Noch bemerkenswerter waren die Türken, die dank ihres kriegerischen und politischen Geschicks sehr schnell ihren Platz in der Gesellschaft der Seßhaften fanden und aus denen die meisten der beständigen Dynastien im moslemischen Asien hervorgingen. In Transoxanien*, wo die islamische Kultur ab dem 10. Jh. in hohem Maße entwickelt war, bot sich den türkischen Nomaden ein eigenes Gebiet für das kulturelle Zusammenleben mit den Seßhaften iranischen Ursprungs. Manche Nomadeneinfälle konnten für die islamische Kultur (je nach dem eingenommenen Standpunkt) von Vorteil sein: So trugen die Hilal* zur sprachlichen Arabisierung und zur Islamisierung des Maghrebs* (einschließlich seiner rückständigen Regionen) bei, während die Seldschuken* durch die Vertreibung neubekehrter umtriebiger Nomaden in den Kaukasus* mittelbar die Islamisierung und Türkisierung Aserbaidschans vorantrieben. Über einen langen Zeitraum hinweg suchten diese Wanderungen jedoch nicht nur die Gesellschaften der Seßhaften heim, sondern zwangen auch die Bauern auf dem verwüsteten Land, zur nomadischen Lebensweise überzugehen. Allerdings wurden auch einige traditionelle landwirtschaftliche Nutzgebiete von seßhaft gewordenen nomadischen Eindringlingen kultiviert: von den Türken im Iran* und in Anatolien* sowie von den Beduinen* der Arabischen Halbinsel im mesopotamischen Grenzland (Irak). Nomadischen Ursprungs waren vor allem die meisten Dynastien des Irans, denn dort kreuzten sich die wichtigsten Verkehrswege nach Mittelasien*, das ein wahres Sammelbecken umherziehender Völker bildete. Die regenreichen türkisch-iranischen Gebirgsregionen verfügten überdies über reichhaltigere Ressourcen als die klassischen Nomadengebiete Arabiens. Auch unterstanden die (oftmals ethnisch gemischten) Stammesverbände im iranischen Bereich einer stark hierarchisierten Macht. Derartige aus den Steppen stammende Herrschergeschlechter schufen Staaten* aus Seßhaften, die z. T. über Jahrhunderte bestanden, wofür die Osmanen* das deutlichste Beispiel liefern.

Heutzutage bildet das Stammesbewußtsein in zahlreichen moslemischen Staaten (seien sie modern oder „neopatriarchalisch") einen eigenen Machtfaktor. In Staaten wie dem Jemen*, Afghanistan*, Pakistan*, Saudi-Arabien, Syrien, dem Libanon, dem Irak, Somalia oder Malaysia* repräsentieren die „demokratischen" politischen Parteien oftmals nur die Interessen eines Stammes (oder Stammesverbandes), einer religiösen Sekte oder einer Volksgruppe.

► Beduinen, Ibn Chaldun, Iran, Maghreb (Geschichte und Dynastien), Mongolen, Türken, Wahhabiten

Omaijaden
Erste islamische (sunnitische*) Dynastie, 661–750, Nachfolger der rechtgeleiteten Kalifen*. Nachdem Ali* durch Muawija ausgeschaltet war, übernahm dieser als Gouverneur Syriens das Kalifat*, das er erblich machte. Damaskus* war die Hauptstadt der Omaijaden–Dynastie (benannt nach Umaija, ihrem namensgebenden Vorfahren).

Das erste große moslemische Reich. Die drei größten Omaijaden-Kalifen*, Muawija (gest. 680), Abd al-Malik (gest. 705) und Hischam (gest. 743), die jeder ca. 20 Jahre lang regierten, führten das Omaijaden-Kalifat zu seinem Höhepunkt und festigten das „arabische" Reich – wie es damals bezeichnet wurde. Sie erwiesen sich als exzellente Verwalter, selbst wenn sie ihren Untertanen eine immer unpopulärer werdende Steuerlast auferlegten. Die Omaijaden übernahmen die Verwaltungspraxis der besiegten Griechen und Perser und schufen eine internationale Währung. Militärische Eroberungen, die immer schneller aufeinander folgten, verbreiteten den Islam* als Weltreligion, vor allem unter Walid I. (705–715): Ganz Nordafrika wurde besetzt; 711 überquerten moslemische Truppen die Meerenge von Gibraltar und stießen bis ins karolingische Frankenreich vor. Sie wurden 732 zwischen Tours und Poitiers gestoppt. Die Araber bedrängten fortwährend die Byzantiner an ihren Grenzen und stießen jenseits des Kaukasus* auf die chasarischen Türken*. Chwarism (Choresmien; iranisiertes Mittelasien*) wurde annektiert und Transoxanien* für den Islam gewonnen, trotz des erbitterten Widerstands lokaler iranischer Herrscher und ihrer heidnischen türkischen Alliierten. Schließlich führte ein Omaijaden-Gouverneur zum ersten Mal den Islam auf indischem Boden ein, in Sind 711. Die immense Ansammlung an Schätzen und vor allem an Sklaven erlaubte den Arabern, als „Rentiers" zu leben und das Potential des reichen Fruchtbaren Halbmonds* auszubeuten.

Aufstände, Niedergang und Sturz. All diese administrativen, wirtschaftlichen und politischen Leistungen verhinderten jedoch nicht den Sturz der Omaijaden-Dynastie, die mit dem Aufrührertum arabischer Stämme des Iraks ebenso konfrontiert war wie mit demjenigen religiöser Elemente in Mekka* (das kurzlebige rivalisierende Kalifat* von Ibn Zubair) und in Medina* (Anhänger Alis*). Vor allem die große Menge konvertierter Nicht-Araber protestierte gegen ihren Status als Bürger zweiter Klasse, trotz der Steuerreformen des Kalifen Omar Ibn Abd al-Aziz (gest. 720), die das Zusammenwachsen der Nachkommen der Eroberer mit denen der Eroberten erlaubten, jedoch vermutlich zu spät kamen. Diese Ressentiments verstärkten sich zu religiösen Revolten (Schiiten* oder heterodoxe sunnitische* Sekten*), die politische oder nationale Forderungen (besonders von seiten der Perser) überdeckten. Abu Muslim, ein genialer Agitator, nutzte diese Widerstände in Teilen Chorasans (Nordosten des Irans*) und ebnete den Weg für die „abbasidische Revolution" (so die Bezeichnung der klassischen Historiographie): 750 metzelten die Abbasiden* die Omaijaden-Familie nieder, deren einziger Überlebender Abd ar-Rahman, ein Enkel Hischams, in den Maghreb* floh, bevor er 756 in Andalusien* eine neue Omaijaden-Dynastie gründete.

▶ Abbasiden, Damaskus, Islam (Ausbreitung)

Omaijaden in Spanien
Dynastie (756–1031), hervorgegangen aus dem letzten Überlebenden des Massakers an den Omaijaden* in Syrien durch die Abbasiden*.

711 erstürmten die Araber Spanien* und stürzten die 412 durch die Westgoten eingesetzte katholische Monarchie. Die Überlebenden vereinigten sich mit christlichen Spaniern, die in den Bergen Nordspaniens Widerstand leisteten. Die moslemische Vorhut fiel ins karolingische Frankenreich ein, wo sie 732 zwischen Tours und Poitiers durch Karl Martell gestoppt wurde.

Cordoba* wurde Hauptstadt des moslemischen Andalusiens*, das am Anfang von arabischen, aus dem Orient geschickten Gouverneuren regiert wurde. 756 ging Abd ar-Rahman, der einzige Überlebende der Omaijaden-Familie von Syrien, die von den Abbasiden* niedergemetzelt wurde, in Andalusien an Land, wo er ein Emirat* gründete, das auf Cordoba und Sevilla zentriert war. Obwohl nicht wenige der romanisierten Spanier den Islam* annahmen (in der Folge die *Muwalladun* genannt: arabische Bezeichnung für die „Nachkommen der Konvertiten"), blieb ein bedeutender Teil der Untertanen der neuen Dynastie Christen – die Mozaraber*. Die letzteren bemühten sich um moralische und religiöse Unterstützung durch die Christen, die im unabhängig gebliebenen Nordspanien lebten. Toledo, die alte westgotische Hauptstadt und religiöses Zentrum des christlichen Spaniens, blieb ein Herd von Revolten. Auf moslemischer Seite erlaubten sich lokale Fürsten, die an der Spitze beachtlicher militärischer Streitkräfte standen, eine gewisse Unabhängigkeit gegenüber Cordoba, vor allem diejenigen der Grenzgebiete und der jenseits des Ebros gelegenen Gebiete (das spätere Aragon und Katalonien). Dies gilt für die Tudschibiden von Saragossa und die Banu Qassis von Tudela. Ende des 9. Jhs. bestanden zwei dauerhafte Rebellionsherde gegen die Zentralmacht: derjenige von Ibn Marwan, „dem Galicier", um Badajoz herum und derjenige von Ibn Hafsun in den Bergen von Granada. Trotz dieser Schwächen und der Unabhängigkeit der christlichen Kleinkönige im Norden machten die Omaijaden Spaniens aus Cordoba eine bedeutende Handelsmetropole und einen unvergleichbaren intellektuellen und wissenschaftlichen Schmelztiegel, den allein Byzanz*, Kairo* und Bagdad* zu dieser Zeit übertrafen. Das 10. Jh. war gekennzeichnet durch die 50jährige Regierungszeit (912–961) des größten Herrschers der Dynastie, Abd ar-Rahman III., der das Ansehen des moslemischen Spaniens zu seinem Höhepunkt brachte. 929 proklamierte er sich zum Kalifen* in Reaktion auf die Forderung seiner fatimidischen* schiitischen* Feinde aus Ägypten, die ihrerseits das Kalifat beanspruchten. Die militärische Stärke des Kalifats von Cordoba stützte sich auf Truppen von Berber*-Söldnern und europäischen Sklaven*-Soldaten (die *Saqaliba*: „Slawen"). Die christliche Reconquista* des Nordens wurde in Schach gehalten, und mit Byzanz und dem römisch-deutschen Reich wurden prunkvolle Gesandtschaften ausgetauscht. Der Sohn von Abd ar-Rahman III., al-Hakam II.

(gest. 976), war ein Gelehrter; seine Bibliothek* war die prächtigste des Orients und des Okzidents. Am Ende des 10. Jhs. jedoch gelangte die tatsächliche Macht in die Hände des Premierministers al-Mansur, genannt „der Siegreiche" (in christlichen Quellen: Almanzor), der nicht weniger als 50 Feldzüge gegen die Christen führte und Barcelona sowie das Pilgerheiligtum (nicht jedoch das Jakobus-Grabmahl) von Santiago de Compostela in Galicien plünderte.

Aber zu Beginn des 11. Jhs. zerfiel das Omaijaden-Kalifat. Mehrere kurzlebige Kalifen lösten sich in Cordoba ab. Die Omaijaden-Familie verschwand 1031, und das moslemische Spanien splitterte sich in eine Vielzahl von Emiraten auf: die *Reyes de Taifas** (*Muluk at-Tawaif*) oder „Kleinkönige".

▶ Andalusien, Cordoba, Reyes de Taifas, Ziryab

Oman

Oman, das am Persischen Golf, gegenüber den Induskulturen, offen zum Indischen Ozean liegt, weist gemeinsam mit dem Jemen* die einzig alte Nation im Süden Arabiens auf. Seine Kultur ist ab dem 3. Jahrtausend belegt.

Die seit 630 moslemischen Omani nahmen um 750 als Ibaditen* ihre eigene Art an, den Islam* zu praktizieren. Sie sind mehr mit den Sunniten* als mit den Schiiten* verwandt und werden von einem Imam* geführt, ein Titel, den die Saiddynastie, die ab 1750 in Maskat regierte, 1783 aufgab.

Die geostrategische Lage von Oman ist privilegiert. Es „versperrt" den Zugang zur Straße von Hormus, die einer der wichtigsten Schiffahrtswege des Golfes in Richtung Asien und Swahili*-Ostafrika ist. Der einstige Handel* mit Luxusartikeln und Sklaven* wurde durch den weltweiten Erdölhandel von heute ersetzt. 893 geriet Oman unter abbasidische* Vormundschaft, bevor es sich unter der eher theoretischen Gewalt der schiitischen Bujiden und mehrmals unter der von persischen Dynastien befand. Diese Eroberungen ließen jedoch die Macht der ibaditischen Imame unversehrt. Im Verlauf der Jahrhunderte blieb Oman der Durchgangsort, an dem sich die Schiffe mit Proviant eindeckten, bevor sie sich, je nach Monsunlage, auf den Indischen Ozean begaben. Der Hafen von Suhar, im Norden von Oman, war lange Zeit wirtschaftlich sehr erfolgreich. Er wurde im 10. Jh. vom Geographen* al-Muqaddasi als „Ausgangspunkt in Richtung China*" und als „Warenlager des Orients und Iraks" beschrieben. Marco Polo machte 1293 bezüglich des Hafens von Sur, westlich von Maskat, eine ähnliche Aussage. Die arabischen, durch Sindbad* symbolisierten Seefahrer, zu denen auch die Omani gehörten, verbanden ab dem 8. Jh. Suhar mit Kanton (7000 km), einer Stadt, die schnell eine Gemeinde arabisch-persischer, moslemischer Händler aufwies. Der in Sur geborene Ibn Madschid, einer der größten Seefahrer und Autoren arabischer Schiffahrtsabhandlungen im Mittelalter, wurde wahrscheinlich am Ende des 15. Jh. an der Swahili-Küste von den Portugiesen rekrutiert, damit er sie nach Indien* führte. Die Lusitanier, die auf der Suche nach indischen Gewürzen und Schätzen waren und zu dieser Zeit die beste Flotte besaßen, waren an der ostafrikanischen Küste erschienen, bevor sie (bis 1622) die Insel Hormus und von 1500 bis 1650 die Küsten Omans besetzt hielten. Bis in das 19. Jh. hinein fand zwischen den Holländern, Engländern, Franzosen und Osmanen* ein Konkurrenzkampf statt, bei dem es darum ging, die eigene Machtstellung in dieser wichtigen Region durchzusetzen. Im 18. Jh. errichteten sich die Omani an der ostafrikanischen Küste (insbesondere auf Sansibar, ab 1698) ein Kolonial- und Handelsimperium, da sie über eine mächtige Handelsflotte und über eine Kriegsmarine verfügten. Ihre Schiffe beherrschten das Gebiet von den Komoren bis zum Roten Meer. 1840 überquerte ein Schiff aus Oman als erstes arabisches Schiff den Atlantik, um den ersten arabischen Botschafter, den Botschafter Omans, in die Neue Welt zu bringen. Die Insel Sansibar, auf der sich der Sultan* von Oman niedergelassen hatte, wurde 1856 ein von Oman gesondertes, arabisches Sultanat. 1963, als man Sansibar mit dem neuen Tansania vereinigte, wurden die Araber von der Insel vertrieben. Das Sultanat Oman (mit Maskat als Hauptstadt), an der südarabischen Küste, wurde auf den Umfang verkleinert, den es gegenwärtig noch hat (212 000 km^2). Seit der friedlichen Revolution, die 1970 einen modernistischen Sultan an die Macht brachte, haben das Erdöl und das Erdgas, das in großen Mengen vorkommt, die jahrhundertealte Landwirtschaft und Fischerei nicht verdrängen können. Man schätzt, daß 56% der 2,1 Mio. Einwohner ibaditischer Konfession sind. Den Rest der Bevölkerung stellen die Sunniten sowie Hindus.

▶ Seefahrt, Swahili-Kultur

Orientalische Christen ▶ Christen (orientalische)

Orientalische Frage

Von den europäischen Staatskanzleien erdachtes Konzept zur Rechtfertigung der Zerstückelung des Osmanischen* Reiches, das bald als „kranker Mann am Bosporus" galt.

Der militärische Rückzug der Osmanen im 17. Jh. markierte, ungeachtet des Aufbäumens bis ins folgende Jahrhundert hinein, den Beginn der europäischen Inbesitznahme. Diese äußerte sich vor allem in der österreichischen Anwesenheit auf dem Balkan*, die der Vertrag von Karlowitz (1699) bekräftigte – ein entscheidender Wendepunkt in den Beziehungen zwischen Europa und dem Islam*. Der russische Vormarsch auf der Krim*, zum Schwarzen Meer und später bis zu den Dardanellen wurde durch den Vertrag von Kütschük Kainardschi (1774) bestätigt: eine Katastrophe für das Osmanische Reich. Lediglich die Rivalitäten unter den europäischen Mächten (England, Frankreich, Österreich), die sich nur einig waren über die Notwendigkeit, den russischen Vormarsch aufzuhalten, verzögerten die Zerstückelung des Osmanischen Reiches. Obwohl der Vertrag von Paris (1856) zum Ende des Krimkriegs, in dem die Türkei auf seiten der Engländer und Franzosen gegen den Zaren kämpfte, die territoriale Integrität des Osmanischen Reiches garantierte, entglitten ihm große Teile seines Staatsgebiets: Ägypten unter Mohammed Ali* bewegte sich auf eine faktische Unabhängigkeit zu, Griechenland wurde 1832 unabhängig, zwei Jahre später fiel Frankreich in Algerien ein, und 1839 nahm England Aden (Jemen*) ein. Der Berliner Kongreß 1878 bestätigte den Eintritt des Deutschen Reiches in die Türkeipolitik. Der Sultan* wurde zur Verkündung von Reformen (türk. *Tanzimat*) verpflichtet, die denjenigen aus der Mitte des Jahrhunderts folgten und ohne große Auswirkungen blieben. All diese Initiativen verstimmten die Moslems* und waren mit ein Grund für die ersten Massaker an den Armeniern (1894). Zwischenzeitlich ging die Zerstückelung des Reiches weiter: 1881 waren die Franzosen in Tunesien und 1882 die Engländer in Ägypten, während auf dem Balkan Österreich 1908 Bosnien-Herzegowina endgültig annektierte und Rußland unter dem Deckmantel des Panslawismus die slawischen Völker gegen die Hohe Pforte* aufhetzte. Die neuen, miteinander verbündeten Staaten auf dem Balkan reichten 1912 (nach dem Ersten Balkankrieg) bis vor die Tore Istanbuls*.

Unter dem Vorwand der „Orientalischen Frage" und auf dem Umweg über die Kapitulationen (sowie deren Folgen: Schutz der Minderheiten und wirtschaftliche Halbkolonisierung) griff Europa unmittelbar in die inneren Angelegenheiten des Osmanischen Reiches ein – der Auftakt zum Untergang des Reiches.

► Balkan, Kapitulationen, Osmanen, Osmanisch (Kultur)

Orientalistik, Geschichte

Ab dem späten 18. Jh. Bezeichnung für das in Europa betriebene Studium des Nahen, Mittleren und Fernen Ostens. In der heutigen Bedeutung besonders das Studium der islamischen Welt im weiteren Sinne; die Fachwissenschaften für andere Regionen tragen eigene Namen (Indologie, Sinologie usw.).

Entstehung der Islamwissenschaften. Im mittelalterlichen Kontext der kriegerischen Auseinandersetzungen und religiösen Streitgespräche eröffneten die Kreuzzüge* und die Begegnungen mit Moslems* in Spanien* und Sizilien* den Europäern den Zugang zu einer Kultur, die ihrer eigenen in wesentlichen Punkten überlegen war. Das wissenschaftliche Erbe der Antike, das durch die Moslems weitergegeben worden war, sowie deren eigene Leistungen auf intellektuellem Gebiet waren ab dem Ende des 11. Jhs. vor allem durch die Vermittlung Spaniens bekannt. Für die Kirche entstand der Bedarf, die Religion der „Sarazenen*" besser kennenzulernen: Petrus Venerabilis, der Abt von Cluny, beauftragte 1143 Robert von Ketton mit der Übersetzung des Korans*, die bis ins 17. Jh. hinein die Grundlage weiterer europäischer Übersetzungen bildete. 1461 – kurz nach der Eroberung Konstantinopels* durch die Osmanen* – schrieb der deutsche Kardinal Nikolaus von Kues seine für die damalige Zeit von großer Weitsicht gekennzeichnete *Sichtung des Korans*. Die in jener Zeit sich verstärkenden Beziehungen zwischen Rom und den orientalischen Christen* förderten – wie in Spanien – die Forschungen in missionarischer Absicht. Zwischen 1586 und 1610 ließ Kardinal Ferdinando de Medici erstmals Werke bedeutender moslemischer Autoren, wie Avicenna* und Idrisi*, die bereits in lateinischer Fassung zugänglich waren, in Arabisch drucken. Der Botschafter König Franz' I. von Frankreich in Istanbul*, Guillaume Postel, brachte von dort arabische

Handschriften mit und verfaßte die erste Grammatik des klassischen Arabisch*. Seitdem verbreiteten sich die orientalistischen Studien in ganz Europa. In den Niederlanden (wo Leiden das Zentrum der Orientalistik wurde) hatte Thomas Erpenius (1584–1624) Zugang zu den wichtigsten arabischen und türkischen Quellen über die Geschichte seit Anbeginn des Islams. Sein Schüler Jacobus Golius (1596–1667) verfaßte ein arabisch-lateinisches Wörterbuch, das 200 Jahre lang als Standardwerk galt. In dieser Zeit befanden sich die bedeutendsten europäischen Sammlungen orientalischer Handschriften im Escorial in Madrid, im Vatikan und in der Bibliothèque Royale (heute: Bibliothèque Nationale) in Paris. Diplomaten, Gelehrte und Reisende brachten ebenfalls Werke nach London und nach Berlin – ein notwendiges Unterfangen, da die Schätze der orientalischen Bibliotheken* bis zum 20. Jh. unzugänglich blieben. Reisende bereicherten die zeitgenössische Kenntnis der osmanischen Welt und Persiens*: zu Beginn des 17. Jhs. Adam Olearius (Ölschläger, 1603–1671), der die ersten Übersetzungen vom Persischen ins Deutsche anfertigte, später im 17. Jh. die Franzosen Jean-Baptiste Tavernier und Jean Chardin.

Der Orient als Forschungsgegenstand. Das wissenschaftliche Studium des Islams*, seiner Sprachen und Literaturen begann an den Universitäten im allgemeinen im Rahmen der Semitistik und Bibelwissenschaft: Edward Pocock (1604–1691) errichtete in Oxford einen Lehrstuhl für Arabistik und machte die vorislamische Geschichte Arabiens bekannt. In Frankreich begünstigte die Aufklärung eine sachlichere Betrachtung der islamischen Kultur, oftmals allerdings zum Zwecke antikirchlicher Polemik. Die 1697 veröffentlichte *Bibliothèque orientale* des französischen Gelehrten Bartholomé d'Herbelot (1625–1695) war die erste Enzyklopädie islamischer Geschichte und Kultur; sie legte arabische, türkische und persische Quellen zugrunde. Die 1704 begonnene Herausgabe von Antoine Gallands französischer Übersetzung von *Tausendundeiner Nacht** stand am Beginn einer übergroßen Orient-Begeisterung; rasch folgten Übersetzungen des Werkes in andere europäische Sprachen. Alte Irrtümer beseitigte der Utrechter Orientalist Adrianus Relandus mit der Schrift *De religione Mohammedica.* Eine Neuübersetzung des Korans* ins Englische von George Sale (1734) gab den Anstoß zum vertieften Studium dieser heiligen Schrift. In Deutschland war Johann Jakob Reiske (1716–1774) ein entscheidender Wegbereiter arabischer Philologie. Der deutsche Forschungsreisende Carsten Niebuhr (1733–1815) und der Franzose François de Volney (1757–1820) veröffentlichten wertvolle Erkenntnisse über die arabischen Gesellschaften.

Die Orientalistik als Fachgebiet und ihre Forschungen. Wirtschaftliche und diplomatische Interessen führten 1795 zur Gründung der Pariser *École spéciale des langues orientales vivantes* (heute: Institut national des langues et civilisations orientales, INALCO) mit Lehrstühlen für Arabisch, Türkisch und Persisch. Der Iranist Louis-Matthieu Langlès sowie Silvestre de Sacy (1758–1838), Grammatiker und Herausgeber arabischer und persischer Texte, machten Paris zum Anziehungspunkt für Gelehrte aus ganz Europa – darunter die Deutschen Freytag, Flügel und Fleischer, der Spanier de Gayangos und der Ire de Slane. 1784 gründete der Brite W. Jones die *Asiatic Society of Bengal* in Kalkutta, die sich sowohl der Indologie als auch dem Studium des Islams* widmete und vor allem zahlreiche arabische und persische Texte edierte; Islamologen aus England und anderen Teilen Europas nutzten die dortigen Bildungsmöglichkeiten. Österreich, auf dem Balkan* in direktem Kontakt mit den Osmanen* stehend, brachte mit seiner 1754 gegründeten Orientalischen Akademie in Wien ebenfalls bedeutende Orientalisten hervor, so Joseph von Hammer-Purgstall (1774–1856), ein sprachbegabter Fachmann für das Osmanische Reich, zugleich Übersetzer von Hafis* (diese Übersetzung las auch Goethe) und Herausgeber einer Zeitschrift über den Orient. Die Romantik begünstigte in Deutschland die Übersetzung von Werken orientalischer Dichtkunst; viele dieser Übersetzungen blieben bis heute unerreicht, darunter diejenigen von Friedrich Rückert (1788–1866), der auch die erste Koranübersetzung schuf, die die Sprachgewalt des Originals erahnen läßt. 1822 wurde in Paris die *Société asiatique* gegründet, 1834 in London die *Royal Asiatic Society*, 1842 die *American Oriental Society* und 1845 in Halle die *Deutsche Morgenländische Gesellschaft.* Die Forschung öffnete sich zunehmend den Geschichtsquellen der orientalischen Völker, und die in jener Zeit veröffentlichten Werke sind noch heute oft Bezugspunkt, besonders diejenigen von Gustav Weil, Aloys Sprenger und William Muir. Erstrangig ist die *Geschichte des Qorans* von Theodor Nöldeke (1860), ebenso wie die Werke des Wieners Alfred von Kremer über die Kulturgeschichte des mittelalterlichen Islams. Ab der Mitte des 19. Jhs. wurden grundlegende Texte des Islams in ihrer Ursprungssprache veröffentlicht, so von Ferdinand Wüstenfeld (1808–1899) die *Sira** (Biographie des Propheten); ferner erschienen biographische Lexika und geographische Enzyklopädien. Der Schwede Carl Johan Tornberg veröffentlichte die Schriften des Geschichtsschreibers* Ibn al-Athir, der Niederländer Reinhart Dozy diejenigen der Historiker aus dem islamischen Westen und der Italiener Michele Amari die arabischen Quellen über Sizilien*. Al-Masudis* Werke gab Adrien Barbier du Meynard in Paris heraus, während Michael Jan de Goeje zusammen mit einer internationalen Arbeitsgruppe in Leiden die Edition der Schriften von at-Tabari* besorgte, vorrangig in der Absicht, die Kenntnis der ersten drei islamischen Jahrhunderte zu verbessern. Zur selben Zeit begann die kritische Analyse von Quellen, die für die arabischen Geschichtsschreiber vom deutschen Alttestamentler und Orientalisten Julius Wellhausen (1844–1918) durchgeführt wurde und in Italien in den *Annali dell'islam* und der *Chronographia islamica* (1905–1922) von Leone Caetani. Der britische Numismatiker Stanley Lane-Poole unternahm hochgradige Forschungen über die islamischen Dynastien, und der Russe Wassili Barthold (1869–1930) führte die Mittelasien*-Forschung zu ihrer Reife. Der Genfer Max von Berchem (1867–1921) begründete die arabische Epigraphik, während die islamische Archäologie einen Wegbereiter im Deutschen Ernst Herzfeld fand. Alois Musil aus Österreich entdeckte 1895–1915 die Omaijaden*-Schlösser in der syrischen Wüste. Die monumentale *Geschichte der arabischen Literatur* des Deutschen Carl Brockelmann, erschienen ab 1898, bildet bis heute die Grundlage arabischer Bibliographie.

Die Orientalistik als eigenständige Wissenschaft. Viel verdankt die Islamforschung dem Ungarn Ignaz Goldziher (1850–1921), der die Methoden der historischen Kritik anwandte, indem er den Islam* in seiner Ganzheit als eine Erscheinung der Kulturgeschichte betrachtete. Christiaan Snouck-Hurgronje (1857–1936), niederländischer Orientalist und Kolonialbeamter in Indonesien*, unterzog die Gesellschaft und Geschichte Indonesiens erstmals wissenschaftlichen Untersuchungen; gleichzeitig war er Fachmann für die Geschichte Mekkas* und die Entstehung des Islams. In Marokko machte sich der Franzose Louis Massignon (1883–1962) mit dem Islam vertraut, den er im Lichte seines tief verwurzelten katholischen Glaubens verstand. 1909 begann er seine umfangreiche Studie über al-Halladsch*, in der er religiöse Phänomene mit Hilfe gewagter Vergleiche zwischen christlicher und islamischer Geschichte deutete: Leidensgeschichte Christi und al-Halladschs, Maria und Fatima. Ein weiterer Franzose, Evariste Lévi-Provençal, war in der Zwischenkriegszeit einer der größten Fachleute für das islamische Andalusien*. Ebenfalls in Frankreich wirkte Jacques Berque (gest. 1995) prägend in den arabisch-islamischen Studien (Ethnologie, Kultur, Politik) und veröffentlichte eine Neuübersetzung des Korans*. Neue Horizonte eröffnete auch der erste Vertreter arabisch-islamischer Studien in den USA, Duncan Black Macdonald (1863–1943), der die Methoden der Religionspsychologie auf die islamische Theologie* anwandte. Vergleichbares hatte schon Martin Hartmann (1851–1918) am 1887 gegründeten Berliner Seminar für Orientalische Sprachen mit den Methoden der Religionssoziologie geleistet, ausgehend von den soziologischen Theorien Auguste Comtes und später Max Webers. Die Notwendigkeit, die Fülle an gewonnenen Erkenntnissen und Meinungen zu vereinen und zu verbreiten, führte zum internationalen Projekt *Enzyklopädie des Islam*, das von Goldziher und de Goeje in Leiden auf den Weg gebracht wurde; sie erschien von 1908–1938 in mehreren Lieferungen in Englisch, Französisch und Deutsch (für die gegenwärtig erscheinende zweite Auflage wurde auf Deutsch verzichtet).

Dieser kurze Überblick läßt viele große Namen unerwähnt. Aber die Orientalistik stellt heute ein Fachgebiet dar, dem sich endlich auch bedeutende Gelehrte aus den Ländern des Orients widmen (die häufig an westlichen Universitäten ausgebildet wurden); dies erklärt, daß die soziologischen Betrachtungen heute die philologischen Interessen überwiegen. Zeitweise als „Instrument des Imperialismus" massiv kritisiert, hat die Orientalistik in gewissem Maße den Orientalen die Wiederentdeckung ihrer archäologischen oder literarischen Reichtümer (das Werk des Ibn Chaldun*, die *Rubais** von Omar al-Chaijam*) erlaubt. Die Orientalistik wird heute – dank des anbrechenden Gleichgewichts zwischen orientalischen und westlichen Fachleuten – wohlwollender als eigenständige Wissenschaft betrachtet, zum Nutzen der wissenschaftlichen Forschung und der gegenseitigen Bereicherung.

Osmanen, Dynastie (1281–1924)
Vor dem Ende des 13. Jhs. weiß man nur wenig über die Osmanli („Söhne Osmans"), die späteren Osmanen. Sie scheinen zu einer Welle von turkmenischen* Nomaden* gehört zu haben, die aus dem Osten kam und die Byzantiner vor sich hertrieb. Eine Zeitlang waren sie von den Seldschuken*-Sultanen* von Konya* abhängig. Der Einfall der Mongolen* und der einsetzende Niedergang der Seldschuken zogen ihre Wanderung in den nordwestlichen Teil Anatoliens* nach sich.

Geburt des Reiches. Während türkische Fürstentümer in Anatolien* entstanden, widmeten die osmanischen „Glaubenskrieger" (*Ghazi*), die regelmäßig durch westwärts drängende Wellen turkmenischer* Nomaden* verstärkt wurden, ihre ganze Energie dem Kampf gegen Byzanz*. Dank ihrer kriegerischen Qualitäten schluckten sie zunehmend alle türkischen Emirate* in Anatolien. Ab 1357, am Anfang ihrer langsamen Umzingelung Konstantinopels*, gelangten die Osmanen nach Europa und fielen auf dem Balkan* ein, dessen eroberte Provinzen „Rumelien" („Land der Römer", d.h. Griechen) bildeten, die zweite Hälfte ihres Reiches neben Anatolien. Bezeichnend ist, daß sie 1366 ihre Hauptstadt von Bursa, im äußersten Westen Anatoliens, nach Edirne (Adrianopel) in Thrakien verlegten. Eine Lehns-Kavallerie erblickte das Licht der Welt – unterstützt durch die Janitscharen*, die Elite-Infanterie –, die den Ruf der Unbesiegbarkeit der Osmanen im christlichen Europa begründete. 1394 ließ sich Bayezit (oder Bayazid) den Titel „Sultan* von Rum" (griechisches Anatolien) von dem nach Kairo* geflohenen Abbasiden*-Kalifen* verleihen. Aber 1402 wurde er in der Nähe von Ankara durch Timur-Leng* vernichtend geschlagen. Im Verlauf der folgenden Jahrzehnte wurde das Osmanische Reich in Anatolien wiederhergestellt, es annektierte die Gebiete der letzten wichtigen türkischen Dynastie, der Karamaniden. 1453 nahm der Sultan Mehmet der Eroberer (türk. *Fatih*) schließlich Konstantinopel ein, das unter dem Namen Istanbul* die Hauptstadt des Reiches wurde.

Das Goldene Zeitalter und der Niedergang. Das 16. Jh. bildete das Goldene Zeitalter des Osmanischen Reichs: Sultan Selim I. ergriff 1517 Besitz vom ganzen arabischen Vorderen Orient und von Ägypten. Der Sieg Süleymans des Prächtigen* (Regierungszeit: 1520–1566) bei Mohács 1526 stellte den größten Teil Ungarns für anderthalb Jahrhunderte unter türkische Vormundschaft; die Osmanen grenzten nun direkt an ihre Erbfeinde, die österreichischen Habsburger. Wien wurde zum ersten Mal 1529 belagert, und die osmanischen Korsaren (Piraten) dehnten ihre Kontrolle auf die Küsten des Maghrebs* (außer Marokko) aus. Die schwere Niederlage der Osmanen in der Seeschlacht von Lepanto (Griechenland) 1571 gegen die Flotten Spaniens*, Venedigs und des Kirchenstaats hatte keine offenkundigen politischen Konsequenzen; sie versetzte dennoch dem Ruf der militärischen Unbesiegbarkeit der Osmanen einen Schlag. Der Seekrieg (Piraterie) wütete zwischen Osmanen und christlichen Staaten. An den östlichen Grenzen wurden die schiitischen* Safawiden* von Persien*, eine rivalisierende Dynastie, 1514 bei Tschaldiran besiegt; der Irak kam unter die Herrschaft der Osmanen, Aserbaidschan wurde besetzt. Im Indischen Ozean und im Roten Meer griff die osmanische Flotte vom Persischen Golf und von Ägypten aus die Portugiesen an. Ein Teil des Kaukasus* wurde 1534 unterworfen; Aden (Jemen*) wurde 1538 eingenommen. Auf ihrem Höhepunkt (1500–1660) pflegten die Osmanen eine tolerante Haltung gegenüber den religiösen Minderheiten der Schriftbesitzer*, Christen und Juden, die unter dem „Millet"-System standen (von arab. *Milla*, „Volk" im religiösen Sinne). In der Türkei fanden die Juden Zuflucht, die vor den Verfolgungen flohen, denen sie in Spanien nach der Einnahme Granadas 1492 ausgesetzt waren. Am Ende des 17. Jhs. jedoch setzte auf dem Balkan* ein unerbittlicher Rückstrom ein, selbst wenn die zweite Belagerung Wiens durch die Türken 1683, die mit knapper Not zurückgeschlagen werden konnte, Europa noch erzittern ließ. Dieser militärische und politische Rückzug war die Folge der Blindheit der sich überlegen wähnenden Osmanen gegenüber den politischen, wirtschaftlichen und militärischen Umwandlungen in Europa, das sich seit der Renaissance mit zahlreichen Trümpfen ausstattete, um die Welt zu beherrschen. Solange die solide osmanische Verwaltung noch leistungsfähig war, widersetzten sich die Janitscharen*, unterstützt von der religiösen Klasse der fortschrittsfeindlichen Ulema*, der Modernisierung der Armee. Sie wurden 1826 von dem Reform-Sultan Mahmut II. niedergemetzelt. Die Politik der Kapitulationen* hinterließ Schäden: Die europäischen Techniken und Manufakturerzeugnisse begannen langsam die osmanische Wirtschaft zu ruinieren; die inneren Einkünfte des Reiches verringerten sich unaufhörlich, was die Türkei im 19. Jh. an den Rand des Bankrotts führte.

Nach der Unterwerfung der Tataren* (Alliierte der Osmanen auf der Krim*) Ende des 18. Jhs. durch das Russische Reich, die das Schwarze Meer für dessen Kriegsflotte öffnete, zeigten die Russen deutlich ihre uralten Ambitionen, sich die Kontrolle über den Bosporus zu sichern, um Zugang zum Mittelmeer zu erhalten. Das Osmanische Reich begann sich aufzulösen. Ägypten wurde bald unter Mohammed Ali* halb-autonom, dann wurde es von den Engländern 1882 besetzt. Die Griechen erhoben sich und gewannen ihre Unabhängigkeit zwischen 1830 und 1832, während im gleichen Jahr die Franzosen Algerien besetzten. Die europäischen Mächte intervenierten mehr und mehr in die inneren osmanischen Angelegenheiten (die sog. „Orientalische Frage*") – unter dem Vorwand, die christlich-orthodoxen Gemeinschaften zu schützen (so die Russen) und die katholischen, darunter die Maroniten* im Libanon (so die Franzosen). Aber die heftigen Rivalitäten zwischen den Europäern verzögerten die Zerschlagung des Osmanischen Reiches, das in der Öffentlichkeit als „der kranke Mann am Bosporus" bezeichnet wurde. Beeinflußt durch den von der Französischen Revolution übernommenen Nationalgedanken erhoben sich die christlichen Völker des Balkans, militärisch unterstützt von Österreich und dem russischen Panslawismus, und gewannen nach und nach ihre Unabhängigkeit, die am Ende des Zweiten Balkankrieges (1913) endgültig erreicht war. Der europäische Teil der Türkei war nun unter diesen Umständen allein auf das östliche Thrakien beschränkt. Die Osmanen verbündeten sich während des Ersten Weltkriegs mit den Mittelmächten (Deutschland und Österreich) auf Anregung der Jungtürken*. Mit der Niederlage verloren sie ihre arabischen Gebiete, während das Reich von den Alliierten besetzt und zerstückelt wurde. Das türkische Nationalgefühl gewann Gestalt um den Befreiungskrieg herum, den Mustafa Kemal* führte; viele betrachteten die osmanische Dynastie als verantwortlich für den Zusammenbruch. Noch vor der Ausrufung der türkischen Republik (1923) wurde das Sultanat 1922 abgeschafft, dann das Kalifat* 1924. Der letzte osmanische Sultan starb im Exil.

▶ Anatolien, Balkan, Istanbul, Osmanisch (Kultur), Süleyman der Prächtige, Türken (im Islam)

Osmanisch, Kultur

Während der 46jährigen Regierungszeit (1520–1566) Süleymans des Prächtigen* erlebte die osmanische Kultur ihren Höhepunkt, bevor ein langsamer Zerfall begann. Talente und Schätze strömten in Istanbul* zusammen, das multiethnische Hauptstadt eines Reiches mit gefestigten Institutionen war und zugleich Zentrum einer außergewöhnlichen materiellen Kultur sowie die größte Stadt der damals bekannten Welt (700 000 Einwohner, das Doppelte von Paris, das Fünffache von London).

Künste und Kultur. In ihrer Architektur*, die zum Teil von Byzanz* geerbt war, aber schnell einen eigenen Stil entwickelte, haben die Osmanen den dauerhaftesten Eindruck dank dem großen Architekten Sinan* (1489–1588) hinterlassen: Medressen* (religiöse Universitäten), Hammams*, Brücken und vor allem prächtige Moscheen* – die Süleyman-Moschee in Istanbul*, die Selim-Moschee in Edirne. Die dekorativen Künste erzielten Spitzenleistungen: Keramik* mit floralen Dekors aus Iznik (zum Schmuck von Moscheen und Palästen), Textilien* aus Bursa, Teppiche* aus Usak, Juwelen und Waffen, die alle aus den kaiserlichen Ateliers hervorgingen. Die Kalligraphie*, die Siegelkunst (*Tughra*) und die Buchkunst* erlebten eine glanzvolle Entwicklung. Die Miniatur*-Malerei gewann einen eigenen Charakter unter dem Einfluß Persiens* und der europäischen realistischen Malerei; sie stellte das Leben am Hof*, die Feste, den Krieg, das städtische Leben und die Zünfte dar. Trotz ihrer relativen Gleichförmigkeit zeichnete sich die Dichtung* durch lebendigen Glanz aus, ermutigt durch den Sultan*, der selbst dichtete und in den drei Kultursprachen des Reiches gebildet war: arabisch* für die Religion und das Recht*, persisch* für die schöne Literatur und türkisch* für die Verwaltung und die Geschichtsschreibung. Einige Dichter am Hof zeichneten sich besonders aus: Fuzuli*, Baki* und Zati. Man kann gleichfalls das Werk des Geographen* Piri Reis und der Geschichtsschreiber* Saad ad-Din und Evliye Tschelebi nennen. Aber das interkulturelle Leben stagnierte auf Grund des vorherrschenden Einflusses der religiösen Schichten, die rückständig und dialogfeindlich waren. Ein langsamer Verfall kam kurz nach der kulturellen Blüte unter Süleyman dem Prächtigen* auf. Da sie sich in ihrer Eigenschaft als Moslems* überlegen fühlten, öffneten sich die Osmanen nur spät für Innovationen, vor allem in Gestalt militärischen Fachwissens, während Europa bereits zwei Jahrhunderte lang die politischen, kommerziellen, materiellen und militärischen Mittel besaß, um sich in der Welt durchzusetzen. So ist es beispielsweise bezeichnend, daß die Kunst des Buchdrucks zwar seit ihren Anfängen im Osmanischen Reich für die religiösen Minderheiten (die Schriftbesitzer*: Juden, Griechen und Armenier) eingeführt und erlaubt war, man aber bis 1727 warten mußte, bis türkische Werke in arabischer Schrift gedruckt wurden – auf Grund des heiligen Charakters der arabischen Sprache und Schrift.

Der Staat. Die Thronbesteigung des Sultans* gehorchte bis zum Ende des 16. Jhs. auf Grund der Vielzahl der Anwärter dem sog. „Gesetz des Brudermordes“, das Mehmet II., der Eroberer von Konstantinopel* (1453), eingeführt hatte. Um die Dynastie vor blutigen Erbfolgekämpfen zu bewahren, ließ der bestplazierte Anwärter seine Brüder und Halbbrüder anläßlich seiner Thronbesteigung erdrosseln. Ab dem 17. Jh. begnügte sich der Sultan, immer noch absoluter Monarch und „Befehlshaber der Gläubigen“, damit, die möglichen Anwärter in einen „goldenen Käfig“ einzusperren: den Topkapi*-Harem, der ein mächtiges Zentrum politischer Intrigen wurde; einige, die schließlich nach Jahren des Nichtstuns doch noch an die Macht berufen wurden, verließen ihn völlig unwissend, z. T. sogar schwachsinnig.

Um das eine Vielzahl von Völkern umfassende Weltreich regieren zu können, erstellte Sultan Süleyman, von den Moslems* „der Gesetzgeber“ (*al-Qanuni*) genannt, anpassungsfähige Gesetzessammlungen (*Qanun-name*) und stützte sich auf eine Verwaltungshierarchie, die zu ihrer Glanzzeit aus kompetenten, vom Großwesir* geführten Beamten gebildet war. Einige bemerkenswerte Beamte haben die Geschichte bestimmt, wie Rüstem Pascha, Sokollu und die Familie Köprülü im 17. und 18. Jh. Seit dieser Epoche übrigens war der Großwesir der faktische Chef der Regierung, die er von seinen Dienststellen an der (außerhalb des Topkapi-Palastes gelegenen) Hohen Pforte* (*Bab-i Ali*) führte. Er überwachte die spezialisierten Verwaltungsabteilungen (Finanzen, Richter, Großsiegelbewahrer, Staatskanzlei), deren Verantwortliche aus der Klasse der Ulema* (Religionsgelehrten) oder der Militärs (*Askaris*) stammten. Bis zum 17. Jh. standen letztere an der Spitze der mächtigsten Armee* Europas, ausgestattet mit einer für die Hauptfeinde des Reiches, die Habsburger und die persischen Safawiden*, furchterregenden Artillerie. Gestützt auf die Waffenlager in Istanbul* herrschte die Flotte unter dem Befehl des Großadmirals (*Kapudan Pascha*) über das östliche Mittelmeer – bis zur Niederlage in der Seeschlacht von Lepanto 1571 – und eine Zeitlang über den Persischen Golf und das Rote Meer. Mehrmals pro Woche trafen sich die wichtigsten Würdenträger im Reichsrat (dem sog. Großherrlichen Diwan*) in Topkapi, einer wahrhaften Stadt in der Stadt, in der nahezu 20000 Personen lebten. In ihren besten Zeiten war die osmanische Bürokratie außergewöhnlich leistungsfähig, sie erstellte genaue Bestandsaufnahmen der Einnahmequellen des Reiches und führte Volkszählungen durch, um Steuern zu erheben und eine kohärente Innenpolitik festzulegen. Im 16. und 17. Jh. erfuhr das Osmanische Reich einen materiellen Wohlstand und ein wichtiges Bevölkerungswachstum; beides begünstigte einen blühenden Binnenhandel – bis zu dem Zeitpunkt, als die europäischen Mächte die Wirtschaft kolonisierten. Die Provinzen wurden von den beiden Generalgouverneuren (*Beglerbegs*) von Rumelien (Balkan*) und von Anatolien* überwacht, die an der Spitze der Gouverneure (*Begs* oder *Beys*) der Regionen (*Sandschaks*) standen, die u.a. in Lehen (*Timar*) unterteilt waren, die den Truppenführern der Kavallerie (*Spahis*) übertragen wurden, die im Bedarfsfall Truppen auszuheben hatten. Aber die größte Originalität des osmanischen Regierungssystems war bis zum 17. Jh. die Einrichtung der „Pfortensklaven": Elitemilitärs – darunter die berühmten Janitscharen* – und hohe Elitebeamte, die nach Bedarf alle drei oder sieben Jahre durch eine regelmäßig angeordnete Aushebung (*Devschirme*: „Knabenlese") christlicher Bauernjungen „rekrutiert" wurden. Von ihren Wurzeln abgeschnitten und allein der Person des Sultans treu ergeben, erhielten sie nach einer strengen Auslese eine Ausbildung im Palast, nachdem sie zum Islam* bekehrt worden waren. Sie bildeten die administrative und militärische Elite des Reiches. Viele von ihnen gelangten auf diese Weise zu höchsten Staatsämtern: die Mehrzahl der Großwesire, der Militärführer, der hohen Beamten und der Provinzgouverneure waren so zugleich nicht-türkischer, sklavischer und christlicher Herkunft – die Sklaverei* durfte im Prinzip nicht bei Moslems zur Anwendung kommen. Aber niemals begünstigten die Sultane die Bildung einer erblichen und unternehmungslustigen Aristokratie, die ihre absolute Macht hätte begrenzen können.

Die Gesellschaft. Die Gesellschaft gliederte sich in zwei Hauptklassen: erstens, um den Herrscher herum, die obere Staatshierarchie – eingeteilt in „Militärs", „Bürokraten" und Glaubensgelehrte (die Ulema*) –, die der Steuer nicht unterworfen war, und zweitens die moslemischen und nicht-moslemischen „Untertanen" (*Reayas*), die steuerpflichtig waren. Die Untertanen waren ihrerseits unterteilt in Bauern und Hirten einerseits und städtische Kaufleute und Handwerker andererseits; die Möglichkeit des Wechsels von einer in die andere dieser Unterteilungen war beschränkt. Die Klasse der Kaufleute, als Keim eines Bürgertums, hat niemals einen repräsentativen Einfluß (vergleichbar dem europäischen Bürgertum) besessen, denn sie war in Zünfte eingeteilt, die keine Vereinigungen freier Kaufleute waren (wie im mittelalterlichen Europa), sondern Organisationen, die unter strenger Kontrolle der Staatsbürokratie standen und deren Initiativbefugnis allein vom Sultan* abhing. Die absolute Herrschaft des Sultans erkannte niemals die Existenz von Zwischeninstanzen an, nicht einmal den Begriff der juristischen Person für irgendeine Gruppierung. Der Grund und Boden wurde als persönlicher Besitz des Sultans angesehen; das Schicksal des Bauerstandes war hart. Mit dem wirtschaftlichen Niedergang des Reiches neigten die Bauern dazu, wenig Erträge zu bringen und sich auf die unmittelbare Bedarfsdeckung zu beschränken. Die zahlreichen Schriftbesitzer*, Juden und vor allem Christen, standen unter dem „Millet"-System („Volk", Gemeinschaft im religiösen und nicht im ethnischen Sinne): Sie regelten die ihre Gemeinschaft betreffenden Angelegenheiten (Religion, Justiz, Finanzen) eigenständig unter der Ägide ihres religiösen Oberhauptes (Patriarch, Großrabbiner).

▶ Anatolien, Baki, Balkan, Barbaresken, Fuzuli, Hohe Pforte, Istanbul, Janitscharen, Jungtürken, Orientalische Frage, Osmanen, Schriftbesitzer, Süleyman der Prächtige, Türken (im Islam)

Ostafrika ▶ **Swahili-Kultur**

Pakistan

Die Islamische Republik Pakistan („das Land der Reinen") ging aus der moslemischen Erweckungsbewegung in Indien* hervor, die sich 1947 durch die blutige Teilung des Landes konkretisierte. Der neue pakistanische Staat war in zwei Teile geteilt, die 1600 km voneinander entfernt und durch Indien getrennt waren: West-Pakistan (begrenzt vom Iran* im Westen, Afghanistan* im Norden, Indien im Osten und dem Arabischen Meer im Süden) und Ost-Pakistan, das nach der Spaltung im Jahre 1971 zu Bangladesch wurde.

Das heutige Pakistan (mit Islamabad als politischer Hauptstadt und Karatschi als Wirtschaftszentrum) ist in fünf große Regionen untergliedert: das Pandschab, North-West Frontier Province, Sind, Belutschistan und Kaschmir, das mit Indien geteilt wird und ständig für Konflikte zwischen beiden Staaten sorgt. Die 130 Mio. Einwohner Pakistans sprechen Urdu*, die Nationalsprache, und sind zu 96% Moslems* (20% sind Schiiten*). Man zählt 1,2% (3 Mio.) Christen sowie einige hinduistische Minderheiten. Ali Jinnah, der sich ab 1940 in Britisch-Indien an der Spitze der Moslemliga* befand, war einer der führenden Köpfe bei der Gründung eines unabhängigen, islamisch bestimmten Staates und dessen erster Präsident. Seit den fünfziger Jahren hat Pakistan mehrere Militärdiktaturen erlebt. Heute besteht wieder ein Mehrparteiensystem, und es wurde sogar zweimal eine Frau, Benazir Bhutto, zur Regierungschefin gewählt, was bis dahin in den islamischen Ländern noch nicht vorgekommen war.

Der Islam* setzte sich zunächst unter den Omaijaden* in Sind, das sich im Süden Pakistans befindet, auf indischem Boden fest, mit Multan (südliches Pandschab) als wichtigstem Zentrum. Ab dem 11. Jh. geriet das Pandschab, die reichste Provinz des Landes, endgültig unter moslemische Gewalt und gehörte nacheinander zum türkisch-afghanischen Reich, zum Sultanat Delhi* und zum Reich der Moguln*. Die Hauptstadt des Pandschabs, Lahore*, wurde zu einem der prächtigsten Zentren der Religion, Kultur und Kunst des indischen Islams und ist bis heute die kulturelle Hauptstadt des Landes.

▶ Indien, Lahore, Urdu

Palästina

Der griechische Geograph und Reisende Herodot (490–425 v. Chr.) war der erste, der den griechisch-lateinischen Namen Palästina erwähnte. Der Name bezog sich auf das wichtigste dort lebende Volk: die Philister. Wiederaufgenommen wurde der Begriff in der arabischen Bezeichnung *Filastin*. Palästina, im Süden des Fruchtbaren Halbmondes* gelegen, erstreckt sich über die Küstenregion des Mittelmeers, die im Osten an den Jordan grenzt und im Süden bis nach Gaza sowie im Norden bis zum Libanon reicht. Als Wiege von zwei der drei großen monotheistischen Religionen – Judentum und Christentum – hat es gleichzeitig für die Moslems* eine große Bedeutung, da sich Jerusalem* dort befindet. Heute ist es in den Staat Israel und den entstehenden Staat Palästina geteilt.

Ein seit der Antike umstrittener Staat. In der Antike (um 1850 v. Chr.) drangen jüdische Nomadenstämme in Palästina (Kanaan, das „Gelobte Land") ein, die – angeführt von Abraham* – von

Chaldäa (Mesopotamien) aufgebrochen waren. Die Juden stießen auf Volksstämme, die bereits in diesem Gebiet lebten – insbesondere die Philister. Palästina war auch das Land, in das Moses, gefolgt von Josua, (um 1200 v. Chr.) die hebräischen Gefangenen aus Ägypten brachte. David (um 1000–972 v. Chr.) wurde König von Israel; nachdem er von allen jüdischen Stämmen anerkannt worden war, bemächtigte er sich des zukünftigen Jerusalems, das die Hauptstadt des Königreiches wurde. Sein Sohn, König Salomo, baute den ersten Tempel des jüdischen Volkes, der den Höhepunkt der Macht Israels markierte. Palästina wurde nach der Eroberung durch Alexander den Großen* (333 v. Chr.) griechisches Territorium. Ab 63 v. Chr. herrschten hier die Römer, die zwei jüdische Aufstände niederschlugen: Titus zerstörte 70 n. Chr. den Tempel von Jerusalem, und Judäa wurde römische Provinz. Die Juden wurden nach dem zweiten Aufstand (132) verbannt und zogen in die Diaspora. Als byzantinische Provinz wurde Palästina kurzzeitig von den Persern besetzt, bevor es wieder an Byzanz* zurückfiel.

Palästina vom arabischen Weltreich bis zum britischen Mandat. Das Land der „Söhne Israels" (arab. *Banu Israil*), wurde ab 634 mit der ersten arabischen Expansion* eingenommen. Nachdem es 636–640 endgültig besetzt worden war, wurde es omaijadische* Provinz. Als die Abbasiden* das Zentrum ihres Reiches nach Bagdad* verlegten, wurde Palästina zweitrangig. Nach der Eroberung durch die Fatimiden* im 10. Jh., entwickelte es sich zu einer der fruchtbarsten Regionen Syriens. Mit den Kreuzzügen* wurde Palästina zu einem Schlachtfeld, auf dem Kreuz und Halbmond aufeinandertrafen. Nach der Vertreibung der Franken (1291) wurde es wieder zum moslemischen Land unter der Herrschaft der Mamelucken*, den eigentlichen Nutznießern des Scheiterns der Kreuzfahrer. Aber die Mamelucken wurden 1516 von den Osmanen* geschlagen. Das Land geriet in die Abhängigkeit Istanbuls*, bis es während des Ersten Weltkrieges (1917) durch die Engländer besetzt wurde. Im selben Jahr verkündete der britische Minister Balfour unilateral die Schaffung einer „nationalen Heimstatt für die Juden in Palästina" als Bestandteil des künfigten britischen Mandats über das Land. Damit lösten die Engländer ein Versprechen ein, das der zionistischen Bewegung gegeben worden war und an das die Machthaber des „Mandats" (1923–1948) gebunden waren.

Die steigende Anzahl jüdischer Emigranten aus Europa (1939 waren es mehr als 400 000) provozierte zahlreiche Aufstände von seiten der einheimischen Araber, deren Zahl bei einer Million lag. Fünf wichtige Rebellionen, von London gewaltsam unterdrückt, fanden zwischen 1928 und 1939 statt. Der arabische Widerstand gegen die jüdische Kolonisation zwang die Mandatsmächte schließlich dazu, die jüdische Immigration ab 1939 einzuschränken. Diese Einschränkung wurde auch während des gesamten Zweiten Weltkrieges nicht aufgehoben, nicht einmal als der Völkermord an den Juden durch die Nazis bekannt wurde. Schiffe mit jüdischen Flüchtlingen wurden mit brutaler Gewalt aufs Meer zurückgedrängt, kaum daß der Krieg beendet war. Am Ende des Krieges bestand die Bevölkerung

Palästinas aus mehr als 650000 Juden und doppelt so vielen Arabern. Im zionistischen Lager kam ein anti-britischer Terrorismus zu demjenigen der Selbstverteidigung hinzu, der sich gegen die Araber richtete.

Nach der Gründung des Staates Israel. 1947 beschloß die UNO (1945 gegründet), trotz der Opposition der nun unabhängigen arabischen und moslemischen Staaten, eine Teilung Palästinas zwischen Juden und Arabern. Die ersteren akzeptierten diesen Plan, die anderen lehnten ihn ab, weil sie ihn zu ungerecht fanden. Eine Koalition von fünf zusammengewürfelten arabischen Armeen, unterschiedlich motiviert und ausgerüstet, wurde geschlagen. Am 14. Mai 1948, am Vortag des Ablaufs des britischen Mandats, proklamierten die Juden in Tel Aviv die Unabhängigkeit des Staates Israel. Ein Waffenstillstand scheiterte; Israel und Ägypten nahmen die Kämpfe wieder auf, zum Nachteil Ägyptens; im Februar 1949 wurde in Rhodos ein Waffenstillstand zwischen den kriegführenden Mächten unterzeichnet. Die Teilung Palästinas war vollzogen; die Israelis hatten mit Waffengewalt ein deutlich größeres Territorium gewonnen als das, welches im ursprünglichen Plan der UNO vorgesehen war. Das, was vom arabischen Palästina übrig blieb, wurde von Jordanien annektiert: Jerusalem*, an der Grenze der beiden Staaten, wurde in zwei Teile geteilt. Zehntausende Palästinenser flüchteten vor den Kämpfen und suchten in benachbarten Staaten Zuflucht. Nachdem ihre Zahl in den nachfolgenden Jahrzehnten auf hunderttausend angestiegen war, wobei viele in Zeltlagern lebten, warteten sie auf ihre Revanche, da Israel es ablehnte, sie aufzunehmen: gleichzeitig nahm der hebräische Staat eine Million Juden auf, die aus den arabischen Ländern vertrieben worden waren. Gebildet und dynamisch, gingen viele Palästinenser in die arabische Welt ins Exil, u. a. in die Golfstaaten und nach Arabien – hier haben sie für eine Zeitlang die besten Fachleute auf den Gebieten der Erziehung, der Wirtschaft und der Verwaltung geliefert. Viele entschieden sich auch für die Ausreise nach Amerika. Die arabischen Staaten leisteten den palästinensischen Bewegungen wichtige finanzielle Unterstützung, womit sie versuchten, diese in ihre Auseinandersetzungen einzuspannen. Das Palästinenserproblem wurde zu einem der leidenschaftlichsten des Planeten und scheint ohne Lösung. 1956 schloß sich Israel dem französisch-britischen Angriff gegen das Ägypten Nassers* an – nach der Verstaatlichung des Suezkanals –, jedoch mußten sich die Eindringlinge unter dem Druck Moskaus und Washingtons zurückziehen. Ein weiterer Krieg konfrontierte 1967 den jüdischen Staat mit seinen arabischen Nachbarn, die eine vernichtende Niederlage erlitten: Der arabische Teil Jerusalems, das „jordanische" Palästina (Westjordanland), die syrischen Golanhöhen und die ägyptische Sinaihalbinsel wurden besetzt. Als „heilige Sache" nährte das Palästinenserproblem eine Zeitlang den einheitlichen Nationalismus der Araber, jedoch traten die alten Streitigkeiten wieder auf. 1973 versetzte ein Überraschungskrieg, der von den Ägyptern angeführt wurde, diese in die Lage, den Suezkanal nach neun Jahren wieder für sich zu vereinnahmen. Im gleichen Jahr erließen die erdölproduzierenden arabischen Staaten ein Öl-Embargo, um die westliche Welt unter Druck zu setzen – Europa an erster Stelle. 1977 besuchte Präsident Sadat Israel – als erstes arabisches Staatsoberhaupt, das diese Geste vollführte – und unterschrieb 1979 den Friedensvertrag mit Tel Aviv, welcher das Abkommen von Camp David (USA) 1978 konkretisierte. Ägypten wurde nun aus dem Kreis der arabischen Staaten ausgeschlossen. Moslemische Fundamentalisten* ermordeten Sadat 1981 in Kairo*. Inzwischen wurden wichtige Schritte zu einem Frieden ausgeführt, weil der Staat Israel sich kompromißbereiter zeigt – eine große Minderheit von mehr als einer Million Araber sind israelische Staatsbürger –, und eine Anzahl arabischer Staaten hat – offiziell oder auch nicht – die Unantastbarkeit der Existenz des jüdischen Staates zur Kenntnis genommen. Und dies trotz strittiger Themen, die den Status von Jerusalem betreffen, wie auch die israelische Verweigerung der Rückkehr von mindestens einem Teil der im Exil lebenden Palästinenser und mehr noch die bis zum Äußersten gehende und „straffe" Kolonisation des Westjordanlandes. Die Entscheidung von Jasir Arafat, dem Präsidenten der PLO (Palästinensischen Befreiungsorganisation), den Irak im Golfkrieg (1991) zu unterstützen, unterbrach die finanzielle Unterstützung der reichen arabischen Erdölstaaten, die Zehntausende Palästinenser auswiesen, die dort zur Unterstützung ihrer in der Heimat oder den Flüchtlingslagern gebliebenen Familien arbeiteten. Durch die Konferenz von Madrid (1991) ins Leben gerufen und durch die Vereinbarungen von Oslo (1993) zwischen der israelischen Regierung und denjenigen Palästinensern, die die Autorität der PLO anerkennen, in Gang gebracht, kommt der Gedanke eines Palästinenserstaates neben Israel voran. Trotz des Terrorismus, der von palästinensischen Fundamentalisten, die sich ihm widersetzen, ausgelöst wurde, führt Jasir Arafat heute diesen „Staat im Anfangsstadium" vom Gazastreifen aus. Dieser ist neben der Region um Jericho eine der beiden geographischen Komponenten des zukünftigen freien und unabhängigen Palästinas.

► Fruchtbarer Halbmond, Jerusalem, Arabische Liga.

Panislamismus

Der Panislamismus, dessen Theoretiker u. a. der Reformer Djamal ad-Din al-Afghani (1838–1917) ist, tritt für die Einheit aller Moslems* ein, wie sie in der Anfangszeit des Islams bestand, und wendet sich damit besonders gegen die Bedrohungen durch den ausländischen Imperialismus.

Zu Beginn des 19. Jhs. befand sich die islamische Welt in fast vollständiger Abhängigkeit von den europäischen Kolonialmächten: Die Engländer setzten 1858 der Herrschaft der Moguln* in Indien* ein Ende, die Holländer bemächtigten sich nach und nach Indonesiens* und die Russen der islamischen Khanate* in Mittelasien*. Die Franzosen, die bereits seit 1830 in Algerien herrschten, besetzten Tunesien (1881–1882), die Engländer Ägypten (1882). Ab 1891 beherrschten die Deutschen einen Teil Ostafrikas, und die Italiener eroberten 1911–1912 Tripolitanien (Libyen). In

Schwarzafrika gelangten ganze islamische Regionen unter europäische Herrschaft. Eine Mehrheit der Moslems setzte daher ihre Hoffnung auf den mächtigsten unabhängigen islamischen Staat: das Osmanische* Reich. Abdülhamit II., absolutistisch regierender osmanischer Sultan* von 1876–1909, wurde zum glühenden Anhänger des Panislamismus, den er als Bollwerk gegen den Nationalismus in den moslemischen Provinzen seines Reiches betrachtete, wenngleich auch die christlichen Provinzen auf dem Balkan* langsam vom Reich abfielen. Seine Stellungnahmen und die von ihm geförderten Kongresse rissen eine Zeitlang manche Moslems mit und führten zu Demonstrationen und Erhebungen in Indien, Südostasien, Turkestan* und Algerien. Doch die Schwäche des Osmanischen Reiches entzog ihm die Möglichkeit ernsthafter Aktionen. Als der Sultan-Kalif* in Istanbul* im Ersten Weltkrieg zum Heiligen Krieg (*Dschihad**) gegen Engländer, Franzosen und Italiener aufrief, erhoben sich weder die Inder noch die Araber gegen die Feinde des Reiches. Die Abschaffung des Kalifats* 1924 durch Mustafa Kemal* zog in den islamischen Ländern lediglich verbalen Protest nach sich. Der Panislamismus besteht heute fort im Rahmen internationaler Organisationen, wie dem Islamischen Weltkongreß (gegr. 1949–1951 in Karatschi), der Weltmoslemliga (gegr. 1962 in Mekka*) und der Organisation Islamische Konferenz (OIC), deren Charta 1972 in Dschidda verabschiedet wurde. Die beiden letztgenannten Bewegungen werden von Saudi-Arabien (Wahhabiten*) beherrscht.

▶ Osmanen, Reformislam

Papier

Das Papier, zu Beginn des 2. Jhs. n. Chr. von den Chinesen erfunden, wurde auf der Grundlage von Bambusfasern, Maulbeerbaumrinde und Hadern, die in kochendes Wasser eingelegt wurden, hergestellt. Das Geheimnis der Herstellung wurde bis ins 8. Jh. hinein von den Chinesen streng gehütet. Schließlich wurde das Verfahren mit Hilfe chinesischer Gefangener von den arabischen Eroberern Samarkands* (751) entdeckt, das bereits ein Fabrikationszentrum war.

Um 800 wurde in Bagdad* eine Papierfabrik, die Lumpen, Baumwolle und Leinen benutzte, eingerichtet, um den Bedarf der abbasidischen* Verwaltung zu befriedigen. Das Herstellungsverfahren gelangte nach Syrien, Ägypten und Sizilien*, später über Fes* nach Andalusien*. Dort erfuhr die Papierproduktion viele technische Verbesserungen und verbreitete sich im 13. Jh. in Europa. Rasch ersetzte es bei den Moslems* den ägyptischen Papyrus. Durch die Kreuzzüge* entwickelte sich die Papierherstellung auch in italienischen Städten, und im 11. Jh. verdrängte es an der Nordküste des Mittelmeeres endgültig das Pergament. Die frühen Herstellungsverfahren und Papierindustrien im Islam* haben uns das Wort „Ries“ (Papierballen), abgeleitet von arab. *Rismah,* hinterlassen.

Parteienkönige ▶ Reyes de Taifas

Passionsspiel ▶ Tazija

Persien

Im heutigen historischen und geographischen Sinne ist Persien (pers. *Fars*) ein Teil des iranischen Gebietes, das sich von Isfahan* bis zur Gegend von Persepolis sowie von Schiras* bis zu den Ufern des Persischen Golfes erstreckt.

Als altes Kulturland wurde Persien von indoeuropäischen Nomaden* oder Halbnomaden bevölkert, die im 2. Jahrtausend aus dem Norden kamen. Das persische Reich wurde von bedeutenden Dynastien regiert, u. a. von den Achämeniden (7.–4. Jh. v. Chr.) und den Sassaniden* (226–651 n. Chr.). Die ersten arabischen Eroberungswellen stürzten im 7. Jh. (637–642) die persische Sassanidendynastie und gliederten Persien und andere iranische Gebiete dem moslemischen Reich an. Die Safawiden* gaben dem persischen Reich Grenzen, die nur wenig von denen des heutigen – von Schah Mohammed Reza Pahlewi 1925 zu Ehren der alten Monarchien umbenannten – Irans abwichen.

► Iran, Persisch, Safawiden

Persisch

Mit dem Zerfall des Abbasiden-Kalifats* begünstigte seit dem 9. Jh. das Aufkommen unabhängiger kleinstädtischer Dynastien in der iranischen Welt eine Wiedergeburt der persischen Sprache. Die arabische* Sprache blieb weiterhin die Religions- und Gelehrtensprache auch der zahlreichen Iraner, die die moslemische klassische Kultur bereichert haben.

Die Wiedergeburt einer Sprache. Nach der arabischen Eroberung (636–642) war die indoeuropäische persische Sprache in ihrer schriftlichen Form, dem Pehlewi (Mittelpersisch der Sassaniden*), erstarrt. Sie bestand im Iran* parallel zu einem lebendigen gesprochenen Persisch, das einem ständigen und starkem Einfluß von Begriffen und lexikalischen Elementen des semitischen Arabisch unterlag. Als Folge wurde das Persische fortan in arabischen Buchstaben geschrieben; drei Buchstaben wurden dem Persischen angepaßt, um die ihm eigenen Laute ausdrücken zu können. In den ersten unabhängigen iranischen Staaten* der Moslems* im nordöstlichen Iran (Chorasan) und in Mittelasien* trat das literarische Persisch seit dem 9. Jh. wieder in Erscheinung, besonders unter den glanzvollen Samaniden (819–1005) von Buchara*. Diese Wiedergeburt der Sprache bezeugen Dichter wie Rudaki* und Firdausi* (10. Jh.), die die Tradition der altiranischen Heldendichtung wieder aufleben ließen. Beinahe im gesamten klassischen Orient – die Zeit der Abbasiden* inbegriffen –, in den die Türken* gerade vorgedrungen waren, fand bald eine Iranisierung statt. Das persische Verwaltungsmodell wurde übernommen und die Sprache vereinheitlicht. Diese Tendenz wurde noch verstärkt durch die tiefgreifende Trennung zwischen iranisch- und arabischsprachiger Welt, hervorgerufen durch die Invasionen der Mongolen* (13. Jh.) und Timuriden* (14./15. Jh.). Seit dem 11. Jh. vollzog sich, entweder direkt oder aus dem Arabischen übersetzt, eine bedeutende Popularisierung der Wissenschaften*. Im darauffolgenden Jahrhundert verfaßte beispielsweise Nisam al-Mulk, ein berühmter iranischer Wesir* der Seldschuken*, das wichtigste Regierungshandbuch des moslemischen Mittelalters *Sijasat-name* („Buch der Politik"), das von der literarischen Gattung der „Fürstenspiegel" inspiriert war. Besonders aber in der Dichtung fand die außerordentliche Blüte der wiederbelebten persischen Sprache ihren Ausdruck. Nach Rudaki und Firdausi wurde die persische Sprache u. a. von Omar al-Chaijam* (12. Jh.), Rumi*, Attar*, Nisami* und Saadi* (13. Jh.) sowie Hafis (14. Jh.) kultiviert. Das Persische blieb bis zum 17. Jh. der Träger des reichen religiösen Gedankenguts der Schiiten*. Stellvertretend für den modernen persischen Roman des 20. Jhs. sei Sadik Hidajat* genannt. Im Osmanischen* Reich war Persisch die Literatursprache, Arabisch die Sprache der Theologie*, und Türkisch* entwickelte sich allmählich zur Verwaltungssprache. Die türkische und arabische Sprache haben übrigens sehr viele persische Lehnwörter.

Eine über den moslemischen Rahmen hinausgehende Sprache. Neben dem Arabischen verbreitete sich durch die Ausdehnung des Islams* in Asien auch die persische Sprache. Sie wurde als Sprache des Hofes* und als Amtssprache von den Sultanen* von Delhi* übernommen und später bis ins 19. Jh. hinein von den Mogul*-Herrschern verwendet. Die moslemischen Inder sorgten für eine Verbreitung der persischen Sprache (15. – 19. Jh.) bis nach Malakka (Malaysia*) und Sumatra (Indonesien*). Die Sprache der Moslems* in Nord- und Zentralindien – und heute in Pakistan* –, das Urdu*, ursprünglich eine Sanskrit-Sprache wie Hindi, nahm sehr viele Elemente des persischen Wortschatzes auf sowie literarische Begriffe und Formen, die persischen Ursprungs sind. Heute ist Persisch die Amtssprache der 64 Mio. Iraner und besteht im Iran neben anderen iranischen Sprachen – wie Kurdisch* – oder Turksprachen – wie Azeri (Aserbaidschanisch). Die Sprachen der Mehrheit der Bewohner Afghanistans* sind die vom Persischen abgeleiteten Dialekte Paschto und Dari. In Tadschikistan* steht die Nationalsprache Tadschikisch ebenfalls dem Persischen nahe, sie wird heute in kyrillischen Buchstaben geschrieben.

▸ Firdausi, Iran, Persien, Rudaki

Philosophie

Ursprünglich gab es im Islam* keine eigene philosophische Tradition. Es existiert kein Klerus, und die Textinterpretation (Hermeneutik) besitzt keinen Vorrang bei der denkerischen Erklärung der Wege Gottes, die dem Menschen unmittelbar offenbart sind. Erst mit der Übersetzungs*-Bewegung in der Zeit der Abbasiden* hielten die (griechischen und hellenistischen) philosophischen Methoden Einzug ins moslemische Denken; das arabische Wort für Philosophie (*Falsafa*) ist daher auch aus dem Griechischen entlehnt. Die ausgezeichnete „Schule" islamischer Philosophie vereinte die größten Köpfe – die ihrerseits wiederum die philosophische Entwicklung im mittelalterlichen Europa beeinflußten.

Der Aufschwung der islamischen Philosophie endete im 12./13. Jh., als die rationalistische Vorgehensweise sich fortan im sunnitischen* Bereich mit der Theologie* überwarf; bei den Schiiten* lebte die spekulative philosophische Reflexion jedoch noch mehrere Jahrhunderte lang fort.

Eine „ausländische" Disziplin. In Bagdad* übersetzten vom 8. bis zum 10. Jh. humanistische Gelehrte – sowohl Christen* (deren bedeutendster Hunain Ibn Ishak war, gest. 873) wie Moslems* – „ausländische" wissenschaftliche Werke (direkt oder aus dem Syrischen*) ins

Arabische. Hierdurch wurde eine Vielzahl bis dahin den Moslems unbekannter philosophischer Strömungen in die kosmopolitisch werdende islamische Kultur eingeführt: klassisch-griechische und hellenistische Philosophie, Neuplatonismus, Gnosis, Hermetismus. Zu diesem „westlichen" Erbe trat jenes aus dem alten Iran* und aus Indien* – jeweils vermittelt durch Nestorianer* der Akademie von Gondischapur in Persien*. Die ersten rationalistischen Theologen des Islams, die Mutaziliten (arab. „die sich Absondernden"), überlagerten ihr tief religiöses Empfinden – und auch den Koran* – mit Teilen griechischer Rationalität in der Absicht, die Religion in eine Weltanschauung einzuordnen. Dieses Vorgehen weist Parallelen zum gegenwärtigen wissenschaftlichen Aufschwung auf; die „Philosophen" waren ja zugleich Universalgelehrte (vgl. Universalwissen*). Die Entwicklung einer eigenständigen Theologie führte in der Folgezeit zur Ablehnung der *Falsafa*. Für die rationalistischen Mutaziliten hing das endgültige Schicksal des Menschen von ihm selbst ab, da er ja über einen freien Willen verfüge. Diese Richtung betonte zugleich, daß der Koran „geschaffen" sei (und nicht direkt von Gott auf Mohammed* „herabgesandt", wie es in koranischer Terminologie heißt); sie wollte gegenüber der religiösen Orthodoxie „neutral" bleiben. Vom Kalifen* al-Mamun (gest. 833) aus politischen Gründen gefördert, wurde die Mutazila kurzfristig eine Art offizielle Doktrin, deren Gegner (hauptsächlich religiöse Würdenträger) von einer „Inquisition" verfolgt wurden. Die Lehre wurde schließlich vom Philosophen und Theologen al-Aschari und den Ulema* verurteilt.

Entstehen und Vergehen der „Falsafa". Der erste islamische Philosoph innerhalb der mutazilitischen Richtung des „rationalen Diskurses" (der Entsprechung zum griechischen Logos) war der „Philosoph der Araber", al-Kindi* (gest. 873). Er beschäftigte sich mit der Erschaffung der Welt, der leiblichen Auferstehung und stellte Theorien auf über die „unterschiedlichen Intellekte", die Seele und den Auferstehungsleib. Der Arzt ar-Razi* (gest. 925) belebte schließlich die *Falsafa* im eigentlichen Sinne; er vertrat die Auffassung, die Philosophie könne die Religion ersetzen, denn das menschliche Leben verbessere sich allein durch den Gebrauch der Vernunft – eine in diesem Zusammenhang vermessene Behauptung. Beherrschender Denker des Jahrhunderts war jedoch al-Farabi* (gest. 950), der „Zweite Lehrer" (nach Aristoteles), ein vom Neuplatonismus geprägter Türke. Er bemühte sich um die Integration der neu eingeführten philosophischen Strömungen in das islamische Denken. In seinem Werk *Der Musterstaat* übertrug er Platons „Staat" in den islamischen Kontext. Für ihn ist der Philosoph zugleich ein Prophet sowie ein Intellekt und Vorstellungskraft vereinender Mensch. Ein Iraner aus Mittelasien*, Avicenna* (gest. 1037) – wie al-Farabi ein von Platon beeinflußtes Universalgenie –, versuchte, das Seiende im Lichte der Vernunft zu erklären, um auf Grund intellektueller Erkenntnis die „Wahrheit" zu leben. Im Alter von 18 Jahren entdeckte er die *Metaphysik* des Aristoteles. Avicenna beschäftigte sich mit der Definition der „orientalischen Weisheit" des Islams* ohne Rücksicht auf den Westen. Er versuchte, die „intelligible" Welt und die Erkenntnis der höheren (metaphysischen) Welt mit der Erinnerung zu erklären, die die menschliche Seele daran bewahrt habe. Zugleich erweiterte er den aristotelischen Rahmen hin zu einer Erfahrungslogik. Die großen Achsen seines Denkens lassen sich wie folgt zusammenfassen: Monismus des Seins, Ewigkeit der Welt, Determination des Seienden, Unterscheidung zwischen Essenz und Existenz (Wesen und Sein), Zugehörigkeit des menschlichen Geistes zur Sphäre des reinen Geistes sowie Gotteserkenntnis vermittels der Ursachen und Universalien (Allgemeinbegriffe, die lt. Avicenna im Denken Gottes, in der Natur und in der menschlichen Erkenntnis da sind – eine für den abendländischen Universalienstreit grundlegende Unterscheidung). Für ihn ist die mystische Gotteserkenntnis gleicher Art wie die gewöhnliche geistige Erkenntnis. Avicennas Einfluß auf die islamische Philosophie war gewaltig (besonders auf die „illuministische" schiitische* Lehre, die unter anderem von Suhrawardi* vertreten wurde); seine Werke waren Hauptangriffspunkt des großen Philosophen und Theologen al-Ghasali* in dessen Schrift *Inkohärenz der Philosophen*. Unter den Philosophen Andalusiens* erscheinen mehrere große Namen: Ibn Hazm* (gest. 1064), Ibn Badjdja* (gest. 1138) – Vorläufer der Theorie vom einen einzigen „universellen Intellekt" des Averroes* – und Ibn Tufail* (gest. 1185) mit seinem philosophischen Roman über Einsamkeit und Gotteserkenntnis: *Der Lebendige, der Sohn des Wachenden*. Averroes (gest. 1198), Arzt und Kadi* in Cordoba*, war der hervorstechende Denker im islamischen Westen und die zweite Koryphäe islamischer Philosophie, zugleich der größte Aristoteles-Kommentator. Für ihn sind Offenbarung und Philosophie gleichermaßen unveränderlich und Trägerinnen der Wahrheit: Der Intellekt im Menschen ist identisch mit dem Schöpfungsprinzip. Da Averroes mit dem städtischen Leben verflochten war, vertrat er die Ansicht, die religiösen Würdenträger (Ulema*) dürften nicht vom Leben abgeschnitten sein, um ihre Aufgaben angemessen zu erfüllen. Als sich die Philosophie (im eigentlichen Sinne des Begriffs) nach den Angriffen der Theologen im Niedergang befand – Averroes mußte aus dem von den Almohaden* regierten Spanien* fliehen, wo seine Schriften verbrannt wurden –, griff er seinerseits die philosophiefeindliche Position al-Ghasalis an und kritisierte dabei zugleich den Neuplatonismus Avicennas. Nach diesem Verfall der Philosophie bei den Sunniten*, bei denen fortan die Theologie* als einzige „Philosophie" galt, entwickelte sich das Denken bei den Schiiten bis ins 16. Jh. weiter. Zwei große Namen stechen dort unter den anderen hervor: zunächst Suhrawardi*, 1191 im Alter von 36 Jahren auf Anordnung Saladins* hingerichtet, Hauptdenker des neuplatonischen „Illuminismus", der vom Zoroastrismus und vom vorislamischen iranischen Denken ausging. Ferner der Gelehrte und Philosoph Nassir ad-Din at-Tussi* (gest. 1274), Autor unter anderem eines philosophischen Werkes, *Katharsis (Tadschrid)*, das noch heute in der iranischen Welt studiert wird.

Auf dem Umweg über in Spanien angefertigte hebräische und lateinische Übersetzungen spielten die Gedanken moslemischer Philosophen (vor allem Avicenna und Averroes) – wenngleich manchmal in schlechter Interpretation – eine beträchtliche Rolle beim Aufstieg der europäischen Philosophie bis in moderne Zeiten hinein. Auf diese Weise entstanden ein „lateinischer" Avicennismus und Averroismus.

► Averroes, Avicenna, Ghasali (al-), Abendland (wissenschaftliches Erbe), Theologie, Übersetzungen

Prophet (sein Leben) ► Sira

Provence-Languedoc

Nach ihrem langen Ritt durch Spanien* (ab 711) griffen arabisch-berberische* Vorkämpfer, die aus Andalusien* kamen, ehemalige Territorien der Westgoten, die sie kurz zuvor geschlagen hatten, an. Das südliche Gallien (Aquitanien, Provence, Languedoc) war das Hauptziel ihrer Überfälle.

Um 715–719 eroberten sie Narbonne, das zum Ausgangspunkt der Angriffe wurde, die sie gegen Toulouse unternahmen. In Toulouse wurden die Moslems* 721 durch den Grafen Odo zurückgeschlagen. Vier Jahre später waren Nîmes und Carcassonne eingenommen. Die berberischen Araber gelangten über das Rhonetal bis nach Burgund, vielleicht sogar bis zum Morvan. Erhalten geblieben ist jedenfalls ein moslemisches Sprichwort, welches besagt, daß der Islam damals „von der Seine bis nach China*" herrschte (*min as-Sin ila s-Sin*, Wortspiel, das auf der ähnlichen Aussprache beider Namen beruht). Der arabische Führer al-Ghafiki, der über die westlichen Pyrenäen kam, besiegte 732 von Toulouse bis Roncevalles die Armeen des Odo und nahm Bordeaux ein.

Die leichte Infanterie der Moslems, die auf dem Weg in den Norden war, um die reiche Sankt-Martins-Abtei in Tours zu plündern, wurde im gleichen Jahr zwischen Poitiers und Tours von der schweren Kavallerie des Franken Karl Martell geschlagen. In der moslemischen Geschichtsschreibung ist von einem kleinen Gefecht die Rede, dem übrigens in der damaligen Epoche überhaupt keine Beachtung geschenkt wurde.

Dieser fränkische Sieg verhinderte endgültig das Vordringen der Araber in den Norden Galliens – ein Gebiet, das ohnehin zu weit von ihren Stützpunkten entfernt lag, als daß sie sich dort hätten niederlassen können. Zwei Jahre später begannen sie erneut mit ihren Raubzügen, doch diesmal von ihrem Stützpunkt Narbonne aus. Sie besetzten Saint-Rémy-de-Provence, Arles und Avignon. 738 schlug sie wiederum Karl Martell zurück. Narbonne wurde jedoch erst um 759 durch seinen Nachfolger Pippin den Kleinen endgültig zurückerobert. Aquitanien war ab 768 vor den arabischen Überfällen sicher. Trotzdem trieben die Moslems weiterhin Handel* in Gallien. Karl der Große unternahm mehrere Versuche (778, 797, 811), nach Spanien vorzudringen. Sie wurden aber von den Moslems und ihren baskischen Söldnern zum Scheitern gebracht. 778 wurde die Nachhut Karls des Großen, die Roland befehligte, in Roncevalles dezimiert. Andererseits plünderten „sarazenische*" Seeräuber, die durch die omaijadischen* Emire* von Cordoba* unterstützt wurden, von „Adlernestern" aus die Küsten der Provence. So hatten sie 888 von Fraxinetum (La Garde-Freinet, hinter Saint Tropez) aus, Seeräuberei betrieben: Sie plünderten von dort aus in Korsika und in Sardinien, aber auch in den Alpen und sogar in Piemont, wohin sie über das Rhonetal gelangten, bis sie zwischen 972 und 975 vernichtet wurden.

Qibla (Kibla), die
Gebetsrichtung. Die Gläubigen wenden sich, um ihr Gebet zu verrichten, in Richtung Mekka*, genauer gesagt in Richtung der Kaaba*, des religiösen Zentrums des Islams*. Je nach geographischer Lage wird daher eine andere Position eingenommen, so daß weltweit ein großer Kreis um die Kaaba herum entsteht. In der Moschee* zeigt die Gebetsnische (*Mihrab**) in der Rückwand (»Qibla-Wand«) an, wohin man sich zu wenden hat.

Die Bestimmung der Gebetsrichtung war eine bedeutende Herausforderung für die mittelalterlichen Gelehrten, vor allem für die Geographen*, sowie für Mathematik* und Astronomie*. Ab der Mitte des 8. Jhs. enthielten die meisten geographischen Handbücher ein Kapitel darüber. Parallel dazu entfalteten die Astronomen eine große Erfindungsgabe, um Instrumente herzustellen und zu vervollkommnen, die die Gebetsrichtung anzeigen. Heutzutage bezeichnet das Wort *Qibla* in vielen moslemischen Ländern ganz allgemein die Himmelsrichtung, in der Mekka liegt: im Nahen Osten den Süden, im Maghreb* den Osten.

Ramadan, der
Neunter Monat des islamischen Kalenders*. *Ramadan* (arab. „große Hitze") bezeichnete in der vorislamischen arabischen Tradition einen heiligen Monat des Waffenstillstands. Da ein Jahr im islamischen Mondkalender lediglich 354 Tage und acht Stunden dauert, verschiebt sich der Ramadan im Laufe von 36 Jahren durch das (Sonnen-)Jahr und fällt daher jedes Jahr auf einen anderen Zeitraum des gregorianischen Kalenders.

Der Ramadan ist der Fastenmonat. Dieses Fasten (*Saum*) gehört zu den Fünf Säulen* des Islams*. Der Monat beginnt mit dem Neumond; er wird von den religiösen Autoritäten oder durch astronomische Berechnungen bestimmt. In der Morgendämmerung des dem Neumond folgenden Tages – der Tag beginnt im islamischen Kalender mit dem Sonnenuntergang – verkündet ein Kanonenschuß oder heute zumeist eine entsprechende Bekanntgabe in den Medien den Beginn des Fastens. Fasten ist eine geistlich-spirituelle Anstrengung mit dem Ziel der Selbstbeherrschung und gibt Gelegenheit, wieder zu sich selbst zu finden. Tagsüber darf der Fastende weder essen noch trinken. Er darf keine geschlechtlichen Beziehungen haben und sich auch sonst keinen sinnlichen Genüssen hingeben – wie Rauchen oder Musik. Nach dem Abendgebet wird das Fasten gebrochen – zunächst mit einer leichten Mahlzeit, der später eine reichhaltigere folgt. Kurz vor dem Morgengrauen weisen Wächter die Gläubigen darauf hin, sich zu erheben und sich nochmals zu stärken. Der Ramadan ist zugleich ein gesegneter Monat, in dem die göttlichen Gnaden (pl. *Barakat**) näher sein sollen. Vor allem in der „Nacht der Bestimmung" (*Lailat al-Kadr*), in der der „Herabsendung" des Korans* auf Mohammed* gedacht wird, lesen Moslems* verstärkt den Koran – wie auch während des gesamten Ramadans. Das Fasten ist für alle gesunden Personen vorgeschrieben; schwangere und stillende Frauen sowie Kleinkinder sind befreit. Kinder beginnen schrittweise zu fasten (einen halben Tag, einen ganzen Tag, schließlich mehrere Tage), bis sie stark genug sind, um die gesamte Fastenzeit einzuhalten. Reisende sind vom Fasten ausgenommen, müssen jedoch die versäumten Fasttage nachholen; Gleiches gilt für Kranke und alle, die aus irgendeinem Grund nicht fasten können. Das Fest* des „Fastenbrechens" (arab. *Id al-Fitr*, türk. *Scheker Bayram*), auch „kleines Fest" (*Id as-saghir*) genannt, beendet den Fastenmonat.

▶ Fünf Säulen des Islams, Islam (Religion)

Raschid ed-Din, Arzt (daher sein arab. Beiname Tabib, „Arzt") und Historiker (Hamadan, Persien um 1247–?1318)
Er war Wesir* der beiden Mongolen*-Herrscher aus der Ilchanendynastie im Iran* und ein großer Bauherr – besonders in Täbris und Soltaniyeh. Doch vor allem als Historiker hat Raschid ed-Din die moslemische Kultur geprägt. Auf Anordnung des mongolischen Khans* Mahmud Ghasan, der 1295 als erster zum Islam* übergetreten war, verfaßte er eine monumentale *Universalgeschichte*, die, von Adam ausgehend, die Geschichte der Patriarchen, der hebräischen und moslemischen Propheten, der persischen Könige und der mosle-

mischen Dynastien – mit ihren Stammbäumen – bis zur Zerstörung Bagdads* durch die Mongolen* umfaßt. Die Kapitel lassen die Geschichte der Türken*, der Araber, der Perser, der Inder, der Chinesen und sogar der Franken, über die er bemerkenswert gut informiert war, Revue passieren. Offen gegenüber den Religionen, studierte er Judentum und Hinduismus. Vor allem verfaßte er die erste Geschichte der Mongolen*, die bis dahin einzig und allein mündlich weitergegeben worden war, bis sein Auftraggeber forderte, daß sie schriftlich niedergelegt werden solle, bevor sie endgültig verlorengehe.

► Geschichtsschreiber (klassische)

Razi (Rhazes), Mohammed Ibn Musa ar-, Alchimist und Mediziner (Raiy, nahe Teheran 865–925)

Ar-Razi (Rhazes in Europa) war Alchimist, der bekannt wurde durch sein *Buch der Geheimnisse,* das auch Nicolas Flamel und Paracelsus tief beeinflußte, und ist neben Avicenna* der größte Repräsentant der moslemischen Medizin*.

Auf Grund seiner Reputation – er war Direktor des Hauptkrankenhauses von Bagdad* zur Zeit der Abbasiden* – zog er Schüler aus der ganzen moslemischen Welt an. Er war der unbestrittene Meister der klinischen Medizin, weil er jeden Kranken behandelte, indem er Symptome, mögliche Ursachen und geeignete Behandlungsmethoden analysierte. Er verglich seine Beobachtungen und Ergebnisse mit denen der wichtigsten antiken griechischen Mediziner – Hippokrates und Galen – oder mit denen seiner indischen, persischen und syrischen Vorgänger, wie dem Christen Ishak Ibn Hunain, die er kritisierte, ablehnte oder korrigierte. Er berücksichtigte auch – was eine Innovation war – psychosomatische und psychologische Faktoren. Sein Hauptwerk *Al-Hawi* („Das Vollständige [Buch]"), eine Enzyklopädie über die ganze Bandbreite der Medizin, liefert für jede Krankheit die Standpunkte seiner wichtigen Vorgänger, denen er seine eigenen Beobachtungen hinzufügte. Dank seiner Übersetzung ins Lateinische am Ende des 13. Jhs. durch einen jüdischen Arzt in Sizilien* übte seine Enzyklopädie unter dem Titel *Liber continens* einen beachtlichen Einfluß auf Europa aus, wo sie bis ins 17. Jh. gelehrt wurde, ebenso wie seine wichtigen Werke *De morbis infantium* („Über Pocken und Masern") und *De pestilentia* („Über die Pest"). Er verfaßte auch Bücher über Arzneimittelherstellung, Naturwissenschaften* und Mineralogie.

► Medizin

Recht

In der islamischen Welt ist das Recht seinem Wesen nach religiös und ethisch. Die islamische Rechtswissenschaft (arab. *Fiqh*, „[religiöses] Wissen") entstand nicht durch eine „säkulare" Kodifikation, sondern durch die Ausarbeitung und Anwendung unfehlbarer Scharia*-Vorschriften, wie sie im Koran* und in den Hadithen* genannt sind und selbst vom Kalifen* nicht geändert werden können. Diese unantastbaren Grundlagen legten die Rechtsschulen* (*Madhahib*) der Sunniten* und Schiiten* im 8.–9. Jh. fest.

Ein umfassendes gemeinschaftsbetontes System. Das islamische Recht gründet auf der Scharia* und ist damit offenbartes Recht. Es umfaßt die Pflichten des Moslems* in allen Bereichen des öffentlichen, politischen, gesellschaftlichen und privaten Lebens (öffentliches, Finanz-, Verwaltungs-, Handels- und Strafrecht), die nicht vom allgemeinen religiösen Bereich zu trennen sind. Daher rührte in klassischer Zeit die Schwierigkeit mit einem entstehenden „Bürgertum" und mit der Vorstellung von einer „säkularen" Repräsentation. Idealbild eines Staates ist für das islamische Recht das Kalifat* der Abbasiden*: eine Theokratie, der die Menschen allein durch ihre Religion zugehörig sind (paradoxerweise genossen die Schriftbesitzer* eine größere rechtliche Anerkennung). Der Kalif – oder bei den Schiiten der Imam* – wachte als Verwalter der Scharia über deren Einhaltung. Die richterliche Gewalt nahm in klassischer Zeit der *Kadi* * (islamischer Richter) wahr – ein Amt, das die Omaijaden* geschaffen hatten und dem die Abbasiden einen Großkadi voranstellten. Zu einem Amtsträger des Rechtswesens wurde der *Muhtassib* (ursprünglich der Marktaufseher), der „das Rechte gebieten und das Verwerfliche verbieten" mußte, indem er die öffentliche Moral und die Beachtung der religiösen Vorschriften kontrollierte.

Entstehung des islamischen Rechts. Die Entstehung eines riesigen Reiches, das Völker unterschiedlicher Traditionen umfaßte, zwang die islamischen Herrscher ab dem Ende des 7. Jhs., diverse Verwaltungs- und Rechtssysteme vor allem römisch-byzantinischen und persisch-sassanidischen Ursprungs zu arabisieren und zu islamisieren. Weiterhin bestand die Notwendigkeit, ein Recht für einen „islamischen" Staat* festzusetzen, da die Vorgaben in Koran* und Sunna* („Brauch des Propheten" und Praxis einer begrenzten patriarchalischen Gemeinde) dafür nicht mehr genügten. Zu den bisherigen Rechtsquellen (*Usul al-Fiqh*), dem Koran und seinen zahlreichen Kommentaren*, traten im 9. Jh. die Hadithe* (Überlieferungen) hinzu, die anhand vertrauenswürdiger Überliefererketten sorgfältig überprüft wurden und die Sunna festschrieben und vervollständigten. In der Folgezeit schufen der „Konsens" (*Idschma*) der Ulema* – der schon bald das „persönliche Urteil" (*Ra'i*) verdrängte – und der „Analogieschluß" (*Qijas*) die Grundlagen eines pragmatischen Rechtsdenkens. In dieser Zeit der Ausformung des Rechts und seiner Durchdringung mit religiösen und ethischen Vorstellungen waren der Iraker Abu Hanifa (gest. 767), der Medinenser Malik Ibn Anas (gest. 795) sowie asch-Schafii (gest. 820) und Ibn Hanbal (gest. 855) die Autoritäten auf religiösem Gebiet. Ihre jeweiligen Rechtsschulen* (*Madhahib*) setzten sich ab der Abbasidenzeit durch. Auch die Sekte* der Ibaditen besitzt eine eigene Rechtsschule; Gleiches gilt für die Schiiten* mit ihren Schulen der Zahiriten* (die eine buchstabengetreue Auslegung vertrat und um das 13. Jh. verschwand) und der Zaiditen. Neben der Sunna* besteht in einigen islamischen Regionen bis heute örtliches Gewohnheitsrecht (*Urf, Adat*) fort: Indonesien*, Berber*-Gebiete, Afrika* südlich der Sahara, Indien*, Afghanistan*, Somalia. Durch die Kodifizierung des Rechts schufen die sunnitischen Rechtsschulen ein kohärentes und einigendes Rechtssystem für die islamische Gemeinde, das ab dem Zusammenbruch der politischen Institutionen wirksam wurde. Dabei ließen die Rechtsschulen untereinander abweichende Meinungen zu. Dies geschah mit Hilfe des Begriffs der „persönlichen Anstrengung bei der Interpretation" (*Idschtihad*), der allerdings wegen seiner „profanen" Rationalität umstritten war, so daß ab dem 11./12. Jh. bei den Sunniten* offiziell das „Tor des *Idschtihad*" geschlossen wurde. Diese „Schließung" zeugt von der Sorge der Rechtsgelehrten um den Schutz der Orthodoxie gegen abweichende Lehren, die in dieser Zeit aufkamen – die schiitischen Fatimiden* hatten ja gerade in Kairo* ein Gegen-Kalifat* gegründet.

In den späteren Jahrhunderten erstarrte das islamische Recht und beschränkte sich hauptsächlich auf die Erklärung der ursprünglichen Texte. Bei den Schiiten hingegen lebte der *Idschtihad* – ausgehend von den Texten und Überlieferungen ihrer Imame* – fort, vor allem bei den Mudschtahids und ab dem 19. Jh. in der Hierarchie (Ajatollahs*).

Eine langsame Neubewertung des Rechts. Im 19. und 20. Jh. überlagerten direkte Anleihen bei westlichen Systemen das traditionelle islamische Recht und rehabilitierten in gewissem Maße die persönliche Reflexion und Interpretation. Zu einer Rechtsreform auf der Grundlage der hanafitischen Rechtsschule* kam es zwischen 1869 und 1878 im Osmanischen* Reich mit der Annahme eines bürgerlichen Gesetzbuches (*Mecelle*). Als im 19. und zu Beginn des 20. Jhs. islamische Gebiete in zunehmendem Maße in die Abhängigkeit Europas gerieten oder sogar Kolonien wurden, verbreiteten sich damit zugleich europäische Rechtsvorstellungen – durch Auferlegung oder freiwillige Übernahme.

Heutzutage haben die meisten moslemischen Staaten europäisch geprägte Gesetze angenommen, um die rechtlichen Beziehungen zwischen den einzelnen Bürgern sowie zwischen diesen und dem Staat zu regeln. Dies betrifft in gleicher Weise die Bereiche des Strafrechts, des Handelsrechts (wenn auch nach wie vor islamische Banken* bestehen) und des zwischenstaatlichen Rechts. Die Anwendung dieser Rechtstexte darf jedoch niemals den Grundprinzipien islamischen Rechts zuwiderlaufen. So entstammt das Familienrecht dem traditionellen islamischen Recht. Allerdings schlug das osmanische Familiengesetz von 1917 eine Schneise in diesem Bereich, bevor schließlich unter Mustafa Kemal* unmittelbar europäisch geprägte Gesetze verabschiedet wurden; seither ist die Türkei der einzige vollständig säkularisierte Staat der islamischen Welt. Nicht mehr religiös geprägte Personenstandsgesetze gelten mittlerweile in Tunesien, Marokko und Ägypten. Im ebenfalls säkularen Staat Indien* hat sich in vielen Bereichen des bürgerlichen Lebens das britische Recht durchgesetzt und gilt für Hindus wie Moslems*. Die theokratischen Staaten (Iran*, Pakistan* und das wahhabitische* Saudi-Arabien) sind zum traditionellen islamischen Recht in modernisierter Form zurückgekehrt oder dabei geblieben. Das Nebeneinander zweier Rechtsformen (islamisches und westliches Recht) stößt auf den wachsenden Widerstand seitens der Fundamentalisten*, deren Sehnsucht sich auf das Goldene Zeitalter von Medina* und die Epoche der rechtgeleiteten Kalifen* richtet.

▶ Ajatollah, Banken (islamische), Fatwa, Kadi, Mufti, Mullah, Rechtsschulen, Staat, Scharia, Ulema

Rechtsschulen

Die Rechtsschulen des Islams* (arab. *Madhahib*, „Richtungen"), die manchmal auch als unterschiedliche „Riten" bezeichnet werden, sind verschiedene Auslegungsrichtungen des islamischen Gesetzes, der Scharia*, die von den Grundlagen (*Usul*) des Rechts* ausgehen: Koran* und Hadith*.

Die Sunniten* erkennen vier Rechtsschulen an: die hanafitische*, hanbalitische*, malikitische* und schafiitische*. Diese erklärten ab dem 11. Jh. das „Tor des *Idschtihad*" (der persönlichen Interpretation) für geschlossen. Im allgemeinen hing die Etablierung der einzelnen Schulen in der islamischen Welt von den historischen Umständen ab oder auch von der bewußten Wahl bestimmter Gruppen, die ihr Gedankengut in einer der Schulen wiedererkannten, so der malikitischen im Maghreb* oder der hanbalitischen bei den Wahhabiten*. Bei den Schiiten* bestehen eigene Rechtsschulen. Deren bedeutendste ist die dschafaritische bei den Zwölferschiiten*, weiterhin die zaiditische* im Jemen*. Schließlich besitzen auch die hauptsächlich im Sultanat* Oman* vertretenen Ibaditen ihre eigene Rechtsschule.

▶ Recht

Reconquista

Ausdruck aus der spanischen Geschichtsschreibung für die christliche „Rückeroberung" der Gebiete auf der Iberischen Halbinsel, die zwischen 711 und 1492 von den Arabern und Berbern* besetzt waren.

Nach ihrer Niederlage 711 stoppten die Westgoten unter Pelagius (Pelayo) 722 den moslemischen Vormarsch und verschanzten sich in Asturien, das von den Moslems* niemals erobert wurde. Von den nördlichsten Regionen Spaniens* aus entfalteten die Christen, die sich der arabischen Herrschaft widersetzten, ein Netz von Festungen (*castillos*: „Kastelle", daher Kastilien) bis hin nach Burgos (León) entlang der Grenzstädte der Araber (Saragossa, Toledo, Mérida). Ab dem 9. Jh. entfachte das Grab des hl. Jakobus in Santiago de Compostela den religiösen Eifer der Christen gegenüber dem Heiligen Krieg (*Dschihad**) der Gegenseite. Der Zerfall des Kalifats* von Cordoba* in Kleinkönigreiche (die von den *Reyes de Taifas**, „Parteienkönigen", regiert wurden) im 11. Jh. begünstigte den Aufstieg der christlichen Königreiche (die teilweise sogar mit moslemischen Fürsten verbündet waren). Diesen Aufstieg beschleunigte die Übernahme des Königreichs León durch König Ferdinand von Kastilien 1037. Die Einnahme Toledos durch die Christen 1085 veranlaßte die *Reyes de Taifas*, die Almoraviden* zu Hilfe zu rufen. Im darauffolgenden Jahr schlugen diese die Christen in Sagrajas (nahe Badajoz) – ein Ereignis, das ohne Folgen blieb. 1148 vollendete König Alfonso Enriquez von Portugal die Rückeroberung seiner Staaten. 1212 vernichteten die verbündeten christlichen Mächte (Kastilien, Aragón, Navarra) die Almohaden* in Las Navas de Tolosa (nahe Jaén) und läuteten damit das Ende der moslemischen Präsenz in Spanien ein: Cordoba fiel 1236, Sevilla 1248. Einzig das nasridische* Königreich von Granada (1230–1492) entkam der Reconquista, doch das Bündnis zwischen Kastilien und Aragón (besiegelt durch die Heirat der Katholischen Könige 1469) bereitete auch diesem letzten moslemischen Staat in Spanien 1492 ein Ende. Die Reconquista spielte zweifellos im Laufe der Jahrhunderte eine entscheidende Rolle bei der Bildung eines spanischen National- und Staatsbewußtseins.

▶ Andalusien, Nasriden, Reyes de Taifas

Reformislam

Als die islamische Welt im 19. Jh. dem kolonialen und wirtschaftlichen Expansionsdrang Europas ausgesetzt war und das geistige Leben schon seit längerem stagnierte, wurden im Osmanischen* Reich und in Ägypten Stimmen laut, die Reformen forderten.

Diese wurden in Ägypten von Mohammed Ali* und seinen Nachfolgern rücksichtslos durchgeführt, indem sie europäische Methoden in der Staatsverwaltung einführten. Die vom osmanischen Sultan* Abdülmedschit ab 1839 verkündeten Reformmaßnahmen gingen in die gleiche Richtung. Schließlich erhielt Tunesien 1861 als erstes islamisches Land eine moderne Verfassung, an deren Ausarbeitung der Reformer und spätere Premierminister Khair ad-Din at-Tunisi maßgeblich beteiligt war. Der Reformwille des osmanischen Großwesirs* Midhat Pascha stieß auf erbitterten Widerstand; eine im Rahmen der „Neuordnung" (türk. *Tanzimat*; 1839–1876) im Osmanischen Reich verkündete Verfassung scheiterte schon bald am absolutistischen Sultan. Verbunden mit der „Renaissance" (*Nahda*) der arabischen Literatur betrafen die Modernisierungsbestrebungen auch die Religion: Es entstand die Reformbewegung der *Salafija* (abgeleitet von der arabischen Bezeichnung für die „frommen Vorfahren": die frühen moslemischen Generationen). In Arabien hatte sich ab dem 18. Jh. mit den Wahhabiten* eine rigoristische und rückwärtsgewandte Reformbewegung mit Waffengewalt durchgesetzt.

Die moderne Variante des Reformislams stellt vor allem eine intellektuelle Bewegung dar, ihre bedeutendsten Vertreter waren der Inder Sayyid Ahmad Khan (1817–1898), der Ägypter Mohammed Abduh (1849–1905) und der Iraner Djamal ad-Din al-Afghani (1838–1897), der sich für den Panislamismus* einsetzte. Sie alle bemängelten die Unbeweglichkeit der Ulema* und traten dafür ein, die Möglichkeit des *Idschtihads* (die persönliche Anstrengung bei der Textauslegung) wieder zu öffnen, um das islamische Recht* zu modernisieren – bei gleichzeitiger Annäherung zwischen Sunniten* und Schiiten*. Im Lichte des geistigen Fortschritts der Moderne sollte der Islam* neuinterpretiert werden, da er in ihren Augen nicht grundsätzlich mit den rationalistischen Errungenschaften des Westens im Bereich von Wissenschaft und Kultur unvereinbar sei. Sayyid Ahmad Khan setzte seine Ideen an der berühmten Universität von Aligarh, dem Muhammadan Anglo-Oriental College, in die Praxis um. In ihrem Pariser Exil gaben Abduh und al-Afghani 1884 eine kurzlebige, jedoch geistig einflußreiche arabischsprachige Zeitung heraus, *Das* *feste Band*, die sich für die Einheit der Gemeinschaft der Gläubigen (*Umma*) einsetzte sowie die Fortschrittsfeindlichkeit und Freiheitsbeschränkung im öffentlichen und politischen Raum angriff. Ein syrischer Anhänger beider Denker, al-Kawakibi (1854–1902), untersuchte in seinem Essay *Die Mutter der Städte* die religiösen, moralischen und politischen Übel der moslemischen Gesellschaften; deren Rückständigkeit behandelte auch der libanesische Essayist Schakib al-Arslan (1869–1946). Parallel zur Errichtung moderner Universitäten in der islamischen Welt wurden reformorientierte Zeitschriften gegründet; die innerhalb der Bewegung wortführende war *al-Manar* („Der Leuchtturm"), in Kairo* von Raschid Rida (1865–1935) herausgegeben. Darin wurden Themen behandelt wie die Notwendigkeit moderner Bildung (zu der auch Frauen Zugang haben müßten) oder die Emanzipation der Frauen; die islamische Kultur wurde auf dem Hintergrund moderner Entwicklungen neu durchdacht. Die Reformbewegung dehnte sich in die gesamte islamische Welt aus: unter anderem in den Maghreb* mit dem Algerier Abd al-Hamid Ben Badis (1889–1940) und dem Marokkaner Allal al-Fassi (1910–1974), nach Indonesien* mit der Muhammadiyya-Bewegung um 1925 (mit eigener weiblicher Abteilung) und nach Indien* mit Muhammad Iqbal*. Einige dieser Reformer beteiligten sich konsequenterweise am Kampf gegen die Kolonialmächte. Heutzutage lebt diese liberale islamische Richtung fort, wird allerdings von den gegenwärtigen säkularistischen politischen Systemen und Ideologien überlagert: arabischer Nationalismus (Panarabismus), Sozialismus, Marxismus, parlamentarische Demokratie. Vor allem jedoch sind es die derzeit sehr populären fundamentalistischen Bewegungen, die die Reformen und Öffnungen gewaltsam bekämpfen und die statt einer Modernisierung des Islams die Islamisierung der Moderne betreiben.

▸ Fundamentalismus

Reisende

Die Wege, die die klassische islamische Welt verbinden und darüber hinaus die Häfen des Persischen Golfes, des Roten Meeres und des Mittelmeeres, werden seit Jahrhunderten von Reisenden bevölkert: Händler, Beamte, bildungshungrige Menschen, Seeleute auf großer Fahrt. Häufig war das ursprüngliche Ziel dieser „Globetrotter" die Wallfahrt* nach Mekka*.

Viele dieser Reisenden brachten Reiseerzählungen (arab. *Rihla* oder *Risala*. „Briefe") mit, eine eigenständige literarische Gattung, die oft nicht von den Schriften der Geographen* und Historiker zu trennen ist. Sie dienten zur Information und zur Unterhaltung, sie vermischten Wunder und Phantasie mit tatsächlichen Beobachtungen, die sich durch ihre Genauigkeit auszeichneten.

Ibn Hamza (gest. 814) war einer der ersten Vertreter dieser Gattung. Er berichtete von seiner Botschafterzeit in Byzanz*, wohin er vom omaijadischen* Emir* von Cordoba* gesandt wurde. Eine große Anzahl der Reiseerzählungen blieb aber anonym, z.B. *Die Aufzeichungen über China und Indien* (851), inspiriert von den Notizen eines mysteriösen „Händlers Sulaiman", oder die *Wunder Indiens* (10. Jh.). Sie wurden in den Häfen verbreitet und erzählt,

z. B. in Basra (Irak). Unter dem Namen von Sindbad* und seinen realen Nacheiferern wurden einige dieser Erzählungen in *Tausendundeine Nacht** eingefügt. Aber es war Ahmed Ibn Fadlan, der dieser Gattung der „Reisetagebücher" Reife verlieh: mit seiner *Reise zu den Bulgaren an der Wolga* (922), die er als Botschafter des abbasidischen* Kalifen* al-Muktadir (gest. 932) unternahm. Seine um Objektivität bemühten Bemerkungen – selbst wenn er ab und zu seine Verachtung für die Sitten (Hochzeit, Religion, Bestattung) der nichtislamischen Völker, wie der „heidnischen" Slawen und Türken, durchblicken ließ – sind äußerst wertvoll, beispielsweise wenn er sich über die Freiheit der türkischen Frauen wundert, die offen am öffentlichen und politischen Leben teilhaben. Der Reisebericht ist besonders gut im islamischen Westen vertreten, speziell in Spanien, zunächst von al-Gharnati (dem Granader, gest. 1170), vor allem aber von dem aus Valencia stammenden Pilger Ibn Djubair, geboren 1145, gestorben 1217 in Alexandria auf dem Rückweg nach Andalusien* während seiner zweiten Orientreise. Aufgebrochen nach Mekka*, verfaßte dieser fromme Mann eine der berühmtesten arabischen *Rihla*: die *Erzählungen der Erlebnisse, die sich auf den Reisen zugetragen haben.* Darin bewies er eine große schriftstellerische Begabung, so z. B. in dem Bericht über seine Seereise, die ihn zu Zeiten Saladins* über Sardinien, die Balearen und Kreta durch den ganzen Nahen Osten führte. Auf der Rückreise schiffte er sich in Palästina*, dem fränkischen Königreich der Kreuzritter, ein und hielt sich im normannischen Sizilien* auf. Er verfluchte zwar die Macht der „ungläubigen Polytheisten", zeigte sich aber dennoch bemerkenswert objektiv, indem er den Reichtum (besonders von Akkon, Tyros, Messina und Palermo), die Sicherheit (inbegriffen die der Moslems) und die Verwaltung rühmte, die in diesen beiden christlichen Staaten herrschten, im Gegensatz – wie er unterstrich – zu bestimmten islamischen Gegenden der Region. Es handelt sich um einen echten „Reiseführer", der z. B. einige Pharaonentempel in Ägypten sowie die islamischen Städte und Denkmäler mit vielen Details beschreibt: Große Moscheen*, u. a. von Mekka und Medina* oder die der Omaijaden*-Moschee in Damaskus*. Wie andere Texte dieser Gattung war sein Werk hauptsächlich der städtischen Gesellschaft gewidmet. Ibn Djubair fand bei seinen Nachfolgern reichhaltige Verwendung, z. B. bediente sich der „größte Reisende des Islams" und einer der größten der vormodernen Zeit überhaupt, der Marokkaner Ibn Battuta* (14. Jh.), bei ihm. Ibn Battuta hinterließ nach einer 25jährigen Seereise (1325–1349), bei der er mehr als 100000 km zurücklegte, in seinem Reisebericht eine bemerkenswerte Anzahl von Informationen über alle möglichen Bereiche der gesamten islamischen Welt. Dank des „Mongolenfriedens", der dem durch Dschingis-Khan* herbeigeführten Mongoleneinfall folgte, herrschte im Osten des islamischen Reiches und in Asien Sicherheit. Ibn Battuta konnte sich daher lange Zeit im Sultanat Delhi* aufhalten und über das Meer (er, der immer ein Opfer der Seekrankheit wurde) nach China*, Sumatra (Indonesien*) und an die Swahili*-Küste reisen. Nach einer kurzen Rückkehr in den Maghreb* und nach Andalusien* besuchte er Schwarzafrika, wo er sich über die in seinen Augen wenig orthodoxe Religionsausübung zahlreicher Afrikaner entrüstete, über die er aber kostbare Informationen hinterließ. Sein Werk ist geprägt von seltener autobiographischer Stärke und beweist den Wissensdrang des Verfassers, seine Vorliebe für sinnliche Vergnügungen (so pflegte er an allen Orten, die er besuchte, Frauenbekanntschaften) sowie für die Würden und Wohltaten des Lebens, zeigt aber auch seine Vorurteile gegenüber nicht-islamsichen Götzendienern. Sein Werk ist zwischen gediegener Unterhaltungsliteratur (*Adab*) für ein gebildetes Publikum und historischer Geographie angesiedelt. In diesem letzten Bereich verhalf Ibn Battuta späteren Historikern zu kostbaren Informationen, die er häufig aus erster Hand hatte, z. B. über die großen Handelswege, besonders diejenigen, die mit dem Indischen Ozean verbunden waren, und über die Güter, die man dort austauschte. Einige seiner Reisen, wie sein Besuch in Peking oder selbst der in Byzanz*, dienten wahrscheinlich als Stoffsammlung für einen Roman, den er entweder selbst verfaßte oder aber sein Sekretär, dem er seine Erlebnisse bei der Rückkehr in sein Geburtsland Marokko diktierte. Die Tradition der *Rihla* setzte sich auch u. a. unter den Osmanen* fort, wie das *Reisebuch* von Evliya Tschelebi (gest. 1863) zeigt.

Einer der bemerkenswertesten Repräsentanten dieser Gattung im 19. Jh. war der Ägypter Rifaa at-Tahtawi (gest. 1873), ein Stipendiat, den der Khedive (Vizekönig) von Ägypten, Mohammad Ali*, zum Studium nach Paris gesandt hatte. Seine *Rihla* „Das Gold von Paris" ist eine ergreifende Schilderung der Sitten der Franzosen und ganz besonders der Pariser – und der Pariserinnen! Seine Bemerkungen über das französische politische System – trotz seiner diesbezüglichen Vorbehalte – spielten eine nicht zu übersehende Rolle bei der Übernahme eines modernen Regierungssystems in Ägypten, dem ersten in der islamischen Welt.

► Arabische klassische Literatur, Geographie, Geschichtsschreiber (klassische)

Religion, der Araber vor dem Islam

Den Zeugnissen über das alte Arabien* zufolge war die Religion der Araber einfach, wenn nicht gar primitiv strukturiert. Gekennzeichnet war sie vom Glauben an die Heiligkeit bestimmter Bäume, Pflanzen und vor allem Quellen und Steine (Betylen), die das menschliche Schicksal bestimmen.

Entstehung eines Pantheons. Bösartige Geister, die Dschinn*, spielten im täglichen Leben der Menschen eine große Rolle. Wie im semitischen Bereich üblich, wurden die Sterne verehrt. Aus Archäologie und Epigraphik wissen wir, daß die Araber im Laufe der Jahrhunderte nach und nach ein Pantheon entwickelten, das im Norden und Süden Arabiens gemeinsame Züge aufwies und auch den syrisch-palästinischen Traditionen nahestand oder Einflüsse mesopotamischer Kosmologie erkennen ließ. In Südarabien (Jemen*) wurden Sterngottheiten verehrt, die den Lauf der Welt lenkten und das menschliche Schicksal bestimmten. Eine Dreiergruppe beherrschte das Pantheon: zuvorderst *Athtar*, der große Sternengott, der mit der Venus identifiziert wurde; sodann der Mond (als männliches Prinzip), *Qamar* oder *Sin* in Südarabien genannt, bei den Sabäern *al-Maqah* und bei den Minäern im Jemen *Wadd*. An dritter Stelle stand schließlich die Göttin *Schams*, die Sonne, als weibliches Prinzip. Im Hedschas*, der späteren Wiege des Islams*, verehrte man unter anderem *Hubal*, den Mondgott, und die Göttinnen *Uzza*, der personifizierte Morgenstern (Venus), *Manat*, die Gottheit des menschlichen Schicksals, und *Wudd*, die Liebesgöttin. Über ihnen allen stand die Göttin schlechthin: *Allat* (weibliche Form von *al-Ilah*), der Name hängt zusammen mit hebräisch „El" und arabisch „Allah". Um diese Götter herum gab es noch eine Vielzahl von Lokal- und Stammesgottheiten. All diese Gemeinschaftsreligionen besaßen (außer im Jemen) keine Priesterschaft im engeren Sinn.

Wallfahrten. In Arabien gab es zahlreiche Wallfahrtsorte, die allerdings im Norden weniger entwickelt waren als im Süden, wo riesige Tempel errichtet wurden, von denen noch viele archäologische Spuren zeugen (im Jemen*). Der uns bekannteste Wallfahrtsort im Norden ist das *Bait Allah* (Haus Gottes) in Mekka*, das als sakrale Stätte Asylort war und die Kaaba* mit dem Schwarzen Stein beherbergt – der schwarz geworden sein soll auf Grund des sündhaften Polytheismus der Araber zur Zeit der Unwissenheit (*Dschahilija**). Die Kaaba gilt als erster monotheistischer Tempel, den Adam den Menschen übergeben haben soll und den später Abraham* und sein Sohn Ismael* (die Stammväter der Araber) restauriert haben sollen. In diesem heidnischen Tempel fanden Tieropfer statt, ebenso praktizierten *Kahins* (arab. „Seher", „Wahrsager"; sprachlich verwandt mit hebr. *Kohen*) Magie und Wahrsagerei. Vor dem Auftreten des Islams* wurden auch religiöse Verbindungen mit den Nachbarvölkern geknüpft, zu denen ab dem 5. Jh. v. Chr. zahlreiche Araber wanderten; dies gilt besonders für Juden und Christen, deren Religion einige Araber annahmen, wobei sie ihre früheren Gottheiten nicht völlig verwarfen, sondern ihnen in veränderter Form ähnliche Funktionen zuschrieben. Der Islam reagierte dann ohne Zugeständnisse auf diesen wenig strukturierten Götzendienst, der allerdings in bestimmten Teilen „islamisiert" wurde und fortbesteht.

▶ Jemen, Judentum und Islam, Kaaba, Mekka, Mohammed

Reyes de Taifas

Parteienkönige, Kleinkönige. Fachausdruck der spanischen Historiographie. Als „Reyes de Taifas" (vom arabischen *Muluk at-Tawa'if*) bezeichnet man die ca. 30 häufig kurzlebigen moslemischen Staaten*, die während und nach dem Kalifat* der Omaijaden* von Cordoba* zwischen 1009 und 1091 aufeinander folgten (und auch noch danach in periodischen Abschnitten).

Das omaijadische Kalifat, der mächtigste moslemische Staat Spaniens, verschwand 1031 nach einer langen Zeit der Anarchie, die genährt wurde durch die enorme Kriegsanstrengung gegen die christliche Reconquista*, die erdrückenden Steuerlasten, die sich daraus für die Untertanen ergaben, und die Agitation von Volksgruppen (Berbern* und Militärsklaven „slawischen" Ursprungs), von denen einige später eigene Fürstentümer gründeten.

Die Parteienkönige befanden sich an der Spitze mehr oder weniger umfangreicher Staaten: die Hammudiden von Malaga, die Ziriden von Granada, die Amiriden von Valencia, die Aftasiden von Badajoz und die Dhun-Nuniden von Toledo waren Berber; die Abbadiden von Sevilla und die Hudiden von Saragossa waren Araber. Die Banu-Ghaniyya behaupteten sich auf Mallorca bis 1205. Diese Kleinkönige zögerten nicht, sich widerrechtlich schwächere moslemische Staaten anzueignen. Ihre Hauptstädte waren prachtvolle Zentren der Kunst und Kultur, deren Genußsucht die religiösen Schichten schockierte. Gegen die kraftvolle christliche Reconquista riefen einige *Taifas* die Almoraviden* von Marokko zu Hilfe: Die Christen wurden vorübergehend gestoppt, und die Neuankömmlinge bereiteten den moslemischen Fürstentümern (außer Saragossa) ein Ende und verleibten Südspanien ihrem Reich ein (1106–1145). Die Almohaden*, die die Almoraviden in den Maghreb* vertrieben, profitierten von dem Machtvakuum in Spanien, das aufs neue in *Taifas* zersplittert war; Sevilla wurde die prächtige Hauptstadt ihres starken Staates. Nach ihrem Rückzug aus Spanien 1223 fielen alle moslemischen Gebiete in die Hände der Christen; allein das Nasriden*-Reich von Granada (1230–1492) erhielt die Präsenz des Islams* auf der Halbinsel aufrecht.

► Andalusien, Nasriden, Ommaijaden in Spanien, Reconquista

Rittertum

Auf islamischem Boden hat der arabische Ausdruck *Futuwwa*, den die westliche Geschichtsschreibung mit „Rittertum“ übersetzt, eine unterschwellige religiöse, wenn nicht gar mystische Bedeutung und beschreibt vor allem eine Geisteshaltung. Das „Rittertum“ hatte nicht die Bedeutung einer sozialen „Ordnung“ oder einer Einrichtung, die mit einer Art Feudalherrschaft wie im mittelalterlichen Europa verbunden war, sondern wurde als eine Tugend innerhalb der „idealen“ moslemischen Stadt* angesehen.

Der Begriff bezeichnet vor allem die Hauptmerkmale des Hofadels, die Großzügigkeit und Unerschrockenheit der jungen Leute, die sich für den Fall einer Bedrohung ihres Gebietes in den Dienst zum Schutze des Islams* stellten. Sie bekämpften die „Häretiker“ und schützten die Schwachen und Frauen, Witwen und Waisen. Vor dem plötzlichen Auftauchen der Kreuzfahrer im Nahen Orient gab es keine Ritterorden. Die abbasidischen* Kalifen* bestimmten einige Würdenträger oder Vollbringer heldenhafter Taten, die bei einer Zeremonie Ehrengaben und Kleidung erhielten. Diese Tradition, die den Bruderschaften* nahestand, wurde später von den Mamelucken* (wie der *Roman von Baibars** bezeugt) sowie von den türkischen und persischen Herrschern fortgesetzt. Einige Bruderschaften der Derwische*, die außerhalb der Klöster (*Tekkes*) lebten, übten die *Futuwwa* dadurch aus, daß sie Fremde und Reisende aufnahmen und die einheimischen Tyrannen und Machthaber bekämpften. Unter dem Einfluß der Kreuzzüge* hatte der Abbasiden*-Kalif* an-Nassir (gest. 1225), dessen Macht sich über winzige Gebiete erstreckte, die Idee, die „jungen städtischen Ritter“ in einer Organisation zu vereinen, deren „Führer" er wurde. Er hatte damit ein politisches Instrument zur Verfügung, um seine Macht gegen die Vorherrschaft der Seldschuken* zu behaupten.

Von da an bezeichnete das Wort *Futuwwa* in der arabischen Volkssprache des Maschrik* die „Starken". Diese Bürgerwehr von jungen Leuten sorgte dafür, daß die moralische und religiöse Ordnung in den Stadtvierteln eingehalten wurde, und kämpfte häufig gegen Ausschreitungen. Dies geschah z. B. in Kairo* bis zum Sturz der Monarchie (1952) und wurde von Nagib Machfus* in seinem berühmten Roman *Die Söhne der Medina* beschrieben. Der Iran* bewahrte bis heute, trotz der Vorbehalte der Mullahs*, eine Einrichtung, die mit der *Futuwwa* (pers. *Futuvat*) verbunden ist: Die „Häuser der Kraft" (*Zurkhanehs*). Diese Art Sportvereine setzen z. T. das islamische mittelalterliche „Rittertum" in Form öffentlicher Wettkämpfe traditioneller persischer Kampfsportarten fort, die in überdachten kreisförmigen Stadien ausgetragen werden. Diese Wettkämpfe haben ein religiöses Gepräge und stehen unter der Anrufung des Imams* Ali*. Schiitische* Texte und solche aus dem *Königsbuch* von Firdausi*, die dem Ruhm der vorislamischen iranischen Helden gewidmet sind, werden vorgetragen und betonen den religiösen Inhalt.

Rubai

Der Rubai (pl. *Rubayat)* bezeichnet im Arabischen* und Persischen* einen „Vierzeiler". Wahrscheinlich wurde er von den Persern während der Blüte ihrer Sprache vom 9. Jh. an erfunden. Diese Versform besteht aus vier Halbversen. Der erste, der zweite und der vierte Vers reimen sich. Ein Thema wird kurz vorgeführt und entwickelt. Es erreicht seine Klimax im letzten Halbvers, vor dem ein Vers ohne Reim – der dritte des Vierzeilers – eine Pause bildet, um die Wirkung zu steigern. Als Epigramm oder mystisches Liebesgedicht erweckt der Rubai den erwünschten Eindruck von Spontaneität, von Genauigkeit und Eleganz. Die meisten persischen Dichter aller Zeiten haben den Rubai verwendet.

Die berühmte Übersetzung und Rekonstruktion der Rubayat von Omar al-Chaijam* durch den viktorianischen Engländer Edward Fitzgerald hat diesen persischen Dichter in Europa bekannt gemacht.

► Chaijam (Omar al-), Dichtung (klassische)

Rudaki, Abu Abdollah Djafar, persischer Dichter (gest. 941)

Rudaki war der erste große Dichter der persischen Literatur, die im 10. Jh. ihren Aufschwung erlebte. Dem samanidischen Emir* in Buchara* Nasr II. (gest. 943) verbunden, wurde er gegen Ende seines Lebens zur Blindheit verurteilt, zweifellos auf Grund seiner ismailitischen* Ansichten. Nur ein Teil des immensen Werkes, welches ihm zugeschrieben wird, blieb bis heute erhalten. Als Hedonist und „Freidenker" war er Verfasser von erzählenden und moralischen Liebesgedichten, ausgeschmückt mit Naturbeschreibungen und in verständlichem Stil verfaßt. Er zeichnete sich besonders in der Lobrede und der Totenklage aus. Ihm verdankt man die auf persisch verfaßten Verse der berühmten indischen Fabelsammlung

*Kalila und Dimna**, die später ein Klassiker der arabischen* Sprache wurde.
▸ Persisch

Rumi, Djalal od-Ddin, persischer Dichter (Balkh, Afghanistan 1207 – Konya 1273)
Djalal od-Din, mit dem arabischen Beinamen Rumi („der Grieche") war der größte mystische Dichter der persischen* Sprache und einer der bedeutendsten islamischen Dichter überhaupt. Als Sohn eines berühmten Theologen mußte er als Kind mit seiner Familie vor der mongolischen Invasion fliehen. Nach kurzen Aufenthalten in Bagdad*, Damaskus* und Mekka* ließ er sich schließlich in Konya*, der prächtigen Hauptstadt der Seldschuken* Anatoliens*, nieder. Sein Mausoleum wird dort immer noch von Pilgern besucht.

Er gründete in dieser Stadt eine Sufi*-Bruderschaft*, die Mewlewije*, deren Scheich* er wurde. Sie leitet ihren türkischen Namen vom Titel *Maulana* ab (arab. „unser Meister"), der ihm zuerkannt wurde. Die Organisation der Bruderschaft war das Werk seines Sohnes, Sultan Walad, selbst ein mystischer Poet. Rumi wurde stark von einem geheimnisvollen Derwisch*, Schams von Täbris, beeinflußt, mit dem er eine Zeitlang zusammenlebte und der ermordet wurde. Rumi benutzte den Namen von „Schams", um seine eigenen „mystischen Oden" (*Diwan**) zu unterzeichnen. Als Dichter und Interpret des Sufismus verfaßte er eine unvergleichliche Lyrik: die 45 000 Verse des *Mathnawi* (*Die mystische Suche*), ein regelrechtes Sammelwerk in Versen über die sufische Kultur. Es ist das Hauptwerk der universalen mystischen Literatur, das bis heute einen beachtlichen Einfluß auf die moslemische Welt und darüber hinaus ausübt. Rumi hielt es für nötig, eine klare Sprache und Bilder zu verwenden, die abwechselnd wirklichkeitsnah und allegorisch waren, damit es für jedermann verständlich war. In der *Mystischen Suche,* in persischen Versen von großer Schönheit abgefaßt, erklärte er den Sufismus im Lichte seiner eigenen Erfahrung und drückte eine allumfassende Liebe und einen wenig orthodoxen Pantheismus aus. Als überzeugter Moslem* versicherte er hier trotzdem die Gültigkeit aller Religionen. Sein *Fihi ma fihi,* eine Sammlung didaktischer Reden, die von seinem Sohn Sultan Walad abgeschrieben wurde, spiegelt eine Darstellung seines Gedankenguts und des Sufismus im allgemeinen wider.
▸ Konya, Mewlewije, Sufismus

Saadi, Mosleh od-Din, Dichter (Schiras zw. 1209–1213(?) – ebd. 1292)
Saadi, der einer Theologenfamilie aus Schiras* entstammte, studierte an der berühmten Universität (Medresse*) Nizamiyya in Bagdad*, wo er mit Suhrawardi* zusammentraf. Nach mehreren Wallfahrten* nach Mekka* bereiste er Mittelasien*, Indien*, den Nahen Osten, den Jemen*, Äthiopien* und Marokko.

Nach der Rückkehr in seine Geburtsstadt Schiras lebte er in einem sufischen* Kloster (*Khanka).* Er gilt als einer der größten klassischen Dichter im Iran* sowie als Wegbereiter von Hafis* und vervollkommnete die Kunst der Liebes-Ghaselen* in einer schönen rhythmischen Sprache, die einfach und ausdrucksstark ist. Sein *Bustan („Der Obstgarten")* erörtert im Stil von Anekdoten in zehn Kapiteln Recht*, Gerechtigkeit der Fürsten, Selbstbeherrschung, gottesfürchtige Meditation sowie physische und mystische Liebe. Sein *Golestan („Der Rosengarten")* ist ein äußerst volkstümliches Denkmal persischer Prosa und diente zahlreichen persischen, türkischen und indischen Dichtern als Vorbild, bevor es im 18. Jh. in Europa übersetzt wurde.
► Persisch, Dichtung (klassische)

Safawiden
Dynastie, die von 1501 bis 1732 über Persien* herrschte. Hervorgegangen aus einer schiitischen* Sufi*-Bruderschaft* (daher der zeitweise irrtümlich von den Europäern dem Oberhaupt zugeschriebene Titel „Großer Sophi"), entlehnte die Dynastie ihren Namen von Safi ad-Din (gest. 1334), dem Gründer der Safawi-Derwische*.

Isma'il (gest. 1524), Oberhaupt eines turkmenischen Stammes, nahm 1501 in Täbris (Aserbaidschan) den Titel Schah (König) an und beanspruchte, indem er den Glauben der Schiiten als Staatsreligion einführte, die direkte Abstammung von Ali* und das Erbe der schiitischen Imame*. Er kämpfte gegen die Feindschaft der Usbeken* und vor allem der Osmanen*, die Sunniten* waren. Auf dem Höhepunkt ihrer Macht fügten ihm die Osmanen 1514 eine schwere Niederlage bei Tschaldiran (Anatolien*) zu, ein Triumph der Logistik und Artillerie des Sultans* Selim. Wenig später entrissen die Türken den Persern den Irak, Kurdistan* und einen großen Teil Ost-Anatoliens. Da Aserbaidschan regelmäßig durch die Osmanen überfallen wurde, verlegten die Safawiden ihre Hauptstadt von Täbris, das zu stark gefährdet war, nach Qazwin, dann nach Isfahan*. Unter Schah Abbas „dem Großen", einem der größten Herrscher seiner Zeit (der von 1588–1629 regierte), erreichte die persische Safawiden-Zivilisation ihren militärischen Höhepunkt mit der Kontrolle des Kaukasus* und des Persischen Golfes, der endgültigen Wiedergewinnung des iranischen Aserbaidschans und der Eroberung Kandahars (Afghanistan*) von den indischen Moguln*. Im künstlerischen Bereich erfuhr Persien eine unerreichte Blüte (Kunstgewerbe, Architektur*, Miniatur*), von der Isfahan noch heute zeugt. Die Safawiden verbreiteten den Schiismus in Indien* – am Hof* der prächtigen Bahmaniden des Dekkans, in Bidschapur, Golconda, Haiderabad. Ab 1666 war der Niedergang der Dynastie jedoch offenkundig: ihre afghanischen Besitzungen gingen zu Beginn des 18. Jhs. verloren, bevor die Afghanen einen Teil des Irans* einnahmen und 1732 *de facto* die Herrschaft des safawidischen Marionetten-Herrschers beendeten.

Die Safawiden machten, indem sie die Zwölferschia* als Staatsreligion (1501) einführten, aus Persien einen homogenen Staat, der mit einem gewissen Nationalbewußtsein ausgestattet ist, das ihm half, seine territoriale Unversehrtheit bis in unsere Tage zu bewahren.

▶ Iran, Persien, Schiiten

Sahara

Klassisches arabisches Wort, das „fahle Farbe" (später „Wüste") bedeutet. Mit dem Ausdruck „Sahara" bezeichnet man die wasserlosen Gebiete des wandernden Sandes, insbesondere die 8 Mio. km^2 große Wüste, die sich (von Ost nach West) vom Roten Meer bis zum Atlantik und (von Nord nach Süd) vom maghrebinischen Atlasgebirge bis zum Sahel erstreckt.

Das Eindringen arabischer Kultur begann dort im 8. Jh. von Fezan (Libyen) aus und wurde dann im 11.Jh. durch die Invasionen der Hilal* im Maghreb* und durch die Eroberung des Sudans* durch die marokkanischen Saaditen (16.Jh.) unterstützt. Der Islam* wurde zunächst friedlich durch Berber* in die Region gebracht. Ab dem 8. Jh. beförderten transsaharische Karawanenrouten Gold, Elfenbein und Sklaven* aus Schwarzafrika zum Mittelmeer und in die Städte der moslemischen Welt. Die Königreiche der Schwarzafrikaner, wie das der Soninke (Ghana), sowie die Sultanate* Kanem und Gao erstreckten sich teilweise über Sahara-Gebiet (13.–16.Jh.). Auf den südlichen Ausläufern der Sahara (Mauretanien, Mali) leben weiße und schwarze Völker nebeneinander, daneben auch Mischlinge von Arabern und Tuareg*.

Saladin, erster Aijubiden*-Sultan (Takrit, Irak 1138 – Damaskus 1193)
Sultan* Salah ad-Din al-Aijubi (*Saladin* für die Kreuzfahrer), Kurde* und einstiger Offizier der Armee des türkischen Emirs* von Mossul (Nordirak), war der ehrgeizige Vorkämpfer der sunnitischen* Orthodoxie, der der schiitischen* Fatimiden*-Dynastie ein Ende bereitete. Er gründete die Dynastie der Aijubiden – benannt nach Aijub, einem seiner Onkel – und war bei seinem Tod der Herrscher eines Reiches, das Ägypten, Syrien und den Jemen* umfaßte. Als bedeutender Krieger predigte er den Heiligen Krieg (*Dschihad**) gegen die Kreuzfahrer, wobei er Kurden, Türken und Araber unter seinem Banner vereinigte. Sein Sieg bei Hattin (in Palästina*) 1187 beendete das Kreuzfahrer-Königreich von Jerusalem*; dieses Ereignis löste den dritten Kreuzzug* aus, der insbesondere von Philippe Auguste (für Frankreich) und Richard Löwenherz (für England) geführt wurde. Die religiöse Unnachgiebigkeit Saladins stand auf gleicher Stufe wie sein ritterlicher Geist, der in den europäischen Annalen festgehalten ist. Für die Moslems* stellt Saladin das Vorbild des frommen und gerechten Sultans dar.

▶ Aijubiden, Kreuzzüge

Samarkand

Stadt in Transoxanien* (heutiges Usbekistan). Samarkand war die Hauptstadt der Provinz Sogdiana der achämenidischen Perser, die 329 v.Chr. von Alexander derm Großen* verwüstet wurde.

Als Rastort an der Seidenstraße war die Stadt Ziel aller Eroberer, die eine Machtstellung in Mittelasien* anstreben. Trotz des Hilferufs ihres Königs Ghurak an den chinesischen Kaiser eroberten die Araber 712 die Stadt, angeführt von Kutaiba. Zwei Jahrhunderte später zeigte sich der Geograph* Ibn Hauqal von ihrem Reichtum beeindruckt: Zitadelle, Palast, Kanäle, Gärten* und Kulturen. 1220 verwüsteten die Mongolen* unter Dschingis-Khan* die Stadt und zerstörten ihre Bewässerungsanlagen, so daß Samarkand ein verödeter Ort über der antiken Stadt Afrasiab wurde. 150 Jahre später erklärte Timur-Leng* sie zu seiner Hauptstadt, in die er Künstler, Handwerker und Theologen aus von ihm eroberten Ländern verschleppen ließ. Unter seiner Herrschaft und der seiner timuridischen* Nachfolger blühte die Stadt wieder auf. Ihren speziellen Charakter erhielt sie durch die Täfelung der Bauwerke mit farbiger Keramik* nach persischem Vorbild: die Moschee* Bibi Chanym (1399), das Grabmal von Timur-Leng – Gur Emir (1404) – und die drei Medressen* (15.–16. Jh.), die den eindrucksvollen Rigestanplatz („Sandplatz") im Zentrum umgeben.

Der Enkel des Eroberers und hervorragende Astronom* Ulugh-Beg ließ in Samarkand eine Sternwarte* bauen, in der die bis zur Erfindung des Teleskops präzisesten astronomischen Tabellen erstellt wurden.

Sarazenen
Der Ausdruck erscheint seit der Antike, vor allem im Griechischen. So gebraucht ihn beispielsweise der Geograph Ptolemäus im Hinblick auf *Arabia petraea* (Nordwestarabien) für einen dort ansässigen arabischen Stamm: die *Sarakenoi*, d.h. u.U. Zeltbewohner. Ebendiese Sarazenen – Araber, keine Türken* – fanden sich im Grenzgebiet des Byzantinischen Reiches (Anatolien*) oder auch unter den Piraten, die um das 10. Jh. die Küsten der Provence* heimsuchten.

Später war die Bezeichnung bei den Christen gleichbedeutend mit „Mauren*" und stand im mittelalterlichen Europa eher abschätzig für die arabisch-islamischen Eroberer allgemein. Während und nach den Kreuzzügen* war das Wort „Sarazenen" weit verbreitet; im 17. Jh. kam es außer Gebrauch und wurde durch „Türken" oder „Barbaresken*" ersetzt.

Sarkala, Ishak as-, andalusischer Astronom (Cordoba um 1030 – ebd. 1100)
Ishak as-Sarkala (im gelehrten Europa unter dem Namen Azarqiel bekannt) baute astronomische Geräte, bevor er selbst ein genialer Astronom wurde. Er spielte eine beachtliche Rolle in der moslemischen, später europäischen Astronomie, dank hebräischer und lateinischer Übersetzungen* seiner Werke, deren arabische Originale verlorengegangen sind.

In Toledo konstruierte er 1050 auf der Grundlage von ausgebaggerten Becken an den Ufern des Tajo zwei riesige Wasseruhren, um die Mondphasen sowie die Tag- und Nachtstunden zu bestimmen. Erst ab dem 12. Jh. wurde diese Stadt zu einem Hauptzentrum bei der Übermittlung moslemischer Wissenschaft* nach Europa. Sein „Äquatorial"

(Apparat, um die Position eines Sternes zu messen) erlaubte es, mit mechanischen Mitteln – egal zu welchem Zeitpunkt – die Entfernung irgendeines Planeten zu berechnen. Seine astronomischen Tabellen, die *Toledanischen Tabellen,* wurden unmittelbar nach ihrem Entstehen ins Lateinische übersetzt. Sein *Almanach,* welcher trigonometrische Tabellen enthält, brachte diese Wissenschaft dem Westen nahe: Sarkala beschrieb hier seine Entdeckung der alle hundert Jahre stattfindenden Bewegung der Ekliptik, die Beben nach sich zieht. In seiner *Abhandlung über die Bewegungen der Fixsterne* bestimmte er die Position der Sterne. Seine Arbeiten über die Entfernung der Erde von der Sonne wurden von Kopernikus und Kepler wiederaufgenommen. Seine *Saphea,* ein gewaltiges Astrolabium*, kennzeichnete den Anfang der Entwicklung einer Reihe von Instrumenten, von denen einige noch heute benutzt werden.

▶ Andalusien, Astronomie

Sassaniden ▶ Iran

Satan

Arabisch *Schaitan* oder auch *Iblis* (arabisierte Form von griech. *Diabolos*). Anfangs war der Satan ein Dschinn*, der zum Engel wurde und Gott treu diente, bis er sich – als einziger der Engel – weigerte, sich vor Adam niederzuwerfen, da er selbst aus Feuer geschaffen sei, Adam jedoch nur aus Lehm.

Der Satan – und nicht Eva (arab. *Hawa*) – verführte Adam zum Essen der verbotenen Frucht, des Symbols der Unterscheidung zwischen gut und böse. Allein Iblis ist dafür verantwortlich; daher kennt der Islam* auch nicht die Vorstellung der „Erbsünde“, die die gesamte Menschheit betrifft. Wegen seines Ungehorsams gegenüber Gott wurde der Satan bis zum Ende der Zeiten aus dem Paradies vertrieben und wird schließlich in die Hölle geworfen werden. Zwar kann er die Menschen durch seine Hinterlistigkeit vom rechten Weg abbringen, jedoch ist seine Macht über die Sterblichen, besonders die Gläubigen, begrenzt, da diese über einen freien Willen verfügen und den Verlockungen widerstehen können. Während der Wallfahrt* nach Mekka* führen die Gläubigen rituelle Steinigungen von Säulen durch, die den Satan symbolisieren, der daher häufig auch „der Gesteinigte“ genannt wird.

Saudi-Arabien ▶ Wahhabiten

Schach

Mitte des 12. Jhs. entdeckten die Araber während der Eroberung des Irans* dieses Spiel, das sie übernahmen und weiterentwickelten.

Das „vornehmste der Spiele“ geht weit in die Antike (Hochantike) zurück. Man schreibt seine Urheberschaft Odysseus (in Troja) zu, aber auch König Salomo, der damit die Königin von Saba in Jerusalem* beeindrucken wollte. Aristoteles, der daraus ein erzieherisches Spiel für den zukünftigen Alexander den Großen* machte, gilt ebenfalls als Urheber. In China*, Ägypten und im Osten des Mittelmeerraumes gab es „Brettspiele“. Mit Steinen wurde auf einem Brett ein Kampf simuliert. Wahrscheinlich wurde im 6. Jh. n.Chr. in Indien* die heutige Gestalt des „Königsspiels“ entwickelt. Zur gleichen Zeit wurde es auch im sassanidischen Persien* beliebt. Der persische Ausdruck *Schatrandj* bezeichnet „Schach“ in ganz Asien und in der islamischen Welt. Auch einige technische Begriffe, wie „Schachmatt“, stammen aus dem Arabo-persischen: *Schah mat* (der König ist tot). Die Ausdehnung des Islams* begünstigte die weite Verbreitung des Schachspiels, obwohl es unter das islamische Glücksspiel-Verbot fiel. Seit dem 10. Jh. gab sich die moslemische Oberschicht mit Leidenschaft dem Schachspiel hin. Dies beweisen Darstellungen auf zahlreichen Miniaturen*. Dem Schachspiel war eine technische, allegorische und symbolische Literatur auf arabisch gewidmet. Nach Europa kam das Spiel während des 11./12. Jhs. über die moslemischen Besitzungen (Sizilien*, Andalusien*) und das christliche Spanien sowie durch Vermittlung skandinavischer Händler, die mit den Ländern des Schwarzen Meeres und des unteren Wolgagebietes Handel* trieben und dadurch in Beziehung zur islamischen Welt standen.

Schafiiten
Anhänger der vom Imam* asch-Schafii gegründeten sunnitischen* Rechtsschule*.

Asch-Schafii war Koreischit*, wurde 767 in Palästina* geboren, lebte in Bagdad* und starb 820 in Kairo*. Dort ließ Saladin* später eine Medresse* zu seinen Ehren errichten. Asch-Schafii schuf eine Synthese der unterschiedlichen Aspekte des islamischen Rechtswesens und gab ihnen eine kohärente Struktur. Er beschäftigte sich mit dem Hauptproblem der Scharia*-Interpretation: den Quellen des islamischen Rechts* und ihrer Anwendung auf gegenwärtige Ereignisse. Die schafiitische Rechtslehre gründet auf der Anerkennung der Überlieferungen (*Hadith**) und auf der Urteilsfindung durch Deduktion oder Analogie (*Qijas*), sofern dies notwendig ist. Der Konsens (*Idschma*) der Ulema* wird akzeptiert, ihm jedoch kein Vorrang eingeräumt. Asch-Schafii gilt als Begründer der Prinzipien des islamischen Rechts (*Usul al-Fiqh*). Die schafiitische Rechtsschule ist vor allem in Südarabien, Ostafrika und Malaysia* verbreitet.

▶ Recht, Rechtsschulen

Scharia, die
Das Wort ist abgeleitet von der arab. Wurzel mit der Bedeutung „der vorgeschriebene Weg“. Die Scharia ist die Gesamtheit der göttlichen Gebote, wie sie im Koran* und den Hadithen* erwähnt und gemäß den Grundsätzen der vier orthodoxen Rechtsschulen* zu verstehen sind.

Um die zahlreichen islamisch gewordenen Völker mit ihren unterschiedlichen Traditionen zu leiten, entwickelten die Ulema* eine Rechtswissenschaft (*Fiqh*), die alle Fragen der Gläubigen, auch die ganz alltäglichen, beantworten sollte. Die Scharia unterscheidet zwischen dem, was verpflichtend, empfohlen, erlaubt (neutral), geduldet (nicht verboten, jedoch eher zu unterlassen) und verboten (*haram*) ist. Alle Bereiche des menschlichen Lebens und der Gottesbeziehung werden geregelt: der Kult und die Fünf Säulen* ebenso wie das gesellschaftliche Leben (Persönlichkeits- und Strafrecht, Speiseverbote). In einigen islamischen Gebieten (in Indonesien* und bei den Berbern*) setzt das dortige Gewohnheitsrecht (*Adat*) der

Befolgung der Scharia Grenzen. In den modernen islamischen Gesellschaften hingegen koexistiert sie mit einer aus Europa übernommenen Gesetzgebung (vor allem in den Staaten, die ehemals unter osmanischer* oder europäischer Herrschaft standen), so daß dort eine strikte Anwendung der Scharia nahezu unmöglich ist. Gegenwärtig versuchen die Fundamentalisten* mit ihrer Forderung nach einer Re-Islamisierung der Gesellschaft, die Scharia zur einzigen Rechtsquelle zu erheben; dies ist bereits der Fall in Saudi-Arabien*, im Iran*, im Sudan* sowie teilweise in Pakistan*, und es stellt das Hauptziel der fundamentalistischen Bewegungen dar.

▶ Hadith, Koran, Recht, Theologie

Scheich, der

Arabischer Ehrentitel für einen „Ältesten" (über 50jährigen), ein Oberhaupt einer Großfamilie oder eines Stammes und allgemein für jede ehrwürdige Person mit weltlicher oder geistlicher Autorität, zum Beispiel einen Ulema*.

Im Sufismus* ist der Scheich der geistlich-spirituelle Meister einer Bruderschaft*. Ab dem 16. Jh. stand im Osmanischen* Reich der *Scheich al-Islam* an zweiter Stelle in der Hierarchie des Reiches, nach dem Großwesir*; er erließ Fatwas* in politischen und anderen öffentlich relevanten Fragen.

Scherif, der

Abgeleitet von der arabischen Wortwurzel für „Ehre", bezeichnete der Titel „Scherif" (arab. *Scharîf,* pl. *Schurafa*) ursprünglich einen freien Mann, den seine erhabene Herkunft zur Einnahme einer bedeutenden Position ermächtigte. Diese Auszeichnung ist auch mit dem Entstehen des Islams* nicht verschwunden, wenngleich der Koran* die Gleichheit aller Moslems* verkündet.

Unter dem Einfluß der wachsenden Verehrung Mohammeds* und der Forderungen der Schiiten* zu Gunsten Alis wurde der Titel Scherif – oder auch *Saijid* („Herr") – schließlich auf die Nachkommen des Propheten angewandt, die dieser durch seine Tochter Fatima und seinen Schwiegersohn Ali sowie deren beiden Söhne Hassan und Hussain* hatte.

Bis heute beanspruchen in der islamischen Welt Zehntausende diese Abstammung vom Propheten (zu Recht oder nicht). Die Herrscher von Mekka* trugen den Titel Scherif bis zur Eroberung durch die Wahhabiten* (1924/25); noch heute trägt ihn die regierende „Scherifen-Dynastie" in Marokko.

▶ Ali, Maghreb (Geschichte und Dynastien), Mohammed

Schiiten

Die Schiiten bilden die „Partei Alis" (arab. *Schiat Ali*). Diese entstand als politische Bewegung, derzufolge die Nachfolger Mohammeds* als Oberhaupt der Moslems* aus dessen Familie stammen müssen und die von mit ihren Rechten unzufriedenen Neubekehrten (*Mawalis*) genährt wurde (letztere gaben Anlaß zu mehreren Sektengründungen). In der Folgezeit erlebte die Schia selbst Spaltungen, so daß es mehrere Untergruppen gibt. Heutzutage wird sie meist mit dem Iran* identifiziert.

Ein politischer Aufstand. Für die Schiiten steht das (erbliche) Kalifat* rechtmäßig den Nachkommen Mohammeds* zu. Dieser soll als seinen Nachfolger seinen Vetter und Schwiegersohn Ali* bestimmt haben, der ebenfalls dem Stamme der Koreischiten* angehörte und ein begabter Krieger und Gelehrter war. Ali war der vierte rechtgeleitete Kalif* (656–661) und gilt als erster Imam* der Schiiten. Er wurde schließlich von den Omaijaden* besiegt und später von einem Charidschiten* ermordet. Nach dem Tode seines Sohnes Hassan nahm sein zweiter Sohn, Hussain*, den Kampf gegen die Omaijaden wieder auf, deren Soldaten ihn 680 in Kerbela* bei Kufa (im Irak) töteten, wohin sich zahlreiche seiner Anhänger zurückgezogen hatten. Sein Martyrium begründete einen regelrechten Kult (unter anderem verkörpert in der persischen Tazija*), der eine messianische Dimension enthält, derzufolge die Selbsthingabe das Heil der Welt verheißt. Diese Dimension ist zentral für die Zwölferschiiten*, die Hussain nach Ali und Hassan als dritten Imam verehren. Eine wachsende Zahl von Neubekehrten (*Mawalis*, „Klienten", da sie zu einem arabischen Stamm in ein Klientelverhältnis treten mußten) schloß sich den Schiiten an, weil sie sich rechtlich benachteiligt fühlten. In diesen Kreisen, in denen sich der Einfluß des Zoroastrismus und des jüdisch-christlichen Messianismus auswirkte, entstand die Hoffnung auf das Kommen eines charismatischen Führers: Man erwartete einen sündenfreien Imam, den Mahdi*, der von Gott „rechtgeleitet" ist und eine gerechte Herrschaft im Diesseits und im Jenseits ausüben wird, die sich auf alle Moslems* erstreckt. Der schiitische Aufstand scheiterte im weltlichen Bereich, die Erwartung eines Mahdis lebte jedoch als politische Utopie und religiöse Hoffnung fort. Durch die Unterstützung der Schiiten (auch Aliden genannt) vor allem aus dem Iran kamen die Abbasiden* an die Macht, die über einen Onkel des Propheten, Abbas, dem Stamme der Koreischiten angehörten. Sie errichteten zunächst eine Theokratie, ersetzten jedoch bald ihre religiöse Legitimation durch eine dynastische. Nach einer Reihe erfolgloser Aufstände sammelten sich die Schiiten um ihre Imame und unterwarfen sich gezwungenermaßen der herrschenden Dynastie, die sie jedoch weiterhin als unrechtmäßig betrachteten, bis der letzte Imam, der „verborgene Imam", am Ende der Zeiten zurückkehrt. Ein Zweig der Aliden, die Zaiditen*, sah die Anerkennung der sunnitischen* Machthaber allerdings als gerechtfertigt an.

Nach Meinung der meisten (vor allem iranischen) Schiiten blieb die Errichtung einer wahren islamischen Herrschaft mittels Dschihad* der messianischen Zeit vorbehalten.

Eine eigenständige „Konfession". Die langsame Herausbildung der Schia als eigenständiger Richtung mit grundlegenden Unterschieden zu den orthodoxen Sunniten* führte zur Konsolidierung des städtischen Bürgertums wie der Bauernschaft im Süden des Iraks und im Iran*. Diese Tendenz verstärkte sich noch, als im 9.–10. Jh. mit der Schwächung des Kalifats* unabhängige iranische Fürstendynastien entstanden: sunnitische Samaniden und schiitische Bujiden. Zwar hatten die Schiiten damals jeglichen politischen Machtanspruch aufgegeben, jedoch stellten mehrere (im Vergleich mit den „gemäßigten" Schiiten) „extremistische" Sekten diese Haltung wieder in Frage: Ismailiten*, Karmaten* und später Assassinen*. Die Fatimiden* in Nordafrika (909–1171) blieben gemäßigt gegenüber ihren sunnitischen Untertanen, die die große Mehrheit bildeten. Sie sandten allerdings in Kairo* ausgebildete Propagandisten in die ganze islamische Welt. Der zwölfte schiitische Imam* (somit elfter Nachfolger Alis*), Mohammed al-Mahdi, entschwand um 878 als Kind in die „Verborgenheit"; er wird als „Herr der Zeit" (*Sahib az-Zaman*) und „erwarteter Mahdi" (*Muntazar*) bezeichnet. Bis zur Wiederkehr ebendieses verborgenen Imams am Ende der Zeiten, wenn er die Gerechtigkeit zur Herrschaft bringen wird, ist – so erklärten die schiitischen Theologen 940 – die Reihe der Imame abgebrochen. Die Stellung der „mit Gott vereinten" Imame als Fürsprecher der Menschen bei Gott eröffnete deren kultische Verehrung, die ihren Ausgang nahm bei der Trauer um Hussain*. Wegen der zentralen Bedeutung der Imame werden die Zwölferschiiten* auch „Imamiten" genannt. Ein weiterer grundlegender Unterschied zu den Sunniten besteht in der Auslegung des Korans* und anderer religiöser Texte (der Überlieferungen von Ali und den nachfolgenden Imamen bis zur „Entrückung" des zwölften), in denen die Schiiten nach dem „verborgenen" Sinn (*batin*) forschen, der jenseits des offensichtlichen Sinns (*zahir*) liege und notwendig zur Erkenntnis der Wahrheit sei. Diese Vorgehensweise hat eine esoterische Gnosis hervorgebracht, in der sowohl der zoroastrische und manichäische Dualismus des Irans als auch die hellenistische Philosophie zutage treten. Im übrigen ist für die Schiiten – im Gegensatz zum religiösen Recht* der Sunniten – das „Tor des *Idschtihad*" (der eigenen Anstrengung) nicht „geschlossen", so daß die *Mudschtahids* (Religionsgelehrten) eigenständige Entscheidungen im Bereich des religiösen Rechts treffen können. Auf diese Weise hat sich bis zum 18. Jh. im Iran und in Indien* eine reichhaltige und fruchtbare schiitische Theologie* und Philosophie* entfaltet, deren bedeutendste Vertreter unter anderem at-Tussi* (13. Jh.) und Allama-i Hilli (14. Jh.) waren. Diese Entwicklung erhielt noch einmal Auftrieb mit der Erhebung des (zwölfer-) schiitischen Glaubens zur Staatsreligion in Persien* durch die Safawiden* (1501), wodurch die Schiiten sich nicht mehr verstecken mußten und von verkappten Verfolgungen befreit wurden. Freilich betrachtete die sunnitische Mehrheit die Schiiten stets als vollwertige Moslems* – trotz aller bedauernswerten Exzesse. Für den schiitischen Klerus mit den Mullahs* an der Spitze war und ist jegliche Regierung bis zur Rückkehr des verborgenen Imams „widerrechtlich"; daher blieben sie auf Distanz zu den verschiedenen Machthabern und Dynastien, die im Iran aufeinander folgten; die Safawiden gestanden im übrigen zu, daß der „erwartete" zwölfte Imam der legitime Herrscher sei. Den *Mudschtahids* floß der Ertrag der religiösen Steuer (*Zakat*) zu und ebenso eine Abgabe ihrer Anhänger, was ihre Unabhängigkeit von der Regierung sicherte und ihnen die Auflehnung gegen diese ermöglichte – im Gegensatz zur Mehrheit der sunnitischen Ulema*. Am Ende des 19. Jhs. wuchs die Anzahl der *Mudschtahids* beträchtlich, und bald darauf wurde der Stand der Ajatollahs* geschaffen. Die wirtschaftliche Durchdringung Persiens durch die Europäer im 19. Jh. rief Volksbewegungen unter religiöser Führung ins Leben, die sich regelmäßig dem Willen der Schahs aus der Dynastie der Kadscharen (1779–1924) widersetzten. Die Religion stellte praktisch die einzige Oppositionskraft gegenüber der Regierung dar. Mit ihren nachdrücklichen Modernisierungsbestrebungen stieß die Pahlewi-Dynastie (ab 1925) auf den Widerstand der Mullahs, die von ihr als fortschrittsfeindlich betrachtet wurden. Dies führte zu einer zunehmenden Unterdrückung, die sich noch verschärfte infolge der öffentlichen Trauer um die „Märtyrer", die regelmäßig – vergleichbar Hussain und seinen Gefährten im Kampf gegen die „frevlerischen" omaijadischen* Machthaber – durch Kugeln von Polizei und Armee in den endlosen Verwicklungen fielen. Die politischen Parteien waren entweder eingeschüchtert oder sich der Gefahr nicht bewußt und überließen dem Klerus die Führung des Widerstands gegen die Unterdrückung. Einer der religiösen Führer, der Ajatollah Khomeini, mußte ins Exil gehen und lebte zunächst im Irak, dann in Frankreich. Nach seiner Rückkehr 1979 wurde die Islamische Republik Iran ausgerufen. Die Verehrung für Khomeini war so groß, daß er den Titel „Imam" nicht ablehnte – der indes dem „erwarteten" Imam der Endzeit vorbehalten ist. Als einen weiteren Schritt hin zum „Mullahregime" ließ Khomeini einen Artikel in die Verfassung aufnehmen, demzufolge die höchste Autorität im Staate ein religiöser Würdenträger innehat, dem ein zweiter zur Seite steht, um über die Einhaltung des rechten Kurses zu wachen.

Die Iraner sind ein Volk, das stolz ist auf seine uralte überlegene Kultur, die durch die Ausbreitung des Islams* brutal zerstört wurde. Wenn sie auch eine tragende Rolle beim Aufschwung der islamischen Kultur spielten, so haben sie dennoch in der Schia, die sie im Laufe der Zeiten großteils geprägt haben, eine eigene Form des Islams gefunden, in der ihr „Nationalcharakter" seinen Ausdruck findet.

Heutzutage stellen die Schiiten 10% der Moslems (von denen es weltweit eine Milliarde gibt). Die 64 Mio. Iraner sind zu über 80% Zwölferschiiten (der Rest ist sunnitisch, neben 1% anderer Religionen). Der Irak ist zu 55% schiitisch; weitere größere schiitische Gemeinschaften leben im Libanon (30% der Bevölkerung), in Aserbaidschan, in der Türkei sowie in Kuwait, Bahrain und den Vereinigten Arabischen Emiraten (ca. 40% der Gesamtbevölkerung dieser drei letztgenannten Staaten, auf Grund der iranisch-pakistanischen Einwanderung). In Saudi-Arabien gibt es ungefähr 10% Schiiten und in Afghanistan* sowie Pakistan* jeweils fast 20%.

► Ali, Fatimiden, Hussain (Martyrium), Imam (verborgener), Iran, Ismailiten, Safawiden, Sekten und Gruppen im Islam, Tazija

Schiras

Zentral gelegene Stadt in Persien* (pers. *Fars*), die sich innerhalb einer weiten in einer Ebene gelegenen Oase befindet, ca. 500 km südlich von Isfahan* und 60 km von Persepolis entfernt, der antiken Hauptstadt der Achämeniden und vorislamischen Sassaniden*.

Schiras wurde zur Zeit der rechtgeleiteten Kalifen* von den Arabern erobert und unter den Omaijaden* wiederaufgebaut. Die iranischen Dynastien der Saffariden (867–900 in Fars) und Bujiden (932–1062) machten aus der Stadt ein Zentrum moslemischer Kultur (u. a. berühmt für ihre Textilien*), welches sogar die mongolischen* Invasionen im 13. Jh. unter der mongolisch-ilchanidischen Dynastie (1256–1353) aus dem Iran* überlebte. Die Dichter Saadi* (13. Jh.) und Hafis* (14. Jh.) sind dort geboren und gestorben, und ihre Grabstätten werden immer noch von Iranern jeden Ranges besucht. 1393 nahm Timur-Leng* die Stadt ein und ließ alle Kunstschätze in seine Hauptstadt Samarkand* schaffen. Unter seinen timuridischen* Nachfolgern wurde Schiras zum Zentrum einer Schule für Miniaturen*. Mit der Thronbesteigung der Safawiden* (16. Jh.) wurde die Stadt von Isfahan, der Hauptstadt der neuen Dynastie, in den Schatten gestellt, jedoch erreichte sie unter der Zand-Dynastie (1750–1794) wieder eine gewisse Bedeutung. Die Regenten-Moschee* (Wahil-Moschee), berühmt wegen ihrer gedrehten Säulen, die sich im Gebetsraum erheben, und wegen ihrer mit Tiermotiven versehenen Keramikvertäfelung, ist ein Beweis für die Feinheit der persischen Kunst des 18. Jhs.

Schleier

Anstand nach außen ist ein Grundcharakteristikum der traditionellen islamischen Gesellschaft. Männer sollen weite Gewänder (*Abaja*, langer Umhang aus Wolle oder Baumwolle; *Dschallaba* oder *Dischdascha* auf der Arabischen Halbinsel usw.) tragen und lediglich Gesicht, Hände und Füße unbedeckt lassen; die Kopfbedeckung bezeugt die Ehrfurcht vor Gott. Diese Regeln betreffen in noch größerem Maße Frauen: Sie müssen Haare und Gesicht bedecken, je nach Region und Gesellschaft zum Teil oder zur Gänze.

Der Koran* erlegte den Frauen des Propheten auf, sich zu verschleiern, und empfahl, daß die Frauen allgemein ihren „Schmuck" den Männern vorbehalten, die zum engeren Familienkreis gehören: Ehemann, Brüder, Vater, Söhne. Zwar ist das Schamgefühl durchaus ein religiöses Gebot, jedoch wäre es mißbräuchlich, die Verschleierung als rechtliche Vorschrift auszugeben. Das Tragen eines Schleiers wurde unter den Abbasiden* und Fatimiden* bei den wohlhabenden Städterinnen allgemein üblich; Bäuerinnen und Beduininnen bedeckten ihre Haare mit einem einfachen Kopftuch. Mit zunehmenden Bekehrungen übernahmen die Mosleminnen diese Mode. In modern ausgerichteten moslemischen Ländern und in einigen Gesellschaften (bei Nomaden*, Berbern* und in Indonesien*) können gläubige wie nichtgläubige Frauen den Schleier freiwillig anlegen; dies stellt jedoch keine religiöse Verpflichtung dar, wie es von Fundamentalisten* und islamistischen Regimen heute wieder verstärkt behauptet wird. Die Gesellschaft wird von Männern dominiert, und die Absonderung der Frauen im öffentlichen wie privaten Leben ist die Regel. (Davon zeugt der „Harem*" genannte Teil traditioneller Häuser, der in modernen Wohnungen schwer beizubehalten ist.) So kämpfen zahlreiche Männer mit Hilfe des sozialen Drucks für die Verschleierung der Frauen. Aber für welche Art der Verschleierung? Für den *Hidschab* („Abschirmung"), der die

Haare bedeckt und das Gesicht einrahmt? Das Seidentuch, das die Haare verhüllt und von den Iranerinnen unter dem Tschador getragen wird (einem Körperschleier, der altbekannt ist, dem städtische Iranerinnen jedoch Mäntel vorziehen, die die Körperformen verbergen)? Den *Purda* („Schranke") der Afghaninnen und Pakistanerinnen? Oder eher für den *Khimar* („Gitter") der Frauen in Arabien, am Golf und im Jemen*? In der Zwischenkriegszeit legten moderne und feministische Ägypterinnen öffentlich den Schleier ab; und in der Türkei verbot Mustafa Kemal* als erster moslemischer Machthaber das Tragen des Schleiers.

Für die Sufis* symbolisiert der Schleier (*Hidschab*) den Ballast, der das Finden der „wahren" Erkenntnis (*Haqiqa*) verhindert.

Schriftbesitzer

Der Begriff „Schriftbesitzer" (arab. *Ahl al-Kitab*, „Leute des Buches") oder *Dhimmis* („Schutzbürger") kennzeichnet den rechtlich-religiösen Status, den die Scharia* den Gläubigen der monotheistischen Offenbarungsreligionen (Judentum* und Christentum*) zuweist, als deren „Bestätigung" sich der Islam versteht. Nach der Eroberung des Irans* wurde der Zoroastrismus, die dortige Staatsreligion, in diesen Status mit eingeschlossen.

Wenn die Schriftbesitzer die islamische Herrschaft akzeptieren, erhalten sie durch einen Vertrag die Anerkennung ihrer Persönlichkeit, das Bleiberecht im islamischen Gebiet sowie die Garantie ihrer öffentlichen Freiheiten und ihrer Privatrechte (Handel*, Ehe, Erbschaft usw.). Als „Schutzbefohlene" der Moslems* dürfen sie nicht zur Bekehrung gezwungen werden und auch nicht am Krieg teilnehmen. Waffenbesitz ist ihnen verboten, ebenso – im Prinzip – das Reiten zu Pferde, obwohl es zu verschiedenen Zeiten christliche Söldner in islamischen Armeen* gab. Theoretisch haben die Schriftbesitzer das Recht, ihren Glauben zu praktizieren und das Rechtssystem ihrer Religionsgemeinschaft beizubehalten (bei einem Rechtsstreit mit einem Moslem genießt allerdings das islamische Recht* Vorrang); auch ihre religiösen Oberhäupter (Bischof, Patriarch, Rabbiner) bleiben im Amt. Letztere tragen die Verantwortung gegenüber den islamischen Autoritäten und leiten das Leben ihrer „Nation" – im mittelalterlichen Sinne von Religionsgemeinschaft (arab. *Milla*, türk. *Millet*). Der Status als Schriftbesitzer umfaßt auch die zusätzliche Entrichtung einer besonderen Kopfsteuer (*Dschizja*) sowie die Kennzeichnung der Kleidung zur Unterscheidung. Im Laufe der islamischen Geschichte erlangten zahlreiche Juden und Christen hohe Positionen: Wesir*, Sekretär oder Arzt der Kalifen* und Sultane*. Dieser Status ist zwar liberal im Vergleich mit den Verfolgungen der nicht „rechtgläubigen" Christen und der Juden im mittelalterlichen Europa, er ist jedoch keineswegs idyllisch. Volksbewegungen, Fanatismus anläßlich von Konfrontationen mit der christlichen Welt, Willkür oder politische Absichten mancher Herrscher führten in einigen Zeiten zu Verfolgungen. Diese gab es während der Kreuzzüge* oder unter den Fatimiden* und sogar von Zeit zu Zeit in Andalusien*. Die dortigen Mozaraber*, die lange Zeit in Frieden lebten, wurden

1120 von den Almoraviden* massiv vertrieben. Das gleiche Schicksal widerfuhr den Juden unter der Besatzung der Almohaden* ab 1145. Der Status der „Schriftbesitzer" kam außer Gebrauch mit den osmanischen* Reformen (*Tanzimat*), die einen Zustand beendeten, der für die Minderheiten alles in allem angenehm war, die Massen der Moslems jedoch zutiefst verärgerte. Offiziell wurde dieser Status nach dem Ersten Weltkrieg 1923 zeitgleich mit den Kapitulationen* abgeschafft.

▶ Andalusien, Christentum und Islam, Judentum und Islam

Seefahrt

Die arabisch-moslemische Kultur entstand mitten in Arabien und wendete daher dem Meer von vornherein den Rücken zu, selbst wenn der Koran* eine Vision des Seehandels enthält: „In den Schiffen, die auf dem Meer fahren mit dem, was den Menschen nutzt [...], sind Zeichen (für die Existenz Gottes)" (Koran 2,164). Seit langer Zeit gab es einen arabischen Handel* am Roten Meer mit den Häfen Äthiopiens* und des Jemens* entlang der Küste des Hedschas*. Seit dem Aufkommen des Islams* bildeten die Häfen des Persischen Golfs, des südlichen Irans* und Omans* lebendige Zentren des arabisch-persischen Seehandels auf dem Indischen Ozean. Die ersten Eroberer wurden sofort mit der byzantinischen* Vorherrschaft am Mittelmeer konfrontiert. Später, als die moslemische Welt zum Mittelpunkt der Handelsrouten wurde, die sich über die damals bekannte Welt verzweigten, entstand auch ein Seehandel, der den Warenaustausch sichern konnte. Moslemische Kartographen, Geographen*, Reisende* und Astronomen spielten sehr bald eine bedeutende Rolle in der Erforschung günstiger Routen für die Seefahrt.

Kriegsflotte. Die rechtgeleiteten Kalifen* waren zunächst unerfahren gegenüber der byzantinischen Seemacht. Darauf schufen vor allem die Omaijaden* für die Araber eine Kriegsflotte, für die sie byzantinische Kriegsanlagen aus Ägypten benutzten und später an der syrisch-palästinensischen Küste (Akko) auch neue errichteten: 651 stellten sie sich in einer ersten Seeschlacht den Byzantinern. Die Moslems* waren nun nicht nur in der Lage, Byzanz* mehrmals zu belagern (7.–8. Jh.), sondern sie griffen auch Rhodos, Zypern und Sizilien* an. Die Wehreinrichtungen der Moslems im Maghreb* beruhten ursprünglich auf dem Aufschwung und dem Bau von Häfen (Tunis, Algier). Aber vor allem waren die tunesischen Häfen von großer Bedeutung: von ihnen aus wurde Sizilien im 9. Jh. erobert. Das moslemische Andalusien* besaß große Geschwader in Alicante und in Cadiz. Im 9. Jh. verstärkte der spanische Omaijaden*-Emir*, Abd ar-Rahman II., seine Flotte und errichtete ein Arsenal in Sevilla. Die Moslems beherrschten fortan das westliche Mittelmeer, wo sich herkömmliche Seekriege und Piraterie auf moslemischer und christlicher Seite vermischten: von den maghrebinischen und spanischen Küsten aus plünderten die sarazenischen* Piraten die Inseln (u.a. Korsika, Sardinien) und ließen sich eine Zeitlang an der Küste der Provence* nieder. Zwei Jahrhunderte lang war Malta besetzt (870–1090). Die Abbasiden* und Fatimiden* (letztere ließen neue Schiffe bauen, die 1500 Mann Besatzung aufnehmen konnten) setzten diese Anstrengungen fort. Die Araber selbst wurden Meister im Schiffbau: die Kriegsschiffe wurden mit Wurfgeschossen und Brandmaterial ausgestattet. Die Herstellung von byzantinischem „griechischem Feuer" war bekannt. Doch letztlich bestimmte der Nahkampf der Mannschaft den Ausgang der Kämpfe. Dieser ruhmreichen Zeit der moslemischen Seeflotte sind Begriffe zu verdanken, die aus dem Arabischen in die europäischen Sprachen übernommen wurden, wie „Arsenal", „Darse" (Hafenbecken), „Admiral" (von arab. *Amir al-Bahr,* „Meeresfürst"). Saladin* war der letzte moslemische Herrscher, der sich vor der Zeit der Osmanen* noch für die Kriegsmarine interessierte. Die Aijubiden* und ersten Mamelucken* (12.–16. Jh.) hatten keine Marine, weil Holz und Metalle in der moslemischen Welt selten waren. Daher war ihr einziges Mittel gegen die Kreuzritter die Zerstörung ihrer befestigten Hafenanlagen an der syrisch-palästinensischen Küste. Sie hinderten somit die Franken daran, aus ihrer Vormachtstellung zur See Nutzen zu ziehen. Die osmanischen Türken*, frühere Nomaden* aus dem Landesinneren, erkannten rasch die Bedeutung einer Kriegsflotte und widmeten sich trotz ihrer Niederlage gegen die Venezianer im Jahre 1416 der Errichtung einer Flotte. Trozdem waren sie gezwungen, den Landweg einzuschlagen, um 1453 Konstantinopel* zu überfallen, denn sie konnten die Blockade des Goldenen Horns nicht durchdringen. Süleyman der Prächtige* ließ eine sehr mächtige Flotte aufbauen, die vor allem aus Galeeren bestand. Seitdem die Osmanen den Nahen Osten (1517) erobert hatten, führte ihre Flotte Schutzmaßnahmen im Roten Meer und auf dem Indischen Ozean durch, ausgehend von Ägypten, Aden und dem Persischen Golf. Dabei unterstützte sie in Äthiopien* die Moslems gegen die Christen und übernahm die Kontrolle der Inseln vor Eritrea (16.–19. Jh.). Aber die Übermacht der Portugiesen – die 1498 an der Swahili*-Küste erschienen und später in Indien* ihren Stützpunkt in Goa hatten – war offenkundig, sowohl gegenüber den Türken* als auch gegenüber den indischen Sultanaten: der Sultan* von Gudscharat wurde, nachdem er zuvor die Lusitanier geschlagen hatte, von diesen 1509 vernichtet und verlor zur gleichen Zeit die Kontrolle über den Handel* im Meer von Oman. Die Osmanen wurden 1551 vor der Westküste Indiens* von den Portugiesen auf dem Meer geschlagen. Drei Jahre später wurde der türkische Admiral Piri Reis (der auch Kartograph und Geograph* war und außerdem Verfasser des berühmten Seehandbuchs *Buch vom Meer)* in Kairo* enthauptet, weil ihm die Portugiesen 28 der 30 Schiffe wieder abgenommen hatten, die er im Indischen Ozean in seine Gewalt gebracht hatte. Der Schutz der Küstenschiffahrt und die Seeschlacht vor den Häfen bestimmten die allgemein angewandte Strategie. Diese wirkte sich 1571 für die Türken in Lepanto (Griechenland) katastrophal aus, bei einem Angriff der christlichen Mächte, die unter der Führung Spaniens vereinigt waren; ausgenommen war Frankreich, das seit den Kapitulationen* mit den Türken verbündet war. Aber diese Niederlage vernichtete die osmanische Flotte nicht, sie beherrschte vielmehr weiterhin bis ins 18. Jh. hinein das Rote Meer. Dabei dienten ihre Verbündeten und de facto unabhängigen Vasallen, die Barbaresken*, ihrer größeren Beweglichkeit wegen als Ersatzmarine gegen die christlichen Länder. Die Osmanen errichteten eine neue Kriegsflotte; sie beherrschte das östliche Mittelmeer im 16./17. Jh. bis zu ihrer Zerstörung durch die Russen im russisch-türkischen Krieg von 1770. In der Folgezeit machte es sich der Reform-Sultan Selim III. (gest. 1807) zur Aufgabe, seine Kriegsschiffe mit europäischen Ausbildern zu modernisieren. Die osmanisch-barbareske Flotte war auf Plünderung ausgerichtet, ohne besondere Strategie, und raubte das Mittelmeer solange aus, bis ein Zusammenschluß der europäischen Seemächte sie 1827 in Navarino (Pylos, Griechenland) vernichtete und mit ihr auch die Flotte der algerischen, tunesischen und ägyptischen Vassallen (Mohammed Ali*): Die See- und Militärübermacht Europas war seit dem 17. Jh. im Mittelmeerraum offenkundig. Dies war die letzte große strategische Unternehmung der Moslems im Mittelmeer, auch wenn die Kriegsmarine der Hohen Pforte* bis zur Mitte des 19. Jhs ihre Bedeutung bewahrte.

Handelsflotte. Der internationale Handel* stand im Zentrum der Wirtschaft der moslemischen Welt, damit einher ging die weite Verbreitung des Islams*. Der Handel benutzte die Land- und noch mehr die Seewege. Von Basra (Irak) – im Inneren des Persischen Golfes – und Siraf (Südküste von Persien*) aus bewegten sich die arabischen und persischen Seehändler, die durch die Abenteuer Sindbads* auf großer Fahrt unsterblich geworden sind, in Richtung China*. Seit dem 8. Jh. gab es in Kanton ein moslemsiches Viertel (mit Moscheen* und Hammam*), bis 877 die Chinesen die Fremden durch ein Massaker vernichteten. Die Seefahrer nutzten die Passat- und Monsunwinde (von arab. *Maussem*, „Jahreszeit") und unterbrachen normalerweise ihre Reise in Indien*, wo sie ihre Handelsgüter, wie minderwertige Ware und Getreide, gegen heimische Produkte, wie Weihrauch, Elfenbein, Kampfer und Aloe, tauschten. Diese wurden dann wiederum gegen Luxuswaren in China getauscht, z. B. Seide, Porzellan, exotische „Raritäten". Die moslemische Welt importierte auch malaiisches Zinn, Holz, Stahlwaffen, Farben aus Indien und Indonesien* sowie Edelsteine aus Ceylon. Die Inseln und Anrainerstaaten waren ebenfalls die wichtigsten Produzenten wertvoller Gewürze, Parfums und Arzneimittel in der damals bekannten Welt. Manchmal wurden die Waren auf indische Schiffe umgeladen. Die moslemischen Seehändler aus Gudscharat (Westindien), einer Gegend, die von Surat aus das Handelszentrum des vormogulischen und mogulischen* Indiens geworden war, beherrschten auf dem Gebiet der Gewürze und Textilien ein sehr großes Gebiet, das von Südchina bis zur Swahili*-Küste und zum Persischen Golf reichte. Es führte an Malakka (Malaysia*) vorbei, das im 15. Jh. Hauptumschlagplatz und Zentrum für die Verbreitung des Islams in Südostasien bis zum Persischen Golf war. Zusammen mit ihren arabischen und persischen Glaubensgenossen spielten die Händler aus Indien eine wichtige Rolle bei der Islamisierung des indonesischen Inselreichs. Die Wallfahrten* nach Mekka* seitens asiatischer Gläubiger nahmen lange Zeit einen wichtigen Raum bei den friedlichen Handelsfahrten ein. Die indischen Händler wurden durch den europäischen Einfluß der Portugiesen, Holländer, Engländer und Franzosen, die in ihre angestammten Bereiche eindrangen, gezwungen, sich ab dem 17.Jh. auf den westlichen Teil des Indischen Ozeans zu beschränken, denn das Mogul-Reich besaß nur wenig Ambitionen zur Seefahrt. Es ist bezeichnend, daß 1699 der kriegerische Mogul-Herrscher Aurangzeb gezwungen war, um europäischen Schutz für die indischen Transporte zu bitten, die Opfer der Piraterie – auch der europäischen – wurden.

Zur Zeit der großen Ausdehnung des moslemischen Handels (vom 8. bis 11.Jh.) war der Indische Ozean ein Haupthandelszentrum, das von moslemischen, arabischen, persischen, indischen und malaiischen Seefahrern – und kurze Zeit auch chinesischen – beherrscht wurde. Er verband (in beiden Richtungen) Indien mit Syrien, dem Irak und dem Iran durch den Persischen Golf sowie durch das Rote Meer Ägypten mit dem moslemischen Westen und Europa. Der südlichste Punkt dieses internationalen Systems lag an der Swahili-Küste, die Gold und Sklaven* ausführte. Die Fatimiden* nahmen im 11.Jh. dem Golf seine Vorrangstellung als Transitzentrum zugunsten Ägyptens ab, das von da an über das Rote Meer Drehscheibe des Handels zwischen dem Mittelmeeraum, dem moslemischen Westen, der syrischen Küste und Europa einerseits sowie Indien und dem Fernen Osten andererseits wurde. Diese Entwicklung verstärkte sich unter den Mamelucken * (13.–16.Jh.), die Neuerungen in den moslemischen Schiffbau einführten. Kairo*, ihre Hauptstadt, blieb bis ins 18.Jh. ein wichtiges Zentrum des Seehandels zwischen Asien und Europa (besonders mit Marseille). Die Schriften der Astronomen waren für die Seefahrer sehr wichtig: bestimmte Himmelsrichtungen (Zenit, Nadir) und mehrere Sterne (Altair, Aldebaran) behielten auf diese Weise in der weltweiten Terminologie ihre arabischen Namen. Ebenso bedeutsam war die Abhandlung über die Längengrade, die im *Masudi-Kanon* von al-Biruni* (gest. um 1050) enthalten ist. Reisewege und Landstriche wurden seit der Zeit der Abbasiden* immer besser bekannt, einerseits durch Kartographen, wie den Perser al-Balkhi (geb. 850), andererseits durch Berichte der Händler selbst, wie die der berühmten Karimi-Händler, die vom 10. bis 16.Jh. die ägyptischen Basare* mit Waren aus Asien versorgten. China erschloß sich durch die Schriften des Geographen* Ibn Rusta (gest. 912) und des Geschichtsschreibers* al-Masudi* (gest. 956). Die Reiseberichte lieferten ebenfalls wertvolle Informationen. Beispiele dafür sind Ibn Battuta* (14.Jh.) und die bemerkenswerten Abhandlungen über Seefahrt des omanischen Kapitäns Ibn Madjid (15.Jh.), der möglicherweise – unter Zwang – Vasco da Gama nach Indien (Calicut) führte. Einige von den Chinesen erfundene genaue Instrumente, wie der Astrolabium*-Kompaß, wurden durch arabische Seefahrer verbessert. Vom Roten Meer bis Indonesien bezeichneten die einheimischen Sprachen den Kapitän als *Muallim* (arab. „Meister, Lehrer“) oder mit der pers.

Entsprechung *Nakhuda*. Die Einführung des (sog. „lateinischen") Dreiecksegels im Mittelmeer war ebenfalls eine Neuerung, die dem Handel mit der moslemischen Welt zu verdanken ist. Im Westen (während das mittelalterliche Westeuropa materiell noch nicht sehr entwickelt war) richtete sich der Handel von den Häfen des Maghrebs*, (wie Tunis und Bougie) und Andalusiens* hauptsächlich nach Byzanz* und auf die italienischen Städte, wie Pisa, Amalfi, Genua, Venedig. Dies geschah solange, bis ab dem 12. Jh. die italienischen Handelsflotten die Führung übernahmen. Von Malaga, Murcia, Valencia und Sevilla aus trieb das moslemische Spanien regelmäßig Seehandel über den Guadaquivir mit Italien, dem Languedoc, dem Maghreb, Byzanz, Syrien und Ägypten sowie über Ägypten mit Indien und China. Der andalusische Export bestand hauptsächlich – je nach Bestimmungsort – aus Papier* (Andalusien hatte als Papierhersteller einen guten Ruf, besonders die Papiermühlen von Jativa bei Valencia), aus Waffen (Toledo), Kupfer (Cordoba*), Geräten aus Eisen und Stahl, Holz, Textilien* sowie Produkten des Bergbaus* (Gold, Silber, Eisen, Blei). Eine Rolle spielten auch die spanischen, französischen und slawischen Sklaven (die durch das Rhonetal oder von Venedig herbeigebracht wurden) sowie Textilien und Luxusgegenstände aus allen Bereichen. Das Kalifat* von Cordoba und später die Reyes de Taifas* führten durch Tausch aus dem Maghreb Pferde, Marmor, Elfenbein und Datteln ein; aus dem Mittleren Osten kamen Marmor, Pferde und Sättel für Reittiere, Samt, Schmuck, Perserteppiche sowie (über Byzanz) russische Pelze; aus China wurden Moschus, Aloe und Heilpflanzen importiert; aus Indien Waffen aus Stahl. Aus Italien kam Marmor, aus Frankreich Eunuchen, Waffen und Kleidungsstücke; aus Nordeuropa „slawische" Sklaven (*Saqalibas*). Im Maghreb bestand das Handelswesen, besonders das Seehandelswesen, das von den Barbareskenstaaten erarbeitet wurde (16. bis zu Beginn des 19. Jhs.), vor allem aus der Piraterie, die jedoch mit dem europäischen Wirtschaftssystem verbunden war.

► Barbaresken, Handel, Indonesien, Malaysia, Verkehrsswege, Swahili-Kultur

Sekten und Gruppen im Islam

Seit den Anfangszeiten des Islams* im 7. Jh. gab es politische Unruhen als Vorboten künftiger Erhebungen in Arabien selbst, im Nahen Osten und im Iran*, die begleitet wurden von häretischen Bewegungen gegen den orthodoxen Islam.

Politische Auflehnung und Religion. Diese politischen, nur gelegentlich ethnisch bedingten Auflehnungen waren eher Oppositionsbewegungen als Häresien im eigentlichen Sinne. Sie nahmen jedoch unweigerlich religiöse Züge an auf Grund des seinem Wesen nach religiösen Charakters des Staates* im Islam*. Der Wiederaufstieg vorislamischer Glaubensformen (iranischer Dualismus, griechische Gnosis) beeinflußte diese Bewegungen, die im Zusammenhang standen mit tiefempfundener politischer Unzufriedenheit – besonders über die Regelung der Nachfolge Mohammeds* als Gemeindeleiter. Unruhen entstanden ebenfalls durch die persischen und auch arabischen Neubekehrten (*Mawalis*), die verpflichtet waren, zu einem arabischen Stamm in ein Klientelverhältnis zu treten, und sich dadurch als Bürger zweiter Klasse behandelt fühlten. Zunehmenden Aufruhr gab es unter den Omaijaden*, die von zahlreichen Sunniten* für Usurpatoren gehalten wurden, da sie nicht direkt mit dem Propheten verwandt waren. Von schiitischer* Seite wurde den Omaijaden vorgeworfen, die Stelle Alis* eingenommen zu haben. All diese sektiererischen Bewegungen wurden niemals aus dem Islam ausgeschlossen; einige trennten sich jedoch freiwillig, wie die letzten Führer der extremen Ismailiten* im 12. Jh., die die Scharia* aufhoben, oder die Bahai* im 19. Jh., die den Islam ersetzen wollten. Einige nahöstliche Gruppierungen (Drusen*, Alawiten*) werden von der Mehrheit der Moslems* als mit ihrer Lehre am Rande des Islams stehend betrachtet.

Vom Bürgerkrieg zur Glaubensspaltung. Die *Charidschiten** („Auszügler") waren ursprünglich Anhänger Alis*, trennten sich jedoch von ihm, da sie ihn für zu nachgiebig hielten. Ein Charidschit ermordete schließlich Ali. Sie glaubten an die Gleichheit aller und vertraten die Ansicht, daß jeder Gläubige Imam* und Kalif* werden könne, unabhängig von seiner Herkunft, solange er nur religiös und moralisch untadelig sei. Ihre strenge und unerbittliche Glaubensauffassung trieb sie so weit, Sünder in ihren Reihen zu exkommunizieren, wenn nicht gar zu töten. Heutzutage leben die aus ihnen hervorgegangenen sehr gemäßigten *Ibaditen* unter den Berbern* im algerischen Mzab, in Tripolitanien und auf Djerba sowie an der Swahili*-Küste und vor allem in Oman*, wo sie über die Hälfte der Bevölkerung ausmachen.

Die *Schiiten** (arab. *Schiat Ali*, „Partei Alis"), die gegenwärtig 10% der Moslems* stellen, waren ursprünglich eine rein arabische politische Bewegung. Sie bilden die Anhängerschaft Alis, des Cousins und Schwiegersohns Mohammeds*, der die allein nachfolgeberechtigte Prophetenfamilie verkörpert, im Gegensatz zu den drei ersten Kalifen, die statt seiner regierten, und im Gegensatz zu deren späteren Nachfolgern. Die Zwölferschiiten* (die zwölf rechtmäßige Imame* anerkennen und auch „*Imamiten*" heißen) betonen den messianischen Charakter ihrer Imame, deren zwölfter in der „Verborgenheit" lebt und wiederkommen wird, um eine gerechte Herrschaft auf der Welt zu errichten. Da er der „Herr der Zeit" ist, betrachten seine Anhänger überdies jegliche politische Macht bis zu seiner Rückkehr als unrechtmäßig. Die Imame gelten als Bittsteller der Menschen vor Gott und genießen bei vielen Schiiten fast göttliche Verehrung – Dinge, die den Sunniten* völlig fremd sind. Als von diesen jahrhundertelang verfolgte Glaubensrichtung wurde die Schia von den Iranern angenommen, die so ihre eigene Form des Widerstands gegen die Araber und den orthodoxen sunnitischen Islam erhielten. Die Erhebung des Glaubens der Zwölferschiiten zur Staatsreligion in Persien* durch die Safawiden* (1501) beendete auch den Zwang, sich zu verstecken. Persien entwickelte daraufhin eine religiöse und kulturelle Eigenständigkeit, die im heutigen Iran* manchmal nationalistische, anti-arabische Züge annehmen kann.

Neben den Zwölferschiiten entwickelten sich noch andere sektiererische Bewegungen: Die *Zaiditen* (Fünferschiiten) sind die gemäßigtsten. Ihr Gründer war Hussains* Enkel Zaid Ibn Ali, den sie als fünften Imam verehren. Ihnen zufolge kann jeder Nachkomme Mohammeds die Macht ausüben, ohne daß es einen erblichen Anspruch darauf gäbe. Die Zaiditen ließen sich im Jemen* nieder, wo sie heute 50% der Bevölkerung ausmachen. Sie hatten die Macht auf den jemenitischen Hochebenen vom 10. Jh. an bis zur republikanischen Revolution 1962 inne; bis zu diesem Zeitpunkt war der zaiditische Imam zugleich Staatsoberhaupt von Nordjemen.

Die lange Zeit als extremistisch geltenden *Ismailiten** (Siebenerschiiten, da sie sieben Imame als rechtmäßig anerkennen) vertreten esoterische Lehren. Sie sind die einzigen, die eigene Staaten* gründeten: den Staat der Karmaten und das Kalifat* der Fatimiden*. Ihren extremistischen und terroristischen Zweig – die nizaritischen Assassinen* – vernichteten die Mongolen* und die Mamelucken*. Die ismailitischen Karmaten (so genannt nach dem Gründer der Bewegung, Hamdan Karmat, einem verarmten Bauern) stellten schließlich die Lehre vom verborgenen Imam* in den Dienst der radikalsten Gesellschaftsreform des klassischen Islams: Sie errichteten unter den Beduinen* der syrischen Wüste und vor allem in Bahrain einen starken, wohlhabenden Staat vom Ende des 9. bis zum Ende des 11. Jhs. Ihre Revolution hatte in mancher Hinsicht kommunismusähnliche Grundzüge mit Gütergemeinschaft und kollektiver Regierung durch Älteste. Durch ihre ismailitischen Grundlagen waren sie konfessionsübergreifend ausgerichtet; ihre formlosen, nicht am Gesetz orientierten religiösen Praktiken ließen sie diejenigen der orthodoxen Moslems verachten. Diese Geringschätzung der Gebräuche führte 930 zur Plünderung Mekkas* durch die Karmaten, bei der sie den Schwarzen Stein der Kaaba* raubten, den sie als Objekt des Aberglaubens ansahen und erst zwanzig Jahre später auf Drängen des schiitischen Fatimidenkalifen zurückgaben.

Einen gemäßigten Zweig der Ismailiten bildet die vor allem im Westen Indiens* lebende Minderheit der „Hodschas“, deren geistliches Oberhaupt der Aga Khan* ist. Die Drusen* (fatimidischen Ursprungs) und Alawiten* werden häufig ebenfalls als Abspaltungen von den Ismailiten betrachtet.

Die Bahai-Religion* weist gleichfalls ismailitischen Einfluß auf. Sie entstand im 19. Jh. als Sekte innerhalb des schiitischen Islams, beansprucht allerdings, sämtliche Religionen und deren heilige Schriften zu ersetzen, einschließlich des Islams und des Korans*. Bis heute werden die Bahai im Iran gewaltsam verfolgt.

► Ali, Assassinen, Bahai-Religion, Drusen, Fatimiden, Iran, Ismailiten, Schiiten

Seldschuken, Groß-

Die türkische Dynastie der Groß-Seldschuken regierte von 1038 bis 1194 weite Teile Transoxaniens*. Sie geht zurück auf Seldschuk, ein Mitglied eines oghusischen Stammes.

Als Herrscher über den östlichen Iran* wurde das Seldschuken-Oberhaupt Toghril Beg zum Vorkämpfer der sunnitischen* Orthodoxie und erklärte seinen Willen, den Abbasiden*-Kalifen* aus der Abhängigkeit von den schiitischen* Bujiden-Emiren* zu befreien. 1055 nahm Toghril Bagdad* ein und erhielt drei Jahre später vom Kalifen offiziell den Titel Sultan* zuerkannt, womit zum ersten Male in der Geschichte des Islams* weltliche und geistliche Macht deutlich voneinander getrennt wurden. In der Tat übte der Kalif fortan nur noch geistliche Macht aus. Schnell entwickelte sich das Sultanat der Seldschuken zu einem Militärstaat, der nach persischem Vorbild strukturiert war und sich auf eine iranische Bürokratie sowie eine multinationale Armee* unter türkischer Führung stützte. Im Bereich der Kultur iranisierten sich die Seldschuken weitgehend; Isfahan* wurde ihre Hauptstadt. Die Nachfolger Toghrils, Alp Arslan (regierte 1063–1072) und Malik Schah (gest. 1092) führten mit Unterstützung ihres überaus fähigen persischen Wesirs* Nizam al-Mulk (1018–1092) das Reich auf den Höhepunkt seiner Macht. Als Reaktion auf die schiitische Bedrohung ließ Nizam al-Mulk die ersten rechtswissenschaftlichen Hochschulen (Medressen*) errichten, bevor er schließlich von den Assassinen* ermordet wurde. Die Groß-Seldschuken erhielten Ehrenbezeugungen des Khans* von Kaschgar (im chinesischen Turkestan*), eroberten Choresmien (Chwarism; Hauptstadt: Chiwa), nahmen den Ghasnawiden Afghanistan* ab und fügten all diese Gebiete ihren Besitzungen im Irak und Iran hinzu. Im Iran selbst ließen sich türkische Nomadenstämme in den unbewohnten Landschaften nieder; ihre Nachkommen leben noch heute dort. Dem Byzantinischen Reich fügten die Groß-Seldschuken in der Schlacht von Manzikert (Anatolien*) 1071 eine empfindliche Niederlage zu; der Kaiser wurde gefangengenommen. Durch diesen Sieg standen den ungestümen Turkmenen*-Stämmen die Tore Kleinasiens offen. Ab dem 12. Jh. zerfiel das Reich jedoch auf Grund dynastischer Streitigkeiten und durch Einfälle der afghanischen Ghuriden sowie später der Mongolen*. Ein abtrünniger Zweig der Seldschuken gründete daraufhin ein neues Sultanat in Anatolien.

▸ Türken (im Islam)

Seldschuken, Rum-

Nach dem Sieg der Groß-Seldschuken* 1071 in Manzikert strömten von den Mongolen* vertriebene türkische Nomaden* nach Anatolien* und drängten die byzantinische Herrschaft nach Westen zurück. Die bedeutendste Dynastie, die in dieser Region Fuß faßte, war über lange Zeit diejenige der Rum-Seldschuken. „Rum" steht für „Rom" (arab.), da das Gebiet vorher im Besitz des Byzantinischen, d. h. ost-römischen Reiches war.

Der Seldschukenfürst Süleyman Ibn Kutulmusch arrangierte sich zunächst mit den Byzantinern, eroberte jedoch Nizäa (heute Iznik), das er 1081 zu seiner Hauptstadt machte. Durch den ersten Kreuzzug* und die byzantinische Offensive wurde er vertrieben, so daß die „Franken" bis nach Syrien gelangten und die Byzantiner einen Großteil Kleinasiens zurückgewinnen konnten. Die Rum-Seldschuken setzten sich jedoch in der anatolischen Hochebene fest und konnten im Bündnis mit anderen türkischen Emiraten* dem Druck der Byzantiner und der Kreuzritter standhalten. Sie gründeten schließlich einen eigenen Staat*, das mächtige Sultanat* der Rum-Seldschuken, mit der Hauptstadt Konya*. 1176 brachten sie Byzanz* erneut eine schwere Niederlage bei, das durch die Eroberung und Plünderung Konstantinopels* seitens der Kreuzritter 1204 noch weiter geschwächt wurde. Trotz Nachfolgestreitigkeiten, die das Sultanat der Rum-Seldschuken von innen her bedrohten, konnte es sich behaupten und (besonders zu Lasten armenischer Fürsten in Zilizien) ausdehnen; den Höhepunkt seiner Macht erreichte es unter den Sultanen Kaikavus I., Kaikubad I. und Kaichosrow II. Der Einfall der Mongolen versetzte den anatolischen Seldschuken 1243 einen schweren Schlag und machte sie zu Vasallen: der Beginn eines unaufhaltsamen Niedergangs. Trotz des iranischen Einflusses hat Anatolien unter den Seldschuken eine eigenständige und bedeutende Kultur entwickelt: Die Städte wurden mit Medressen*, Hammams* und Moscheen* überzogen, und Karawansereien* säumten die aufstrebende Handelsstraße von Kleinasien in den Iran* und zum Schwarzen Meer. Am Mittelmeer unterhielten die Häfen von Antalya und Alanya Handelsbeziehungen mit dem arabischen Orient und dem christlichen Europa. Schließlich waren durch die Rum-Seldschuken die Türken* endgültig in Kleinasien verwurzelt, wo der Gedanke des Heiligen Krieges (*Dschihad**) unter den Glaubenskämpfern (*Ghazis*) lebendiger war als je zuvor.

▶ Anatolien, Byzanz, Türken (im Islam)

Siegel der Propheten
Für die Moslems* ist Mohammed* das „Siegel der Propheten", der letzte Gesandte Gottes vor dem Ende der Zeiten, der gekommen ist, die Reihe der ihm vorangehenden Propheten endgültig zu beschließen.

Die Propheten, die vor Mohammed aufgetreten sind, lassen sich in zwei Kategorien einteilen: Die „Gesandten" (*Rasul*) brachten eine neue monotheistische Offenbarung (wie Abraham*), häufig mittels einer heiligen Schrift, wie Mose und Jesus. Der Prophet des Islams* „bestätigte" („besiegelte") diese Offenbarungen und – in bezug auf Mose und Jesus – „vervollkommnete" sie, da Juden und Christen die göttliche Botschaft „verfälscht" haben. Die zweite Gruppe bilden die Propheten* (*Nabi*) geringeren Ranges, die als „Mahner" oder „Warner" bezeichnet werden und die als „Träger einer frohen Botschaft" innerhalb einer bereits bestehenden Religion auftraten: Noah (*Nuh*), Josef (*Jussuf*), Elija (*Iljas*), Salomo (*Sulaiman*), Hiob (*Aijub*), Jona (*Junus*), Johannes der Täufer (*Jahja*) usw. Sie sind alle im Koran* namentlich erwähnt, ebenso wie einige spezifisch arabische Propheten, z. B. Salih, Hud, Schuaib.

▶ Mohammed

Sinan, Mimar, türkischer Architekt (nahe Kayseri 1489 – Istanbul 1578)
Die Biographie von Sinan, einem hervorragenden Architekten (arab. *Mimar*), zählt ungefähr 318 militärische, zivile und religiöse Bauwerke auf, die er im Laufe des Dreivierteljahrhunderts seines Wirkens im gesamten Osmanischen* Reich, einschließlich dem Balkan* und Mekka*, geschaffen hat. Die Berühmtheit Sinans, eines ehemaligen Janitscharen*, läßt sich zurückverfolgen bis zu einem Feldzug des Sultans* Selim I.

in der Walachei, wo Sinan eine Brücke über die Donau errichtete. Von nun an arbeitete er für staatliche Würdenträger und Sultane, wobei Süleyman der Prächtige* sein Hauptauftraggeber war.

Seine beiden Hauptwerke sind die gewaltige Süleymaniye-Moschee* in Istanbul*, errichtet zwischen 1550 und 1556, und die zehn Jahre jüngere Selimiye-Moschee in Edirne (Adrianopel), die im Auftrag von Selim II. erbaut wurde. Als Architekt des Raumes, wie die kräftigen Silhouetten seiner Bauwerke zeigen, nutzte er virtuos die Kuppel*, indem er sie in einer Formenvielfalt voneinander abweichen ließ, immer auf der Suche nach den großartigsten Wirkungen. Sinan – vermutlich der größte moslemische Architekt – bildete Schüler aus, von denen einer sogar für den Mogul*-Kaiser Akbar* in Lahore*, Delhi* und Agra* arbeitete.

► Architektur

Sindbad

Sindbad ist der Held einer Erzählung aus *Tausendundeiner Nacht** und anderer Erzählungen.

Sein Name kommt aus dem Sanskrit *Siddhapati,* woraus im Persischen „Sindbad" wurde. Er war ein indischer Weiser und Lehrer eines Königssohnes. Für seinen jungen Schüler soll er Erzählungen geschrieben haben, um ihm Geschichte, Reiseabenteuer und Geographie einzuprägen.

Diese Erzählungen hatten in der ganzen Welt großen Erfolg. Man findet sie in orientalischen Fassungen – auf mittelpersisch (*Pehlewi*), persisch*, syrisch*, arabisch*, türkisch* ebenso wie in Latein und verschiedenen europäischen Sprachen. Eine dieser Erzählungen, *Sindibad-name* (dem *Buch der sieben Wesire* entnommen), wurde von Zahiri aus Samarkand* (12. Jh.) auf persisch verfaßt und *Tausendundeiner Nacht* hinzugefügt. *Tausendundeine Nacht* machten Sindbad zum Urbild des Abenteurers auf hoher See, von denen es zahlreiche gab, die (seit dem 8. Jh.) den Meeren des Persischen Golfes bis nach China* ausgesetzt waren. Er wurde auch legendär als Urbild des mittelalterlichen moslemischen Reisenden*, der weise und gebildet ist.

► Reisende

Sinkiang ► China

Sira

Das „Leben des Propheten" (arab. *Sira*) ist die traditionelle Biographie Mohammeds*, die von zahlreichen Berufsschreibern und -erzählern verfaßt wurde in der Absicht, sowohl das Vorbild seiner Taten zu bewahren als auch die einzelnen von ihm getroffenen Regelungen im Bereiche des Rechts* zusammenzutragen. Diese Berichte vom „Leben des Propheten" stehen am Ursprung der Hadithe*.

Annähernd ein Jahrhundert nach dem Tode des Propheten wurde die *Sira* auf der Grundlage von Berichten seiner Zeitgenossen, die von glaubwürdigen Personen überliefert worden waren, verfaßt. Sie enthält teilweise schwer auszusondernde Legenden. Es läßt sich ein Einfluß des Judentums* sowie vor allem christlicher Heiligenviten dort feststellen, wo Mohammed der Ruf eines Wundertäters zugeschrieben wird, den dieser selbst sicherlich zurückgewiesen hätte, denn er hat ja stets betont, nichts als ein gewöhnlicher Mensch zu sein.

Die bedeutendste und vermutlich noch am ehesten verläßliche *Sira* ist diejenige von Ibn Ishak (gest. um 768).

▸ Mohammed

Sizilien

Sizilien wurde um 902, nach einer langwierigen und schwierigen Eroberung, islamisch. 827 bat eine sizilianische, mit Byzanz* verfeindete Partei die tunesischen Aghlabiden um Unterstützung. Die Insel war 831 mit der Eroberung von Palermo zum Teil besetzt worden, während Messina erst 843 und Syrakus 878 fielen. Währenddessen schickten die Araber von Sizilien aus Angriffstruppen in den Süden Italiens. 837 waren sie in Neapel, und die Besetzung Baris (um 845) bot ihnen dreißig Jahre lang einen Stützpunkt an der Adria. Rom wurde zwischen 846 und 849 bedroht, und der Papst mußte Tribut zahlen. Ende des 9. Jhs. erlöste ein byzantinisches Aufbäumen die Halbinsel von der arabischen Besetzung.

Eine Provinz im Dar al-Islam („Haus des Islams"). Sizilien war ab 909 eine fatimidische* Provinz, die ab 948 einen unabhängigen Herrscher hatte. Unter der kompetenten Kalbitendynastie, die von da an von Palermo aus regierte, erfuhr Sizilien einen wirtschaftlichen Aufschwung: die Landwirtschaft* führte neue Produkte und Techniken* ein. Die islamische Kultur setzte sich fest: arabische Einwanderungswellen ließen sich nieder, und zahlreiche Sizilianer konvertierten zum Islam und nahmen die arabische Kultur an. Damit folgten sie dem Beispiel der Mozaraber* in Andalusien*, einer Region, mit der Freundschaftsbande geknüpft wurden. Innere Auseinandersetzungen erlaubten es jedoch Robert und Roger Guiscard, zwei genialen normannischen Abenteurern, die bereits die Byzantiner in Süditalien besiegt hatten, 1060 auf der Insel einzufallen und sie nach und nach zu besetzen, trotz des Widerstands, den die Moslems* leisteten. 1091 war das normannische Königreich, mit Palermo als Hauptstadt, eingerichtet. Die Normannen hatten nicht nur religiöse Absichten, die Verlockung der Beute leitete sie ebensosehr, was ihre späteren Angriffe auf die maghrebinischen Küstenstädte, die ihnen im 12. Jh. Tribut entrichteten, zeigen sollten. Die islamische Kultur und Religion hielten sich jedoch in ihrem Staat. Die strengen Herrscher selbst erlernten die arabische Sprache, interessierten sich für die moslemischen Wissenschaften* und nahmen die arabische Lebensart an, angeblich sogar die Tradition des Harems*, zur großen Entrüstung des Papstes. Sie führten jedoch auch europäische, feudalistische Sitten ein. Trotz zahlreicher Aufstände arbeiteten Tausende von moslemischen Sklaven* auf ihren Latifundien. Die bemerkenswertesten normannischen Herrscher waren Roger II. (1130–1154) und sein Sohn Wilhelm I. (1154–1166). Die Eroberung Siziliens durch den deutschen Kaiser Heinrich VI. im Jahre 1194 stimmte die Insel auf die Regierungszeit der schwäbischen Staufer ein. Friedrich II. (1215–1250), Sohn Heinrichs VI., war wegen seiner intellektuellen und politischen Qualitäten und wegen seiner Aufgeschlossenheit (insbesondere gegenüber der islamischen Kultur) einer der faszinierendsten Fürsten des Mittelalters. Indem er an den Kreuzzügen* teilnahm, gelang es ihm, obwohl er exkommuniziert war, Jerusalem* vom aijubidischen* Sultan* zurückzuerhalten (1229–1244), was ihn nicht daran hinderte, eine repressive Politik gegenüber den Moslems zu führen, bis er sie schließlich, durch Verfolgungen oder Deportationen, aus Sizilien vertrieb (um 1245).

Eine sizilianische „Stilrichtung". Während der Herrschaft der islamischen Aghlabiden und Kalbiten nahm Sizilien Wissenschaftler und Intellektuelle auf, die durch Kriege vertrieben oder durch den guten Ruf, den die Insel genoß, angezogen worden waren. Auf diese Weise entwickelte sie sich im religiösen, literarischen und wissenschaftlichen Bereich zu einem prächtigen Zentrum islamischer Kultur, das sich am Maghreb*, am Orient und an der „literarischen Provinz" Andalusien* orientierte. Der größte arabisch-sizilianische Dichter war Ibn Hamdis (gest. 1133), der später nach Spanien ins Exil ging. Der bedeutende Grammatiker Ibn Katta (gest. 1121) war gebürtiger Sizilianer. Unter den normannischen Königen, in einer Epoche, in der relative Toleranz herrschte und das Arabische die Sprache der Wissenschaft geblieben war, hinterließ das intellektuelle und künstlerische Leben seine Spuren in der brillanten einheimischen Kultur. Roger II. war der Mäzen des berühmten Geographen* und Kartographen al-Idrisi*, der ihm sein Hauptwerk, das *Rogerbuch*, widmete. Am Hof Friedrichs II., der im Kindesalter Arabisch gelernt hatte, wurden die moslemischen Wissenschaften* gepflegt, an erster Stelle vom Herrscher selbst. Dieser Zeitabschnitt hat nicht nur in der Sprache und in den sizilianischen Bräuchen, sondern auch in der „arabisch-normannischen" Kunst, die von einem starkem byzantinischen Einfluß gekennzeichnet ist, seine Spuren hinterlassen. Davon zeugen in Cefalù der Hammam* und in Palermo der Favara-Palast, die Lustschlösser La Zisa und La Cuba („Kuppel*"), die Kirche La Martorana sowie die Verzierungen des Doms in Monreale. Ein Meisterwerk der islamisch-christlichen Symbiose im Bereich der Kunst ist zweifellos die Capella Palatina in Palermo, deren reiche Verzierungen eine wahrhafte „Grammatik" der Kunststile* darbieten: Einflüsse der persisch-sassanidischen*, der abbasidischen*, der maghrebinischen und der fatimidischen* Kunst sind ersichtlich; auch die kufische* Kalligraphie* hat ihren Platz. Sizilien spielte als Vermittlerin des intellektuellen arabisch-moslemischen Erbes eine Rolle, die jedoch nicht an die, die Spanien innehatte, herankommt.

▶ Maghreb (Geschichte und Dynastien)

Sklaverei

Die Sklaverei wurde durch die Stammeskriege im (alten) Arabien* begünstigt und vom Koran* und dem Hadith* zugelassen und juristisch anerkannt. Koran, Hadith und Recht* sprechen sich dennoch für eine menschliche Behandlung der Sklaven aus und befürworten ihre Freilassung, vor allem wenn der Sklave sich zum Glauben bekehrt und so mit den freien Gläubigen (fast) gleichberechtigt wird. Der Sklave konnte sich seine Freiheit auch erkaufen, und die Konkubinen freier Männer, die Mütter eines männlichen Kindes waren, genossen auch als Sklaven unwiderrufliche Rechte.

Der steigende Bedarf an Sklaven. Nach den großen Ausbreitungswellen des Islams* mußte sich das riesige und wohlhabende moslemische Reich eine anwachsende Menge von Sklaven für den Handel* und die Armee* besorgen. Dies geschah durch Eroberungen, Tributeinnahmen und Käufe. Die Versklavung von Moslems* war verboten, und so entstand rasch ein ausgeklügeltes System der Einfuhr „barbarischer" Sklaven aus den Grenzgebieten des Reichs: aus Mittelasien* über Transoxanien*, aus den eurasischen Steppen über Byzanz* und die Krim*, aus West- und Ostafrika, Indien*, dem Kaukasus* und Europa. Besonders Schwarzafrikaner wurden zu zahlreiche Arbeiten herangezogen: in den Bergwerken* oder in der Landwirtschaft* (zwischen 868 und 883 erschütterte ein Aufstand schwarzer Zandj-Sklaven im unteren Irak das Abbasiden*-Kalifat*); außerdem arbeiteten sie als Haussklaven in den Palästen, in Moscheen* und Privathäusern. Normalerweiser wurden sie in die Familie ihres Herrn aufgenommen. „Operierte" Eunuchen wurden im Harem* und in den Moscheen* eingesetzt, einige erreichten sogar hohe Regierungsämter. Die privilegiertesten Sklaven waren die weißen Künstler, Männer oder Frauen, die zu Ruhm gelangen konnten, z. B. Ziryab*, ein ehemaliger persischer Sklave, der zum Liebling von Cordoba* wurde. Die Schönheit der Sklavinnen (besonders der Kaukasierinnen) konnte diesen ein besseres Los bescheren: z. B. als Mütter der meisten osmanischen* Sultane*.

Sklaven als Berufssoldaten. Auch wenn die moslemische Kultur mit der Verwendung von Militärsklaven keine Neuerung eingeführt hat – sie war beispielsweise schon in China* üblich –, hat sie diese doch in den Rang einer bemerkenswerten und leistungsfähigen Einrichtung erhoben, die eine zentrale Rolle in ihrer Geschichte spielte. Im Laufe der Jahrhunderte stammte eine eindrucksvolle Anzahl von Zivil- und Militärführern höchsten Ranges von Sklaven ab: Begründer von Dynastien, wie die Mamelucken* in Ägypten; einige Sultane von Delhi* und Emire* in Andalusien*. Schwarzafrikaner bildeten zu bestimmten Zeiten einen Teil des Militärpersonals – in Bagdad* zu Beginn der Abbasiden*-Zeit, in Ägypten unter den Tuluniden und Fatimiden*, in Bengalen (15. Jh.) und im Marokko der Alawiten (17.–19. Jh.). Demgegenüber erfuhren die weißen Soldatensklaven (Türken, Kaukasier, Slawen, Balkanbewohner) ein außergewöhnlich günstiges Schicksal. Die Kalifen* waren bestrebt, ihre absolute Macht mit Hilfe einer ausländischen Militäraristokratie zu bewahren, die ihrer Wurzeln entrissen und dem Kalifen völlig ergeben war; daher setzte sich der Kauf von Kriegersklaven rasch durch. Wegen ihrer unerreichten militärischen Tüchtigkeit waren besonders Türken sehr beliebt und wurden seit dem 9. Jh. in das Gefolge der Abbasiden-Kalifen eingefügt. Diese wurden bald Gefangene ihrer türkischen Prätorianergarde, und türkische Freigelassenen-Dynastien bemächtigten sich eines großen Teils der moslemischen Welt. In Ägypten errichteten die Mamelucken (1260–1517), die ursprünglich Sklaven aus den eurasischen Steppen und dem Kaukasus waren, ein regelrechtes Regierungssystem, das auf ethnischen Verbindungen und auf der Treue dem Oberhaupt gegenüber gründete. Die Herrschaft, die die einheimische Bevölkerung gänzlich ausschloß, war theoretisch nicht erblich; der Amtsnachfolger wurde durch eine oft gewalttätige Ergänzungswahl bestimmt. Unter den Osmanen* erreichte dieses System seinen Höhepunkt mit der *Devschirme* („Knabenlese") – einer regelmäßigen Rekrutierung christlicher Kinder; sie wurde bis ins 17. Jh. beibehalten. Diese Kinder wurden nach ihrem Glaubenswechsel im Topkapi*-Palast aufgezogen, um höchste bürgerliche und militärische Ämter im Staat* zu bekleiden. Auf diese Weise wurde die gefürchtete militärische Eliteeinheit der Janitscharen* geschaffen. Auch das safawidische* Persien* holte Soldatensklaven aus dem Kaukasus* zu Hilfe.

Die seltenen weißen Sklaven brachten den arabischen Sklavenhändlern, die das Niltal und die Swahiliküste in Ostafrika (Sansibar) plünderten, ein Wiederaufblühen ihres Wohlstands. Eines der Ziele der Eroberung des Sudan* durch Mohammed Ali* war die Versorgung mit Arbeitskräften, Hausangestellten und Soldaten. Der Handel* vollzog sich von Westafrika aus über Tripolis – Algerien und Tunesien waren seit der französischen Besetzung 1830 bzw. 1881 versperrt, ebenso wie Ägypten, das 1882 von den Engländern besetzt wurde. Die russische Eroberung Zentralasiens (1867–1881) bewirkte zugleich die Abschaffung der Sklaverei in diesem Gebiet. Unter europäischem Druck wurde die Sklaverei im Osmanischen Reich 1857 offiziell abgeschafft. Aber der Hedschas* war gesetzlich davon ausgenommen, und die Sklaverei setzte sich über Arabien und Libyen bis in die Türkei und Persien fort. In Persien wurde die Sklaverei zu Beginn des 20. Jhs. offiziell abgeschafft, in Saudi-Arabien und im Jemen* 1962, in Mauretanien 1980.

▸ Afrika, Barbaresken, Janitscharen, Mamelucken, Türken (im Islam)

Spanien ▸ Andalusien

Staat

Bei der Gründung ihres Reiches nahmen die Moslems* unterschiedliche politische Traditionen auf. Der einzige ihnen bekannte „ideale" Staat ist derjenige von Medina* – eine durch den Islam* gefestigte Gemeinde (*Umma*) – unter Mohammed* und seinen Nachfolgern, den koreischitischen* rechtgeleiteten Kalifen*. Diese wurden auf Grund ihrer Verdienste gewählt und regierten mittels „direkter Demokratie". Der Islam ist diesem Modell zufolge zugleich „Religion und Staat" (*Din wa-Daula*) und bildet eine Theokratie von Laien (da es keinen Klerus gibt) auf egalitärer Grundlage, denn theoretisch sind alle Gläubigen gleich. Politische und religiöse Macht waren damals vermischt; Antworten auf Probleme suchte man im Koran* und in den Überlieferungen (*Hadith**), bevor die ersten Rechtsgelehrten Regierungstheorien entwickelten.

Das Ideal in der Bewährung. Der Koran* betont, daß alle Gläubigen Brüder sind. Die Akzeptanz der herrschenden Ordnung ist die Regel, sofern diese die Scharia* beachtet und für deren Beachtung sorgt; manche Rechtsgelehrten der Sunniten* treten im gegenteiligen Falle für die Pflicht zum Ungehorsam ein. Für die Zwölferschiiten* gilt jegliche Regierung bis zur Rückkehr des verborgenen Imams* ihrem Wesen nach als unrechtmäßig. In der Geschichte des Islams* gab das Auseinanderklaffen zwischen Ideal und Realität schon sehr früh Anlaß zu gesellschaftlich-politischen Aufständen mit religiösem Charakter; dies gilt für Charidschiten*, Schiiten*, Karmaten* und Ismailiten*. Derartige Aufstände zeigten starke „häretische" Tendenzen (Sekten*), da politischer Protest gegen eine theokratische Regierungsform nur erfolgreich sein kann, wenn er religiös formuliert ist.

Zentrale Institution des islamischen Staates war das Kalifat*, die „Stellvertretung des Propheten auf Erden". Der Kalif war der erste Imam* der Gemeinschaft (*Umma*); seine vorrangige Pflicht bestand darin, deren Zusammenhalt und Ausdehnung sicherzustellen. Es oblag den Ulema*, die Rechtmäßigkeit seiner Herrschaft zu bestätigen. Geistliche wie weltliche Aufgabe des Kalifen war es, für die Einhaltung der Scharia* Sorge zu tragen (ohne jedwede Möglichkeit, diese zu verändern) sowie die Armeen* zum Nutzen des Islams zu befehligen. Diese Vorstellung wurde sehr bald von allen Moslems* geteilt, einschließlich der Schiiten und Sekten. Bis zu ihrer Beseitigung durch unterschiedlich begründete Aufstände schufen die Omaijaden*-Kalifen die Grundlagen des islamischen Staates, der noch lange Zeit Vorbildfunktion hatte: für die ersten Abbasiden*, für die spanischen Omaijaden* und anfangs für die Fatimiden*. Unter den Abbasiden – ursprünglich Anhänger einer Theokratie – entfaltete die Institution des Kalifats (des Kalifenamtes) ihre ganze Größe; die Theorie dazu lieferte später der Rechtsgelehrte Mawardi (gest. 1058). Um seinen Vielvölkerstaat zu kontrollieren und zu zentralisieren, mußte der Herrscher bald Aufgaben delegieren. Dabei stützte er sich auf vorislamisch-iranische Verwaltungsmodelle, da die Moslems* in diesem Bereich noch kaum eigene Erfahrungen hatten. Der Wesir*, zunächst ein einfacher Sekretär, erhielt ab dem 9. Jh. zunehmende Macht und leitete eine ausgedehnte Zivilverwaltung: die Diwane* (Kanzlei, Armee, Staatskasse). Dem Staatsapparat diente eine Bürokratie von – meist persischen – Schreibern (*Katibs*), die in jeder Provinz Vertretungen besaßen. Rechtsgelehrte (vom Herrscher ernannte Kadis* und Ulema) bildeten die religiöse Verwaltung. Die Armee, deren Aufgabe im Heiligen Krieg (*Dschihad**) bestand, stand unter dem Befehl eines Emirs* (*Amir*, „Fürst", später bezeichnete dieser Titel auch den Provinzgouverneur, dem ein Steuereintreiber – *Amil* – zur Seite stand). Aufgabe der Staatspolizei war die Verfolgung politisch-religiöser Unterwanderung. In der Überwachung der öffentlichen Ordnung (*Hisba*), der allgemeinen Moral und der Einhaltung der religiösen Pflichten nahm der *Muhtassib* (Marktaufseher, ursprünglich zuständig für die Kontrolle von Preisen und Waren auf dem Markt) eine wachsende Rolle wahr. Im Namen des Herrschers wurden Münzen geprägt, der Staat kontrollierte Ein- und Ausfuhr sowie die Herstellung zahlreicher Produkte in den staatlichen Manufakturen. In Bagdad* entfremdete sich der Kalif auf dem Höhepunkt seiner Macht zunehmend von seinen Untertanen und führte ein ausschweifendes Leben an seinem Hof* in Anlehnung an die früheren iranisch-sassanidischen* Könige. Ab dem 9. Jh. verstärkte sich der politische Niedergang des Kalifats, als die Herrscher in der Abhängigkeit von ihrer türkischen

Prätorianergarde standen (850–1055). Der Zerfall des Reiches, das bereits gespalten war (Gegenkalifate der Omaijaden in Spanien sowie der Fatimiden und unabhängige Sultanate), beschleunigte sich mit der Einnahme Bagdads durch die türkischen* Seldschuken*, die sich 1055 vom Kalifen den Titel „Sultan*" zuerkennen ließen. Damit war offiziell die Trennung von geistlicher Macht (die dem Kalifen verblieb) und weltlicher Macht (die nun dem Sultan zufiel) vollzogen; später erhielt dieses Vorgehen durch Ibn Taimija (gest. 1328) seine Rechtfertigung. Jedoch blieb das religiöse Gesetz die Grundlage jeder politischen Herrschaft, zumal die Türken zu Vorkämpfern des orthodoxen sunnitischen Islams wurden. Sie führten ihren eigenen Regierungsstil ein – Konzentration der zivilen und militärischen Macht in der Herrscherfamilie – und übernahmen zugleich das persische Vorbild für die Staatsorganisation, wie dies auch andere türkische Fürsten im restlichen Orient taten (in Afghanistan* und im Sultanat Delhi*) und ebenso die Dynastien der Mongolen* ab dem 13. Jh. Der Zwiespalt zwischen idealer Regierung und den Problemen bei ihrer Ausführung hinderte die politischen und Verwaltungs-Institutionen der islamischen Welt nicht daran, in mehreren Epochen und nahezu allen Regionen des Islams ein bemerkenswertes Maß an Raffinesse und Effizienz zu erreichen. Nachdem die Mongolen 1258 das Kalifat in Bagdad gestürzt hatten, setzten die Mamelucken* in Kairo* den letzten Abbasiden ein – um ihre Herrschaft zu legitimieren und nicht, um die Institution des Kalifats wiederzubeleben. Als die Osmanen* 1517 Herren über Ägypten wurden, deportierten sie den Nachkommen der Abbasiden-Dynastie nach Istanbul*, beanspruchten jedoch nicht offiziell den Kalifentitel. Um 1750 verbreitete sich eine Legende, derzufolge der letzte Abbaside im 16. Jh. das Kalifenamt den Osmanen übertragen haben soll. Der Titel wurde ihnen jedenfalls von der Mehrheit der sunnitischen Moslems bereitwillig zugestanden, da die Osmanen die stärkste islamische Macht darstellten und sich als standhafte Verteidiger und Verbreiter des orthodoxen Islams erwiesen.

„Hirt und Herde". Im gesamten Verlauf der politischen Geschichte des Islams* gestand der islamische Staat weder den einzelnen noch irgendwelchen Gruppen jemals eine institutionalisierte (Volks-) Vertretung zu – im Unterschied zur Entwicklung in Europa während des Mittelalters und der Renaissance, wo ein Bürgertum und anerkannte gesellschaftliche Vereinigungen entstanden. Daher konnten einige westliche Historiker feststellen, daß die politische Herrschaft im Islam fast niemals Ausfluß oder Ausdruck der Gesellschaft war. In der Tat besaßen weder die Berufsorganisationen, die in staatlich streng überwachte Zünfte eingegliedert waren, noch die theologisch-religiösen Schulen (Medressen*), die quasi das Bildungsmonopol innehatten, eigene Statuten. Selbst die höheren Schichten waren der Willkür der absoluten Herrschaft preisgegeben und besaßen keine eigene Repräsentation. Bis in moderne Zeiten hinein wirkt diese Lage bremsend auf Eigeninitiative und Unternehmungsgeist. Auch die Städte* erhielten niemals eigene Statuten und Selbstverwaltungen oder gar die Privilegien „freier Städte" des spätmittelalterlichen Europas. In einem System, in dem der Herrscher der „Hirt" und die Untertanen die „Herde" sind und dessen Politik eher auf Erhaltung und Konsolidierung als auf Entwicklung ausgerichtet ist, konnte kein Gegengewicht zur absoluten Herrschaft entstehen, und die Vorstellung von einer „Bürgerschaft" existiert nicht. Kritik war stets die Aufgabe der Ulema*, der Rechtsgelehrten und der Intellektuellen der klassischen Zeit (11.–14. Jh.), wie al-Ghasali* und Ibn Chaldun*. Diese Kritik bezog sich jedoch regelmäßig auf die religiöse Legitimität des Herrschers in seiner Eigenschaft als Imam* der Gemeinschaft und betraf nur selten die politische Gewaltherrschaft. Zwölf Jahrhunderte lang herrschte dieses klassische islamische Staatsverständnis (mit gewissen Anpassungen), getragen vom allgemeinen Konsens (ein Grundbegriff des islamischen Rechts*).

Das Osmanische Reich brachte das Herrschaftssystem auf seinen Höhepunkt (15.–17. Jh.). Am Ende des 17. und im 18. Jh. versuchten die bedeutendsten türkischen Geschichtsschreiber*, wie Kotsche Beg und Katip Tschelebi, angesichts des offenkundigen Verfalls des Reiches, Lösungen vorzuschlagen auf dem Wege der Wiederherstellung einer ruhmreichen Vergangenheit. Erst im Zuge der osmanischen Reformen (*Tanzimat*) Mitte des 19. Jhs. fand jedoch eine ernsthafte Diskussion über den Regierungsstil statt. Diese Reformen waren großenteils von den europäischen Mächten angeregt worden und gründeten auf neuen politischen Vorstellungen und Vorgehensweisen; weiterhin waren sie von den häufig fruchtbaren Überlegungen moslemischer Reformer dieser Zeit beeinflußt.

▶ Abbasiden, Diwan, Fundamentalismus, Handel, Kalifat, Osmanisch (Kultur), Recht, Reformislam, Sekten und Gruppen im Islam, Sultan, Wesir

Städte

Die moslemische Kultur wird oft als städtische Kultur dargestellt, und man hat manchmal versucht, die islamische Stadt nach genauen, nicht zeitbedingten Kriterien zu definieren. Dennoch hat (wie in allen großen Kulturen, die die Geschichte der Menschheit bestimmt haben) auch die islamische Stadt im Laufe der Zeit eine Entwicklung erfahren. Trotz der Dauerhaftigkeit einiger ihrer Grundbestandteile veränderte sich ihr Erscheinungsbild in jeder Epoche und jedem geographischen Bereich.

Islam, Stadtkultur. Die Ausbreitungsbewegung, die von den rechtgeleiteten Kalifen* begonnen und von den Dynastien der Omaijaden* und Abbasiden* fortgesetzt wurde, führte zum Aufkommen von Städten im Islam*. Ursprünglich verstand man darunter die Gründung von Feldlagern, in denen sich die Soldaten des Heiligen Krieges* einfanden und nach Stämmen versammelten. Diese Lager, die den vorislamischen Städten oder Marktflecken ähnlich sein konnten, bildeten teilweise den Kern neuer Städte, z. B. Kairo* und Kairuan*.

Man stellt sich eine moslemische Stadt oft ohne geordnete Planung vor, mit einem Durcheinander von Straßen und Gassen in den Basaren, aus dem allein die Kuppeln* und Minarette* der Moscheen* herausragen. Archäologische Ausgrabungen haben jedoch bewiesen, daß diese Vorstellung für die Städte, die in den ersten Jahrhunderten der Hidschra* gegründet wurden, nicht zutrifft. So haben die Gründungen der Omaijaden* den hellenistischen quadratischen Grundriß übernommen: Innerhalb eines rechtwinkligen Aufbaus, von Mauern umsäumt und von Halbtürmen verstärkt, hatten die Städte Kufa (Irak) und Andjar (Libanon) breite Alleen und gerade Straßen, die sich senkrecht schnitten. Die Hauptstraßen waren wie im Altertum von Säulengängen gesäumt. Die Städte der Abbasiden wurden durch städtebauliche Prinzipien bestimmt, die seit ihrer Gründung eine Klarheit des Raumes anstrebten. Man denke nur an die runde Stadt Bagdad*, die vom Kalifen* al-Mansur gegründet wurde. Um der „Unsicherheit" Bagdads zu entkommen, ließ der Kalif al-Mutassim die Stadt Samarra erbauen, wobei vergleichbare Grundsätze berücksichtigt wurden. Dies galt auch für die Provinzen des Abbasidenreiches: z.B. die Stadt Lashkari-Bazar in Afghanistan*, die erste Hauptstadt der Ghasnawiden, die Vasallen der Kalifen von Bagdad waren. Der Gründung dieser Städte wurde große Bedeutung zugemessen; Astrologen mußten den besten Tag und die beste Stunde für die Grundsteinlegung bestimmen.

Mit der Schwächung des Abbasiden-Kalifats und den Einfällen der Mongolen* trat eine Veränderung der Städte ein. Unsicherheit und Bedrohungen führten zu einer Abgrenzung und Umschließung der Städte durch Festungen und Zitadellen, die von mächtigen Stadtmauern geschützt wurden. Dieser Wandel hin zu einer umschlossenen Stadt hatte eine Veränderung des Stadtbildes zur Folge, z.B. gab es keine geraden Straßen und weiten Prachtstraßen mehr.

In sich selbst zurückgezogen, erstarrte die Stadt: Aleppo in Syrien ist für diese Entwicklung kennzeichnend. Jedoch kümmerte man sich in der Neuzeit – seit dem 15. Jh. – wieder mehr um das Stadtbild: In Isfahan* errichtete der Safawide* Schah Abbas den Königsplatz (*Maidan-e-Schah*); der Mogul* Akbar förderte die Gründung von Fatehpur-Sikri*.

Neben Neugründungen schlug sich die Ausbreitung des Islams auch nieder in der Besetzung alter Städte. Gebäude, die sich für die Entfaltung moslemischen Lebens eigneten, wurden verändert und umgestaltet. Dazu zählten Moscheen, z.B. die Moschee von Damaskus*, die an der Stelle einer Kirche errichtet wurde, die ihrerseits einen antiken Tempel ersetzt hatte. Fünf Jahrhunderte später, nach der Eroberung von Istanbul*, wurden zahlreiche byzantinische Kirchen in osmanische Moscheen umgewandelt.

Ein anderes Merkmal der moslemischen Stadt ist die Verlegung ihrer Zentren gemäß den dynastischen und historischen Veränderungen. Kairo*, das ursprünglich ein Feldlager war, entwickelte sich unter den Tuluniden, bevor die Fatimiden* hier eine neue Stadt errichteten, die die Mamelucken* noch erweiterten.

Ein weiteres Beispiel ist die Neustadt von Samarkand*, die auf Wunsch Timur-Lengs* am Fuße der Hochebene errichtet wurde, die die Wiege der Stadt beheimatet. Weiter im Osten hatte Delhi* eine ähnliche Entwicklung erfahren.

Die Verwaltung der Stadt. Die islamische Stadt spiegelte die soziale Ordnung der Gemeinschaft wider. Die Verteilung der Bevölkerung über die Stadt und ihre Vororte vollzog sich nach unterschiedlichen Kriterien: in einem Stadtviertel waren Einwohner nach ethnischer oder konfessioneller oder auch berufssoziologischer Zugehörigkeit zusammengeschlossen. Der Unterschied zwischen Arabern und Nichtarabern, Moslems* und Nicht-Moslems war dabei nicht unbedingt ausschlaggebend. Man kann nicht sagen, daß im Islam ein soziales Klassenbewußtsein bestand, das übrigens dem Begriff der Gemeinschaft widerspräche Hingegen traf man auf Gruppierungen, die den verschiedenen Aufgaben der Stadt entsprachen, ausgenommen Nomaden* und Ackerbauern.

Die politische Macht außerhalb der Hauptstädte, wo die Kalifen* und Herrscher residierten, wurde durch den Gouverneur oder Emir* vertreten. Zwei Gruppen von Beamten teilten sich diese Macht: Soldaten, die die Sicherheit und Einhaltung der Ordnung garantierten sowie Sekretäre und Schreiber, die sich um Verwaltungs- und Steuerfragen kümmerten. Es gab auch Konkurrenz zwischen diesen beiden Gruppen: Die Soldaten, oft türkischer Herkunft, lebten in einem fast autonomen Stadtviertel von der Bevölkerung getrennt. Die Schreiber bildeten eine Elite und waren von ihren Vorrechten überzeugt: zur Zeit der Abbasiden* bestanden sie meist aus Persern, die zur Entwicklung der islamischen Kultur beitrugen. Der Sitz der Statthalter und Emire war der Palast oder die Zitadelle, im Herzen der Stadt gelegen. Die politischen Machthaber haben nur wenige architektonische Zeugnisse hinterlassen, mit Ausnahme einiger Gebäude der Kalifen und Herrscher. Auch ist wenig Befestigungs- und Verteidigungsarchitektur der Städte aus dem Mittelalter erhalten. Die Zitadelle von Aleppo oder die Alhambra* geben eine Vorstellung davon; auch die Festung von Agra*, die uns zeitlich näher steht (16.–17. Jh.), ist ein gutes Beispiel.

Die Stadt als religiöses Zentrum hat zahlreiche Bauwerke hinterlassen. Die religiöse Bedeutung der Stadt wurde von Imamen*, Theologen* und den Kompilatoren der Überlieferungen, die die Hadithe* sammelten, geprägt, außerdem von den Muezzinen*, Sufi*-Mystikern und auch den Kadis*, die die Gerichtsbarkeit ausübten. Ihr Treffpunkt war die Moschee* oder die Große Moschee, wo sich die Gläubigen zum gemeinsamen Freitags-Mittags-Gebet* versammelten. Alle diese Personen hatten einen bemerkenswerten Einfluß auf das Leben der Stadt. Seit dem 10. Jh. dienten zahlreiche andere Orte der Religionsausübung: z. B. die Medresse*, das Kloster (*Tekke*), aber auch das Grabmal. Schließlich beruhte der Ruf der Städte auch auf der Beschaffenheit der religiösen Bildung, die dort stattfand, sowie auf den Pilgerstätten, die die Stadt beherbergte. Die Gräber der heiligen Personen, die besonders bei den Schiiten* verehrt werden, wurden zwangsläufig Treffpunkte. Man muß an dieser Stelle auf den Begriff *Wakf* hinweisen, eine Art frommer Stiftung, die Gott oder der Gemeinschaft ein unveräußerliches Gut schenkt, dessen Erträge dem Unterhalt eines religiösen Gebäudes oder öffentlichem Nutzen dienen. Dieses System, das es den Herrschern und der Oberschicht ermöglichte, sich in Erinnerung zu halten, führte dazu, daß die moslemischen Städte untereinander bezüglich ihrer prunkvollen Ausstattung wetteiferten. Daher verbanden sie gewöhnlich das Grabmal des Stifters mit einer Moschee, einer Medresse und mit Gebäuden wie Hammams* und öffentlichen Brunnen (ein Zeichen für die Bedeutung des Wassers in der islamischen Stadt), aber auch mit Krankenhäusern* oder Karawansereien* (*Funduks*) zu einem großen Komplex. Zu den bekanntesten und architektonisch bedeutendsten Anlagen zählen die aus der Zeit der Mamelucken* in Kairo* und der Osmanen* in Istanbul*.

Die Stadt als wirtschaftliches Zentrum. Die Institution des *Wakfs* verweist auf die dritte wichtige Funktion der Stadt: die Stadt als Wirtschaftszentrum, das Handel* und Kunsthandwerk vereinte. Die Ausdehnung und der Reichtum des Reiches, die Bedürfnisse des höfischen* Lebens, aber auch die Rolle, die die moslemischen Gebiete im Durchgangsverkehr zwischen Fernost und dem Westen spielten, bildeten die Grundlage der Lebendigkeit der Städte und waren eine Quelle unermeßlichen Reichtums, den ihre Besitzer teilweise als gemeinnützige Stiftungen in den Dienst ihrer Mitbürger stellten.

Händler und Handwerker waren in Zünften organisiert, die sich innerhalb eines Viertels oder eines Vororts gebildet hatten. Dies war notwendig, um Aufgaben gemeinsam zu erfüllen, z. B. die schwierige Einrichtung von Keramikwerkstätten oder Gerbereien. In diesen Vierteln mischten sich Ethnien und Konfessionen. Das wirtschaftliche Leben spielte sich auf den Basaren* ab, die ebenso wie die religiösen Bauwerke zur Bedeutung der Städte beitrugen. Die Basare mit ihren Spezialitätenläden bildeten ein Ensemble von bemerkenswerter Ausdehnung und sind noch heute ein Merkmal der islamischen Stadt.

Die Städte mit ihrer Anziehungkraft kannten Zeiten der Ausdehnung, die mit Krisenzeiten abwechselten. Die Krise war Folge des wirtschaftlichen Niedergangs, der Epidemien oder der Eroberungen mit nachfolgenden Verwüstungen der Städte, vor allem bei Ankunft der Mongolen* Mitte des 13. Jhs. Dennoch blieben die Städte im Herzen moslemischen Lebens und ihrer Einwohner, um so mehr als die Fürsten, die sie regierten, ihre Gesetze und Gebräuche bewahrt haben.

► Basar, Karawanserei, Handel, Verkehrswege

Sternwarten

Für die Astronomie*, eine der wichtigsten moslemischen Wissenschaften*, in der seit Ende des 8. Jhs. geforscht und gelehrt wurde, nutzte die moslemische Welt Sternwarten, die durch das Mäzenatentum* der Kalifen* und Privatpersonen entstanden.

In Bagdad* enthielt das „Haus der Weisheit", eine Akademie, die um 815 vom Abbasiden*-Kalifen al-Mamun gegründet wurde, eine Sternwarte. Sternwartem gab es auch in einer ähnlichen Einrichtung der Fatimiden* in Kairo*. In Hamadan im Iran* wurde im 10. Jh. eine Sternwarte erbaut, an der Avicenna* wirkte. Im 11. Jh. ließ der Seldschuke* Malik Schah eine Sternwarte in Isfahan* bauen, in der Omar al-Chaijam* zusammen mit einer Gruppe Gelehrter forschte. In Toledo ließ 1050 Sarkala* riesige Schalen für die Bestimmung der Mondphasen errichten. Unter den Almohaden* (12.–13. Jh.) diente die „Giralda“ (das Minarett*) der Großen Moschee* von Sevilla als Sternwarte. In Maragha im iranischen Aserbaidschan ließ Hülägü* auf Anregung von Tussi* unter mongolischer Herrschaft eine der besten Sternwarten der Zeit (13. Jh.) errichten. Im folgenden Jahrhundert widmete sich der Timuride* Ulugh-Beg, der Enkel von Timur-Leng* und einer der berühmtesten Astronomen seiner Zeit, der Forschung. Dies geschah von der Zeit an, als er 1420 in Samarkand* eine Sternwarte hatte errichten lassen. Während der Herrschaft der Osmanen* besaß Istanbul* eine bedeutende Sternwarte. Noch im 18. Jh. übernahm der Hindu-Fürst Jay Singh indische und islamische astronomische Vorbilder zum Bau von Sternwarten in Delhi*, Jaipur und Uijain.

▸ Astronomie, Bildung

Suaheli ▸ Swahili-Kultur

Sudan

Das „Land der Schwarzen“ (arab. *Bilad as-Sudan*) bezeichnete bei den moslemischen Autoren des Mittelalters das westliche und das zentrale Afrika südlich der Sahara*, das Gebiet, das sich vom Atlantik bis zum Roten Meer erstreckt. Diese Gegend, die reichlich Gold und Sklaven* besaß, war mehr oder weniger tief islamisiert.

Ab dem 19. Jh. bezeichnete der Ausdruck die moslemischen Gebiete, die südlich des ägyptischen Nubiens lagen, also den „östlichen“, ägyptischen Sudan, später den anglo-ägyptischen Sudan (1899). Nach der 1956 ausgerufenen Unabhängigkeit wurde der Sudan zur „Islamischen Republik Sudan“ erklärt, deren Hauptstadt Khartum 27 Mio. Einwohner hat. Die dort stark vertretenen christlichen und „animistischen“ Minderheiten im Süden werden noch heute verfolgt. Im alten Französisch-Westafrika der Kolonialzeit enthielt die Bezeichnung „westlicher Sudan“ eine politisch-geographische Vorstellung, die sich entweder vollständig oder teilweise über folgende gegenwärtige Staaten erstreckte: Senegal, Mali, Guinea, Niger, Tschad, Burkina Faso, Benin und die Elfenbeinküste.

▸ Afrika

Südarabien ▸ Jemen

Sufismus

Der Sufismus ist die islamische Mystik. Die arabische Bezeichnung *Tasawwuf* ist abgeleitet von der Wurzel *Suf*: „Wolle“, die die Anhänger aus Demut trugen, anfangs möglicherweise nach dem Vorbild christlicher Mönche und Asketen. Im Islam* erfährt der Sufismus nur wenig Förderung, denn sein letztes Ziel ist es, zur Gegenwart Gottes vorzudringen und unmittelbare Gotteserkenntnis zu erlangen, die nicht durch die im Koran* enthaltene Offenbarung vermittelt ist. Ausgehend vom Irak im 8. Jh., von Bagdad* und Kairo* im 9. Jh. verbreitete sich der Sufismus in der gesamten islamischen Welt, vom Iran* bis nach Indien*, vom Maghreb* bis nach Anatolien* und Andalusien*.

Verbindung von Mystik und Askese. Wie in den meisten Religionen, entstand auch im Islam* schon in den Anfangszeiten (7./8. Jh.) eine mystische Strömung. Den Arabern war ja bereits das asketische Mönchtum der Christen in Syrien und Ägypten bekannt. Für die Christen stellt Jesus als „Sohn Gottes" sowohl einen Gegenstand der Verehrung dar als auch ein Vorbild und Ziel, dem nachzufolgen und das zu erreichen ist. Er ist Vermittler zwischen Mensch und Gott – eine Vorstellung, die dem orthodoxen Islam fremd ist. Obwohl auch Mohammed* idealisiert wurde, hat er doch niemals beansprucht, etwas anderes als ein Prophet zu sein, der in keiner Weise göttlich ist, Wunder wirkt oder zu Gott vermittelt. In der Entstehungszeit des Sufismus während der ersten drei Jahrhunderte des Islams strebten Mystiker wie Hassan al-Basri (gest. 728) angesichts des Nachlassens des ursprünglichen einfachen Lebensstils eine Verinnerlichung des neuen Glaubens an. Einige zogen sich nach dem Vorbild christlicher Einsiedler in den Wüsten Syriens und Ägyptens aus der Welt zurück, um durch Meditation den göttlichen Willen zu ergründen. Eine solche Haltung mißbilligt der Islam. Das Leben eines Mystikers war eng mit der Armut verbunden (was nicht unbedingt mit Frömmigkeit gleichzusetzen ist); deswegen nennt man einen solchen „heiligen Mann" einen „Armen", arab. *Fakir*, pers. *Darwisch* (daher „Derwisch*" als Bezeichnung eines herumziehenden Sufis).

Die Entstehung eines „Weges". Im 9. Jh. wurde Bagdad* zum Zentrum der islamischen Mystik, die eine große Blüte erlebte. Es war eine Zeit, in der die Entwicklung des Rechts* und der Theologie* in den Augen der Mystiker die Religion in der bloßen Gesetzlichkeit der Scharia* erstarren ließ. Sie beriefen sich auf das Vorbild des Propheten und sahen die Askese als notwendig an, um schrittweise zur inneren „geistlichen Wahrheit" (*Haqiqa*) mittels gnostischer Schriftauslegung zu gelangen. Durch das Befolgen des „Weges" (*Tariqa*) eines Meisters (Scheich*) könne man hoffen, den mystischen Zustand (*Hal*) oder das „Aufgehen des Selbst in Gott" (*Fana*) zu erreichen. Der mystische Zustand gründet auf drei „Wegen" (*Tariqat*): der Furcht (*Machafa*) oder der „Reinigung", der Liebe (*Mahabba*) oder dem „Opfer" und schließlich der Erkenntnis (*Maarifa*). Von den anderen Gläubigen unterscheiden sich die Sufis durch ihre Askese, mittels derer die Vereinigung mit Gott angestrebt wird – was für die Orthodoxie zwischen dem unerkennbaren Gott und einem fehlbaren Menschen undenkbar ist. Die Theologie* (*Kalam*) stellte die Vernunft in den Dienst der Verteidigung des „reinen" Glaubens und witterte im Sufismus Häresie und Blasphemie. Des weiteren stießen sich die Ulema* an der offenen Mißbilligung religiöser Heuchelei und sozialer Ungerechtigkeit durch die Sufis. So wurde der ägyptische Gnostiker Dhu an-Nun (gest. 861) unter dem Vorwurf der Häresie nach Bagdad vorgeladen. Es entstanden mystische Tendenzen, die die Zukunft beeinflussen sollten, so die „Gewissenserforschung" von al-Muhassibi (gest. 857), der in Übereinstimmung mit dem *Kalam* argumentierte. Im Gegensatz dazu erklärte der Iraner al-Bistami (gest. 875) möglicherweise unter Einfluß des Hinduismus, die Vereinigung mit Gott und damit seine eigene Göttlichkeit erreicht zu haben. Erhellender für den Sufismus war die Einstellung eines der größten islamischen Mystiker, al-Dschunaid (gest. 910): Für ihn besiegt der „Weg der Liebe" die Strenge Gottes durch die Selbstaufgabe und Selbsthingabe an Gott. Der oft pantheistische Monismus der Sufis inspirierte die mystische Poesie. Die Behauptung der verwirklichten Vereinigung mit Gott führte jedoch 922 in Bagdad auf Druck der religiösen Autoritäten zur Kreuzigung des Iraners al-Halladsch*. Ein anderer großer islamischer Mystiker, der Perser Suhrawardi*, wurde 1191 auf Anordnung Saladins* ebenfalls hingerichtet – wegen seiner von der altiranischen Kultur beeinflußten illuministischen Häresie. Zur selben Zeit führte hauptsächlich der aus Andalusien* stammende Abu Madyan (im arabischen Dialekt: Boumedienne, gest. 1197) den Sufismus im Maghreb* ein, wo er zum „Schutzpatron" Algeriens wurde. Man hat zahlreiche Einflüsse auf die Anhänger der „inneren Erkenntnis" (eine andere Bezeichnung für den Sufismus) gesucht: syrisches* Mönchtum, Hinduismus, griechisch-hellenistische Philosophie, Gnosis (vor allem in der Form des iranischen Dualismus). Viele aus Persien* stammende Sufis kannten die Theorien des Manichäismus (der dort entstanden war) und des Buddhismus (dessen Anhänger im sassanidischen Iran lebten, wo bis zur arabischen Eroberung der zoroastrische Mazdaismus Staatsreligion war). Dennoch ist der Sufismus innerhalb des Islams* entstanden, so daß auch nur ein überzeugter Moslem* Sufi sein kann. Daß er das Mißtrauen der religiösen Autoritäten auf sich gezogen hat, liegt vor allem an den extremistischen, teils sogar sektiererischen Tendenzen (vgl. Sekten*) mancher Sufis im Laufe der Geschichte. Der Anteil der Mystiker aus Persien oder iranischen Ursprungs an der Entwicklung des Sufismus war beträchtlich; auch die bedeutendsten persischen Poeten waren von der Mystik beeinflußt, so Sanai (11.Jh.), Nisami* (12.Jh.), Rumi* (13.Jh.), Attar* (gest. um 1230), Hafis* (14.Jh.) und Djami* (15.Jh.). Die Schiiten* lehnen den Sufismus strikt ab, wahrscheinlich weil sie bereits in ihren Imamen* „Vermittler" zu Gott besitzen und weil ihre religiöse Philosophie* niemals derart erstarrt war wie bei den Sunniten* (zumindest bis zur jüngeren Vergangenheit). Dennoch bestehen nicht wenige schiitische Sufi-Bruderschaften*.

Klassischer Sufismus und Bruderschaften. Sowohl die Sufis selbst wie die religiösen Autoritäten spürten die Notwendigkeit, die mystische Bewegung genauer zu definieren. Für den großen sunnitischen* Theologen al-Ghasali* (gest. 1111) aus dem Iran*, der selbst Mystiker war, wollen die Sufis vor allem Gott finden, um zu leben. Al-Ghasalis Überlegungen waren entscheidend für die offizielle Wiedereingliederung des Sufismus in die sunnitische Hauptströmung. Im Laufe der Jahrhunderte blieb der Sufismus jedoch weiterhin den Verdächtigungen unversöhnlicher Ulema* ausgesetzt, manches Mal auf Grund sektiererischer Bestrebungen einiger seiner Zweige. Die Versöhnung von islamischer Orthodoxie und Mystik stellte einen gewichtigen Integrationsfaktor in der moslemischen Gesellschaft dar, der ihr Überleben und Wiedererstarken angesichts der politischen Auflösungserscheinungen nach dem Mongolensturm sicherte, und blieb nicht ohne Auswirkungen. So vereinte der hanbalitische* Rechtsgelehrte Abd al-Kadir al-Dschilani aus Bagdad* (gest. 1166) mystische Praxis und Orthodoxie in einer der bedeutendsten Sufi-Bruderschaften* der islamischen Welt, der von ihm gegründeten Kadirija, die von Indonesien* bis in den Maghreb* verbreitet ist, wo sie besondere Popularität genießt. Dieser Bruderschaft gelang es, den Überschwang des Volksglaubens und der Marabut*-Verehrung einzudämmen. Einer der großen islamischen Mystiker, der Afghane al-Hudschwiri (gest. um 1075 in Lahore), ein höchst orthodoxer Sunnit, versöhnte Theologie* und Mystik auf glückliche Weise; er hinterließ den ältesten bekannten persischen Traktat über Mystik. Erstrangig in intellektueller Hinsicht war die Vision des bedeutendsten Theoretikers des sufischen Monismus und Pantheismus, Ibn Arabi* aus Andalusien (gest. 1240 in Damaskus*). Darin wird die absolute Immanenz Gottes betont, der den Liebenden, die Liebe, die gesamte Welt und die Menschen in sich aufnimmt. Selbst die von der Tiefe und Lauterkeit seiner in überragenden Schriften ausgedrückten Gedanken angezogenen Moslems* waren darüber bestürzt.

Ab dem 10. Jh. organisierten sich Sufi-Bruderschaften unter der Autorität eines Scheichs*. Diese begründeten eigene „Schulen", die ihre Rechtfertigung aus Überliefererketten bezogen (wie die Hadithe*) und selbst eigene geistliche Genealogien bildeten. Auf diese Weise entstanden neue Gemeinschaftsformen, von esoterischen Zirkeln bis hin zu herumziehenden Derwischen*, und neue Riten gemeinschaftlichen Gebets*: das „Gottesgedenken" (*Dhikr*) sowie Körperübungen zum Erlangen der Selbstaufgabe, beispielsweise im Tanz (*Sama*) der anatolischen Mewlewije*.

Ihre Spiritualität hinderte die Bruderschaften nicht an politischer Betätigung, sei es bei den „Glaubenskriegern" (*Ghazis*) an den Grenzen oder innerhalb der bestehenden Staaten*. So mußte das Osmanische* Reich mühevoll die Aufstände der sektiererischen Bektaschiten-Derwische (der „Seelsorger" der Janitscharen*) in Anatolien* niederschlagen. Die vorwiegend aus Turkmenen* bestehende schiitische Sufi-Bruderschaft der „Rotköpfe" (*Kizil Basch*, benannt nach ihren roten Kopfbedeckungen) hingegen verhalf 1501 in Persien* den Safawiden* an die Macht. In allen Regionen und Gesellschaftsschichten des Islams* gab und gibt es Sufi-Bruderschaften; mindestens 200 sind bekannt, rund 100 sind noch aktiv. Noch heutzutage werden ihre Heiligen oder geistlichen Meister zu ihren Lebzeiten verehrt sowie deren Gräber von zahlreichen Moslems besucht: dasjenige von al-Dschilani in Bagdad (das Süleyman der Prächtige* zu einem prächtigen Heiligtum umgestalten ließ), das von Sidi Boumedienne (Abu Madyan) in Tlemcen (Algerien) oder das des ägyptischen Gnostikers Dhu an-Nun nahe den Pyramiden in Kairo*, um nicht noch die Gräber persischer Sufi-Dichter zu erwähnen, wie dasjenige von Rumi* in Konya* oder von Hafis* in Schiras*.

► Bruderschaften, Mewlewije

Suhrawardi, Schihab ad-Din Yahya, mystischer Philosoph (Persien 1155 – Aleppo 1191)

Sohrawardi (pers. Schreibweise), im Nordwesten Persiens* geboren, hat etwa fünfzig Abhandlungen über mystische Philosophie* hinterlassen. Sein Hauptwerk *Weisheit der Erleuchtung* oder *Theosophie des Ostens* schöpfte aus Quellen der griechischen Philosophie – vor allem Platon – und hatte Avicenna* und al-Farabi* zum Vorbild. Die Lehre dieses überzeugten Schiiten* war zugleich dem Erbe des vorislamischen Persiens verpflichtet, wobei er es verstand, die „Weisen" – wie Zarathustra – in den Islam* zu integrieren. Der Osten repräsentierte für ihn das Licht – Symbol der göttlichen Emanation und gleichzeitig grundlegende Realität der Dinge – und der Westen die materielle Welt der Finsternis. Sein Werk beruhte auf der „illuministischen" Schule, welche noch einen großen Einfluß auf das mystische Denken des iranischen Schiismus ausübte. Angeklagt des Aufruhrs, des Pantheismus und vor allem deshalb, weil er Schiit war, wurde Suhrawardi – der „ermordete Scheich" – mit 36 Jahren in Aleppo unter dem Druck der Ulema* und auf Befehl Saladins* hingerichtet.

Suk ► **Basar**

Süleyman der Prächtige, zehnter osmanischer Sultan* (Trapezunt 1494 – Baranya, Ungarn 1566)

Süleyman II., von den Europäern „der Prächtige" genannt auf Grund seiner langen Regierungszeit (1520–1566), die den Höhepunkt der türkischen Macht und der osmanischen* Kultur kennzeichnet, ist in der moslemischen Geschichte als „der Gesetzgeber" (*Qanuni*) bekannt. Als kompetentes Staatsoberhaupt wirkte er in der Tat persönlich an der Erneuerung der Gesetze (*Qanunname*) mit, die sein Reich lenkten. Als Eroberer nahm er Belgrad, Rhodos und Ungarn (1526) ein. Er schlug seine Erbfeinde, die österreichischen Habsburger, scheiterte jedoch bei der Belagerung Wiens (1529), die Europa erzittern ließ. Den Spaniern entriß er Tunis (1534), den Persern Bagdad* (1534) und den Jemeniten Aden (1538). Auf dem Weg zu einem neuen Feldzug in Ungarn starb er 1566. Süleyman beherrschte die drei Kultursprachen seines Reiches – das Arabische* für die Religion, das Persische* für die schöngeistige Literatur und das Türkische* für die Verwaltung – und war auch ein Dichter, der seinesgleichen förderte, z. B. Baki* und Fuzuli*. Der große Architekt Sinan* führte für ihn zahlreiche Aufträge aus, von denen einige seine Frömmigkeit bezeugen: Bau von Moscheen* – vor allem jene, die über dem Grab von Rumi* errichtet wurde –, Restaurierung der Kaaba* und der Mauern von Jerusalem*.

Sultan, der

Im politischen Sprachgebrauch des Islams* ist der Sultan der Machthaber, der Inhaber der Regierungsgewalt; die Wesire*, Gouverneure und Fürsten, die *de facto* unabhängig vom Kalifen* gewesen waren, erkannten seine nominelle Oberhoheit an.

Ab dem 10. Jh. geriet das Kalifat* der Abbasiden* in die Abhängigkeit der schiitischen* Emire* aus der iranischen Dynastie der Bujiden, anschließend der türkisch-afghanischen Ghasnawiden und schließlich der türkischen Seldschuken*. Im Jahre 1055 wurde dem

Groß-Seldschuken* Toghril Beg vom Kalifen – erstmalig in der islamischen Geschichte – der Titel „Sultan" verliehen, womit eine Trennung zwischen geistlicher Macht (die dem Kalifen verblieb) und weltlicher, politisch-militärischer Macht vollzogen wurde. Bis dahin hatte der Kalif beide Machtbereiche in seiner Person vereinigt. In späteren Epochen übernahmen auch die Mamelucken*, dann die Osmanen* den Titel Sultan. Um die Gewaltenteilung zu rechtfertigen, wurden im Laufe der Zeit neue politische Theorien entworfen. Die Türkei schaffte 1922 die Sultanswürde ab; der Herrscher von Oman* führt den Titel noch heute.

„Sultan" nannte man auch ab dem 13. Jh. die Scheichs* der Sufis* in Anatolien* und später im Osmanischen Reich.

► Staat

Sunna ► **Sunniten**

Sunniten

Die Hauptrichtung des Islams*; sie stützt sich auf die Sunna. *Sunna* bedeutet im Arabischen „Brauch, Gewohnheit" und bezeichnet ganz allgemein das Brauchtum aller Völker. Im Koran* und im Hadith* bezeichnet der Begriff Sunna die Worte und Taten Mohammeds*

Die Sunniten sind diejenigen, die Theorie und Praxis der Sunna befolgen. Sie stellen damit die „orthodoxen" Moslems* dar, im Gegensatz zu den Schiiten*. Weltweit sind 90% der Moslems Sunniten und 10% Schiiten. Die von den Gefährten des Propheten mündlich überlieferte Sunna wurde schließlich im *Hadith* (Überlieferung) schriftlich festgehalten; sie gilt als zweite Quelle der Scharia* nach dem Koran.

Man unterscheidet zwischen „festgebundener Sunna" (etwas, was der Prophet ständig beachtete) und „nicht festgebundener Sunna" (etwas, was er nur gelegentlich befolgte).

► Hadith, Islam (Religion)

Swahili-Kultur (Suaheli)

Im 9. Jh. verkehrten zahlreiche moslemische Handelsschiffe an der ostafrikanischen Zandsch-Küste (arab. „Schwarze", daher der Name „Sansibar"). Dort entwickelte sich mit der Zeit die Swahili-Kultur (von arab. *Sahil,* pl. *Sawahil,* „Küste"). Durch die Suche nach Gold und Sklaven* entstand im darauffolgenden Jahrhundert ein organisierter Handel*.

Eine Region im Zeichen des Handels. Im 12. Jh. bildeten sich an der Küste und auf den Inseln islamische Staaten*, der Tradition zufolge auf Antrieb der Schirasis (Bewohner von Schiras*), von den Küsten Arabiens gekommenen sunnitischen* oder schismatischen Persern und Arabern. Die Schirasi-Kolonisten vermischten sich mit der einheimischen afrikanischen Bevölkerung (was für die Swahili-Gesellschaft kennzeichnend ist; die Araber und Perser blieben dort stets in der Minderheit) und schufen eine Aristokratie. Die Swahili-Staaten standen in Verbindung mit den Inseln und Archipelen sowie in geringerem Maße mit den Städten* auf dem Kontinent und lebten vom Handel* im Indischen Ozean. Dieser Handel strahlte auch auf die andere Seite der Straße von Mosambik aus (Komoren und Madagaskar, wo der Islam* im 11. und 12. Jh. Fuß faßte). Vor allem aber standen die Swahili-

Staaten in Beziehung mit der klassischen islamischen Welt sowie mit Indien* und China*. Unter den moslemischen Handelsniederlassungen waren am bedeutendsten: Kilwa in Tansania (um 957 von den Schirasis gegründet und laut Ibn Battuta* noch im 14. Jh. erfolgreich), ferner die tansanische Insel Pemba (für das 10. Jh. bezeugt), Gedi in Kenia (besetzt vom 11. bis zum 17. Jh.), Mogadischu (bester Hafen an der Somali-Küste und erbliches Sultanat* zur Zeit Ibn Battutas) sowie Lamu (Stadt und Archipel in Kenia, noch heute regionales Hauptzentrum islamischer Studien). Ebenso blühte in den Häfen von Pate und Malindi in Kenia vom 13. bis zum 16. Jh. der Handel; einen wirtschaftlichen Aufschwung genossen auch die weltoffene Stadt Mombasa in Kenia sowie die Insel Sansibar. Letztere verfügte über großen politischen Einfluß und verdankte ihren Reichtum dem internationalen Handel.

Die Entstehung einer Kultur. Ihre größte Blüte erlebten diese Städte im 14. und 15. Jh. Rechts*- und Staatssystem entsprachen dem klassischem islamischen Vorbild, wenngleich die Religion zahlreiche afrikanische Lokaltraditionen aufwies. Zwar wandten sich die Küstenstädte vom Kontinent ab, sie unternahmen jedoch Expeditionen (*Safaris*, von arab. *Safar*: „Reise") ins Landesinnere – nicht zum Zwecke religiöser Mission, sondern um sich mit Sklaven*, Gold, Elfenbein, Eisen und Edelholz zu versorgen, die in den islamischen Orient, nach Indien* und China* exportiert wurden, woher im Gegenzug Luxusgüter (Textilien* und Porzellan) eingeführt wurden. Chinesische Schiffe gesellten sich daher im 15. Jh. in dieser Region zu den arabischen, persischen und indischen Handelsflotten. Von Sofala (heute Beira in Mosambik) aus, dem südlichsten Punkt arabisch-indischer Seefahrt, kamen Moslems* nach Simbabwe, wohin sie noch im 16. Jh. Beziehungen unterhielten. Beachtliche kulturelle Leistungen in den Städten begleiteten die wirtschaftliche Blüte an der Swahili-Küste unter Einfluß arabischer und indischer Traditionen: mehrgeschossige Häuser, steinerne Moscheen*, kunstvolle Holzvertäfelungen, Gärten* und Pflanzungen. Die schönsten Beispiele städtischer Swahili-Kunst sind noch heute in Kilwa, Lamu, Malindi, Pemba, Pate, Gedi und auf Sansibar zu sehen. Aus der ostafrikanisch-arabischen Vermischung unter islamischem Vorzeichen entstand eine eigene Sprache, das Suaheli (Kisuaheli), das auf der Grammatik der Bantu-Sprachen basiert und dessen Wortschatz zu über 40% aus dem Arabischen sowie zu geringeren Teilen aus dem Persischen* entlehnt ist. Ab dem 16. Jh. wurde es in arabischen Buchstaben geschrieben, die mittlerweile durch die Lateinschrift ersetzt wurden. Heutzutage ist es die *lingua franca* in ganz Ostafrika, die in Kenia, Tansania und Uganda gelehrt und geschrieben wird.

Eingriffe von außen. Die Ankunft des Portugiesen Vasco da Gama 1498 (der von Malindi aus mit seinem arabischen Lotsen Ibn Madschid zur Entdeckung des Seewegs nach Indiens* aufbrach) versetzte dem Swahili-Handel einen schweren Schlag, ohne ihn allerdings vollständig zu vernichten. 200 Jahre lang hielten die (besser organisierten und besser bewaffneten) Portugiesen die Küste; Goa in Indien wurde das Zentrum ihres neuen Überseereiches. Ihre Inbesitznahme der Häfen und Inseln an der Swahili-Küste (1502–1528) wurde 1593 durch die Einnahme Mombasas vollendet, wo sie das kolossale Fort Jesus errichteten. Im Landesinneren sicherten sie sich den Goldabbau des Monomotapa-Reiches (Simbabwe) und gewannen Sklaven für ihre amerikanischen Kolonien. Anschließend wurden die Portugiesen ab 1698 von den arabischen Omanis bis nach Sofala zurückgedrängt. Sansibar, die wohlhabende „Gewürznelkeninsel" und großer Sklavenmarkt, war ab 1832 neben Maskat zweite Hauptstadt des Sultanats Oman*, bevor es 1856 eigenständiges omanisches Sultanat wurde. 1885 kam Sansibar zu Deutsch-Ostafrika und wurde 1890 (durch den Helgoland-Sansibar-Vertrag) britisches Protektorat, in dem 1892 der Sklavenhandel abgeschafft wurde. Nach der Unabhängigkeit 1963 vereinigte sich die Insel im darauffolgenden Jahr nach einer blutigen anti-arabischen Revolution mit dem neu entstandenen Tansania.

▶ Afrika, Oman, Seefahrt

Syrisch

Syrisch ist eine semitische Sprache, die dem Aramäischen nahesteht und schon in vorchristlicher Zeit gesprochen und geschrieben wurde. Im 3. Jh. n.Chr. erreichte das Syrische große Bedeutung, weil es die Literatursprache der syrischen Christen* wurde. Es wurde von Edessa (Urfa in der Türkei), der geistigen Hauptstadt des christlichen Orients, aus verbreitet.

Neben Griechisch war Syrisch die wichtigste Sprache des Byzantinischen Reichs, wo die syrische Literatur vom 3. bis zum 7. Jh. eine Blühte erreichte. Es überlebte die moslemischen Eroberungen bis ins 13. Jh. hinein. Syrisch war u.a. die Sprache der Nestorianer*, die sie auf der Seidenstraße bis nach China* verbreiteten, und die Sprache der nestorianischen Kirche in Persien*. Die nestorianischen Gelehrten, die von den Byzantinern aus Edessa vertrieben wurden, die später auch die Akademie von Athen (529) schlossen, lehrten in der hervorragenden Akademie von Gondischapur, im sassanidischen Persien*, wo Syrisch die Wissenschaftssprache war. Auf diese Weise wurden zahlreiche wissenschaftliche und philosophische Werke – griechische, aber auch syrische – zur Zeit der Abbasiden* ins Arabische übersetzt. Auch heute ist Syrisch die Liturgiesprache zahlreicher Christen des Orients, z.B. der Maroniten*.

Tabari, Abu Djafar Mohammed at-, Historiker (Tabaristan, Nordiran 839 – Bagdad 923)
At-Tabari, ein großer arabischer Historiker*, war sowohl Jurist als auch Koran*-Kommentator. Seine Auslegung des heiligen Buches wurde zum Maßstab. Aber vor allem seine *Geschichte der Propheten und Könige,* im mittelalterlichen Europa unter dem Titel *Die Annalen* bekannt, eine enzyklopädische Zusammenfassung der Weltgeschichte bis 915, machte sein Werk berühmt und zu einer historischen Quelle von großer Bedeutung.

Tadschiken
Ab dem 8. Jh. gebrauchter Name für die islamisierten Stadtbewohner und Seßhaften* iranischer Sprache in Mittelasien*, Nachkommen persischer Stämme, die sich im 1. Jahrtausend in dieser Gegend niederließen (zu unterscheiden von den heidnischen Türken).

Die tadschikischen Samaniden gründeten die erste regionale islamische Dynastie (819–1005). Mit seiner Schlüssellage an der Seidenstraße war Tadschikistan häufiges Opfer von Invasionen und wurde von den westwärts wandernden Türken (darunter den Seldschuken*) erobert. Es folgten die mongolischen* Horden sowie die Armeen Timur-Lengs*. Dessen Nachfolger erlitten eine Niederlage gegen die Usbeken*, womit der tadschikische (und zugleich auch persische) Einfluß in Mittelasien ein Ende fand. Die Tadschiken wurden Vasallen der Usbeken (mit denen sie gezwungenerweise zusammenlebten), bevor sie im 19. Jh. in die Abhängigkeit der Emire* von Buchara* und von Chokand gerieten und schließlich ab 1868 vom russischen Turkestan* annektiert wurden. Nach der russischen Revolution beteiligten sich die Tadschiken am vom Sufismus* religiös geprägten Widerstand der Basmatschi-Bewegung, bis Moskau letztlich doch seine Herrschaft durchsetzte.

Tadschikistan bildet eine iranischsprachige (d.h. indoeuropäische) Insel mitten im ansonsten turksprachigen Mittelasien und hat Persien* seit dem 10. Jh. seine größten Dichter geschenkt: Rudaki*, Firdausi*, Rumi* und Saadi*. Die 1991 ausgerufene Republik Tadschikistan (Hauptstadt Duschanbe) besitzt eine Fläche von 143 000 km², die zu 90% aus Gebirge (Pamir) besteht. Von der (mehrheitlich sunnitischen) Gesamtbevölkerung von 5,9 Mio. sind 3,6 Mio. Tadschiken und 1,3 Mio. Usbeken. Mehr als 5 Mio. Tadschiken leben in zwei angrenzenden Staaten: Afghanistan* (4 Mio.) und Usbekistan (1 Mio.).

▶ Mittelasien

Tataren
Name der Angehörigen eines türkisch-mongolischen Stammesbündnisses im Osten der Mongolei, das zwischen dem 5. und dem 7. Jh. gebildet wurde. Als „Tataren" bezeichnet man auch die Nomaden*, die zwischen Mittelasien* und dem Nahen Osten umherzogen, von denen sich viele in Südrußland und auf der Krim* niederließen.

Die Russen, die lange Zeit von diesem Volk beherrscht wurden, sprachen von „Tataren" im Zusammenhang mit den turksprachigen mongolischen Khanaten* im Süden Rußlands – Goldene Horde* (1226–1502), Krim-Khanate (1426–1792) –; die Geschichtsschreibung hat diesen Namen beibehalten. In Europa war der Übergang zwischen „Tatar" und „Tartar" (in Anlehnung an den Tartaros, die Hölle in der griechischen Mythologie) fließend; der Ausdruck bezeichnete bald sämtliche Turkvölker (ausgenommen die Osmanen*), ebenso wie die Mongolen* und die Mandschu in China*.

▶ Krim

Tausendundeine Nacht

Die junge Scheherazade – eine eher mythische denn historische Person – mußte, um ihr Leben und das des ganzen schönen Geschlechts zu retten, einen grausamen Kalifen* vom Schlafen abhalten. Diesen hatten seine ehelichen Enttäuschungen dazu geführt, sich jeden Abend eine Frau zu nehmen und sie am Morgen sterben zu lassen. Aus dieser wahrscheinlich ursprünglich indischen Legende ist ein literarisches Werk entstanden, das das bekannteste aller Werke der moslemischen Kultur in der Welt wurde.

Hundert Nächte, bevor es Tausendundeine wurden. *Nächte* lautete lange Zeit ihr Titel, der im Englischen (*The Arabian Nights*) erhalten blieb. 1001 ist weniger eine genaue Zählung als ein Synonym für eine große Menge. Bei *Tausendundeine Nacht* handelt es sich um eine große anonyme Sammlung, die über mehrere Jahrhunderte hinweg auf arabisch geschrieben wurde. Sie spiegelt mehrere „Goldene Zeitalter" der klassischen islamischen Stadtkultur wider, besonders die Blütezeit glänzender Städte, Bagdad*, Basra, Damaskus*, Samarkand* und Kairo*. Als Erbe der großen vorislamischen orientalischen Traditionen – Ägypten, Griechenland, Mesopotamien, Arabien und vor allem Indien* über die Vermittlung Persiens* – bildeten sich die *Nächte* seit dem 8. Jh. um eine Rahmenerzählung persischen Ursprungs. Sie enthalten indische Quellen, die wahrscheinlich ins Arabische übersetzt und im abbasidischen* Bagdad islamisiert wurden. Hinzu kamen zeitgenössische Erzählungen, die historische Persönlichkeiten in Szene setzen, wie den Kalifen* Harun ar-Raschid* (gest. 809), oder die Seeabenteuer von Sindbad*, der weniger reale Person gewesen sein dürfte, sondern vielmehr den Archetyp des Seemanns auf großer Fahrt in der arabisch-persischen Literatur verkörpert. Im 10. Jh. wurden Abenteuererzählungen wie die *Wunder Indiens* von einem Kapitän aus dem Golf zusammengestellt, die sich in den Häfen von Basra verbreiteten. Masudi* (gest. 956) erwähnte die *Nächte* in seinem historischen Werk *Goldwiesen*. Eine zweite Quelle (11.–12. Jh.) stammt aus dem glanzvollen Ägypten zur Zeit der Fatimiden*, einem Land voller Magie und Wunder. Dort erhielt die Sammlung auch ihren endgültigen Titel *Tausendundeine Nacht* (*Alf laila wa lala*). Zu Beginn des 17. Jhs. wurden viele Erzählungen aus dem Iran*, aus Bagdad und Ägypten der Grundlage hinzugefügt. Sie spielen auf das Arabien im Zeitalter der Unwissenheit (*Dschahilija**) an, auf den jüdischen Propheten Salomo, die persisch-sassanidischen* Herrscher, Alexander den Großen*, die Kreuzzüge*, Byzanz*, die türkisch-mongolische Welt und auf das Kairo zur Zeit der Mamelucken* (1254–1517). Errungenschaften der Neuzeit, wie das Gewehr, Tabak und Kaffee*, flossen ebenfalls in das Werk ein.

Die Erzählungen wurden als „nächtliche" bezeichnet, weil dies im Orient die bevorzugte Zeit war, um Geschichten zu erzählen. Die einzelnen Geschichten weisen eine große Bandbreite auf: es gibt phantastische Erzählungen persischen und indischen Ursprungs, detaillierte Berichte über das städtische Leben der Abbasiden, Fatimiden und Mamelucken oder Erzählungen, die aus anderen Gegenden stammen (Kaschgar in Turkestan*, Mittelasien*). Ferner findet man epische Reiseberichte, in denen Fabelwesen vorkommen sowie Heldensagen, wie die Reise von Sindbad, der den Weg vom Persischen Golf bis Kanton (7000 km) zurücklegte. Zwischen dem 7. und 9. Jh. kamen ägyptische bürgerliche Romane dazu (sie handeln von Ehebruch etc.), Legenden aus der vorislamischen arabischen Geschichte, Lehrfabeln und Parabeln indischer Herkunft, außerdem heitere Geschichten von Gaunern und Räubern sowie Abenteuer sufischer* Derwische*. *Tausendundeine Nacht* vermitteln auch eine Vorstellung vom Leben der Handwerker und enthalten vorbildliche Beispiele für „großherzige Menschen".

Die Heldentaten von Scheherazade zeigen ihre Kunstfertigkeit, täglich eine Erzählung neu zu beginnen, die in einem spannenden Augenblick unterbrochen wird, um den Zuhörer in Atem zu halten. Sie spiegeln wahrscheinlich die Tatsache wider, daß seit Beginn ihrer Entstehung die *Nächte* auf öffentlichen Plätzen erzählt wurden, aber auch in den Häfen, in Kaffeehäusern, in den Häusern der Reichen und Bürger und vielleicht sogar am Hofe* der Kalifen.

Die Erzählungen wurden sicher den Wünschen eines Publikums angepaßt, das aus allen sozialen Klassen zusammengesetzt war. Das tägliche Leben der Untertanen war eine Informationsquelle für die Fürsten; die Pracht der Reichen und Mächtigen ließ die Armen träumen, und die erbaulichen Geschichten gefielen den Frommen und Gutgläubigen.

In Europa bewirkte die Übersetzung von *Tausendundeiner Nacht* ins Französische durch Antoine Galland 1704 eine weltweite Verbreitung der Erzählungen. Sie wurden seitdem zu einer unerschöpflichen Quelle der Begeisterung für ein Phantasiebild des Orients.

▶ Abbasiden, Arabische klassische Literatur, Bagdad, Harun ar-Raschid

Tazija

Die Tazija (arab. eigentlich „Trost") ist eine Theatergattung bei den Zwölferschiiten*; ein „Passionsspiel", das im Monat *Moharram* an den „Märtyrer" Hussain*, den Sohn Alis*, und seine Gefährten erinnert, die 680 von den Omaijaden* in Kerbela* getötet wurden.

Nach jahrhundertelanger Unterdrükkung der Schiiten* durch die Sunniten* erklärte die Dynastie der Safawiden* den Schiismus zur persischen Staatsreligion (1501). Seitdem stellt das Schauspiel der Tazija, das im Islam* einzigartig ist, die große öffentliche schiitische Beweinung dar. Die Tazija vereint alle gesellschaftlichen Schichten der Städte und Dörfer. Unter der Kadscharen-Dynastie (1779–1924) wurden Theater erbaut, in denen die Tazija das ganze Jahr über aufgeführt wurde: besondere Schauspieler spielten die „Guten" – die Imame* und Fatima (Hussains Mutter) –

und die „Bösen“: die Omaijaden und ihre Anhänger. Die Tazija, von den regierenden Pahlewis (1924–1978) als „rückständig“ angesehen und verboten, wurde in Theaterfestspielen wiederaufgenommen. Trotz ihres Mißtrauens ließ die Islamische Republik (1979) in Teheran die Aufführung der Tazija als Zeichen der Iranität zu.

▶ Schiiten, Hussain (Martyrium), Iran

Technik

Nachdem moslemische „Mechaniker“ und „Ingenieure“, die oft zugleich auch berühmte Gelehrte waren, über Kenntnisse der antiken Wissenschaften verfügten, interessierten sie sich für die Verbesserung sämtlicher Bereiche des täglichen Lebens. Dies sollte auf eine Weise geschehen, die Technik und theoretisches Gedankengut (vor allem die Mathematik*) in Einklang bringt. Neben Physik und Chemie* erstreckte sich das Experimentieren auf die Wassertechnik, das Zivil- und Militärwesen, auf die Textilindustrie und die Herstellung von Papier*, außerdem auf Bergbau*, Landwirtschaft* und Schiffahrt.

Die Entdeckung neuer Bereiche. Seit dem 9. Jh., der Zeit der Abbasiden*, machten Übersetzungen* ins Arabische die Moslems* mit alten griechischen und hellenistischen wissenschaftlichen Arbeiten vertraut. Eine vermittelnde Rolle spielte dabei u.a. die persische Universität der Nestorianer* in Gondischapur (gegr. im 3. Jh.). Das erste moslemische Werk über Mechanik, *Das Buch der List* (*Ilm al-Khyal*, arab. Bezeichnung für die griechische Vorstellung von „mechanischer Technologie“), wurde um 860 von den berühmten „Söhnen Mussas“ (*Banu Mussa*) verfaßt, drei Brüdern, die Wissenschaftler und Maschinenbauingenieure, besonders der Wassertechnik, waren. Das Buch enthält etwa hundert mechanische Verfahren (darunter ein Verfahren, um warmes und kaltes Wasser zu gewinnen, ferner Brunnen von festgelegter Tiefe, das Heben von Gewichten durch Maschinen). Darüber hinaus werden eine Reihe von Automaten beschrieben, die besonders an den Fürstenhöfen geschätzt wurden. Der große al-Farabi * (gest. 950) bemerkte in seiner *Aufzählung der Wissenschaften*, die für den Unterricht bestimmt war, daß die Mechanik die Anwendung mathematischer Beweisführungen auf physische Körper zum Gegenstand habe, um wissenschaftliche Wahrheiten in der Praxis konkretisieren zu können: ein Vorgang, der durch Veränderung oder Anpassung der Theorie geschieht. Für al-Farabi umfaßte die Mechanik die Algebra* wie auch die Bautechnik, Feldmessung, Herstellung astronomischer und optischer Geräte sowie die Erfindung von Maschinen. Al-Biruni* (gest. 1048), ein Universalgelehrter, errechnete mit Hilfe eines von ihm erfundenen Pyknometers in seinem *Buch der Mineralien* das spezifische Gewicht und die Eigenschaften kostbarer Mineralien. Chasini (gest. 1100) bestimmte in seinem Werk *Waagschale der Weisheit*, ausgehend von den Griechen und al-Biruni, das spezifische Gewicht und das Gleichgewicht. Sein Buch ist ferner bemerkenswert in den Bereichen Mechanik und Hydrostatik. Als Grundlagenwerk der angewandten Wissenschaften war das *Buch der Kenntnis der erfinderischen Mechanik* anzusehen: Sein Verfaser al-Djasari (13. Jh.), ein Ingenieur im wahren Sinne des Wortes, stellte sich selbst als Handwerker dar – was viele große Gelehrte auch waren, wie Haitham* auf dem Gebiet der Optik und Sarkala* auf dem Gebiet der Astronomie*. Al-Djasari beschrieb genau die Herstellung aller Verfahrenstechniken, wie Hydrometer für die Messung von Flüssigkeiten, Maschinen zum Wasserpumpen, Wasseruhren, fortlaufende Automaten (was durch die Nockenwelle möglich wurde). Er selbst konstruierte die großen Wasserräder von Hama auf dem Orontes (Syrien) sowie Befestigungsanlagen und einen Himmelsglobus. Die moslemischen Gelehrten kannten die alte römische Waage; sie benutzten sie zur Zeitmessung mit Hilfe eines Gewichts, das in ständigem Gleichgewicht mit einer Sanduhr war. Sie strebten danach, wie in den Werken von al-Biruni, einige Gleichungen und Regeln der Algebra zu beschreiben. Einige Auffassungen – wie die Eigenschaft der Zeit und die Kraft der Bewegung – wurden ebenfalls durch philosophische Begriffe erklärt.

Verbesserung früherer Erfindungen und Erneuerung. In einem weitgehend trockenen moslemischen Reich, in dem Wasser das Leben und die Wirtschaft bestimmte, wurden alte Bewässerungstechniken erheblich verbessert, besonders die Wasserwege. Die *Saqiya* (Bewässerungsgraben) wurde durch Tierkraft mit Wasser versorgt und konnte 100 Tage ununterbrochen fließen, d.h. 24 Stunden täglich. Das Schöpfrad, das durch Wasserkraft bewegt wurde, erreichte eine Höhe von 20 m und bestand aus 120 Schöpfkellen. Besonders seit den Erfindungen von al-Djasari vollzog sich ein bemerkenswerter Fortschritt auf dem Gebiet der Schaufelradmaschinen zum Wasserschöpfen, die für die Bewässerung und zur Zuführung von warmem und kaltem Wasser in den Palästen und im Hammam* bestimmt waren sowie für Wasseruhren und Papiermühlen*. Künstliche Kanalisationsnetze versorgten die neu gegründeten Städte* (wie Bagdad*) oder die älteren Städte dadurch, daß sie sich der bemerkenswerten alten iranischen Technik der unterirdischen Bewässerungskanäle (*Qanats*) bedienten, die während des Einfalls der Mongolen* zerstört wurden. Von Syrien aus wurden diese Verfahren in Mittelasien*, Andalusien* und Sizilien* gemeinsam mit zahlreichen landwirtschaftlichen Erzeugnissen eingeführt. Die mechanischen Verfahren bezogen Uhren und Automaten ein, z.B. Brunnen, Spielzeug, bis hin zu singenden Vögeln und echtaussehenden Bäumen der abbasidischen* Kalifen*, die im 10. Jh. die byzantinischen Botschafter damit beeindruckten. Der Instrumentenbau vollzog sich gleichzeitig mit dem außergewöhnlichen Fortschritt auf dem Gebiet der Wissenschaften*. Besonders im Bereich der Astronomie* konnten dank der Genauigkeit moslemischer Tabellen die Astrolabien* zur Planetenberechnung und Erdkartenerstellung, die Skalenscheiben und die Kalender mit Radantrieb verbessert werden. Die Zuverlässigkeit der moslemischen Sternwarten* – wie die von Tussi* (13. Jh) gegründete – zogen sogar chinesische Gelehrte an. Das Bauingenieurwesen erlebte im 16. Jh. in der Person des Osmanen* Sinan* eine Glanzzeit. Architektur und der Bau von Brücken, Kanälen und Staudämmen machten bemerkenswerte Fortschritte dank der Entwicklung der Anhubtechnik und der topographischen Wissenschaft. Die reiche Lederindustrie (z.B. von Cordoba*), die Textilindustrie* (in Syrien, Indien*, Andalusien und Ägypten) sowie die Keramik* (worin der Iran* sich ganz besonders auszeichnete) nutzten die technischen Errungenschaften. In den Bergwerken* wurden die Bohrtechnik und die Brunnenaushebung verbessert – einige bis zu 400 m Tiefe. Neue Maschinen wurden erfunden sowie die Methode, mit Seilwinden Mineralien zu fördern, ferner eine Grubenlampe mit Drehschirm.

► Landwirtschaft, Astronomie, Chemie, Handel, Medizin, Bergwerke, Wissenschaften

Teppich

Der Ursprung der geknüpften Teppiche verliert sich im Dunkel der Zeiten. Heute siedelt man im allgemeinen die Geburt der Webkunst in Mittelasien* an, aber es ist weiterhin nicht möglich, den Ort oder die Zeit genau zu bestimmen. Die jüngsten archäologischen Forschungen schreiben dem Teppich eine achämenidische Herkunft zu, eine Dynastie, die vom 6. bis 4. Jh. v.Chr. im Alten Orient regierte; der Teppich kann aber auch durchaus älter sein.

Der nomadische Ursprung. Seit der moslemischen Eroberung nimmt die Teppichkunst neben der Herstellung kostbarer Stoffe eine bedeutende Stellung in der islamsichen Welt ein. Die Geschichte des Teppichs ist eng mit der der moslemischen Bevölkerung verbunden.

Die Orientteppiche werden nach der Art der verwendeten Knoten in zwei Hauptgruppen eingeteilt. Der Woll- oder Seidenfaden wird um den Kettfaden gelegt, um einen Knoten zu bilden. Die Gesamtheit der Knoten, die nebeneinander geknüpft werden und deren Dichte mit einer Schere angeglichen wird, bildet die Oberfläche, die dem Teppich sein harmonisches Aussehen verleiht, genannt „Velours". Der Knoten kann entweder eine Schlaufe auf jedem der aneinandergrenzenden Kettfäden bilden (türkischer symmetrischer Knoten, genannt *Ghordes*) oder nur einen der Kettfäden umschlingen (asymetrischer Koten, genannt *Senneh*).

Die ältesten gesicherten Angaben der Teppichgeschichte beruhen auf einem geknoteten Teppich von bemerkenswerter Vollkommenheit, der 1949 in einer Grabstätte in einem hochgelegenen Tal des Altai in der ehemaligen UdSSR, dem „Pazyryk", gefunden wurde. Diese Entdeckung beweist, daß schon vor 2500 Jahren ein Volk in der Lage war, Knotenteppiche herzustellen. Danach klafft in der Forschung eine Lücke bis zu den ersten Jahrhunderten vorchristlicher Zeit. Die seltenen Zeugnisse, die erhalten sind, erlauben die Annahme, daß der Teppich dem täglichen Gebrauch diente. Man hat in China*, in den Städten Lulan und Niya, Teppichteile gefunden, die ins 3. oder 4.Jh. n.Chr. datiert werden, darüber hinaus gibt es Funde in Kisil im Tarimbecken, außerdem im Irak in den Grotten von At-Tar sowie in Syrien in Dura-Europos.

Der Teppich, ein Luxusgegenstand. Teppichfragmente aus dem 8. und 10.Jh. wurden in Fustat (dem alten Kairo*) in Ägypten gefunden. In der Zeit vom 10. bis 16.Jh. spielten Ägypten und Anatolien* in der Teppichherstellung eine führende Rolle. Unter der Herrschaft der Dynastie der Seldschuken*, die bis ins 14. Jh. hinein regierte, wurden in Anatolien Teppiche in großer Menge von den Manufakturen in Konya* und Aksaray hergestellt. Die Seldschukenteppiche mit ihren dunklen Farben waren oft mit stilisierten Tieren verziert. Sie erscheinen auf Bildern der Sieneser und Florentiner Schule. In Ägypten bevorzugten die Mamelucken* Muster, die mit Hilfe streng geometrischer Kompositionen entstanden und klassische Motive der Bodenmosaiken nachahmten.

Zur Zeit der Osmanen* kamen neue Muster in Europa auf, dies bezeugen die berühmten Holbein- und Lottoteppiche mit ihrem gelben Gitter auf rotem Grund. Von allen Teppichen, die für den Handel* bestimmt waren, war dieser letzte Typ über mehr als zwei Jahrhunderte hinweg am begehrtesten.

In Persien* hatte die Teppichherstellung während der Epoche der Safawiden* ihre Glanzzeit. Bildnisse und Blumenmotive ersetzten die geometrischen Muster, die in Ägypten und in der Türkei so sehr geschätzt wurden. Pflanzenmuster verbreiteten sich immer mehr, es entstand der sog. „Gartenteppich". Die Safawiden knüpften diplomatische und Handelsbeziehungen zu westlichen Ländern. Kostbare Teppiche bildeten einen Teil der Geschenke, die die persischen Botschafter den europäischen Herrschern übergaben. In Indien* errichteten zur gleichen Zeit die Mogul*-Herrscher in Agra*, in Fatehpur-Sikri* und in Lahore* Manufakturen. Sie unterlagen dem Einfluß der persischen Vorbilder: figürlichen Szenen und Phantasiemustern wurde viel Raum gewidmet.

Zur gleichen Zeit wurde der dekorative Stil in abweichender Form in China* für die Teppiche angewandt, die den Kaiserpalast und die Häuser der Würdenträger schmückten. Hier bevorzugte man sparsame Muster und die Verwendung zahlreicher symbolischer Motive.

Aber die Herstellung von Knotenteppichen war nicht allein eine Anglegenheit des Ostens; besonders Spanien* und der Maghreb* hatten ebenfalls eine Teppichproduktion.

In Spanien wurden Teppiche für die Ausstattung von Kirchen, Klöstern und Palästen hergestellt. Vor Ende des 15. Jhs. kam ein regelmäßiges Muster mit großen Medaillons oder heraldischen Motiven auf gleichmäßigem Karogrund in Mode. Die Ränder dieser Teppiche trugen manchmal kufische* oder pseudo-kufische Inschriften.

In Marokko haben die Bergstämme des Atlasgebirges schöne Teppiche von strenger und ländlicher Art gewebt. Rabat war ein großes Herstellungszentrum städtischer Teppiche mit reichen Bordüren, Blumenmotiven und einer starken Farbigkeit. Sie ahmten seit dem 18. Jh. die Teppiche aus Kleinasien nach. Aus Tunesien kennt man nur Fundstücke aus dem frühen 19. Jh., wenngleich es Inventarverzeichnisse aus dem 14. und 15. Jh. gibt, die Teppiche auflisten. Die Stadt Kairuan* besaß die wichtigste Manufaktur, in der ebenfalls ein Dekor nach anatolischem Vorbild verwendet wurde.

Heutzutage erlebt man moderne Einflüsse, die die Beschleunigung des kulturellen Austauschs widerspiegeln. Aber Motive und Fertigungstechniken sind nach wie vor von der traditionellen Kunst bestimmt, die höchstes Niveau erreicht hat.

▶ Handel, Textilkunst

Textilkunst

Die Textilproduktion gehörte zu den wichtigsten Industriezweigen der klassischen moslemischen Welt: Zu den ersten traditionellen Materialien, Leinen und Wolle, kamen die Baumwolle hinzu, die aus Indien* stammte, und Seide, die über Persien* aus China* eingeführt wurde. Die Textilkunst war auch eine der wichtigsten Künste des Islams*. Man findet sie in fürstlichen Schatzkammern, als Geschenke für Diplomaten und als bedeutendes Handelsobjekt.

Ein grundlegendes Gebrauchserzeugnis. In den ausgedehnten Handelsgebieten, die zwischen dem 7. und 9. Jh. durch den Islam* vereint wurden, trafen Erzeugnisse, Techniken, dekorative Vielfalt und Herstellungsverfahren von Textilien aufeinander, denn die Handwerker und Händler nutzten das umfangreiche Netz von Handelsstraßen des Reiches. Die Einfuhr von Gold bewirkte in der moslemischen Welt einen Aufschwung der Wirtschaft und der Städte* und regte die Verwendung von Stoffen an, die zunächst als Schmuck von Häusern und Palästen dienten, unabhängig von der Bekleidungskunst. Der Hof* des abbasidischen* Kalifen*, der das reiche persisch-sassanidische Hofzeremoniell nachahmte, stellte Textilien für fürstliche Geschenke in den staatlichen Werkstätten (*tiraz*) Bagdads* und anderer Städte her. Diese Erzeugnisse fanden bald an den Provinzhöfen, die zwischen dem 8. und 9. Jh. im Osten und Westen des islamischen Verbreitungsgebiets zunahmen, ihre Nachahmer: Werkstätten entstanden vermehrt in Cordoba*, Buchara*, Fes* und konkurrierten mit denen von Bagdad, Mossul, Palermo (Sizilien*), Delhi* und Kairo*. Leinenstoffe waren eine ägyptische Spezialität, der Maghreb* hingegen stellte eher Wollstoffe her. Syrien, Palästina* und der Irak (Basra) webten Leinen, das robust und weich war und in Wettbewerb trat mit Baumwolle und später mit Seide. Berühmte Baumwollstoffe wurden im ganzen östlichen Iran*, in Transoxanien*, im Jemen* und in Obermesopotamien (besonders in Mossul, nach dem das „Musselin" benannt ist) produziert, bevor der Baumwollanbau schließlich den Maghreb und Andalusien* erreichte.

Eine eigenständige Kunst. In den ersten Jahrhunderten des Islams* blieben der Iran* und Ägypten wichtige Textilzentren. Im Iran hielten sich lange die sassanidischen Dekortraditionen, die sich durch Medaillons auszeichneten, die mit sich einander ansehenden Personen geschmückt waren, aber auch mit phantastischen Fabelwesen. Im 9. Jh. wich die traditionelle sassanidisch-byzantinische Technik des *Samit* (durchwirkte Seide) allmählich der des *Lampa* (Seide mit Reliefmustern). Die Muster dieser Stoffe verbanden die alten iranischen Traditionen mit denen aus Mittelasien*. Inschriften nahmen darin einen wichtigen Platz ein. Letzteres war eine der Besonderheiten des seldschukischen* Irans. In Ägypten stellten die Kopten* ihre Kunst in den Dienst der arabischen Eroberer und wendeten deren Techniken für die Teppichweberei gepaart mit neuen Mustern an. Mit der glanzvollen Epoche der Fatimiden* kamen zahlreiche Zentren der Webkunst auf. Auch die Herstellung des *Tiraz* wurde wiederbelebt: ein persischer Ausdruck, der ursprünglich „Stickerei" bezeichnete und später die Kleidung des Herrschers. Der Stoff war ein kostbares Gewebe, verziert mit Inschriftenbändern, die neben dem üblichen Lobpreis des Mäzens* den Namen des Herrschers und manchmal den Namen der Werkstatt, aus der sie stammten, trugen. Die Textilkunst der Fatimiden übte Einfluß auf Andalusien* aus, dessen Produktionen sich durch die Farben Rot und Gold auszeichneten, während die Kompositionen eher geometrisch waren. Textilien waren bedeutende Exportgüter; die wichtigsten Webereien Spaniens befanden sich in Almeria, Malaga, Granada, Sevilla, Murcia und Alicante. Jede hatte ihre Besonderheiten. Unter den Mamelucken* veränderten sich die Techniken der Textilherstellung. Die Verzierung mit großen, von Wappen unterbrochenen Inschriften kam auf und war charakteristisch für ihre Zeit. Das Osmanische* Reich setzte die Tradition der kaiserlichen Manufakturen besonders in Istanbul* fort, wo Stoffe für meist mit floralen Motiven geschmückte Kaftane hergestellt wurden. Diese Motive hießen „Vier Blumen" oder „Lippen Buddhas" und waren in ein Geflecht von Mandorlen eingefügt. Die Stadt Bursa spezialisierte sich auf die Herstellung von Samt. Zur gleichen Zeit (16. Jh.) arbeiteten im Persien der Safawiden* zahlreiche Werkstätten mit Malern und Miniaturisten zusammen. Blumen in einem realistischen Umfeld und Gärten*, in denen zierliche Gestalten wandeln, schmückten die feinen Textilien dieser Zeit.

▶ Handel, Verkehrswege, Kunststile (islamische)

Theologie

Die theologische Wissenschaft, im Islam* „Wissenschaft vom Wort" genannt (*Ilm al-Kalam*, demnach heißen die Theologen *Mutakallimun*), gründet auf dem Studium des Wortes Gottes, das im Koran* überliefert ist. Als scholastische Theologie – die eng mit der Ausformung des Rechts* verknüpft ist – ist sie zu unterscheiden von der rationalistischen Philosophie* (*Falsafa*), zu der sie anfangs einige Elemente beisteuerte, bevor sie im 11. bis 13. Jh. zu deren Untergang beigetragen hat.

In der Frühzeit des Islams hielt sich die moslemische Gemeinde im Bereich der Glaubenslehre und rechtlicher Entscheidungen an die unter Mohammed* und seinen direkten Nachfolgern geschaffenen Präzedenzfälle. Mit der Ausdehnung des islamischen Reiches stieg jedoch der Bedarf an verbindlichen Texten, die den veränderten Bedingungen Rechnung trugen. So lieferten ab dem 8./9. Jh. die endgültige Festlegung des Korantextes und die Ausarbeitung der Hauptsammlungen der Hadithe* die Basis für die theologische Wissenschaft (*Ilm al-Kalam*) – ohne daß dadurch allerdings die zentrale Frage nach der Sünde gelöst wurde, die Anlaß zu Abspaltungen (z. B. der Charidschiten*) gab. Anfangs betrachtete man die Theologie als Bestandteil des Rechts (*Fiqh*), das die Rechtsschulen* ausarbeiteten –

freilich als das „größere" Recht. Parallel dazu erhielten viele dogmatische Fragen eine Antwort aus dem theologisch-philosophischen Rationalismus der Mutaziliten (arab. „die sich Absondernden"), die sich zahlreicher Methoden bedienten (Argumentation, Vernunfturteile, Dialektik), die die Ulema* schon immer als wenig orthodox betrachteten. Die Mutaziliten betonten den freien Willen des Menschen und daß der Koran in seiner schriftlichen Form „geschaffen" sei (und nicht unmittelbar auf Mohammed „herabgesandt" wurde). Diese rationalistische theologische Richtung, die ihre Erkenntnisse als Dogmen betrachtete, wurde vom Abbasiden*-Kalifen* al-Mamun (gest. 833) kurzfristig zur Staatsdoktrin erhoben; ihre Gegner (wie Ibn Hanbal, der Begründer der Hanbaliten*) wurden daraufhin von einer „Inquisition" verfolgt. Bald erfuhr diese Lehre jedoch heftige Angriffe, möglicherweise weil sie nicht mit der Entwicklung des religiösen Rechts Schritt hielt. Hauptkritiker war ein ehemaliger Mutazilit, al-Aschari (gest. 935), der als eigentlicher Begründer der islamischen Theologie gilt. Er sprach sich in seinem „Glaubensbekenntnis" für eine Rückkehr zur „Gläubigkeit des Anfangs" und zur Vorstellung vom „ungeschaffenen" Koran aus. Der von Gott gewollte „freie Wille", über den der Mensch verfügt, um die Gebote zu befolgen oder zu mißachten, macht diesen verantwortlich für die jenseitige Bestrafung oder Belohnung. Dennoch ist Gott derjenige, der die Handlungen des Menschen vorherbestimmt, die dieser sich anschließend „aneignet". Mit dieser komplizierten Konstruktion wollten die Aschariten das Dogma von der göttlichen Vorherbestimmung aufrechterhalten, ohne dabei die menschliche Freiheit zu verneinen. Die Thesen al-Ascharis wurden in der Folgezeit diskutiert und gaben Anlaß zu Meinungsverschiedenheiten, prägten jedoch entscheidend die Entwicklung der offiziellen Theologie der Sunniten*. Als ebendiese sunnitische Glaubensrichtung im 10. Jh. von den Schiiten* bedroht war (Kalifat* der Fatimiden* sowie Propaganda der Ismailiten*), wurde sie von den im 11. Jh. an die Macht gekommenen türkischen Seldschuken* wirksam verteidigt. Letztere gründeten überall im islamischen Orient theologische Schulen (Medressen*) als Speerspitzen der Orthodoxie, die die spekulative Philosophie aus ihrem Unterricht verbannten. Der aus Transoxanien* stammende al-Maturidi (gest. 944), geistig noch höherstehend als al-Aschari, verteidigte in seinem *Buch der Einzigkeit Gottes* den sunnitischen Glauben gegen die Schiiten und gegen die Philosophie, indem er die Anschauungen über die Weltschöpfung, die göttlichen Attribute und den freien Willen des Menschen weiterentwickelte. Seine Auffassungen, die von der Rechtsschule der Hanafiten* gefördert wurden, erklärten das Handeln Gottes mehr mit dessen Weisheit und Wissen als bloß mit seinem absoluten Willen. Al-Maturidi behauptete, daß der Wille des Menschen und seine moralischen Qualitäten eine bedeutende Rolle spielen, um über gut und böse zu bestimmen; die Theologen al-Bakillani (gest. 1013) und an-Nassafi (gest. 1142) gehörten derselben Denkrichtung an. Einer der größten Mystiker (Sufis) des Islams, der Iraner al-Dschuwaini (gest. 1085), kritisierte einerseits den ascharitischen Atomismus, der, griechischen Ursprungs, das Universum als aus zufällig zusammengesetzten Atomen bestehend ansah; andererseits steuerte er zur Philosophie die Aufteilung in das bei Gott Notwendige, Unmögliche und Mögliche bei. Beliebtester Angriffspunkt der Theologen blieb jedoch die *Falsafa*, die als „hellenistisch" und „fremdartig" betrachtet wurde. Der größte Theologe des Islams und zugleich einer seiner größten Denker war der Iraner al-Ghasali* (gest. 1111), der zugleich Mystiker und wohlvertraut mit der Philosophie war. Er betonte, daß die Theologie (*Kalam*) kein Studienobjekt für den gewöhnlichen, in seinem Glauben gefestigten Gläubigen sei, und legte klare theologisch-philosophische Analysen des „goldenen Mittelwegs" vor. In seinem Werk *Die Inkohärenz der Philosophen*, das eine tragende Rolle beim Niedergang der islamischen Philosophie spielte, griff er den Aristotelismus ebenso an wie diejenigen, die „zweifeln" und „verneinen", d.h. die Philosophen, allen voran Avicenna* und al-Farabi*. Als Professor in Bagdad* war er sehr anerkannt und hatte viele Hörer, bis er sich infolge einer mystischen Krise zurückzog. Sein bemerkenswerter synthetischer Geist ließ ihn den freien Willen des Menschen scharfsinnig untersuchen; zugleich bemängelte er die philosophische Schwäche des *Kalams*, der sich der Vernunft bediene, ohne ihren wahren Wert zu erkennen. Seine *Wiederbelebung der religiösen Wissenschaften* ist wahrscheinlich das bedeutendste Werk spiritueller Ethik im Islam und zugleich eine Apologie der islamischen Orthodoxie; darin rehabilitierte er auch den Sufismus*, der bis dahin mit Skepsis betrachtet worden war, und versöhnte ihn mit der Orthodoxie. Mit al-Ghasali gelangte das moslemische Denken zu seiner Reife. Nach ihm verfaßte Fachr ad-Din ar-Razi (gest. 1209) das letzte theologische Grundlagenwerk der Sunniten: sein *Resümee*, das der Philosophie und ihren Methoden keineswegs feindlich gesonnen ist; es handelt sich dabei um eine offene sowie spannende Darstellung des „orthodoxen" islamischen Glaubens durch einen tiefgläubigen Menschen.

Nach einer äußerst fruchtbaren Epoche scheint die Theologie auf dem Gebiete der Dogmatik ab dem 13. Jh. in der sunnitischen Welt erstarrt zu sein.

► Islam (Religion), Philosophie, Recht, Rechtsschulen

Timbuktu

Historische Stadt im heutigen Mali, im 11. Jh. von den Tuareg* gegründet. Sie ist berühmt wegen ihrer Architektur.*

Die große islamisierte Songhai-Dynastie, welche um 1468 von Sunni Ali gegründet wurde und deren größter Herrscher Hadi Mohammed war, machte Timbuktu zu einer reichen Stadt, Raststätte und Warenlager auf den transsaharischen Karawanenstrecken. Gleichzeitig war sie ein großes Zentrum moslemischer Kultur. Dies berichtete bereits bn Battuta* anläßlich seiner Durchreise 1352. Die Songhai-Dynastie verlor ihre Macht nach der Besetzung durch die Saaditen und danach durch die marokkanischen Alawiten* bis 1750: Sklaven*, Gold und Elfenbein bereicherten die herrschenden Scherifen* in großem Maße. Timbuktu war von einer Aura der Unnahbarkeit und des Geheimnisses umgeben: 1828 besuchte der französische Forscher René Caillié als Araber verkleidet die Stadt. 1893 fiel sie unter französische Kolonialherrschaft.

▶ Afrika

Timur-Leng (Tamerlan), Emir* von Transoxanien* (Kech bei Samarkand 1336 – Otrar 1405)

Geboren in einer Familie, die eine direkte Abstammung von Dschingis-Khan* beanspruchte, verwüstete Timur-Leng (wörtlich: „der Lahme“, er war im Verlauf einer Schlacht verwundet worden) die Länder des Islams*, obwohl er selbst Moslem* war. In 35 Kriegsjahren verwüstete er – von Transoxanien aus – den Iran*, den Irak, besetzte Syrien und plünderte Nordindien und Rußland – Moskau war ein Jahr lang besetzt. In der Nähe von Ankara in Anatolien* schlug er den osmanischen Sultan* Bayezit 1402 und nahm ihn gefangen, wodurch er dem Aufstieg der Osmanen* vorübergehend Einhalt gebot. Timur besiegte die besten Soldaten seiner Zeit: Mongolen*, Mamelucken*, Osmanen. Er starb am Vorabend eines neuen Eroberungskrieges, dieses Mal in Richtung China*, das er als sein Erbe von Dschingis-Khan betrachtete.

Im Verlauf seiner Eroberungskriege ließ er systematisch Handwerker, Gelehrte und Theologen, die seine Massaker überlebten, in seine Hauptstadt Samarkand* verschleppen, die unter dem Zeichen der persischen Kultur stand und durch seine Plünderungen bereichert wurde. Im 15. Jh. machten seine direkten Nachkommen, die Timuriden* (1370–1506) aus dem Iran ein prächtiges Zentrum der Kunst und Kultur.

Timuriden

Dynastie (1370–1506), die von Timur-Leng* gegründet wurde, dem sie auch ihren Namen verdankt. Seine Nachkommen, die Timuriden, machten aus dem Iran* und aus Mittelasien* ein prächtiges kulturelles Zentrum, indem sie die Ruinen, die ihr schrecklicher Vorfahr hinterlassen hatte, wieder aufrichteten.

Timur-Lengs Söhne standen zunächst an der Spitze zweier großer Reiche: Miran-Schah erhielt das westliche Persien* und den Irak, Schah-Ruch bekam Transoxanien* und Chorasan (Nordosten des Irans*). Trotz der politischen Unruhen gaben die Timuriden dem Osten der moslemischen Welt im 15. Jh. eine bemerkenswerte politische und kulturelle Einheit, die sich in der Ausstrahlung von Städten* wie Samarkand* (die alte Hauptstadt Timur-Lengs), Täbris, Schiras* und Herat (Afghanistan*) zeigte. Um letztgenannte Stadt herum, die zur Hauptstadt wurde, vereinigte Schah-Ruch 1420 den Staat seines Vaters, bevor sein Großneffe Abu Said der mächtigste Herrscher seiner Epoche nach dem osmanischen* Sultan* wurde. Aber Abu Said stieß auf die Usbeken*, die schließlich seinen Nachfolgern Transoxanien entrissen. Hussain Baiqara (gest. 1506), der letzte große Timuriden-Herrscher, war ein prunkliebender Mäzen*: sein Hof* in Herat war während seiner 36jährigen Regierungszeit einer der glanzvollsten des Mittleren Ostens. Eine wahrhafte timuridische Kultur blühte hier im Zeichen Persiens und der Zweisprachigkeit (persisch* und tschagatai-türkisch*) auf: Architektur*, Buchkunst*, Miniatur* (insbesondere mit Behsad*) und Literatur* (vertreten u.a. durch den Perser Djami* und den Türken Alisher Navoi*). Zuvor war Timur-Lengs eigener Urenkel, Ulugh-Beg (gest. 1449), einer der größten Astronomen seiner Zeit gewesen. Schließlich bemächtigten sich die schaibanidischen Usbeken der letzten timuridischen Gebiete. Der Timuride Babur überlebte den Sturz der Dynastie und (da er die Usbeken nicht schlagen konnte) eroberte Kabul als Ausgangspunkt in Richtung Indien*, wo er die Dynastie der Moguln* gründete. Die Timuriden waren die letzte große moslemische Dynastie, die von Steppennomaden errichtet wurde.

► Miniatur, Mongolen, Timur-Leng, Transoxanien, Usbeken

Topkapi

Direkt am Bosporus gelegener Palastkomplex, Regierungssitz und Residenz der osmanischen* Sultane* nach der Einnahme Konstantinopels. Topkapi besitzt nicht die Form eines einheitlich konzipierten Palastes mit strukturierten und hierarchischen Räumen, wie beispielsweise die omaijadischen* Schlösser oder die abbasidischen* Paläste. Er bietet auch keine Fassade, die ihn auszeichnet und seine Funktion anzeigt. Sein Bau, von Mehmed dem Eroberer von 1465 bis 1478 ausgeführt, wurde von allen Sultanen der Dynastie fortgesetzt. In der sich überschneidenden Anordnung seiner Gebäude, die um fünf Höfe verteilt sind und deren Luftbild ein Wirrwarr aus Dachstühlen, Kuppeln* und Schornsteinen zeigt, kann man unterscheiden: den Tschinili-Kiosk (Fayencen-Pavillon), dessen zwei Stockwerke mit Keramik* verkleidet sind, den Pavillon von Mustafa Pascha sowie den von Bagdad*, der 1633 von Murad IV. errichtet wurde, um die Einnahme dieser Stadt zu feiern. Der Harem* von Topkapi wurde zur Quelle zahlreicher Legenden und hat das zweideutige Bild des Sultanats genährt. Heute ist der Palast ein Museum, in dem Sammlungen von Keramik, Textilien* und Juwelen der Öffentlichkeit zugänglich sind. Die Biliothek* von Ahmed III. und der „Neue Bibliothek" genannte Pavillon enthalten die Hauptwerke der Buchkunst* der moslemischen Welt. Der Topkapi-Palast wurde zum Regierungssitz und Ort regelmäßiger Versammlungen des Diwans*, des Staatsrats, bis die Staatsorgane sich ab dem 17. Jh. bei dem Großwesir* an der Hohen Pforte*, gegenüber dem Palast, niederließen.

► Osmanen, Istanbul

Transoxanien

Mit diesem klassischen lateinischen Ausdruck bezeichnet man die Gegend, die zwischen den Flüssen Amu-Daria (früher Oxus) und Syr-Daria (früher Iaxartes) liegt. Arabische Geographen* benutzten den Ausdruck: „Was jenseits des Flusses ist" (*Ma wara an-Nahr*). Transoxanien erstreckt sich vom Aralsee bis zu den Bergen des Tienschan und des Pamir. Es ist eine Wüsten- und Oasenregion, die heute in die Republik Usbekistan übergeht und 650 von den Arabern heimgesucht wurde.

751 siegten die Araber im Norden des Syr-Daria über die Chinesen am Fluß Talas, der die Grenze zwischen den beiden Reichen bildete, auch wenn der Islam* sich darüber hinaus bis nach China* verbreitete. Über Transoxanien

verlief auch der Weg, den die Steppennomaden der türkischen Seldschuken* im 11. Jh. in Richtung Iran* und Irak und die turkmenischen Stämme in Richtung Anatolien* nahmen. Es war außerdem der Ausgangspunkt verheerender Invasionen, wie die des Mongolen* Timur-Leng*. Dieser machte Samarkand* zu seiner Hauptstadt. Von den Usbeken* beherrschte Emirate* und Khanate* wie Buchara*, Khiva, Kokand und Samarkand entstanden seit dem 16. Jh. Sie wurden nach der Einnahme Taschkents (1865) durch die Russen erobert oder unterworfen, Taschkent wurde die Hauptstadt des „russischen Gouvernements Turkestan*" (Zentralasien). 1920 wurden die Khanate von den Bolschewisten aufgehoben.

▸ Mittelasien

Tuareg

Die Tuareg (sing. Targi, der Name bedeutet „die Isolierten") bilden einen Zweig der Berber*. Sie sprechen einen Berberdialekt, das *Tamascheg*, das über eine eigene Schrift (*Tifinagh*) verfügt. Ihre Anzahl liegt heute bei schätzungsweise drei Millionen.

Nicht zuletzt, um den ersten arabischen Eroberungen ab dem 7. Jh. zu entfliehen, siedelten sich die Tuareg in der Sahara* an. Als Volk von Kriegern wurden sie bald zu den Herren der dortigen zentralen Gebiete (Tassili, Ahaggar) und beherrschten ebenso die südlichen und westlichen Ränder der Sahara (Mauretanien, den Süden Algeriens und Libyens, den Norden von Mali und Niger), wo sie sich teilweise mit Schwarzafrikanern vermischten. Die Tuareg sind stolze Nomaden*, Dromedar- und Schafzüchter sowie Karawanenführer. Sie kontrollierten die Verkehrswege durch die Sahara und spielten eine beträchtliche Rolle im Handel* zwischen dem Maghreb* und dem Sahel. Ihre Gesellschaft ist matriarchalisch organisiert, so daß den Frauen ein für islamische Gebiete ungewöhnliches Maß an Freiheit zukommt. Nicht nur als Krieger machten sie sich einen Namen, sondern auch als Baumeister: So gründeten sie im 11. Jh. Timbuktu*, von wo sie im 15. Jh. durch die islamisierten Songhai vertrieben wurden. Bis in die 20er Jahre des 20. Jhs. war die Armee der französischen Kolonialherren damit beschäftigt, den Widerstand der Tuareg einzudämmen. Ihre erzwungene Seßhaftwerdung durch die Schaffung moderner Staaten (mit dem Verbot, unter Mißachtung der Grenzen zwischen den Weideplätzen umherzuziehen und traditionellen Karawanenhandel zu betreiben) sowie die gegenwärtige Ausweitung der Wüste im Sahel führten zu einer tiefen Krise der Tuareg, die möglicherweise auch durch die Sehnsucht nach dem Nomadenreich der Vorfahren genährt wird. Seit 1990 besteht in den Aufenthaltsgebieten der Tuareg eine Separatistenbewegung.

▸ Berber

Turban

Vielleicht antiken Ursprungs (Assyrien, Persien*, Ägypten), besteht diese Kopfbedeckung aus mehr oder weniger kostbarem Stoff, dessen Länge zwischen einem und zehn Metern betragen kann. Der Turban wird normalerweise mit der Kopfbedeckung männlicher Moslems, besonders der Orientalen, in Verbindung gebracht.

Der Turban wurde jedoch lange Zeit von Christen und Juden islamischer Länder getragen, und es gibt ihn auch heute noch bei nicht moslemischen Völkern, vor allem bei hinduistischen Indern und Sikhs. Das Tragen des Turbans wurde von Mohammed* und dem Hadith* aus religiösen Gründen empfohlen: die Moslems* müssen immer das Haupt vor Gott bedeckt haben, besonders während des Gebetes*: wenigstens mit einem Käppchen, das häufig von einem Turban umwickelt ist. So ist der Turban ein Symbol der Zugehörigkeit zur moslemischen Gemeinschaft und quasi ein „nationales" Merkmal für die Araber geworden. Im Laufe der Geschichte konnten auf Grund des Turbans auch Berufe und – öffentliche sowie religiöse – Ämter unterschieden werden. Er war ein soziales Statussymbol. Übertreibungen hochrangiger osmanischer* Persönlichkeiten bei der Kleiderordnung beschleunigten die Einführung des Fes (oder Tarbusch) aus Filz. Dieser diente als moderne Kopfbedeckung für Amtsträger des Osmanischen Reiches im 19. Jh. Die Farbe des Turbans ist stets genau vorgeschrieben: z. B. Grün für die Scherifen*. Heute tragen die Ulema* häufig eine vereinfachte Form des Turbans um einen Tarbusch.

Türken, im Islam

Den chinesischen Annalen zufolge wurde die Chinesische Mauer im 3. Jh. v. Chr. gegen die „barbarischen" Nomadenvölker errichtet, darunter die Türken, die sich kurz zuvor in der Inneren Mongolei niedergelassen hatten. Im 4. Jh. n. Chr. begannen die Völker Innerasiens ihre Wanderung nach Westen.

An den Rändern der islamischen Welt. Einige dieser „Barbaren", die hervorragende Krieger und Anhänger des Schamanismus waren, nahmen später den Buddhismus, das nestorianische* Christentum oder den iranischen Manichäismus an. Im 6. Jh. gründeten heidnische Stämme, „Tuküe" genannt, das erste türkische Staatswesen in den asiatischen Steppen, das sich von China* bis zum Kaspischen Meer erstreckte und bald unter chinesische Oberhoheit geriet. Diese mit den Sassaniden des Irans* verbündeten Stämme schlugen die Hunnen und eroberten Sogd (Usbekistan), bevor sie selbst den Aufständen ihrer Vasallen erlagen (740–745). Weiter im Westen, in Südrußland, war das türkische Chasarenreich (6.–11. Jh.) ein wichtiger Vermittler im Handel* zwischen Rußland, Byzanz* und der arabischen Welt. In Turkestan* schufen die turksprachigen Uiguren die erste Kultur seßhafter Türken (8.–9. Jh.), die dann das Opfer eines anderen nomadischen Turkvolkes, der Kirgisen*, wurde. Ein Zweig der Uiguren bewahrte indes diese Kultur bis ins 13. Jh. im heute chinesischen Sinkiang*. Während ihres Zuges nach Westen wurden Teile der Türken durch den Kontakt mit iranischen Völkern zunehmend iranisiert. Infolge der arabischen Eroberungen des 7. und 8. Jhs. waren bereits einige Türken an der Grenze zwischen dem arabischen und dem chinesischen Reich Moslems* geworden. 751 schließlich schlugen die Araber die Chinesen in der Schlacht am Fluß Talas (nahe Taschkent), so daß Mittelasien* dem Islam* offenstand. Die iranische Dynastie der moslemischen Samaniden (in Transoxanien*, 819–1005) wurde von ihren türkischen Militärsklaven entmachtet (die ebenfalls Moslems geworden waren). Türkische Sklaven* wurden auch von den Arabern nach Bagdad* verschafft. Daraus entstand eine türkische Prätorianergarde, in deren Abhängigkeit die Abbasiden*-Kalifen* ab dem 9. Jh. gerieten.

Die Türken im Islam. Im 10. Jh. waren Türken im Nahen Osten, im Iran* und in Transoxanien* verbreitet, ebenso in Kleinasien und Aserbaidschan sowie bis ins chinesische Turkestan*. Sie nahmen unter dem Einfluß der Karachaniden (9.–11. Jh.) in großem Umfange den Islam* an. Ein Militärsklave, Alptigin, gründete die erste islamische türkische Dynastie: die Ghasnawiden (977–1186), die in Afghanistan* und im Norden Indiens* herrschten, wo türkische Militärsklaven schließlich einen islamischen Staat* gründeten, das Sultanat Delhi* (1206–1555). Dort regierten türkische oder türkisch-afghanische Dynastien. Fortan waren die Türken vorherrschend in Politik und Militär in der islamischen Welt; sie erwiesen sich als erfolgreiche Glaubenskrieger sowie als Stützen des orthodoxen sunnitischen* Islams. Anerkannt wurde diese bedeutende Rolle, als 1055 der Abbasiden*-Kalif* (zum ersten Male in der islamischen Geschichte) dem Groß-Seldschuken* Toghril Beg offiziell den Titel Sultan* ([politischer] Machthaber) verlieh. In Ägypten und Syrien kaufte die (vom türkisierten Kurden Saladin* gegründete) Dynastie der Aijubiden* türkische Militärsklaven. Diese Mamelucken* („Sklaven") stammten aus den eurasischen Steppen sowie vom Schwarzen Meer und bildeten die Speerspitze im Kampf gegen christliche Kreuzritter (Kreuzzüge*) und heidnische Mongolen*. Diese Funktion nahmen sie noch längere Zeit wahr, als sie ihre Herren verdrängt hatten und eine eigene Dynastie begründeten: die Mamelucken. Deren Ansehen steigerte sich, indem sie mit der Einsetzung des letzten Abbasiden, der die Zerstörung Bagdads* durch die Mongolen überlebt hatte, in Kairo* ein abbasidisches Scheinkalifat schufen. Türkische Fürstentümer entstanden ab dem 11. Jh. in Anatolien* (z. B. die Rum-Seldschuken*) aus dem Geist des Heiligen Krieges (*Dschihad**) gegen die byzantinischen Christen und die Kreuzritter. Letztere wurden 1291 aus dem Nahen Osten vertrieben. Ab dem 16. Jh. beherrschten die türkischen Osmanen* den bedeutendsten islamischen Staat der Welt; das Osmanische Reich bestand bis nach dem Ersten Weltkrieg. Türken oder mit ihnen verwandte Völker (Turkmenen*, Usbeken* etc.) waren ab dem 15./16. Jh. im größten Teil des islamischen Asiens an der Macht – ungeachtet der ihnen von den Mongolen versetzten Schläge und des nachfolgenden iranischen Aufschwungs. Auch die iranisierten Timuriden* hatten durch ihren Ahnherrn Timur-Leng* türkisches Blut in ihren Adern; gleiches gilt für den Timuriden Babur, den Begründer der indischen Mogul*-Dynastie (1526–1858). Die Dynastien der aus dem Irak und Aserbaidschan stammenden *Kara-Kojunlu* („Schwarze Hammel") und der aus Aserbaidschan und Anatolien kommenden *Ak-Kojunlu* („Weiße Hammel") im 14./15. Jh. waren turkmenisch. Kein einziges Herrschergeschlecht in Persien* war iranischen Ursprungs, ausgenommen die Zand-Dynastie (1750–1794); die Safawiden*, die Afscharen

(18. Jh.) und die Kadscharen (1779–1924) waren Turkmenen. Diese dynastische Vorherrschaft der Türken erstreckte sich vom Balkan* bis nach Turkestan. Marokko, Afghanistan* sowie das Zentrum und der Süden der Arabischen Halbinsel bilden nahezu die einzigen Gebiete ohne türkischen Einfluß.

▶ Osmanen, Osmanisch (Kultur), Seldschuken

Turkestan

In Europa bezeichnete Turkestan („das Land der Türken") bis zum Ersten Weltkrieg jenes Gebiet, das sich von der Mongolei bis zum Kaspischen Meer erstreckt.

Man unterscheidet das russische Turkestan, das sich über die zaristischen Kolonien Mittelasiens* erstreckte, d. h. Transoxanien*, Kasachstan, Fergana, Semiretschje (Siebenstromland), Kirgisien* bis zum Pamir und Tienschan an der chinesischen Grenze. Diese Gebiete wurden 1924 endgültig sowjetisch und nach Nationalitäten unterteilt. Seit dem Zusammenbruch der Sowjetunion bilden sie die unabhängigen Republiken Kasachstan, Kirgisistan, Usbekistan, Turkmenistan und Tadschikistan.

Das andere Turkestan, genannt das „chinesische", umfaßt hauptsächlich das heutige „autonome Gebiet Uigurien" in Sinkiang (China*), in dem 16 Mio. Moslems* leben. Für die arabischen Geographen* des 9–11. Jhs. begann das „Land der Türken" im Norden Transoxaniens und umfaßte die Gebiete, die im Norden an Sibirien, im Süden an Indien* und den Iran* grenzen sowie im Westen an das Kaspische Meer.

Türkisch

Die ältesten schriftlichen Zeugnisse der türkischen Sprache, einer altaischen Sprache wie das Mongolische, gehen auf das Ende des 13. Jhs. zurück. Anfangs wurde sie in einer alter Runenschrift geschrieben, bis ins 12. Jh. hinein verwendete man das türkische Uigurisch (Buchstaben, die vom semitischen Aramäisch abgeleitet sind). Die uigurische Kultur erblühte im östlichen Turkestan* vom 9. bis zum 13. Jh.

Um das Jahr 1000 siedelten sich zahlreiche türkische Nomaden* in Transoxanien* und Kaschgar, im chinesischen Turkestan, an. In dieser Zeit wandten sie sich dem Islam* zu und übernahmen die arabischen Schriftzeichen, um ihre Dialekte aufzuschreiben. Das erste Dokument geht auf die zweite Hälfte des 11. Jhs. zurück; es handelt sich um ein Lehrgedicht auf „mitteltürkisch", das in in Kaschgar geschrieben wurde. Dorther stammte auch Mahmud al-Kaschghari, der im Jahre 1074 in Bagdad* ein wertvolles arabisch-türkisches Wörterbuch verfaßte. Zweige östlicher mitteltürkischer Dialekte entwickelten sich vom 13. bis zum 15. Jh. in Choresm (Chwarism, Turkestan) und später unter den Mongolen* in Transoxanien und ebenso in Anatolien* und im Wolgabecken. Die großen türkischen Dichter des Timuriden*-Hofes* von Samarkand* und von Herat, wie Navoi*, schufen ein Werk, das von persischen Vorbildern beeinflußt war, aber im Tschagatai-Türkischen geschrieben wurde. Dieses ist die erste türkische Literatursprache, in ihr sind osttürkische Dialekte verschmolzen. Im Herzen der moslemischen Welt setzten sich diese Literatursprachen erst später durch, zumal die türkischen Herrscherdynastien – u.a. die Seldschuken* – nach ihrer Machtergreifung das Persische* als Verwaltungs- und Kultursprache annahmen. Aber mit der Auswanderungswelle der Türken aus Mittelasien*, die von den Mongolen nach Westen vertrieben wurden, besiedelte eine wachsende Anzahl Türkischsprechender den Mittleren Osten (Syrien, Irak, Zentralpersien, das iranische Aserbaidschan inbegriffen). In Anatolien erhoben die Karamanen im 14. Jh. das Türkische zur Amtssprache. Die Osmanen* führten diese Tradition in ihrem gesamten Reich fort, einschließlich auf dem Balkan*. Dort lag Türkisch lange mit Persisch im Wettstreit, und es übernahm sowohl aus dem Persischen als auch aus dem Arabischen zahlreiche lexikalische und syntaktische Formen. Türkisch wurde in dieser Zeit zu einer der bedeutendsten Sprachen der moslemischen Welt. Seit der Reform von Mustafa Kemal*, der 1928 die lateinische Schrift einführte und das Türkische zu einem großen Teil von seinen arabisch-persischen Lehnwörtern zugunsten des Mitteltürkischen reinigte, haben die Türken nurmehr schwer Zugang zu ihrem schriftlichen vorrepublikanischen Erbe, es sei denn, sie haben Osmanli gelernt, d.h. Osmanisch-Türkisch in arabischer Schrift.

Heute existiert Türkisch in verschiedenen Dialekten: südliche Dialekte (Aserbaidschanisch, Turkmenisch, Türkeitürkisch), östliche Dialekte (Usbekisch*, Uigurisch), „zentrale" Dialekte (Kasachisch*, Kirgisisch*), westliche Dialekte (Tatarisch*). Es wird von mehr als 100 Mio. Menschen vom Schwarzen Meer bis nach Sinkiang (China*) gesprochen, davon 60 Mio. allein in der Türkei. Diese Dialekte werden (im ehemals sowjetischen Mittelasien zumeist noch) in kyrillischen Buchstaben geschrieben, in lateinischen, aber auch arabischen (uigurisch).

▶ Türken (im Islam)

Turkmenen

Die Turkmenen (früher auch „Turkomanen" genannt) sind Türken aus dem oghusischen Stammesbündnis, die im 10./11. Jh. aus Ost-Turkestan* aufbrachen. Sie waren Nomaden* und gefürchtete Reiter, die sich der Sklavenjagd widmeten. Im Gefolge der Seldschuken* erreichten sie in Wellen den Mittleren Osten und gelangten schließlich durch den Mongolensturm nach Anatolien*.

Eine bedeutende Rolle spielten die Turkmenen für den Aufstieg sunnitischer* Dynastien (wie derjenigen der Seldschuken) sowie diverser türkischer Fürstentümer in Anatolien (darunter derjenigen der Osmanen* oder der schiitischen* Safawiden*). Im Geiste Nomaden geblieben, gründeten die Turkmenen im 14./15. Jh. dennoch Dynastien: „Weiße Hammel" (*Ak-Kojunlu*) und „Schwarze Hammel" (*Kara-Kojunlu*). Die meiste Zeit bewahrten sie ihre Unabhängigkeit, so in Afghanistan*, Persien*, Transoxanien* oder gegenüber den Usbeken*. Im 16. Jh. wurden sie abwechselnd von anderen Mächten in Schach gehalten oder verübten verheerende Raubzüge. Während der zwei folgenden Jahrhunderte hatten sie schwer unter den Angriffen der Kalmücken (des letzten großen Nomadenreichs in Mittelasien*) zu leiden. Schließlich zwang sie der russische Vormarsch in diese Region (1869–1885) zu Verhandlungen. Die turkmenische Sprache ist Grundlage des modernen Türkischen und des Aserbaidschanischen. Die Literatur, die lange Zeit nur mündlich überliefert wurde und von religiösen Epen und volkstümlichen Romanzen angeregt ist, weist herausragende Dichter turkmenischer Herkunft auf (die sich des tschagataischen Turkdialekts bedienten), wie Alisher Navoi* und Fuzuli*. Heute leben die sunnitischen Turkmenen mehrheitlich in der seit 1991 unabhängigen Republik Turkmenistan (488 000 km², teilweise Wüsten; Hauptstadt Aschgabat [Aschchabad]), wo sie 3,3 Mio. der 4,6 Mio. Einwohner stellen. Größere Gruppen von Turkmenen (3 Mio.) leben im Iran*, im Irak, in Afghanistan und Usbekistan.

▸ Mittelasien

Tussi, Nassir ad-Din at-, Gelehrter (Tus, östlicher Iran 1201 – Bagdad 1274)
Der schiitische* Perser at-Tussi war als Mathematiker und mehr noch als Astronom einer der größten islamischen Gelehrten. Anfangs stand er im Dienste der ismailitischen* Herrscher von Alamut, über deren Lehre er wichtige Abhandlungen hinterließ, dann trat er in den Dienst von Hülägü*, dem mongolischen* Eroberer, der die Ilchaniden-Dynastie (1256–1353) im Iran* begründete. At-Tussi überzeugte den mongolischen Khan*, in Maragha (iran. Aserbaidschan) die wichtigste Sternwarte* der Epoche zu gründen, welche Gelehrte aus dem ganzen Islam* anzog. Diese Initiative führte zur Erneuerung der astronomischen* Wissenschaften im Iran. Sein Werk, auf arabisch und persisch, ist bemerkenswert: ein Kommentar des vollständigen Zyklus der griechischen Mathematik von Euklid bis Ptolemäus und vor allem eine Zusammenstellung der zuverlässigsten astronomischen Tabellen, die *Ilchanidischen Tabellen.* Er schlug ein Modell vor, um die Bewegung der Planeten zu studieren, das unter dem Namen „Paar von Tussi" bekannt ist. Sein philosophisches Werk *Die Nassirische Ethik,* nach seinem Namen benannt, das sich gegen die Theologen richtet, wird noch heute in der iranischen Welt gelesen. Ins Lateinische übersetzt, spielte sein mathematisches und astronomisches Werk bis zur Renaissance in Europa eine Rolle.

▸ Astronomie, Mathematik

Überlieferung ▸ Hadith

Übersetzungen

Die Araber haben eine bedeutende Rolle in der Vermittlung des alten wissenschaftlichen Reichtums aus Okzident und Orient gespielt.

Die ersten Übersetzungen wissenschaftlicher Texte ins Arabische entstanden unter den Omaijaden*, aber erst mit der Dynastie der Abbasiden* nahm dieses Bemühen ein unübertroffenes Ausmaß an, das auf dem tiefverwurzelten Wissensdrang und der großen geistigen Neugier der Moslems* beruhte. Die Kalifen* dieser Dynastie haben diese Begeisterung gefördert, besonders Harun ar-Raschid* und sein Nachfolger al-Mamun. Letzterer veranlaßte in Bagdad* die Tätigkeit des „Hauses der Weisheit“ (*Bait al-Hikma*), in dem zahlreiche Gelehrte jeglicher Herkunft und Konfession arbeiteten.

Einige große Familien von Mäzenen* konkurrierten mit den abbasidischen Herrschern, um Übersetzungstätigkeiten anzuregen, besonders in den Bereichen Philosophie*, Medizin*, Astrologie, Astronomie*. Eine Übersetzerschule, geleitet von Hunain Ibn Ishak und Thabit Ibn Qurra, übersetzte aus dem Griechischen ins Syrische* und später ins Arabische*. Ein wesentlicher Teil des hellenistischen Erbes, des persischen und selbst des Sanskrit wurde auf diese Weise übersetzt. Die arabische* Sprache wurde die internationale Wissenschaftssprache der gesamten gebildeten Geisteselite. Der Gebrauch des Papiers* und das Erstellen von Kopien dieser Übersetzungen erleichterten die Vermittlung des Wissens. Bemerkenswerterweise entwickelte sich zur gleichen Zeit ein intensives Geistesleben im moslemischen Spanien*, das von den spanischen Omaijaden*-Herrschern angeregt wurde. In Cordoba* soll die Bibliothek* des Kalifen al-Hakim II. mehr als 400 000 Bände umfaßt haben, darunter befand sich eine bedeutende Anzahl von Übersetzungen griechischer Werke.

Ulema

Pluralform von arab. *Alim* („Gelehrter“ – der theologischen Wissenschaften). Mit diesem Titel bezeichnet man die Imame* der bedeutenden Moscheen*, die Richter (Kadis*), die Professoren der theologischen Hochschulen sowie die religiösen Würdenträger (Prediger, Muftis* usw.). In der heutigen sunnitischen* Welt werden diejenigen Personen so genannt, deren Autorität auf religiösem Gebiet anerkannt ist.

In der Vergangenheit fungierten die Ulema als moralische Garanten der Herrschaft von Kalifen* und anderen Regenten, indem sie deren Machtanspruch für rechtmäßig erklärten. Der Kalif selbst hatte ja lediglich für die Anwendung der Scharia* Sorge zu tragen, konnte deren Bestimmungen jedoch nicht verändern (oder gar neue Dogmen verkünden – im Unterschied beispielsweise zum Papst). Auch die Ulema durften die Scharia nicht ändern, aber sie interpretierten sie und legten sie aus. Im Osmanischen* Reich hemmte der in die Verwaltung eingebundene Stand der Ulema die Modernisierung von Staat* und Gesellschaft. Heutzutage sind die Ulema im allgemeinen Beamte der Ministerien für religiöse Angelegenheiten. Ihre Stellungnahmen, die sie persönlich oder vermittelt durch anerkannte Institutionen (wie die Azhar*-Universität in Kairo*) abgeben, genießen für gewöhnlich große Anerkennung, wenn es darum geht, etwas moralisch gutzuheißen oder zu verbieten.

▶ Recht, Theologie

Universalwissen

Der Gebildete im klassischen Islam* war ein Universalgelehrter, der das Wissen des ganzen Universums erfassen und die grundlegende Einheit des Menschen als Widerhall auf diejenige Gottes rühmen wollte.

Da alles Geschehen miteinander verknüpft ist, zeigte der gebildete Mensch mehr Interesse am Wissen von der Gesamtheit als an einseitiger Spezialisierung. Damit bezeugte er die Wechselbeziehung zwischen göttlicher Schöpfung und einem einheitlichen Kosmos. Der Wunsch, die Einheit der Natur zu verherrlichen, war Zweck des geistigen Strebens. Im Mittelpunkt der islamischen Kultur stand der erhabene und berechtigte Wunsch, die *scientia* (Wissenschaft) zu erwerben. Sie diente weniger dazu, die materielle Welt zu quantifizieren und zu beherrschen, als ihre Unterordnung unter die *sapientia,* die göttliche Weisheit, zu erweisen. Dies bewirkte eine Gesamtschau des umfassenden Wissens der antiken Kulturen, von Indien* bis zum Mittelmeer. Die meisten großen Denker waren Universalgelehrte. Meist waren sie mehrsprachig, selbst wenn das Arabische* die Gelehrtensprache der ganzen moslemischen Welt blieb. Die klassische moslemische Hochkultur zeichnete sich dadurch aus, Spiritualität und Wissenschaft in Übereinstimmung zu bringen. Dieser Prozeß entfaltete sich seit den „Lauteren Brüdern“ (*Ikhwan as-safa*); dieser Geheimbund, der sich im 10. Jh. im Irak zusammengeschlossen hatte, veranstaltete gebildete Streitgespräche und vereinte in einer Enzyklopädie das gesamte Wissen der Zeit. Dieses Vorhaben wurde von dem Arzt, Philosophen und Mathematiker al-Kindi* fortgesetzt und später von al-Farabi*, der alle Disziplinen einbezog, z. B. Philosophie*, Mathematik* und Musik*. Außerdem ist Omar al-Chaijam* zu erwähnen, der sowohl Dichter als auch Astronom und Mathematiker war. Der „Vater“ der moslemischen Algebra*, Chwarismi*, war Geograph* und Astronom; al-Biruni*, ein Universalgelehrter, studierte Technik*, Mineralogie, Optik, Astronomie*, exakte und angewandte Wissenschaften* und Philosophie. Seine *Geschichte Indiens* (*Kitab al-Hind*) wird noch immer, zehn Jahrhunderte nach seiner Niederschrift, von Wissenschaftlern benutzt. Ein weiterer Universalgelehrter war Avicenna*, der in Europa als „Ärztefürst“ ebenso berühmt war wie als Philosoph in islamischen Ländern. Nach ihm erreichte ar-Razi* den gleichen Ruf. Averroes*, dessen philosophisches Werk eine wichtige Rolle in Europa spielte, war gleichzeitig ein bedeutender Arzt und Jurist. Erwähnenswert ist noch der unersättliche Wissensdurst von Ibn Battuta* und der analytische Geist von Ibn Chaldun*.

▶ Astronomie, Bibliotheken, Geographen, Geschichtsschreiber (klassische), Krankenhäuser, Mathematik, Medizin, Sternwarten, Abendland (wissenschaftliches Erbe), Philosophie, Technik, Übersetzungen, Reisende

Urdu

Adjektiv und Substantiv. Urdu – benannt nach einem Wort türkischen Ursprungs, *ordu* („königliches Lager") – ist eine Sprache, die auf der Syntax des Hindi (das vom Sanskrit abgeleitet ist) basiert, stark persianisiert ist und in arabischen Buchstaben geschrieben wird. Urdu ist heute die Nationalsprache von 125 Mio. Pakistani und sehr vieler Moslems* in Indien*.

Urdu wurde vom 14. Jh. an die Sprache der moslemischen Höfe* (Gudscharat, Dekkan); hingegen bewahrten die Moguln* zunächst Persisch* als Hofsprache und auch als Literatur- und Verwaltungssprache. Aber allmählich wurde Urdu als *lingua franca* von den Moslems Nord- und Zentralindiens übernommen und 1837 offiziell anerkannt. Dennoch behielt das Persische seine Vorrangstellung im administrativen und juristischen Bereich, bis es vom Englischen im Radsch – dem britischen Kaiserreich Indien – verdrängt wurde.

Das Urdu entfernte sich allmählich vom Hindi und entwickelte sich seit dem 17./18. Jh. zu einer Literatursprache. Die glanzvolle Urdu-Dichtung, deren Prosodie dem persischen Ghasel* viel verdankt, wurde von zwei Schulen vertreten, Delhi* und Lucknow. Wali Dekkani (gest. 1707) war der erste große Urdu-Dichter. Das Goldene Zeitalter des Ghasel dauerte indessen bis ins 19. Jh. fort und wird repräsentiert durch Khwadja Mir Dard (gest. 1784), Mir Taqi Mir (gest. 1808), den Volksdichter Nazir Achbarabadi (gest. 1830), Momin (gest. 1852) und vor allem durch den berühmten Ghalib* (gest. 1869), dem unbestritten größten Dichter des Ghasel. In der Folgezeit zählen die berühmten zeitgenössische Schriftsteller Mohammed Iqbal* (gest. 1938), Hasrat Mohani (gest. 1951), Sahai Firaq (gest. 1982) und der fortschrittliche Faiz Ahmad Faiz* (gest. 1984) zu den großen Namen der Urdu-Literatur, die auch in der Prosadichtung zur Reife gelangte.

▶ Delhi (Sultanat), Ghasel, Indien, Moguln, Pakistan

Usbeken

Aus türkisch-mongolischen Stämmen entstandenes Volk, das ab dem 15. Jh. eine bedeutende Rolle in der Geschichte spielte.

Im 16. Jh. eroberte die usbekische Schaibaniden-Dynastie (nach dem arabisierten Namen ihres Gründers, Schaiban) Transoxanien* von den Timuriden* und führte durchgehend Krieg gegen die persischen Safawiden*, bis diese 1599 unter Schah Abbas die Usbeken schlugen. Sie unterlagen fortan einem starken Einfluß der persischen Kultur. Osmanen* und indische Moguln* suchten das Bündnis mit diesen rauhen Kriegern. Auf dem Höhepunkt ihrer Macht, im 16. Jh., beherrschten die Usbeken einen Teil Persiens*, Afghanistans* und Sinkiangs in China*. Ab dem 17. Jh. erwarben sie die Khanate* von Chiwa, Buchara* und Chokand in Transoxanien. Die Kolonisierung dieser Staaten durch die Russen dauerte das ganze 19. Jh. über an und wurde von den Sowjets 1918–1922 gegen den Widerstand der politisch-religiösen Basmatschi-Bewegung vollendet. Heute leben die Usbeken im wesentlichen in der Republik Usbekistan (447 000 km^2, 16 Mio. sunnitische* Usbeken unter insgesamt 23 Mio. Einwohnern, Hauptstadt Taschkent); es bestehen jedoch auch größere Minderheiten in Kasachstan, Tadschikistan, Kirgisien*, Afghanistan und im chinesischen Sinkiang. Die usbekische Sprache ist türkischen Ursprungs und verwandte anfangs die arabische, nach 1928 die lateinische sowie ab 1940 die kyrillische Schrift; derzeit wird wieder auf die lateinische Schrift umgestellt.

▶ Mittelasien

Verkehrswege

Zu Beginn der großen Ausdehnung des moslemischen Handels* vom 8. bis 12. Jh. stand Bagdad* im Zentrum eines sehr großen Netzes von Handelsstraßen (Land- und Seewegen) quer durch die moslemische Welt und einen großen Teil der gesamten bekannten Welt, bevor es nach dem 11. Jh. vom fatimidischen* Kairo* abgelöst wurde. Der moslemische Westen – Maghreb* und Andalusien* – besaß ein eigenes Straßennetz in das südsaharische Afrika*, nach Westeuropa und zu den Mittelmeerländern.

Von Basra (Irak) am Persischen Golf und von Siraf an der südlichen Küste des Irans* folgten die Schiffe, die im allgemeinen Oman* anliefen, wie einst Sindbad* der Seefahrer den Monsunwinden (vom arab. *Mausim* , „Jahreszeit"). Die Schiffe verbanden im Westen den Jemen* mit der ostafrikanischen Küste. Im Osten fuhren sie bis nach Indien*, dann nach Malaysia*, in das indonesische* Inselreich und nach China* (der Hafen von Kanton besaß bis zum Massaker an den Ausländern am Ende des 9. Jhs. ein eigenes moslemisches Viertel). Als echter Umschlagplatz des Reiches nahm der Irak (der Hof* und die Städte*) eine große Menge Importwaren auf. Ein beachtlicher Teil davon, der für die christlichen und moslemischen Mittelmeerländer bestimmt war, wurde von Karawanen zu den Häfen Syriens und Ägyptens gebracht. Von Syrien gingen die Waren auch nach Byzanz* – auf dem Landwege über Anatolien* oder über das Wasser –, um in Westeuropa, in Rußland und in den byzantinischen Besitzungen in Italien verkauft zu werden. Die kontinentalen Karawanenstraßen durch den Iran stellten Verbindungen nach Nordwestindien und Mittelasien* her. Mittelasien war schon vor dem Islam* ein Handelsknotenpunkt – und zwar auf der Seidenstraße in Richtung des chinesischen Sinkiang* und auf einem anderen Weg in Richtung Wolgabecken. Vom Irak aus bestanden See-, Fluß- und Landverbindungen über Armenien in die Länder des Kaukasus* und nach Rußland. Byzanz war der unvermeidliche Durchgangsort ins nördliche und östliche Europa – das beweisen abbasidische* und fatimidische Münzfunde aus Skandinavien.

Unter den Fatimiden verlagerte sich im 11. Jh. das Handelszentrum nach Ägypten, das dank seiner Mittelmeerhäfen sehr reich wurde und den moslemischen und christlichen Westen (besonders Italien) abdeckte. Ägypten trieb über das Rote Meer Handel mit dem Jemen und der Swahili*-Küste. Die Handelswaren, die für Indien bestimmt waren, wurden in Aden auf indische Schiffe umgeladen. Im Westen verbanden die sternförmig zusammentreffenden Transsahararouten von Sidjilmassa (Marokko), Tahert (Djanet, Algerien) und Kairuan* (Tunesien) den Maghreb mit dem Sudan*. Andalusien unterhielt Handelsverbindungen mit den christlichen Königreichen Nordspaniens und dem europäischen Westen über die Gipfel der Pyrenäen.

Mehrere große Karawanenachsen wurden aneinandergefügt und miteinander vernetzt, so daß alle Gegenden des „Islamischen Hauses" (*Dar al-Islam*) angeschlossen waren. China fand Anschluß durch Mittelasien und den Indischen Ozean; Afrika durch die Sahararouten. Im Nordwesten führten die Wege über russische Flüsse nach Mittel-

und Westeuropa. Dieses dichte Verbindungsnetz versorgte eine durch den Islam und die arabische* Sprache kulturell geeinte Welt. Es diente auch als Vermittler von geistigem Wissen, denn die Händler verkehrten mit Gelehrten (die Wissen oder einen Mäzen* suchten), mit Reisenden*, Geographen*, Beamten und Pilgern.

▶ Handel, Seefahrt

Wahhabiten

Die Wahhabiten bilden eine fundamentalistische politisch-religiöse Bewegung, die 1744 in Arabien aus einem Bündnis zwischen Mohammed Ibn Abd al-Wahhab, einem rigoristischen Prediger und Namensgeber der Bewegung, und Mohammed Ibn Saud, einem ehrgeizigen Stammesoberhaupt, entstand. Derartige Bewegungen bilden keine Seltenheit in der Geschichte des Islams*; dazu gehören unter anderem die Almohaden*.

Ibn Abd al-Wahhab, eine Art beduinischer „Savonarola", trat für eine Rückkehr zur ursprünglichen Reinheit des Islams* ein. Er bekehrte seine neuen Mitbürger in Darija (der Hauptstadt Ibn Sauds im Nedschd in Zentralarabien) durch Überzeugung oder Zwang, wobei er all jene, die seine Ansichten nicht teilten, als Häretiker brandmarkte. Volksreligiöse Bräuche wie Heiligenverehrung und -anrufung, Wallfahrten* zu deren Gräbern oder Gebrauch des Rosenkranzes verurteilte er, des weiteren verbot er Tabak, Musik* und geringste Annäherungen zwischen Männern und Frauen in der Öffentlichkeit; die Männer verpflichtete er zum Tragen des „islamischen" Bartes. Außerdem wandte sich die Bewegung gegen die traditionellen Rechtsschulen*, um ihre eigenen Ansichten durchzusetzen. Gegen die „lauen" Sunniten* und die „häretischen" Schiiten* wurde der Heilige Krieg (*Dschihad**) erklärt; die Beduinen wurden in der Handhabung von Feuerwaffen geschult. Unter den Nachfolgern Ibn Sauds (gest. 1765) fuhr Ibn Abd al-Wahhab bis zu seinem Tode 1792 mit der Einführung des Wahhabismus fort, der schon bald den gesamten Nedschd für sich gewann. 1803 verwüsteten die Wahhabiten Kerbela* im Irak, einen heiligen Ort der Schiiten, dessen Bevölkerung massakriert wurde. Nach ihrer Eroberung wurden die heiligen Städte im Hedschas* (Mekka*, Medina*) von allem gereinigt, was dem wahhabitischen Recht widersprach: Moscheen* und Mausoleen wurden verwüstet, Reliquien, Dekorationen, Leuchter und Teppiche* zerstört oder verbrannt. Wer im Verdacht des Genusses von Alkohol, Drogen oder Prostitution stand, wurde hingerichtet. Die Osmanen* als theoretische Herrscher über Arabien drängten ihren ägyptischen Vasallen Mohammed Ali*, die Ordnung wiederherzustellen: 1818 wurde Darija, die Hauptstadt der Wahhabiten, dem Erdboden gleichgemacht und der Emir* Abdallah in Istanbul* enthauptet. Die Wahhabiten erholten sich wieder, machten Riad zu ihrer Hauptstadt und schufen einen mächtigen Staat (1824–1891), der sich über den Nedschd und den Hedschas erstreckte (aus letzterem wurden die haschimitischen* Scherifen* 1924/25 vertrieben) sowie über Hail, Hasa und einen Teil von Asir, der dem Jemen* abgenommen wurde. 1932 erklärte sich der Eroberer Abd al-Aziz Ibn Saud (1880–1953) zum König des Königreichs Saudi-Arabien, das durch das Erdöl zu internationaler Größe gelangte. Um weitere Anhänger zu gewinnen, versuchten die Wahhabiten – mit kurzfristigen Erfolgen –, in Indien* Fuß zu fassen; auch übten sie eine Zeitlang Einfluß auf die Senussi in Libyen aus. Heutzutage bemüht sich Saudi-Arabien, das über enorme finanzielle und politische Mittel verfügt, auf verschiedenen Wegen (darunter die von ihm beherrschten panislamischen* Organisationen) die wahhabitische Lehre und deren Gesellschaftssicht in der gesamten islamischen Welt zu verbreiten. Frauen haben dieser Sicht zufolge nicht das Recht, Auto zu fahren; öffentliche Kinovorstellungen sind verboten. Die Wahhabiten spielen in der derzeitigen Erneuerung des Fundamentalismus* unbestreitbar eine Hauptrolle.

▶ Fundamentalismus, Hedschas

Wallfahrt

Als eine der Fünf Säulen* des Islams* ist die Wallfahrt (arab. *Haddsch*) nach Mekka* mindestens einmal im Leben für alle erwachsenen Moslems* beiderlei Geschlechts, die körperlich und geistig gesund sind und über die nötigen Mittel verfügen, vorgeschrieben.

Der *Haddsch* bringt – wie eine „große Vergebung" – den Nachlaß der Sünden; viele Moslems wünschen sich daher, in Mekka zu sterben oder begraben zu werden.

Die „große", gemeinsame Wallfahrt findet in den ersten beiden Wochen des letzten islamischen Monats (*Dhu l-Hiddscha*, „derjenige der Wallfahrt") statt, der – bedingt durch den islamischen Kalender* – jedes Jahr zehn oder elf Tage früher beginnt. Der *Haddsch* wird mit der Überlieferung von Abraham*, dem „ersten Moslem", und mit der Erinnerung an dessen Sohn Ismael* in Verbindung gebracht. Auf diese völlig neuen Grundlagen gestellt, knüpft er zugleich auch an die altarabische heidnische Wallfahrt zur Kaaba* an, die nun wieder „das Haus Gottes" geworden ist. Den Ablauf und die Riten der Wallfahrt hat Mohammed* selbst festgelegt. Sie findet in Mekka und Umgebung statt; der Besuch Medinas* ist nicht vorgeschrieben, wird jedoch von der Mehrzahl der Pilger praktiziert. Moslems aus der gesamten Welt begegnen sich bei diesem Anlaß: mehr als anderthalb Millionen in der Hauptzeit des *Haddschs*, zwischen dem 8. und 12. *Dhu l-Hiddscha*. An außerhalb Mekkas gelegenen Sammelpunkten versetzen sich alle Pilger in den „Weihezustand" (*Ihram*), indem sie die „große" oder die „kleine" Waschung* vollziehen, die Männer sich in zwei weiße, nahtlose Stofftücher kleiden (die ebenfalls *Ihram* heißen), Sandalen anziehen und den Kopf unbedeckt lassen, nachdem sie ihn kahlgeschoren oder symbolisch eine Strähne abgeschnitten haben. Jede Unterscheidung nach Rasse oder Klasse scheint damit aufgehoben. Für Frauen ist keine besondere Kleidung vorgeschrieben, sie tragen jedoch ein Kopftuch um die Haare. Im Weihezustand müssen die Pilger auf sexuelle Kontakte verzichten, ebenso darauf, sich zu rasieren, zu parfümieren oder ein Tier zu töten (es sei denn, es handelt sich um ein schädliches oder gefährliches). Der Großteil der Pilger legt den *Ihram* bereits am Abflughafen oder bei der Ankunft in Dschidda an. Die wesentlichen Etappen des *Haddschs* umfassen das siebenmalige Umschreiten der Kaaba innerhalb der Großen Moschee* von Mekka, das Wasserschöpfen aus dem Zamzam-Brunnen, der Ismael und seine Mutter Hagar vor dem Verdursten gerettet hat, sowie sieben ritualisierte Läufe zwischen den Hügeln von Safa und Marwa zur Erinnerung an das Umherirren der Hagar. Außerdem betet der Pilger am „Platz Abrahams" (*Maqam Ibrahim*) in Mekka und steht einen Tag lang in Arafat, am Fuße des Berges der Barmherzigkeit, 25 Kilometer von Mekka entfernt. Am 10. des Monats feiern die Pilger in Mina (einer Station der Wallfahrt nahe Mekka) – wie die Moslems auf der ganzen Welt – das „Opferfest" (*Id al-Adha*). Dabei schlachtet man am Abend ein Schaf (oder ein Kamel, einen Ochsen oder einen Widder) oder fastet zehn Tage, falls man Blutvergießen ablehnt. Den 10., 11. und 12. *Dhu l-Hiddscha* verbringt man in Mina mit der Steinigung der Säulen, die den Satan* („den Gesteinigten") symbolisieren. Am 12. schneiden sich die Männer die Haare oder rasieren ihren Kopf, die Frauen schneiden sich nur eine Haarsträhne ab: damit ist der Weihezustand beendet; die Enthaltsamkeit wird jedoch bis zum Aufbruch aus Mina beibehalten. Anschließend umschreitet der Pilger ein letztes Mal die Kaaba in Mekka. Die Wallfahrt kann um einen Tag verlängert werden, um die Stätten des Lebens und Wirkens Mohammeds, besonders in Medina, aufzusuchen.

Neben der gemeinschaftlich begangenen „großen" Wallfahrt gibt es auch die individuelle „kleine" Wallfahrt (*Umra*), die zu jedem beliebigen Zeitpunkt innerhalb des Jahres stattfinden kann; besonders günstig sind die letzten zehn Tage im Ramadan*. Die Riten hierbei ähneln denjenigen des *Haddschs*, sind jedoch einfacher und verkürzt. Diese kleine Wallfahrt ist nicht verpflichtend und ersetzt auch nicht die große; sie kann auch im Auftrage eines Kranken durchgeführt werden.

▶ Fünf Säulen des Islams, Islam (Religion), Mekka, Medina, Mohammed

Waschungen, rituelle

Um ihre religiösen Pflichten erfüllen zu können, müssen Moslems* die rituellen Waschungen vollziehen, von denen es drei verschiedene Arten gibt.

Die „große" Waschung besteht im Waschen des gesamten Körpers, um ihn von Unreinheiten zu befreien, die durch Geschlechtsverkehr, Menstruation, Entbindung, größeren Blutverlust oder die Berührung eines Leichnams entstehen. Diese Art der Waschung wird auch anläßlich der Konversion zum Islam* durchgeführt und vor dem Eintritt in den Weihezustand durch Anlegen der weißen (Leichen-)Tücher zur Wallfahrt* nach Mekka*. Die große Waschung ist ebenfalls vonnöten, um eine Moschee* oder einen anderen heiligen Ort zu betreten und normalerweise auch, um einen arabischen Koran* zu berühren. Die „kleine" Waschung befreit von den Unreinheiten, die durch Körperausscheidungen, harmlosere Blutungen oder einen vorübergehenden Bewußtseinsverlust wie Schlaf entstehen. Man vollzieht sie vor dem rituellen Gebet* – sofern nicht die große Waschung erforderlich ist. Es werden Hände, Gesicht, Unterarme und Füße gewaschen, für gewöhnlich in den Waschräumen, die den Moscheen angegliedert sind. Eine dritte Art der Waschung ist das Abreiben mit Sand, Erde oder einem Stein; sie ist zulässig, wenn kein oder nur unsauberes Wasser vorhanden ist.

▶ Islam (Religion), Moschee

Wesir, der

Abgeleitet von der arabischen Wortwurzel mit der Bedeutung „eine Bürde tragen" und möglicherweise aus dem sassanidischen Persien* entlehnt, bezeichnet das Wort „Wesir" – auch heutzutage noch – einen Minister. In der Zeit des

Kalifats* war der Wesir ein enger Vertrauter und Berater des Kalifen; besonders bedeutend in dieser Funktion waren die Barmakiden am Hofe* Harun ar-Raschids*.

Der berühmteste Wesir der islamischen Geschichte war der Perser Nizam al-Mulk (gest. 1092), der im Dienste zweier seldschukischer* Sultane* stand und 30 Jahre lang die Staatsgeschäfte führte. Er verfaßte eine bedeutende Abhandlung über die Staatslenkung, das *Buch der Politik (Sijasat-name),* ein Klassiker der politischen Literatur des Islams*. Im Osmanischen* Reich erlangte das Amt eine herausragende Bedeutung, besonders in Gestalt des Großwesirs als Regierungschef (Premierminister). Ab dem 17. Jh. regierten die Großwesire auf Grund der Schwäche der Sultane das Reich mittels ihrer spezialisierten Ämter an der Hohen Pforte*; dies war unter anderem der Fall bei der angesehenen Großwesir-„Dynastie" der Köprülüs. Jahrhundertelang waren die meisten osmanischen Großwesire ehemalige Sklaven*, die als christliche Kinder anläßlich der regelmäßigen „Knabenlesen" rekrutiert worden waren, um im Topkapi*-Palast erzogen zu werden.

▸ Staat

Wirtschaft ▸ Handel

Wissenschaften

Mohammed* hat den Moslems* auferlegt, wenn notwendig „bis nach China* zu reisen, um nach Wissenschaft zu suchen", denn „die Suche nach Wissen ist für alle Moslems Pflicht". Diese Weisung findet sich im *Hadith**. Entsprechende Vorschriften des Korans* beziehen sich besonders auf die Religion als Quelle allen Wissens, schließen jedoch ausdrücklich kein Wissensgebiet aus.

Von Anfang an waren Koran-Kommentare*, Überlieferungen (*Hadithe*), Theologie*, Recht* und arabische Grammatik (als heilige Sprache der Offenbarung und als selbständige Disziplin) gleichrangige Fachrichtungen wie z. B. Mathematik*, Astronomie*, Medizin*, Philosophie* oder Geographie*, die durch Übersetzungen* der antiken Wissenschaften angeregt wurden. Forschung, Theoriebildung und Experimentieren gehörten zu einer umfassenden Haltung, die versuchte, die Einheit von Mensch und Natur – als Abbild der Einzigkeit Gottes – zu preisen. In dieser religiös bedingten Gesamtsicht des Wissens war der Begriff einer „profanen" Disziplin unbekannt – außer vielleicht für die nicht mystische Dichtung* und Musik*.

Im 10. Jh. teilte al-Farabi* (gest. 950) – nach dem aristotelischen Modell – die Wissenschaften in zwei große Gebiete ein: Theologie, in seinen Augen das Rückgrat des Systems, und andererseits die „fremden" Wissenschaften der „Alten", d. h. vor allem die griechischen Vernunftwissenschaften. Beide Gebiete bildeten dennoch eine Einheit in al-Farabis für den Unterricht aufgestellten Unterteilung. Die Klassifikation von Avicenna* (gest. 1037) erweiterte die Fachgebiete, beschränkte sich aber auf die Vernunftwissenschaften. Später (1378) kam, als sich ein Niedergang anbahnte, Ibn Chaldun* zurück zur Einteilung in „philosophische" Wissenschaften, die dem Menschen „naturgegeben" sind, und in „religiöse" Wissenschaften, die durch Überlieferung erlangt werden.

Die moslemische Welt blieb trotz feindlicher Überfälle, Zerstörungen und Zersplitterungen jahrhundertelang ein zusammenhängendes Ganzes. Dieses Universum wurde durch den Islam* und die arabische* Sprache zusammengehalten, den Trägern und Vermittlern des intellektuellen Lebens, ferner durch die internationale Vernetzung der Organisationen, die sich den Wissenschaften widmeten: z. B. Akademien, wie zuerst das „Haus der Weisheit", Medressen*, Bibliotheken*, Sternwarten* und Krankenhäuser*. Das wissenschaftliche Forschen betraf alle Gebildeten des Islams, die häufig die Arbeiten ihrer Kollegen aus dem ganzen islamischen Gebiet kannten.

Die Entwicklung der Wissenschaften und ihre Internationalisierung waren ein grundlegendes Merkmal der klassischen moslemischen Kultur. Ihren Beitrag dazu leisteten die Araber, aber ebenso die Perser, Türken*, Berber*, Inder, die orientalischen Christen* und Juden*. Im Unterschied zum christlich-mittelalterlichen Europa waren die Gelehrten keine Mönche, die sich aus der Welt zurückgezogen hatten, sondern Menschen, die in der Stadt lebten: Einige waren Wesire*, Beamte, Händler etc. Das erklärt vielleicht, daß nach der Verbannung rationalistischer Strömungen der griechischen Philosophie (*Falsafa*) im 11./12. Jh. und nach dem anschließenden Anwachsen des religiösen Fanatismus das Streben nach wissenschaftlicher Erkenntnis bis ins 18. Jh. hinein in Persien* und Indien* fortgesetzt wurde, allerdings ohne neue Entdeckungen oder Fortschritte.

In der Zwischenzeit hatten die Wissenschaften der islamischen Länder eine bemerkenswerte Rolle beim Aufschwung der Wissenschaften in Europa gespielt, besonders durch die fruchtbare Vermittlung Spaniens.

▶ Abendland (wissenschaftliches Erbe), Alchimie, Andalusien, Astronomie, Bibliotheken, Chemie, Krankenhäuser, Mathematik, Naturwissenschaften, Philosophie, Sternwarten, Technik, Universalwissen

Yacine, Kateb, Schriftsteller (Constantine 1929 – Grenoble 1989)
Kateb Yacine ist der bedeutendste algerische Schriftsteller dieses Jahrhunderts und einer der größten französischsprachigen Schriftsteller des Maghrebs*.

Aus einem arabisch-berberischen Milieu stammend – er hat nie arabische Literatur studiert –, wurde Kateb Yacine geprägt durch seine Verhaftung nach der blutigen Unterdrückung der Tumulte in Setif durch die Franzosen 1945. Er berreitete in der Literatur den Weg für den Kampf um individuelle und kollektive Freiheit im Maghreb.

1956 führte sein Roman *Nedjma* die algerische Literatur in eine bis dahin nicht gekannte Modernität, und die Kritik entdeckte eine Verbindung zu Faulkner und dem „neuen Roman". Durch dieses Werk, eine Mischung aus Poesie und Drama, mit Metaphern und Symbolen, die von Freiheit, Frauen, Koedukation und Antikolonialismus handeln, trug er auch zur algerischen Identitätsfindung bei.

Das politische Engagement von Kateb Yacine vor und nach der Unabhängigkeit seines Landes hinderte ihn keineswegs am bemerkenswerten stilistischen Schaffen, das provokativ und davon geprägt war, die „Wahrheit zu sagen". In seinen französischen Theaterstücken – wobei er auch Stücke in algerischem Dialekt verfaßt hat –, die in etwa der Linie Brechts entsprechen, beschränkte er sich auf eine scharfe und direkte Poesie in großartigen Stücken wie *Le cercle des représailles, le Polygone étoilé, le Cadavre encerclé* und *Les ancêtres redoublent de férocité.*

Zadjal

Der Zadjal (arab. „Melodie“) ist ein gereimtes Volkslied nicht klassischer Prosodie, das den strengen Rahmen der Kasside* durchbricht. Er stellte einen wichtigen Beitrag Andalusiens* zur arabischen Dichtkunst* dar und verbreitete sich in der ganzen moslemischen Welt.

Sein Reimschema basiert auf einem einfachen Rhythmus, auf Silbenstrophen in verschiedenen rhythmischen Verbindungen. Ein einzelner Vers wiederholt am Ende der Strophe den Kehrreim der Anfangsstrophe. Der bedeutendste Dichter des Zadjal war der Spanier Ibn Kuzman (gest. 1159). Er führte Neuerungen ein, indem er dialektale arabische Sprachelemente übernahm und eine Verbindung zu Gesang und Musik schuf. Wahrscheinlich war diese Bestrebung, die zwischen klassischer und volkstümlicher Dichtung angesiedelt war, auf der Halbinsel – Galicien und Kastilien – beschleunigt worden. Der Zadjal wurde auch von den französischen Troubadouren, wie Wilhelm von Poitiers (gest. 1126), angewandt und in der Dichtung in romanischen Regionalsprachen.

▶ Andalusien, Dichtung (klassische)

Zahiriten ▶ Ibn Hazm

Zahlen, arabische

Die sog. „arabischen Zahlen“ (0 bis 9) geben die indischen Ziffern wieder, die der moslemische Mathematiker al-Chwarismi* im 8. Jh. übernahm. Er führte auch endgültig das Dezimalsystem ein.

Zum Zählen benutzten die antiken Kulturvölker (Sumer, Ägypten, China*, Griechenland, Rom) Buchstaben, Zeichen und Grapheme, die sehr unpraktisch waren, um Berechnungen durchzuführen.

Im 6. Jh. ersetzten die indischen Astronomen und Mathematiker – wie Aryabhata, Vahamira, Brahmagupta – die ursprüngliche Aneinanderreihung isolierter Zahlzeichen, indem sie eine Notation der Zahlen mit Hilfe numerischer Sanskritsymbole benutzten. Dieses System beruhte auf einer Dezimalgrundlage, wobei die Position der einzelnen Zahl deren Wert bestimmt. Neu war die Einführung der Null (Sansk. *shunya*, „leer“).

773 wurde ein indischer Traktat, ein Geschenk an den abbasidischen* Kalifen*, ins Arabische übersetzt. Es war al-Chwarismi, der Vater der arabo-islamischen Arithmetik (der Begriff „Algorithmus“ leitet sich von seinem Namen ab), der das indische System in seinem Meisterwerk *Al-Djabr wal-Muqabala* („Einrenkung und Vergleich“) vorstellte, dessen erstes Titelwort den Begriff „Algebra*“ bildete. Er führte die Null ein (arab. *sifr*, „leer“, Ursprung des Wortes „Ziffer“ in zahlreichen europäischen Sprachen; im Englischen bedeutet *Cipher* auch „Null“).

Seitdem werden die eigentlich indischen Zahlen „arabische“ genannt. Es gibt zwei Formen, eine, die allgemeingültig geworden ist, und eine andere, die von den Arabern des Nahen Ostens und in der iranischen Welt benutzt wird. Gerbert von Aurillac führte die „arabischen“ Zahlen im 10. Jh. als erster jenseits der Pyrenäen ein, aber erst die Verbreitung der lateinischen Übersetzung des Werkes von al-Chwarismi (Spanien, 12. Jh.) führte zum bemerkenswerten Fortschritt innerhalb der europäischen Mathematik*.

Zahrawi ▶ Abu l-Kasim

Zaiditen ▶ Sekten und Gruppen im Islam

Zarqali ▶ Sarkala

Zeitalter der Unwissenheit ▶ Dschahilija

Ziryab, Abul Hassan, Musiker (Bagdad 789 – Andalusien 857)
Ziryab, Musiker persischer Abstammung aus Bagdad*, ging in die arabisch-moslemische Kulturgeschichte ein. Ehrenvoll am Hofe* des Omaijaden* Abd ar-Rahman II. aufgenommen, löste er in Cordoba* eine große Veränderung bzgl. der Sitten und der Lebensweise aus, in Hinblick auf die Ernährungsweise, Körperhygiene und Kleidung. So trug er zur Orientalisierung Andalusiens* bei, wo die erlesenen Sitten vom Hofe des Kalifen* Harun ar-Raschid* übernommen wurden. Ziryab war auch ein sehr großer Musiker: er gründete eine Musikakademie und machte in Spanien* das klassisch-arabische Instrument, den *Ud* (die Laute) bekannt, für den er eine fünfte Saite schuf. Sein Werk begründete eine reiche und großartige „arabisch-andalusische" Musik-Tradition, welche heute noch im Maghreb* sehr lebendig ist. Laut Ibn Chaldun* wurde seine musikalische Kunst zu einem „Ozean, der Sevilla und ganz Andalusien überschwemmte".
▶ Andalusien, Musik

Zwölferschiiten
Die Zwölferschiiten bilden den zahlenmäßig größten Zweig innerhalb des schiitischen Islams*. Sie sind Anhänger der Lehre von den zwölf Imamen* und sind auch unter dem Namen „Imamiten" bekannt. Ihre Lehre ist im Iran* (mit heute 64 Mio. Einwohnern) seit der Dynastie der Safawiden* (1501) Staatsreligion. Zwölferschiiten stellen auch die Mehrheit im Irak (55% der Bevölkerung) sowie bedeutende Gemeinschaften im Libanon und in Pakistan*.

Im Gegensatz zu den Ismailiten* („Siebenerschiiten", die sieben Imame anerkennen) und den gemäßigteren Zaiditen* im Jemen* („Fünferschiiten") glauben die Zwölferschiiten, daß der *zwölfte* Imam seit Mohammed* und Ali* – die beide als gleichrangig betrachtet werden – nach wie vor auf geheimnisvolle Weise in der „Verborgenheit" lebt, in die er im 9. Jh. in Samarra bei Bagdad* entrückt wurde. Am Ende der Zeiten wird er als der erwartete Mahdi* zurückkehren, um die Gerechtigkeit in der Welt zur Herrschaft zu bringen. Die Imamwürde wird durch göttliche Bestimmung weitergegeben, von Mohammed über Ali an dessen Nachkommen, und die Imame besitzen quasi göttliche Eigenschaften – was in den Augen der Sunniten* eine Häresie darstellt. Gott leitet die Imame unfehlbar; diese können bei ihm Fürbitte für die Menschen einlegen. Zwar vollziehen auch die Zwölferschiiten die Wallfahrt* nach Mekka*, jedoch kommt den Gräbern ihrer Imame in Kerbela* (Hussain*, Alis Sohn), Nadschaf* (Ali) und Kazimain (die beiden Imame mit Beinamen Kazim) – alle im Irak gelegen – sowie in Meschhed* im Ostiran (der achte Imam) in ihrem Verständnis fast noch eine größere Bedeutung zu. Die erhabensten Mitglieder der religiösen Hierarchie der Zwölferschiiten, die Ajatollahs*, sind befugt, eigenständige Entscheidungen im Bereiche des religiösen Rechts zu treffen – ein Verfahren, das die sunnitischen Ulema* im 12. Jh. endgültig „geschlossen" haben.

▶ Ajatollah, Imam (verborgener), Iran, Safawiden, Schiiten

Bibliographie

Auswahlbibliographie von Titeln, die in den letzten zwanzig Jahren in deutscher Sprache erschienen sind.

Abdullah, Muhammad Salim: Geschichte des Islam in Deutschland, Graz/Wien/Köln 1981 (= Islam und westliche Welt 5).

Ahmed, Munir D. u. a.: Der Islam III: Islamische Kultur – Zeitgenössische Strömungen – Volksfrömmigkeit, Stuttgart/Berlin/Köln/Mainz 1990 (= Die Religionen der Menschheit 25,3).

Antes, Peter u. a.: Der Islam. Religion – Ethik – Politik, Stuttgart/Berlin/Köln 1991.

Antes, Peter: Der Islam als politischer Faktor, Hannover ³1997.

Balić, Smail: Der Islam – europakonform? Würzburg/Altenberge 1994 (= Religionswissenschaftliche Studien 32).

Barthel, Günter, Stock, Kristina (Hrsg.): Lexikon Arabische Welt. Kultur, Lebensweise, Wirtschaft, Politik und Natur im Nahen Osten und Nordafrika, Darmstadt 1994.

Bischofberger, Otto u. a.: Der Islam in Bewegung. Begegnung oder Konfrontation? Freiburg/Schweiz/Zürich 1991.

Bouman, Johan: Der Koran und die Juden. Die Geschichte einer Tragödie, Darmstadt 1990.

Brentjes, Burchard: Die Mauren. Der Islam in Nordafrika und Spanien, Darmstadt 1989.

Brett, Michael, Forman, Werner: Die Mauren. Islamische Kultur in Nordafrika und Spanien, Freiburg/Basel/Wien 1981.

Breuer, Rita: Familienleben im Islam. Traditionen – Konflikte – Vorurteile, Freiburg/Basel/Wien 1998.

Bürgel, Johann Christoph: Allmacht und Mächtigkeit. Religion und Welt im Islam, München 1991.

Colpe, Carsten: Problem Islam, Weinheim ²1994.

Crespi, Gabriele: Die Araber in Europa, Stuttgart/Zürich 1992.

Ende, Werner, Steinbach, Udo (Hrsg.): Der Islam in der Gegenwart. Entwicklung und Ausbreitung – Staat, Politik und Recht – Kultur und Religion, München 41996.

Endreß, Gerhard: Der Islam. Eine Einführung in seine Geschichte, München ³1997.

Faroqhi, Suraiya: Herrscher über Mekka. Die Geschichte der Pilgerfahrt, München/Zürich 1990.

Gabrieli, Francesco (Hrsg.): Mohammed in Europa. 1300 Jahre Geschichte, Kunst, Kultur, München 1983.

Haarmann, Ulrich (Hrsg.): Geschichte der Arabischen Welt, München 1987.

Hagemann, Ludwig: Christentum und Islam zwischen Konfrontation und Begegnung, Würzburg/Altenberge ³1994 (= Religionswissenschaftliche Studien 4).

Hagemann, Ludwig: Propheten – Zeugen des Glaubens. Würzburg/Altenberge ²1993 (= Religionswissenschaftliche Studien 26).

Hagemann, Ludwig: Christentum contra Islam. Eine Geschichte gescheiterter Beziehungen, Darmstadt 1999.

Hagemann, Ludwig, Khoury, Adel Theodor: Dürfen Muslime auf Dauer in einem nicht-islamischen Land leben? Zu einer Dimension der Integration muslimischer Mitbürger in eine nicht-islamische Gesellschaftsordnung, Würzburg/Altenberge 1997 (= Religionswissenschaftliche Studien 42).

Hagemann, Ludwig, Albert, Reiner (Hrsg.): Dialog in der Sackgasse? Christen und Muslime zwischen Annäherung und Abschottung, Würzburg/Altenberge 1998 (= Religionswissenschaftliche Studien 46).

Halm, Heinz: Die Schia, Darmstadt 1988.

Heine, Peter: Weinstudien, Wiesbaden 1982.

Heine, Peter: Kulinarische Studien, Wiesbaden 1988.

Heine, Peter: Kampf der Kulturen oder Feindbild Islam. Alte Vorurteile, neue Klischees, reale Gefahren, Freiburg/Basel/Wien 1996.

Hourani, Albert: Die Geschichte der arabischen Völker, Frankfurt am Main 1982.

Khoury, Adel Theodor: Der Koran. Übersetzung. Unter Mitwirkung von Muhammad Salim Abdullah, Gütersloh ²1992.

Khoury, Adel Theodor: Islamische Minderheiten in der Diaspora, Mainz/München 1985 (= Entwicklung und Frieden. Wissenschaftliche Reihe 40).

Khoury, Adel Theodor: So sprach der Prophet. Worte aus der islamischen Überlieferung, Gütersloh 1988.

Khoury, Adel Theodor: Der Koran. Arabisch-Deutsch: Übersetzung und wissenschaftlicher Kommentar, Gütersloh 1990 ff. (Bde 1 ff.).

Khoury, Adel Theodor: Einführung in die Grundlagen des Islams, Würzburg/Altenberge 41995 (= Religionswissenschaftliche Studien 27).

Khoury, Adel Theodor, Hagemann, Ludwig, Heine, Peter: Islam-Lexikon. Geschichte, Ideen, Gestalten, Freiburg/Basel/Wien ³1999 (3 Bde.).

Khoury, Adel Theodor, Heine, Peter: Im Garten Allahs. Der Islam, Freiburg/Basel/Wien 1996.

Kreiser, Klaus, Wielandt, Rotraud (Hrsg.): Lexikon der islamischen Welt, Stuttgart/Berlin/Köln 1992.

Lemmen, Thomas: Türkisch-islamische Organisationen in Deutschland, Altenberge 1998.

Lewis, Bernard: Die Juden in der islamischen Welt, München 1987.

Lewis, Bernard: Der Atem Allahs. Die islamische Welt und der Westen – Kampf der Kulturen? Wien/München 1994.

Lewis, Bernard: Die Araber. Aufstieg und Niedergang eines Weltreichs, Wien/München 1995.

Lüders, Michael (Hrsg.): Der Islam im Aufbruch? Perspektiven der arabischen Welt, München 1992.

Matuz, Josef: Das Osmanische Reich. Grundlinien seiner Geschichte, Darmstadt ²1990.

Mayer, Hans Eberhard: Geschichte der Kreuzzüge, Stuttgart/Berlin/Köln/Mainz ⁶1985.

Mernissi, Fatema: Der politische Harem: Mohammed und die Frauen, Freiburg/Basel/Wien ³1993.

Nagel, Tilman: Staat und Glaubensgemeinschaft im Islam, Zürich/München 1981 (2 Bde.).

Nagel, Tilman: Geschichte der islamischen Theologie. Von Mohammed bis zur Gegenwart, München 1994.

Nienhaus, Volker: Islam und moderne Wirtschaft, Graz/Wien/Köln 1982 (= Islam und westliche Welt 6).

Paret, Rudi: Der Koran. Übersetzung, Stuttgart/Berlin/Köln/Mainz ⁵1989.

Paret, Rudi: Der Koran. Kommentar und Konkordanz, Stuttgart/Berlin/Köln/Mainz ⁴1990.

Reissner, Johannes: Ideologie und Politik der Muslimbrüder Syriens, Freiburg 1980.

Salem, Isam K.: Islam und Völkerrecht. Das Völkerrecht in der islamischen Weltanschauung, Berlin 1984.

Schimmel, Annemarie: Der Islam im indischen Subkontinent, Darmstadt 1983.

Schimmel, Annemarie: Mystische Dimensionen des Islam. Die Geschichte des Sufismus, Köln 1985.

Schimmel, Annemarie: Die Welt des Islam. Zu den Quellen des muslimischen Orients. Eine Reise nach Innen, Solothurn/Düsseldorf 1995.

Southern, Richard W.: Das Islambild des Mittelalters, Stuttgart/Berlin/Köln/Mainz 1981.

Spuler-Stegemann, Ursula: Muslime in Deutschland. Nebeneinander und Miteinander, Freiburg/Basel/Wien 1998.

Steinbach, Udo, Rüdiger, Robert (Hrsg.): Der Nahe und Mittlere Osten: Politik, Gesellschaft, Wirtschaft, Geschichte, Kultur, Opladen 1988 (2 Bde.).

Tibi, Bassam: Die fundamentalistische Herausforderung. Der Islam und die Weltpolitik, München 1992.

Tibi, Bassam: Der wahre Imam. Der Islam von Mohammed bis zur Gegenwart, Darmstadt 1996.

Tibi, Bassam: Krieg der Zivilisationen: Politik und Religion zwischen Vernunft und Fundamentalismus, München 1998.

Vernet, Juan: Die spanisch-arabische Kultur im Orient und Okzident, Zürich/Stuttgart 1984.

Walther, Wiebke: Die Frau im Islam, Leipzig ^{3}1997.

Watt, William Montgomery, Marmura, Michael: Der Islam II: Politische Entwicklungen und theologische Konzepte, Stuttgart/Berlin/Köln/Mainz 1985 (= Die Religionen der Menschheit 25, 2).

Watt, William Montgomery, Welch, Alford T.: Der Islam I: Mohammed und die Frühzeit – Islamisches Recht – Religiöses Leben, Stuttgart/Berlin/Köln/Mainz 1980 (= Die Religionen der Menschheit 25,1).